Bertrand de la Grange ha seguido
sobre el terreno los grandes
acontecimientos que han sacudido
a América Latina desde 1978.
Es corresponsal del periódico francés
Le Monde en México desde 1993.
En los años anteriores, estuvo
destacado en Canadá y
Centroamérica.

Maite Rico es corresponsal en
México del periódico español *El País*
desde 1994. Previamente ha cubierto
diversos conflictos, espe-cialmente en
la antigua Yugoslavia y Somalia.

AGUILAR

MARCOS, LA GENIAL IMPOSTURA

NUEVO SIGLO

AGUILAR

Bertrand de la Grange y Maite Rico

MARCOS, LA GENIAL IMPOSTURA

NUEVO SIGLO

AGUILAR

MARCOS, LA GENIAL IMPOSTURA
© 1997, Bertrand de la Grange y Maite Rico

De esta edición:
© D. R. 1998, Santillana U.S.A. Publishing Company Inc.
2105 N. W. 86 th Avenue Miami, Fl., 33122 USA.

- Ediciones Santillana S.A.
  Calle 80 1023. Bogotá, Colombia.
- Santillana S.A.
  Torrelaguna, 60-28043. Madrid
- Santillana S.A., Avda San Felipe 731. Lima.
- Editorial Santillana S.A.
  Av. Rómulo Gallegos, Edif. Zulia 1er. piso
  Boleita Nte. Caracas 1071. Venezuela.
- Editorial Santillana Inc.
  P.O. Box 5462 Hato Rey, Puerto Rico, 00919.
- Santillana U.S.A. Publishing Company Inc.
  2105 N. W. 86 th Avenue Miami, Fl., 33122 USA.
- Ediciones Santillana S.A.(ROU)
  Javier de Viana 2350, Montevideo 11200, Uruguay.
- Aguilar, Altea, Taurus, Alfaguara, S.A.
  Beazley 3860, 1437. Buenos Aires
- Aguilar Chilena de Ediciones Ltda.
  Pedro de Valdivia 942. Santiago.
- Santillana de Costa Rica, S.A.
  Apdo. Postal 878-1150, San José 1671-2050 Costa Rica.

Primera edición: febrero de 1998

ISBN: 968-19-0434-6

Diseño de cubierta: Pablo Rulfo y Teresa Ojeda. Stega Diseño.

ÍNDICE

PRÓLOGO

"No soy catequista, ni cura [...] No estoy casado ni soy homosexual [...] ¡Soy un mito genial!". Corría el 19 de febrero de 1994. El *subcomandante Marcos* ofrecía ese día, "en algún lugar de las montañas de Chiapas", una entrevista a cuatro periodistas impacientes, como todo el mundo, por saber más sobre ese misterioso personaje encapuchado que el 1 de enero de 1994 había lanzado a miles de indios a la conquista de varias localidades del estado de Chiapas. A lo largo de la conversación, *Marcos* reconoció a lo sumo, y sin mayores precisiones, haber pasado por la universidad y haber leído a la mayoría de los grandes escritores latinoamericanos. No dijo una palabra, en cambio, sobre sus orígenes, su familia o su formación política. "¡No le hagan el trabajo a la policía!", espetó dos o tres veces a sus interlocutores, que acabaron por reprimir su curiosidad.[1]

Su discreción le rindió buenos frutos, puesto que las autoridades mexicanas tardaron casi un año en descubrir la identidad de este universitario blanco que dirige una organización casi exclusivamente indígena, el Ejército Zapatista de Liberación Nacional. *Marcos* tuvo así el margen necesario para construirse una nueva personalidad, convertirse en el "mito genial" que había decidido ser y obtener el reconocimiento internacional. Iconoclasta, provocador, brillante, engreído... *Marcos* es todo eso y todavía más. Su ambición trasciende estos calificativos: se considera el sucesor, la reencarnación incluso, de Ernesto *Che* Guevara.

El guerrillero cubano de origen argentino fue el héroe de las generaciones de los años sesenta y setenta, en una época en que las ideas acerca de la revolución planetaria estaban a la orden del día. En los umbrales del siglo XXI, cuando la economía de mercado ha triunfado casi en todas partes, el discípulo mexicano del *Che* se ha propuesto llevar a buen término la misión inacabada de su maestro. Él también se ha fijado como objetivo "cambiar el mundo" y ha declarado la guerra a su propio gobierno, primero, y después a eso que él llama la nueva *Internacional de la muerte*, el neoliberalismo.

A diferencia del *Che*, que fue asesinado por el ejército boliviano en octubre de 1967, *Marcos* no debe su celebridad a la muerte sino, sobre todo, a su extraordinaria presencia en los medios de comunicación. Más allá de las apariencias, los dos hombres son totalmente diferentes, aun cuando el jefe de la guerrilla zapatista no escatime esfuerzos por parecerse hasta en los menores detalles a su ilustre predecesor, por quien profesa una inmensa admiración. El *Che* era un héroe trágico, que hablaba sin cesar de dar su vida por la Revolución y que llevó su compromiso hasta el final. *Marcos*, en cambio, es un héroe lúdico. Las alusiones a la muerte forman parte de sus revoloteos líricos, o bien le sirven para definir la situación de los indígenas, quienes, dice, "están condenados a una muerte lenta".

Las aventuras internacionalistas del *Che* se convirtieron en epopeya después de su desaparición, y se tuvo que esperar 30 años para leer biografías que no fueran hagiografías. El antiguo compañero de Fidel Castro era un hombre discreto, que rehuía las cámaras y trabajaba en la más profunda clandestinidad. Abandonó todos los privilegios que le había dado la victoria de la Revolución cubana en 1959 y se volvió a echar al monte, en condiciones extremadamente duras, con una obsesión en la cabeza: extender el socialismo a toda América Latina. Fue, finalmente, víctima

12

de la contradicción entre su compromiso personal y la política adoptada por Fidel Castro y su aliado soviético, quienes al tiempo que denunciaban ruidosamente "el imperialismo yanqui" practicaban la coexistencia pacífica con Estados Unidos, y no proporcionaron a las guerrillas latinoamericanas, salvo en el caso de Nicaragua, los medios necesarios para tomar el poder.

Los métodos y las ambiciones de *Marcos* son distintos, toda vez que el fin de la guerra fría y las transformaciones geopolíticas de los últimos años han modificado profundamente las condiciones de la lucha armada. Además, su temperamento, a diferencia del *Che*, le lleva a buscar abiertamente los reflectores y la notoriedad pública. Esta es, dice él, la forma más eficaz para hacer progresar la causa de los indios, de quienes se declara portavoz. Preocupado por mantener vivo al héroe enmascarado, que está en el origen de su éxito en los medios de comunicación, *Marcos* quiere a toda costa hacer olvidar a Rafael Guillén, su otro yo. Desde su entrada en escena en San Cristóbal de Las Casas, multiplica las piruetas para ocultar su pasado. Su proclama "Soy un mito genial" es una provocación, pero también una cortina de humo. Con ella parafraseaba al secretario mexicano de Hacienda de la época, Pedro Aspe, que había tenido la lamentable ocurrencia de calificar a la pobreza de "mito genial", y esto en un país donde más de la mitad de los 93 millones de habitantes viven en condiciones miserables. Pero más allá de hacer ironías a expensas del ministro, estas palabras tenían también por objetivo desconcertar un poco más a todos aquellos —periodistas, políticos o servicios de inteligencia— que se preguntaban por la identidad y los objetivos del hombre sin rostro.

Subyugados por las sabrosas ocurrencias del intelectual enmascarado, los medios del mundo entero contribuyeron a dar a conocer el combate de este nuevo *justiciero* que, según se decía, estaba al servi-

13

cio de los indios para terminar con cinco siglos de discriminación y represión. La imagen era demasiado hermosa como para que alguien osara cuestionarla. Sólo algunas voces aisladas se atrevieron a sugerir que podía haber gato encerrado, y que el asunto no era tan simple ni tan puro como parecía. Unos pocos insinuaron entonces que era "revolución de pacotilla", "pura demagogia" o, peor todavía, que *Marcos* era "un marxista-leninista disfrazado de demócrata"... Los numerosos seguidores del nuevo mesías sepultaron, sin embargo, a los críticos bajo una avalancha de lemas entusiastas que dieron la vuelta al planeta. Una nueva consigna se impuso: *Todos somos Marcos*.

Los intelectuales no escaparon al contagio. En la ciudad de México, pero también en París, Madrid, Berlín, Roma y, en menor medida, en las urbes estadounidenses, brota el interés por este fenómeno que arrastra a las multitudes. El "hombre nuevo", la quimera de los años sesenta, vuelve a la actualidad tras haberse descubierto su versión más reciente en la Selva Lacandona. Sociólogos, antropólogos, escritores, cineastas y varios religiosos se dieron cita en Chiapas, en el verano de 1996, para asistir al Encuentro *Intergaláctico* por la Humanidad y contra el Neoliberalismo, que se había propuesto como objetivo la creación de una nueva Internacional contra el "pensamiento único" y la mundialización.

Invitado a La Realidad, la aldea de la Lacandona donde se desarrolló el *Woodstock* zapatista, el sociólogo francés Alain Touraine comparó el levantamiento de Chiapas con los movimientos sociales encabezados por Nelson Mandela y Martin Luther King, pero también con la Revolución francesa y con el sindicato polaco Solidaridad. Después, rectificando el juicio favorable que había expresado tres años antes sobre el gobierno mexicano, decretó que los zapatistas serían en lo sucesivo, "los principales agentes de la democratización" en su país. "Se trata ahora", añadía,

14

"de pasar del socialismo revolucionario a algo que no tiene nombre todavía pero que establece un vínculo entre la democracia, los derechos humanos, la capacidad de comunicación entre las culturas y la defensa de la diversidad".[2]

Curiosamente, ni los medios de comunicación ni los intelectuales intentaron saber más acerca de los orígenes de un movimiento que parecía interesarles sobre todo por sus repercusiones internacionales y por la personalidad de su principal dirigente. La izquierda europea andaba en busca de una nueva identidad, y los zapatistas le ofrecían una causa —la defensa de un pueblo autóctono convertido en minoritario en su propia tierra— que además servía de aglutinante contra un enemigo común, el neoliberalismo, considerado como el principal responsable del empobrecimiento de amplias capas sociales, tanto en los países industrializados como en el Tercer Mundo.

Este libro pretende llenar una laguna al hacer énfasis en la historia del movimiento zapatista desde sus orígenes, tal y como nos ha sido contada por sus protagonistas. Como sucedió con la mayoría de quienes siguieron el levantamiento indígena desde enero de 1994, nuestros primeros sentimientos hacia los rebeldes fueron de simpatía, incluso de admiración. Junto a la enorme curiosidad, experimentamos cierta satisfacción ante el desconcierto del gobierno mexicano, que no se atrevía a usar "toda la fuerza del Estado" para reprimir a los insurgentes por temor a astillar la imagen, pacientemente construida, pero en gran parte falsificada, de una democracia respetuosa con los derechos humanos y, además, recién promovida al rango de potencia económica regional. Algunos indios mal armados habían podido más que la arrogancia de un grupo político que ejercía el poder desde hacía 65 años. Ese era motivo más que suficiente para interesarse por la cuestión. La prensa internacional se precipitó a Chiapas para cubrir esta revolución de

15

nuevo cuño, calificada inmediatamente de "postcomunista" y "postmoderna" por algunos intelectuales entusiastas.

Desde enero de 1994 hemos seguido sobre el terreno las innumerables peripecias del conflicto para nuestros respectivos periódicos, el diario español *El País* y el rotativo francés *Le Monde*. Nuestros múltiples recorridos por los valles de la Selva Lacandona y por Los Altos que dominan San Cristóbal de Las Casas nos han permitido descubrir que las cosas no eran tan simples como parecían. Los matices se imponían, y muchas de las preguntas se quedaban sin respuesta, a pesar de la multitud de reportajes publicados en la prensa local y extranjera. ¿Cómo explicar, por ejemplo, el recurso a la lucha armada en un país que había controlado hasta entonces con éxito las explosiones de violencia y que había emprendido un proceso de democratización, terriblemente lento, es verdad, pero aceptado por el conjunto de la clase política, incluida la izquierda revolucionaria? ¿Por qué la rebelión había tenido lugar en Chiapas antes que en los estados de Guerrero y Oaxaca, que tienen una larga tradición de lucha y donde las condiciones de vida de la población indígena son igualmente dramáticas, si no más? Y por otra parte, ¿se trataba verdaderamente de una revuelta indígena? ¿Quién dirigía realmente el Ejército Zapatista y cómo estaba constituido? ¿Cuál había sido la trayectoria personal de *Marcos*? ¿Cómo había llegado a Chiapas y con qué intenciones? ¿Había utilizado a los indios en función de sus ambiciones personales o, por el contrario, éstos se habían servido de él para hacerse oír por el "poder blanco"? ¿Cuál había sido el papel exacto en estos acontecimientos de la Iglesia católica, y en particular del obispo de San Cristóbal de Las Casas, Samuel Ruiz? ¿Había realmente un vínculo entre los indios y la lucha contra el neoliberalismo? ¿Podía afirmarse, en fin, que los zapatistas habían contribuido a acelerar los cambios políticos en México? ¿O, por el contrario, su acción había frenado el proceso de democratización?

Estas son las preguntas que nos han asediado en el curso de una larga investigación en Chiapas y entre los bastidores del poder. El desafío se reveló más arduo de lo previsto. Por razones distintas, las autoridades y el movimiento zapatista cultivan el secreto con constancia y multiplican las pistas falsas en función de sus intereses respectivos. Muchos de nuestros interlocutores han aceptado aportar sus testimonios con la condición de no ser citados por su nombre. Del lado oficial, la colaboración ha sido más difícil de obtener: ni las fuerzas armadas ni los servicios de inteligencia están demasiado dispuestos —en México menos que en otras partes— a proporcionar información sobre sus actividades y sus métodos de trabajo.

Queremos expresar nuestro agradecimiento, sobre todo, a los tzeltales de las Cañadas de Ocosingo, que nos han dado su confianza al recibirnos en sus pueblos. *Antonio*, *Cecilia*, *Raúl*, *Salvador*, *Tomás* y varios otros se reconocerán sin duda, incluso si, por su propia seguridad, hemos tenido que cambiar sus nombres y ciertos contextos para imposibilitar su identificación. Todos han consagrado una gran parte de su vida y de su energía al Ejército Zapatista. Lázaro Hernández, el diácono-guerrillero, que nos ha relatado con muchos detalles los largos años pasados al servicio del movimiento rebelde, es un caso aparte, ya que figura con su verdadero nombre. A diferencia de los combatientes anónimos, Lázaro gozaba de cierta protección, en la medida en que fue elegido diputado después de abandonar la guerrilla.

Por lo que respecta a los máximos dirigentes de la organización, de los cuales ninguno es indígena —utilizamos indistintamente los términos *blanco*, *mestizo* o *ladino* para designar a todos aquellos que no proceden del mundo indio—damos, salvo algunas excepciones, sus nombres reales y sus seudónimos.

Después de que las autoridades revelaran su identidad en febrero de 1995, ya todo el mundo sabe que *Marcos* se llama en realidad Rafael Guillén y que *Germán* no es otro que Fernando Yáñez. Gloria Benavides es, sin embargo, la única que asume abiertamente su pasado bajo el nombre de *Elisa* y acepta hablar largamente.

Si el obispo de San Cristóbal, Samuel Ruiz, fiel a su reputación, realizó extraordinarias acrobacias para ocultar la verdad en el curso de la entrevista que nos concedió, varios sacerdotes de la diócesis —Joel Padrón, Jorge Rafael Díaz, Jorge Trejo y otros— han dado, en cambio, su versión de los hechos con una gran franqueza. El testimonio, a la vez preciso y sereno, del padre Pablo Iribarren nos ha permitido comprender mejor el trasfondo político y religioso de las comunidades que tenía a su cargo. Se lo agradecemos profundamente.

Los antiguos profesores de *Marcos* y sobre todo su padre, Alfonso Guillén, han contribuido generosamente a los capítulos dedicados a la infancia y a la juventud del jefe zapatista. Este libro, por lo demás, no sería lo que es sin la colaboración fructífera de un especialista en Chiapas, el historiador Juan Pedro Viqueira, que ha aceptado revisar el manuscrito para extirpar imprecisiones y algunos errores.

En lo que concierne a la estructura de la obra, hemos privilegiado deliberadamente los testimonios, sin tener en cuenta necesariamente la cronología de los acontecimientos. Nos ha parecido más importante dejar hablar a los actores para tener enfoques diferentes sobre los episodios en los que han participado desde distintas vertientes. Esto nos ha llevado a remontarnos, a veces, hasta los años sesenta para tener una mejor comprensión de ciertos fenómenos sociopolíticos.

PRIMERA PARTE: LA MÁSCARA Y LA PLUMA

1

La sublevación

¿Escritor genial o genial impostor? ¿Gran estratega o simple aficionado? El *subcomandante Marcos* es un enigma y quiere seguir siéndolo. Hoy conocemos su identidad real, aunque él siempre la rechaza con obstinación. Sabemos lo esencial de su vida, desde su infancia hasta el tránsito a la clandestinidad y su reaparición, diez años más tarde, al frente de un verdadero ejército indígena que invocó la herencia revolucionaria de Zapata cuando tomó, el 1 de enero de 1994, varias ciudades del estado de Chiapas, al sur de México. Esos sucesos sangrientos sacudieron los cimientos de un régimen autoritario surgido después de la Revolución de 1910 e hicieron de *Marcos* un personaje indefinible y controvertido en el doloroso proceso de modernización política de un país esclerotizado por la corrupción y el pillaje escandaloso de los recursos naturales en beneficio de una clase dirigente sin escrúpulos.

El pasamontañas, el humor y la prosa mordaz del jefe del Ejército Zapatista de Liberación Nacional (EZLN) han desbordado ampliamente las fronteras de México. Con el paso de los meses, el defensor de los indios se ha convertido en portavoz planetario de la lucha contra el neoliberalismo, que él mismo califica de "crimen contra la humanidad". Por todo el mundo —¡hasta en Australia!— han brotado comités de solidaridad con Chiapas que consultan con asiduidad las informaciones difundidas por Internet. Allí pueden acceder a los innumerables comunicados zapatistas y a los textos escritos por *Marcos*, y "piratearlos libremente", como indican los responsables de la página electrónica consagrada a Chiapas.

Las informaciones sobre la personalidad de *Marcos*, en cambio, quedan reducidas a la mínima expresión. Con una fotografía basta. En ella vemos al *subcomandante* sentado orgulloso sobre su caballo, con todos los atributos de su *función*: el pasamontañas y la pipa, el gorro estilo Mao con las tres estrellas rojas de su rango, el pañuelo anudado al cuello, las cananas cruzadas sobre el pecho, el aparato de radio colgado a un lado y el cañón de su fusil asomando, a la vez discreto y amenazante, detrás del hombro derecho. Ningún pertrecho le falta a este moderno Robin Hood, tan real como la vida misma. La estampa recuerda a los mensajes subliminales utilizados por los publicistas para asociar una imagen a un producto: el vaquero viril de los cigarrillos Marlboro o el poderoso toro del brandy de Osborne que domina las carreteras de España. No es de extrañar que la empresa italiana Benetton, aficionada a los motivos impactantes para vender su ropa, intentara convencer al guerrillero mexicano de que prestara su figura. ¡Cómo no prendarse a simple vista de este personaje que destila simultáneamente serenidad, fuerza y abnegación! Y además, esa foto de *Marcos* hace pensar inevitablemente en Emiliano Zapata, el general incorruptible de la Revolución de 1910. El mensaje está bien claro.

Pero mientras los publicistas exhiben el producto sin recato, esta imagen de Internet pretende conservar el misterio de *Marcos*, de quien la foto apenas permite adivinar, entre el pasamontañas y la gorra, una parcela de humanidad identificable. Las pocas líneas escritas a modo de biografía por la *mayor Ana María*, que se guarda bien de precisar que es la compañera del *subcomandante*, van en ese sentido. Con ellas nos enteramos de que él "nació hace once años en la Selva Lacandona" y que es "un representante, entre otros, de los indígenas y del pueblo chiapaneco". ¿Por qué tanta discreción, por qué esa preocupación por mostrar lo menos posible y enredar las pistas?

Decir más, sostienen los militantes zapatistas, sería hacerle el juego al gobierno, que al revelar la identidad de *Marcos* y su pasado marxista-leninista esperaba desacreditar la causa y a su principal dirigente. El procedimiento utilizado por las autoridades para desenmascarar al jefe del EZLN pretendía sin duda propinar un golpe psicológico a sus simpatizantes. En la vieja tradición mexicana de la lucha libre, aquel que consigue arrancar la máscara del adversario es proclamado ganador. De ahí la decisión del presidente Ernesto Zedillo de subir personalmente al cuadrilátero durante una emisión televisada en directo, en la que un funcionario de la Procuraduría General de la República descubrió el rostro de *Marcos* para hacer aparecer el de Rafael Guillén.

Durante varios meses los servicios de inteligencia se habían estancado en sus pesquisas, como lo demuestran las filtraciones a la prensa de supuestas identidades de *Marcos* que luego resultaron ser falsas y que provocaron desmentidos furibundos o temerosos, según los casos, de los afectados. Un ornitólogo franco-venezolano, un alto funcionario de telecomunicaciones, un activista vinculado a la guerrilla peruana de Sendero Luminoso, dos jesuitas, el hijo de un antiguo gobernador de Chiapas y algunos otros figuraban entre las víctimas de la ineptitud policial. Un rubio de ojos claros, un gigante de 1.90 metros, un hombre de 66 años, un cojo, un *hippy* melenudo y dos o tres mexicanos mucho más morenos que el hombre del pasamontañas: esos fueron los hallazgos de las autoridades, cada vez más frustradas y exasperadas a medida que pasaba el tiempo. Los archivos de la seguridad del Estado, las investigaciones sobre el terreno y los interrogatorios de los zapatistas capturados en enero de 1994 no habían aportado gran cosa. Se necesitaría finalmente la traición de uno de los principales dirigentes de la organización rebelde para determinar la identidad real de *Marcos*.

Rafael Guillén, alias *Marcos*

Los servicios de seguridad habían recibido una montaña de correo enviado por individuos deseosos de colaborar en la búsqueda de los zapatistas. La revisión de las cartas resultaba fastidiosa, y como la mayor parte no contenía elementos dignos de interés, acabaron todas en los archivos. Esa fue la suerte que corrió un mensaje enviado en mayo de 1994 por un remitente anónimo, quien aseguraba tener "informaciones muy importantes" que contar sobre la guerrilla zapatista y sobre sus dirigentes. Algunos meses más tarde, los responsables de la inteligencia militar recuperaron esta carta y escribieron a la dirección indicada, un apartado postal. La respuesta no tardó en llegar. Comenzó entonces, mediante una intermediaria enviada por el informante, un intercambio epistolar para establecer las condiciones de un eventual encuentro. En diciembre de 1994, los militares pudieron por fin conocer a su misterioso interlocutor, el cual les reveló que había ocupado un alto cargo en el EZLN antes de ser degradado por *Marcos* en los meses previos al levantamiento. Se trataba de Salvador Morales, alias *subcomandante Daniel.* Por aquel entonces la lista de los *Marcos* potenciales se había reducido considerablemente, y el nombre de Rafael Guillén figuraba ya en ella. *Daniel* confirmó la identidad de su antiguo jefe y amigo.

El ejército había ganado el premio gordo y se guardó mucho de compartirlo con los civiles, a los que reprochaba la falta de firmeza demostrada al ordenar, doce días después del alzamiento, un cese el fuego que había permitido a los zapatistas consolidar sus posiciones. Los más altos mandos de la Sección 2 (inteligencia militar) sometieron a Salvador Morales a interminables interrogatorios a lo largo de enero de 1995. El *subcomandante Daniel* no se hizo de rogar. Estaba resentido porque *Marcos* lo había apartado del cargo a raíz de un problema interno. Reveló la identidad de todos los cuadros zapatistas, la dirección de las casas de seguridad en la capital, la localización de los campamentos de la guerrilla en Chiapas, la estructura militar de los rebeldes y el tipo de armamento de que disponían. Habló también de los viajes a Nicaragua en la época de la revolución sandinista y de las relaciones con el obispo de San Cristóbal de Las Casas, que los servicios secretos habían confundido hasta entonces con el *comandante Germán*, el máximo dirigente de la guerrilla zapatista. El ejército había encontrado una mina de información y quería explotarla al máximo en previsión de una ofensiva contra el santuario zapatista de la Selva Lacandona. Sólo faltaba convencer al presidente de la República.

Marcos, de hecho, habría de proporcionar el pretexto que el poder necesitaba. Instalado en su feudo de Guadalupe Tepeyac, una aldea donde las autoridades habían inaugurado un hospital desmesurado cuatro meses antes de la insurrección, el dirigente zapatista se mofaba del gobierno, se comportaba como el jefe de una zona liberada y daba la bienvenida a delegaciones del mundo entero, incluyendo a emisarios de Washington. Los militares, que habían recibido la orden de no intervenir, se sentían humillados. El 19 de diciembre de 1994, *Marcos* apostó de nuevo por la provocación al ordenar a sus simpatizantes la ocupación de varias alcaldías y el bloqueo de carreteras fuera de la zona de conflicto. Esta vez, el ejército recibió autorización para actuar y, sin un solo disparo, penetró en la región controlada por los rebeldes mal armados y retomó varios pueblos que estaban bajo control

25

zapatista desde hacía más de un año. Los guerrilleros se replegaron en desbandada, dejando atrás una parte de sus pertrechos. Unos días más tarde, una contraorden llegada de la ciudad de México obligó a los militares a retirarse a sus posiciones anteriores. Su frustración creció todavía más.

El presidente Zedillo pidió al ejército un poco de paciencia y envió hasta Guadalupe Tepeyac a su secretario de Gobernación,* Esteban Moctezuma, para que negociara con *Marcos* la reanudación del diálogo, que se había interrumpido varios meses antes. La reunión se celebró el 15 de enero de 1995. Pero las semanas pasaban y el dirigente zapatista daba la impresión de querer ganar tiempo. Las presiones sobre el jefe de Estado iban en aumento. Los militares no eran los únicos que querían resolver por la vía rápida el problema de Chiapas. El empresariado empezaba a dar muestras de impaciencia, después de que la moneda nacional, el peso, hubiera sufrido una fuerte devaluación un mes antes. México se encontraba en plena negociación con Estados Unidos para diseñar un gigantesco plan de rescate de la economía, y las amenazas incesantes de *Marcos* no contribuían precisamente a crear un clima de estabilidad. Ernesto Zedillo creyó que había llegado el momento de hacer valer su autoridad y unas horas antes de su intervención en televisión ordenó al ejército retomar Guadalupe Tepeyac. Las instrucciones eran precisas: el objetivo de la operación se limitaba a la reconquista pacífica del territorio ocupado por los zapatistas. Las tropas avanzarían lentamente para dar a *Marcos* tiempo de retirarse y evitar así el riesgo de enfrentamientos. A pesar de toda la información disponible, las autoridades ignoraban si los zapatistas pondrían en práctica su amenaza de "morir con las armas en la mano". Afortunadamente no sucedió nada de eso.

---

* El cargo público corresponde al de Ministro del Interior.

El 9 de febrero de 1995, trece meses después de su aparición espectacular en la escena política, *Marcos* volvía a ser Rafael Guillén, ese profesor de teoría de las artes gráficas de la Universidad Autónoma Metropolitana de México que había renunciado a sus funciones once años antes. Tenía entonces 26 años y los estudiantes no sospechaban ni por asomo que su profesor había decidido acudir a Chiapas y organizar allí un movimiento armado. Sólo dos o tres colegas, entre ellos el que le habría de traicionar más adelante, estaban al corriente, por la sencilla razón de que ellos formaban también parte de la organización clandestina que crearía la guerrilla zapatista. A diferencia de su legendario predecesor y mentor, Ernesto *Che* Guevara, que fracasó estrepitosamente en su intento de crear "varios Vietnam" en América Latina y fue ejecutado por el ejército boliviano en 1967, Rafael Guillén era un ilustre desconocido cuando decidió seguir por los mismos derroteros en 1984. Se había marchado discretamente, sin informar siquiera a su familia, que debió acostumbrarse a sus largas ausencias encubiertas con falsos pretextos.

Según su biografía oficial, *Marcos* nació el 19 de junio de 1957 en Tampico, en el estado de Tamaulipas, a medio camino entre Texas y la ciudad de México. Era el cuarto de una familia de ocho hermanos, siete varones y una mujer. Sus padres, Alfonso Guillén y Socorro Vicente, eran propietarios de una cadena de mueblerías. La ficha personal proporcionada por las autoridades daba la siguiente descripción: 1.75 metros de altura, piel blanca, cabello castaño oscuro, ojos marrón claro, nariz aguileña. Dos fotos fueron presentadas a millones de telespectadores. La primera, tomada 14 años antes para la obtención del título universitario, mostraba el rostro inexpresivo de un joven con corbata y una barba bien tallada. En la otra se descubría, sobre un fondo de selva, un personaje mucho más sonriente, con una gran barba enmarañada, que vestía con cierto desaliño un uniforme de guerrillero y que estaba rodeado de varios rebeldes, entre ellos uno de los cuadros más veteranos de la organización, la *comandante Elisa*.

Rafael Guillén había cursado sus estudios de primaria y secundaria con los jesuitas en Tampico. Este detalle dio municiones suplementarias a los círculos anticlericales cercanos al poder, que dirigían desde hacía meses una intensa campaña contra la Iglesia católica, a la que acusaban de "tener vínculos con los movimientos subversivos". Los carteles que preconizaban "la muerte a los jesuitas" habían hecho su aparición en la capital mexicana y otras ciudades. La Compañía de Jesús, integrada por quinientos miembros en México y muy comprometida socialmente, presentó demandas ante los tribunales a raíz de la publicación de varios artículos difamatorios en órganos de prensa vinculados al gobierno. Sin resultado.

Notimex, la agencia de prensa encargada de reproducir las mentiras oficiales, creyó oportuno cargar las tintas a propósito de la relación de *Marcos* con los jesuitas y aseguró que el líder guerrillero había cursado sus estudios universitarios en un instituto tecnológico de la ciudad de Guadalajara perteneciente a esta orden religiosa. En realidad, Rafael Guillén se inscribió, en 1977, en la Facultad de Filosofía y Letras de la Universidad Nacional Autónoma de México. En noviembre de 1980 obtuvo su licenciatura con mención honorífica tras presentar una memoria sobre la filosofía y la educación.[1] Ya para entonces daba clases a los estudiantes de diseño gráfico de la otra universidad pública de la capital, la Autónoma Metropolitana, donde había comenzado a trabajar en enero de 1979. Desapareció durante seis meses en 1982. Después de esta primera estancia en la clandestinidad volvió a dar clases en la universidad. Su rastro se acaba perdiendo definitivamente a partir de febrero de 1984.

La contraofensiva del poder

Esta había sido la trayectoria del dirigente zapatista, según los servicios de inteligencia mexicanos. A partir del testimonio del antiguo compañero de *Marcos* y de las declaraciones arrancadas a la *comandante Elisa*, detenida la víspera, el presidente Zedillo pronunció en televisión un discurso contundente que contrastaba con la moderación mostrada anteriormente hacia los zapatistas. Hasta entonces a los guerrilleros se les consideraba como un grupo de "inconformes" que habían recurrido a la violencia para denunciar la injusticia y la miseria. El 9 de febrero de 1995, exasperado por las baladronadas de *Marcos* en un momento en que el país afrontaba una crisis económica sin precedentes, el jefe del Estado decidió llamar a las cosas por su nombre. No en vano disponía por fin de una información más completa sobre este misterioso Ejército Zapatista de Liberación Nacional. "El origen, la composición de la dirección de esta organización y sus objetivos", reveló, "no son ni populares, ni indígenas, ni chiapanecos. Se trata de un movimiento de guerrilla nacido de un grupo creado en 1969 al exterior de Chiapas, las Fuerzas de Liberación Nacional, cuyo objetivo es la toma del poder por medio de la lucha armada".

El presidente de la República confirmaba así la hipótesis oficial: *Marcos* y sus amigos habían manipulado a los indios con arreglo a un proyecto político anacrónico y violento. Ya desde el comienzo del conflicto las autoridades habían tratado por todos los medios de desacreditar a los zapatistas. El eco de estos mensajes se había diluido, sin embargo, en la simpatía que el levantamiento de Chiapas despertó en un sector importante de la población. La sublevación indígena, pensaron muchos, obligaría al gobierno a acelerar una transición democrática que se había estancado desde hacía 15 años en los meandros de la demagogia oficial.

El asesinato del candidato "oficial" a la presidencia de la República, el 23 de marzo de 1994, creó sin embargo un clima de pánico y enfrió las ansias de cambio de los mexicanos. Las autoridades explotaron sin pudor el tema de la violencia para convencer a los electores de que votaran por el nuevo candidato designado por el poder. El mensaje se resumía en la alternativa siguiente: "Ernesto Zedillo o el caos".

A pesar de las advertencias de *Marcos*, los mexicanos optaron por el *statu quo* y por el orden cuando acudieron a las urnas en agosto de 1994. El jefe zapatista manifestó después su decepción denunciando "el fraude gigantesco". En realidad, por una vez, la enorme maquinaria del Partido Revolucionario Institucional (PRI), en el poder desde 1929, no había tenido necesidad de rellenar las urnas ni de falsificar las listas electorales. Hubo, por supuesto, algunas manipulaciones dudosas, pero el PRI recurrió sobre todo a la compra de votos a cambio de alimentos, regalos o subvenciones... pagaderos una vez que se conocieran los resultados. Gracias a los recursos del Estado, enteramente al servicio del PRI, y a las contribuciones *voluntarias* de las grandes empresas, seguras de obtener después exorbitantes contrapartidas, el candidato oficial disponía tradicionalmente de medios financieros que hubieran hecho palidecer de envidia al más afortunado de los políticos estadounidenses o europeos. A esto se añadía el control de los principales medios de comunicación, en especial la televisión y la radio, que tienen una influencia desmesurada en un país donde la prensa escrita cuenta poco.

El desplome del peso en diciembre de 1994 hizo que de nuevo todo se tambaleara. Más de un millón de trabajadores perdieron sus empleos en el curso de los meses siguientes y la miseria, ya largamente extendida, adquirió proporciones dramáticas. Como Sísifo con su piedra, los mexicanos descendieron bruscamente los primeros peldaños de la pirámide del progreso que tantas veces habían intentado escalar. La frustración era inmensa.

Es en este contexto en el que las autoridades quisieron darle el golpe de gracia a los zapatistas. La operación de febrero de 1995 permitió al ejército reconquistar "la zona liberada" en su totalidad y desmantelar la logística de la guerrilla. Y se hizo sin ningún combate, aunque hubo algunos muertos en los dos lados en el transcurso de breves escaramuzas. Como estaba previsto, *Marcos* tuvo tiempo de replegarse y se instaló en una zona de acceso un poco más difícil, cerca del poblado de La Realidad. El jefe zapatista salió triunfante de la prueba, como un Robin Hood inalcanzable en su bosque de Sherwood. El mito recuperó fuerza gracias a la movilización de sus simpatizantes en la ciudad de México y en el extranjero, sobre todo en París, Madrid y Roma. Un nueva consigna había nacido: "¡Todos somos *Marcos*!", versión moderna del "¡Viva Zapata!".

Los intelectuales toman posiciones

Dos visiones se enfrentarían desde entonces: la del poder, que creía haber resuelto los problemas al revelar la identidad del impostor y sus *verdaderas* intenciones, y la de una multitud de pequeñas organizaciones de izquierda y varios intelectuales, que habían encontrado al fin un guía ilustrado, un *gran timonel* en su lucha contra un régimen arrogante. *Marcos* se convirtió así en el símbolo y el abanderado de todos los combates, ya se tratara de estudiantes contrarios a las pruebas de acceso a la universidad, de cerca de diez mil conductores de autobús despedidos por el gobierno de la ciudad de México, de pequeños ahorradores incapaces de hacer frente a sus deudas o de campesinos opuestos a la instalación de un campo de golf en la comunidad de Tepoztlán, a las puertas de la capital.

El jefe zapatista era un justiciero al servicio de una causa noble: la reconquista de la dignidad de casi diez millones de indios mexicanos que, desde hace más de cinco siglos, viven en la más profunda indigencia. *Marcos*, decían, había retomado el combate por los ideales de la Revolución de 1910, traicionada por una élite blanca, o mestiza, ávida de poder y de riqueza. En este sentido, él era el heredero natural de Zapata, que fue asesinado en 1919 por no haber aceptado que "la tierra y la libertad" para los campesinos siguiera siendo una simple consigna.

"Un logro extraordinario del EZLN [...] es quitarle al régimen el monopolio de Emiliano Zapata", se regocijaba Carlos Monsiváis en una carta enviada a *Marcos*.[2] El escritor mexicano más prolífico de la izquierda anticomunista expresaba así su aversión hacia la vieja práctica del poder que consiste en apropiarse de los héroes de la historia nacional para fines demagógicos. Las reivindicaciones del Ejército Zapatista de Liberación Nacional son sin duda universales, pero, para los mexicanos, se inscriben en la más pura tradición zapatista: democracia, justicia, libertad, trabajo, tierra, vivienda, alimentación, salud, educación, independencia y paz.

Según el escritor Carlos Fuentes, el lenguaje del EZLN "ya no es el lenguaje petrificado, dogmático, pesado, sino un lenguaje mucho más fresco, nuevo, como el que expresa el *subcomandante Marcos*, que obviamente ha leído mucho más a Carlos Monsiváis que a Carlos Marx".[3] Monsiváis no es, sin embargo, un incondicional de *Marcos*, aun cuando lo contrario pudiera ser verdad. En un gesto de mal humor, se tomó incluso la libertad de comparar el estilo de los textos literarios de *Marcos* con el de los anuncios clasificados.[4] El desplante fue sin duda tan excesivo como el juicio ditirámbico expresado algunos meses más tarde por el filósofo francés Régis Debray, que decidió que detrás de aquel pasamontañas estaba "el mejor escritor latinoamericano de hoy en día".[5] Como si Octavio Paz, Fuentes, Monsiváis y los demás no existieran.

Carlos Monsiváis atacó duramente los primeros documentos políticos emitidos por el EZLN. "Es demencial la pretensión de un grupo de mil o dos mil personas de declarar la guerra al Estado mexicano", deploraba algunos días después del levantamiento de enero de 1994. "No hay que idealizar tan rápidamente a los alzados. Su lenguaje político es rudimentario, su idea del socialismo corresponde al modo desinformado con que adoptan utopías difusas".[6]

Los carteles que los rebeldes colocaron el 1 de enero de 1994 sobre los muros de San Cristóbal de Las Casas y por toda la zona de conflicto revelaban, en efecto, un discurso cuando menos elemental. Los insurgentes denunciaban "500 años de esclavitud y de pillaje de las riquezas de la patria, así como la ambición insaciable de una dictadura dirigida por una camarilla de traidores al servicio del extranjero". Invocando el artículo 39 de la Constitución de 1917, que reconoce al pueblo "el derecho inalienable de modificar la forma de su gobierno", los insurgentes anunciaban que habían declarado "la guerra al Ejército Federal Mexicano, principal pilar de la dictadura ejercida por el partido en el poder", y hacían un llamamiento a la sociedad para unirse a esta "guerra justa contra los enemigos de clase" e instalar un "gobierno revolucionario".

El retrato de Zapata, con su célebre bigote, su inmenso sombrero y sus cananas cruzadas en el pecho, encabezaba la Declaración de la Selva Lacandona, así llamada en referencia a la región de Chiapas donde los zapatistas habían establecido sus cuarteles. Desde que los campesinos sin tierra de Los Altos chiapanecos, pero también del resto del país, obtuvieron autorización para instalarse en esta zona de difícil acceso a partir de los años treinta, la última selva virgen de México se había ido derritiendo como nieve al sol, más rápidamente incluso que la Amazonia. Las viejas prácticas agrícolas, sobre todo la tala y roza, que implica la quema previa del terreno, y la ganadería extensiva han provocado en las últimas tres décadas más estragos que las compañías madereras en dos siglos de pillaje incontrolado. Más de 250 mil personas viven hoy en este territorio de trece mil kilómetros cuadrados que, en 1875, todavía estaba cubierto por una espesa vegetación y casi totalmente deshabitado. Apenas el 30 por ciento de la superficie boscosa ha escapado a la destrucción sistemática y a la colonización agrícola. La creación de la reserva ecológica de los Montes Azules, donde se encuentran todavía algunos jaguares, diversos tipos de monos y guacamayos, ha permitido frenar la fuerte presión demográfica, sin llegar a detenerla por completo.

En la parte más accesible y poblada de esta región de relieve accidentado, *Marcos* y algunos universitarios venidos de la ciudad de México instalaron sus petates a principios de los años ochenta. El "proceso de acumulación silenciosa de fuerzas", según la expresión utilizada en un comunicado zapatista para explicar el reclutamiento progresivo de los indios, duró diez años y se extendió a las zonas limítrofes, en particular Los Altos de Chiapas, al norte de San Cristóbal de Las Casas.

"La primera Declaración de la Selva Lacandona me pareció delirante", confiesa Carlos Monsiváis después de recordar su rechazo a la lucha armada y "al heroísmo que se edifica en el sacrificio programático de vidas". Para el escritor, los autores de este texto "ignoraban manifiestamente la nula voluntad revolucionaria de la sociedad mexicana". Con el tiempo los zapatistas rectificarían su discurso y Carlos Monsiváis modificaría su juicio, como explica él mismo en una carta a *Marcos*. "Cambiaste", escribe. "Perdiste, como tú mismo has dicho en varias ocasiones, buena parte de tu dogmatismo".[7]

En un arranque de sinceridad, *Marcos* había reconocido, en efecto, haber evolucionado en el plano ideológico.

En realidad, lo único que nos hemos propuesto es cambiar el mundo, lo demás lo hemos ido improvisando. Nuestra cuadrada concepción del mundo y de la revolución quedó bastante abollada en la confrontación con la realidad indígena de Chiapas. De los golpes salió algo nuevo —que no quiere decir bueno—, lo que hoy se conoce como el neozapatismo.[8]

Marcos, sin embargo, nunca ha querido admitir su pertenencia a una organización tan dogmática como las Fuerzas de Liberación Nacional, de la que nace el Ejército Zapatista. A pesar de sus piruetas verbales, las revelaciones sobre su pasado le han obligado a revisar un poco su historia personal para hacerla más creíble. Desde entonces reconoce haber sido miembro de "una organización político-militar que tenía por objetivo la toma del poder por las armas y la instalación de un Estado proletario, según el esquema imperante en los años setenta".[9]

¿Cuándo dio *Marcos* su viraje ideológico? ¿Y lo ha dado verdaderamente, o se trata de una decisión táctica para lograr convencer a más gente con un lenguaje adaptado a las circunstancias? Los primeros textos emitidos por los zapatistas durante la sublevación del 1 de enero de 1994 muestran que los dirigentes del EZLN bebían todavía en esa época de las fuentes de una ortodoxia marxista-leninista que preconizaba la "dictadura del proletariado" y la colectivización de la tierra. El lenguaje cambió radicalmente en las semanas que siguieron a la rebelión. Bajo la influencia de la prensa y de la diócesis de San Cristóbal, que insisten en el carácter indígena del alzamiento, *Marcos* rectifica su discurso y guarda su viejo breviario revolucionario.

En un país donde el poder controla la información, ya sea de forma directa o mediante sutiles procedimientos, dos periódicos, *La Jornada* y *El Financiero*, y el semanario *Proceso* vieron en el conflicto de Chiapas la oportunidad de distanciarse del régimen, y dieron al movimiento zapatista una dimensión que no tenía al principio. Muy rápidamente, *Marcos* y sus aliados, en particular la diócesis de San Cristóbal y quizás algunos disidentes del partido en el poder, se percataron del provecho que podían sacar de la situación. El 13 de enero, *Marcos* concedió a estas tres publicaciones y al pequeño diario *El Tiempo* de San Cristóbal el privilegio de recibir en prioridad los comunicados zapatistas. Durante varios meses, la tirada de estos medios subió como la espuma, para volver a sus niveles anteriores una vez que la curiosidad de los lectores acabó por debilitarse.

Todo esto dio como resultado una prensa esquizofrénica. Mientras que los reporteros de *La Jornada* escribían verdaderos folletines para mayor gloria de los zapatistas y denunciaban "el genocidio" de indios, la prensa oficialista y la televisión, más abyectas que nunca, la emprendían contra los rebeldes y acusaban a "los extranjeros" de estar al frente del EZLN. La verdad fue la primera víctima de esta guerra que, pese a todo, dejó entre doscientos y seiscientos muertos —según las fuentes— en menos de dos semanas, hasta la declaración de alto el fuego del 12 de enero.

La gran habilidad de *Marcos* fue desencadenar las hostilidades en un momento en que la capacidad de maniobra del entonces jefe del Estado, Carlos Salinas, estaba neutralizada por la feroz lucha por el poder desatada en el seno de su propio partido y por la necesidad de dar de México una imagen democrática. No olvidemos que el país estrenaba en ese momento el estatus de aliado privilegiado de Estados Unidos merced al Tratado de Libre Comercio, en vigor desde el 1 de enero de 1994. Varios meses antes del levantamiento, el ejército había pedido autorización para emprender un operativo contra los campamentos de la guerrilla que tenía localizados. El presidente Salinas pensó que el momento no era oportuno. Según sus informaciones, esos campesinos mal entrenados y equipados, en su mayoría, con viejos fusiles de caza o simples machetes, no constituían una amenaza seria. Los acontecimientos posteriores demostrarían que el jefe de Estado y sus consejeros no habían comprendido que se enfrentaban a una verdadera guerrilla. El armamento del EZLN era, en efecto, disparatado, pero sus dirigentes tenían capacidades insospechadas que compensaban con mucho la debilidad militar de su organización.

La primera guerrilla virtual

Unos días después de alto el fuego, *Marcos* invitó a la prensa a unas maniobras militares e hizo creer que sus tropas disponían de armas sofisticadas, entre ellas minas y misiles antiaéreos. Se guardó mucho de mostrarlas, pero subrayó que estaba dispuesto a utilizarlas. Los fotógrafos se entregaron: hombres y mujeres, todos enmascarados y uniformados, desfilaron ante ellos en un pequeño pueblo de la Selva Lacandona, a menos de dos horas en coche de la ciudad de Ocosingo. Varias docenas de rebeldes armados con fusiles automáticos y lanzagranadas se habían situado en primera fila, para dar la impresión de que se trataba de una fuerza bien equipada. Nada demasiado impresionante en comparación con las antiguas guerrillas de Centroamérica, pero lo justo para despertar las dudas. El episodio confirmaba el talento excepcional de *Marcos* para la puesta en escena. La primera guerrilla virtual acababa de nacer y su arma principal iba a ser el *farol*, como lo comprobarían después las autoridades mexicanas.

La fuerza del EZLN consistía, después de todo, en hacer creer que disponía de medios para lanzarse a la guerra, sin tenerlos realmente. Los zapatistas habían dado indicios de su debilidad militar durante la *batalla de Ocosingo*, el único combate verdadero que se vieron obligados a librar en los primeros días de enero. Pero quedaba todavía en el misterio la capacidad política real de la guerrilla, tanto en Chiapas como en el resto del país. Ante la duda, el gobierno prefirió evitar un enfrentamiento que podía desembocar en una movilización popular mucho más peligrosa.

Durante más de un año, *Marcos* amenazó con reanudar las hostilidades, evitando cuidadosamente, eso sí, pasar a la acción. Se dio incluso el lujo de romper las primeras negociaciones con el gobierno, que había accedido a la mayoría de las demandas zapatistas, a excepción de la dimisión del presidente Salinas y la instauración de un gobierno de transición. El pulso se prolongó hasta la ofensiva de febrero de 1995: entonces el ejército pudo comprobar la nula capacidad de fuego del lado rebelde. A partir de ese momento, los insurgentes, que habían ganado la primera partida gracias a su habilidad política, se vieron obligados a adaptar sus reivindicaciones a su fuerza real.

Dos años después de su irrupción en la escena política y literaria, *Marcos* dio a conocer el resultado de sus reflexiones sobre el poder en un largo artículo escrito para *La Jornada*. "Tal vez la nueva moral política se construya en un nuevo espacio que no sea la toma o la retención del poder, sino servirle de contrapeso y oposición, que lo contenga y obligue a, por ejemplo, *mandar obedeciendo*. Por supuesto que el *mandar obedeciendo* no está entre los conceptos de la *ciencia política*".[10]

El proyecto se va volviendo más moderado con el tiempo, aunque no necesariamente más realista. "Viéndolo en perspectiva", reconoce el jefe zapatista, "nosotros pensamos que lo que hicimos es que cuando el país estaba dormido, pasamos, le dimos una patada y lo despertamos". El objetivo es, a partir de ese momento, más modesto: se trata de movilizar a la sociedad para forzar la democratización del régimen y "construir otro país sobre las ruinas" de este. ¿Cómo? "Llamando a la sociedad civil, a la gente sin partido, para lograr construir, junto con nosotros, algo nuevo". Faltaba definir a la "sociedad civil", concepto nebuloso y heterogéneo que *Marcos* no logra realmente explicar. "No sé, pero ahí está [...] El anhelo de ser mejores y la convicción de que ese ser mejores pasa por un cambio democrático, por un cambio político".[11] Da la impresión de estar escuchando una homilía del obispo de San Cristóbal, Samuel Ruiz, o el discurso político-religioso de los militantes de la teología de la liberación, de la que *Marcos*, en otros tiempos, se había desvinculado por considerar que se trataba de una visión reformista a todas luces insuficiente para transformar el régimen y la sociedad.

Al moderar su lenguaje *Marcos* pretendía también evitar la ruptura con la base social del EZLN que, después de haberlo sacrificado todo para unirse a esta organización, se impacientaba por no ver ningún resultado tangible. Según la mayor parte de los testimonios recogidos en los pueblos zapatistas, los indios habían aceptado participar en la rebelión porque veían en ella un medio de obligar al gobierno a escuchar sus reivindicaciones. La caída de un lejano régimen no formaba parte de sus objetivos. Después de largos años de trámites infructuosos para obtener tierras, créditos y un precio justo para sus productos, las comunidades indígenas se habían dejado seducir por la proposición de *Marcos*, pensando que ya no tenían nada más que perder.

Revolucionarios blancos, reformistas indígenas

Dos proyectos distintos habían confluido para sumar sus fuerzas y habían terminado por convertirse en uno solo. Uno, reformista, de los pequeños campesinos indígenas concienciados por el trabajo de los sacerdotes de la diócesis. Y otro, revolucionario, de los activistas llegados de la capital mexicana para establecer un foco de guerrilla en Chiapas y, a partir de ahí, crear las condiciones políticas y sociales a escala nacional para derrocar al régimen, según la teoría de la vanguardia insurreccional desarrollada por los cubanos y aplicada por el *Che* en Bolivia.

Los guerrilleros mexicanos, sin embargo, habían extraído buenas lecciones del fracaso de su ilustre predecesor. Dos años antes del levantamiento del primero de enero explicaban, en un documento interno, por qué habían decidido "no seguir las acciones militares desgastantes de los métodos *foquistas*" (creación de focos de guerrilla).

> Nuestra organización prefirió seguir el camino de la paciencia revolucionaria, de la concientización (sic) proletaria del pueblo como única vía segura para avanzar con pasos firmes en la lucha de liberación. Hoy día, con el derrumbe del bloque socialista, o más bien, de algunos modelos que hoy vemos como erróneos en la construcción del socialismo, muchos se han dejado llevar por la desesperanza, o por los dólares, y lo único que proponen es bailar al son que la burguesía toque.[12]

Los *neozapatistas* creían que era necesario "continuar la lucha por el socialismo, aunque ahora transformando algunos de sus métodos pero para hacerlos más revolucionarios, más apegados a las necesidades políticas del pueblo". En un momento en que la mayoría de las guerrillas de América Latina decidían participar en las elecciones y en la vida parlamentaria, los mexicanos endurecían su posición en sentido contrario e invitaban, en 1991, "a los obreros, campesinos y otras capas sociales a tomar el poder tras una larga y cruenta guerra".[13]

¿Cuál es entonces el verdadero *Marcos*? ¿El revolucionario o el reformista? ¿El Quijote desfacedor de entuertos y humanista, a quien evoca sin cesar como su héroe favorito, y con quien asegura compartir la locura? ¿El azote de la corrupción, del "mal gobierno" y de los partidos políticos garantes del orden establecido? ¿O, tal vez, el demagogo que pretende hablar en nombre de la "sociedad civil"? ¿El profeta mesiánico que coquetea con la teología de la liberación, al tiempo que proclama su ateísmo? ¿O bien el hombre de izquierda que analiza con lucidez la caída del muro de Berlín y del hundimiento del bloque socialista cuando afirma crudamente: "El pensamiento de la izquierda ha sido uno de los más ricos en la historia de la humanidad frente al poder y, paradójicamente, uno de los más pobres cuando ella está en el poder"?[14]

¿Cuál es el rasgo dominante de la personalidad de *Marcos*? ¿El intelectual que produce textos de gran sagacidad sobre la sociedad y el sistema político mexicanos? ¿O más bien el megalómano que invita a los indios a construir templos político-culturales y una biblioteca en plena Selva Lacandona? ¿El *sesentayochero* incorregible —por ósmosis, porque él tenía apenas once años en 1968— que quiere adaptar el mundo a sus objetivos y exige lo imposible? ¿El escritor que hace de la ironía un arma temible contra los intelectuales del régimen? ¿El dogmático que excluye a la prensa "malpensante" de la gran kermés política de la Convención Nacional Democrática, en agosto de 1994, y del surrealista Encuentro Intergaláctico por la Humanidad y contra el Neoliberalismo, en julio de 1996? ¿O el dirigente complaciente que oculta las aportaciones gubernamentales a la financiación de esa Convención?

¿Sería *Marcos* parte de una oscura conspiración? Así lo consideran las teorías de moda en México que, ante la opacidad informativa, ven una maquinación, un *deus ex machina* detrás de todos los acontecimientos violentos que han sacudido recientemente al país: desde el homicidio del arzobispo de Guadalajara, en mayo de 1993, hasta la muerte del candidato oficial a la presidencia de la República, en marzo de 1994, pasando por el levantamiento de Chiapas, la devaluación del peso y el asesinato, en pleno día y en una céntrica calle de la capital, del secretario general del partido en el poder. Es cierto que se trata de muchas convulsiones en poco tiempo —menos de dos años— en un país hasta entonces conocido por su estabilidad. Incluso si no están todos necesariamente vinculados, estos episodios dramáticos tienen un común denominador: se inscriben en el cuadro de la lucha despiadada por el poder que se desata entre diversos clanes de la clase dirigente desde finales de los años ochenta.

Dinosaurios y tecnócratas

Empleando la terminología imperante en México, los *dinosaurios*, es decir, los partidarios del viejo populismo emanado de la Revolución de 1910, estarían al frente de una campaña de desestabilización del país para bloquear el *proyecto neoliberal* de los *tecnócratas*, quienes, con el apoyo de Estados Unidos, quieren modernizar las estructuras económicas, reducir el papel del Estado, abrir las fronteras al comercio y, si no queda más remedio, democratizar el sistema político.

Las divergencias ideológicas no lo explican todo. Se trata, de hecho, de una lucha a muerte entre los grupos que han visto en la privatización del enorme sector estatal una amenaza a sus intereses económicos, y aquellos que se han aprovechado del nuevo orden para consolidar su poder financiero y político. Estos últimos han roto el pacto no escrito que permitía, desde hacía setenta años, una especie de alternancia en la dirección del país y el consiguiente reparto equitativo del pastel entre las diversas *familias* de la élite gobernante. Los intereses económicos en juego son gigantescos, en la medida en que los *carteles* mexicanos de la droga, que transportan más del 60 por ciento de la cocaína colombiana destinada a Estados Unidos y producen otro tanto de la marihuana consumida en ese mercado, se han infiltrado en el sistema político y son ya parte activa en la lucha por el poder.

El conflicto entre un gobierno federal que pregona sus veleidades reformistas y las mafias regionales, ligadas a los poderes locales, ha complicado considerablemente el panorama político. El jefe del Estado y su equipo se debaten sin tregua entre intereses contradictorios. Por un lado propagan discursos en favor de la democratización, de la libertad de prensa y de la lucha contra la corrupción, pero a la vez dejan actuar a los caciques más deshonestos y defienden con uñas y dientes un programa autoritario de ajuste económico que ha llevado aparejado un descenso dramático en el nivel de vida de la mayoría de la población.

¿Contribuyeron algunos sectores del régimen, en desacuerdo con las líneas políticas de los gobiernos de los últimos diez años, a consolidar la guerrilla chiapaneca? ¿Utilizaron al movimiento armado como elemento desestabilizador, ya sea por razones ideológicas o para defender intereses personales? A falta de pruebas esta idea sigue siendo una hipótesis, pero la actitud extraña del secretario de Gobernación de entonces, Patrocinio González Garrido, él mismo originario de Chiapas, ha suscitado muchas preguntas y rumores. ¿Habría dejado el principal responsable de la seguridad del Estado crecer a la guerrilla, como sospechan algunos de sus antiguos compañeros de gobierno, para poderla luego aplastar brutalmente y aparecer así como el candidato mejor situado de cara a la elección presidencial? Dado que la lucha subterránea por el poder en México no se anda con chiquitas, ha florecido la sospecha de que algunos servicios facilitaron el alzamiento zapatista minimizando, o incluso alterando, la información transmitida al entonces jefe de Estado, Carlos Salinas. Estas dudas acecharon al antiguo mandatario, que nombró a un nuevo responsable de Interior en los días que siguieron al levantamiento.

La desconfianza rodeó también a otro personaje importante de la clase política en el poder: Manuel Camacho, quien después de haber dirigido varias secretarías había sido nombrado regente de la capital mexicana, uno de los cargos más codiciados. Cuarentón, como Carlos Salinas, con el que mantenía una estrecha amistad desde la adolescencia, Manuel Camacho creía tener todas las bazas para ser designado candidato a la presidencia de la República. En la arraigada tradición mexicana del *dedazo*, a la que Salinas se aferró a pesar de sus veleidades modernizadoras, es el presidente saliente quien escoge a su sucesor y se encarga después de organizar unas elecciones *controladas* para obtener la ratificación popular del candidato. ¡Cuál no sería la decepción y la ira de Camacho cuando Salinas seleccionó a Luis Donaldo Colosio el 28 de noviembre de 1993! Lleno de amargura, Camacho aseguró en privado que su amigo Salinas lo había descartado porque deseaba un sucesor dócil, como Colosio, que le permitiera mantener su influencia entre bastidores, esquivando así la prohibición constitucional de ejercer un segundo mandato. Este era el sueño de todos los presidentes mexicanos que, después de seis años de poder absoluto, no lograban hacerse a la idea de que debían convertirse en simples ciudadanos y sumergirse en una estricta ley del silencio hasta el final de sus días.

"Salinas sabía que conmigo hubiera tenido respeto, pero nunca el control del gobierno", explica Manuel Camacho. "Cuando yo entro a algo, saben que no dejo espacio para que alguien se meta. Además, mi manera de ser estaba en conflicto con su equipo más cercano, en particular con José Córdoba". El principal asesor del presidente era un mexicano de origen francés al que Camacho reprochaba su desconocimiento de las entrañas del país. "Córdoba estaba convencido, equivocadamente, de que el Tratado de Libre Comercio con Estados Unidos tendría efectos milagrosos y arreglaría todos los problemas de México. El entorno de Salinas sabía que yo no iba a respetar la tradicional complicidad que autoriza al nuevo presidente a perdonar todos los abusos cometidos por el equipo anterior. Yo no iba a entrar en el juego".

Rompiendo la regla de discreción que prohibía cuestionar el proceso de sucesión, Camacho proclamó públicamente su desacuerdo y dimitió de sus funciones con gran estruendo. Para calmar las aguas, Carlos Salinas lo puso al frente de la Secretaría de Relaciones Exteriores. Un mes más tarde los zapatistas irrumpieron bruscamente en el escenario político con la toma de varias ciudades de Chiapas. Camacho se ofreció de inmediato al presidente de la República para negociar con la guerrilla. Su precipitación resultó aún más sospechosa porque insistió en hacerlo sin recibir cargo oficial ni sueldo. A nadie se le escapó el objetivo político: al renunciar a sus funciones oficiales seis meses antes de las elecciones, Camacho podía, según la Constitución, presentar su candidatura a la presidencia.

El canciller no había abandonado sus ambiciones y quería utilizar las negociaciones con el EZLN como un trampolín. Si lograba restablecer la paz, aparecería como el salvador de la nación y esto contribuiría a consolidar su popularidad. Sólo le quedaría entonces convencer a Salinas de que cambiara al candidato. Si el presidente se negaba, Camacho amenazaría con presentarse a título personal en alianza con un partido de la oposición de izquierda, lo que provocaría inevitablemente la derrota del partido oficial, aunque en beneficio del candidato de la derecha. Carlos Salinas aceptó finalmente la oferta envenenada de su amigo Camacho, que salió inmediatamente hacia Chiapas. Entre los dos hombres del presidente se entabló entonces una dura batalla por ocupar la primera plana de los periódicos y la apertura de los noticieros de televisión. La campaña electoral de Colosio pasó rápidamente a un segundo plano, víctima de las maniobras de Camacho. El exregente capitalino se las arregló para tener en vilo a la prensa hasta la apertura de las negociaciones en febrero de 1994, y contribuyó a hacer de ellas un verdadero espectáculo hollywoodiense en la catedral de San Cristóbal de Las Casas.

El enfrentamiento terminó en tragedia. Luis Donaldo Colosio fue asesinado el 23 de marzo de 1994 durante un acto político en un barrio popular de la ciudad de Tijuana, a unos pocos kilómetros de la frontera con Estados Unidos. Mario Aburto, el joven homicida, fue detenido al instante, pero los móviles del crimen siguen en el misterio. ¿La muerte de Colosio fue una conspiración preparada cuidadosamente, o se trató del acto espontáneo de un iluminado? Aburto, que fue condenado a 45 años de cárcel, alimentó la confusión con declaraciones incoherentes y se guardó mucho de denunciar a sus eventuales cómplices. Una serie de indicios y sobre todo el clima político del momento hicieron pensar que se trataba de un complot. Según esta hipótesis, muy popular entre la opinión pública y la prensa, los culpables no podían ser otros que Carlos Salinas o Manuel Camacho. No se descartaba tampoco a los *dinosaurios* del régimen, que habrían querido desembarazarse de un candidato del clan *tecnócrata* para reemplazarlo por un hombre de la vieja guardia.

Los narcotraficantes, muy poderosos en Tijuana, podrían haber participado también en el crimen, porque, según rumores imposibles de verificar, Luis Donaldo Colosio se negó a renovar un pacto secreto de no agresión entre el gobierno y los *carteles* mexicanos de la droga. Esta explicación, que sedujo en su momento a una parte de la prensa estadounidense, no se fundamenta en ninguna prueba, y parece más bien corresponder al deseo de Washington de convencer a su opinión pública de que México, a diferencia de Colombia, hace verdaderos esfuerzos para impedir que los *narcos* financien las campañas electorales y controlen el engranaje político del país. Según esta hipótesis, la decisión de Colosio de no colaborar con el crimen organizado estaría en el origen de su asesinato, mientras que el presidente colombiano, Ernesto Samper, habría hecho la elección inversa para llegar al poder. En realidad, es del dominio público, aunque quede en un plano discreto, que los narcotraficantes mexicanos alimentan generosamente la caja oculta de los candidatos oficiales, en particular en los comicios regionales.

Con esta inusual flexibilidad, Estados Unidos, que prefiere negociar bajo cuerda la cooperación mexicana en materia de estupefacientes, pretende no herir el nacionalismo de un vecino susceptible. Pero, sobre todo, Washington no desea pagar los costos sociales de una guerra abierta contra el narcotráfico. Las enormes ganancias de la droga sostienen cerca de 350 mil empleos directos en México y un número incalculable de trabajos indirectos, lo que frena la marea de desempleados que podría cruzar ilegalmente la frontera. Según la DEA, la agencia antinarcóticos estadounidense, el volumen de negocios de los *carteles* mexicanos alcanza los 30 mil millones de dólares (el equivalente al 10 por ciento del producto interno bruto de este país y a un tercio de sus exportaciones legales). El cálculo, como todos los que hace la DEA, es sin duda exagerado, pero da una idea de la dimensión de las actividades clandestinas en la economía mexicana.

Las intrigas del poder

Quienquiera que fuera el instigador del asesinato de Colosio, Manuel Camacho llevaba todas las de perder con semejante desenlace, entre otras cosas porque las sospechas que pesaban sobre él truncaron a partir de entonces su candidatura a las elecciones de agosto de 1994. "Tengo elementos de grupos que pudieron estar detrás de ese crimen", dice, "pero no daré la información salvo en caso de emergencia".

Su participación en el asesinato resultaba a todas luces improbable, pero sus vínculos con Chiapas terminaron por suscitar algunas preguntas inquietantes. ¿Había tenido Camacho algo que ver con el levantamiento zapatista? ¿Había contribuido a la financiación del EZLN, bien directamente o a través de una ayuda entregada al obispo de San Cristóbal, Samuel Ruiz? Sin ser originario de Chiapas, Camacho mantenía una estrecha relación con un antiguo gobernador de ese estado, su suegro, quien, a diferencia de sus sucesores, estaba en buenos términos con algunas organizaciones de izquierda y con Samuel Ruiz. Disponía así de información de primera mano sobre el Ejército Zapatista y no podía ignorar lo que pasaba en la Selva Lacandona.

¿No había declarado Camacho que, de haber sido candidato a la presidencia, hubiera comenzado su campaña en Chiapas para desactivar una eventual revuelta? Desde octubre de 1993, es decir, tres meses antes del levantamiento, había preparado, como él mismo ha reconocido después, un *blitz* que consistía en "apoyar a Samuel Ruiz para resolver los problemas sociales, y quitar así al EZLN una buen parte de su base". ¿Se debe inferir de esta confesión que Camacho contaba con la amenaza del levantamiento zapatista para aparecer ante los ojos de Salinas como el único candidato capaz de desactivar el problema? ¿Maquiavélico? Sin duda, pero la política mexicana ha dado a veces pruebas de un refinamiento que no tiene equivalente en ningún otro lugar.

Una correspondencia *confidencial* atribuida al entorno de Camacho parecía, además, confirmar esta hipótesis. Los documentos demostraban que el exregente financiaba en secreto al Ejército Zapatista a través del obispo de San Cristóbal, al que enviaba cada mes sumas considerables —¡más de 300 mil dólares a partir de marzo de 1993!— para cubrir "la compra de productos alimentarios, sistemas de radiocomunicaciones, botas" y otros artículos. Estos fondos procedían de los beneficios obtenidos por la principal sociedad de estacionamientos de México, administrada por un amigo de Camacho, Jorge Rosillo, cuya vida parece sacada de una novela de aventuras: participó en la guerrilla de Fidel Castro en Sierra Maestra en los años cincuenta, estuvo encarcelado en Chiapas por contrabando de maderas preciosas y sirvió de intermediario, en varias ocasiones, entre el poder y la oposición de izquierda a partir de 1988.

En una carta dirigida a una tercera persona y fechada en noviembre de 1993, Jorge Rosillo anuncia crudamente que, "según el plan convenido, las reservas son suficientes para alimentar y equipar a alrededor de tres mil hombres por un periodo de seis meses, según los cálculos proporcionados por el grupo de Chiapas". "Te informo", añade, "que según el camarada Maya, todo está listo para el 1 de enero de 1994 [...] A la espera de nuevas instrucciones, te agradeceré que informes a Manuel Camacho...". En el lenguaje codificado de esta correspondencia, el grupo era, evidentemente, el EZLN y el camarada Maya no era otro que el obispo Samuel Ruiz.

¿Cómo explicar semejante imprudencia por parte de los amigos de Camacho? ¿Por qué dejar huellas tan evidentes de su participación en la insurrección zapatista de Chiapas? En realidad, todos estos documentos son falsos, lo que no impidió que ciertos periódicos mexicanos los presentaran como auténticos. Las cartas pudieron haber sido fabricadas por los servicios de seguridad a petición expresa de algunos de los adversarios de Manuel Camacho en el interior del gobierno. "Me inventaron todas esas cosas en función de fines políticos", protesta él. "Puede ser que estén convencidos de que tengo algo que ver con el EZLN, lo que revelaría el nivel de estupidez de los responsables de

Gobernación. Soy hijo de militar, y me enseñaron que con la seguridad nacional no se juega. ¿Cómo me iba a poner yo en manos de un guerrillero?".

Manuel Camacho sostiene que se reunió con *Marcos* por primera vez el 14 de febrero de 1994, un mes y medio después de la rebelión y una semana antes de la apertura de las negociaciones con el EZLN en la catedral de San Cristóbal. "El primer encuentro fue un momento muy fuerte", recuerda.

> Habíamos salido de San Cristóbal al amanecer. Un enviado de *Marcos* se había reunido con nosotros en camino para indicarnos la ruta que debíamos seguir. Llegamos a un lugar que yo no conocía. Estábamos esperando en el coche cuando varias personas se subieron a bordo. De repente me llegó un olor de tabaco de pipa, de hoja de arce. Qué maravilla, pensé. He llegado adonde quería. La conversación fue fantástica:
>
> —¿Qué quiere?, me preguntó.
> —Que se logre la paz.
> —Usted es un gran político. Dejó Relaciones Exteriores para hacer la paz. Usted tiene valor y los resultados le van a dejar beneficios. ¿Cuál es su preocupación principal?
> —La soberanía de México. Que la nación no se divida.
> —¿Y la gente, qué? ¿Y los jodidos, qué?
> —No podemos defender la nación sin defender a la gente.
> —Para usted lo más importante es la nación, para mí lo más importante son los jodidos.

Contado por el antiguo secretario, el relato de este encuentro en la selva pone de manifiesto la vanidad de los dos hombres, que se colmaban de elogios mutuos a propósito de sus lugares en la historia. Rompiendo con su propia regla, Manuel Camacho parecía haber olvidado que un "hijo de militar" debía mantener la distancia con un guerrillero. La presión política y sus propias ambiciones le hicieron volver en sí rápidamente. Al comenzar el diálogo en la catedral de San Cristóbal, el 21 de febrero de 1994, el negociador del gobierno se sentó con diecinueve *comandantes* zapatistas alrededor de una mesa colocada en la sacristía. Los representantes rebeldes habían dejado sus armas a la entrada, pero nunca se quitaron el pasamontañas. Camacho les explicó entonces que todo era negociable siempre y cuando las reformas exigidas se mantuvieran en el orden constitucional. "Todas sus reivindicaciones de carácter local pueden resolverse", les dijo. "Los cambios de alcance nacional deberán proponerse en el marco institucional adecuado", lo que quería decir, esencialmente, el Congreso.

Diez días más tarde, el 2 de marzo, las dos partes habían llegado a un acuerdo sobre la práctica totalidad de las 34 exigencias zapatistas, en particular el acceso a la educación, la salud y la justicia, pero también una forma de autonomía administrativa para los indígenas y una reactivación temporal de la reforma agraria para proceder a nuevos repartos de tierras. Lo que a las guerrillas de Centroamérica les había costado años de lucha, los rebeldes mexicanos lo habían conseguido en doce días de combate y diez de diálogo. ¡Una verdadera proeza! "Todo lo que pidió el EZLN lo aceptamos y ellos estaban felices", recuerda Camacho. *Marcos* lo confirmó en esas fechas: "No hubo dobleces ni mentiras [...] Encontramos en el comisionado del gobierno a un hombre dispuesto a escuchar nuestras razones y demandas. Él no se conformó con escucharnos y entendernos, buscó además las posibles soluciones a los problemas. Saludamos la actitud de Manuel Camacho".[15]

Esta nueva salva de alabanzas fortaleció todavía más los rumores sobre la existencia de un vínculo entre el negociador y el EZLN. La guerrilla, se decía, estaba dispuesta a apoyar la candidatura de Camacho en la elección presidencial. "Estos chismes de quinta terminaron por tirarlo todo por la borda", se lamenta el interesado. Tres meses más tarde, en efecto, *Marcos* anunció que los zapatistas habían rechazado, en un referéndum, los acuerdos que él había negociado en la catedral.

¿Es *Marcos* cómplice de un sector del poder? ¿El submarino de Manuel Camacho en la Selva Lacandona? Él, por supuesto, lo desmiente, se ofende o se carcajea. En un país donde la mentira forma parte de la vida política, en un régimen que ha seducido a la mayoría de los supervivientes de los movimientos guerrilleros de los años setenta y que ha fabricado durante mucho tiempo su propia oposición para crear un espejismo democrático, la sospecha es legítima. ¿Por qué los servicios de inteligencia tardaron tanto en descubrir la identidad de *Marcos*? ¿Por simple ineptitud? ¿O, por el contrario, habían recibido instrucciones para no revelarla y lanzaban falsas señales? Y, si este era el caso, ¿cuál era el objetivo? ¿Querían las autoridades llevar más lejos la investigación para obtener las pruebas de la complicidad de ciertas personalidades de la clase política? ¿O estas mismas personalidades tenían la capacidad de desviar las indagaciones para mantener el clima de inestabilidad?

Un nuevo *guru*

Marcos, en todo caso, debe sentirse satisfecho con todas estas intrigas, dada su propensión a enmarañar las pistas. Ahí está, si no, la entrevista concedida a una periodista del diario estadounidense *San Francisco Chronicle*, a quien dio una versión enloquecida de su itinerario personal. "Alguna vez viví en la estación de autobuses de Monterrey [la gran ciudad industrial del norte de México] donde vendía ropa usada en las calles y pasaba las tardes viendo películas porno. Después viví en San Diego. Fui taxista en Santa Bárbara. Trabajé en un restaurante en San Francisco, hasta que fui despedido por ser homosexual, y luego en un *sex-shop*, donde hacía demostraciones para los clientes con muñecas inflables. Viví bajo el puente Golden Gate. Luego me trasladé a la costa este, donde entré en la oficina de Conservación de Nueva Orléans. Fui agente de seguridad en una sala de masajes, y corredor en el mercado de valores de Wall Street".[16]

¿Hay uno o varios *Marcos*? No basta con ponerse un pasamontañas para convertirse automáticamente en el jefe zapatista, pero eso ayuda a despistar al adversario. De ahí los rumores persistentes sobre la existencia de varios *Marcos*, ampliamente difundidos por la prensa mexicana, que en ocasiones tiende a confundir la información con las novelas por entregas. En marzo de 1995, cuando ya Rafael Guillén había sido desenmascarado, el periódico *El Financiero*, uno de los medios seleccionados por el jefe del EZLN para transmitir sus comunicados, afirmaba con la mayor seriedad del mundo que en realidad había otros tres *Marcos*, "todos con la piel blanca y los ojos claros". El dirigente guerrillero estaba en todas partes y en ninguna al mismo tiempo, lo que explicaba por qué el ejército no había logrado capturarlo durante su incursión en la selva, el 9 de febrero. Según los zapatistas entrevistados por ese diario, su jefe "había desplegado doce mil hombres en los valles, diez mil en las montañas y dos mil más para cubrir la retirada". 24 mil hombres en total. ¡Un verdadero ejército! ¡Y una mentira enorme! En sus mejores momentos el EZLN ha podido movilizar a unas cinco mil personas, la mayoría armadas con fusiles de caza o simples machetes, lo cual es ya considerable.[17]

Citando a "especialistas en contrainsurgencia", los autores del reportaje explicaban después que *Marcos* había esquivado a los soldados federales empleando la misma estrategia que utilizó Pancho Villa, uno de los héroes de la Revolución de 1910, para escapar de una expedición militar llegada de Estados Unidos. El propio líder zapatista había alimentado esta idea tomando prestados algunos episodios de la vida del bigotudo general. En un comunicado fechado el 20 de febrero de 1995, cuenta cómo, ante la falta de agua potable, él y sus hombres se vieron obligados a beber su orina mientras el ejército los perseguía y les bloqueaba el acceso a los ríos. Como de costumbre, *Marcos* ofrece abundantes detalles de esta desagradable aventura que terminó, explica, en vómitos generalizados. La anécdota, al igual que otras muchas, fue inventada de cabo a rabo con la pretensión de sensibilizar a los simpatizantes urbanos del EZLN y movilizarlos contra la ofensiva militar desencadenada por el gobierno. A diferencia de la experiencia vivida por las tropas de Pancho Villa, que tuvieron que beber la orina de sus caballos durante la travesía del desierto de Coahuila en julio de 1920, el agua es un poco más fácil de encontrar en la Selva Lacandona, donde llueve más de ocho meses al año.[18]

En la inagotable producción político-literaria de *Marcos*, y en la también prolífica cobertura periodística, la frontera entre la realidad y el mito se ha ido desdibujando con el paso de los meses, hasta el punto de que ya nadie parece poner en duda el papel del Comité Clandestino Revolucionario Indígena (CCRI). Según *Marcos*, el comité reúne a una veintena de *comandantes* indígenas y es la instancia suprema del EZLN. Sin embargo, el CCRI nació apenas unos meses antes del levantamiento y la influencia de sus miembros, con la excepción de dos o tres de ellos, no se extiende más allá de sus comunidades respectivas. ¡Pero qué más da! La ficción debe prevalecer sobre la realidad, y así lo asume el gobierno, que negocia con el CCRI y entra de lleno en el juego de las máscaras.

A diferencia de Fidel Castro, del *Che* y de otros muchos guerrilleros latinoamericanos que se dieron a conocer sobre todo por sus acciones militares, *Marcos* ha dado a su aventura una dimensión literaria y onírica fuera de lo común. Además de su personalidad, las circunstancias políticas del momento resultaron decisivas para que la rebelión zapatista no terminara ahogada en sangre. Los dirigentes mexicanos, que se afanaban por vender la imagen de un país en vías de democratización, no podían permitirse la represión de un movimiento que denunciaba precisamente la ausencia de democracia. Una parte de la prensa, ávida de libertad después de tantos años sin ella, vio en los acontecimientos de Chiapas la ocasión propicia para acelerar la transición y decidió entrar de lleno en la partida.

Los enviados especiales de los periódicos de la capital, que ignoraban todo sobre esa lejana región del sureste, cayeron rendidos bajo el hechizo de *Marcos*, al extremo de imitar su estilo con más o menos gracia y entusiasmo, según las plumas. El surrealismo inundó las columnas, hasta entonces más bien grises, de la prensa mexicana. Los émulos del hombre del pasamontañas habían encontrado por fin a su *guru*. El misterio resultaba excitante y ellos estaban dispuestos a mantenerlo siguiendo al pie de la letra las instrucciones de *Marcos*, que se tomó la molestia de publicar una pequeña guía sobre las obligaciones del periodista. Toda infracción sería castigada con la exclusión inmediata de la zona bajo control zapatista.

La prensa, normalmente refractaria a las restricciones, se plegó de buena gana a las nuevas leyes, a los controles estrictos e incluso a la censura *revolucionaria*. Fue así como se convino que los reportajes no incluyeran ninguna precisión geográfica, para "evitar dar información a las autoridades sobre las posiciones" de la guerrilla. Precaución inútil, dicho sea de paso, porque los sobrevuelos constantes del ejército y los elementos infiltrados por los servicios de inteligencia militar permitían conocer el más mínimo movimiento del EZLN. Los periodistas se prestaron al juego y en lo sucesivo dataron sus artículos con la fórmula "en algún lugar de la Selva Lacandona". Se sentían importantes, porque creían compartir un secreto con el hombre que hacía temblar a la Bolsa de México y quizás incluso a la de Estados Unidos, el poderoso vecino del norte, odiado y admirado por millones de mexicanos que van allí a buscar su subsistencia, ante la falta de empleos en su propio país.

Con el apoyo de un ejército de figurantes y un sentido inaudito de la escenografía, *Marcos* había neutralizado a uno de los gobiernos más poderosos de América Latina y conquistado a los medios de comunicación del mundo entero, que hacían cola con la esperanza de ser recibidos por el nuevo ideólogo de la "sociedad civil" y del contrapoder. El mensaje se expandió como un reguero de pólvora por Europa y Estados Unidos: después de La Habana en los años sesenta, Santiago de Chile en los setenta y Managua en los ochenta, La Realidad se imponía a partir de ahora como destino de moda. Fue así como esta aldea de Chiapas, situada en el corazón de una selva tropical devastada por la presión demográfica, se convirtió en el punto de encuentro de todos aquellos que buscaban nuevas utopías para evitar la destrucción de la humanidad.

No son muchos los que hacen el viaje, pero los más famosos se las arreglan para no pasar inadvertidos. El cineasta Oliver Stone, el escritor Régis Debray y Danielle Mitterrand, entre otros, han hecho ya la peregrinación: vuelo hasta la ciudad de México y de ahí a Tuxtla Gutiérrez, la capital de Chiapas; dos horas de carretera asfaltada hasta San Cristóbal y cinco horas de camino de tierra para llegar a La Realidad, donde varios centenares de pobladores, indios tojolabales ladinizados, reciben a los visitantes. El colofón del viaje es, por supuesto, el encuentro con *Marcos*, que tiene su cuartel general a unos pocos kilómetros del pueblo. Varias fotos inmortalizarán la reunión y, como recuerdo, un pasamontañas para participar, ya de vuelta en

París, en una de esas veladas zapatistas organizadas por el semanario satírico *Charlie-Hebdo*.

Con su denuncia de un sistema inicuo, que ha retrasado la democratización de México en nombre de la estabilidad y que ha mantenido a las poblaciones autóctonas sumidas en la miseria, *Marcos* ha logrado agitar la mala conciencia secular de los europeos con respecto a los indios de América, diezmados por la Conquista. Su capacidad dialéctica —como Régis Debray, el líder zapatista manejó durante mucho tiempo los conceptos filosóficos de Louis Althusser—, su convivencia con el mundo indígena y sus quijoterías no podían dejar indiferentes a aquéllos que desean evadirse de la mediocridad política circundante y que ven en la lucha armada un desafío a la "dictadura del dinero", por retomar uno de los despropósitos que suele proferir Danielle Mitterrand.

"Somos la única guerrilla que ha dado más importancia a las palabras que a las balas", matiza el jefe zapatista, y esto es precisamente lo que ha desconcertado a las autoridades mexicanas y les ha impedido actuar a tiempo.[19] Antes del 1 de enero de 1994, los zapatistas no habían emprendido ninguna acción militar y, al contrario que otros movimientos armados, no habían tenido la necesidad de recurrir a secuestros o a asaltos bancarios para financiarse. Su existencia era un secreto a voces, pero nadie los tomaba realmente en serio. Nadie, salvo el obispo de San Cristóbal, Samuel Ruiz, uno de los militantes más activos de la teología de la liberación en México, que en los años ochenta experimentó una gran simpatía por este puñado de revolucionarios llegados de la capital mexicana para ayudar a los indígenas a organizarse y defender sus derechos, incluso por la vía de las armas. Con el tiempo, sin embargo, las divergencias fueron surgiendo entre *Marcos* y Samuel, y su disputa por el control político de los indios en la Selva Lacandona les llevó a enfrentarse y reconciliarse varias veces. Para ambos, Chiapas representaba el "eslabón débil" del sistema político mexicano. Según el viejo principio leninista, era el punto donde hacía falta presionar para provocar la caída del régimen y forzar el cambio.

2

Tal padre, tal hijo

En la tarde del 9 de febrero de 1995 el presidente de México, Ernesto Zedillo, tuvo la osadía de privar a sus compatriotas de su ración cotidiana de telenovela. En lugar de un nuevo episodio lacrimógeno de *Cadenas de Amargura*, los ansiosos espectadores vieron aparecer de pronto en sus pantallas al jefe del Estado. Con el rostro contraído, Zedillo les anunció que su gobierno había identificado por fin a los principales dirigentes del Ejército Zapatista de Liberación Nacional, a los que acusaba de graves delitos. "Hoy mismo", dijo, "se han librado órdenes de aprehensión en contra de las siguientes personas: Rafael Sebastián Guillén Vicente, alias *Marcos...*"

Minutos más tarde el teléfono sonaba en el número 205 de la calle Ébano, en la ciudad de Tampico, importante puerto del Golfo de México. Ajena al anuncio presidencial, doña Socorro Vicente descolgó el auricular. Era su cuñada, para hacerle partícipe, si es que no se había enterado aún, de que su hijo Rafael era "el desestabilizador del país". A doña Socorro se le encogió el corazón. Su marido, Alfonso Guillén, andaba en su caminata vespertina.

En ese preciso instante, José María Morfín, asesor del gobernador del estado de Puebla, echaba mano de un tubo de tranquilizantes para dárselos a su mujer, Mercedes del Carmen Guillén Vicente, muy alterada por su repentino cambio de estatus: de exdiputada del gubernamental Partido Revolucionario Institucional pasaba a ser, de golpe, la hermana del *enemigo número uno* del sistema. Y en el otro extremo del país, allá por Baja California Sur, la policía intentaba localizar a Alfonso Guillén Vicente, catedrático de historia de México en la universidad estatal, para ofrecerle protección. En realidad el único *peligro* que acechaba al profesor en esos momentos eran los periodistas, que, informados por las autoridades, le asediaban por teléfono para conocer más detalles sobre su hermano.

En los días sucesivos, la salud del matrimonio Guillén Vicente, antiguos propietarios de una cadena de mueblerías, se deterioró. "El azúcar y la presión sanguínea", explicaba su criada a los reporteros que rodeaban la residencia familiar. El domingo siguiente al anuncio del presidente, la pareja acudió, como siempre, a la misa vespertina de la parroquia Nuestra Señora de Lourdes. Entre lágrimas, doña Socorro escuchó la lectura del Evangelio... según San Marcos.

En sus escasas apariciones ante los periodistas, que habían sometido a la familia a un *arresto domiciliario*, la pareja explicaba que su hijo Rafael era un buen muchacho, interesado por causas nobles, que había recibido la medalla Gabino Barreda "al estudiante universitario más destacado de su generación", que siempre fue aficionado a la poesía y contrario a la violencia. Don Alfonso decía: "Mi hijo no puede ser el *subcomandante Marcos*". A Rafael no lo habían visto desde 1992. Era, explicaba su padre, desapegado de la familia. Sus hermanos mayores marcaron las distancias y explicaron que habían perdido todo contacto con él desde hacía una década. Alfonso, a quien las autoridades de la universidad respaldaron "como maestro de conducta intachable y reputación extraordinaria", aseguró que las fotos mostradas por el gobierno no correspondían a Rafael. "El que nada debe, nada teme", añadió, por si las moscas. De hecho, toda la familia mentía, pero era la única forma de tener algo de paz. La mayoría de ellos había visto esporádicamente a Rafael en años anteriores, e incluso habían celebrado juntos la Navidad en la casa familiar en varias ocasiones. La última visita del hijo pródigo databa de diciembre de 1992.

A Mercedes del Carmen y a su marido el certificado de buena conducta les vino del gobernador de Puebla, Manuel Bartlett, y del PRI estatal, que ratificaron su brillante militancia en el partido oficial. La única hija de los Guillén, conocida como Paloma, había sido diputada en el Congreso de Tamaulipas, que llegó a presidir entre 1983 y 1986 (justo cuando *Marcos* aterrizaba en la selva de Chiapas). Casada en 1993 con José María Morfín, Chema para los allegados, había abandonado la política activa y repartía su tiempo entre Puebla y Tampico, donde tenía una notaría.

Paloma se negó a aparecer en público. Fue Chema Morfín quien bregó con los medios de comunicación, que recordaron sin compasión la fama de *alquimista electoral* que le persigue desde 1988. Aquel año los partidos de oposición le señalaron como uno de los artífices de la famosa *caída del sistema* que interrumpió el recuento de votos de las elecciones de agosto y que permitió la manipulación de los resultados para asegurar la victoria del candidato oficial, Carlos Salinas. El secretario de Gobernación de entonces no era otro que Manuel Bartlett, que cuatro años más tarde echó mano de su eficaz estratega electoral cuando se presentó al cargo de gobernador de Puebla. Tras este nuevo triunfo, Morfín se quedó a vivir allá. Desde entonces la oposición local lo ha tenido en el punto de mira. En los comicios generales de agosto de 1994, el conservador Partido Acción Nacional denunció el descubrimiento de un centro clandestino de recuento electoral. Chema no había perdido "sus buenas costumbres", decían, aunque ya no obtenía los brillantes resultados de antaño.

De la noche a la mañana, el factótum electoral del PRI se convertía en cuñado del *subcomandante Marcos*. "La noticia nos ha caído como una bomba. Es un golpe difícil de asimilar. Pero cada quien hace de su vida lo que quiere, nadie es responsable de los actos de terceros", explicaba Morfín, y añadía que no conocía personalmente al guerrillero. Sea como fuere, estaba convencido de que la noticia no iba a afectar ni a la vida política del matrimonio ni a su carrera profesional.

El *destape* de *Marcos* había conmovido a la ciudadanía de Tampico, donde la familia Guillén Vicente es muy respetada. Los amigos más cercanos de Rafael, a quienes los gestos y los comunicados del guerrillero les recordaban a los de su compañero de estudios, se sintieron sobrecogidos cuando sus sospechas se confirmaron. Aun así, el carácter pacífico, introvertido y sensible de Guillén, que nunca tuvo una pelea con nadie, no encajaba en la imagen del jefe zapatista.

Dos días después del anuncio gubernamental, Héctor, uno de los hijos menores de los Guillén, hacía un llamamiento a Rafael: "Que hable, que no haga sufrir a mis papás, que llame, que diga que está bien y que diga que no es *Marcos*". Rafael no se pronunció, pero el *subcomandante* alzó su voz "desde las montañas del sureste mexicano" para desligarse "del tampiqueño". Esto provocó más angustia en la familia. "¿Entonces dónde está mi hermano?", se preguntaba Héctor. "¿Ha muerto Rafael?".[1]

"Es nuestro Rafael"

Los temores compartidos a media voz y las certezas calladas durante meses por la familia Guillén Vicente estallaron el 9 de febrero. Ese momento angustioso, cien veces imaginado y cien veces ahuyentado de la cabeza, había llegado. Como si de una pesadilla se tratara, ahí estaba en la televisión aquel funcionario de la Procuraduría General de la República cubriendo la foto de licenciatura de Rafael con un pasamontañas dibujado en un acetato. Una vez. Y otra. Sabían que tarde o temprano iba a ocurrir. Lo habían comentado. Incluso habían bromeado para darse ánimos. Pero todos se sintieron al borde del abismo.

Cuando, trece meses antes, la figura de aquel *subcomandante Marcos* surgió de la nada en la selva de Chiapas, a los Guillén les dio un vuelco el corazón. "Ese es nuestro Rafael", se dijo don Alfonso. Doña Socorro suspiraba y rezaba. Quería creer que no, pero pensaba que sí. Las dudas iban despejándose a medida que las fotos y los comunicados se multiplicaban. Esos ojos, esos textos... En mayo de 1994, tres meses antes de las elecciones generales, don Alfonso bromeaba con Carlos, el tercero de sus hijos. "¿Sabes? Yo voy a votar por *Marcos*, porque a lo mejor estoy votando por alguien de la familia". A Rafael, pensaba su padre, le iba un movimiento tan loco como ese. Y si estaba dentro, tenía que ser el líder.

El matrimonio estaba angustiado por las consecuencias que la noticia traería, el día que se conociera, para el resto de la familia, sobre todo para los dos miembros con cargos en la Administración: Carlos, funcionario de la Contraloría del gobierno federal, y, por supuesto, el yerno Chema Morfín.

Carlos era un año mayor que Rafael. Ambos habían estado siempre muy unidos. Juntos marcharon al Distrito Federal a estudiar, y compartieron durante tres años un pequeño apartamento cerca de la Ciudad Universitaria. Se parecían mucho físicamente, al grado de que un amigo de la familia le había comentado a doña Socorro que pensaba que el funcionario era el *subcomandante* zapatista. La señora, naturalmente, le había mirado con cara de *pero-qué-tonterías-me-está-usted-diciendo*.

A Carlos el *destape* de *Marcos* no le preocupaba especialmente, pero hizo una recomendación a sus hermanos: "Hay que estar preparados. A mí no me importa, porque vivo solo, pero para los que tienen familia va a ser un golpe fuerte". El tercer hijo de los Guillén no pudo vivir aquel momento. Afectado por crisis epilépticas desde la infancia, murió víctima de una asfixia en julio de 1994. Tenía 38 años.

Cuando don Alfonso regresó a su casa aquel 9 de febrero se encontró a su esposa conmocionada. "Pues si ya lo sabíamos. ¿De qué te espantas? Es más, hubiera sido una decepción si hubiera sido otro", intentó bromear. Repentinamente ese pasamontañas negro respondía a todas las preguntas que les habían carcomido durante años y que nunca se atrevieron a hacerle a Rafael. "Total, no nos iba a decir más". Ese pasamontañas negro explicaba tantas ausencias y medios silencios y mentiras a medias. Una mezcla de angustia y liberación les invadió.

Enclavada en el delta que el río Pánuco forma en el Golfo de México, Tampico está tan agujereada por las lagunas que parece flotar a pedazos en el agua. Esta antigua misión evangelizadora, preciado botín de piratas en la época colonial, se transformó en un gran puerto y sede de una refinería a raíz del hallazgo de petróleo en la región a principios de siglo. Con la nacionalización de los hidrocarburos en 1938, la ciudad quedó cautiva en manos del poderoso sindicato petrolero, controlado por el partido oficial. Los dirigentes sindicales ejercían un auténtico cacicazgo político y económico. Eran ellos, por ejemplo, quienes autorizaban o impedían la instalación de empresas y comercios en la zona.

Este *protectorado* terminó en 1989 con la detención de Joaquín Hernández Galicia, *La Quina*, el máximo líder petrolero. *La Quina* fue acusado de asesinato y enriquecimiento ilícito. El trasfondo era en realidad político: alineado con los sectores duros del priismo, el *capo* sindical era un poderoso obstáculo para los proyectos reformistas de Carlos Salinas. Lo había demostrado incluso antes de las elecciones presidenciales de 1988, cuando amenazó veladamente (y cumplió) con llamar a sus huestes a votar por el opositor Partido de la Revolución Democrática si el PRI confirmaba a Salinas como candidato.

Con *La Quina* fuera de juego y con el liberalismo económico preconizado por el gobierno, Tampico se abrió a la modernidad y a la alternancia política. Los conservadores del Partido Acción Nacional ganaron las elecciones de noviembre de 1995. Las plantas petroquímicas brotaron en el corredor industrial y las franquicias dieron entrada a numerosos negocios. Los concesionarios de vehículos se multiplicaron. Las cadenas estadounidenses de comida rápida sembraron la ciudad de hamburgueserías y locales de pollo frito.

A pesar de la importancia de sus actividades portuarias y comerciales, y de ser el centro de servicios de toda la región, Tampico respira aires de tranquilidad provinciana. Al caer la tarde, acariciados por una brisa agradable, los lugareños acuden a pasear al hermoso zócalo arbolado, con su quiosco coronado por una cúpula de azulejos. Allí, en los días festivos, una orquesta compite con los graznidos de los cuervos. Como en casi todas las pequeñas ciudades del país, la plaza está flanqueada por el palacio municipal y los lugares de culto: la catedral y La Michoacana, que vende helados de frutas multicolores.

Alejada del centro, la colonia Petrolera, con sus casitas bajas y sus flamboyanes, recuerda a los barrios residenciales estadounidenses. Allí construyó Alfonso Guillén, hace más de tres décadas, una enorme vivienda de paredes anaranjadas para albergar a su prole. Las Mueblerías Guillén florecían entonces al calor del proteccionismo y eran ya uno de los comercios más conocidos del ramo. En los mejores tiempos, don Alfonso llegó a tener ocho sucursales y veinte empleados repartidos en las principales ciudades de la zona. Vendía muebles y electrodomésticos, nacionales y de importación, sobre todo Phillips y Telefunken. En un espacioso garage junto a la casa guardaba las camionetas. Hoy está vacío. La competencia, la crisis y el cansancio le llevaron a liquidar el negocio a principios de los años noventa.

La vivienda de los Guillén es espaciosa pero modesta, sin ninguna pretensión. En la pared de las escaleras cuelgan los títulos universitarios de los ocho hijos, la joya más preciada para don Alfonso, que no pudo estudiar más allá de la secundaria. Alfonso y Héctor, licenciados en administración de empresas; Paloma, abogada y economista; Carlos, sociólogo; David, ingeniero agrónomo; Sergio, matemático; Fernando, contador público y Rafael... filósofo. Ahí está el diploma, con la foto que le sirvió a la Procuraduría para mostrar al país el rostro del *subcomandante Marcos*. Está también el certificado de la medalla Gabino Barreda que recibió Rafael de manos del rector de la Universidad Nacional Autónoma de México por sus calificaciones.

Se nota a primera vista que la casa cobijó a una familia numerosa. El salón, amplio y alargado, está lleno de sofás y sillones. Cojines, peluches, cerámicas e incontables recuerdos de viajes desbordan los espacios. Al fondo, una mesa para diez. El cuartito de la televisión es también una galería de fotografías familiares, presidida por un retrato de gran tamaño, coloreado a mano, del matrimonio Guillén en sus bodas de plata. La pareja, vestida de gala, está rodeada de todos los hijos. Rafael, lampiño a sus 17 años, sonríe trajeado en la fila de atrás.

El cuadro le recuerda a don Alfonso que su señora debe estar por algún lado y decide ir a buscarla. Doña Socorro se encuentra, en efecto, en el piso de arriba, adonde ha subido como una exhalación al oír entrar a su marido con la temida visita. El hombre baja al cabo de unos minutos con una sonrisa socarrona. "Dice que no está, je je. Bueno, en realidad ha dicho que la disculpen, que está indispuesta, je je je". Ella, como el resto de la familia, se ha sumido en el mutismo. Los hermanos, cansados del asedio periodístico de los primeros meses, hicieron un pacto de silencio para recuperar "la tranquilidad y la armonía familiar". "Somos muchos, y hemos tomado rumbos diferentes", explicaba con amabilidad el mayor, Alfonso. Un intento telefónico con Paloma lo confirmó:

—Buenas tardes. ¿Está Paloma Guillén?

—Buenas tardes. Ella habla.

Después de la presentación:

—¿Recibió usted nuestro recado?

—No, no.

—Estamos preparando un libro sobre *Marcos*...

—Ah...

Un ruido en la línea. Una voz masculina interrumpe la conversación.

—¿Dígame?

—¿Con quién hablo?

—¿Con quién quiere hablar?

—Con la señora Guillén.

—Ah, dígame, soy su esposo.

Explicaciones de nuevo. El señor Morfín ya estaba informado del asunto.

—Lo comenté con ella y obviamente ella no tiene interés en hablar.

—Bueno, no nos interesa la actualidad, sino los recuerdos de su hermano.

—No, no, vaya, pero ni de ayer, ni de anteayer, ni mucho menos. Le agradezco mucho el interés, pero es un tema en su conjunto que a ella no le gusta tocar.

—¿Y hay alguien de la familia con quien se pueda hablar?

—No, no, la familia no quiere. Hay una posición muy clara de todos de no involucrarse en este caso.

Don Quijote, padre e hijo

Todos menos uno. Don Alfonso es un caso aparte. A sus 72 años, ya jubilado, había empezado a hacer el balance de su existencia. El resultado era poco satisfactorio. Había sacado adelante a sus hijos, había conocido el triunfo empresarial y la riqueza, pero... había dejado en la cuneta sus ideales a cambio de una existencia que "a lo mejor" no era la suya. Sumido estaba el anciano en estos pensamientos cuando Rafael, con un pasamontañas, vino a sacarlo de su depresión. Su hijo más cercano, el niño al que inculcó "el amor por la poesía y por las causas nobles", lo había dejado todo en pos de la utopía. Se sintió proyectado en él. "Mi hijo me ha devuelto la alegría de vivir, mi segunda juventud".

Don Alfonso recuerda a Gepetto, y no sólo porque Rafael y Pinocho tengan en común un gran apéndice nasal. Su bigote y sus espesas cejas blancas, como jirones de algodón sobre las gafas, le dan un aire al tierno carpintero de los cuentos de Carlo Collodi. Es un hombre entrañable, de ojillos chispeantes y buenos golpes de humor. Parece frágil, pero también decidido. No en vano lleva luchando con la vida desde los 13 años, cuando empezó a vender periódicos en Ébano, una localidad cercana a Tampico, en el estado de San Luis Potosí. "Colocaba 50 ejemplares diarios". Toda una proeza, porque además se los tenía que leer a los clientes. Antes de abrir su primera tienda de muebles trabajó como maestro rural durante siete años y atendió un puesto callejero de ropa y zapatos.

Autodidacta, e influido por su hermana mayor, que escribía poesía con el seudónimo de Perla Mar, Alfonso comenzó a devorar libros desde pequeño. Su autor preferido es Balzac, de quien le gusta "la humanidad de sus personajes". También los poetas Jaime Torres Bodet y Pablo Neruda. Y el Octavio Paz de *Posdata*. Sus hijos, cuenta orgulloso, crecieron rodeados de libros, entre ellos *El Quijote*, uno de los textos de cabecera del *subcomandante Marcos*.

El señor Guillén siempre fue, desde luego, un empresario atípico, que repetía a quien quería oírle que el comunismo era una utopía irrealizable, pero que había dado dignidad a millones de hombres. Cuando habla de su entrada en el mundo de la "mercadería" lo hace como pidiendo disculpas: tenía que sacar adelante a su familia. Y explica acto seguido que él, en realidad, siempre se sintió poeta. El hombre tiene fama de generoso, a tal punto que en Tampico se comenta que parte de la culpa de que el negocio se fuera a pique la tuvo su propensión a hacer buenos descuentos, o incluso a regalar mercancía a la gente necesitada.

Después de su jubilación don Alfonso siguió activo como director de la Asociación de Ejecutivos de Ventas y Mercadotecnia. Daba también conferencias y escribía artículos para un periódico local, el *Diario de Tampico*. Su columna se titulaba *Ideario de un Hombre*. "Cuando joven odiaba a los millonarios y Dios me castigó, y una vez también fui millonario. Hoy, cuando sólo soy un burgués venido a menos, soy más feliz, y soy de izquierda cuando casi es un pecado serlo", escribía en enero de 1992. Y sobre la responsabilidad de los empresarios reflexionaba en diciembre de 1991:

Nueve de cada diez mexicanos nacen en la pobreza y esto sucede en plena modernidad y con el Tratado de Libre Comercio tocando la puerta. No podemos aspirar razonablemente a participar en el Primer Mundo mientras no superemos estas desigualdades dramáticas [...] Por contraste nuestro polo magnético apunta siempre hacia el norte como aguja imantada. Nos sucede como al pajarillo hipnotizado por la serpiente [...] En México millones de nuestros compatriotas se debaten en la lucha por la vida más digna. Debemos rescatar a esos hermanos nuestros sumidos en la miseria. Hacerlo significa acaso quitarle vapor a la caldera social, evitando que haya un estallido de consecuencias lamentables.

Y en otro momento señalaba: "Se dice que el mundo necesita grandes, formidables utopías, y siempre que alguien tenga una, habrá quien la siga". "Desde lo de Chiapas se han vuelto a interesar en mis textos", sonríe don Alfonso. ¿A alguien le extraña? El propio *Diario de Tampico* los reprodujo en 1995, tras la identificación del jefe zapatista, bajo el título *De tal marco tal astilla*, para disgusto de la familia y alborozo del autor.

Rafael es el cuarto vástago de los Guillén. Nació el 19 de junio de 1957. "Antes de los cinco años, sin haber aprendido aún a leer, ya sabía declamar", cuenta muy ufano don Alfonso. Con paciencia le enseñó "El Sembrador", un largo poema de un escritor español de principios de siglo llamado, lo que son las cosas, Marcos Rafael Blanco Belmonte, que si bien no dejó huella en los anales de la literatura universal sí debe tener mucho predicamento en los manuales de declamación. "Si rezamos sólo pedimos el pan nuestro/ nunca al cielo pedimos pan para todos / hay que luchar por todos los que no luchan / hay que pedir por todos los que no imploran...", recitaba el pequeño con voz tierna, todo seguido sin equivocarse. De la mano de una tía suya que trabajaba en el Ayuntamiento, Rafael se convirtió en la atracción de cuanto acto cívico se celebraba en la ciudad. "Era un prodigio. Siempre tuvo muy buena retentiva. ¿Que por qué se lo enseñé a él? No lo sé, quizás porque lo vi más afín a mí. En lo loco y en lo poeta nos parecemos mucho. De siempre".

Con sus manos temblorosas don Alfonso extrae una foto pequeña, muy desgastada. En ella aparecen siete niños. El menor aún no había nacido. En el centro, doña Socorro, una mujer de aspecto sereno, muy guapa. A la derecha, Rafael, serio, levemente ceñudo. La devuelve a su lugar, una carterita blanca con la inscripción "Paloma Guillén diputada. PRI XV Distrito". Las disputas políticas en la familia debían ser de campeonato... "No, no", ataja sonriente. "Siempre estuvimos muy unidos. Yo mismo animé a mi hija a que se presentara al cargo, porque ella no quería. 'Mi abuelo fue diputado en la primera Constituyente. Él llegó adonde te ofrecen a ti empezar', le dije. Y la convencí". Recuerda que durante la campaña electoral, Rafael, que pasaba unos días en casa, fue con él a un mitin de su hermana. Corría 1983, un año antes de que *Marcos* se sumergiera en la Selva Lacandona. "Le gustó mucho cómo lo hizo. Es que Paloma es un talento".

Los Guillén siempre se esforzaron por dar la mejor educación a sus hijos. Todos cursaron la primaria en el Félix de Jesús Rougier, un colegio de monjas con reputación de estricto. El centro escolar está situado en la vecina colonia de Lomas de Rosales, una zona residencial de alto nivel hoy salpicada de antenas parabólicas. Las instalaciones, que ocupan una enorme manzana, son impresionantes.

Los hermanos, por lo menos los cuatro mayores, dejaron un inmejorable recuerdo a sus profesoras, misioneras eucarísticas de la Santísima Trinidad. Eran niños estudiosos, nobles y cumplidores. Rafael no alcanzó el *diez en todo* del mayor, Alfonso, pero sí se llevó premios por su conducta y aplicación. Era tranquilo y alegre. Ya desde su más tierna edad, a Rafael le encantaba disfrazarse de mago en las fiestas infantiles y distraer con sus trucos al respetable.

Con los Guillén marchó a vivir la abuela materna, Antonia González, a la muerte de su marido. Antonia, veracruzana, se había casado con un español, Sebastián Vicente, que un día decidió cambiar su destino (la sotana o el azadón) y dejó su Zamora natal por las lagunas tampiqueñas. La aventura transoceánica no le fue mal y montó una tienda de comestibles. La abuela Antonia estaba al cuidado de los niños mientras doña Socorro trabajaba en las mueblerías. Era una mujer afectuosa y sencilla. Rafael creció muy apegado a ella. "Frente a una abuela uno siempre es un niño que duele al alejarse. Adiós abuela, ya vengo...", escribía, muchos años más tarde, el *subcomandante Marcos*.

Al acabar la primaria, con doce o trece años, los hermanos ingresaron en el Instituto Cultural Tampico, de la Compañía de Jesús. Entonces aquellos edificios de ladrillo y aulas luminosas estaban en pleno campo. Hoy, la avenida Universidad es un eje muy transitado, y cerca del colegio se han instalado un gran centro comercial y unos multicines. El lema de la institución flanquea la entrada: *Duc in altum*, extraído del episodio bíblico en que Jesús recomienda a los pescadores ir mar adentro y echar las redes en lo más profundo para obtener buenos frutos. Una invitación a los alumnos a superarse.

Su afición por la lectura y la reflexión le hicieron despuntar entre sus compañeros, que lo admiraban por su capacidad analítica y su verbo florido. Al llegar a este punto, su padre recuerda que en 1973 asistió a un cursillo de oratoria que él mismo ofreció en la Asociación de Ejecutivos de Ventas y Mercadotecnia. "Rafael era brillante", aseguran algunos de sus amigos de entonces. Sabía articular sus pensamientos, ponía en aprietos a los profesores con sus preguntas y arrollaba en los debates o en los concursos de lectura de poesía. Sólo tenía un contrincante invencible: Max García, que mantiene intacta su excepcional elocuencia. "Guillén era un excelente orador, muy culto. Tenía una gran facilidad para escribir", recuerda Max, convertido hoy en un próspero hombre de negocios. "Competimos varios años en los certámenes que organizaban los jesuitas. Siempre le ganaba. Y a él no le gustaba perder. Esta actitud, y su carácter introvertido y sarcástico, no le hacían muy popular entre la gente".

"Rafael tenía ya convicciones políticas muy radicales", cuenta otro de sus antiguos compañeros, que prefiere no ser citado por su nombre. "Se sentía predestinado para hacer la revolución, como Fidel Castro, pero al mismo tiempo era pacifista. Se pasó desde los 12 a los 18 años llamándonos burgueses para culpabilizarnos. Y cuando le decíamos que, aunque no lo admitiera, él era tan burgués como nosotros, se ofendía y montaba en cólera. No se podía discutir con él. Creía tener el monopolio de la razón". Su antiguo profesor de literatura, Rubén Núñez de Cáceres, quien le hizo amar la poesía de León Felipe y Efraín Huerta, no ha olvidado la frase premonitaria pronunciada por este "alumno contestatario, aunque no muy coherente políticamente" cuando dejó el instituto para ir a estudiar a la universidad: "Ahora me voy a hacer la revolución".

El padre José Quezada recuerda que el rasgo más destacado de Rafael, a quien dio clases de formación social cristiana, ética y sociología en el último año, era la curiosidad. "Era buen estudiante, inquieto intelectualmente, pero nada sobresaliente. Rafael era como los otros, pero quería conocer más".El padre Quezada está dedicado ahora a la Ciudad de los Niños, en Guadalajara, el único centro de acogida en México que da a los menores sin recursos formación desde la primaria hasta la entrada en la universidad. A Guillén le perdió la pista cuando abandonó el instituto.

No sabíamos que fuera muy destacado en la escritura. Con los años vino a sacar todo su potencial. Fue una sorpresa total cuando se supo que era *Marcos*. Si es que es quien dicen que es, pienso que él tendrá sus criterios. Es su decisión personal y nosotros no podemos juzgarle. Ni lo censuro ni digo nada en contra. No estoy bien enterado ni tengo la capacidad para anticipar hechos. Qué vaya a suceder, quién sabe. Ojalá que sea para bien de todos.

Rafael, siempre con un libro bajo el brazo, disfrutaba con los deportes y jugaba baloncesto en el equipo del colegio. "Él y Carlos eran las estrellas", dice su padre, quien revela sin embargo sus debilidades en el béisbol. "Ahí eran bastante malos, pero como las Mueblerías patrocinaban el equipo, nadie se atrevía a echarlos, je je". Los Guillén tenían éxito entre las chicas. Rafael era coqueto, "pero disimulado". "Una vez me pidió que le acompañara a ofrecer una serenata a una novia. Ni me acuerdo quién era, tuvo muchas. Y ahí estuvimos, con un trío de mariachis".

Por aquellos años el negocio familiar iba viento en popa. Todos los hijos ayudaban en las tiendas o con los repartos. Rafael además escribía los lemas publicitarios: "Visítenos y reviva el antiguo placer de dar", o "Mueblerías Guillén, las del crédito humanitario". Las grandes marcas extranjeras que vendía el señor Guillén en su tienda solían organizar viajes de promoción para sus concesionarios. El matrimonio recorrió, así, medio mundo. A uno de los viajes les acompañó Rafael. "Estuvimos en Francia y España. Él era como el Llanero Solitario. Iba a la ópera en lugar de venirse a las pachangas. No encajaba con el grupo".

El cuarto hijo de los Guillén nunca fue gregario. Sus compañeros le recuerdan como una persona peculiar, un tanto enigmática, pero destacan también su carácter solidario, cualidad compartida por todos los miembros de su familia.

Los jesuitas dieron a Rafael los primeros baños de realidad al llevarlo a hacer trabajo social a las colonias pobres de Tampico. Con uno de sus profesores escuchó el grito rebelde de algunos poetas españoles de la Generación del 27 en la voz del cantante Joan Manuel Serrat. Aquellos poemas y estas canciones acompañan hoy al *subcomandante Marcos*.

El instituto era un hervidero de actividades. Allí Rafael pudo poner en juego toda su creatividad y su enorme capacidad de trabajo: dirigió una revista literaria, llamada *La Raíz Oculta*, en cuyo único número publicó algunos escritos, y rodó películas con una cámara súper 8 que su padre le había comprado a Carlos en Japón. "A los dos les gustaba mucho el cine.

Hicieron una película con el hijo de Paloma, que se escapó de la guardería cuando tenía tres años. Carlos era muy talentoso, pero no era tan protagonista como su hermano", recuerda su padre. Los profesores alentaban la actividad teatral, en la que Rafael se volcó con pasión. Dirigía y actuaba. Era, y en eso hay unanimidad, muy buen actor, y ya tenía un pronunciado sentido de la puesta en escena.[2]

Sus antiguos compañeros reconocen esta faceta cuando ven al *subcomandante Marcos* ante las cámaras, o en el estrado de la Convención Nacional Democrática que organizó en la aldea de Guadalupe Tepeyac en agosto de 1994, o en esas impresionantes apariciones a caballo, o en el video promocional de la Consulta Nacional Zapatista, rodado por *Durito's Productions* (el nombre del escarabajo con el que dialoga *Marcos*). Esta faceta lúdica, todo hay que decirlo, le ha granjeado al jefe zapatista cierto desprecio de otros dirigentes guerrilleros más ortodoxos, como el salvadoreño Schafik Handal, que no dudó en calificar a *Marcos* de "histriónico".

"A Rafael la filosofía le había gustado siempre, y eso es lo que quiso estudiar", cuenta don Alfonso. En 1977 comenzó la carrera en la Universidad Nacional Autónoma de México (UNAM). Le costó despegarse de Tampico, pero el salto a la gran ciudad se hizo menos brusco porque compartía el apartamento con su hermano Carlos. "Estuvieron juntos tres años, porque Rafael logró terminar la carrera en seis semestres, en lugar de los diez estipulados". Entonces visitaba regularmente a la familia. En cuanto llegaba a la casa, Rafael buscaba a su abuela. Un día se encontró con que la habitación de doña Antonia estaba vacía. El dolor le supuró envuelto en humor amargo. "Vaya, por fin la abuela cumplió su amenaza de morirse".

Antes de entrar en la Universidad Rafael pasó una breve temporada en París. "Lo mandamos nosotros a un viaje de dos meses para que aprendiera francés".

Algunos años más tarde, cuando acabó la carrera, el joven anunció que regresaba a Francia. El rostro de don Alfonso se ensombrece. Hasta hace poco él siempre había creído que su hijo se había doctorado en La Sorbona con una beca conseguida con el premio Gabino Barreda que recibió al terminar la licenciatura, en 1981. Y el hombre lo proclamaba orgulloso a los cuatro vientos. La otra biografía que se ha ido destapando desde el desenmascaramiento del *subcomandante Marcos* hace pensar que no fue así. "Ahora ya no sé si llegó a ir", murmura.

En uno de sus viajes a Tampico, Rafael se presentó en casa con una compañera de estudios llamada Rocío. Doña Socorro se sintió molesta. No le hacía ninguna gracia que los jóvenes se instalaran bajo su techo sin estar casados. Pero las protestas maternales cayeron en saco roto y la señora prefirió no insistir ante la amenaza de no volver a ver a su hijo en una temporada. Lejos estaba doña Socorro de imaginar que la pareja entraría tiempo después en la clandestinidad. Para sus *actividades subversivas* la novia de Rafael emplearía el apodo de *Mercedes*.

A partir de 1984 el contacto del matrimonio Guillén con su hijo comienza a espaciarse. De cuando en cuando les llegaba alguna carta, muy literaria, por medio de terceras personas. Y de pronto Rafael reaparecía como si tal cosa y les narraba a grandes rasgos algunos episodios de una vida trepidante: después de La Sorbona, decía, había tenido una hija en París, luego había vivido en Bélgica, donde había trabajado como traductor simultáneo. Después se había trasladado a Nicaragua. "Además", recuerda su padre, "acudía de vez en cuando a Estados Unidos a dar conferencias y recabar el apoyo de los chicanos para no sé qué cosa. No sabíamos cuándo hablaba en serio y cuándo bromeaba". Don Alfonso no le preguntaba, porque "no iba a decir más". Pero estaba preocupado. Durante una de las desapariciones de su hijo, el hombre pensó en acudir al cónsul de Cuba, a través de un amigo común, para pedir que indagaran si Rafael estaba en la isla... Como siempre se había mostrado fascinado con la revolución de Castro... Finalmente desistió.

Hacia finales de los años ochenta el negocio de las mueblerías había decaído estrepitosamente. Con la apertura arancelaria, los importadores y las grandes fábricas habían ido arrinconando a los pequeños y medianos empresarios locales. En 1990 don Alfonso decidió cerrar definitivamente.

El 13 de marzo de 1992 acudió a Matamoros, cerca de la frontera con Estados Unidos, para dar una conferencia a los miembros de la asociación de agentes comerciales. El tema: *El ejecutivo de nuestro tiempo*. El contenido: tan variopinto como poético. Empezó por agradecer al presentador que le llamara "licenciado". "Me ha dado un título que no tengo. Se dice que en México todos los hombres somos licenciados y todas las mujeres son señoritas. Yo soy un hombre sin títulos, pero puedo decirles en mi descargo que conozco a muchos títulos sin hombre". Insistió en la necesidad de que México creara su propio modelo de desarrollo, porque el Tratado de Libre Comercio que se estaba negociando con Estados Unidos y Canadá no era la panacea. Pidió también códigos éticos en el quehacer empresarial. Y habló de un hijo que era filósofo, que fue el mejor estudiante de México, que hizo un doctorado en La Sorbona, que estuvo diez años en Nicaragua, dando cátedra "casi por la pura comida". "Un hombre que sí es congruente con su manera de pensar, casado con sus principios, que vive sus ideales; un Quijote del siglo xx. Ser el padre de un hombre así, como dice el eslogan, es motivo de orgullo".

Marcos en Tampico

Diez días después, como las golondrinas en primavera, Rafael volvió por casa. Lo acompañaba una mujer, a quien presentó como su esposa. Se llamaba Yolanda y era auxiliar de enfermería. "Dijeron que era nicaragüense, pero a nosotros nos pareció muy indígena. Parecía una buena chica, sencilla, un poquito apagada", recuerda don Alfonso. Los hermanos hicieron bromas sobre la pareja: Yolanda, decían, parecía la mujer de un guerrillero. No les faltaba olfato. Sin imaginarlo siquiera, la familia iba a pasar varios días en compañía de una *mayor* y un *subcomandante* del Ejército Zapatista.

Cuando Rafael se enteró de que su padre había estado a punto de iniciar el rastreo de su paradero, se enfadó. "Nos dijo que no le buscáramos, que estaba fichado por Gobernación". El matrimonio sintió un escalofrío, pero escuchó circunspecto el nuevo capítulo de la vida de su hijo: ahora residía en Tuxtla Gutiérrez, capital de Chiapas, donde trabajaba en el Instituto Nacional de Educación para Adultos y donde tenía una tienda que se llamaba "Mi Abuela" en la que vendía de todo. Yolanda la atendía. Y bromeaba con que doña Antonia desde el más allá les echaba una mano, porque les iba inexplicablemente bien.

Aprovechando que su hijo estaba a mano don Alfonso, metido de lleno en eso de las conferencias, lo enganchó para que hablara en la Asociación de Ejecutivos de Ventas y Mercadotecnia. Le dio el título de la charla: "El empresario del siglo xx y los retos de su circunstancia". El acto se celebró el 26 de marzo de 1992, el día del cumpleaños de doña Socorro. Yolanda no quiso ir porque dijo que se iba a poner nerviosa.

La conferencia se reprodujo en la revista de la asociación, con una introducción de su padre en la que cede el espacio a "una pluma que es acaso la más brillante no de México, pero del mundo". Visto en perspectiva, el texto es revelador. Primero, Rafael se disculpa porque ha decidido cambiar el tema de la disertación. Hablará de las consecuencias del Tratado de Libre Comercio para México. La justificación es contundente: "El siglo xx llega a su fin", por lo que no tendría mucho caso hablar de los desafíos del momento; "de empresario sólo tengo este titubeante andar que pomposamente llamo vida", y las circunstancias "son mucho más terribles de lo que suponemos".[3]

Después de señalar que vivía de acuerdo a sus ideales, tal y como le habían enseñado, y de elogiar a su madre —quien una vez le instó a cambiar el mundo si no le gustaba como estaba— y a su familia —"que ha hecho del lenguaje una forma de vida, una herramienta de trabajo y hasta un arma de combate"—, Guillén pasa a hablar del tratado comercial que el presidente Carlos Salinas negociaba en esos momentos con Estados Unidos y Canadá.

Ese acuerdo, dice, es parte de la lucha de los imperios para repartirse el mercado planetario una vez terminada la guerra fría. Es la cuarta guerra mundial (como luego repetiría *Marcos* tres años más tarde), que traerá como costo la pérdida de identidad cultural y la desarticulación de cualquier esfuerzo patriótico. Guillén relaciona la entrada de "monopolios extranjeros" con las estadísticas de mortalidad, la quiebra de pequeñas y medianas empresas (el ejemplo lo tenía en casa) y el aumento del desempleo. Estamos ante el "gigantesco festín antropófago de la patria".

Salinas, como Gorbachov, ha violado la reglas del juego y ha destapado la caja de Pandora.

¿Y si la patria hablara? La patria sin voz y sin mañana, la de los sin esperanza, la olvidada, la suave y dura patria. ¿Cómo sería su voz? ¿Un quedo lamento implorando caridad? ¿Un grito atronador exigiendo justicia? Será esto último, a no dudarlo, y su despertar no será plácido, sino una tormenta que todo lo barrerá [...] Este país, hasta ahora siempre con el viento en contra, parido en medio del fango y la sangre de la Conquista hace ya 500 años, merece una oportunidad. Sus hombres y mujeres, los más decididos, los más patriotas, los mejores, sabrán darle esta oportunidad a su debido tiempo. Entonces, y sólo entonces, podremos levantarnos una mañana sin la necesidad de una máscara para vivir y amar. Entonces, y sólo entonces, decir México no será decir dolor y vergüenza. Será decir, simple y llanamente: MÉXICO.

Don Alfonso acaricia tembloroso un ejemplar de la revista. Ahí, en la portada, está inmortalizado Rafael, saludando al presidente de la Asociación de Ejecutivos, debajo de una frase de ese símbolo humano del gran capital que es Malcolm Forbes: "El talento es un bien cuya demanda siempre superará a la oferta". A Guillén padre se le nota alicaído. Habla bajito. "La gente necesita creer en algo, y es lo que está dando *Marcos*, una opción nueva. El alzamiento zapatista es una invitación a la toma de conciencia de que hay que hacer algo por los pobres. Tiene que ser una guerra de ideas, una revolución pacífica. Parece utópico, pero creo que se puede intentar. A lo mejor es un sueño todavía".

Después de la conmoción sufrida el 9 de febrero, don Alfonso se había recuperado rápidamente. Casi un mes después del *destape* de *Marcos* escribió una larga carta al diario *La Jornada*. En ella expresaba sus dudas acerca de que su hijo pudiera ser el dirigente zapatista: "Sí da el perfil del poeta y el filósofo, del comunicólogo creador de estilo, pero no da el perfil del guerrillero... el Rafael Guillén que yo conozco es un hombre de paz". El texto terminaba, sin embargo con una desgarrada declaración de apoyo: "Que Rafael pudiera ser *Marcos* me llena de orgullo, y Dios sabe que sólo aspiro ser algún día un digno padre de tal hijo. Rafael Sebastián, mi hijo, el luchador social, el Quijote de nuestra era, el líder que necesita México... el mundo".

Le emocionaba sentir "la respiración" de Rafael en los comunicados de *Marcos*. Le sobrecogió ver un libro de Balzac, su autor favorito, en la foto de una casa abandonada por los zapatistas después de la entrada del ejército en la Selva Lacandona, en febrero de 1995. En ese momento se sintió parte de la retaguardia zapatista y se dedicó a reivindicar a su hijo contra viento y marea, luchando a brazo partido con el resto de la familia y con el espeso silencio del *subcomandante Marcos*.

Su vida dio un giro radical. "Pasaba por un periodo crítico, me sentía un perdedor. He recuperado mi autoestima. Camino más aprisa, escribo más rápido, las ideas me vienen solas", decía entonces. Alquiló un coche deportivo color rojo y no paraba en casa. Le encantaba recibir a los periodistas, hablar de Rafael, contar anécdotas de su niñez, narrar su experiencia como padre. Le enorgullecía también que las muchachas le llamaran "suegro" y le pidieran que las *palanqueara* con el jefe zapatista. Para colmo de su felicidad, el *Diario de Tampico* le volvió a pedir que escribiera. Su hija Paloma pretendió comprar su silencio ofreciéndole el dinero que recibía por sus colaboraciones periodísticas. Eso molestó mucho a don Alfonso. Escribía, le explicó, porque se realizaba.

La familia estaba horrorizada con la mutación paterna. Doña Socorro, molesta con los "afanes protagónicos" de su marido, trataba de convencerle de que sus declaraciones perjudicaban a los demás hijos. Paralelamente, el *subcomandante Marcos* negó su filiación y dio carpetazo al asunto. Quería seguir siendo el pasamontañas de nariz prominente y sin pasado.

A pesar de ello, don Alfonso no se arredró. *Marcos* se había convertido en una obsesión. La idea de reunirse con él en Chiapas empezó a rondarle la cabeza. Extrañaba a Rafael, quería verlo, hablar con él. Estaba incluso dispuesto a quedarse allá si su hijo se lo pedía. Ni corto ni perezoso propuso al *Diario de Tampico* una entrevista con el jefe zapatista. Los cabos no estaban atados ni mucho menos, pero en una gran cena que ofreció a los periodistas allá por el mes de abril de 1995 anunció su inminente salida hacia la selva. Esta vez la intervención de la familia fue fulminante y los impulsos expedicionarios del anciano se disolvieron en la somnolencia de una cura de reposo y sedantes. *Marcos* y las autoridades suspiraron con alivio.

Ahora don Alfonso camina otra vez más despacio. Apenas escribe. Ya no colabora en el periódico ni da conferencias. Ha vuelto a su condición de jubilado, pero todavía está dispuesto a hablar de su hijo revolucionario a los visitantes de paso, y a llevarlos por la ciudad para mostrarles la escuela primaria y el instituto donde Rafael cursó sus estudios. Saltándose alegremente los semáforos en rojo y pasando de un carril a otro sin previo aviso, sordo a los bocinazos furiosos de los otros automovilistas, el viejo Guillén sueña en voz alta mientras remueve los recuerdos. Un trayecto con él por Tampico a bordo de su vetusto *Cavalier* granate proporciona más emociones fuertes que un paseo con su hijo por la Selva Lacandona. El hombre ha querido enviar un mensaje a Rafael, pero todos los intentos por comunicarse con él han sido atajados con un lacónico "no es prudente". Su segunda juventud ha terminado.

3

Un filósofo en la jungla

El estreno universitario de Rafael Guillén resultó accidentado. Al poco de aterrizar en la Universidad Nacional Autónoma de México, en 1977, el personal académico y administrativo se embarcó en una huelga por el contrato colectivo. Apenas tuvo clases, pero, como era de prever, aprovechó para zambullirse en la lucha sindical.

La carrera de Filosofía no era de las más solicitadas, por la falta de perspectivas laborales. Por allí pululaban niños excéntricos de familias *bien*, carmelitas que iban a estudiar a Santo Tomás de Aquino y a los filósofos medievales y que normalmente acababan colgando los hábitos; artistas desorientados en busca del sentido de la vida y activistas concienciados, siempre en pie de guerra contra los *profesores reaccionarios*. Aquí, naturalmente, encontró su espacio Rafael Guillén.

Si en el instituto acorralaba en solitario a los resignados maestros con sus observaciones y preguntas, en la facultad encontró algunas almas gemelas con las que formar un coro. "Eran ocho o nueve. Un grupo realmente irritante. Rafael era un estudiante irónico, arrogante, agresivo, como en los comunicados de *Marcos*. Pero así eran todos. No tenían el menor rubor para llamar ignorantes a algunos profesores. Daban una lata tremenda". Así los recuerda Alberto Híjar, filósofo de la Estética, que se salvó de la quema desde el primer momento. Con él, Cesáreo Morales, quien dos años después dirigiría la tesis de Guillén.

Ambos docentes, de perfiles muy dispares, compartían la veneración de estos estudiantes "brillantes y trabajadores" por su condición de impulsores del pensamiento althusseriano, que entonces se había impuesto como instrumento de análisis a los esquemas tradicionales del marxismo-leninismo.

Morales acababa de llegar de París, el "Olimpo de aquellos años", como recuerda una antigua alumna, empapado del pensamiento de los teóricos franceses, sobre todo Louis Althusser y Michel Foucault. Sus clases eran rituales en los que sólo se oía el vuelo de las moscas. Para los alumnos era el "profesor Cesáreo Morales". Híjar acababa de obtener el título, no era discípulo de nadie y resultaba pragmático e irreverente. Por sus clases desfilaban mano a mano el arte y la política, los muralistas mexicanos y Carlos Marx. Los estudiantes le llamaban "Alberto", a secas.

Si había, con todo, una figura sagrada para los activistas en el cuadro docente, ésa era la del español Adolfo Sánchez Vázquez. El prestigio de este pensador marxista situaba a sus clases en la categoría de obligatorias. Eso sí, el grupo se preparaba mentalmente para aguantar sin chistar sus regañinas. A él, y sólo a él, le aceptaban los rasgos de autoritarismo. En un nivel más cotidiano, mantenían muy buena relación con Mercedes Garzón, una joven profesora que trataba de combatir su problema de sobrepeso con alfileres de acupuntura en las orejas, y que estuvo, con Híjar, en el jurado que calificó la tesis de Guillén con una mención honorífica.

En aquellos años, recuerdan los profesores, se consolidaba en los medios académicos "una cultura crítica de izquierda posterior a 1968". Era una "década gozne", un momento de "acumulación teórica". El entorno político no podía ser más confuso: el gobierno legalizaba el Partido Comunista y dosificaba sus zarpazos represivos. Algunos revolucionarios se convertían a la fe del partido oficial, el Partido Revolucionario Institucional (PRI), que a su vez se servía del discurso marxista cuando le convenía. Para ello enviaba a sus cuadros a familiarizarse con la doctrina del autor de *El Capital* en seminarios en los que dieron clase Cesáreo Morales y otros docentes de la facultad.

Es difícil saber hasta qué punto el barniz de marxismo caló en los funcionarios priistas, pero sí está constatado, en cambio, que algunos profesores sucumbieron a los encantos del partido en el poder. El propio Morales abandonó rápidamente a Althusser, Foucault y Mao, los tres pilares de sus enseñanzas, que tanto habían contribuido a la formación intelectual del futuro *Marcos*. Ahora se considera "funcionalista que tiende hacia una teoría realista de la democracia y de la sociedad". La definición perfecta para seducir al PRI, que después de haberle ofrecido un escaño de diputado, lo catapultó a la presidencia de su Comisión Nacional de Ideología en 1995.

En la época de Rafael Guillén, los movimientos estudiantiles limitaban sus acciones al ámbito académico. La democratización de las estructuras universitarias, la participación del alumnado o los contenidos de los planes de estudio eran las prioridades. En la facultad de Filosofía, por ejemplo, hubo protestas porque un análisis de la carrera había mostrado que el programa docente era predominantemente positivista, y sólo dedicaba un 20 por ciento de las clases a los autores marxistas.

El punto de ebullición estaba, sin embargo, en la caldera del recién constituido Sindicato de Trabajadores de la UNAM, que demandaba mejoras laborales para el personal universitario. Los "activistas", como se autodenominaban, tomaron parte en estas movilizaciones y empapelaron la universidad con murales chispeantes. "Rafael nos hizo los carteles de la huelga y nos escribía los comunicados. Le dábamos la idea central y él redactaba los volantes. Nos gustaba mucho cómo lo hacía", suspira Ruth Peza, administrativa y veterana dirigente sindical. La huelga, recuerda, se rompió con la entrada de la policía en el campus en julio de 1977, episodio que el *subcomandante Marcos* recordaría más tarde en algún comunicado.

Junto a su mesa, Ruth ha pegado el perfil marcial de Guillén, inmortalizado en una de las fotos que el gobierno sacó a la luz cuando destapó al jefe zapatista. "Así mismo lo conocí yo, con su barba cuidada, siempre sencillo y siempre limpio". El *Cachumbambé*, como él mismo se puso, "era muy listo y estudioso. Se portaba de manera cálida y solidaria, siempre estaba al pendiente de todo". Por aquel entonces, los grupos trotskistas eran los más influyentes. "Guillén se movía mucho con ellos, pero nunca llegó a integrarse. Todos eran muy activos y discutidores. Los viernes organizaban reuniones de debate político, a las que nos invitaban. Los administrativos aprendimos mucho de ellos".

El líder, recuerda Ruth, era un estudiante de Letras Hispánicas, Jorge Velasco, consejero universitario y militante del Partido Revolucionario de los Trabajadores, que después se fue a estudiar a Francia y más tarde abrió una tienda de artesanías en Tepoztlán, un hermoso pueblo colonial al sur del Distrito Federal, donde la *gente bien* de la capital tiene su segunda residencia.

Huelgas al margen, el grupo de los "activistas" se columpiaba en la abstracción. En el Taller de Arte e Ideología, fundado en 1974 tras la muerte del muralista David Alfaro Siqueiros, hacían montajes teatrales de Bertold Brecht y organizaban ciclos de discusión sobre… Althusser y Foucault, por supuesto. Alberto Híjar trataba por todos los medios de hacer aterrizar a esta colección de "analfabetos de lo concreto". "Eran capaces de discutir a fondo un problema teórico desarrollado en Francia, pero de México lo ignoraban todo. Yo les instaba a conocer la historia mexicana, las luchas populares... Pero eso no les interesaba".

"En esos momentos se deificaba la filosofía francesa. ¡Imagínate, si ya entender *El Capital* resultaba difícil! Veías a gente cargando con el tomo durante tres años... Otra cosa maravillosa era decir que no estabas de acuerdo con la teoría de la enajenación de Marx. No sabíamos por qué, pero estaba muy bien", recuerda burlona Rocío Casariego, compañera de estudios de Rafael Guillén, y novia suya durante varios años.

Rocío, como Híjar, sufrió el acoso de las fuerzas de seguridad después de que la identidad de *Marcos* quedara al descubierto a raíz de las revelaciones de Salvador Morales, el antiguo *subcomandante Daniel*. Morales había mencionado a una "Rocío, alias Mercedes", que había acompañado a Guillén a Nicaragua. La policía comenzó a presentarse en casa de su madre y en su lugar de trabajo, una institución de proyectos educativos para comunidades indígenas de la que estuvieron a punto de expulsarla. Rocío sintió miedo ante lo que parecía un dispositivo semiclandestino y decidió cortar por lo sano.

Acompañada de su marido, un médico que pasó más de diez años con la guerrilla mexicana bajo el apodo de *doctor Carlos*, Rocío se presentó en el Consulado de Francia y pidió asilo político. Con ellos llevaron a su hija, Mercedes. Los funcionarios franceses no aceptaron la solicitud, pero les permitieron quedarse en la sede diplomática. El cónsul galo y un abogado estuvieron presentes durante la declaración que prestó ante las autoridades mexicanas. Como entonces, Rocío se mantiene firme, parapetada en su carácter enérgico. "No fui novia de Guillén, ni estuve con él en Nicaragua. Yo viví allá tres años porque trabajé en la Universidad".

De hecho, la antigua estudiante de Filosofía hizo un primer viaje a Nicaragua en agosto de 1981 con varios miembros de la guerrilla mexicana, entre ellos la *comandante Elisa* y los futuros *subcomandantes Marcos* y *Daniel*. Querían conocer de cerca el nuevo régimen sandinista, cuya victoria había reavivado la fe revolucionaria de los rebeldes latinoamericanos. Algunos años más tarde, Rocío, que se hacía llamar *Mercedes*, y su nuevo compañero, el *doctor Carlos*, se reunieron con sus camaradas en Chiapas. Se movían entre los diferentes campamentos del Ejército Zapatista. *Mercedes*/Rocío enseñaba a leer a los nuevos reclutas y el *doctor Carlos* atendía a los campesinos. Después de una estancia de dos meses en Nicaragua en 1987, la pareja decidió instalarse en ese país al año siguiente. La derrota de los sandinistas en las elecciones de 1990 los trajo de nuevo a México.

Ahora Rocío lleva una vida normal y no quiere oír nada más del asunto. Está decidida a borrar su pasado revolucionario. El recuerdo que brinda de su antiguo compañero pretende ser desmitificador. "Guillén era buen orador, pero uno de tantos. No era la personalidad más chingona del universo". Era austero. Un par de pantalones y tres camisas constituían todo su vestuario. Llevaba, "como todos entonces, barba rala. Y como todos los norteños —y todos en general— era machista". Recuerda un día aciago en que a la salida de clases llevó a Rafael y a un grupo de amigos en su coche. "No llevaba suficiente gasolina y me estuvo fregando todo el camino. '¿Cómo es posible? ¿Para qué aceptas traernos entonces?', me decía".

"Ellos no iban con mujeres. Cesáreo Morales, por ejemplo, seleccionaba en cada curso a un grupito destacado en el que estaban vetadas las mujeres. Si alguna compañera se les unía, el grupo perdía valor". Con las dirigentes sindicales las relaciones eran distintas. "Con ese tipo de mujeres, mayores, curtidas, sí que hablaban esos babosos, pero aún así marcando bien las distancias". Tal vez era una pose, porque Híjar recuerda, con una sonrisa, que Guillén era "muy coqueto, muy conquistador a sabiendas, y tenía muchas novias".

La vida de Rafael en la capital transcurría entre las actividades académicas, las escapadas al cine y los partidos de fútbol, baloncesto o voleibol, que echaba con un equipo *multiusos* llamado *Las Apariencias*: todos medían 1.80 —menos Guillén, que ronda el 1.75— y su salida al campo de juego era impresionante. Pero ahí se quedaba todo, porque normalmente mordían el polvo.

Como en el instituto, Rafael Guillén era un muchacho responsable y disciplinado. Destacaba entre los demás compañeros, sacaba buenas notas, escribía poesía y repartía bromas. Trabajaba bien en equipo y desprendía un halo de "liderazgo claramente natural", en palabras de sus profesores. Pero, como siempre, estaba solo. "Andaba muy aparte de los otros, quizás por ese ingenio que tenía, que le daba cierta independencia", recuerda Híjar, que sintonizaba con su alumno por su sentido del humor "levemente negro". En efecto, Guillén solía marcar distancias de los demás, hablaba siempre en su propio nombre y hacía burlas ácidas de los partidos políticos mientras sus compañeros, en crisis existencial, trataban de dilucidar si se afiliaban con los trotskistas o los comunistas.

Althusser, Foucault, Derrida

Esa independencia de criterio llevó a Rafael, finalmente, a distanciarse del discurso abstracto y a vincular sus reflexiones con la vida concreta, para alborozo de Híjar. Fruto de ese paso es su tesis, *Filosofía y Educación. Prácticas discursivas y prácticas ideológicas. Sujeto y cambio históricos en libros de texto oficiales para la educación primaria en México*. No se imaginaba Guillén entonces que quince años más tarde su trabajo de licenciatura correría por las redacciones de los periódicos y sería minuciosamente analizado por los servicios de inteligencia mexicanos. Los agentes de seguridad escudriñaron el texto y subrayaron las citas de Michel Foucault, tratando de encontrar pruebas de la propensión del autor a la violencia revolucionaria. El esfuerzo les sirvió, por lo menos, para establecer que "la tendencia ideológica y el estilo literario" de *Marcos* se perciben "con claridad" en la tesis de Guillén: toda una muestra de perspicacia que explica por qué estos mismos *expertos* equivocaron frecuentemente la identidad del jefe zapatista y no vieron venir la rebelión del 1 de enero de 1994.

Según Cesáreo Morales, director de la tesis de Rafael Guillén, "el trabajo no es de un gran vuelo teórico. Es una reflexión personal, con más influencia de Jacques Derrida y Foucault que de Althusser y con cierta dimensión lúdica que él traía en su carácter y que estaba también presente en la escuela francesa". En definitiva, una tesis que correspondía a su tiempo. "Los autores que le marcaron, salvo Derrida, han sido ya superados. Ni Althusser, ni Foucault tuvieron una teoría de la democracia", puntualiza. Híjar, en cambio, cree que fue un trabajo brillante. "Guillén lleva el pensamiento a la práctica. Se convierte en un trabajador práctico del diseño y empieza a reflexionar sobre México".

Es cierto que la tesis, fechada en octubre de 1980, constituye, por su estilo peculiar, uno de los nexos más claros entre el estudiante y el guerrillero. Guillén, por ejemplo, data su trabajo, "en algún lugar muy cerca de la Ciudad Universitaria", de la misma manera que el *subcomandante Marcos* encabezaría años más tarde los comunicados zapatistas con un enigmático "en algún lugar de las montañas del sureste mexicano". La fórmula tuvo gran predicamento entre intelectuales y simpatizantes.

En sus partes más ortodoxas, la tesis es un auténtico ladrillo. "Respecto del análisis de los diversos discursos construidos en torno a Objetos del Discurso específicos según las reglas y especificidades de las distintas

Formaciones Discursivas, la arqueología de este funcionamiento discursivo (reglas de formación, articulación, incursión preventiva de discursos, etc.) al interior del Aparato Ideológico Escolar en México está por hacerse...", espetaba ya en el primer párrafo al sobrecogido lector. Era el estilo que imperaba entonces en los círculos más exquisitos y pedantes del medio universitario. Cuanto más abstruso resultaba uno, más admiración y respeto despertaba.

Afortunadamente, el texto tiene pasajes irónicos y divertidos en sus referencias a situaciones cotidianas, como cuando describe la percepción social del filósofo.

> Él está sentado ahora en la posición *flor de loto*, la playa está desierta y el sol ha empezado a salir y a teñir de rojo el horizonte. No, no se trata de Kung-Fu, ni de Siddharta, mucho menos de algún borracho al que se cruzó el alcohol con la marihuana, tampoco se trata de algún cangrejo con aspiraciones trascendentales; es, aunque ni usted ni yo lo creamos, un FILÓSOFO.

Tampoco faltan los toques iconoclastas en sus alusiones a algunas tendencias filosóficas —"Los neofilósofos llegaron ya, y llegaron bailando cha-cha-cha"—, ni los juegos de palabras con doble sentido o un cierto narcisismo bromista (él mismo sale a relucir con su seudónimo de *Cachumbambé*). En un momento dado, Guillén desdobla su personalidad y se sitúa en la posición de un crítico que lee el trabajo, lo que da pie a un diálogo que es en realidad *un monólogo a dos voces* cargado de humor, tal y como *Marcos* hace años después con el escarabajo Durito.

> —¿Qué pretende? ¿Acabar con la filosofía?
> —No. Sólo ajustar cuentas con una práctica de la filosofía.

—Entonces, ¿pretende que hay varias formas de hacer filosofía?

—En efecto, varias formas de hacer filosofía, varias formas de hacer preguntas sobre la teoría y sobre la política, varios lugares desde los que se hacen preguntas, varias líneas de problemáticas que abren estas preguntas; en suma, varias prácticas de la filosofía.

—Pero, finalmente, seguir haciendo filosofía.

—Tal vez sí... tal vez no...

—Eso, mi amigo, es filosofía.

Con este trabajo, Guillén reniega de la práctica filosófica que rehuye su vinculación con la política y se "regodea en el espacio académico", aquella que hace "una masturbación mental que ni siquiera llega al orgasmo". Se refiere a la filosofía como cultura general, como especulación metafísica, como humanismo teórico, como reflexión sobre el hombre, como método general de las ciencias... Todas estas definiciones son producto de "la ideología burguesa" y sirven para disfrazar "los intereses de la clase dominante" y perpetuar la explotación del proletariado. Frente a ello, y desde la teoría marxista-leninista, la práctica filosófica debe insertarse en el contexto de "las relaciones de producción", como una "lucha de clases teórica".

Armado con estos preceptos, Guillén se lanza a desenmascarar la falsa neutralidad de la enseñanza que, junto con la familia, son, en terminología althusseriana, los principales "aparatos ideológicos del Estado" en el capitalismo. Después de analizar los libros de Ciencias Sociales de primaria, Guillén explica el mensaje que el Estado mexicano pretende transmitir: los cambios históricos se deben a grandes ideas abstractas y a los hombres que las llevaron a cabo; el Estado es un ente neutral, un árbitro que defiende a la nación; el principal peligro que afronta México proviene "del enemigo exterior", y la única vía para lograr los cambios es el cauce institucional, nunca la lucha armada, porque el régimen mexicano es en sí mismo revolucionario.

Conclusión: mediante los libros de texto, el Estado mexicano, que con la represión de los movimientos estudiantiles, campesinos y obreros ha demostrado sobradamente que sirve a la burguesía, crea el consenso de la necesidad de su existencia, fomenta el nacionalismo como factor de unidad interna para evitar los enfrentamientos sociales y escamotea al obrero su conciencia de clase.

Por esta razón, Guillén termina destacando la importancia de asumir "una posición política" que permita otro quehacer filosófico distinto del académico. "Es la práctica política proletaria la única que hace esto posible [...] practiquemos la política, hagamos teoría con política y política con teoría". En el momento en que escribía estas líneas, el Ejército Zapatista estaba a punto de nacer. Pero nadie imaginaba que la vocación "práctica" de Guillén le llevaría a colocarse un pasamontañas y unas cananas cruzadas en el pecho.

Este punto sigue siendo un enigma para Cesáreo Morales. "Ni sus actividades, ni su tesis, ni su perfil lo encaminaban hacia un movimiento armado. Creo que fue una decisión muy personal, sin ligaduras con su estancia en la universidad. No sé si hubo una ruptura en su personalidad o mantiene la misma, no sé cuál ha sido su evolución [...] El tiempo hace historias personales, y cada quién camina por su propio destino".

Alberto Híjar habla de una ruptura, pero en términos de discurso político: "El *subcomandante Marcos* no tiene nada que ver con el Rafael Guillén althusseriano. El acento que ha puesto *Marcos* en la sociedad civil es antimarxista y, si me apuras, contrarrevolucionario. Ese civilismo, sin proyecto político concreto, le ha funcionado porque le da cobertura: era lo único que tenía". Según Híjar, el discípulo de Althusser se perdió en la historia, y en eso tiene mucho que ver la

interrelación de Guillén con las comunidades indígenas. "Todo esto me conmueve mucho. Él sí hizo lo
que yo no hice. En mi época no hubo condiciones.
Yo no tuve la capacidad de sacrificio ni la imaginación de *Marcos*. Al mismo tiempo, el temor a la represión me acompaña siempre". De ahí que el profesor
considere necesario apoyar a los zapatistas, "porque
frente a un Estado neoliberal no bastan las pancartas
y las marchas".

El salto del académico al guerrillero queda envuelto en el misterio. Se produjo, eso sí, en la época en
que Rafael Guillén entró a dar clases en la Universidad Autónoma Metropolitana. Este nuevo campus, que
abrió sus puertas en 1974, se había construido para
descongestionar la UNAM y, subrepticiamente, neutralizar las fuertes movilizaciones estudiantiles que agi-
taban al país desde los sangrientos sucesos de octubre
de 1968. Paradójicamente, la institución se convirtió
en punto de confluencia de profesores innovadores y
progresistas, que tenían además la oportunidad de
alcanzar la titularidad. Guillén no había terminado
todavía la carrera cuando, en 1979, consiguió un puesto de ayudante en la Escuela de Ciencias y Artes para
el Diseño. Con él se llevó a Althusser, a Marx, a Foucault
y a Mao, que hacía leer y discutir a sus alumnos. Algunos de ellos recordarían, quince años más tarde, el
desconcierto que les provocaban al principio las exigencias de aquel profesor. Claro que la mayor parte
de los docentes funcionaban de la misma manera en
esta universidad, calificada en ese entonces de
surrealista por sus métodos poco ortodoxos.

Pipa en mano (tenía ya toda una colección que le
había regalado su padre), Guillén instaba a sus estudiantes a situar el diseño en "el contexto de los mo-
dos de producción" y a analizar su papel social. Y
ellos (y sobre todo, ellas) lo hacían cautivados por la
retórica y la personalidad de este profesor, narigón
pero atractivo, exigente pero divertido, inteligente pero

accesible, radical pero tolerante, extrovertido pero sumamente reservado sobre su vida privada... A pesar de lo politizadas que estaban sus clases, a los alumnos les llamaba la atención que Guillén se mantuviera al margen de las movilizaciones sindicales y estudiantiles.

Por aquel entonces acababa de entrar a trabajar en los talleres gráficos de la escuela un joven llamado Salvador Morales, originario del estado de Michoacán, en el centro del país. Su familia, de extracción obrera, residía en ciudad Nezahualcóyotl, un inmenso suburbio de la capital. Un día, una profesora de Historia del Arte llamada Gabriela se le acercó para pedirle que imprimiera una revista, *Conciencia Proletaria*. Luego le regaló un ejemplar y le recomendó su lectura. Después le animó a que colaborase con algún escrito. Más adelante vinieron los contactos con un tal Javier, que le invita a un viaje a Chiapas en 1980. Quería que participara en un cursillo de primeros auxilios organizado en San Cristóbal de Las Casas por Rafael Guillén, a quien él conocía de la universidad. Fue el propio Guillén quien le explicó después que aquella gente pertenecía a las Fuerzas de Liberación Nacional, de las que habría de surgir el Ejército Zapatista de Liberación Nacional, y quien le puso al corriente de las estructuras y los objetivos de la organización. La amistad entre Morales y Guillén, los futuros *subcomandantes Daniel* y *Marcos*, duraría muchos años.

El viaje a Nicaragua

Fuera de sus clases, las actividades de Rafael Guillén por aquellos años se desdibujan en la bruma de la clandestinidad. En 1981 se va a Nicaragua con la *comandante Elisa*, Salvador Morales y algunos compañeros de la UAM a dar un breve cursillo de diseño gráfico a sindicatos y organizaciones sociales vinculados al Frente Sandinista de Liberación Nacional. En 1982 se ausenta seis meses de la universidad con un permiso sin sueldo. El 3 de febrero de 1984 pide la baja definitiva como docente. E.n mayo, la selva de Chiapas lo engulle.

Las informaciones recogidas sobre las andanzas de Rafael Guillén en esta etapa conducen sistemáticamente a Nicaragua y a Cuba. Inmediatamente después del levantamiento zapatista, el gobierno mexicano se apresuró a buscar conexiones internacionales. Los dirigentes de la guerrilla salvadoreña, sus colegas guatemaltecos, los altos funcionarios de los servicios secretos nicaragüenses y los diplomáticos cubanos fueron convocados por riguroso turno. Todos negaron tener vínculos con el EZLN y aseguraron que ignoraban la identidad de *Marcos*. De hecho, todos sabían alguna cosa, pero menos, desde luego, que los militares mexicanos. Además, al mantener la boca cerrada evitaban poner en peligro la excelente relación que mantenían con México, que les había brindado apoyo político y financiero durante largos años. Sea como fuere, y a falta de información oficial sobre este punto, existen testimonios sobre los contactos establecidos por ciertos cuadros del Ejército Zapatista, en particular *Marcos* y *Elisa*, con las guerrillas de la región y con La Habana.

Al mismo tiempo que las antiguas autoridades sandinistas rechazaban con vehemencia cualquier relación con los zapatistas, la prensa nicaragüense descubría el fantasma de *Marcos* en aquellas lejanas tierras. Dos periódicos, *La Tribuna* y *Barricada*, publicaron reportajes sobre las peripecias de quien, dicen, era Rafael Guillén. Según *La Tribuna*, Guillén había estado por primera vez en Nicaragua entre noviembre de 1979 y enero de 1980, junto con Alberto Híjar, su antiguo profesor de filosofía, y había participado en el primer curso de promotores organizado por el Ministerio de Cultura. Solía andar por la Hacienda El Retiro y por el Seminario de Managua, que habían sido convertidos en *centros populares*. Se hacía llamar Jorge Narváez, tenía un nivel intelectual "sorprendente", y llegó a publicar textos en la revista *Poesía Libre*, añade el reportaje.[1]

Barricada, propiedad del Frente Sandinista, lo ubica, en cambio, en el poblado cafetalero de San Juan de Río Coco, a 300 kilómetros al norte de Managua. Cuando el gobierno de México hizo públicas algunas fotos de Rafael Guillén, varias mujeres del lugar lo reconocieron "por sus ojos y por su forma de mirar"[2]. Hasta allí acudió un enviado del semanario mexicano *Proceso* para seguir las pistas. Y se encontró con que todo el mundo se acordaba de Rafael el Mexicano, pero en un periodo de tiempo tan laxo que abarca desde 1979 a 1982. Y ni un solo rastro material. A decir de los testimonios, la estancia de aquel mexicano fue sin duda productiva: visitó numerosas comunidades campesinas, participó en tareas sanitarias y en labores de concienciación, organizó sindicatos, una cooperativa de café y hasta el gobierno municipal de la localidad.

Todos los habitantes de San Juan aportaron su granito de arena para reconstruir la personalidad de su benefactor: un hombre alto, delgado, siempre con un costalito blanco al hombro, muy formal, que se dirigía a los campesinos de manera sencilla y convincente, que casi no comía para no gastar la poca comida de las comunidades, de hablar suave, solidario, trabajador, bueno para los chistes, animador de fiestas... Añaden más: no bebía alcohol, le gustaba la carne asada y el arroz, a los que siempre agregaba chile, y jugaba mucho con los niños.

Las comadres del pueblo le adjudicaban, incluso, una novia apodada *La Segovia*, una mujer ahora casada y con tres hijos. *La Segovia* , furibunda, amenazaba con demandar a *Barricada* por difamación, porque ella, decía, jamás tuvo que ver con extranjeros, y menos que nada con mexicanos, que "venían dizque a colaborar, pero nunca se jodían, nunca caminaban, y eran unos farsantes que agarraron a Nicaragua como *tour* revolucionario".[3]

La sombra de Guillén en tierras nicaragüenses se extiende hasta 1987. Según *La Tribuna*, en agosto de ese año el tal Jorge Narváez recibió preparación militar junto con un grupo de mexicanos y argentinos en la Brigada de Defensa Local 368 de Jinotega. Un testigo que se presenta como un antiguo compañero de entrenamiento contaba que el grupo vivía en la montaña, y que bajaba de tanto en tanto a la ciudad a descansar. Todos juntos acudían a la discoteca El Piojo, en Matagalpa, pero mientras los demás se desfogaban a gusto, Guillén estaba como el convidado de piedra: no bailaba, no ingería alcohol, era reservado y culto, de hablar suave, "una criatura como sacerdotal", austero, deslumbrado por la revolución sandinista...

El reportaje concluye con una entrevista a un antropólogo, "disidente sandinista", que mantuvo una reunión ese año con cinco mexicanos, entre ellos Narváez. Eran miembros de un movimiento guerrillero y querían información sobre cuestiones indígenas. Este mismo antropólogo acudió a Chiapas en 1991, invitado por miembros del Ejército Zapatista, que habían hecho contacto con él en un congreso de su especialidad en la localidad mexicana de Cuernavaca. En un poblado de la selva se reencontró con uno de los jóvenes que conoció en 1987. Y creyó ver a Narváez, aunque éste se mantuvo en silencio. Le pidieron ayuda. Él se desentendió. No estaba ya para revoluciones a estas alturas del siglo.

Sea como fuere, los dirigentes sandinistas juran que ellos no tienen ninguna información de que Guillén recibiera entrenamiento en Nicaragua. "¡Eso es ridículo y estúpido! Tal vez alguna gente estuvo en la guerra, pero que hayamos preparado a gente para pelear en otro país, de ninguna manera. Nosotros jamás hubiésemos decidido entrenar a nadie para venir a pelear a México. ¡Imposible!", bramaba Tomás Borge, exministro del Interior y actualmente presidente del diario *Barricada*. El reportaje publicado en su propio periódico, añadía, había sido un mero gancho de venta.

Borge, quien no se caracteriza por su ingenuidad, no dice toda la verdad. Si bien es cierto que los sandinistas no tenían ningún interés en alentar el desarrollo de una guerrilla en México, su principal aliado, no lo es menos que Nicaragua apoyaba abiertamente a otras organizaciones armadas, sobre todo al Frente Farabundo Martí para la Liberación Nacional (FMLN), que tuvo varios campos de entrenamiento en territorio nicaragüense durante los años ochenta. Para los sandinistas era una manera de corresponder a los salvadoreños, que les habían echado una mano en su lucha contra la dictadura de Anastasio Somoza.

El modelo salvadoreño

Los revolucionarios latinoamericanos y europeos que contribuyeron a la victoria sandinista en 1979 se pusieron en seguida al servicio del FMLN. Entre ellos había colombianos, chilenos, venezolanos y, por supuesto, mexicanos. Dos de los principales dirigentes de la guerrilla salvadoreña, Joaquín Villalobos y Ana Guadalupe Martínez, no han olvidado el papel desempeñado por los médicos mexicanos. "Fueron ellos quienes organizaron toda nuestra logística sanitaria clandestina", recuerda Villalobos. "No obstante, salvo algunas excepciones, los extranjeros no participaban en los combates".

Ambos dirigentes aseguran no conocer a *Marcos* ni a los otros cuadros zapatistas. "Que yo sepa, ninguno de ellos colaboró jamás con nosotros", afirma Ana Guadalupe Martínez, elegida diputada tras la firma de los acuerdos de paz en 1992. "El único contacto que tuvimos con ellos fue en 1986, y creo que no desembocó en nada. Nosotros habíamos recibido la información de que algunos camaradas mexicanos querían hablar con nuestros representantes en Nicaragua. La dirección del FMLN había autorizado un encuentro, pero ya habíamos convenido previamente que no podíamos hacer nada por ellos. Ni siquiera sé si la reunión se celebró o no". Para el FMLN, que tenía su base política y diplomática en México, estaba totalmente excluido apoyar un movimiento de guerrilla mexicano.

Es cierto que para desplazarse por América Central numerosos *internacionalistas*, entre ellos algunos mexicanos, utilizaban pasaportes falsos, sobre todo guatemaltecos y salvadoreños. "Todos teníamos varias identidades y sabíamos cómo resolver el problema de las visas", señala Joaquín Villalobos, que no cree, por lo demás, que ningún mexicano se hubiera enrolado en las filas del FMLN con otra nacionalidad. Varios mexicanos participaron, en cambio, en los combates contra la guerrilla antisandinista de Nicaragua, la *Contra*, financiada por Estados Unidos en la década de los ochenta. "Esa no era la política del Ejército Sandinista, pero alguna vez los oficiales destinados en el frente incorporaban a sus filas a extranjeros que les ofrecían sus servicios".

¿Sería esta la vía empleada por *Marcos* y sus compañeros para adquirir una formación militar acelerada? Según Joaquín Villalobos, "la falta de experiencia militar que demostraron los zapatistas" durante el levantamiento del 1 de enero de 1994 resta fuerza a esta hipótesis. El antiguo comandante guerrillero reconoce, sin embargo, que los cuadros zapatistas se han mostrado capaces de adaptar "algunos conceptos utilizados en Nicaragua y sobre todo en El Salvador, en particular el uso político del poder armado, que consiste en lograr mucho con pocas cosas, como hizo el EZLN durante los primeros días". "El 1 de enero", prosigue, "los zapatistas tenían por objetivo organizar un escándalo, siguiendo el modelo que nosotros habíamos empleado en los años ochenta. Se trataba de dar un golpe de efecto para provocar una reacción en cadena y hacer creer al adversario que éramos más

fuertes de lo que éramos en realidad". Joaquín Villalobos ve otras similitudes entre el EZLN y el FMLN.

En El Salvador nunca hicimos nada de manera aisla-
da. Fijábamos la fecha de una operación en función
de otros acontecimientos, para crear un efecto
multiplicador. Teníamos en cuenta, por ejemplo, la
agenda del Congreso estadounidense, o una elección, o si había un partido de fútbol importante. Al
elegir bien el momento se aumentaba considerablemente el efecto propagandístico de una acción.

Parece que las lecciones que *Marcos* extrajo de la
experiencia guerrillera centroamericana se ciñen al
plano teórico. Nadie en Nicaragua recuerda haberlo
visto en el frente militar, pero sí en actividades políticas o de solidaridad, como lo cuenta con muchos
detalles el periódico sandinista *Barricada*. Curiosamente, el nombre de Rafael Guillén no aparece en los
registros migratorios de Nicaragua, aun cuando hay
sobradas pruebas de su presencia en ese país, empe-
zando por los testimonios de sus propios compañeros
a propósito del viaje realizado en 1981. Lo mismo
sucede con Gloria Benavides, la *comandante Elisa*,
y con Fernando Yáñez, el *comandante Germán*, que
desde los años setenta cambiaban regularmente
de identidad. En cambio, las entradas y las salidas de
Salvador Morales, el futuro *subcomandante Daniel*,
de Rocío Casariego, que era la pareja de *Marcos* en
ese entonces, y de Gabriel Ramírez, el *doctor Carlos*, fueron escrupulosamente registradas por las autoridades. ¿Utilizó *Marcos*, como *Elisa* y *Germán*,
una identidad falsa para entrar en Nicaragua? ¿O bien
los antiguos dirigentes sandinistas, que a pesar de
su derrota electoral de 1990 controlan todavía los
servicios de inteligencia, hicieron desaparecer de
los archivos los rastros de una relación comprome-
tedora?

101

¿Quién dice la verdad? ¿Los sandinistas? ¿O los padres de Rafael Guillén, que estaban convencidos de que su hijo había vivido varios años en Nicaragua? Por su propia naturaleza, la clandestinidad obliga a ocultar una buena parcela de las actividades y a inventar vidas ficticias. A pesar de todo el cariño que sentía por su familia, Rafael no podía, obviamente, anunciarles que se hacía llamar *Marcos* y que preparaba una revolución en México. Los Guillén descubrieron por sí solos la nueva identidad de su hijo, y no fueron los únicos.

Antes de que las autoridades mexicanas desenmascarasen a *Marcos*, un puñado de profesores y varios antiguos compañeros de la universidad sabían que Rafael andaba detrás de tan famoso pasamontañas. El lenguaje, su principal arma de combate, lo delató. "Lo reconocí el mismo 1 de enero de 1994", dice Híjar. "El discurso era distinto, pero hay una línea de ironía, de humor y de irreverencia que permitía su identificación". Por si tenía alguna duda, *Marcos* se la disipó al usar la expresión: "¡Eso es pura ideología!", una broma que se hacían entre ellos en las discusiones universitarias y que al *subcomandante* se le escapa cada vez que alguien le plantea preguntas impertinentes. La frase, por cierto, ya se escucha en boca de algunos mandos zapatistas indígenas.

A Cesáreo Morales le llamó la atención una reflexión que *Marcos* hizo en febrero: "Tienen la razón los neopositivistas, que las cosas existen en tanto que son nombradas". "Yo pensé: éste ha estudiado filosofía analítica, y antes sólo se estudiaba filosofía analítica en la UNAM". Luego fue atando cabos, y terminó confirmando que el guerrillero era el estudiante que él había conocido con el nombre de Rafael Guillén.

Ruth Peza no necesitó analizar tan sesudas expresiones. Cuando el *subcomandante Marcos* habló "del valle de las pasiones" (el jardín situado frente a la Facultad de Filosofía y Letras) y de ciertos detalles del centro universitario, la administrativa puso a funcionar su archivo memorístico, bien repleto desde su llegada a la UNAM en 1968. Recortó los comunicados del jefe zapatista, los leyó, los releyó… Ese estilo le resultaba familiar. En marzo, tres meses después de la irrupción de *Marcos* en la escena política, le llegó la corazonada. Buscó los viejos papeles del sindicato. Ahí estaban los carteles, la propaganda y los escritos internos firmados por el *Cachumbambé* quince años antes, con sus peculiares bromas y su proclama "¡Muera el mal gobierno!". Ya no le quedaba ninguna duda. Todos esos documentos fueron devorados por las llamas el 10 de mayo. "Tuve miedo. Tengo una hija de nueve años". Después, Ruth guardó silencio. En enero de 1995, un mes antes del *destape* de *Marcos*, había revuelo en la facultad. Se rumoreaba que el jefe guerrillero era un exalumno. El 9 de febrero la policía se presentó en la secretaría de Filosofía para requisar una copia de la tesis de Guillén. Horas más tarde el presidente Zedillo anunció en televisión que el dirigente zapatista había sido identificado. A Ruth se le encogió el corazón. "Pensé que todo era una mierda. Yo no creo en Dios, pero le pedí que cuidara al *Cachumbambé*".

SEGUNDA PARTE:
LOS ANTECEDENTES

4

Los años de plomo

Las plegarias de Ruth fueron escuchadas y *Marcos* escapó al operativo de febrero de 1995. Ocho meses más tarde, sin embargo, las autoridades capturaron al principal dirigente de la guerrilla zapatista, el *comandante Germán*, a quien un comando de los servicios especiales de la Defensa venía siguiendo desde hacía tiempo. En el momento de la detención, ocurrida en un populoso barrio de la capital mexicana, *Germán* llevaba encima correspondencia cifrada con *Marcos*, en la que ambos analizaban la deserción y las revelaciones explosivas de su viejo compañero, el "traidor" Salvador Morales, alias *subcomandante Daniel*. Los mandos castrenses no tuvieron demasiado tiempo para interrogar a su codiciada presa, a la que llevaban años intentado interceptar: los tribunales consideraron que *Germán* estaba protegido por la amnistía provisional que había entrado en vigor cuando el gobierno y el Ejército Zapatista reanudaron el diálogo, semanas después de la intervención militar en Chiapas.

Muerto de risa, pero también preocupado por una eventual venganza por parte de sus carceleros frustrados, el más veterano de los rebeldes mexicanos se apresuró a desaparecer del mapa, llevando consigo los secretos de una trayectoria revolucionaria de más de treinta años. Las actividades políticas de *Germán*, cuyo verdadero nombre es Fernando Yáñez, y de su hermano César, alias *Pedro*, habían comenzado antes de las grandes movilizaciones estudiantiles de 1968. Ese mismo año, la matanza de Tlatelolco les hizo sumergirse definitivamente en la clandestinidad.

A pesar de la prohibición de las autoridades, los estudiantes habían decidido reunirse el 2 de octubre en Tlatelolco, en pleno corazón de la ciudad de México, para protestar contra la represión. La manifestación terminó en tragedia. Las primeras ráfagas, procedentes de las azoteas donde se habían apostado varios francotiradores de Gobernación, apuntaron a los militares que rodeaban la plaza de las Tres Culturas, donde se agolpaba la muchedumbre. La provocación desencadenó una verdadera carnicería. Las autoridades reconocieron 27 muertos. Las cifras extraoficiales no bajan de 300.

Tan sólo diez días después de los sucesos, México sonreía al mundo como anfitrión de los XIX Juegos Olímpicos. Entonces no hubo condena internacional, como la que se abatiría sobre China veinte años más tarde, a raíz de la matanza de la plaza de Tiananmen. Un manto de censura y silencio cubrió la sangre seca. El gobierno decidió impedir cualquier posibilidad de investigación y declaró *clasificados* los documentos de la masacre. Así continúan hoy. Las fuerzas de seguridad visitaron los servicios de documentación de varios periódicos capitalinos para arrancar las páginas y confiscar las fotografías de la cobertura de los sucesos. Había que borrar todas las huellas de esa jornada trágica.

El entonces presidente, Gustavo Díaz Ordaz, asumió toda la responsabilidad, pero los militares que allá estuvieron nunca aceptaron la tesis oficial de que el drama había sido resultado de una acción "contra la subversión". Ellos piensan más en una trampa diseñada por el entonces secretario de Gobernación, Luis Echeverría. "Nos utilizaron como a conejillos de indias", dice un general que conoce a fondo los archivos. Tlatelolco, en su opinión, era parte de un plan de desestabilización que respondía a las luchas internas del Partido Revolucionario Institucional, que estaba a punto de celebrar las cuatro décadas de su llegada al poder. "Era la estrategia de Luis Echeverría y su grupo para consolidar su posición de cara a las elecciones de 1970. No le fue mal. Llegó a la presidencia".

La matanza de Tlatelolco engrosó la constelación de grupos revolucionarios que estaban naciendo en el país ya desde 1965, alimentados por el ejemplo de la Revolución cubana. "Los servicios de seguridad mexicanos dejaban crecer a las guerrillas. Hacían un seguimiento de inteligencia casi perfecto, y cuando actuaban, las deshacían. Era facilísimo neutralizarlas", explica un especialista en la materia. Si no, que se lo cuenten a los miembros del Movimiento Armado Revolucionario (MAR), que apenas tuvieron tiempo de poner en práctica los conocimientos que habían adquirido en los largos meses de entrenamiento militar en Corea del Norte. En 1971, las fuerzas de seguridad les cayeron encima en Xalapa, la capital veracruzana. Ahí terminaron los planes de la organización: crear un núcleo de guerrilla urbana y saltar, siguiendo la táctica foquista, a la norteña sierra de Chihuahua.

Los guerrilleros en ciernes acababan de volver a México después de dos años de peripecias que arrancaron en Moscú y terminaron en las cárceles de su propio país. Salvador Castañeda, uno de los fundadores del MAR, aún sonríe cuando recuerda los primeros pasos de aquel cuarteto de estudiantes mexicanos becados en la Universidad Patricio Lumumba, en la capital soviética. Corría el año 1968. El campus era por aquel entonces un hervidero de guerrilleros del Tercer Mundo, agentes del KGB y espías de diversos países que pasaban información a sus respectivas embajadas sobre las actividades subversivas de los estudiantes. "La Universidad se declaraba apolítica, imagínense. Todos escuchando los discursos incendiarios de Fidel, y la dirección procurando evitar este tipo de cosas. Pero no podía".

Después de dos años de reuniones clandestinas, Castañeda y los suyos, que ya eran doce, decidieron pasar a la acción. Comenzaron entonces una penosa peregrinación por diversas embajadas en busca de apoyo y entrenamiento militar. Argelinos, chinos, vietnamitas y cubanos los recibieron con miradas conmiserativas y, cuando mucho, con palmaditas en la espalda. La respuesta era la misma: "¿Entrenamiento militar para México, con la imagen que tiene?".

¡La imagen de México! De cara al exterior, este país estaba considerado como una democracia y un símbolo de la lucha contra el imperialismo. Su gobierno hablaba de apertura política mientras coqueteaba con la izquierda mundial. Hacia dentro, el Partido Revolucionario Institucional controlaba el poder desde hacía cuarenta años, y se había fundido con el Estado en una estructura férrea, que aplastaba a disidentes y penetraba sindicatos, ayuntamientos, medios de comunicación, tribunales y grupos de oposición. Cada seis años el partido oficial arrollaba triunfante en elecciones indiscutidas.

Los expedicionarios del MAR se toparon por fin con los norcoreanos quienes, henchidos de internacionalismo proletario, les ofrecieron ayuda. "Les explicamos que la guerrilla no estaba excluida para nuestro país y que la represión del campesinado había creado un terreno fértil para la lucha armada y la transformación social. Corea veía en México un punto neurálgico en América Latina, como una caja de resonancia".

Unas sesenta personas, estudiantes básicamente, acudieron a Pyongyang en varias tandas. El viaje hasta la capital norcoreana era un tanto rocambolesco: debían retornar primero a México para entrar de nuevo a la Unión Soviética, esta vez de forma clandestina. "En Pyongyang estábamos un promedio de ocho meses. Nos daban formación militar teórica y práctica.

Tenían todo tipo de armas. Los instructores eran veteranos de guerra, muy competentes". El MAR fue, de hecho, el único grupo revolucionario mexicano que recibió una preparación militar sistemática, aunque luego no tuvo tiempo de ponerla en práctica. "Los mecanismos de seguridad no funcionaron", confiesa Castañeda, que fue detenido en Xalapa y pasó siete años en prisión, antes de recibir la amnistía en 1979.

El palo y la zanahoria

La estrategia que el gobierno mexicano empleaba con los movimientos revolucionarios se aproximaba al principio del palo y la zanahoria. Se recurría, según los casos, a la represión o a la captación. El Estado, por ejemplo, dio muestras de una inusitada tolerancia con varios grupúsculos maoístas, que contaron en sus orígenes con militantes luego ilustres, como los hermanos Carlos y Raúl Salinas de Gortari. Con otras organizaciones, en cambio, las fuerzas de seguridad se emplearon a fondo. Frente al balance oficial de 600 desaparecidos entre 1965 y 1975, el Centro de Investigaciones Históricas de los Movimientos Armados (CIHMA), fundado por Salvador Castañeda y un grupo de antiguos guerrilleros, esgrime 400 casos sólo en el estado de Guerrero, quintaesencia del México profundo y caciquil y cuna de dos de las más importantes guerrillas mexicanas: la Asociación Cívica Nacional, creada por Genaro Vázquez en 1965, y el Partido de los Pobres, del legendario Lucio Cabañas, asesinado por el ejército en 1974. Los archivos del CIHMA guardan los nombres de los tres mil mexicanos muertos *en combate* o asesinados entre 1965 y 1975. "Hubo muchas ejecuciones sumarias", dice Castañeda. "Ya después de nuestra caída casi nadie entraba en la cárcel. A los detenidos los mataban directamente".

El desmantelamiento del grupo de Cabañas en las zonas rurales de Guerrero fue la única operación amplia de contrainsurgencia de aquellos años. Con el resto de las organizaciones, generalmente urbanas y sin bases de apoyo, la policía política llevaba a cabo intervenciones más quirúrgicas y acotadas. No era algo demasiado complicado. Las universidades y los círculos indómitos que en ellas florecían estaban infiltrados de arriba abajo. Para evitar las consecuencias políticas engorrosas, los servicios de seguridad optaban por la represión selectiva o, cuando las circunstancias se prestaban a ello, por la persuasión psicológica, que solía desembocar en la captación de los más vulnerables. El método demostró su eficacia, puesto que un número relativamente importante de guerrilleros hizo después carrera en las filas del PRI.

El sector obrero siempre fue terreno vedado para los grupos revolucionarios, dado el férreo control corporativo ejercido por la Confederación de Trabajadores de México (CTM), el omnipotente sindicato que rige la vida laboral del país y sirve como correa de transmisión entre el poder y el *pueblo*. A lo largo de sus seis décadas de existencia la CTM ha garantizado la permanencia del PRI al frente del Estado y... la longevidad de sus propios dirigentes. Sólo la madre naturaleza ha ido renovando la cúpula de mando, integrada por cinco octogenarios que ostentaron sus cargos durante medio siglo. Fidel Velázquez, nacido en 1900, fue el caudillo incontestable del sindicato hasta su muerte, en junio de 1997. Sus conferencias de prensa de cada lunes, que mantuvo casi hasta el final de sus días, eran un gran ceremonial al que acudían religiosamente todos los medios informativos. Rodeado de micrófonos y cámaras, don Fidel, como el oráculo de Delfos, tenía respuesta para todo. Emitiendo balbuceos a veces incomprensibles, ofrecía soluciones a los problemas del país: contención salarial, un día, o exterminio de los zapatistas, el siguiente. Su filosofía política, compartida por los sectores más recalcitrantes del partido oficial, se resumía en una frase: "A tiros llegamos al

112

poder y a tiros nos tendrán que sacar". El *subcomandante Marcos* no dudó en bautizarle *Fidel Schwarzenegger.*

La madre adoptiva de *Marcos*

"A Jesús se lo llevaron en 1975, cuando estudiaba el tercer año de Medicina en Monterrey. A los pocos días apareció la noticia en el periódico. Fui a ver al reportero. Me dijo que mi hijo estaba en el Campo Militar número 1, en la ciudad de México. Me vine corriendo a buscarlo. Creí que por veinte días. Llevo ya 21 años". Un retrato del rostro aniñado y sonriente de Jesús Piedra preside el salón del pequeño apartamento de su madre, Rosario Ibarra, situado en la agradable colonia Condesa. La habitación está llena de fotografías de la familia colocadas en marcos art-déco. Gatos de porcelana y figuritas antiguas desbordan mesas y vitrinas. La luz entra tamizada por unas cortinas de encaje, envolviendo la estancia en una atmósfera de principios de siglo.

Rosario conoce a la perfección las tácticas contrainsurgentes. Su familia las sufrió después de que Jesús se incorporase a la Liga 23 de Septiembre, el movimiento de guerrilla nacido en Monterrey, la próspera ciudad industrial del norte de México. "Tenía 17 años cuando lo reclutaron esos bárbaros de la Liga. A los 19 desapareció. Como tenía un aspecto muy de niño lo utilizaban para que diera la cara. Lo dejaron tirado". Sus palabras, envueltas en acritud, se quiebran al recordar el secuestro de su esposo, "un hombre bueno y entregado a los demás". La policía se lo llevó de la consulta donde ejercía la medicina para interrogarle sobre el paradero de su hijo, que ya estaba en la clandestinidad.

Lo metieron en un tambo. Se orinaron encima, los desgraciados. Casi lo ahogan. De un rodillazo le quebraron la espina dorsal. Así lo tuvieron 72 horas, con todos aquellos dolores terribles. Y lo seguían golpeando.Un mando policial que había sido alumno suyo lo reconoció, y logró sacarlo antes de que lo mataran. Estuvo cinco meses inmovilizado. No creerás que, siendo médico, no encontró a ningún colega que certificara que tenía una fractura por compresión de la columna. "Rosario", me decían, "pon de una vez los pies en el suelo. Estamos viviendo en el fascismo".

La desaparición de Jesús, un año más tarde, arrancó a Rosario de su vida en Monterrey. Se trasladó a la capital. "Estuve muchas veces en el campo militar. Mi hijo constaba en el archivo". Pero en ningún otro lugar. En aquellos meses de agonía descubrió que otras madres también deambulaban por cuarteles, comisarías y dependencias oficiales en busca de una respuesta. Entonces ya no sólo fue Jesús. En 1977 fundó el Comité Eureka, una asociación de familiares de desaparecidos. Quinientos nombres figuran hoy en la lista de la asociación. El primer caso se remonta a 1969. "Aparte de ellos, hemos sacado a 147 prisioneros entre 1977 y 1987. Estaban en celdas de aislamiento, la mayoría en dependencias militares". Entre ellos, incluso, había un policía. "Y es que cuando la perra es brava, hasta a los de casa muerde".

Diminuta, Rosario chisporrotea dentro de su chal negro. Mueve sus manos, golpea el suelo con los pies y agita su melena castaña. Lleva una foto de Jesús sobre su pecho y, en el cuello, una gargantilla con una carita minúscula del *subcomandante Marcos*. El jefe zapatista se ha convertido en su "retoño postizo".

Cuando lo conocí en mayo de 1994, en un viaje a Guadalupe Tepeyac, le dije: "Te considero mi hijo". Y él me llama mamá. *Marcos* es un hermoso ejemplar de ser humano. No le conozco el rostro, no tengo esa curiosidad, pero me he asomado a su alma y es linda. Es sencillísimo, culto y muy bondadoso. Me encanta su manera de ser, porque puedo decir de él lo que Gabriela Mistral dijo de José Martí: que hizo el milagro de pelear sin odio. Es una lástima que mi marido no lo haya conocido. Murió el 22 de diciembre de 1993. ¡Ya ves, qué le hubiera costado esperar al uno de enero!

Porque *Marcos* se lo pidió ("anda, no seas mala", le dijo zalamero) Rosario se presentó a las elecciones legislativas de agosto de 1994 y fue elegida diputada por el Partido de la Revolución Democrática (PRD), la oposición de izquierda. Su amor no tiene fisuras. Cuando las autoridades revelaron los vínculos entre el Ejército Zapatista y la vieja estructura marxista-leninista de las Fuerzas de Liberación Nacional, Rosario se descolgó con una frase que hizo historia: "Hay muchas cosas que no se deben saber de un movimiento de liberación nacional clandestino... Yo me limito a la verdad maravillosa narrada por *Marcos*". Cuando nadie en México osaba proclamarse *zapatista* en público, Rosario gritaba a los cuatro vientos: "¡Pues sí, soy zapatista. Y que me encarcelen y toda la carajada!".

Una foto de los tres hermanos Kennedy, todos con su sonrisa de dentífrico, cuelga del recibidor de la vivienda. Fue un regalo de Ted, el senador, que se empeñó en conocer a esta activista infatigable, a quien sus nietos llaman *abuelita Cometa*. Su lucha sin descanso en el Comité Eureka la ha convertido en el símbolo de la tenacidad en medio de la soledad y las adversidades.

"En México hubo desaparecidos antes que en Argentina, pero aquí hay miedo y fatalismo. Hasta nosotros nunca vinieron las familias a denunciar los casos". Rosario vio entonces que otros habían experimentado el abandono que ella misma había sufrido en Monterrey por parte de los colegas de su marido y de sus propios parientes, que se cruzaban de acera para no saludarla. Todos los años, las *doñas* de Eureka acudían a la gran manifestación del primero de mayo organizada por sindicatos y organizaciones populares bajo el balcón presidencial. "No nos querían. Llegábamos nosotras vestidas de negro y se hacían a un lado, y nos quedábamos solitas en la plaza. Y el presidente nos veía con nuestras pancartas y nuestras fotos".

El presidente en cuestión era Luis Echeverría, del que Rosario, vestida de negro y con la foto de su hijo, se convirtió en sombra, siguiéndole a todo acto público que podía y gritándole: "¡Señor presidente!". El día que traspasó el cargo a su sucesor, el 1 de diciembre de 1976, todavía oyó la voz de aquella mujer en las puertas del Congreso, que esta vez se dirigió a él con un contundente "¡Ciudadano Echeverría!". Trece años más tarde, Rosario y el antiguo jefe de Estado volvieron a verse las caras. Ambos estaban invitados por el gobierno nicaragüense a la celebración del décimo aniversario de la Revolución sandinista. Echeverría fue acomodado en la mesa de honor. Estaba previsto que Rosario tomara la palabra, pero cada vez que le tocaba el turno, su nombre desaparecía de la lista de oradores. Visiblemente enojada, se plantó, agarró el micrófono y, ante un desencajado ciudadano Echeverría y una atribulada cúpula sandinista, descargó todo un discurso sobre la hipocresía política, labrado durante años a golpe de desesperación. Le crispa a esta mujer el doble rasero del Estado mexicano, "que ensalza a las guerrillas de otros países, se mete a mediar en Nicaragua y El Salvador, pero a las de casa las desprestigia y las trata como si fueran bandas terroristas".

El nacimiento de las FLN

De Monterrey procedía también el grupo de estudiantes universitarios que en agosto de 1969, un año después de la matanza de Tlatelolco, fundó las Fuerzas de Liberación Nacional (FLN). Su principal dirigente era César Germán Yáñez, un joven de familia acomodada que daba clases en la facultad de Derecho. Todos ellos, fervientes admiradores de la Revolución cubana, se comprometieron a luchar por la instauración en México "de una república popular con un sistema socialista".

La nueva organización decidió implantar su primer foco de guerrilla en la selva de Chiapas. Aquel rincón del sur agrario y profundo guardaba, a ojos de Yáñez y sus compañeros, un enorme potencial revolucionario, porque reunía todas las contradicciones necesarias para la exacerbación de las tensiones sociales: era un territorio rico en recursos naturales (petróleo, madera, energía hidroeléctrica) pero la población, sometida a estructuras agrarias arcaicas, vivía en el aislamiento y la miseria. Además, la orografía accidentada les permitiría moverse con discreción y la frontera con Guatemala podría servir de salida de emergencia para los combatientes del Núcleo Guerrillero Emiliano Zapata, como habían bautizado a su célula chiapaneca los estudiantes de Monterrey.

Después de organizar una infraestructura mínima en su ciudad de origen, y establecer el *cuartel general* en Nepantla, al sur de la capital mexicana, las FLN se instalaron en la Selva Lacandona en 1972. Nahum Guichard, un joven originario de Chiapas, fue el encargado de comprar un terreno para la organización, conforme a las instrucciones que recibió de su hermano Juan, estudiante de Medicina en Monterrey y uno de los fundadores del grupo armado. La parcela colindaba con la finca El Diamante, una propiedad de mil quinientas hectáreas situada a medio camino entre las ruinas mayas de Palenque y la soberbia Laguna Miramar. "La finca era pura selva, todavía había tigres [jaguares]", recuerda Eugenio Solórzano, un ranchero que había comprado a su vez 800 hectáreas al propietario de El Diamante, Atanasio López. "El terreno de esa gente [los guerrilleros] era contiguo a la laguna Metzaboc. Lo llamaron El Chilar, porque decían que iban a cultivar chiles. Allí instalaron un campamento para unas quince personas". César Germán Yáñez, cuyo nombre de batalla era *Pedro*, estaba al frente del grupo, que dedicaba más tiempo al entrenamiento militar y a las prácticas de tiro que a la recolección de pimientos. "Los guerrilleros tenían mucha movilidad. Iban muy a menudo al estado de Tabasco, que queda a una hora en coche, porque ahí tenían otra casa", comenta don Eugenio.

Todo fue bien durante un par de años, hasta que la detención de dos miembros de la organización en Monterrey, Napoleón Glockner y Nora Rivera, condujo a las fuerzas de seguridad hasta el *cuartel general* de Nepantla. El 14 de febrero de 1974 la casa fue tomada por asalto y cinco rebeldes murieron acribillados. Entre los supervivientes había una joven de 19 años llamada Gloria Benavides, la futura *comandante Elisa*. Ella contó después que durante el tiroteo pudo oír las voces de Nora y de Glockner pidiéndoles que se rindieran. La policía los había llevado consigo. Este testimonio serviría para justificar el asesinato de la pareja a manos de sus propios compañeros "dos años y 275 días después", según un comunicado interno de las FLN.

El ejército no tardó en descubrir el campamento de Chiapas. "Cuando los militares llegaron se equivocaron y se metieron en nuestra finca", cuenta Eugenio Solórzano. "El encargado, Óscar Torres, y su esposa, Flor, los llevaron a don Atanasio, el propietario de El Diamante, que no sabía nada de ese asunto. Él los condujo hasta El Chilar. Quedaban allí siete personas cuando llegaron".

Según la versión oficial, los guerrilleros intentaron huir pero cayeron abatidos en un enfrentamiento con los soldados. Los recuerdos de don Eugenio son completamente distintos. "Los indios entregaron

118

al ejército a dos blancos que habían encontrado en un estado lamentable, después de 20 o 30 días de estar escondidos en la selva. Eran Elisa Sáenz, *Blanca*, y su marido Raúl Pérez, *Alfonso*. Los soldados los amarraron y los dejaron en una fosa. Luego una avioneta llegó a El Diamante y se los llevó. Estaban todavía vivos".

Pedro fue descubierto dos meses más tarde. Según los testimonios de los vecinos, murió con Juan Guichard cerca de la laguna Ocotal, no está claro si en un "enfrentamiento" o asesinados a sangre fría, y por allí fueron enterrados. "Lo que yo sé", explica el finquero, "es que lo agarraron en el ejido Cintalapa. A él y a otro los enterraron en El Diamante, según me dijo Óscar Torres, pero después los desenterraron para llevarlos a otro lugar, porque los cuerpos estaban demasiado cerca de una fuente de agua".

La represión decapitó a las Fuerzas de Liberación Nacional, pero no logró acabar con sus estructuras. Los supervivientes aprendieron de los errores cometidos y reconstruyeron pacientemente el movimiento. Adoptando uno de los nombres de su hermano mayor, cuyos restos nunca pudo encontrar, Fernando Yáñez, el *comandante Germán*, asumió el mando y retomó la bandera de la guerra revolucionaria. Nueve años más tarde la organización volvería a instalarse en Chiapas, esta vez como el Ejército Zapatista de Liberación Nacional.

Una extraña misión

Febrero de 1991. Dos vehículos recorren la larga brecha que atraviesa la cañada de Agua Azul, en el corazón de la Selva Lacandona. El camino de tierra termina en el poblado de Tani Perlas. Allí se detienen los coches y descienden sus ocupantes, tres ladinos y cuatro indígenas. Bromean en voz alta, pero guardan sus precauciones. Todos llevan armas cortas. Saben que varios ejidos de la región, sobre todo El Censo y Santa Elena, no simpatizan con el Ejército Zapatista, todavía una organización clandestina.

El *comandante Germán*, *Marcos*, sus compañeras respectivas, *Lucía* y *Yolanda*, *Josué*, *César* y *Eugenio* prosiguen su viaje a caballo. El grupo se aleja de Tani Perlas en dirección a la laguna Ocotal. *Germán* lleva en su regazo una cajita de madera de color café, de unos 40 centímetros de largo. Por el camino evoca la tragedia de El Diamante y la desaparición de su hermano César. Comenta que en los 17 años transcurridos desde entonces, su familia nunca pudo averiguar qué había ocurrido realmente. Su madre se acababa de morir sin saber siquiera si César estaba vivo.

Los recuerdos melancólicos no diluyen el optimismo de los guerrilleros, embarcados ese día en una extraña misión. Una mula terca alimenta el buen humor de la caravana. El animal se niega a subir una cuesta un poco pronunciada y opta por girar bruscamente y desembarazarse de su molesta carga. *Yolanda* sale disparada y da con sus huesos en el suelo. *Marcos* acude en ayuda de su compañera mientras a *Germán* le da un ataque de risa. A partir de ahí los kilos de más de *Yolanda* son por un rato motivo de chanzas.

Llegados a la laguna Ocotal, los expedicionarios amarran los caballos en un bosque de pinos y caminan por la orilla hasta situarse más o menos en la mitad del lago. En silencio, *Germán* abre la caja que cargaba desde el comienzo del viaje. Lentamente comienza a aventar puñados de cenizas que se depositan en las aguas apacibles. Cumple así el último deseo de su madre: descansar allí donde su hijo César fue visto por última vez.

Guerra sin piedad

La aparición de su nombre en unos papeles descubiertos por la policía en la casa de seguridad de las

Fuerzas de Liberación Nacional en Nepantla, en 1974, le valió a Alberto Híjar un viaje al infierno. En esa época, este profesor de filosofía de la Universidad Nacional Autónoma de México, difusor en su país de las teorías de Louis Althusser, estaba considerado como uno de los ideólogos de la izquierda revolucionaria. "Uno desarrolla habilidades sorprendentes cuando lo torturan. Al principio se prenden las alertas y las capacidades están puestas en juego para tener el interrogatorio bajo control". A través de la costura del capuchón que le cubría el rostro pudo ver las caras de aquellos que le golpeaban, le provocaban descargas eléctricas y le humillaban, "en esa atmósfera de homosexualismo perverso que priva en esos ambientes". En una ocasión le quitaron la capucha. Estaba en un despacho muy elegante. Frente a él había un hombre de baja estatura, vestido con ropa deportiva. Tenía ojos claros y mirada incisiva. Era Miguel Nazar Haro, el responsable de la Dirección Federal de Seguridad. Simplemente, lo quería conocer.

El profesor de filosofía estuvo *desaparecido* antes de dar con sus huesos en la prisión de Lecumberri, adonde iban a parar los presos políticos. Para entonces la Universidad ya se había movilizado. "Trapeé de rodillas la prisión. Nos daban baños de agua helada, palizas con los cepillos, patadas... Los momentos de respiro en que teníamos la esperanza de que eso acababa eran simples cambios de guardia".

En su última noche en aquella cárcel, hoy convertida en la sede del Archivo General de la Nación, Híjar vio a un hombre junto a una pila de platos de metal. "Estaba muy golpeado, hasta el punto de que se movía con dificultad". Era Napoleón Glockner, el dirigente de las Fuerzas de Liberación Nacional detenido en Monterrey junto a su mujer, Nora Rivera. "Traté de ayudarle, pero me eché para atrás. Su rostro de pánico no se me olvidará jamás. Luego lo vi firmando en el juzgado. Nunca cruzamos palabra".

Casi tres años más tarde, Glockner y Rivera, que estaba embarazada, fueron asesinados a balazos en una calle de la ciudad de México. Un comunicado interno de las Fuerzas de Liberación Nacional, que la organización nunca ha desautorizado, anunciaba que la pareja había pagado su "traición". A bordo del vehículo empleado para llevar a cabo la doble ejecución, la policía descubrió el falso permiso de conducir del *camarada Leo*, el nombre de guerra que usaba entonces Fernando Yáñez, el futuro *comandante Germán*. A pesar de que las ejecuciones "por traición" o por "desviaciones ideológicas" no eran algo excepcional en los movimientos de guerrilla latinoamericanos, en el caso de Glockner y Rivera nunca se ha sabido con certeza si el crimen fue obra de las FLN o de la policía política.

Alberto Híjar creyó que iba a vivir una nueva pesadilla en febrero de 1995, cuando el gobierno lanzó su ofensiva contra el Ejército Zapatista después de haber anunciado que el *subcomandante Marcos* era en realidad Rafael Guillén, uno de sus alumnos más cercanos en la facultad de Filosofía. "Supe que alguien tiraría de la hebra hasta mí". En efecto, Salvador Morales, el *subcomandante Daniel*, que había revelado todos los secretos de la guerrilla zapatista, lo había acusado de formar parte del buró político de las Fuerzas de Liberación Nacional. "La disyuntiva fue: o huyo, o finjo creer en el Estado de derecho. Me quedé". El 14 de febrero, día de san Valentín, se presentaron en su casa "dos correctos agentes con toda la facha patibularia, porque eso no se les quita". Pero a diferencia de 1974, se identificaron, aclararon que no era una detención y esperaron pacientemente la llegada del abogado del profesor. Esta vez Alberto Híjar no pasó más de media hora en la comisaría, donde contestó algunas preguntas hechas con "los saludos del director". Después, aliviado, volvió a su casa.

"Los años setenta fueron tiempos de una represión muy violenta, dirigida contra jóvenes que sólo tenían posiciones políticas distintas a las de los partidos", recuerda Híjar. Esta "guerra sucia y miserable" estaba encabezada, paradójicamente, por un grupo con un nombre que parece sacado de un anuncio de detergente: la *Brigada Blanca*. Su misión era dejar el panorama limpio de disidentes a base de detenciones ilegales, torturas y asesinatos. Poco se sabe aún hoy de esta siniestra organización que agrupaba a policías y militares, y que estaba capitaneada, según los testimonios, por la extinta Dirección Federal de Seguridad. "Es un tema que no se toca ni siquiera entre nosotros", asegura un alto cargo de la seguridad nacional. "Fue y es un enigma".

Para desactivar los movimientos revolucionarios, el gobierno combinaba con habilidad ciertas dosis de represión con una apertura política controlada: la legalización del Partido Comunista en 1978 o la amnistía de 1979 fueron algunas de las medidas de guante blanco. A principios de los años setenta, mientras la seguridad del Estado se empleaba a fondo con la insurgencia interna, el presidente Luis Echeverría cargaba su avión con intelectuales que lo acompañaban gustosos a sus giras, y abría los brazos fraternales a los exiliados latinoamericanos. "Algunos tenían formas de vida privilegiadas: vivienda garantizada en la Villa Olímpica, contratos a tiempo completo en las universidades sin pasar por los controles académicos... Aquí hablábamos de doctorados obtenidos en el avión que los traía. El Estado subvencionaba artistas y patrocinaba instituciones como la Casa de Chile", recuerda Alberto Híjar con cierto resentimiento.

Todo esto respondía, evidentemente, a una estrategia. El gobierno supo sacar buen provecho de aquellos antiguos guerrilleros, a los que invitaba sutilmente a devolver los favores: algunos argentinos de los Montoneros o del Ejército Revolucionario del Pueblo (ERP), chilenos del Movimiento de la Izquierda Revolucionaria (MIR) y tupamaros uruguayos engrosaron las nóminas del aparato de seguridad mexicano. "Ellos, desde luego, participaron en la guerra sucia, pero no de manera directa. El Estado mexicano es muy sabio. Siempre los ha puesto a trabajar en estructuras cerradas que no rinden cuentas a nadie".

El doble juego de Cuba

El desempeño conciliador de México en los conflictos políticos del continente y la hospitalidad dispensada a los refugiados latinoamericanos contribuyeron a dar del país una imagen progresista y obstaculizaron en buena medida las relaciones internacionales de los grupos clandestinos mexicanos. Los cubanos, que se jactaban de ser los principales comanditarios de la revolución en América Latina, habían adoptado con México una actitud completamente distinta. La Habana no podía permitirse el lujo de indisponerse con el único país latinoamericano que no había cedido a las presiones de Washington. México había mantenido abierta su embajada en Cuba y había ignorado el embargo comercial decretado contra la isla caribeña. Poco después del alzamiento zapatista, el presidente cubano, Fidel Castro, se mostró categórico sobre este punto: "No hay un solo caso en que hayamos hecho asesoramiento o suministrado armas a los distintos movimientos revolucionarios mexicanos a lo largo de estos 36 años. México siempre fue cuestión aparte para Cuba". [1]

Prácticamente todo el mundo estaba convencido de que el líder cubano decía la verdad. No en vano Castro siempre había respaldado abiertamente al inamovible gobierno del PRI aun a riesgo de enemistarse con la izquierda mexicana. Esta actitud era consecuente con las exigencias de la *realpolitik*. Hubiera sido suicida para La Habana apoyar a los adversarios de uno de sus mejores y más antiguos aliados. Sin embargo, hoy se sabe que los cubanos ayudaron, si bien es cierto que no de forma demasiado generosa, al menos a dos movimientos de guerrilla mexicanos, y que entrenaron militarmente en su país a varios cuadros de las FLN y del EZLN.

En un libro publicado en París en 1996, *Vida y muerte de la Revolución cubana*, Dariel Alarcón, que con el nombre de *Benigno* acompañó al *Che* Guevara en sus aventuras internacionalistas, asegura que él participó personalmente en el entrenamiento de 35 mexicanos en dos tandas, la primera en 1971 y la segunda al año siguiente. *Benigno*, considerado como un héroe en La Habana mientras estuvo callado, sabe bien de lo que habla, puesto que en esa época dirigía las Escuelas Especiales, cuya función era, precisamente, preparar militar e ideológicamente a miles de guerrilleros extranjeros. Guatemaltecos, hondureños, nicaragüenses, salvadoreños, argentinos, chilenos, colombianos, peruanos, uruguayos, venezolanos, dominicanos, haitianos, pero también africanos, palestinos y vietnamitas desfilaron por los numerosos campamentos secretos diseminados en la isla. Por razones de seguridad, los cubanos nunca mezclaban las nacionalidades, ni tampoco las organizaciones revolucionarias de un mismo país. Esto explica por qué la presencia de los mexicanos pasó prácticamente inadvertida.

Benigno, que ha obtenido asilo político en Francia, describe así la preparación suministrada durante tres meses a los *becarios* de la Revolución en los campamentos PETI 1, en la provincia de Pinar del Río, y Punto Cero, cerca de La Habana: además del "trabajo ideológico [...] se les enseñaba también a estos militantes a preparar todo tipo de explosivos, a reventar cualquier clase de cerradura, a fabricar bombas y especialmente trampas con explosivos —teléfonos, interruptores eléctricos, relojes, bolígrafos, etcétera—. Les dábamos cursos de espionaje, contraespionaje y seguridad personal".[2]

El autor, que siguió al *Che* en África y en Bolivia en los años sesenta, estaba totalmente de acuerdo con la existencia de estos campamentos, pero no con la presencia de los mexicanos. "El caso de los mexicanos", escribe, "merece ser contado, porque se trata de una de las mentiras más flagrantes de Fidel Castro". *Benigno* recuerda cómo Castro salió al paso de los rumores que circulaban en los años ochenta a propósito de la ayuda suministrada a los "insurgentes mexicanos". "Los dirigentes cubanos explicaban que era la CIA la que expandía esta mentira: ¿cómo Cuba, país solidario con México en casi todas las cuestiones, hubiera podido hacerle una jugada sucia al gobierno mexicano?". En una entrevista concedida a una cadena de televisión estadounidense en 1988, Fidel Castro embaucó a la célebre periodista Barbara Walters, que "se creyó todo lo que le contaba". "Mi indignación fue tan grande que no pude pegar ojo y pasé la noche discutiendo con mi mujer, explicándole a qué punto estaba mintiéndonos y cómo eso me entristecía, porque yo siento un gran afecto por el pueblo mexicano. Ni qué decir tiene que en la guerra revolucionaria hay que saber mentir al enemigo, pero nunca al mejor amigo, y México había demostrado, año tras año, en todas las reuniones de alcance mundial y en todas las circunstancias, que era el único amigo verdadero de Cuba en América Latina".

Benigno no encuentra palabras lo bastante duras para calificar la actitud de Castro: "felonía", "traición"... Esto no le impide sentir una simpatía real por los mexicanos que conoció en Cuba. "Encontré en ellos un gran fervor revolucionario, un gran deseo de realizar cualquier tarea, una actitud completamente seria". ¿Quiénes eran esos mexicanos? *Benigno* ha olvidado la mayoría de los nombres y de los seudónimos pero, en una entrevista posterior a la publicación de su libro, nos confirmó que pertenecían a las Fuerzas de Liberación Nacional, que por aquel entonces no habían dado origen todavía al EZLN.

Les llamábamos ya *zapatistas*, pero era una simple asociación de ideas entre mexicanos y Emiliano Zapata. Creo que César Yáñez [el jefe de las FLN] y su hermano Fernando [el futuro *comandante Germán*] formaron parte del primer grupo, en 1971 [recuerda el viejo combatiente cubano]. Estaba también Alfredo Zárate [el primer *Marcos*, muerto por la policía mexicana en 1974]. Habían venido a recibir entrenamiento guerrillero en PETI 1. El curso duraba tres meses. Al año siguiente llegaron dos grupos: el primero siguió un programa de formación militar durante tres meses, y el segundo estuvo seis meses preparándose para la lucha urbana, especialmente en el manejo de explosivos.

Benigno menciona también a un tercer grupo de mexicanos que conoció en 1982, cuando él ya había abandonado la dirección de las Escuelas Especiales. Por invitación de uno de sus colegas del Ministerio del Interior, *Benigno* se desplazó a Punto Cero, en las afueras de La Habana, para visitar a una decena de mexicanos que participaban en un curso de guerrilla urbana y que querían saber más sobre el *Che* Guevara. ¿Vio a *Marcos* en aquella ocasión? Benigno elude la pregunta por razones que no quiere explicar, pero supimos más tarde que, en efecto, ambos se conocieron en Punto Cero. Más prolijo, un antiguo compañero de *Marcos*, a quien designaremos con el nombre de Mauricio y que estaba también en Cuba en el mismo momento, nos ha contado cómo el futuro *subcomandante* del Ejército Zapatista estaba ávido por conocer más sobre el *Che* y aprovechó la visita de *Benigno* para inundarle de preguntas sobre su héroe.

Marcos en La Habana

En aquella época, Rafael Guillén no se hacía llamar todavía *Marcos* y se desempeñaba oficialmente como profesor de artes gráficas en la Universidad Autónoma Metropolitana. En 1984 abandonó definitivamente su trabajo para reunirse con los compañeros que le habían precedido en Chiapas. Pero antes, entre mayo y octubre de 1982, pidió un permiso de seis meses, que aprovechó para realizar su viejo sueño de ir a Cuba y recibir entrenamiento militar.

El futuro *Marcos* se encontró así en el campamento de Punto Cero para participar en un cursillo de lucha urbana junto a varios camaradas mexicanos, entre ellos *Mauricio*. "Estaba verdaderamente obsesionado con el *Che*", cuenta *Mauricio*.

> Cuando *Benigno* nos visitó, él literalmente lo bombardeó con preguntas. Quería conocer los menores detalles de la vida del *Che* en el monte, en Bolivia y en África: sus lecturas, su forma de escribir y sus momentos favoritos para hacerlo, lo que comía, cómo repartía los alimentos entre sus hombres, cómo fumaba la pipa, qué tabaco utilizaba, cómo ejercía la medicina en las poblaciones... ¡Quería saber hasta cómo respiraba! *Benigno* estaba un poco sorprendido, pero contestó todas las preguntas. Nos habló de las crisis de asma del *Che* y de cómo las superaba con una energía increíble.

Rafael Guillén se preparaba para reencarnar al *Che* y supo sacar provecho de las informaciones proporcionadas por *Benigno* para imitar los comportamientos de su héroe. Según sus antiguos compañeros del instituto jesuita de Tampico, Rafael había comenzado a utilizar la boina tipo *Che* hacia los 16 años. Más adelante empezó a fumar en pipa y, curiosamente, se volvió también asmático. "Yo lo tuve seis años frente a mí y nunca padeció asma", recuerda su antiguo profesor de Literatura, Rubén Nuñez de Cáceres. "De vez en cuando tenía sinusitis, pero eso era algo normal en una ciudad tan húmeda como Tampico". Cuando llegó a la selva de Chiapas, contó a los indios que era médico —el *Che* lo era realmente— y les repartía medicamentos para que resultara más convincente. Interpretaba, por fin, el papel que siempre había soñado.

Un alto cargo del Departamento América, el organismo cubano encargado de apoyar a los movimientos de guerrilla en todo el continente, recuerda que en aquella época uno de sus colegas le habló de *Marcos* en términos muy halagüeños. "Me dijo: 'Éste es un nuevo *Che*. Es un poco joven todavía [Rafael Guillén tenía entonces 25 años] pero tiene futuro'. A pesar de que empleaba una pizca de ironía en su tono, pude notar que realmente lo creía".

La traición de Fidel Castro

Fidel Castro se guardó mucho de admitir que *Marcos* y otros guerrilleros mexicanos habían pasado por los campos de entrenamiento de su isla. Sin embargo, ni la discreción de los cubanos en sus relaciones con las FLN, ni sus alabanzas públicas a México lograron engañar a los dirigentes mexicanos quienes, curiosamente, jamás denunciaron el doble juego de La Habana.

Los servicios especiales mexicanos, en efecto, habían descubierto documentos muy comprometedores durante la operación llevada a cabo contra el cuartel general de las FLN en Nepantla en febrero de 1974. A los agentes les llamó especialmente la atención una carta escrita en 1969 por César Germán Yáñez, alias *Pedro*, uno de los jefes del grupo armado. La misiva está dirigida muy respetuosamente al "camarada Osmany Cienfuegos [...], secretario de la Organización Tricontinental, guía ideológica de nuestra modesta militancia, en su carácter de soldado cubano y revolucionario". Cienfuegos era entonces uno de los principales interlocutores de la dirección cubana con los diversos movimientos revolucionarios del Tercer

Mundo que querían ser reconocidos por La Habana y obtener su apoyo.

En la carta, *Pedro* da muestras de una humildad que raya en el servilismo hacia su interlocutor, al que dirige un informe sobre las actividades de su grupo con vistas a organizar la lucha armada en México. "Nuestra única aspiración", escribe, "es poder contribuir en lo que está a nuestro alcance para la Revolución con la convicción vehemente de que con los datos que se expresan usted abrirá una investigación juiciosa de la que estamos seguros acercará determinantemente vuestro reconocimiento hacia nosotros".[3]

El jefe de la guerrilla mexicana siente acto seguido la necesidad de explicar a Osmany Cienfuegos por qué se toma la libertad de dirigirse directamente a él en lugar de pasar por los canales habituales, es decir, los representantes del aparato cubano encargados de establecer los contactos en el extranjero con las organizaciones revolucionarias. "Un informe como este, aún más explícito, se le entregó el 13 de agosto de 1969 al Sr. Jesús Cruz, agregado cultural de la Embajada de Cuba en México, para darlo a conocer a las autoridades cubanas [...] pero debido al comportamiento del mencionado Sr. Cruz, abrigamos serias dudas de que esto se haya hecho efectivo".

El informe que se adjunta a la carta describe, en efecto, las gestiones emprendidas por *Pedro* y sus camaradas ante diversos agentes cubanos, en concreto los cónsules en el puerto de Veracruz (Lino Salazar, Andrés Pérez), Tampico (Ismael Cruz) y Yucatán (Nelson Estrada), para obtener el financiamiento y las armas necesarias para la creación de un foco de guerrilla en Chiapas. Con ellos se había convenido, escribe, que varios miembros de la organización "irían a Cuba a recibir entrenamiento militar". Este viaje fue sin embargo anulado en el último momento por instrucciones del famoso Jesús Cruz, quien, según el documento, era de hecho "el jefe de la seguridad de la Embajada de Cuba" en México, y no un simple "agregado cultural". El funcionario cubano esgrimió las "indiscreciones" cometidas por los miembros de la organización para justificar el aplazamiento *sine die* del viaje.

Un segundo informe, mucho más explícito, fue descubierto por los militares mexicanos un año más tarde, en febrero de 1975, tras un enfrentamiento que costó la vida a Julieta Glockner, alias *Aurora*, que había sido ascendida a *número dos* de las FLN tras la muerte de *Pedro* y de varios otros dirigentes en Nepantla y en El Diamante. [Julieta era la hermana de Napoleón Glockner, que sería ejecutado al año siguiente por sus propios compañeros bajo el cargo de *traición*]. Este nuevo documento aporta detalles asombrosos sobre las relaciones entre Cuba y la guerrilla mexicana. Los primeros contactos, según se desprende del texto, datan del mes de agosto de 1967 y tuvieron lugar en Tampico, la ciudad natal de Rafael Guillén, el futuro *subcomandante Marcos*, quien, por aquel entonces, acababa de celebrar su décimo cumpleaños y acudía a la escuela de las hermanas eucarísticas de la Santísima Trinidad. Esta curiosa coincidencia se debe a razones geopolíticas: las células clandestinas que deseaban obtener "el aval de la Revolución cubana", según el relato de las FLN, se concentraban en la ciudad de Monterrey, al norte de México, y el consulado cubano más cercano se encontraba en Tampico. Otra coincidencia: uno de los principales responsables del grupo revolucionario era un joven médico, Alfredo Zárate, que se hacía llamar, precisamente, *Marcos* y que se había convertido en el *número dos* de las FLN en el momento de su creación, el 6 de agosto de 1969. *Marcos* murió en Nepantla en 1974 y Rafael Guillén adoptó su seudónimo diez años más tarde, en honor a su ilustre predecesor.

A raíz del encuentro con el cónsul cubano en Tampico, Ismael Cruz, los revolucionarios mexicanos deciden crear el Instituto Mexicano Cubano de Relaciones Culturales. Según reconocen en el texto, con esta organización pretendían "tener una excusa para viajar [a Cuba] y que además permitiera que los compañeros se dedicaran exclusivamente a las actividades culturales, enmascarando los proyectos verdaderos, dando al enemigo una imagen diferente a la que estaba acostumbrado a ver". El grupo realiza su primer viaje a La Habana en julio de 1968 para asistir a las celebraciones del aniversario de la Revolución cubana. A su vuelta a México los jóvenes retoman el contacto con los *diplomáticos* cubanos, que acuden a Monterrey a reunirse con ellos. Las relaciones dan entonces un giro cuando menos insospechado, ya que "el camarada Ismael Cruz [...] y su superior inmediato, el Sr. Jesús Cruz", deciden ponerlos en contacto con otros guerrilleros... mexicanos. Según los cubanos, "el hombre adecuado para desarrollar sus actividades revolucionarias" se llama Mario Menéndez, alias *Rodrigo*, y dirige el semanario *¿Por qué?*. Este periodista un tanto peculiar acababa de crear una pequeña organización de guerrilla, el Ejército Insurgente Mexicano. En aquella época, México vivía momentos agitados que terminaron en un baño de sangre, el 2 de octubre, en la plaza de Tlatelolco.

El encuentro entre *Rodrigo* y los camaradas de Monterrey se celebró en noviembre de 1968 en presencia de los cubanos, que les "ordenan" prepararse para incorporarse a la resistencia y se comprometen a proporcionarles las armas. La cita se fija el 2 de febrero de 1969 en la ciudad de México, en la sede de la revista *¿Por qué?*. El curso posterior de los acontecimientos es igual de rocambolesco. En las oficinas del semanario desembarcan, en la fecha indicada, una decena de aprendices de guerrilleros con toda la impedimenta (es probable que los servicios de inteligencia mexicanos controlaran esta *casa de seguridad* y que no se les escapara nada). Inmediatamente toman la decisión de ir a Chiapas para *explorar* el terreno. Se instalan cerca del poblado de La Trinidad, en la región de Las Cañadas, donde surgirá, 25 años más tarde, la rebelión zapatista. Para no despertar sospechas, los recién llegados cuentan a los campesinos indígenas de la región que están buscando terrenos adecuados para cultivar una planta llamada barbasco. Intentan igualmente ganarse la simpatía de la población local desarrollando lo que ellos llaman *trabajo social* (consultas médicas, distribución de medicamentos) en una zona donde los servicios públicos son casi inexistentes. Esta tarea es encomendada a Margil Yáñez, alias *Roger*, que es el hermano mayor de César (*Pedro*) y de Fernando, el futuro *comandante Germán*. De los tres hermanos, sólo *Roger* se acabó reintegrando a la vida civil para ocupar, muchos años más tarde, un alto cargo en la dirección del sindicato del Instituto Mexicano del Seguro Social (IMSS).

La improvisación les conduciría al desastre. "Por motivos de inexperiencia y lo intrincado de la selva", explica un documento de las FLN descubierto en 1975, "haciendo poco caso de la brújula se caminó varios días en redondo". Los víveres escaseaban y las primeras tensiones surgieron en el interior del grupo en ausencia de Mario Menéndez, que había regresado a la ciudad de México, de donde se suponía que acudiría a La Habana para recoger la ayuda prometida por los cubanos. Antes de abandonar el campamento había transferido el mando a *Marcos* (Alfredo Zárate) y había explicado que estaría de vuelta "un mes más tarde, acompañado de compañeros cubanos, armas, dinero suficiente" e, incluso, un avión B-26.

Las cosas no se desarrollaron como estaba previsto. Según Mario Menéndez, los cubanos le denegaron la visa y le anunciaron que La Habana había tenido que modificar su posición respecto a los rebeldes mexicanos: "Por el momento", le dijeron, "ustedes contarán con toda la solidaridad moral de la Revolución cubana, pero la ayuda material no se hará efectiva hasta

133

otra etapa posterior de la lucha". Esta mala noticia no contribuyó, evidentemente, a mejorar la moral de la tropa, que veía, además, cómo los indígenas, en lugar de apoyarlos y de integrarse en la organización, se mostraban más propensos a denunciarlos a las autoridades. Ante la multiplicación de las deserciones, se decidió poner fin temporalmente a la experiencia, que no había durado más que algunos meses.

Los cubanos, que habían prometido la luna, proponen una solución alternativa durante un nuevo encuentro con Jesús Cruz, el 6 de julio de 1969. Están dispuestos, dicen, a "conseguir a través de Corea o de Argelia que se dé el entrenamiento militar necesario para cinco compañeros [mexicanos]". Un mes más tarde, el 6 de agosto, los supervivientes de Chiapas fundan las Fuerzas de Liberación Nacional. El 13 de agosto Jesús Cruz les anuncia la buena nueva: Cuba, finalmente, iba a recibirlos y a prepararlos militarmente. Pero para mala fortuna, en noviembre La Habana les deniega una vez más los visados. Jesús Cruz "explica las grandes dificultades que existían por el momento para llevar a cabo los planes por él propuestos". El documento de las FLN, que fue escrito aparentemente en 1970, narra un último encuentro que tuvo lugar en la Embajada cubana el 28 de enero de 1970. En él se habló de invitar a los guerrilleros mexicanos a que acudieran a la isla caribeña con el pretexto de participar "en las brigadas voluntarias de cortadores de caña de azúcar".

¿Qué sucedió después? El testimonio de *Benigno*, que reconoce haber entrenado a miembros de las FLN en territorio cubano en 1971 y 1972, confirmaría que La Habana acabó cumpliendo sus compromisos. Curiosamente, por esas mismas fechas el Gobierno mexicano solicitó a Fidel Castro su ayuda para resolver las tomas de rehenes organizadas por varios movimientos de guerrilla. Cuba accedió, y dio asilo político a 54 rebeldes mexicanos entre 1971 y 1973. La mayoría se quedó allá hasta 1979, y recibió un trato mucho más estricto que los otros exiliados latinoamericanos. Las autoridades cubanas les prohibieron toda actividad política y se negaron de forma sistemática a darles entrenamiento militar.

¿Cómo se explica entonces que en ese mismo momento las Escuelas Especiales de *Benigno* estuvieran recibiendo a otros activistas mexicanos? La contradicción es quizás sólo aparente, y escondería, de hecho, un operativo muy complejo, organizado conjuntamente por los servicios especiales de ambos países. En esta jugada, el periodista Mario Menéndez, alias *Rodrigo*, habría desempeñado un papel clave como infiltrado de la seguridad mexicana en la célula guerrillera. A petición de sus colegas mexicanos, los servicios cubanos presentaron a *Rodrigo* a los revolucionarios de Monterrey. Semejante respaldo alejó cualquier sospecha: los activistas norteños tenían tal admiración por Fidel Castro que no podían imaginar una jugarreta tan retorcida. (Como contrapartida a sus leales servicios, Mario Menéndez vivió varios años de exilio en el hotel más lujoso de La Habana y, a su vuelta a México, el gobierno lo recompensó generosamente regalándole un periódico en Yucatán.)

Los constantes cambios de actitud de los agentes cubanos destacados en México, que alimentaban las esperanzas de una ayuda sustancial, pero al mismo tiempo ponían toda clase de excusas para retrasarla, hacen pensar inevitablemente en una manipulación destinada a neutralizar a la guerrilla e impedir su operatividad. Los revolucionarios mexicanos se percataron de ciertas anomalías, e incluso, como ya se ha visto, se quejaron a Osmany Cienfuegos. Nunca les pasó por la cabeza, sin embargo, que estuvieran siendo víctimas de una verdadera conspiración de los dos gobiernos. Los guerrilleros en ciernes no supieron interpretar ciertos indicios que hubieran despertado las sospechas de unos verdaderos *profesionales* de la

135

subversión: el hecho, por ejemplo, de que los *diplo-máticos* cubanos los recibieran abiertamente en su embajada en la ciudad de México rompía las prácticas habituales de La Habana, que siempre que se reunía con representantes de movimientos guerrilleros lo hacía en terceros países, para no alertar al contraespionaje local. Si los cubanos no tomaban esta precaución elemental, era sin duda porque las autoridades mexicanas estaban al tanto. Esto contribuye a confirmar la hipótesis, diabólica, de que La Habana, con la connivencia de México, habría invitado finalmente a varias docenas de mexicanos de las FLN a entrenarse en su casa para tenerlos controlados y evitar que acudieran a buscar ayuda a otra parte. Para el gobierno mexicano esta era la mejor manera de infiltrarlos, en espera del momento oportuno para desmantelar la organización, lo que ocurrió en 1974. Se comprende, así, por qué México jamás aludió públicamente a los comprometedores documentos incautados a las FLN.

Los responsables de la seguridad nacional de los dos países mantenían excelentes relaciones desde hacía mucho tiempo, pero se guardaban bien de hacerlo público para no alertar a Estados Unidos... ni a los movimientos de guerrilla mexicanos. Fidel Castro tenía una vieja deuda con Fernando Gutiérrez Barrios, el jefe de la policía secreta mexicana. Ambos hombres se habían conocido en 1956, en circunstancias muy peculiares. Gutiérrez Barrios, entonces simple capitán, había participado en la detención de 28 guerrilleros que se entrenaban en territorio mexicano para preparar su desembarco en Cuba. Fidel y el *Che*, que se habían conocido un año antes en México, formaban parte del lote, y pasaron un mes en la cárcel. Por instrucción de sus superiores, el capitán Gutiérrez Barrios les brindó un trato de favor, mientras el ex presidente Lázaro Cárdenas intervenía para impedir su repatriación a La Habana. Cuando quedaron en libertad, los cubanos aceleraron los preparativos y, el

25 de noviembre de 1956, salieron del puerto mexicano de Tuxpan a bordo del *Granma* rumbo a Cuba, donde entraron clandestinamente y crearon un foco de guerrilla en Sierra Maestra. Pasaron los años, y una década más tarde Gutiérrez Barrios ya había ascendido a la jefatura de la policía política mexicana. Justamente por aquel entonces los guerrilleros de Monterrey hacían los primeros contactos con los agentes cubanos, que actuaban bajo las instrucciones de Manuel Piñeiro, llamado *Barbarroja*, uno de los colaboradores más cercanos de Fidel Castro y amigo íntimo de... Fernando Gutiérrez Barrios. Es extremadamente improbable que los cubanos hubieran *traicionado* al gobierno mexicano, como afirma *Benigno*. Si La Habana ha jugado un doble juego, es más bien con respecto a los revolucionarios mexicanos, que no se enteraron de nada ni, por lo visto, jamás se hicieron pregunta alguna.

Es más, este punto podría explicar en parte el éxito de los zapatistas 25 años más tarde. A diferencia de sus predecesores, *Marcos* y sus camaradas comprendieron que no podían contar con la ayuda de Fidel Castro, que había reducido considerablemente su respaldo a las guerrillas latinoamericanas en el curso de los años ochenta. Esto les evitó caer en las manos de los servicios mexicanos que, sin poder apoyarse en sus colegas cubanos para obtener información, subestimaron la fuerza del EZLN en Chiapas y no tomaron las disposiciones necesarias para neutralizar a tiempo el nuevo foco de guerrilla. "Nosotros también fuimos sorprendidos por el levantamiento zapatista", se apresuró a declarar Fidel Castro. La frase parece casi una excusa, como si el jefe de la Revolución cubana pidiera disculpas por no haber podido prevenir a las autoridades mexicanas. De hecho, los responsables de la policía política de los dos países habían olvidado desde hacía mucho tiempo la existencia de aquel joven mexicano, un poco excéntrico, que había seguido un cursillo en 1982 en el campo de entrenamiento de Punto Cero y que había hecho innumerables preguntas sobre el *Che*. Nadie entonces le había tomado realmente en serio. Doce años más tarde, sin embargo, aquel aprendiz de guerrillero lograba cumplir el sueño que había perseguido toda la vida: reencarnar al héroe de su adolescencia.

5

Babel en la jungla

"¡Bienvenido!... Ha llegado usted al estado más pobre del país: Chiapas". ¡No! Usted nunca verá este cartel al borde de la carretera que lleva a una de las regiones más fascinantes de México, a las ruinas mayas de Palenque, Bonampak, Yaxchilán y Toniná, a los coloridos pueblos indígenas de Zinacantán, Chamula y Tenejapa, a la ciudad colonial de San Cristóbal de Las Casas, al suntuoso Cañón del Sumidero, a las lagunas multicolores de Montebello y a otros lugares igualmente mágicos. El estado más meridional de México tiene estos y otros atractivos, entre los que no queda atrás la vitalidad de las tradiciones de su población indígena. Es también la región más pobre del país, pero las estadísticas de la miseria no figuran en las guías turísticas.

Dieciséis meses antes de la insurrección del 1 de enero de 1994, *Marcos* decidió llenar este vacío y escribió una guía para viajeros poco presurosos y, sobre todo, inquietos por conocer más de los indios de Chiapas. El diagnóstico es demoledor. Con el estilo humorístico que le haría célebre más adelante, el autor describe con muchos detalles, sacados de las estadísticas oficiales, el pillaje de las riquezas naturales en detrimento de la población local. Dejemos que este *cicerone* nos conduzca fuera de los caminos trillados, lejos de las manadas de turistas en busca de exotismo.

Por miles de caminos se desangra Chiapas [...] Materias primas, miles de millones de toneladas, fluyen a los puertos mexicanos, a las centrales ferroviarias, aéreas y camioneras, con caminos diversos: Estados Unidos, Canadá, Holanda, Alemania, Italia, Japón; pero con el mismo destino: el imperio. La cuota que impone el capitalismo al sureste de este país rezuma, como desde su nacimiento, sangre y lodo.

Un puñado de mercaderes, entre los que se cuenta el Estado mexicano, se llevan de Chiapas toda la riqueza y a cambio dejan su huella mortal y pestilente: el colmillo financiero obtuvo, en 1989, un millón 222 mil 669 millones de pesos y sólo derramó en créditos y obras 616 mil 340 millones. Más de 600 mil millones de pesos fueron a dar al estómago de la bestia.

En las tierras chiapanecas hay clavados 86 colmillos de PEMEX.* Se llevan el gas y el petróleo y dejan, a cambio, el sello capitalista: destrucción ecológica, despojo agrario, hiperinflación, alcoholismo, prostitución y pobreza. La bestia no está conforme y extiende sus tentáculos a la Selva Lacandona: ocho yacimientos más están en exploración. Las brechas se abren a punta de machetes, los empuñan los mismos campesinos que quedaron sin tierra por la bestia insaciable. Caen los árboles, retumban las explosiones de dinamita en terrenos donde sólo los campesinos tienen prohibido tumbar árboles para sembrar. Cada árbol que tumben les puede costar una multa de 10 salarios mínimos y cárcel. El pobre no puede tumbar árboles, la bestia petrolera, cada vez más en manos extranjeras, sí. El campesino tumba para vivir, la bestia tumba para saquear.

También por el café se desangra Chiapas. Más de cien mil toneladas de café (el 35 por ciento de la

---

* PEMEX: Petróleos Mexicanos. Monopolio estatal encargado de la explotación de los hidrocarburos.

producción nacional) salen del estado para engordar las cuentas bancarias de la bestia: en 1988 el kilo de café pergamino se vendió en el extranjero a un promedio de ocho mil pesos, pero al productor chiapaneco se lo pagaron a dos mil quinientos o a menos.

El segundo saqueo en importancia, después del café, es el ganado. Tres millones de vacas esperan a los *coyotes* para ir a llenar los frigoríficos de Arriaga, Villahermosa y el Distrito Federal. Las vacas son pagadas hasta en mil cuatrocientos pesos el kilo en pie a los ejidatarios empobrecidos, y revendidas por *coyotes* hasta en diez veces multiplicado el valor que pagaron.

El tributo que cobra el capitalismo a Chiapas no tiene paralelo en la historia. El 55 por ciento de la energía nacional de tipo hidroeléctrico proviene de este estado, y aquí se produce el 20 por ciento de la energía eléctrica total de México. Sin embargo, sólo un tercio de viviendas chiapanecas tienen luz eléctrica.

De hecho, como hace en ocasiones, *Marcos* hincha un poco las cifras para impresionar al lector. Los porcentajes reales son, respectivamente, el 45 por ciento y el 9.3 por ciento.

A pesar de la moda ecológica, el saqueo maderero sigue en los bosques chiapanecos. De 1981 a 1989 salieron dos millones y medio de metros cúbicos de maderas preciosas, coníferas y corrientes tropicales.[1]

Marcos prosigue su larga enumeración para ilustrar la riqueza agrícola de Chiapas, que exporta además la totalidad de su producción de miel, maíz, plátano, cacao, mango, aguacate y otros productos tropicales hacia Estados Unidos, Japón y los mercados europeos. "Todo esto", escribe, "se convertirá en dólares que los chiapanecos no verán jamás".

141

Con cerca de un millón de indios, sobre una población total de tres millones y medio de habitantes, Chiapas tiene la mayor concentración de población autóctona de México después del estado de Oaxaca, su vecino. Casi una tercera parte de los indios chiapanecos no habla español. El 80 por ciento vive en la región de Los Altos y en la Selva Lacandona, donde constituyen la población dominante. Algunos pueblos importantes, como San Juan Chamula y San Andrés Larráinzar son, por decisión propia, exclusivamente indígenas.

A pesar del petróleo, el café, el ganado y los numerosos recursos agrícolas, Chiapas está en el pelotón de cola en la mayoría de los indicadores socioeconómicos. La tasa de analfabetismo es la más elevada del país: en la región donde nació el Ejército Zapatista, por ejemplo, el 47 por ciento de los individuos de más de 15 años no sabe leer ni escribir (la media nacional está en el 9.9 por ciento). La situación no mejorará a corto plazo, ya que el 60 por ciento de los niños en edad escolar no va al colegio. Apenas el 57 por ciento de las familias dispone de agua potable. En algunas regiones, la cobertura médica es inexistente y la malnutrición alcanza niveles alarmantes.

> Según las cifras oficiales [prosigue *Marcos*] en Chiapas mueren cada año 14 mil 500 personas. Es el más alto índice de mortalidad del país. ¿Las causas? Enfermedades curables como: infecciones respiratorias, enteritis, parasitosis, amibiasis, paludismo, salmonelosis, escabiasis, dengue, tuberculosis pulmonar, oncocercosis, tracoma, tifo, cólera y sarampión. Las malas lenguas dicen que la cifra supera los quince mil muertos al año, porque no se lleva el registro de las defunciones en las zonas marginadas, que son la mayoría del estado.

Las estadísticas de la miseria no son por desgracia patrimonio exclusivo de Chiapas. La inmensa mayoría de los casi diez millones de indígenas de México, pero también millones de mestizos, sobre una población total de 93 millones de habitantes, sobreviven en condiciones similares. Los 56 grupos etnolingüísticos censados por el Instituto Nacional Indigenista en todo el país presentan una tasa de mortalidad infantil casi dos veces superior a la media nacional (8.5 por ciento frente al 4.7 por ciento). A pesar de todo, el crecimiento de la población indígena (3.5 por ciento) sobrepasa con mucho la tasa nacional (2 por ciento) y contribuye a pulverizar todavía más la propiedad agrícola y a agravar con ello las condiciones de vida de las familias autóctonas, confinadas en los terrenos menos fértiles del país.

Hay que recorrer las carreteras secundarias y los caminos apenas transitables que se adentran en las montañas de los estados de Guerrero, Oaxaca, Michoacán, Veracruz, Yucatán y, por supuesto, Chiapas para palpar la pobreza de los indios. Las mujeres y los niños caminan a menudo descalzos, aplastados bajo el peso de su carga de leña, que transportan sobre la espalda con la ayuda del mecapal, una faja que les ciñe la frente. Es el México de los olvidados, que vive al margen de las instituciones políticas y de la prosperidad prometida por su gobierno.

¿Qué hacen las autoridades para luchar contra el flagelo de la miseria? Nada, afirma *Marcos*, como no sea repartir algunas limosnas para calmar el descontento de los pobres. Y cuando eso no basta, reprime.

[Chiapas tiene] el código penal más represivo de la República, que sanciona cualquier muestra de descontento popular: los delitos de asonada, rebelión, incitación a la rebelión, motín, etcétera, están tipificados en los artículos de esta ley [...] Cárceles y cuarteles son las principales obras que el gobernador, Patrocinio González, el virrey de chocolate con nariz de cacahuete, ha impulsado en Chiapas. Su amistad con finqueros y poderosos comerciantes no es secreto para nadie, como tampoco lo es su animadversión hacia las tres diócesis que regulan la vida católica en el estado.

La diócesis de San Cristóbal, con el obispo Samuel Ruiz a la cabeza, es una molestia constante para el proyecto de reordenamiento de González. Queriendo modernizar la absurda estructura de explotación y saqueo que impera en Chiapas, Patrocinio González tropieza cada tanto con la terquedad de religiosos y seglares que predican y viven la opción por los pobres del catolicismo [...] Antes de que Patrocinio González soñara siquiera con gobernar su estado, la diócesis de San Cristóbal de Las Casas predicaba el derecho a la libertad y a la justicia. Para una de las burguesías más retrógradas del país, la agrícola, estas palabras sólo pueden significar una cosa: rebelión. Y estos *patriotas* y *creyentes* finqueros y comerciantes saben cómo detener las rebeliones: la existencia de guardias blancas armadas con su dinero y entrenadas por miembros del ejército y la policía es de sobra conocida por los campesinos que padecen sus bravatas, torturas y balas.

Para afrontar las *milicias privadas*, que de hecho están constituidas por los mismos propietarios y sus empleados para protegerse de las invasiones de tierras, *Marcos* invita a retomar la rebelión de Emiliano Zapata.

Cuentan los más viejos entre los viejos de las comunidades que hubo un tal Zapata que se alzó por los suyos y que su voz cantaba, más que gritar: ¡Tierra y Libertad! Y cuentan estos ancianos que no ha muerto, que Zapata ha de volver. Y cuentan los viejos más viejos que el viento y la lluvia y el sol le dicen al campesino cuándo debe preparar la tierra, cuándo debe sembrar y cuándo debe cosechar. Y cuentan que también la esperanza se siembra y se

144

cosecha. Y dicen los viejos que el viento, la lluvia y el sol están hablando de otra forma a la tierra, que de tanta pobreza no puede seguir cosechando muerte, que es la hora de cosechar rebeldía.

[...] Sueña Antonio con que la tierra que trabaja le pertenece, sueña que su sudor es pagado con justicia y verdad, sueña que hay escuela para curar la ignorancia y medicina para espantar la muerte, sueña que su casa se ilumina y su mesa se llena [...] Sueña que debe luchar para tener ese sueño, sueña que debe haber muerto para que haya vida. Sueña Antonio y despierta... ahora sabe qué hacer y ve a su mujer en cuclillas atizar el fogón, oye a su hijo llorar, mira el sol saludando al oriente, y afila su machete mientras sonríe. Un viento se levanta y todo lo revuelve, él se levanta y camina a encontrarse con otros. Algo le ha dicho que su deseo es deseo de muchos y va a buscarlos [...] Ya llega la hora de despertar.[2]

El escrito premonitorio de *Marcos* termina con una profecía que revela la influencia mesiánica en su discurso político, a pesar de su ateísmo declarado: "Cuando amaine la tormenta, cuando la lluvia y fuego dejen en paz otra vez la tierra, el mundo ya no será el mundo, sino algo mejor". Lejos quedan Marx, Lenin, Althusser o el *Che* Guevara que inspiraron al estudiante Rafael Guillén a lo largo de su formación revolucionaria hasta su entrada en la guerrilla con el nombre de *Marcos*. El texto se acerca más, en cambio, a la poesía lírica de Paul Eluard y, sobre todo, a las profecías del Antiguo Testamento, del que los indios están impregnados.

Sincretismo revolucionario

"Cuando las Fuerzas de Liberación Nacional llegaron en 1983 a Las Cañadas [los valles de la Selva Lacandona] para formar el Ejército Zapatista, descubrieron una población unida, organizada y politizada que luchaba ya por mejorar sus condiciones de vida", explica la socióloga Carmen Legorreta. Con el apoyo de la Iglesia y de varios cuadros revolucionarios llegados del norte del país, los campesinos de dieciocho ejidos del valle de Patihuitz, todos católicos, habían creado en 1975 una asociación que bautizaron Quiptic Ta Lecubtesel ("Unamos nuestras fuerzas para progresar", en tzeltal). Después de numerosas peripecias y algunas rupturas, la Quiptic se integró en 1988 en la Asociación Rural de Interés Colectivo, ARIC. Los zapatistas infiltraron el grupo, lo que provocó su desgajamiento en dos tendencias, la revolucionaria y la reformista, que se enfrentaron duramente después del levantamiento del 1 de enero de 1994. Los reformistas, que habían perdido la primera partida, acabaron por retomar el control de la organización varios meses después de la insurrección.

"A principios de los años setenta", prosigue Carmen Legorreta, que colaboraba con el sector reformista de la ARIC, "la Iglesia crea las condiciones ideológicas para llevar a la gente a la lucha, pero no les da los medios para pasar de la teoría a la práctica". Hubo que buscar entonces fuera de la diócesis. El contacto se estableció con un grupo de ingenieros agrónomos y economistas de la Universidad de Chapingo, cerca de la ciudad de México. Militaban en una organización maoísta, la Unión del Pueblo, y habían intentado aplicar ya sus teorías revolucionarias, con mayor o menor éxito, en el norte del país. El obispo de San Cristóbal, Samuel Ruiz, decidió invitarlos a Chiapas. Fueron ellos quienes pusieron en marcha la creación de un sindicato rural. Se trataba de ayudar a los campesinos a organizarse para tener acceso a los créditos bancarios, mejorar la producción y, sobre todo, defender su derecho a la tierra frente a los grandes propietarios y las autoridades.

Maoístas, trotskistas, guevaristas, leninistas... Todos se hicieron un hueco en Chiapas a partir de los años setenta. Algunos de ellos estaban incluso financiados clandestinamente por el poder, que había encontrado así un buen sistema para controlar las turbulencias izquierdistas. "Entre 1976 y 1982, la política populista del gobierno favoreció el desarrollo de los movimientos sociales de campesinos y maestros", explica Jorge Santiago, que participó él mismo en esta efervescencia y fue unos de los vínculos entre la diócesis de San Cristóbal y la guerrilla zapatista. "Al principio todos los grupos buscaban bases para consolidar sus proyectos a partir de la organización interna de las comunidades. En los años setenta, la línea era *cuanto más pobres, mejor*. Se buscaba el potencial revolucionario de los campesinos".

La estrategia del régimen contribuyó a hacer de Chiapas un verdadero laboratorio político-religioso, una suerte de Babel de todas las utopías. Una miríada de organizaciones radicales encontró en lo más recóndito del país un terreno de juego para poner en práctica sus teorías. Esta política esquizofrénica del poder, que reprimía con la mano derecha y simulaba tolerancia con la mano izquierda, era muy hábil: México presentaba así una imagen de *democracia tercermundista* ante la comunidad internacional que, durante mucho tiempo, guardó silencio sobre las violaciones de los derechos humanos y el fraude electoral practicado por la formación en el poder, el PRI.

Los asesores maoístas

Antes de que *Marcos* llegara a Chiapas, otras muchas organizaciones le habían precedido sobre el terreno. El Partido Socialista de los Trabajadores se había establecido en la región de Sabanilla, de donde habrían de surgir después los primeros cuadros zapatistas. La Central Independiente de Obreros Agrícolas y Campesinos (CIOAC) había instalado sus cuarteles en las montañas de Simojovel, donde dirigió el combate contra las grandes plantaciones de café, que fueron desmanteladas una a una para ser reemplazadas por ejidos. La Organización Campesina Emiliano Zapata (OCEZ) trabajaba en la región de Venustiano Carranza, sacudida por constantes conflictos por la tierra entre los indígenas y los grandes propietarios. Estos últimos tenían un aliado al frente del gobierno local, el general Absalón Castellanos, que poseía varios miles de hectáreas en los márgenes de la Selva Lacandona.

Ya en 1984 Amnistía Internacional había publicado un informe demoledor sobre las violaciones de los derechos humanos en Chiapas, en el que denunciaba la práctica de la tortura y el asesinato de una veintena de dirigentes de oposición.[3] La represión era sin embargo menos intensa en Las Cañadas. Su aislamiento geográfico y la mala calidad de la tierra habían convertido a esta zona en un santuario en el que las fuerzas de seguridad no se aventuraban demasiado, como no fuera para operaciones puntuales. El Estado brillaba por su ausencia y la Iglesia había construido poco a poco una especie de pequeña república autárquica cimentada sobre la catequesis del Éxodo y la utopía igualitaria de las organizaciones maoístas. Esta extraña alianza hubiera sorprendido a Marx y Lenin: la religión ya no era el opio del pueblo, sino un instrumento de liberación.

Las divergencias acabaron surgiendo, sin embargo, entre la diócesis y los *asesores* maoístas. La Iglesia empezó a sentirse desplazada por los *caxlanes*, que es como los indios llaman a los blancos y mestizos. (Todos los sacerdotes y monjas de la diócesis son también *caxlanes*, a menudo extranjeros, pero su presencia es anterior a la de los maoístas y, además, se consideran portadores de una misión divina). La Iglesia necesitaba de los conocimientos técnicos de los laicos pero, al mismo tiempo, quería mantener su supremacía en las comunidades indígenas con el pretexto de protegerlas de la *nefasta* influencia de la sociedad occidental.

Estas contradicciones desembocaron en la expulsión de los *asesores*. Ellos, a pesar de todo, habían logrado algunos éxitos gracias a la estrategia maoísta de la *doble cara*, que consistía en mantener, por un lado, una concertación con los sectores moderados del poder, a fin de obtener apoyo económico para las necesidades inmediatas de las comunidades, mientras consolidaban, al mismo tiempo, la formación ideológica de la población según la táctica de la "guerra popular prolongada", en previsión de una eventual revolución. Después de haber apoyado esta estrategia, la diócesis comenzó a torpedearla y reclutó otros *asesores*, más radicales, quienes formarían años más tarde el Ejército Zapatista de Liberación Nacional.

René Gómez ha vivido todas esas peripecias. Este ingeniero agrónomo, formado en la Universidad de Chapingo en los años sesenta, se integró en el primer grupo de *asesores* maoístas que llegó a Chiapas en 1976. En esa época, la lucha estaba dirigida contra el decreto presidencial que había despojado de sus tierras, cuatro años antes, a miles de campesinos tzeltales y choles en beneficio de la minúscula comunidad lacandona y de la explotación forestal. Para los 26 pueblos afectados por esta medida, la anulación del decreto era una cuestión de supervivencia. Tendrían que esperar hasta 1989, sin embargo, para obtenerla.

Simultáneamente, René Gómez y sus amigos comenzaron a consolidar las estructuras económicas y políticas de los ejidos, esas pequeñas aldeas agrícolas creadas a la sombra de la Revolución de 1910, pero llegadas muy tardíamente a Chiapas por la oposición de los grandes propietarios, que veían peligrar su hegemonía. Para los maoístas, el esfuerzo prioritario debía consagrarse a la creación de alianzas entre los ejidos: sólo así se consolidaría el *poder popular*, se aumentaría la presión sobre las autoridades y se les podría obligar a construir carreteras o a mejorar las condiciones de comercialización de los productos agrícolas.

Recio, René Gómez. Los pies sobre la tierra y, bajo su sombrero, la robustez de un leñador. En tanto que hombre de acción profundamente comprometido, René consagró sus energías a mejorar las condiciones de vida en lo más recóndito de la Selva Lacandona, a pesar de las innumerables dificultades que debió afrontar. En 1984 se instaló con su familia en Amador, un ejido pegado a la reserva ecológica de los Montes Azules al que sólo se llegaba a pie.

> Yo soy gente de campo [dice despreocupado] así que no me resultó muy difícil. Pensaba formar una unión de crédito, pero finalmente fracasó porque tuvimos que concentrar todos los esfuerzos en la lucha por la tierra. De todas maneras, yo quería hacer un proyecto productivo, así que me lancé al engorde de novillos. Necesitábamos capital. Habilitamos un potrero común de cien hectáreas y conseguí el chingado crédito hipotecando la casa de un familiar. Compramos toritos y tuvimos suerte, porque tres meses después los precios subieron y pudimos venderlos cuatro veces más caros en el mercado nacional.

El éxito le permitió ampliar el crédito al año siguiente y reiniciar la operación.

> Cuando los novillos tenían el peso deseado, los enviábamos a Tuxtla. Era una marcha de tres días hasta Aguadulce y de ahí en camión. Obtuvimos un buen beneficio. Devolvimos el crédito, deshipotecamos la casa y construimos una pequeña central hidroeléctrica de 35 kilovatios de potencia. El pueblo consumía once. Nos dio para un molino, una

bomba de riego, un equipo de carpintería y refrigeradores.

Mientras que René Gómez se consagraba en cuerpo y alma a sus proyectos de desarrollo colectivo en
Amador, otros *caxlanes* preparaban un movimiento
de guerrilla. "En aquellos años yo no me daba cuenta de
lo que pasaba. Ahora cuando reflexiono me acuerdo
de unos blancos que venían a buscar agua a 200 metros del ejido. Pero como estaba cerca la Laguna
Miramar pensábamos que eran turistas. ¡Ya ves, nosotros en esas pendejadas de proyectos y ellos preparando una revolución! ¡Para tumbar al gobierno,
nada menos!".

De hecho, René Gómez había oído hablar de una
organización armada, de entrenamiento militar en
campamentos escondidos en la montaña y de la presencia de varios *caxlanes* con ideas un poco locas.
Nada nuevo en Chiapas, donde se había visto desfilar,
con el paso de los años, a los guerrilleros guatemaltecos y a una serie de pequeños grupos revolucionarios
que terminaron tragados por la selva. "Todo eso nos
daba risa. No creíamos lo del levantamiento armado.
Nos parecía absurdo. Subestimamos por completo al
EZLN, no sólo en su magnitud, sino también en sus
intenciones".

Tacho y los maristas

Los viejos maoístas, que con el tiempo habían abandonado toda idea de revolución, no fueron los únicos
en sorprenderse. Algunos miembros de la diócesis,
que estaban en primera línea, pero no necesariamente en los círculos íntimos del obispo, no daban crédito
cuando, el 1 de enero de 1994, supieron por la radio
que los zapatistas habían tomado varias ciudades. "Me
puse a temblar cuando oí las noticias", recuerda Pedro, un antiguo hermano marista. "Sabía que no esta-

151

ban preparados ni política ni militarmente. Pensé que el gobierno los iba a aplastar. La presión internacional los salvó".

Pedro, sin embargo, estaba al corriente de los acontecimientos desde hacía mucho tiempo. A principios de los años ochenta, él vivía en la región de Guadalupe Tepeyac, que se convertiría después en el bastión zapatista. En esa época, los maristas apoyaban diversos proyectos de desarrollo y su interlocutor era un joven catequista, Humberto Trejo, el futuro *comandante Tacho*. "Acabábamos de ayudar en la compra de un camión para la comunidad" recuerda Pedro, "y se organizó una fiesta para celebrarlo. *Tacho* invitó a cuatro o cinco jóvenes ladinos que no eran de la zona. Me quedé extrañado, porque él nunca me dio ninguna explicación. Ya entonces había un rumor en las comunidades. 'Los hermanos se preparan para hacer la guerra', decían".

Los indicios se fueron multiplicando a partir de 1984. Cerca del pequeño poblado de Flor del Río, que por entonces no era aún zapatista, los campesinos hicieron un extraño descubrimiento que se apresuraron a contar a Pedro. "Habían encontrado unas armas, libros de Lenin y costales grandes de totopos.* Ellos no querían hacer nada, pero los de una comunidad vecina dieron parte al municipio. Entonces llegó la fuerza pública y obligó a los de Flor del Río a servirles de rastreadores, llevándolos por delante a punta de fusil. No encontraron nada".

En 1990, durante una visita al ejido La Sultana, Pedro descubrió unas instalaciones que se parecían a un campo de entrenamiento. "Les pregunté que era todo eso, y me dijeron que habían hecho un vía crucis. Yo insistí para saber más y no hubo manera. Tres meses más tarde llegaron a mí para decirme que los dirigentes de la organización, *Marcos* y *Germán*, habían

---

* Galletas de maíz.

muerto. Era mentira, pero lo hicieron para que me quedara tranquilo. En realidad mis interlocutores seguían en el movimiento".

Mientras los zapatistas se preparaban para la guerra, los maristas se esforzaban por llevar a buen puerto una quincena de pequeños proyectos de desarrollo con los indios tojolabales del valle de Guadalupe Tepeyac. Los mejores resultados se habían obtenido en Flor del Río. Allí la colectivización de los recursos había resultado más fácil que en otros lugares porque toda la población tenía lazos de parentesco.

Era una comunidad acomodada, [recuerda Pedro]. Tenían café, maíz, ovejas y reses. Pero vendieron todos sus animales para comprar *fierros*. Cuando decidieron participar en la rebelión, no imaginaban que el movimiento tendría tal amplitud. Ellos sólo querían atraer la atención del gobierno con el golpe del 1 de enero para obligarlo a tomarles en cuenta y negociar. Ahora no les queda nada. [¿Por qué tomaron ese riesgo?]

Nadie se moría de hambre, [explica Pedro] pero llega un momento en que hay una barrera que no puedes franquear. Ahí está el café. Se producía sin infraestructura, por un precio ridículo. Cuanto más produces, más te roban, porque te enajenan más, y eso es muy duro. Un campesino trabaja 175 días el café y en cinco minutos se lo robaban: el comprador que llegaba ponía el precio y una avioneta se lo llevaba. Es un choque para el productor, no se lo explica. Lo mismo con el ganado. En esas condiciones, ¿cómo extrañarse de que los campesinos acogieran bien a la guerrilla cuando les propuso organizarse para defenderse contra los abusos?

En la región tojolabal, como en el área tzeltal y tzotzil, los catequistas desempeñaron el papel de intermediarios para facilitar a *Marcos* y sus compañeros el reclutamiento de la población indígena. Lázaro Hernández, un diácono de origen tzeltal, y David, un catequista tzotzil, ocupaban simultáneamente funciones importantes en el seno de la Iglesia y en el EZLN, lo que contribuía a alimentar la confusión entre las dos organizaciones. Entre los tojolabales, los zapatistas se implantaron gracias a *Tacho* y a *Moisés*, que se convertirían en *comisarios políticos* del movimiento.

Tacho empezó a estudiar con los maristas, en San Cristóbal, alrededor de 1973 [cuenta uno de sus antiguos profesores]. Tenía 16 o 17 años. Como la mayoría de los jóvenes tojolabales, que siempre han vivido en contacto con los mestizos, su lengua materna era el español. No sabe ni contar en tojolabal. Entonces le llamábamos *Chirrión*, que es como una fusta, porque daba mucha guerra y jodía muchísimo. Al mismo tiempo era muy trabajador y tesonero. Los indígenas que participaban en esos cursos intensivos de tres meses no habían abierto jamás un libro antes de llegar a San Cristóbal. Al terminar las clases tenían dolor de cabeza, pero aún los veías leyendo los sábados y los domingos.

Les enseñábamos la historia del Éxodo, liturgia y lectura materialista del Evangelio según San Marcos, como un análisis estructural: qué hace Jesús, en favor de quién, quiénes son sus enemigos, qué lecciones extraer... También había clases de aritmética, para aplicarla a una cooperativa de consumo o una tiendecita, primeros auxilios e Historia de México, desde la óptica de la lucha por la tierra y el derecho agrario. El objetivo era hacer ver que el Evangelio debe involucrarse en la vida, luchar contra la manipulación de la religión y relativizar la instrumentalización que hacían los finqueros y los comerciantes de la religión: te robo y a cambio te regalo una imagen.

A su regreso a Guadalupe Tepeyac, *Tacho* se involucró en diversos proyectos de desarrollo en su comunidad, sobre todo en la lucha por la comercialización del café. Atendió también una bomba para extraer el agua del río. Era un tipo muy innovador, y al mismo tiempo muy austero. No dudaba en aventarse un día y medio de marcha para llegar a una reunión. Es así como poco a poco se ganó el liderazgo comunitario.

La catequesis liberadora

El bagaje ideológico adquirido por los catequistas durante su formación en las escuelas diocesanas de San Cristóbal abrió nuevos horizontes a los indígenas y rompió con las viejas supersticiones que daban un poder desorbitado a los brujos y a los curanderos. El título del nuevo catecismo, *Estamos buscando la libertad*, que había sido elaborado con la participación de todas las comunidades de la diócesis, era en sí mismo todo un programa. El fatalismo tradicional —"Dios decidió que debíamos ser pobres"— no era ya admisible. Los indios habían tomado conciencia de que podían cambiar su situación. La catequesis explica que es necesario organizarse para liberarse de todas las formas de opresión: económica, política, cultural y religiosa.

En el principio Dios hizo la tierra y se la dio a los hombres. Todos los campesinos tenemos derecho a poseer la tierra y la obligación de cuidarla, pues la necesitamos para vivir. Entonces, ¿por qué no tenemos tierra? ¿Por qué hay algunos que tienen que trabajar como esclavos? Si antes el terreno era de nuestros antepasados, ¿por qué nos quedamos sin terrenos? No somos libres si no tenemos tierra. Tenemos que luchar con fuerza y con amor por que se acabe el hambre y la injusticia [...] Hay que organizarse para exigir los derechos sobre la tierra.

Creemos que nuestra raza, nuestra lengua, nuestra cultura, nuestras costumbres no sirven. Esto quie-

155

re decir que nosotros mismos nos estamos aplastando [...] No es cierto que tengamos que dejar de ser indios para salir de la pobreza. Debemos evitar que las riquezas que Dios nos dio se pudran en las manos de los ricos y de los que no son capaces de usarlas para el bien de todos.

Estas palabras sencillas envuelven un discurso profundamente revolucionario. Por ello algunos sacerdotes, como el español Rodolfo Izal, que acabó siendo expulsado de México en 1995, se permitían decir con un dejo de ironía: "La Iglesia no está detrás de los zapatistas: va por delante de ellos". La acción de la diócesis contribuyó a crear, en efecto, un clima ideológico que los militantes revolucionarios llegados de la capital supieron explotar hábilmente.

El EZLN tuvo una gran sensibilidad para captar el momento, [asegura el padre Jorge Rafael Díaz, que dirigió la misión dominica de Ocosingo a partir de 1994]. Los zapatistas, es cierto, se montaron sobre la estructura catequística, pero supieron hacerlo. No fue una operación burda. El catequista tiene autoridad moral en la comunidad. Desconozco de qué les hablaron para llevarlos por esa vía, pero los captaron. ¿Qué esperaban ellos? Resolver el problema de la tierra. Eran ya veinte años de lucha, en la que se habían gastado mucho dinero en gestiones ante las autoridades, todo en vano. ¿Cómo iban a hacerlo? Quitando la tierra a los finqueros a la fuerza. En su mística de sacrificio, los indígenas están decididos a morir para que sus hijos tengan una vida mejor. Hay que rescatar el espíritu que ha llevado a estos hombres a tomar las armas, la lucha por la vida. Sí les hemos dicho que ése no era el camino adecuado, pero, ¿con qué derecho? No teníamos un proyecto alternativo que ofrecerles. Los proyectos colectivos sólo servían para ir sobreviviendo, porque las es-

tructuras nacionales e internacional
los pobres salgan adelante.

La rebelión de *Moisés*

Un artículo publicado en 1991 por el *ma*
Nepantla, una de las revistas internas de ____ ᵤₐₛ
de Liberación Nacional, ilustra perfectam‿ute la manera en que los catequistas fueron evolucionando
hacia la lucha armada. Quien habría de convertirse
después en la sombra y el doble de *Marcos*, con la
pipa y el pasamontañas incluidos, pero con una cabeza menos de estatura, cuenta, con un lenguaje sencillo y cargado de detalles, cómo aplica en su comunidad
las enseñanzas adquiridas en una *escuela de cuadros*
de la organización rebelde. "Para atraer a las masas
hay que politizar y concientizar, decirle cuál es la alternativa que le queda a los pueblos que están sumidos en la miseria y que nadie habrá que levante la
mano por ellos para liberarlos si no son ellos mismos". *Moisés* pone en guardia a sus hermanos indígenas contra la tentación de recurrir a los métodos de
lucha reformistas, como el trabajo colectivo preconizado por los maristas.

> Eso no acabará la explotación, ni la desigualdad ni
> la injusticia, porque el producto que cosechan lo
> mismo va de la mano al burgués [...] Les explicamos
> que lo primero es arrancar la raíz de este sistema en
> que estamos viviendo para poder hacer la igualdad
> y tener la dignidad de nuestro pueblo, no sólo de un
> grupo, sino de todos los oprimidos.

Una vez que había logrado convencer "a un dirigente de ese colectivo", *Moisés* recibía la invitación
para hablar a los otros miembros de la comunidad. "Si
los ricos y los gobernantes no nos entienden con nuestra lucha pacífica y no entran a la razón ni nos hacen

[...] necesitamos cambiar la forma de lucha", les
[...]a, y les daba ejemplos.

> Les platicamos de la vida de los socialistas, de la
> lucha de El Salvador, Guatemala, que sólo así en-
> tenderán los ricos y que tiene que pasar así en
> México. Tenemos que hacer la lucha armada para
> conquistar la libertad y para defendernos. Y el
> pueblo nos pregunta cómo van a estar ellos. Les
> decimos que tienen que ser milicianos [...] y al com-
> pañero que es responsable le damos instrucción de
> cómo seguir reclutando [...] hasta que se vuelve un
> pueblo controlado, base de apoyo. Después reali-
> zamos nuestra primera visita armados. Les enseña-
> mos a desarmar y armar [...] y así el pueblo queda
> totalmente convencido al ver a su ejército convi-
> viendo con ellos.[4]

Los indios de Las Cañadas podían elegir entre la
lucha armada que les proponía *Marcos* y la vía pacífica preconizada por el sindicato campesino ARIC.
Curiosamente, decidieron adherirse a las dos opciones
simultáneamente, a pesar de la evidente contradicción.
Las posibilidades de éxito serían mayores, pensaron, si
no ponían todos los huevos en la misma canasta. En
1988, la mayoría de los miembros de la ARIC llevaban una doble vida, puesto que pertenecían también al EZLN. Centenares de *insurgentes* vivían en
los campamentos clandestinos, y miles de *milicianos*
atendían la logística de este ejército de sombras. El
6 de agosto de 1988, con ocasión del decimonoveno
aniversario de la fundación de las Fuerzas de Liberación Nacional, cuna del movimiento zapatista,
varios miles de hombres y mujeres, llegados de todos los ejidos de la región, se reunieron en secreto
en el corazón de la Selva Lacandona para participar
en unas maniobras espectaculares. Un nuevo ejército acababa de nacer.

Juegos de guerra en la Lacandona

En el verano de 1988 México vivía una gran efervescencia política. Carlos Salinas había sido elegido presidente de la República el 6 de julio, tras un escrutinio que la oposición no dudó en calificar de fraudulento. Los dos candidatos oficialmente derrotados, Cuauhtémoc Cárdenas, por la izquierda, y Manuel Clouthier, por la derecha, organizaban movilizaciones multitudinarias en todo el país para reclamar la revisión de los resultados. La tensión había llegado al paroxismo y el poder estaba inquieto, a pesar del rápido reconocimiento que Estados Unidos, varios países europeos —España entre ellos— e incluso Cuba habían otorgado al nuevo mandatario. Fidel Castro había desairado a la izquierda mexicana al considerar más prudente mantener su alianza con el viejo partido que le había apoyado en los momentos difíciles de la guerra fría.

Al mismo tiempo, los guerrilleros de las Fuerzas de Liberación Nacional se preparaban para celebrar el aniversario de su organización, fundada el 6 de agosto de 1969. El movimiento rebelde seguía activo en tres regiones del país: el Frente Villista en el norte, el Frente Central y el Frente Suroriental, creado en 1983 con el nombre de Ejército Zapatista de Liberación Nacional. Los dos primeros, a pesar de tener más antigüedad, apenas lograban sobrevivir. Los zapatistas, en cambio, habían conocido un desarrollo prodigioso bajo la dirección del *subcomandante Marcos*. Es por ello por lo que *el comandante en jefe, Germán*, decidió ir a Chiapas para asistir a la movilización de sus tropas en una operación bautizada *Votán*, en honor de uno de los dioses-hombres de la mitología maya.

El acontecimiento fue impresionante, según los testimonios de la época. *Lucía*, la compañera de *Germán*, hizo una viva descripción que fue publicada en la revista *Nepantla*. "Desde el día 3 que llegamos a la zona de operaciones del Frente Zapatista, todo estaba planificado, incluso que la lluvia nos hiciera internarnos por otro rumbo. Dos campesinos se nos acercaron diciéndonos que ellos traían caballo y a los pocos minutos supimos que eran compañeros que tenían orden de esperar en ese lugar... Ellos nos llevaron a su pueblo, donde nos dieron de comer.[5]

Germán y *Lucía* se pusieron los uniformes y prosiguieron la ruta a caballo. "Caminamos un buen trecho y después de que nos empapó la lluvia, vimos a lo lejos un primer pelotón de milicianos uniformados, quienes nos saludaron presentando armas y nos escoltaron hasta la casa de seguridad. Ahí nos esperaba el *subcomandante Mark*". Se trataba, evidentemente, de *Marcos*, al que *Germán* llamaba a veces *Mark*. Los visitantes habían llegado al ejido San Francisco, uno de los bastiones del EZLN, que entonces tenía allí su principal campamento. Seis meses antes, en febrero, una patrulla del ejército mexicano había pasado muy cerca de las instalaciones zapatistas. Oficialmente, los soldados participaban en una operación de destrucción de plantíos de marihuana.

De hecho, era del dominio público que algunos oficiales animaban a los campesinos a cultivar *cannabis* e incluso les proporcionaban las semillas. Esta práctica no era nueva, y no se limitaba a Chiapas. ¿Se trataba de una provocación, para justificar después la intervención del ejército y la inevitable represión? ¿O era simplemente un negocio para algunos militares corruptos, que recibían un porcentaje de la cosecha a cambio de su protección? Según los testimonios recogidos en el terreno, estas dos explicaciones no eran contradictorias, y por ello se asistía a veces a enfrentamientos entre dos unidades militares que no estaban necesariamente al corriente de las actividades ilegales de alguno de sus superiores. En las comunidades se recuerda las desventuras de un jefe de pelotón demasiado diligente, que "cometió el error" de destruir un campo de marihuana y arrestar a sus propietarios. Su superior, encolerizado, ordenó a otra unidad que lo detuviera. Para evitar males mayores, los responsables de la destrucción de la droga fueron *autorizados* a desertar sin dejar rastro.

Con el objeto de no llamar la atención de las fuerzas de seguridad, *Marcos* había convencido a las comunidades zapatistas de prohibir el cultivo de marihuana y de amapola, la materia prima de la heroína. No podía hacer gran cosa, en cambio, contra los *carteles* colombianos de la droga, cuyas avionetas repletas de cocaína aterrizaban sobre las numerosas pistas de la Selva Lacandona. En algunos casos los pilotos se limitaban a arrojar la mercancía sobre un lugar convenido de antemano. Los paquetes de droga seguían después su rumbo por vía fluvial hasta la región de Palenque, y de ahí por tierra hasta Estados Unidos.

Sea como fuere, la visita del ejército a San Francisco en febrero de 1988 había provocado pánico entre los zapatistas. "Era un grupo de 28 soldados", cuenta *Salvador*, un antiguo rebelde que presenció el incidente.

Llegaron cayéndose, con ampollas, y se pararon a descansar a un kilómetro de uno de nuestros campamentos, que se llamaba El Camarón. *Marcos* nos dio la orden de preparar una emboscada. Cavamos trincheras y tapamos con árboles cortados el camino que llevaba al campamento. Los militares habían descubierto un poco antes un cobertizo donde guardábamos los fusiles de madera que utilizábamos en los entrenamientos. Debían sospechar algo, pero prefirieron hacer como si no supieran nada. Fue lo mejor. Si se hubieran aproximado un poco más, los hubiéramos matado a todos.

Las consecuencias hubieran sido terribles para los zapatistas, puesto que el ejército hubiera enviado refuerzos inmediatamente. "No habríamos podido resistir mucho tiempo", confiesa *Salvador*. "Hubiera sido el final de nuestra aventura". A pesar de este incidente, los dirigentes del EZLN decidieron continuar con los preparativos de las grandes maniobras previstas para el mes de agosto en esa región, a las que ya se había adherido una buena parte de la población.

"El 4 de agosto", cuenta *Lucía*, "los compañeros de alrededor de 70 pueblos y rancherías fueron llegando a San Francisco para la celebración". Un millar de indígenas participaron en el desfile militar. Los *insurgentes* (combatientes a tiempo completo que vivían en los campamentos), llevaban su uniforme marrón, y los *milicianos* (campesinos armados, encargados de la logística y del avituallamiento de los insurgentes) iban de verde. Los responsables de cada pueblo portaban un estandarte con el nombre de sus lugares de origen según la toponimia zapatista, que sustituía las designaciones oficiales para honrar a los héroes del panteón revolucionario, mexicano e internacional. El desfile duró cuarenta minutos. *Germán*, *Lucía* y "los invitados llegados de la ciudad" se habían situado en una tribuna, en el centro del pueblo.

En primer lugar pasaron saludando los batallones insurgentes con sus subcomandantes y las secciones con sus capitanes. Detrás de ellos, las secciones de milicias, saludando con su arma. También desfilaron los pelotones de caballería miliciana, que pasaron frente a nosotros saludando con su machete y su arma al hombro. Desfilaron también las mujeres milicianas, todas uniformadas. Llamaba la atención ver en algunos pelotones la presencia de niños milicianos, muchachitos de escasos diez, once años, quienes hicieron su arma de madera para con ella saludar al Compañero Comandante.

Terminado el desfile, los zapatistas recibieron la orden de desplegarse sobre diferentes posiciones para participar en una operación militar que consistía en tomar por asalto "un cuartel enemigo situado entre dos colinas". *Marcos* dirigió las maniobras. Para la ocasión, el *subcomandante* había preparado con gran esmero varios mapas que ilustraban claramente las cinco fases que llevarían a "acabar por completo con el enemigo".

"En el momento en que la caballería arreaba al ganado que se encontraba pastando cerca de la línea de fuego, se escuchó el zumbido característico de un avión que se aproximaba", prosigue *Lucía*. "Se dio la orden de tenderse y no moverse". El piloto sobrevoló la zona una primera vez. Después dio una segunda pasada. Después una tercera. "Era evidente que el piloto nos había visto", recuerda un testigo. "*Marcos* estaba muy preocupado y seguía los movimientos de la avioneta con sus prismáticos. Nos tranquilizó cuando nos dijo que era un aparato encargado de lanzar moscas estériles" (Chiapas es el primer productor mundial de este género de insectos, utilizados para impedir la reproducción de moscas dañinas que atacan al ganado y a ciertos productos agrícolas).

"Cuando el avión se alejó", continúa *Lucía*, "el *subcomandante Mark* constató que cada batallón y cada compañía estuvieran en los lugares acordados". Todos estaban listos: los *subcomandantes Pedro* y *Daniel* —seis años más tarde, el primero moriría en combate y el segundo traicionaría a *Marcos*— y los *capitanes Mario* y *Yolanda*, ascendidos después al rango de *mayor*. *Germán* dio la señal de asalto "aniquilando" a un centinela enemigo "con un certero disparo de R-15", el fusil estadounidense que utilizaba entonces.

Aproximadamente mil 400 bocas de fuego se dejaron oír. Los milicianos tiraron 20 tiros de calibre 22 en cada rifle. Los compañeros insurgentes, a la vanguardia, dispararon 10 tiros con arma semiautomática y hasta 16 en automáticas. A este volumen de fuego hay que agregar los cohetes, las granadas de madera que fabricaron los compañeros armeros, así como unas bazucas con clorato de potasio que al inyectarles ácido reaccionaban [...] El *subcomandante Daniel* avanzaba con su batallón, un pelotón miliciano y un radista [operador de radio]; el *capitán Josué* con tres pelotones milicianos, un pelotón de caballería miliciana, su radista y los servicios de armeros y de sanidad; la *capitana Yolanda* con dos pelotones milicianos y dos secciones insurgentes [...]; el *subcomandante Pedro* con un pelotón de caballería y un batallón insurgente; el *capitán Mario* (quien se integró a nuestras casas desde los once años y en la actualidad tiene 19), con una compañía insurgente [...].

Hay que señalar aquí la importancia del servicio de transmisiones. A veces fallaban las radios en recibir la señal, pero los compañeros insurgentes del servicio las ajustaban y podían recibir nuevamente la señal. Los compañeros armeros también tuvieron trabajo durante y después de la maniobra para ajustar detalles de las armas [...] El combate duró casi tres horas y después del informe del *subcomandante Marcos*, el *comandante en jefe Germán* revisó las instalaciones enemigas y constató nuestra rotunda victoria.

¡De película! Pero se lo creían. Todo parecía infantil e inofensivo, muy lejos de la preparación militar a la que las guerrillas centroamericanas sometían a sus tropas. Las maniobras zapatistas recordaban más a un campamento de verano para adolescentes o a los *juegos de guerra* a los que se consagran algunos estadounidenses los fines de semana para liberarse de las tensiones. Este es el motivo por el que el ejército mexicano no se inquietaba demasiado y prefería catalogar este tipo de ejercicios como *actividades deportivas*.

Los dirigentes zapatistas, en cambio, se lo tomaban muy en serio. Los textos de *Marcos*, *Lucía*, *Germán* o *Rodrigo* publicados en *Nepantla* dan a entender que se preparaban de verdad para la guerra y la revolución. ¡Ni hablar de divertirse!

> Una vez que las maniobras terminaron [cuenta *Lucía*] los participantes comieron una vaca [y] organizaron un baile. Ya para las 22 horas se escuchaba silencioso el pueblo. [Relata después los detalles de una reunión en la que] se trataron asuntos muy importantes, tales como los relacionados a la seguridad, la importancia de controlar a los *bolos* [borrachos] (...) y de cómo informar de los movimientos de los compradores de ganado, de los gringos, de los soldados, de los rancheros, del gobierno, de gente que dice ser de otras organizaciones armadas que andan por el lugar...
>
> El día que la guerra se inicie, no será sólo el Frente Zapatista quien responda a tiros, será una guerra de todo el pueblo, de todas las zonas del país, de todos los compañeros que orgullosamente conformamos las Fuerzas de Liberación Nacional. Nuestro grito de guerra se escuchará por todo México... ¿Qué somos? ¡INSURGENTES!... ¿Quién vive?... LA PATRIA..

¿Cómo este delirio pudo convencer a los indios de Chiapas para embarcarse en semejante aventura?

6

El reclutamiento

Noviembre de 1983. El momento había llegado. Mochila a cuestas, con lo imprescindible, la expedición partió de La Sultana. En la época de lluvias los caminos de acceso a este poblado tzeltal de la cañada de Patihuitz se convierten en lodazales llenos de agujeros en los que chapotean desnudos los niños. Desde ahí, tres ladinos y ocho indígenas, inseguros y cautos, iniciaron una marcha a pie de varios días hacia el interior de la Selva Lacandona.

Gloria Benavides, que un día cambió su nombre por el de *Elisa*, tenía 27 años y buena forma física. Empezó con ganas, pero las lomas interminables y el peso de la carga le acababan robando el resuello. "¿Cuánto falta?", preguntaba con una mueca que pretendía ser una sonrisa. "Una hora", contestaba el compañero indígena. Miraba el reloj constantemente. Cuando la manecilla ya había dado toda la vuelta, sondeaba de nuevo. "¿Y ahora cuánto falta?". "Una hora". Era inútil. Mejor se callaba. Su único consuelo eran los resoplidos de Fernando Yáñez, el *comandante Germán*, que arrastraba, además de la responsabilidad de la expedición, cuatro décadas de vida, una naturaleza corpulenta y las huellas del fútbol americano.

Noviembre. En esa época del año el cielo se abre cada día con estruendo sobre la selva, y una densa cortina de agua nubla los poblados y los ahoga en su repiqueteo ensordecedor. Pero la lluvia se va tan deprisa como llega. Entonces el sol se asoma de nuevo, y los colores son aún más brillantes, y las aldeas recuperan de golpe las risas de los chiquillos, las conversaciones quedas de los hombres, la musiquita de los transistores y el chirrido de algún molino de nixtamal.*

La expedición siguió durante varios días. *Elisa* enfermó de una bronquitis que le provocó alucinaciones, pero que a cambio le reportó un par de días de descanso. A veces el grupo cruzaba los poblados, a veces los rodeaba. Si había suerte, alguna casa les brindaba cobijo después de que el sonido de un cuerno de caza anunciara su llegada.

Se adentraron por fin en la reserva natural de los Montes Azules, otrora núcleo de resistencia indígena frente a los conquistadores españoles. Al sur de la bellísima Laguna Miramar se extendía el ejido Tierra y Libertad. Estaba poblado por familias choles y tzotziles procedentes de Sabanilla, que abandonaron la orilla norte de la Lacandona hace cuatro décadas para reconquistar la selva, en busca de tierras. Allí, en palabras de uno de ellos, habían reconstruido sus comunidades con casas de madera, techos de zacate y pisos de lodo, lejos de la mano de Dios y de las preocupaciones de los gobernantes, y muy cerca de "la pobreza más cabrona". Y allí algunos miembros de la expedición tenían parientes.

Avanzaron un poco más adelante de Tierra y Libertad, bautizado así en honor de Emiliano Zapata, que había abanderado las dos principales reivindicaciones de la Revolución de 1910. En la montaña del Chuncerro, en el corazón de la Selva Lacandona, *Elisa* y *Germán*, dos de los más veteranos activistas de las Fuerzas de Liberación Nacional, asentaron el 17 de noviembre de 1983 el primer campamento del Ejérci-

---

* La masa de maíz y agua de cal con la que las mujeres hacen sin descanso las tortillas, el pan de los indígenas.

to Zapatista. El viejo proyecto de la organización armada, frustrado nueve años antes, calentaba otra vez los motores.

Elisa

Han pasado 14 años desde aquella expedición pionera. *Elisa* juguetea ahora con su pequeño hijo Vicente en un apartamento de la ciudad de México, mientras desgrana recuerdos entre biberones y labores de punto. "Yo ingresé en las FLN en 1972, con 17 años, viví su proyecto nacional, sus sectarismos y sus errores. Diez años después éramos tres o cuatro que no renunciábamos a nuestras aspiraciones de justicia, pero estábamos al margen de la actividad política".

La vida de esta mujer pálida y delgada, nacida en 1955 en Monterrey, la gran ciudad industrial del norte de México, es una completa hoja de servicios a la causa revolucionaria. A instancias de su amiga Nora Rivera ingresó en las Fuerzas de Liberación Nacional, colgó los estudios de Medicina y se sumergió en la clandestinidad. No habían pasado dos años cuando, en 1974, la detención de Rivera y de su compañero, Napoleón Glockner, condujo al apresamiento de *Elisa* durante el asalto policial a la casa de seguridad de Nepantla, cerca de la capital mexicana. Otros cinco miembros de las FLN, incluido *Manolo*, su compañero, murieron en el enfrentamiento.

Nepantla fue el bautismo de fuego de un peregrinar con la pistola al cinto que la condujo a Chiapas y Tabasco, los dos estados del sur de México donde el movimiento armado había trabajado el terreno. Ella apenas da brochazos imprecisos sobre aquellas etapas de su vida. En cambio se muestra dispuesta a hablar de su viaje a Nicaragua en 1981. Se *coló*, cuenta, en un grupo de la Universidad Autónoma Metropolitana que iba a dar un curso de artes gráficas durante tres semanas a las bases sandinistas en Mana-

169

gua y León. "Se trataba de poner los conocimientos del diseño gráfico al alcance de sindicatos y organizaciones populares". Rafael Guillén y Salvador Morales formaban parte de la expedición. Más adelante se convertirían, respectivamente, en los *subcomandantes Marcos* y *Daniel* del Ejército Zapatista, el héroe el primero y el delator el segundo.

Morales me pareció muy místico, era muy moralista. Estaba fascinado con la revolución, pero criticaba a los militantes, porque andaban tomando o buscando muchachas. Rafael Guillén era encantador, pero después de quince minutos te ponía hasta la madre, porque te abrumaba. Él andaba con una muchacha, pero las mujeres le hartábamos. Nos llamaba cursis. Era muy bromista, se reía de todo. En realidad a él le importaba todo mucho, pero no lo hacía saber.

La máscara, ya entonces... El grupo de mexicanos vivía su sueño de la revolución, que tres años más tarde intentaría reproducir en Chiapas. Pero si algo tenían claro los dirigentes de las Fuerzas de Liberación Nacional es que no podían aventurarse en la selva en solitario. El recuerdo de la matanza de sus compañeros en la finca El Diamante, en 1974, estaba aún fresco. Sin el apoyo de la población local, las posibilidades de supervivencia eran nulas. Por eso, antes de adentrarse en la Selva Lacandona habían preparado el terreno en San Cristóbal de Las Casas, donde tenían varios contactos. *Elisa* conocía algunas comunidades indígenas muy comprometidas en la lucha por la tierra, especialmente Sabanilla, Huitiupan y Simojovel, al norte de la ciudad. Su enlace era Jorge Santiago, un hombre perteneciente a una familia tradicional de San Cristóbal, que había decepcionado a la burguesía local cuando abandonó la carrera sacerdotal después de haber sido enviado a Roma por la diócesis para estudiar Teología. Santiago dirigía una pequeña organización no gubernamental, Desarrollo Económico y Social de los Mexicanos Indígenas (DESMI), que tenía varios proyectos en esas zonas, por lo que sus relaciones con las comunidades eran muy estrechas. También lo eran con la diócesis de San Cristóbal, a la que siguió vinculado como asesor.

Aunque *Elisa* pinta sus actividades como un mariposeo humanitario por cuenta libre —"Lo mismo ayudaba a los maestros a hacer publicaciones como conseguía vacunas para los pueblos"—, lo cierto es que justo por esas fechas comenzó en la zona de Sabanilla el reclutamiento para el futuro Ejército Zapatista de Liberación Nacional: *Benjamín*, *Mario*, *Frank* y *Yolanda*, la futura compañera de *Marcos*, todavía adolescentes a principios de los años ochenta, se convertirían luego en cuadros de la guerrilla.

Pablo Iribarren, el sacerdote navarro que estuvo a cargo de la parroquia de Ocosingo durante todo el periodo de crecimiento de la guerrilla, entre 1986 y 1994, recuerda bien una visita que hizo a la región allá por 1982. Los agentes de pastoral le comentaron entonces que habían notado la presencia de "elementos externos a las comunidades" que no podían identificar. La zona ya había sido trillada en los años setenta por los maoístas. Pero frente a aquellos grupos, que "se mofaban de la religión y que provocaron serios conflictos en las comunidades", los recién llegados actuaban con "otro espíritu". "Estos trabajaban con los catequistas. Los que se comprometieron más dejaron su labor pastoral para dedicarse a la tarea política, porque ya no tenían tiempo. Después brincaron a hacer proselitismo a la Selva Lacandona".

Sabanilla fue el punto de arranque, "la relación inicial", explica *Elisa*, pero ella invierte los términos y asegura que los ladinos no propusieron nunca ir a la selva. "Fue la gente de allá la que quiso ir. Allí vivían sus familiares y pensaban que podíamos crecer mejor porque las comunidades estaban más organizadas, más animadas y más urgidas de otros conocimientos. Y nosotros encantados". El gran salto llegó en noviembre de 1983. Los meses de trabajo paciente y bien pensado iban a dar sus frutos.

La adaptación al nuevo entorno no fue sencilla. Las condiciones ambientales, con ocho meses de lluvia y oleadas de virulentos mosquitos, invitan más bien a abandonar el lugar a la mayor brevedad. "A mí me era más fácil andar por la selva que atravesar las comunidades, porque me intimidaban. En cambio para los compañeros indígenas la selva era el Sombrerón, la Ix'paquinté, las nauyacas..." Contra estas últimas, grandes serpientes venenosas, *Elisa* ofrecía suero. Pero contra el duende que lleva "un sombrero grandotototote" y que produce espanto, y contra la perversa mujer que seduce a los hombres para luego desaparecer en el momento decisivo, poco se podía hacer. "El choque cultural es grande. Ellos te enseñan muchas cosas, pero duele. Te sacuden, por ejemplo, con su concepto de la muerte. No se arman enredos".

Germán, el comandante en jefe de la guerrilla, se quedó en la Selva Lacandona seis meses, hasta mayo de 1984, y luego se marchó a organizar la infraestructura urbana. Un nuevo contingente de mestizos desembarcó entonces en Tierra y Libertad. Entre ellos, *Daniel* y *Marcos*. "No me sorprendió ver a Guillén. Me pareció lógico que viniera. Él quería ir a la selva, conocer eso. Llegábamos allá los decepcionados de la vida", dice *Elisa*. Tampoco los lugareños vivían en el optimismo irrefrenable. *Marcos* comentaría después que todas esas desesperanzas, juntas y organizadas, habían resultado "no en una desesperanza grande, sino en una esperanza".

Los primeros pasos de *Marcos*

Cuando salió para Chiapas, Rafael Sebastián Guillén dejó atrás "un boleto de metro, muchos libros, un la-

172

picero roto y un cuaderno de poesías", según declaraba en pleno arrebato romántico a la emisora de su antigua universidad, la Nacional Autónoma de México (UNAM). Echó mano de unas cuantas cintas de música y un puñado de libros: Pablo Neruda, Miguel Hernández, León Felipe, Julio Cortázar, Miguel de Cervantes, por supuesto, y las memorias de Francisco Villa: demasiada gente para tan poca mochila... Antes de tener campamentos fijos, entre caminata y caminata, repartía los libros en los *buzones* de la organización. Sus compañeros, ha confesado después, se reían de él al verlo con tanta literatura, pero luego se alegraban cuando por la noche les leía historias.

William Shakespeare, Antonio Machado, Mario Vargas Llosa y Gabriel García Márquez, o los mexicanos Carlos Fuentes, Carlos Monsiváis, Enrique Krauze y Héctor Aguilar Camín acompañaban también a *Marcos* en sus evoluciones selváticas. En alerta roja o en franca retirada, sin agua o sin comida, llueva o truene, *Marcos* siempre ha tenido a mano a Paul Eluard, Fernando Pessoa o Benito Juárez para aderezar sus comunicados.

Llegó a la selva, ha recordado después, dispuesto a llevar adelante el viejo proyecto anclado en los años setenta: el derrocamiento del gobierno y la instauración de un Estado proletario. Él sabía, como la docena de camaradas que le acompañaban, que su propuesta no tenía ningún eco entre la sociedad mexicana, ni siquiera entre las fuerzas de izquierda. Que la gente no iba a entender la lucha armada. A pesar de todo, se sentían "invencibles".

Tan arrebatadora sensación se desinfló al poco de llegar. La adaptación a la selva fue, como le había ocurrido a *Elisa*, un suplicio. Y es que el recién nacido Ejército Zapatista de Liberación Nacional no estaba en las mejores condiciones: metidos al fondo de la selva, con animales y fantasmas como únicos vecinos, mal equipados, "sin ningún trabajo político en la zona y apenas con el contacto con algunos líderes indígenas", los pioneros tuvieron que aprender a convivir con el entorno desde cero: a cazar y comer lo que había, a sumergirse en otra dimensión del tiempo, a explorar el terreno, a buscar agua y, sobre todo, a esperar.

A ojos de los camaradas indígenas, *Marcos* estaba "muy nuevito"... Tantas carreras por la Ciudad Universitaria para conseguir una buena forma física y ahora resultaba que le tenían que enseñar a caminar. El propio *subcomandante* zapatista dejó a la posteridad el recuerdo de aquellos momentos: "Entonces iba yo subiendo la pinche loma y pensando que cada paso que daba era el último y diciéndome un paso más y me muero... y yo maldecía la hora en que se me ocurrió hacerme guerrillero y tan bien que estaba de intelectual orgánico y la revolución tiene muchas tareas que son importantes y seguro que en el próximo descanso les digo que hasta aquí nomás y llegaba el siguiente descanso y no decía nada, parte por la vergüenza y parte porque no podía hablar, jalando aire como pescado en un charco que le queda chico".

En aquellos primeros meses le asaltaban las imágenes de los helados que se zampaba en la capitalina plaza de Coyoacán, los tacos de carne de la esquina de Insurgentes y Viaducto y la añoranza de la cálida sensación de unos calcetines secos. Se sentía solo. Pero le había apostado todo a la montaña. ¡Patria o muerte! Al diablo los espejismos. "Para hacer el trabajo que quería hacer, ése era el único camino. Vivir con ellos y sufrir con ellos. Con mucha paciencia", afirma un sacerdote de la diócesis de San Cristóbal que sabe de lo que habla.

El ascenso del recién llegado fue vertiginoso. En seis meses ya era teniente. "Decía que había terminado la carrera de doctor [como su ídolo el *Che*] y daba medicamentos", recuerda *Tomás*, un veterano indígena zapatista. "Fue bien recibido, como los demás. La gente los quería mucho". En la selva *Marcos* aprendió

174

a disparar y a perfeccionar su puntería. Su inteligencia, su habilidad técnica y su capacidad organizativa le hacían destacar sobre los demás mandos zapatistas. "*Marcos* era muy bueno en el trabajo, sobre todo en las exploraciones. Buscábamos dónde hay agua potable, nos acercábamos a otras comunidades... Tenía buena forma física. Bueno, llegando, la verdad, no. Pero después aprendió", recuerda *Tomás*. "La *comandante Elisa* mandaba, pero por ser mujer no se le tomaba mucho en serio".

Marcos, que, siguiendo la costumbre de las Fuerzas de Liberación Nacional, había tomado este nombre de un compañero muerto en combate años antes, sabía que la autoridad moral ante los indígenas se la tenía que ganar. Y que sólo había una fórmula: estar *parejo* con ellos. "Parejo vivir y entrarle a los problemas". Y sin duda lo consiguió. Así lo certifica *Tomás*: "Estar en la montaña es estar en la chinga, y *Marcos* aguanta lo mismo que nosotros". Y así lo confirmaban el *teniente Avelino* y el *subteniente Nicodemo*, tzotziles ambos, encontrados en un camino cerca de San Andrés Larráinzar con sus pasamontañas y sus relucientes AK-47. "*Marcos* no es pobre, pero sí ve y se da cuenta de los problemas y del sufrimiento de los indígenas. Tiene una conciencia clara, camina días bajo la lluvia, come lo mismo que nosotros y si no hay comida no come. Sufre como nosotros. Es donde nos damos cuenta que está entregado a la población. Nos fiamos de un ladino si demuestra su trabajo".

Durante los primeros meses los guerrilleros no tenían una base fija. Cada dos o tres semanas trasladaban su campamento. "Éramos bastante nómadas. Sólo teníamos plásticos, hamaca y mochila. A veces un simple costal con tirantes. Era muy cansado", recuerda *Elisa*. Rara vez salían del monte, por la presencia de retenes militares. Pese a ello se movían, a pie o a caballo, por un territorio amplio, desde Tierra y Libertad hasta Amador Hernández, Las Tazas y La Sultana, al norte, y hasta La Realidad, al oeste.

Pasada la etapa de supervivencia, comenzaron los contactos con las comunidades. Los indígenas que estaban con ellos iban de avanzadilla, para crear un clima de confianza. Como explicaba después *Marcos*, la población local nunca hubiera aceptado a un ladino sin recomendaciones. "Empezamos a mandar compañeros a hacer el trabajo político. Todo era muy conspirativo". Los mensajeros hablaban primero con sus familiares más cercanos y con aquellas personas que "eran de fiar". A ellos les revelaban la existencia de ese grupo y sus pretensiones. Los aficionados "al trago" y, por tanto, más propensos a irse de la lengua, estaban excluidos.

Tacho, que se convertiría doce años más tarde en uno de los representantes del Ejército Zapatista en las negociaciones de paz, narraba así el proceso:

Nos mandaron buscar para explicarnos qué era una organización armada. Y nada más nos contactábamos con una persona primero. Querían conocernos, ver si podíamos cumplir. Porque nuestro defecto de nosotros era el trago. No había otra cosa, pero esa sí [...] En la medida en que íbamos teniendo mejor relación entre el compañero resolutivo y el reclutado, nos entrevistábamos más veces. Teníamos poca posibilidad porque era realmente clandestino. No se podía que nos viera alguien. Nos daban pequeñas tareas a ver cómo hacíamos. Después había que buscar otro compañero. De poquito. Ya cuando éramos seis compañeros, a la vuelta de dos años, en los que nadie más supo lo que realizamos, ya entonces nos dicen: se tiene que formar un responsable. Cuando integramos un grupo de personas que tienen conocimiento de la lucha, pasamos a formar parte de la organización.[1]

El proceso fue muy lento pero, poco a poco, los indígenas implicados en el movimiento tendieron puentes en varias comunidades. Finalmente los propios ladinos decidieron acercarse a las poblaciones. En octubre de 1984, cinco meses después de su llegada a la selva, *Marcos* acude a Las Tazas. Los campesinos le reciben y él les habla de la historia de México, del cura Miguel Hidalgo y su lucha por la independencia, de la guerrilla de Lucio Cabañas a principios de los años setenta.

Los recién llegados habían adoptado una actitud muy respetuosa y humilde con las comunidades. Dejaban entender que querían conocerlas y manifestaban inquietud por sus problemas. "Apoyaban a la población con medicinas y consejos. Querían dar una imagen buena y ayudar a la gente. Explicaban que el gobierno es malo, querían que nos diéramos cuenta. Primero se ganaron Tierra y Libertad. Fue fácil porque todos eran choles de Sabanilla", explica *Tomás*. "Cuando tienes una comunidad ganada, te ayudan con la comida, y así poco a poco nos fuimos expandiendo hasta ganar Las Cañadas de la Selva Lacandona".

Junto a las vacunas y a las clases de historia, los visitantes suministraban a los indígenas todo un cuerpo doctrinal sobre la "coyuntura generada por el modo de producción capitalista, el imperialismo y la crisis social". Los responsables de las comunidades escuchaban con paciencia y rostro inescrutable. Los ladinos sudaban para hacerse entender porque, para empezar, no hablaban las lenguas locales. "Antes de ir a la selva intenté aprender tzotzil, pero me desecharon como alumna", comenta *Elisa*. "Así que hablaba en español y pedía que alguien hiciera la traducción. A veces no era fácil. Por ejemplo no tienen equivalente para la palabra libertad". *Marcos* recordaría después cómo, poco a poco, los principios teóricos fueron "aterrizando", se sometieron al filtro indígena y se aplicaron a la realidad local. Los mestizos confrontaron a las poblaciones con una triste realidad: los esfuerzos gastados en largos años de lucha pacífica no les habían aportado resultados concretos. Había que buscar otras vías. Eso sí lo entendieron las comunidades.

Desde los años setenta, los pobladores de la selva acariciaban la idea de dotarse de un movimiento de autodefensa armada para responder a las expediciones punitivas lanzadas por los finqueros que se oponían al reparto de tierras. "En una ocasión los campesinos me llegaron a pedir libros de defensa personal para entrenarse en artes marciales", recuerda un sacerdote que trabajaba entonces en la cañada de Las Margaritas. "Por eso cuando las Fuerzas de Liberación Nacional desembarcan en la región, los indígenas les dicen que quieren organizarse. Y saben a qué se refieren sin nombrarlo expresamente".

"En las comunidades", confirma *Elisa*, "nos contaban que los grupos maoístas llegados del norte del país en los años setenta les habían animado a armarse al mismo tiempo que mantenían el diálogo con las autoridades. Pero a la hora de la verdad, cuando tomaron tierras y hubo enfrentamientos con el ejército, los 'norteños' se quitaron de enmedio y pretendieron negociar con el gobierno sin tomarlos en cuenta".

Con las Fuerzas de Liberación Nacional no sucedería lo mismo. Ellas tenían un proyecto, los campesinos una necesidad, y ambos confluyeron aun cuando no compartían los mismos objetivos. "Las comunidades veían la lucha armada como autodefensa. Para nosotros era un medio de acceso a una transformación política", explica *Elisa*. "Nos habían derrotado militarmente nueve años antes, luego nos teníamos que organizar mejor".

Los medios con los que contaban eran muy precarios. "Los campesinos decían que estaban armados, pero rascabas y veías que no. Andaban con sus carabinas 30-30 y con las *chimbas*, unas escopetas que se cargaban por el cañón y en las que la pólvora se prendía con una chispa. Disparaban, pero mal. Las dejaban todas sucias y mojadas".

"Nos organizamos allá a partir de nuestra experiencia de los años setenta y de manuales militares gringos y del Ejército Mexicano, que antes se conseguían en las librerías de la ciudad de México". Sólo quedaba transmitir toda esa información a los reclutas indígenas. "*Marcos* era el que mejor lo hacía, el que mejor sintetizaba las lecturas y las adaptaba al medio". Necesitaban también conseguir las armas. "Había muy pocas. Algún que otro M1 y M2 y Sten, todo obtenido con mucho sacrificio, de forma muy individual. Nunca hubo avalancha. En esa época no teníamos AK-47. Eso fue más adelante".

Los lazos entre los guerrilleros y las comunidades indígenas se fueron estrechando. De un día para otro empezaron a buscarles pueblos enteros. "Nos decían que se querían organizar", recuerda *Elisa*, "y nos venían con las carabinas de la Revolución amarradas con ligas".

El alistamiento de *Antonio*

Las tareas de captación estaban dando buenos frutos, especialmente entre los jóvenes. Ellos resultaban más fáciles de convencer, sobre todo cuando se les ofrecía un viaje a la capital mexicana para "conocer la gran ciudad". La experiencia de *Antonio*, que ha consagrado diez años de su vida "a la causa", es muy ilustrativa, en la medida en que revela las técnicas utilizadas por un pequeño grupo de intelectuales blancos para reclutar progresivamente a centenares de jóvenes indios de Las Cañadas de Chiapas.

"Todo comenzó en 1985", cuenta en un español muy colorido, salpicado de expresiones coloquiales que utilizan los indígenas relativamente escolarizados.

Yo tenía 14 años y estaba estudiando primaria en una escuela de la región de Monte Líbano, a un día de camino de la comunidad donde vivía mi familia.

179

Venían a hablar con nosotros unos campesinos tzeltales. Se acercaron a los que más jugábamos. Nos íbamos a bañar al río con ellos. Hasta que un día me ofrecieron llevarme a estudiar zapatería al Distrito Federal. A otros les hablaron de estudiar agronomía, radiotécnica, soldadura, sastrería, la medicina. Nos darían gratis la comida y el alojamiento. Sin decir nada a mi familia decidí marcharme con ellos. Pasaron con su camioneta unos días más tarde. Éramos diez muchachos de distintas regiones.

Este fue el comienzo de un largo viaje y de un compromiso que habría de durar diez años. Después de recorrer los 50 kilómetros del camino polvoriento que lleva a Ocosingo, el vehículo siguió su ruta en dirección a San Cristóbal de Las Casas, para luego continuar por el interminable descenso en curvas hasta la capital de Chiapas, Tuxtla Gutiérrez. *Antonio* y sus compañeros nunca habían ido tan lejos y no conocían lo que era una verdadera ciudad, con la excepción de Ocosingo, que es de hecho un gran pueblo sin semáforos ni embotellamientos.

Cuando llegaron a Tuxtla era ya de noche. Sus acompañantes les pidieron que cerraran los ojos para evitar "los problemas". "A dormir", les dijeron.

Íbamos asustados, pero como éramos muchos pensamos que no nos iba a pasar nada. Fingimos que dormíamos pero dejamos los ojos entreabiertos. Nos dieron muchas vueltas y de plano nos desorientaron. Llegamos a una casa grandísima, con jardín y una valla. Metieron el carro hasta dentro.

Allí estuvimos ocho días. La jefa era *Lucha*, una ladina ya viejita, de unos cincuenta años. Ella estuvo en 1968 en la plaza de Tlatelolco, cuando mataron a los estudiantes. En ese entonces era mujer del *comandante Germán*. Todos los días hacíamos gimnasia y nos daban charlas. Nos decían que nos teníamos que preparar para ayudar a las comunidades indígenas. Había que cambiar por un sistema socialista, y teníamos que ir y convencer.

Teníamos miedo, pero qué podíamos hacer. Además, era cierto lo que ella decía. Hablaba muy bien, nos enseñaba a hacer la comida, nos decía *hijitos* y nos cuidaba. Era muy buena. Ya entonces había armas y nos dijeron que había que usarlas, pero allí fue pura teoría. La viejita *Lucha* llevaba una pistola 9 milímetros y nos explicaba cómo armarla y desarmarla. Después nos avisaron que teníamos que ir a la ciudad de México a prepararnos como insurgentes para venir a la montaña y convencer a la gente. Yo ya tenía una idea de lo que eran los insurgentes, porque nos habían dado clases de historia y nos habían hablado de Vicente Guerrero y de la independencia de México.

En una reunión nos preguntaron si estábamos dispuestos a seguir adelante. Una tzeltal, que no era del grupo, dijo que sí. Los demás no querían, pero a ver cómo dices que no después de que una mujer ha dicho que sí. Luego me di cuenta de que ella ya pertenecía a la organización. ¡Nos vieron la cara a todos!

Los guerrilleros en ciernes partieron entonces para la capital. Algunos, la minoría, harían después una larga carrera en las filas del EZLN. Los otros irían abandonando poco a poco la organización. "Salimos a las dos de la mañana en una combi* y llegamos a las siete de la noche. Nos hicieron cerrar otra vez los ojos al acercarnos a la casa, que estaba en una colonia al sur de la ciudad. Allí estuvimos quince días haciendo gimnasia y combate cuerpo a cuerpo. Luego nos trasladaron a otra casa, un taller de zapatería". Dos semanas después los llevaron a una tercera casa de seguridad,

---

* Furgoneta Volkswagen.

181

siempre en el sur de la capital. Ahí pasaron seis meses prácticamente sin salir. De vez en cuando los sacaban a pasear. "Nos recogían en la combi y teníamos que cerrar los ojos durante un buen rato. Nos bajaban en el Zócalo y dábamos una vuelta. Siempre se quedaba alguien con nosotros".

De regreso a la casa de seguridad se reanudaba la rutina bajo la dirección de *Paula* y del *teniente Jorge*, un instructor de origen chol, uno de los cuatro principales grupos indígenas de Chiapas. "Todos eran de las Fuerzas de Liberación Nacional, pero a nosotros nos llamaban los *zapatistas*". Día tras día, el programa era el mismo. De seis a ocho de la mañana, ejercicios y combate cuerpo a cuerpo en un gran patio. Después, tareas de limpieza y cocina hasta el mediodía. De doce a cuatro, más ejercicios. Luego el aseo personal, y a las cinco, la comida. "¡Puta!, era muy duro. Decían que teníamos que tener las mismas condiciones que en la montaña".

Durante su estancia en la ciudad de México, *Antonio* adquirió algunas nociones de zapatería. "Algún sábado o domingo, en vez de ir a pasear, nos llevaban al taller. No fue tan suficiente, pero sí aprendimos. Algunos se acabaron saliendo y ahora trabajan de radiotécnicos o soldadores. Los que nos echamos a perder fuimos los que agarramos un oficio de las armas. Llegamos a dominar las tácticas y a saber instruir a la gente".

Después de una intensa preparación, que duró más de siete meses, *Antonio* y sus compañeros regresaron a Chiapas. "Bajamos en un camión de tres toneladas. Éramos unas veinte personas. Hicimos el mismo recorrido que a la ida, pero después de cruzar Ocosingo giramos a la derecha para entrar a la cañada de Patihuitz". Los nuevos reclutas del EZLN se internaron en el camino que serpentea entre la sierra Corralchén y la sierra Livingstone, hasta el poblado de La Sultana. Dejaron el camión en este ejido, que se convertiría después en uno de los bastiones zapatistas. A partir de allí, siguieron "a pata" hacia el noreste. Caminaron cinco horas en plena selva, hasta la comunidad de San Francisco.

El trayecto es espectacular, entre robles, nogales y ceibas gigantescas que con su sombra protegen del calor tropical y alivian el abrupto ascenso hasta La Trinidad, una aldea fundada por un grupo de indios tojolabales que constituye una excepción en esta región poblada por tzeltales. Las mejores tierras comienzan un poco más adelante, antes de llegar al ejido Santa Elena. Allí el terreno es llano, más favorable a la agricultura. Las parcelas de maíz y frijol, la base alimentaria de todos los campesinos mexicanos, se alternan con los cafetales y algunos extensos pastizales, donde sorprende encontrar un ganado de tan buena calidad: los cebúes, reconocibles por su giba de grasa y su poderosa cornamenta.

Más allá de Santa Elena, un magnífico bosque de caobas ha escapado milagrosamente al hacha de las compañías madereras. Los troncos de 60 metros de altura, erigidos sobre raíces gigantescas, se suceden hacia el infinito, hasta los pueblos de Santa Lucía e Ibarra. A unos centenares de metros del camino, ahogadas por una vegetación exuberante, surgen unas ruinas mayas. Son los restos de un centro ceremonial abandonado mucho antes de la llegada de los españoles a la zona, en el siglo XVI. Ya no queda más que la base de una pirámide, con algunos escalones, y un pequeño templo en buen estado.

Decenas de yacimientos mayas han sido descubiertos en el corazón de la Selva Lacandona, pero ante la falta de recursos económicos han sido abandonados a su suerte y devorados por la vegetación. Son los vestigios de la gran prosperidad que reinó en otros tiempos en la región. Los descendientes de los mayas emprendieron su reconquista a partir de la década de los cincuenta. Hasta entonces habían vivido en las grandes haciendas, donde "no había más Dios que el patrón". En las fincas los indios habitaban en chozas miserables y trabajaban en condiciones cercanas a la esclavitud. Resultaba imposible probar fortuna en otra parte. Cuando los grandes propietarios decidieron abandonar algunos cultivos para dedicarse a la ganadería extensiva, miles de peones se encontraron sin empleo y se vieron obligados a dejar las haciendas. El gobierno les autorizó a penetrar en la Selva Lacandona para fundar ejidos. Cada familia tenía derecho a 20 hectáreas, pero el terreno era en general accidentado y de mala calidad. Hubo que talar, roturar, abrir los caminos, construir, sembrar.

Algunas comunidades tuvieron más éxito que otras. Este es el caso de la familia de *Antonio,* que al cabo de algunos años logró reunir varias cabezas de ganado. La venta de la cosecha de café les había permitido, además, comprar el cemento y las láminas de zinc para construir una nueva casa, muy superior a aquella en la que sus padres vivían cuando eran simples peones.

Fue precisamente en los poblados más prósperos donde la propuesta revolucionaria de *Marcos* tuvo mejor acogida. Los campesinos que tenían excedentes agrícolas se veían continuamente confrontados al mundo inmisericorde de los *coyotes*, los intermediarios que les visitaban en el momento de la cosecha para comprarla al menor precio posible. Con el apoyo de la Iglesia y de los *asesores* maoístas, algunas comunidades habían aprendido poco a poco a defenderse. Esto las hizo más receptivas al proyecto revolucionario que *Marcos* habría de impulsar. Contrariamente a una idea muy extendida, las poblaciones más pobres fueron muy reticentes a involucrarse con el movimiento zapatista, porque no disponían de los recursos necesarios para comprar las armas y para asegurar la alimentación de los guerrilleros, que estaban dispensados del trabajo agrícola y representaban por ello una carga pesada para la comunidad.

Durante la larga marcha que le conducía a San Francisco, *Antonio* se fue preparando mentalmente para lo que le esperaba. En México había descubierto un mundo nuevo, y no sabía todavía cuál sería su papel en la organización. "Íbamos muy dispuestos, teníamos ganas. *Marcos* nos recibió. En esa época era *capitán*, y su trabajo consistía en explorar la región y visitar las comunidades". El campamento se llamaba El Encuentro, en recuerdo de una reunión política a la que asistieron obreros llegados del norte del país y campesinos de la zona.

> Entonces no usábamos pasamontañas. Se empezó a utilizar a partir de la insurrección del uno de enero. *Marcos* nos explicaba bien las cosas. Nos enseñó mucho de teoría y práctica militar. Él es buen tirador, aprendió en la selva. La teoría la sacaban de manuales británicos y de Estados Unidos. Tenía mucha paciencia y nos trataba con suavidad. Era su forma de recibir a los nuevos. Luego se volvió duro y empezó a castigar a mucha gente.

Antonio pasó seis meses en ese campamento, antes de poder visitar por fin a su familia. "Cuando estaba en el Distrito Federal les mandaba cartas a mis padres diciéndoles que estudiaba en una escuela, y que no les había podido avisar antes de salir". Para evitar las deserciones, "la Organización" prohibía a los nuevos reclutas el contacto con su familia durante un tiempo. Ahora que estaba totalmente integrado en el movimiento, *Antonio* había obtenido la autorización para acudir al ejido familiar, apenas a unas horas de caminata. "Dejé el uniforme y me vestí de civil. No les dije nada de mi entrada en la Organización y ellos no me hicieron preguntas. Se enteraron un año después. Alguien se lo dijo. Luego ya les conté todo y lo aceptaron. Estaban de acuerdo y me apoyaron".

185

La construcción de un ejército

El movimiento crecía y, en junio de 1986, se hizo necesario instalar un nuevo campamento. Construyeron entonces El Recluta, a dos horas de marcha desde San Francisco, en una parte boscosa de la montaña. "Cortamos árboles con motosierra para hacer los dormitorios. Empezó a venir más y más gente. Recibíamos diez reclutas al día. Llegó a haber 200 insurgentes, todos de uniforme. *Marcos* era nuestro instructor. Nos decía: 'Ustedes tienen que tener huevos para pelear y todos deben prepararse para la guerra'".

Al cabo de los meses ya se habían instalado varios campamentos para responder a la demanda creciente, en particular en la región tzeltal. Encima de la pequeña comunidad de Prado, en la cima de la sierra Livingstone, *Marcos* hizo habilitar una base provisional, llamada Cama de Nubes, que más tarde se convertiría en su cuartel general. El *subcomandante Daniel* concentró sus tropas en el campamento Las Calabazas, situado en el bosque de la sierra Corralchén. El regimiento del *subcomandante Pedro* se instaló en La Loma, entre los ríos Euseba y Jataté, en la sierra de la Colmena, la zona de los indios tojolabales. El *mayor Mario* se estableció en un campamento que *Marcos* bautizó como *Baby Doc*. Era el nombre de un cerdito que había adoptado como mascota, y al que había dado el apodo del dictador haitiano Jean-Claude Duvalier, derrocado en 1986.

Los zapatistas habían establecido un centro médico en Morelia, un poblado situado en el valle de Altamirano, sobre la vertiente sur de la Corralchén. Contaban incluso con una ambulancia y dos cirujanos que iban por turnos. Uno era de Veracruz y el otro de Nuevo León, dos estados donde la guerrilla trataba infructuosamente de implantarse. La logística se iba complicando a medida en que la pequeña organización nacida en 1983 se transformaba en un ejército.

Hasta 1986 casi no había armas. Empezaron a llegar poco a poco, en cantidades a todas luces insuficientes. El equipo no podía ser más heterogéneo. Se agarraba todo lo que se encontraba. Los insurgentes que vivían en los campamentos tenían preferencia. Ellos recibían el mejor armamento gracias al financiamiento de las comunidades. Los milicianos, que eran guerrilleros a tiempo parcial, se repartían lo que quedaba, en general simples fusiles de caza, y debían pagar por ellos. Algunas comunidades compraron sus armas colectivamente, a cambio de la cosecha de café o del ganado. Por un fusil M-1 estadounidense había que vender tres vacas. Las carabinas 22 costaban el equivalente a dos vacas. Esta era el arma de los nuevos reclutas. Los más veteranos tenían derecho a los SKS Simonov rusos, las metralletas británicas Sten, los 303 Savage British, los fusiles alemanes Comando calibre 45, las Ruger Mini-14 estadounidenses y todo tipo de pistolas. Para los grados más altos, algunas UZI israelíes, fusiles de asalto estadounidenses M-16 y AR-15 o los Kaláshnikov rusos AK-47, el arma favorita de los narcotraficantes mexicanos, a la que llaman *cuerno de chivo* por la forma curva de su cargador.

"*Marcos* hacía experimentos. Fabricaba lanzagranadas con tubos de PVC", recuerda *Antonio*. "En general funcionaban, y el proyectil llegaba a 300 metros". En el Distrito Federal, cerca de la Basílica de Guadalupe, y en Yanga, un pueblo de Veracruz fundado a principios del siglo XVII por esclavos cimarrones, la Organización tenía pequeños talleres clandestinos en donde se fabricaban granadas artesanales.

Ahí también reconstruíamos las metralletas Sten que llegaban desarmadas de Estados Unidos. A principios de los ochenta, *Marcos* había hecho varios viajes para contactar con los chicanos de Los Ángeles y de Texas, que controlaban el mercado negro de las armas y nos las vendían. Los precios iban de mil a dos mil pesos [entre 300 y 600 dólares según el cambio de entonces] pero con el transporte y todos los gastos *Marcos* las vendía por el doble a los milicianos. Cuando la gente no tenía suficiente dinero para comprarlas, utilizaban los préstamos de Banrural [banco de crédito agrícola] que el gobierno les daba para comprar ganado.

El *comandante Germán* se encargaba de conseguir las armas y enviarlas hasta Chiapas. El transporte se hacía por carretera desde la frontera, por todo el Golfo de México hasta Tuxtla y San Cristóbal. Utilizábamos un camión de tres toneladas preparado con tubos de metal soldados en las defensas* y en los laterales para tapar los escondites.

En febrero de 1995 las autoridades descubrieron el taller de Yanga y una casa de seguridad en la localidad de Cacalomacán, a un centenar de kilómetros al oeste de la Ciudad de México. La vivienda estaba situada entre las calles Emiliano Zapata y Francisco Villa, los héroes de la Revolución de 1910 que han dado sus nombres a un número incalculable de pueblos, plazas y avenidas del país. Alrededor de quinientos soldados y policías participaron en el asalto. Tomaron el inmueble después de un intenso tiroteo que causó al menos un muerto y varios heridos. Una quincena de personas fueron detenidas y, en algunos casos, torturadas por la policía para obligarles a reconocer su pertenencia al EZLN.

Los rebeldes confeccionaban sus uniformes y botas en pequeños talleres clandestinos, en la ciudad de México y San Cristóbal.

Los botas eran de cuero [explica *Antonio*] y las suelas las hacíamos con restos de neumáticos. Eran muy buenas para caminar. El *capitán Eduardo*, que esta-

---

* Parachoques.

ba en Veracruz, nos había enviado además otros doscientos pares de botas. Su padre tenía una fábrica de calzado y nos apoyaba de esa manera. La tela de los uniformes y las gorras se compraban en Tuxtla o en San Cristóbal, en almacenes cerca del mercado. La tela negra en una tienda, la tela verde en otra y la café en otra, para no llamar la atención. En la casa de seguridad de San Cristóbal había cuatro personas que trabajaban con máquinas de coser.

Al principio, los zapatistas habían utilizado también uniformes robados a PEMEX, la empresa nacional de petróleos, donde había trabajado el *subcomandante Pedro*, fallecido durante la insurrección del 1 de enero. El pantalón era amarillo y la camisa color crema, con el logotipo de PEMEX en letras negras sobre el pecho. Era la época en que la prospección petrolera estaba en pleno apogeo en la región, y los uniformes de la compañía eran un medio eficaz para pasar inadvertidos.

Además de los talleres encargados de fabricar los uniformes y las botas, la guerrilla disponía de una imprenta y de una carpintería. Como explica una de las responsables de la logística, la *compañera Adriana*, el objetivo era que estas instalaciones fueran "comercialmente productivas para financiar la Organización". "Desgraciadamente", la falta del dominio de la técnica les impedía "ser competitivos en el mercado".[2] A diferencia de los movimientos de guerrilla de América Central, que habían financiado sus actividades con las contribuciones de la *solidaridad internacional* y los rescates pagados por las personalidades secuestradas, el EZLN vivía esencialmente de las magras cuotas de sus militantes, las colectas organizadas en fábricas y universidades, los beneficios obtenidos con la venta de armamento a los *milicianos* y los rebotes indirectos de la ayuda internacional, que manejaban las organizaciones no gubernamentales vinculadas a la diócesis de San Cristóbal. He aquí por qué los zapatistas nunca dispusieron de recursos importantes, contrariamente a los rebeldes salvadoreños y guatemaltecos, que contaban con armamento abundante y sofisticado y con medios financieros incomparablemente superiores.

Los dirigentes del EZLN trataron de compensar la falta de dinero poniendo el acento sobre la "fe revolucionaria". De ahí que durante la etapa de "acumulación de fuerzas en silencio" concedieran una gran importancia a la formación ideológica de los reclutas. *Marcos* y los dos máximos responsables de la organización, los *comandantes Germán* y *Rodrigo*, ambos radicados en la ciudad de México, estaban a cargo de la preparación política de los nuevos guerrilleros. (Este *Rodrigo* no tenía nada que ver con Mario Menéndez, el agente infiltrado por los servicios de seguridad mexicanos en las FLN durante los años sesenta, que había utilizado también este seudónimo antes de partir a un exilio dorado en La Habana.)

"*Rodrigo* venía regularmente a visitarnos a los campamentos", cuenta *Antonio*. "Estaba a cargo de las cuestiones militares y de la comisión ideológica. Su mujer, Gabriela, era la responsable de los *cuerpos técnicos* de la ciudad y de la impresión de las revistas de la Organización en la capital". El catálogo era bastante extenso: *La verdad del proletariado*, destinada a los obreros; *El despertar del pueblo*, para los campesinos; *La estrella roja*, para los *milicianos*, y dos publicaciones internas reservadas a los cuadros y a los *insurgentes*, *Nepantla* y *Nupi*.

Rodrigo tenía un lenguaje muy duro [prosigue *Antonio*]. Era muy combativo. Decía todo el tiempo que había que pelear contra el imperialismo y por el socialismo. Nos explicaba que las elecciones en México se hacen siempre con trampas, y que un movimiento armado nunca debe meterse en eso por-

190

que por medio de las elecciones no se gana nada. Tenía mucha experiencia. Hizo mucho trabajo político con los indígenas de la zona desde los años setenta, con una organización que se llamaba el Movimiento Guerrillero Heroico. Sabía algunas palabras en tzeltal y tzotzil, más que *Marcos* y *Elisa*, que nunca aprendieron nuestra lengua. No tenían interés. Ellos utilizaban intérpretes para hacerse comprender en las comunidades que no hablaban *castilla*.

En cuanto a *Germán*, sus llegadas se fueron espaciando con el tiempo, hasta reducirse a una visita al año.

Al principio venía quince días y se regresaba a la ciudad dos o tres meses. Era duro y mandón. Medía más de 1.80 y pesaba casi 110 kilos. Reaccionaba muy fuerte ante los errores: era muy exigente con nosotros, pero al mismo tiempo era muy buen jefe. Cuando llegabas a la capital para participar en un cursillo en las escuelas de cuadros siempre estaba pendiente de tus necesidades. Si llegas enfermo, primero te manda con alguien a curar a un hospital del seguro social. Si teníamos necesidad de botas, mochila o cualquier cosa para llevar a la montaña, *Germán* te lo conseguía a como dé lugar. Tenía las ideas políticas claras, como *Marcos*, pero hablaba con más calma, más tranquilo.

Las condiciones de vida de los *insurgentes* eran menos duras que las de los pequeños campesinos condenados a trabajar parcelas poco productivas, pero a pesar de todo estaban sometidos a un riguroso régimen de ejercicios para prepararse para el combate.

Cuando hacíamos maniobras comíamos una vez al día. Formaba parte del entrenamiento. Nos alimentábamos de arroz, frijol, pollo, tostadas, azúcar, frutas. Todo venía de los campesinos. No había que pagar, porque la gente tenía conciencia revolucionaria. Pero cuando las comunidades se dividieron, ahí sí que se bajó mucho la comida.

En el campamento de Cama de Nubes, donde había instalado su puesto de mando, *Marcos* vivía en una casa de madera con un techo lo suficientemente sólido como para resistir las violentas lluvias que se abaten sobre la sierra Livingstone entre mayo y diciembre. En una de las dos habitaciones guardaba los documentos, los libros, la televisión, la motosierra y el sistema de radiocomunicación, que desempeñó un papel fundamental durante la fase de organización de la guerrilla. Para limitar el riesgo de que los finqueros, que también tenían equipos de radio, interceptaran las comunicaciones del EZLN, *Marcos* había establecido la "hora zapatista". Además de cifrar los mensajes con códigos bastante simples que cambiaba regularmente, el *subcomandante* ordenaba de vez en cuando a sus tropas adelantar los relojes. Estas instrucciones se daban en las reuniones, nunca por radio, para no informar *al enemigo* de la hora real a la que se establecerían las comunicaciones cotidianas entre el cuartel general y los diversos campamentos. "*Marcos* empezó a usar dos relojes para tener la hora real y la hora zapatista", cuenta uno de sus antiguos compañeros. "Al principio tenía un Cassio, pero de la capital le mandaron otro muy bueno, con brújula, altímetro y presión atmosférica". Una vez más, el jefe del EZLN daba muestras de su predisposición a imitar hasta en los menores detalles el comportamiento de sus mentores, Fidel Castro y el *Che*, cuyos retratos había colocado junto a la bandera del EZLN que dominaba su puesto de mando. En su etapa de Sierra Maestra, en los años cincuenta, el líder cubano había comenzado a llevar un reloj en cada muñeca, el suyo y el de un compañero muerto en combate. Desde entonces no ha perdido esta costumbre. También el *Che* llevaba dos Rolex en el momento de su captura por el ejército boliviano en octubre de 1967. Uno de ellos había pertenecido a un camarada muy cercano, herido mortalmente tres meses antes.

Las escuelas de cuadros

Los mejores reclutas tenían derecho a un tratamiento especial. La Organización los enviaba a hacer cursillos intensivos en las escuelas de cuadros clandestinas en la ciudad de México. Una de ellas se encontraba cerca del aeropuerto. Los *escogidos* pasaban allí un mes. Las salidas eran muy restringidas, y siempre bajo estrictas normas de seguridad. Para evitar eventuales delaciones, los reclutas no conocían la dirección de las casas.

Fue ahí donde *Antonio* se dio cuenta de que la Organización tenía ramificaciones en varias regiones del país.

Había alumnos de los estados de Puebla, Chihuahua, Veracruz y el mismo Distrito Federal [recuerda]. Éramos a veces veinte o treinta. Los profesores eran maestros de la UNAM y de la UAM [las dos universidades de la capital]. Una se llamaba *Rosita*. Vinieron también el doctor *Carlos*, la maestra *Mercedes*, el profesor *Luis*, que era gordo y chaparro. Una vez vino una salvadoreña, una italiana y también un ruso, *Boris*, que nos daba clases de economía política y de marxismo. *Mercedes*, la antigua novia de *Marcos*, nos enseñaba materialismo histórico, y *Natalia*, la italiana, materialismo dialéctico. Teníamos que leer *El Capital* y el *Manifiesto Comunista*, y además *¿Qué hacer?*, de Lenin, y algo de Engels, pero no me acuerdo del título. Nos mandaban hacer resúmenes. [*Antonio* sonríe al recordarlo.] Era muy difícil, pero no ha-

193

bía de otra. Cuando no lo entendíamos los profesores lo repetían.

En su número 25, editado el 24 de octubre de 1988, la revista clandestina *Nepantla* consagró varios artículos a las escuelas de cuadros. En uno de ellos la *compañera insurgente Rosa*, responsable de esos centros encargados de formar a *los revolucionarios profesionales*, explica su funcionamiento con todo detalle. "Los requisitos de admisión son los siguientes: ser militante de la organización, saber leer y escribir, hablar español, pagar la cuota de inscripción y haber leído nuestros *Estatutos*, nuestra *Estrategia Obrera* y *El papel del trabajo en la transformación del mono en hombre*" (el libro de Engels cuyo título había olvidado *Antonio*). Hay sin embargo un requisito aún más importante, explica *Rosa*. "Al aceptar tomar el curso, el compañero está haciendo un compromiso muy serio, muy fuerte, con nuestra organización".[3]

El riguroso programa docente incluía algunas distracciones y clases de "formación artística, como el aprendizaje de algunos instrumentos musicales". Desenvuelta, *Rosa* había conseguido un proyector y algunas películas, entre ellas *En busca del fuego*, la soberbia producción de Jean-Jacques Annaud que reconstruye en decorados naturales los primeros pasos de la humanidad hacia la Edad de Piedra. "Esto nos permitió ilustrar el modo de vida de las comunidades primitivas y el papel del trabajo en la transformación del mono en hombre", cuenta la profesora. De vez en cuando, ella misma llevaba a sus alumnos a hacer visitas, especialmente al magnífico Museo Nacional de Antropología. Los *revolucionarios profesionales* hacían así turismo cultural guiados por la *compañera insurgente Rosa* en las narices de los servicios de inteligencia, que no podían imaginar que los guerrilleros andaban paseándose con toda tranquilidad por los museos de la capital, además con tarifa de estudiantes.

El matrimonio de *Marcos*

"Dos curas, Héctor y Óscar, venían de vez en cuando", recuerda *Antonio*. "*Marcos* los invitaba a las grandes fiestas y como todo el mundo era muy creyente, celebraban misa. A partir de 1990 se les dejó de ver. *Marcos* respetaba nuestras creencias religiosas y nuestras costumbres, pero tenía problemas con las familias de los *insurgentes*, porque las muchachas se casaban sin pedir permiso a los padres. *Marcos* decía: 'Yo los caso y al tiempo los descaso'. Eso no le gustaba a las gentes en las comunidades".

Los *matrimonios revolucionarios* organizados en los campamentos eran todo un espectáculo. *Marcos* presidía la ceremonia y, antes de recibir el acta de su nuevo estado civil según la ley revolucionaria, la pareja debía pasar bajo un arco formado por los fusiles de dos pelotones. *Antonio* se acuerda de la boda de *Marcos* con *Yolanda*. "La celebración se hizo en un campamento cerca del ejido Pichucalco, en plena selva. Debió ser en 1987. *Germán* se casó también ese día con *Lucía*. La *comandante Elisa* hizo de testigo. Estábamos unos cuarenta *insurgentes*. Para celebrarlo, mandaron comprar pollos en las comunidades y harina para hacer el pan".

La vida en los campamentos había dado origen a una verdadera revolución sexual impuesta por las circunstancias. "Cuando se casan los *insurgentes* no pueden tener familia, porque es difícil atender a los hijos", explica *Cecilia*, que ha tenido diversos cargos en el EZLN. "*Marcos* nos decía que pa' que quieren hijos, si tenemos el arma, que va ser nuestro hijo. Nos dan pastillas o si se quiere nos ponían dispositivos en la clínica de Morelia, un doctor que se llama *Evaristo*. Muchas prefieren tomar la pastilla. Pero a veces ha habido accidentes".

Todo esto no agradaba particularmente al obispo de San Cristóbal, cuya posición conservadora en materia de control de natalidad contrasta singularmente con su discurso revolucionario en el capítulo de las relaciones sociales.

Es una total falsedad afirmar que la familia pequeña vive mejor y que mientras menos hijos haya podrá haber más prosperidad, [se indigna Samuel Ruiz cuando se le pide su opinión sobre la explosión demográfica en las comunidades indígenas]. Es una teoría del primer mundo en contra del tercer mundo: cambia tú porque me vas a disminuir lo que yo tengo como posesión. Y está estudiado que los recursos de la tierra dan para esto. El problema es estructural. Nosotros decimos *no* a la respuesta absurda del sistema que quiere imponer el control de la natalidad, las pastillas y los condones. Chiapas es una región rica. Como en otras partes, la pobreza se da porque hay riqueza.

La solución, según el planteamiento del obispo, parece sencilla: despojemos a los ricos para resolver el problema…

Al mismo tiempo que progresaba rápidamente en los valles tropicales de la Selva Lacandona, la guerrilla trató también de implantarse en Los Altos, la región montañosa que domina San Cristóbal. Para ello decidió concentrar sus esfuerzos en el municipio de San Andrés Larráinzar, un pueblo tzotzil que había expulsado a todos los blancos en 1974 y que se convirtió a partir de 1995 en la sede de las negociaciones entre el gobierno y el EZLN. "*Yolanda* era la encargada del reclutamiento en esta zona. *David*, un catequista, era nuestro delegado", explica *Antonio*. Con ellos estaba también *Ramona*, que se haría célebre durante el diálogo en la catedral, antes de caer gravemente enferma.

"*David* y *Ramona* fueron nombrados *comandantes* después del levantamiento, pero en realidad nunca han tenido responsabilidad militar", sostiene

196

Antonio. "Nunca hubo un *comandante* indígena. *Marcos* es el que decide". De hecho, y en contra de lo que cuenta el líder zapatista, los vertiginosos ascensos en el escalafón se hicieron a última hora y de cara a la galería, para hacer creer a la prensa que los indios controlaban las cúpulas del EZLN.

Marcos y los otros dirigentes de la capital hablaban de tomar el poder en México. Lo creían de verdad, pero también engañaban, porque decían que había muchos compañeros en otras ciudades y en otros países que pensaban levantarse en armas. Pero luegos vimos que era mentira. Nos hablaban del Frente Villista* en la Sierra Tarahumara, en el norte, y del Frente Central que golpearía la capital desde Veracruz, Puebla y Oaxaca. En la Sierra Tarahumara sí que había campamentos, pero no lograban reclutar a la gente. Era todo mucho más rústico. No estaban listos. En enero de 1994 no nos pudieron apoyar.

Marcos nos explicaba que la mayor fuerza vendría de Chiapas, después de tomar San Cristóbal, Ocosingo, Palenque y Tenosique, en el Estado de Tabasco... Me da tristeza cuando pienso en el *subcomandante Pedrito.* Decía: "Vamos a empezar, *Marquitos.* Y nos pararemos para echarnos unas quesadillas en Tres Marías", que es un pueblo cerca de la capital. Bromeaban así todo el tiempo.

Pedro murió de un balazo en el pueblo de Las Margaritas durante la sublevación de enero.

La caída del Muro de Berlín

Marcos, cuenta *Antonio,* iba y venía entre Chiapas, la ciudad de México y los campamentos de la Tarahumara. De vez en cuando visitaba a su familia, en Tampico.

---

*Nombre tomado de Pancho Villa.

Recuerdo un viaje que hizo a Nicaragua, creo que fue en 1986. Estuvo dos meses. Y contaba que todo estaba muy atrasado, que el país se había destruido después de la Revolución. Admiraba más a Cuba. Nos hablaba mucho de Fidel y del *Che*. Decía que la sociedad cubana estaba avanzando, que todos trabajaban iguales. Que había que cambiar el sistema por un régimen socialista como la URSS. Y decía también que El Salvador y Guatemala iban a caer. ¡En ese entonces todavía estaba en pie el Muro de Berlín!

Como los militares pudieron descubrir, con gran sorpresa, cuando tomaron el campamento de la Sierra Corralchén en mayo de 1993, los insurgentes tenían generadores y veían regularmente la televisión. *Marcos* presentaba las películas que él mismo había rodado sobre las actividades de la guerrilla. Recibía también videocintas, especialmente documentales sobre Cuba, Nicaragua y Vietnam, que proyectaba en las comunidades.

"Podíamos captar tres canales de televisión y mirábamos las noticias", explica *Antonio*. Es así como los zapatistas pudieron seguir la ofensiva del Frente Farabundo Martí para la Liberación Nacional en noviembre de 1989. "*Marcos* decía que debíamos seguir el ejemplo, que el FMLN había creado las condiciones para desencadenar la revolución en El Salvador". Puede entenderse su frustración cuando, dos años más tarde, en enero de 1992, vio a Schafik Handal y Joaquín Villalobos, los dirigentes de la guerrilla salvadoreña, firmar los acuerdos de paz con el gobierno en una ceremonia celebrada en México.

Se encabronó *Marcos* [recuerda *Antonio*]. Y todos. Decían: "¡Uta madre, miren qué está pasando. Son unos traidores. Joaquín Villalobos es un traidor. Es por culpa nuestra, porque aún no hemos empezado. Viéramos empezado y no vieran firmado. No fuimos solidarios!" Preguntamos a *Marcos* y a *Rodrigo* qué teníamos que hacer si al pasar por las comunidades nos decían "ya tronó la URSS, ya tronó El Salvador". ¿Qué les decimos? "Digan que lo de El Salvador vino de los mandos, que los *comandantes* no consultaron a las bases. Que firman la paz porque los compraron. Digan que si perdió Schafik, nosotros seguimos otro modelo".

De hecho, el movimiento zapatista había empezado a perder influencia en la Selva Lacandona antes incluso de la caída del Muro de Berlín, en noviembre de 1989. El EZLN había llegado a su apogeo en 1988, pero las deserciones se multiplicaron el año siguiente, cuando la Iglesia decidió retomar el control de la situación. El obispo de San Cristóbal se había distanciado de *Marcos*, que se había convertido en un temible competidor después de haber sido un aliado.

A partir de 1992 [cuenta *Antonio*] hubo otra oleada de salidas. La gente se rajaba. Se habían salido *capitanes*, *tenientes*. *Marcos* se empezó a poner muy estricto. Nos mandaba a los pueblos a castigar a gentes por pendejadas. El trago estaba prohibido en los pueblos zapatistas, y a los que se agarraba chupando se les ponía multas o se les daba los trabajos más pesados, como cargar madera o bidones de 20 litros de agua. A veces te encerraban en la cárcel de la comunidad hasta ocho días por tomar. Nunca se logró impedir el trago. Nunca se pudo. En algunas comunidades, sobre todo en la cañada de Patihuitz, la gente nos empezó a tener odio y ya no nos mandaba comida. *Marcos* había cambiado mucho. Se había vuelto muy intolerante.

La obstinación del filósofo convertido en guerrillero contribuyó a agravar las divisiones dentro de las comunidades indígenas, que ya no creían verdaderamente en el sueño socialista. La reconciliación se volvió imposible entre aquéllos que querían la negociación con el gobierno y los partidarios del enfrentamiento armado.

TERCERA PARTE:
LOS PREPARATIVOS

7

"¡La guerra, ya!"

Agosto de 1992. Europa y el continente americano se aprestaban a celebrar por todo lo alto el 500 aniversario de la conquista de "las Indias". Para evitar cualquier asomo de controversia, se había recurrido a un eufemismo: la colonización se denominaría en adelante "encuentro entre dos mundos". En ese mismo momento, en lo más recóndito de México, varios miles de indígenas preparaban con la mayor discreción una venganza espectacular contra los descendientes de los colonizadores españoles. En los valles de difícil acceso del estado de Chiapas, unos sesenta pueblos decidieron que había llegado la hora de declarar la guerra a los blancos que les oprimían desde su lejana capital, la antigua Tenochtitlan azteca, rebautizada México por los usurpadores. Esta es, al menos, la epopeya que cuenta el *subcomandante Marcos*, que asegura haberse puesto al servicio de los indios.

"¡La guerra, ya! Hay que terminar con el mal gobierno". Las comunidades consultadas durante el mes de agosto de 1992 habían llegado a la misma conclusión. *Marcos* estaba orgulloso de su iniciativa. Había hecho bien en organizar ese referéndum para conocer el estado de ánimo de los cerca de 65 mil indígenas tzeltales, tzotziles, tojolabales y choles dispersos en Las Cañadas, los valles que penetran en las profundidades de la Selva Lacandona, cerca de la frontera con Guatemala. Ahora podría demostrar a los otros miembros de la dirección nacional de su organización que la ofensiva contra el gobierno no podía esperar más. No en vano había necesitado diez años de preparación y sacrificios para organizar esta guerrilla que, el 1 de enero de 1994, tomaría San Cristóbal de Las Casas y varias localidades de Chiapas, y se daría a conocer con el nombre de Ejército Zapatista de Liberación Nacional (EZLN).

"Cuando terminaron las consultas, *Marcos* se fue a la ciudad de México con todas las actas", cuenta uno de sus lugartenientes más cercanos, al que llamaremos *Raúl* para evitarle problemas con sus compañeros, que podrían reprocharle ser demasiado indiscreto. Acompañado de su mujer, *Yolanda*, una tzotzil que está en la organización desde principios de los años ochenta, el líder zapatista recorrió los más de mil kilómetros de distancia a bordo de su Volkswagen.

Marcos se desplazaba con regularidad desde su refugio en la Selva Lacandona a la capital mexicana para participar en las reuniones clandestinas con los otros dirigentes de las Fuerzas de Liberación Nacional (FLN), el viejo movimiento de guerrilla de los años setenta que había creado el EZLN en 1983 para preparar una insurrección en Chiapas. Los militantes de las FLN profesaban un marxismo-leninismo sin fisuras y sentían una gran admiración por la Revolución cubana. Estas referencias resultaban totalmente abstractas para los indios chiapanecos. Para ellos, en todo caso, el único héroe conocido en el panteón rebelde era Emiliano Zapata, uno de los generales de la Revolución mexicana de 1910. De ahí que el brazo armado de las FLN en el sur de México adoptara su nombre.

"Cuando se marchó, *Marcos* estaba entusiasmado", prosigue *Raúl*. "Para él era una reunión decisiva. Iba a demostrar que tenía el apoyo de las bases para declarar la guerra al gobierno. Llevaba en la mano las actas de las asambleas celebradas en unos sesenta poblados, con la firma de cada participante y el sello de la comunidad". De hecho, el proceso no había sido demasiado democrático. *Marcos* había seleccionado a las comunidades favorables al levantamiento. Las otras, la mayoría de la población de la zona, no habían tenido oportunidad de pronunciarse.

En la ciudad de México, ninguno de los miembros de la dirección nacional compartía el análisis de *Marcos*. Ni el número uno de la organización, el *comandante Germán*, ni *Rodrigo*, el número dos, que era el principal responsable militar del Ejército Zapatista y se ocupaba del reclutamiento en el sector obrero. Los otros tres, *Elisa*, *Gabriela* y *Lucía*, tampoco estaban de acuerdo. En esa época *Marcos* era el tercero en el escalafón de las FLN. Todos los dirigentes eran blancos, entre ellos los otros dos *subcomandantes*, *Daniel* y *Pedro*. El rango máximo que tenían los indígenas era el de *mayor*, justo debajo de *subcomandante*.

Marcos sabía que tendría que pelear a brazo partido para convencer a sus compañeros. Al llegar a la capital acudió, sin precauciones excesivas, a una de las casas de seguridad de la organización. Los servicios de inteligencia mexicanos se encontraban en aquella época en plena fase de reorganización tras la disolución, algunos años antes, de la temible Dirección Federal de Seguridad. Después de haber desmantelado brutalmente los movimientos de guerrilla de los años setenta, este organismo se había transformado en una auténtica guarida de truhanes especializados en la protección de narcotraficantes. Las autoridades estaban convencidas de que el problema de la *subversión* estaba arreglado y el nuevo servicio, el Centro de Investigación y de Seguridad Nacional (CISEN), estaba de hecho más preocupado por las actividades de la izquierda legal. El opositor Partido de la Revolución Democrática amenazaba la hegemonía del inamovible Partido Revolucionario Institucional (PRI), en el poder desde 1929.

El CISEN había archivado el expediente de las FLN, convencido de que las sangrientas operaciones lanzadas contra esta organización en 1974 le habían dado un golpe mortal: la mayoría de sus dirigentes habían sido asesinados y los escasos supervivientes, entre ellos la *comandante Elisa*, habían pasado por la cárcel antes de recibir la amnistía dos años más tarde. Fernando Yáñez, el hermano del jefe de las FLN asesinado por el ejército en la Selva Lacandona, se había esfumado sin dejar rastro. Los servicios de seguridad no le daban ya la menor importancia. ¡Grave error! Aguijoneado por la desaparición de su hermano mayor, cuyo cadáver buscó en vano, Yáñez habría de reconstruir pacientemente las FLN desde la clandestinidad, para reaparecer algunos años más tarde con el seudónimo de *comandante Germán*.

Al igual que *Germán*, que rozaba ya la cincuentena, *Rodrigo* formaba parte de la primera generación de cuadros de las FLN. Se había metido en la guerrilla en los años setenta junto a su compañera, *Gabriela*, profesora de Historia del Arte en la Universidad Autónoma Metropolitana y contacto de *Marcos* con la organización.

Rodrigo se ocupaba de las redes obreras [cuenta *Raúl*]. Él creía que los militantes no estaban todavía listos para la insurrección. Decía que se necesitaban más hombres y armas. Sus argumentos eran válidos y había logrado convencer a los otros miembros de la dirección nacional. Cuando *Marcos* presentó las actas, *Rodrigo* le acusó de haberlas fabricado para obligarlos a declarar la guerra al gobierno. *Marcos* estaba tan furioso que acabó por hacer dudar a *Germán*. Los otros, *Elisa*, *Gabriela* y *Lucía*, mantuvieron su posición hasta el final.

Retorno al monte

Después de esta reunión tormentosa, *Marcos* regresó al sur, a Tuxtla Gutiérrez. Dejando atrás el valle tropical del Grijalva, tomó la carretera serpenteante que atraviesa las tierras tzotziles y condujo hasta San Cristóbal de Las Casas. A la entrada de esta ciudad colonial, situada a dos mil cien metros de altitud, el imponente monumento dedicado al primer obispo de Chiapas, Fray Bartolomé de Las Casas, protector de los indios, recuerda que los enfrentamientos entre los descendientes de los colonizadores y la población autóctona no son de ahora. Un poco antes del cruce que lleva a Ocosingo, *Marcos* redujo la velocidad para observar la guarnición militar de Rancho Nuevo, inaugurada un año antes. Era la sede de la 31 Zona Militar y del 83 Batallón de Infantería. El lugar, construido en medio de los pinos, sin muros ni alambradas, parecía más un pequeño barrio residencial que un cuartel. Junto a los apartamentos para las familias de los oficiales había un pequeño supermercado abierto al público.

La diócesis y algunas organizaciones sociales habían intentado disuadir a las autoridades de construir esta base militar. El único periódico de San Cristóbal, *El Tiempo*, que se convertiría después en el órgano oficioso de los zapatistas, había participado activamente en esta campaña, que la Secretaría de la Defensa ignoró por completo. Oficialmente, el 83 Batallón de Infantería tenía por misión controlar la frontera con Guatemala, un auténtico coladero de inmigrantes clandestinos procedentes de toda América Latina, e incluso de Asia y África, que intentaban llegar a Estados Unidos. Los soldados participaban también en operaciones de destrucción de campos de marihuana y de pequeñas plantaciones de amapola, la materia prima de la heroína. De vez en cuando las tropas descubrían alguna de las numerosas pistas clandestinas que servían de escala técnica para los aviones atiborrados de cocaína colombiana destinada a Estados Unidos.

Antes de que los *narcos* hicieran su aparición, la guerrilla guatemalteca había estado utilizando el territorio chiapaneco como zona de repliegue con el consentimiento de las autoridades mexicanas, que a partir de 1980 acogieron también a miles de campesinos que huían de la terrible represión desatada por el régimen militar de aquel país. Los guerrilleros guatemaltecos desmantelaron sus campamentos de Chiapas a finales de los años ochenta, cuando comenzaron las negociaciones de paz con su gobierno. Los servicios de inteligencia mexicanos no supieron distinguir entre los rebeldes del país vecino y otra organización que se estaba consolidando en la zona, el EZLN. Haciendo gala de caballerosidad, los servicios guatemaltecos ya se lo habían advertido a sus colegas mexicanos desde 1988: "Tienen guerrilleros en casa, pero esta vez no son nuestros".

Los militares mexicanos disponían de algunos indicios sobre la existencia de un movimiento armado de origen local, y é1ste era en realidad el principal motivo de su instalación en Rancho Nuevo, aunque nunca lo dijeron públicamente. "El 21 de septiembre de 1991", recuerda un general de brigada, "se descubrió un campo de entrenamiento cerca de la localidad de Sabanilla. Esto confirmó nuestras sospechas, pero ignorábamos la amplitud del problema. Empezaba a ser una cuestión de seguridad nacional y se tomó la decisión de reforzar nuestra presencia sobre el terreno como medida de disuasión".

El ejército consolidaba sus posiciones, y esto inquietaba a *Marcos*, que veía en ello una razón más para lanzar la ofensiva lo más rápidamente posible. Dieciséis meses más tarde intentaría, sin éxito, tomar Rancho Nuevo, emulando así la epopeya de Fidel Castro contra el cuartel Moncada en julio de 1953. El guerrillero cubano había fracasado entonces, pero seis años más tarde conquistaba el poder en La Habana. Tenía apenas 32 años. *Marcos* había ya celebrado su cumpleaños 35 el 19 de junio de 1992. El tiempo apremiaba. Lo último que le apetecía era terminar como esos viejos revolucionarios colombianos que habían hecho de la guerrilla una verdadera profesión.

Bordeada de coníferas y de pequeñas parcelas de maíz, la carretera serpentea a lo largo de 90 kilómetros hasta llegar a Ocosingo, ya en la zona tzeltal. Pasados Huixtán y Oxchuc, dos pueblos que los zapatistas ocuparon brevemente en enero de 1994, la fuente del río Jataté brota por la ladera de la montaña para perderse en el fondo de una garganta y abrir su camino, a través de la Selva Lacandona, hasta la reserva ecológica de los Montes Azules y la hechicera Laguna Miramar.

Después de atravesar Ocosingo, una pequeña ciudad donde la mayoría de los ganaderos de la región tiene su residencia principal, *Marcos* dejó a la izquierda la carretera que conduce a las célebres ruinas mayas de Palenque y se sumergió en un camino en mal estado. Para poder cruzar el río Jataté, muy crecido en época de lluvias, PEMEX, la compañía nacional de petróleos, había construido un puente con tubos de acero. La *revolución* de enero de 1994 permitió al menos mejorar la infraestructura, puesto que ahora hay un puente digno de ese nombre y varios kilómetros de camino asfaltado. Las malas lenguas dicen que para acelerar el transporte de las tropas si se reanuda el conflicto...

Las ruinas ocres de la antigua ciudad maya de Toniná surgen al pie de una colina boscosa, apenas visibles desde la carretera. Los turistas, que sólo tienen ojos para Palenque, Bonampak y Yaxchilán, no suelen detenerse. El camino pasa después cerca de las instalaciones de PEMEX, que en colaboración con la Compañía Franco-Mexicana de Geofísica ha descubierto varios yacimientos de crudo de una calidad mediocre. Después de que los expertos determinaran su escaso interés comercial a corto plazo, los pozos Nazaret 101 y 201 fueron tapados algunos meses antes del conflicto, en espera de un momento más favorable para su explotación. Dado que el norte de Chiapas, cerca del estado de Tabasco, produce ya importantes cantidades de hidrocarburos de buena calidad, los zapatistas han llegado a la conclusión de que tienen un auténtico mar de petróleo bajo sus pies, y han acusado al gobierno de querer vender esa riqueza al mejor postor. El beneficiario sería, evidentemente, Estados Unidos, que nunca ha ocultado su interés por la privatización de PEMEX. Toda una traición para aquellos que ven en la nacionalización del petróleo, llevada a cabo en 1938, el símbolo de la soberanía mexicana.

A la izquierda, la carretera se dirige a Monte Líbano, donde PEMEX ha perforado varios pozos, también abandonados. A la derecha, un camino destruido por las lluvias torrenciales que se abaten sobre la región entre mayo y diciembre conduce a los pueblitos tzeltales de San Miguel, La Garrucha, Patihuitz y Prado. Todas estas aldeas eran zapatistas desde 1987. El campamento rebelde más próximo se encontraba justo encima de La Garrucha, en la sierra Corralchén. Fue descubierto por el ejército en mayo de 1993 y desmantelado. Esta base estaba bajo el mando del *subcomandante Daniel*, quien se daría a conocer después con su verdadero nombre, Salvador Morales, y contaría a las autoridades los secretos del EZLN.

Marcos siguió su camino hasta Prado, una aldea situada al pie de una montaña escarpada, un poco apartada de la carretera. Los campesinos del lugar guardan al EZLN una lealtad sin fisuras. Con sus chozas de adobe y sus minúsculas parcelas de maíz, Prado es uno de los pueblos más pobres de la Selva Lacandona. Tiene, sin embargo, una iglesia, una escuela y electricidad, gracias a una turbina hidráulica instalada en una caída de agua cercana en enero de 1993. Un viejo sillón de dentista preside el pequeño local de cemento construido para alojar a los maestros o al médico de paso.

Hombres, mujeres y niños colaboran, cada uno en la medida de sus posibilidades, con la organización zapatista. Algunos han obtenido el estatuto de *insurgentes*, que les da derecho a llevar el uniforme —camisa café, pañuelo rojo y amarillo, pantalón verde oscuro o negro y gorra caqui— y a recibir las mejores armas. Los otros, la mayoría, están encargados de la logística: la producción de alimentos para los guerrilleros y la vigilancia del acceso al campamento, camuflado bajo los pinos a 900 metros de altitud, a tres horas de caminata desde Prado.

La vegetación se vuelve más densa en las laderas de la sierra Livingstone, donde se entremezclan caobas, cedros rojos y algunas gigantescas ceibas, el árbol sagrado de los mayas. Las orquídeas blancas, amarillas y malvas surgen en medio de un verde intenso, a lo largo de un sendero abrupto que conduce a la cumbre de la poderosa barrera rocosa, siempre cubierta de pequeñas nubes en forma de edredón blanco. De ahí el nombre con que *Marcos* bautizó su campamento: Cama de Nubes. A lo lejos se divisa el cañón del Jataté, donde la corriente, tumultuosa, rompe en una sucesión de rápidos.

"Ese era nuestro campamento principal", explica *Raúl*. "Las instalaciones podrían alojar a cuarenta o cincuenta personas y *Marcos* tenía ahí su puesto de mando. Ese día, cuando llegó, estaba de mal humor. Por radio ordenó a todos los *mayores* que fueran a San Cristóbal para participar en una reunión importante. Quería contarles lo que había pasado en la ciudad de México".

En aquella época había ocho *mayores*. Conforme al reglamento del EZLN, todos utilizaban un seudónimo: *Alfredo, César, Javier, Josué, Mario, Moisés, Rolando* y *Yolanda*, la compañera de *Marcos*. Excepto dos de ellos, que venían de la sierra Tarahumara, al

211

norte del país —donde las FLN habían intentado infructuosamente implantarse—, los otros eran tzeltales, tzotziles, choles y tojolabales, los cuatro principales grupos lingüísticos de Chiapas, procedentes del tronco maya. Cada *mayor* dirigía un batallón compuesto por cuarenta *insurgentes* y quinientos *milicianos*.

A diferencia de las guerrillas tradicionales, los zapatistas habían formado un verdadero ejército, con sus escalafones y sus unidades. Cinco personas constituían una sección bajo las órdenes de un *teniente*. Hacían falta quince efectivos para formar una compañía, comandada por un *capitán*; alrededor de quinientos para un batallón y mil quinientos para un regimiento. Los *subcomandantes Marcos, Daniel y Pedro* dirigían, cada uno, un regimiento. Unas cuatro mil quinientas personas en total. Esa era, al menos, la teoría, porque la mayoría de los *milicianos* estaban muy poco preparados, y a menudo, sólo disponían de simples fusiles de madera o machetes. Eran, de hecho, más figurantes que combatientes. Los *insurgentes* entrenados militarmente, que constituían el *núcleo duro* del EZLN, no pasaban de 300.

Con este ejército disparatado, *Marcos* pretendía declarar la guerra al gobierno mexicano y a unas fuerzas armadas que contaban con 160 mil hombres relativamente bien equipados. El jefe zapatista no había podido convencer a la dirección de las Fuerzas de Liberación Nacional para que le acompañaran en esta aventura. Sin embargo, lograría sumar a su idea enloquecida a los *mayores* y a los otros dos *subcomandantes* reunidos en San Cristóbal.

La reunión de San Cristóbal

"La reunión comienza el 12 de septiembre de 1992 en una de las casas de seguridad que teníamos en San Cristóbal". *Raúl* se acuerda de todos los detalles de este encuentro clandestino, en el que participaron la mayoría de los dirigentes del Ejército Zapatista, a excepción de los *comandantes Germán, Rodrigo* y *Elisa*. *Marcos* acudía regularmente a este refugio, situado en la salida de la ciudad, en el número 63 de la carretera a Tenejapa. Era la última casa a la izquierda, con fachada verde y techo de tejas, casi en la cima de una cuesta interminable. Aunque discreto, el lugar era fácil de encontrar. Enfrente había un cementerio de coches y un pinar que servía como punto de referencia para los recién llegados.

Una valla de estacas mal talladas protegía de la curiosidad de los vecinos, que nunca imaginaron que la guerrilla se había instalado delante de sus narices y montado, incluso, un taller de fabricación de uniformes para sus milicianos. En el patio, cerca de una canasta de baloncesto, sobresalía una antena de radio. Era el nexo directo con el puesto de mando de *Marcos*, situado en el campamento de Cama de Nubes, a menos de un centenar de kilómetros en línea recta. La compañera de *Marcos*, que se hacía llamar *Yolanda* o *Ana María*, según las épocas y las circunstancias, repartía su tiempo entre esta casa y una segunda residencia clandestina situada en otra de las colinas que dominan San Cristóbal. Desde allá acudía regularmente a los pueblos cercanos, sobre todo a San Andrés Larráinzar, donde oficialmente trabajaba como auxiliar de enfermería para el hospital de las Hermanas de San Vicente de Paul. De hecho, su misión consistía en reclutar a nuevos miembros con la ayuda de los catequistas.

"Esta vez se trataba de una reunión muy importante", continúa *Raúl*. "Nos quedamos un mes. En el día había ejercicios, más que todo karate, y *Marcos* nos daba clases militares sobre el uso adecuado de las armas. Pura teoría". Las tardes se dedicaban a la discusión de las *leyes zapatistas* que se aprobarían en el congreso organizado por las Fuerzas de Liberación Nacional para constituir un partido político. A aquella cita, fijada para el 23 de enero de 1993 en la comunidad de Prado, asistiría toda la dirección del grupo armado. "Había otro tema", recuerda *Raúl*. "Qué íbamos a hacer para celebrar el 500 aniversario de la Conquista de América, el 12 de octubre".

Marcos aprovechó la reunión de San Cristóbal para proponer un cambio en la composición de la dirección nacional de las FLN. Esto equivalía a organizar un verdadero golpe de Estado. El *subcomandante* explicó a sus compañeros que *Rodrigo* no era ya el hombre más adecuado para la jefatura, y que había perdido el contacto con los campesinos. En pocas palabras: había que reemplazarlo por un *comandante* que tomara en cuenta las decisiones de la mayoría. *Marcos* estaba muy preocupado por las deserciones, cada día más numerosas. Los *milicianos* estaban cansados de esperar y de sacrificarse para mantener una organización que hablaba sin cesar de una insurrección, pero que no se decidía a llevarla a cabo.

El *golpe de Estado* se produciría, en efecto, en el congreso de enero de 1993. Entre tanto, *Marcos* diseñó una serie de acciones destinadas a consolidar su posición en el interior de la organización clandestina y a preparar la guerra contra "el mal gobierno". El 16 de septiembre de 1992 asistió a un desfile militar organizado con motivo de la fiesta nacional.

El cuartel de Rancho Nuevo había sido inaugurado un año antes y era la primera vez que había un evento de este tipo en San Cristóbal [narra un testigo]. Cerca de 400 soldados desfilaron en la plaza central. *Marcos* quería evaluar personalmente las fuerzas del destacamento. Se puso un sombrero y se situó muy cerca del jefe del cuartel, el general Othón Calderón, que evidentemente no se imaginaba nada.

El segundo acto se desarrollaría el 12 de octubre, de una forma mucho más espectacular. El propio

214

Marcos ha narrado cómo los indios percibieron la celebración del *500 aniversario del encuentro entre dos mundos*: "Para los indios este encuentro fue brutal. Fue de hecho una campaña de exterminio, contra la que resisten desde entonces".[1]

Arreglo de cuentas con la historia

El "encuentro entre dos mundos" era una "mentira cultural", y había que denunciarla ruidosamente. El 12 de octubre de 1992, un lunes, varios miles de indios irrumpieron en San Cristóbal. Fue todo un espectáculo para los turistas, europeos sobre todo, aficionados al exotismo etnológico y fascinados por las vestimentas multicolores de los indígenas de Chiapas, prolongación cultural de Guatemala. Ese día todas las etnias se habían dado cita a la entrada de la ciudad colonial, entre la gasolinera y la estatua de Fray Bartolomé de Las Casas. En medio de la abigarrada multitud llegada de Los Altos sobresalían las túnicas rosas de Zinacantán, los sombreros con cintas multicolores de San Andrés Larráinzar, las camisas bordadas de Oxchuc y los variados huipiles.* Había además, en un hecho sin precedentes, indios con arcos y flechas que llevaban la cara pintada y que se expresaban en un idioma que obviamente no era español.

"Este grupo", explica *Raúl*, "obedecía a *Frank*, uno de nuestros cuadros indígenas mejor preparados". Al igual que los *mayores Yolanda* y *Mario, Frank* era originario de la región de Sabanilla, una de las zonas más conflictivas de Chiapas. Las invasiones de tierras eran moneda corriente y las comunidades indígenas dirimían regularmente sus desacuerdos —políticos, económicos o religiosos— con machete o carabina. *Frank* era uno de los principales dirigentes de una nueva organización, la Alianza Nacional

---

* Blusas decoradas con motivos diferentes según cada comunidad.

Campesina Independiente Emiliano Zapata (ANCIEZ), que era de hecho la cobertura legal del EZLN.

Varios hombres se encaramaron sobre la plataforma de piedra rosada para tratar de derribar la estatua del primer obispo de Chiapas. ¿Por qué atacaron a aquel a quien la historia ha consagrado como el protector de los indios, aquel que convenció a Carlos V de que promulgase, en 1542, las Leyes de Indias, que abolían la esclavitud en los territorios conquistados por España? *Raúl* todavía hoy se hace la pregunta.

Quién sabe por qué fray Bartolomé. Ellos no sabían quién era. A una reunión para preparar la manifestación llegó una comisión y nos dicen que iban a tumbar la estatua de Diego de Mazariegos, porque ya lo vieron en la historia cómo está. Y que primero van a derrumbar a fray Bartolomé. No nos explicaron por qué. No fue idea de *Marcos*, pero no se opuso. Dijo: "Bueno, está bien, nosotros los vamos a cuidar". Y pusieron a *insurgentes* con armas cortas en lugares estratégicos. Dos hombres de confianza de *Marcos*, el *mayor César* y el *mayor Mario*, se encargaron de vigilar las entradas de la ciudad, por si la policía o el ejército mandaban refuerzos.

Marcos pensaba que podía haber provocadores, sobre todo los chamulas, que viven en Los Altos, cerca de San Cristóbal. Por eso puso seguridad en la manifestación. A los chamulas nunca se pudo convencerlos. Son muy duros. Y ahí hubo siempre muchos problemas de marihuana. Una cuanta gente de ellos la siembra. Entonces *Marcos* nunca quiso meter gente a reclutar, porque pudiera haber problemas con la policía.

Los manifestantes abandonaron finalmente la idea de derribar a Fray Bartolomé de su pedestal. "Era difícil. Dijeron: éste está muy alto, mejor vamos a otra". Decidieron concentrar todas sus energías en el fundador de San Cristóbal, el español Diego de Mazariegos, cuya estatua se encuentra a algunos metros de la fachada barroca de la iglesia de Santo Domingo. Después de desfilar por las estrechas calles, flanqueadas por bellas casas coloniales cubiertas de teja, la muchedumbre llegó ante el monumento dedicado al conquistador. Un pequeño grupo subió los peldaños que llevan a la explanada donde se encuentra un mercado de artesanías muy frecuentado por los turistas. Los innumerables vendedores de productos guatemaltecos, en su mayoría chamulas, se batieron prudentemente en retirada. A dos metros del suelo, comenzó un extraño careo entre el viejo colonizador cubierto con una coraza y el indio tocado con una gorra de beisbol. Impasible, *Marcos* filmaba la escena. Unos cuantos golpes bastaron para derribar a Diego de Mazariegos de su peana. Un pedazo de la historia oficial acababa de desaparecer con la destrucción de ese símbolo de la explotación.

"¡Esto es el *apartheid*!"

La acción fue una justa revancha para unos. Y una afrenta para otros, sobre todo para los *coletos*, la burguesía local, que se jacta de no tener sangre india en sus venas y de descender directamente de los conquistadores. Los españoles llevaban cola de caballo, que sería, según se dice, el origen del apodo dado a la población blanca de San Cristóbal. "¡Cómo se han atrevido!", clamaban Magdalena Ruiz y su hija, Socorro, dignas representantes de los grandes comerciantes de la ciudad que se han enriquecido con el turismo y que consideran a los indios como un capital, siempre y cuando no pretendan salir de su condición. "Son esos curas extranjeros reclutados por el obispo Samuel Ruiz los que han provocado esta agitación. Son ellos los que impulsan las ocupaciones de tierras y hablan a los indios de la lucha de clases".

"Horrorizados" por la explosión demográfica que ha transformado su apacible villa —en la que no hace tanto tiempo los indios no podían pernoctar— en una ciudad de cerca de cien mil habitantes, rodeada de barrios indígenas, algunos *coletos* tienen un discurso mucho más radical. "Hay que esterilizar a los indios para que dejen de tener tantos hijos", proponía la propietaria de la principal ferretería en una reunión de la cámara de comercio local.

Eso es lo que indigna a Michel Chanteau, el cura normando de Chenalhó, un pueblo perdido en las montañas, a unos 40 kilómetros de San Cristóbal. Siempre en movimiento, cubierto con una boina que remata su metro y medio de estatura y gran aficionado al *pastis* —hizo pintar la casa parroquial con los colores de su bebida favorita— el padre Miguel, como le llaman sus fieles, no tiene pelos en la lengua.

Cuando les digo a los mestizos del lugar que los indios son nuestros hermanos, me responden: "Serán los tuyos, porque desde luego los nuestros no". Cuando comencé a decir la misa en tzotzil, hace veinte años, los mestizos se salieron de la iglesia. Así que doy dos misas, una en tzotzil y la otra en español. ¡Esto es el *apartheid*!

Los mestizos, o ladinos, como prefieren llamarse, controlan el comercio y engañan a los indios. Les dan 800 gramos de azúcar en lugar de un kilo y además lo cobran dos veces más caro que en la ciudad. No se puede hacer nada para cambiar esta mentalidad. Yo ya he abandonado toda esperanza de lograrlo. Los indios tienen motivos para rebelarse, pero es cierto que la mayoría de ellos no apoya a los zapatistas. Yo mismo les he disuadido de meterse en la lucha armada. Es un verdadero suicidio.

Con semejante discurso, el padre Miguel se ha granjeado sólidas enemistades y algunos problemas con las autoridades migratorias, que han emprendido una investigación "para verificar sus actividades". De sus cajones extrae algunos viejos recortes de prensa, amarilleados por el tiempo. "Un sacerdote francés lleva la agitación a Chenalhó", titulaba el 24 de diciembre de 1992 el principal periódico chiapaneco, *Cuarto Poder*, que añadía: "Miguel Chanteau se aprovecha de la ignorancia de los indios para hacerles cometer atrocidades". Un importante diario de la capital mexicana, *El Universal*, lo tachaba, ya en 1980, de "activista comunista internacional". Nada menos. El padre Chanteau suelta una gran carcajada, franca y comunicativa: "Esto quizás facilite mi canonización... Siempre y cuando Juan Pablo II no siga de Papa".

Nadie tomó en serio la manifestación indígena del 12 de octubre de 1992, ni los gritos de guerra lanzados en las calles de San Cristóbal. "Es folclore", decían los *coletos*, mostrando cierta conmiseración por "esos pobres indios" que no eran capaces de evolucionar y que perdían el tiempo en protestas sin sentido. Las autoridades atribuyeron este *acceso de fiebre* a la emoción suscitada por el 500 aniversario de la Conquista. Estaban equivocados. Quince meses más tarde, esos mismos indios tomarían San Cristóbal.

8

El golpe de Estado

La decisión de declarar la guerra al "mal gobierno" fue tomada durante la reunión secreta de septiembre de 1992 en la casa de seguridad de San Cristóbal. Ante los más altos mandos del EZLN (los *subcomandantes Daniel* y *Pedro*, los ocho *mayores* indígenas; *Frank*, que era el responsable de los comités campesinos y *Ana*, la representante de las organizaciones obreras del norte del país), *Marcos* criticó duramente la actitud de la dirección nacional de las Fuerzas de Liberación Nacional (FLN), que no hacía sino posponer, con diversos pretextos, el momento de desencadenar las hostilidades. Atacó especialmente al *número dos*, el *comandante Rodrigo*. "Él es quien bloquea todo", aseguró *Marcos*. "Mientras se hace el pendejo en la ciudad de México, no se da cuenta de que la gente aquí se impacienta. Si no actuamos rápidamente, vamos a perder una gran parte de nuestros efectivos".

"No estaba equivocado", concede uno de los participantes en el encuentro. "Mucha gente se había salido ya. Todos estábamos de acuerdo con él. Tenía buenos argumentos, y como siempre, sabía convencer a la gente". *Marcos* propuso entonces modificar la composición de la dirección nacional y anunció su candidatura para el puesto de *Rodrigo*. "*Germán* ha dado ya su aprobación", dijo, "y está claro que él debe seguir siendo nuestro *comandante* en jefe". Los *subcomandantes*

Daniel y *Pedro* ocuparían, respectivamente, las posiciones tres y cuatro en la jerarquía militar. Los participantes acordaron apoyar esta propuesta en el congreso de las FLN que debía celebrarse en enero de 1993, cuatro meses más tarde, en la pequeña comunidad de Prado, uno de los bastiones zapatistas en la región de Ocosingo. Una vez resuelta la salida de *Rodrigo*, sus colegas pasaron al segundo punto del orden del día: la redacción definitiva de las leyes zapatistas, que conformarían la columna vertebral de una revolución aún sin fecha.

El ambiente era relajado en la casa de San Cristóbal, y los invitados no se mataban trabajando. "Era mil veces mejor que en la montaña", cuenta *Raúl*. "La comida era buena y aprovechábamos para recuperar fuerzas. Los de la ciudad siempre comen bien. Desayunábamos huevos con jamón y todo lo que queríamos. Cuando la cocinera de la organización no estaba, hacíamos turnos. A veces le gustaba cocinar a *Marcos*, cuando estaba de buen humor. Consultaba un libro gordo de recetas. Le gustaba hacer mole,* para mancharse las barbas, como él decía. *Yolanda*, la compañera de *Marcos*, sabía hacer de todo. Hacía pozole,** cochinita pibil*** o quesadillas.****"

Se comprende por qué *Marcos* rara vez pasaba más de quince días seguidos en su campamento de Cama de Nubes, encima del pueblo de Prado. El líder zapatista alternaba regularmente sus estancias en la selva con temporadas en alguna de las casas de seguridad de San Cristóbal o de Ocosingo, sin olvidar sus viajes a la ciudad de México o, muy excepcionalmente, a Tampico para ver a su familia. "Sus problemas respiratorios se agravaban cuando estaba en el campo", recuerda *Raúl*. "Siempre llevaba un inhalador. Cuando le daba la cri-

---

* Una salsa espesa a base de chiles, especias y chocolate.
** Sopa de maíz y pollo.
*** Cerdo al horno con una especia local llamada axiote.
**** Empanadillas de queso.

sis se echaba, pero no podía dormir". Esto no le impedía fumar su pipa. "Usaba tabaco americano que compraba en la ciudad. *Germán* le hacía llegar también, pero cuando se le terminaba, parejo agarraba tabaco que se siembra por aquí, lo machacaba y se lo ponía en la pipa".

Las leyes zapatistas

Entre comidas, sesiones de karate y paseos por la ciudad, los cuadros del EZLN revisaban los textos que presentarían en el congreso de Prado. "Creo que *Germán* los había redactado", cuenta *Raúl*. "Hubo algunas modificaciones, pero no gran cosa. Son las leyes que se proclamaron el 1 de enero de 1994, con la Declaración de la Selva Lacandona".

La legislación revolucionaria comprendía una decena de capítulos, que iban desde la "ley de los impuestos de guerra" a la seguridad social, pasando por la reforma agraria y urbana, diversas disposiciones sobre el trabajo, el comercio, la industria y la justicia, y un listado de "derechos y obligaciones de los pueblos en lucha y de las fuerzas armadas revolucionarias". Los tributos de guerra, aplicables "desde el momento en que una unidad militar del EZLN se encuentre operando en un territorio específico", están definidos con precisión: contribución voluntaria para aquéllos que "vivan de sus propios recursos sin explotar fuerza de trabajo alguna y sin obtener provecho alguno del pueblo"; el 7 por ciento para los pequeños comerciantes y propietarios; el 10 por ciento para las profesiones liberales y el 20 por ciento para "los grandes capitalistas", cuyos bienes quedarían además sujetos "a las leyes revolucionarias de afectación de capitales agropecuarios, comerciales, financieros e industriales".

Los primeros perjudicados eran los propietarios agrícolas, a quienes se prohibía poseer más de 50 hectáreas de tierra de buena calidad o de 100 hectáreas en las zonas más áridas. Las explotaciones confiscadas serían "repartidas a los campesinos sin tierra y a los obreros agrícolas en propiedad colectiva" y deberían "trabajarse en colectivo". Esta disposición se inspiraba más en la revolución bolchevique que en Zapata, quien por lo demás siempre se mostró partidario de la propiedad individual. El EZLN tenía en cuenta, sin embargo, el progreso técnico experimentado desde aquellas lejanas épocas, puesto que se comprometía a proporcionar a los "campesinos y a sus familias luz eléctrica, agua entubada y potable, drenaje, radio y televisión [...] cocinas, refrigeradores, lavadoras, etcétera".

¿Cómo se financiaría esta nueva Arcadia? Eso no estaba precisado. La ley sobre el trabajo preveía también medidas generosas con respecto al personal empleado por empresas extranjeras. Las compañías foráneas debían pagar, "sobre la base de una equivalencia en dólares", el mismo salario por hora en México que en su país de origen. No era desde luego la mejor manera de tranquilizar a los inversionistas extranjeros ni de atraer a otros nuevos.

Estaba claro que los dirigentes zapatistas ignoraban las reglas básicas de la economía y que se habían limitado a elaborar un catálogo de buenas intenciones que no tenía nada que ver con la realidad. El desmembramiento de las explotaciones agrícolas de más de 50 hectáreas no resolvería, por sí solo, el problema de los campesinos sin tierra, de todas maneras demasiado numerosos, y afectaría gravemente al único sector verdaderamente productivo de la economía chiapaneca. Como la experiencia había demostrado en México y en otros lugares, el reparto de tierras debía estar acompañado de una transferencia de tecnología para incitar a los beneficiarios a mantener ciertas producciones de alto rendimiento económico en los mercados nacional e internacional. Reemplazar las plantaciones de café, una de las principales riquezas de Chiapas, por campos de maíz, no podía sino contribuir a empobrecer aún más al conjunto de la población. La solución no pasaba por la *miniaturización* de parcelas improductivas sino, sobre todo, por el desarrollo de una industria agroalimentaria para transformar *in situ* los productos, en lugar de exportarlos en bruto. Hacía falta, también, replantear la opción de la devastadora ganadería extensiva, que en la Selva Lacandona, cada vez más esquilmada, era practicada tanto por los blancos como por los indios.

Los pequeños campesinos que se habían beneficiado de la reforma agraria, establecida en el artículo 27 de la Constitución, se habían liberado, desde luego, del dominio del patrón, pero la mayoría no había visto mejorar su situación económica. La falta de créditos bancarios, indispensables para adquirir utensilios de trabajo y semillas de buena calidad, les condenaba a malvivir con sus parcelas y a vender sus cosechas a los *coyotes*, esos intermediarios rapaces que se ponían de acuerdo para pagar el precio más bajo posible. Unas pocas comunidades indígenas de Chiapas, sobre todo los mames de Motozintla y los tojolabales de la región de Comitán, habían demostrado, sin embargo, que era posible escapar de este círculo siniestro al comercializar ellos mismos su café orgánico en los mercados internacionales. Esto implica un grado de organización que no está al alcance de todos, pero también el apoyo de ciertos grupos, religiosos o laicos, que encuentran los contactos necesarios en el extranjero para dar salida a los productos.

Se necesitaban, pues, propuestas mucho más audaces que las *leyes zapatistas* que, por lo demás, carecían de visión y no ofrecían ningún proyecto de desarrollo para el país. No es por ello sorprendente que el programa revolucionario del EZLN desapareciera al poco de ser pegado en los muros de San Cristóbal. Sus autores se guardaron bien de sacarlo a relucir durante las negociaciones que emprendieron con el gobierno en el mes de febrero de 1994. Sólo la ley sobre los derechos de las mujeres parecía apartarse un poco del discurso demagógico y autoritario que prometía el paraíso para el proletariado y el infierno para "los enemigos de la revolución". Los zapatistas reivindicaban para las mujeres "el derecho a un trabajo y a un salario justo" y "el derecho a la educación y a ocupar puestos de mando en las fuerzas armadas revolucionarias", pero también "el derecho a decidir el número de hijos que desean tener" y "el derecho a elegir al compañero". Nada extraordinario en otras latitudes, pero para los indígenas, base social del Ejército Zapatista, constituía una verdadera revolución.

Ortodoxia marxista-leninista

La influencia de los indios en la elaboración de los documentos del EZLN fue casi nula. Se les invitó, eso sí, a ratificar los textos preparados por los dirigentes blancos de la organización, que no habían actualizado sus bibliotecas desde los años sesenta y se movían en la esfera más ortodoxa del marxismo-leninismo. En agosto de 1980, con motivo de su decimoprimer aniversario, las Fuerzas de Liberación Nacional redactaron unos nuevos estatutos en los que se definían de la siguiente manera: "Las FLN son una organización político-militar cuyo fin es la toma del poder político por los trabajadores del campo y la ciudad de la República Mexicana para instaurar una república popular con un sistema socialista". El capítulo IV del documento explicaba que la construcción del socialismo pasaba por la "dictadura del proletariado", "la instauración de un partido único basado en los principios del marxismo-leninismo", "la expropiación de los bienes de la burguesía para beneficio del pueblo" y "la disolución del ejército opresor y la formación de un Ejército Popular a partir del Ejército Zapatista de Liberación Nacional".[1]

Por primera vez se mencionaba al EZLN, que según las explicaciones dadas en el capítulo IX de esos estatutos, era el "organismo de las FLN en las zonas rurales" y tenía como función principal "liberar el territorio [...] para instalar en esas zonas autoridades revolucionarias populares". De hecho, el EZLN no habría de tomar forma hasta tres años más tarde, cuando los *comandantes Germán* y *Elisa* instalaron, en noviembre de 1983, el primer campamento zapatista en Chiapas. *Marcos* todavía daba clases de artes gráficas en la Universidad Autónoma Metropolitana de la ciudad de México. Seis meses más tarde el joven profesor se sumergiría en la clandestinidad y se reuniría con sus camaradas en la Selva Lacandona.

La consolidación de la guerrilla zapatista en los años siguientes convenció a sus dirigentes de que había llegado el momento de crear un partido político. Inspirada en los estatutos de las FLN, la *Declaración de Principios* del Partido de las Fuerzas de Liberación Nacional fue redactada en 1992 y aprobada en el congreso de Prado, en enero de 1993. El texto, de una ortodoxia asombrosa, pone de manifiesto el bloqueo ideológico de unos revolucionarios mexicanos que se negaban a aceptar las consecuencias de los cambios internacionales, especialmente la caída del Muro de Berlín, la desintegración de la Unión Soviética, la derrota de los sandinistas en Nicaragua y el naufragio de la Revolución cubana. Los años no habían pasado entre el documento de 1980 y el de 1992: el vocabulario y los conceptos eran los mismos. Se sigue hablando de la lucha armada, de la "dictadura del proletariado", del "internacionalismo revolucionario" y del "enemigo de clase, el capital transnacional". Como única concesión —aunque menor— a los nuevos tiempos, los autores preconizan "la aplicación creativa y renovadora de las tesis, siempre válidas, del marxismo-leninismo".[2]

Los símbolos, como la estrella roja de cinco puntas sobre fondo negro y el himno —la Internacional, por supuesto— se mantuvieron también intactos. Para ser admitidos en el seno del partido, los militantes debían pronunciar un juramento que era en sí mismo todo un programa: "Juro ante la memoria de los héroes y mártires de nuestro pueblo y del proletariado internacional, que defenderé los principios revolucionarios del marxismo leninismo y su aplicación a la realidad nacional [...] Juro que combatiré, hasta la muerte si es preciso, a los enemigos de mi patria y por el socialismo. Vivir por la patria o morir por la libertad".[3]

Como el resto de sus compañeros, *Raúl* había pronunciado estas palabras y respetaba al pie de la letra las "obligaciones" que entrañaban, en especial el secreto, la lectura de los textos políticos del partido, la puntualidad y "el recurso constructivo y oportuno a la crítica y a la autocrítica". Estaba prohibido beber alcohol, consumir drogas y, con mayor motivo, producirlas o venderlas. Los militantes estaban igualmente obligados a no revelar jamás su pertenencia al partido o al EZLN y a mantener "una conducta digna ante los esbirros de las fuerzas represivas aún en las condiciones más adversas".[4]

Este compromiso no fue siempre respetado, como lo demuestran las completísimas declaraciones rendidas por los zapatistas detenidos en febrero de 1995, cuando las autoridades decidieron recuperar los territorios controlados por el EZLN. Todos aseguraron después que sus confesiones habían sido obtenidas bajo tortura —lo que fue cierto en varios casos—, y se apresuraron a desmentir su pertenencia a la guerrilla. Era demasiado tarde. Los servicios de seguridad, que habían dado prueba hasta entonces de una ineptitud sorprendente, dispondrían en lo sucesivo de datos muy precisos sobre el funcionamiento del movimiento clandestino y sobre sus vínculos con diversas organizaciones sociales.

Paradójicamente, los más locuaces fueron precisamente quienes habían redactado los reglamentos contra la delación, es decir, los dirigentes del EZLN. Las declaraciones judiciales del *subcomandante Daniel* y de la *comandante Elisa* son auténticos filones de informaciones diversas, entre ellas la identidad de los principales cuadros de la guerrilla. Los indígenas hubieran tenido serias dificultades para contar lo mismo, por la sencilla razón de que no conocían los secretos de su organización. "Los militantes indígenas", explica *Raúl*, "ignoraban los verdaderos nombres de *Marcos*, de *Germán*, de *Elisa*, de *Rodrigo* y de los otros blancos de la organización. Sólo conocían sus seudónimos".

Los blancos, en cambio, estaban perfectamente al corriente de la identidad de los indígenas reclutados por el EZLN, y a menudo se encargaban de darles un *nombre de guerra*. Los primeros ocupaban todos los puestos de dirección, mientras los segundos sólo podían aspirar, como mucho, al grado de *mayor*. Ni un solo blanco estaba bajo las órdenes de un indio. La diferencia jerárquica era evidente al primer vistazo: la mayoría de los combatientes indígenas utilizaban uniformes y armas de peor calidad, mientras que los blancos tenían un material muy superior que les hacía mucho menos vulnerables.

Catequistas revolucionarios

Apenas unos meses antes de la insurrección, el EZLN creó el Comité Clandestino Revolucionario Indígena (CCRI), formado por *comandantes* tzeltales, tzotziles, tojolabales y choles. Salvo los más conocidos —los catequistas *David* y *Tacho*, que desempeñaban ya funciones relativamente importantes en el Ejército Zapatista—, todos los demás son intercambiables en función de los objetivos de *Marcos*. De ahí que en una época se haya podido ver a la joven *comandante Ramona*, diminuta bajo sus vestidos engalanados y su pasamontañas. A pesar de sus largos silencios durante el primer diálogo de paz con el gobierno, *Ramona* se convirtió rápidamente en la preferida de los medios de comunicación. Después desapareció tan rápidamente como había llegado, víctima de una grave enfermedad renal. Como el CCRI necesitaba a toda costa una presencia femenina se recurrió a la madre de *Tacho*, una respetable abuela a quien se colocó un pasamontañas y se dio el cargo de *comandante Trini*. El resultado no era demasiado convincente y hubo que recurrir de nuevo a *Ramona*. Gracias al apoyo de algunos médicos, pero también, paradójicamente, a la colaboración discreta de las autoridades, la mujer fue ingresada, en noviembre de 1996, en un hospital de la ciudad de México, donde se le sometió a un trasplante de riñón. *Marcos* quiso sacar partido del episodio y organizó, con uno de sus representantes en la capital, una manipulación patética. *Ramona*, siempre silenciosa, fue literalmente paseada y exhibida en público para intentar, sin gran éxito, relanzar la movilización de una *sociedad civil* cada vez más indolente.

Los textos publicados por el Ejército Zapatista el 1 de enero de 1994, en particular la *Declaración de la Selva Lacandona* y las *Leyes Revolucionarias*, no hacen ninguna mención del CCRI. Habrá que esperar al día 5 para ver los primeros comunicados firmados por el CCRI-CG (Comandancia General). Uno de estos escritos intenta demostrar que "el EZLN no tiene liga alguna con las autoridades religiosas", y que "los mandos y elementos de tropa del EZLN son mayoritariamente indígenas chiapanecos". "El gobierno dice que no es un alzamiento indígena, pero nosotros pensamos que si miles de indígenas se levantan en lucha, entonces sí es un alzamiento indígena". El argumento resultaría más convincente si el documento hubiera sido escrito realmente por los *comandantes* indígenas del CCRI. Hoy sabemos que fue redactado por los *grandes jefes* blancos de la guerrilla, lo que revela, una vez más, el orden jerárquico real.

Los miembros del CCRI están lejos de ser, sin embargo, marionetas a merced de los caprichos de *Marcos*. Algunos de ellos, sobre todo los catequistas formados por la diócesis de San Cristóbal, son efectivamente los dirigentes de sus propias comunidades, y sin ellos el EZLN nunca hubiera podido organizar el levantamiento del 1 de enero de 1994.

> Como los otros catequistas que se unieron a nosotros, *Tacho* y *David* fueron siempre muy peleones [cuenta *Raúl*]. Sabían imponer sus puntos de vista en las reuniones, porque eran los más preparados. Son gente que ha tenido más estudio que los demás, y por eso entiende más rápido. Pero viven igual que los otros, sufren igual. Eran buenos líderes desde antes que llegara el EZLN. Sabían organizar a la gente de sus comunidades para gestionar sus problemas y necesidades ante las autoridades.

Los catequistas habrían de demostrar su fervor revolucionario en la gran reunión de Prado, la aldea tzeltal de la cañada de Ocosingo donde *Marcos* había instalado su cuartel general. Más de doscientos delegados zapatistas, entre ellos una treintena de cuadros revolucionarios venidos de la capital y del norte del país, participaron en este encuentro entre el 23 y el 25 de enero de 1993. Todos los miembros de la dirección de las Fuerzas de Liberación Nacional, la casa matriz del EZLN, se habían trasladado desde la ciudad de México para asistir a esta reunión decisiva. A ella se había convocado también a un centenar de *oficiales* zapatistas, a partir del grado de *teniente*. Además, una veintena de comunidades habían enviado representantes. Una semana antes, las pruebas de la turbina instalada en una ribera cercana habían iluminado momentáneamente las bombillas del pueblo. La mejoría de las condiciones de vida no iba a enfriar, sin embargo, los ardores combativos de la población local.

Marcos **toma el poder**

La agenda del día estaba bien cargada: reorganización de la dirección nacional, que se llamaría a partir de entonces comité central, y que estaría compuesto por tres miembros en lugar de seis; creación del Comité Clandestino Revolucionario Indígena (CCRI); adopción de la *Declaración de Principios* del nuevo partido de las FLN; debate sobre las leyes revolucionarias y ratificación del voto de las comunidades a favor del inicio de las hostilidades lo antes posible. "El congreso se celebró en la escuela de Prado", recuerda *Raúl*. "Quitamos los muebles para que todo el mundo pudiera entrar y se hicieron bancos y una tarima donde se sentaron *Marcos* y todos los de la dirección: *Germán*, *Elisa*, *Lucha*, *Rodrigo*, *Daniel*, *Pedro*, *Vicente* y algunos otros".

La aprobación de las *leyes revolucionarias* se desarrolló en un ambiente distendido.

> Todo el mundo estaba de acuerdo en que la lucha tenía que ser revolucionaria, proletaria, socialista, marxista-leninista, internacional y estudiantil. Con el contenido de cada ley fue un poco más complicado, porque una parte de los delegados no entendía el español y nadie había traducido los textos al tzeltal. Antes de la votación nosotros reunimos a la gente por grupos y les decíamos los detalles, cuáles son los puntos cuando van a decir sí y levantar la mano, y cuáles son los puntos cuando van a decir no, porque si no iban a ganar los que entienden más.

Raúl recuerda, por ejemplo, que "las gentes de la ciudad", en su mayoría jóvenes universitarios, habían introducido un artículo que autorizaba el divorcio. "Pero como aquí hay creyentes, había que oponerse para evitar los problemas políticos con las comunidades". La mayoría votó en contra y el artículo fue finalmente rechazado.

El debate sobre la *Declaración de Principios* del nuevo partido político-militar no planteó tampoco ningún problema. Los delegados aprobaron los 89 artículos y el preámbulo que asentaba "la imposibilidad de cambiar pacíficamente una estructura clasista basada en la explotación y en la injusticia". El artículo 58 invitaba a los "religiosos progresistas" a unirse al partido. Esta ruptura con el ateísmo imperante en este tipo de organizaciones confirmaba la influencia de la izquierda cristiana y, más en concreto, de la diócesis de San Cristóbal.

La estructura del Partido de las Fuerzas de Liberación Nacional calcaba, en cambio, el centralismo democrático de las formaciones marxistas-leninistas tradicionales. En la cúpula, un comité central, "instancia suprema entre dos congresos", y en el otro extremo, las células de tres a ocho miembros, "formadas en los centros de trabajo o en las zonas de residencia de los militantes [...] para preparar la lucha armada".

La atmósfera comenzó a calentarse cuando *Marcos* decidió que había llegado el momento de abordar uno de los puntos más importantes del orden del día: la declaración de guerra. "Es cierto", reconoció de entrada, "que no están dadas todas las condiciones para desencadenar la ofensiva. Pero recuerden lo que decía el *Che*: las condiciones las tenemos que crear nosotros mismos. Es lo que hemos hecho formando el Ejército Zapatista de Liberación Nacional, y si nosotros hemos creado este ejército es precisamente para hacer la guerra, ¿no?". Su intervención fue bien acogida por la mayoría de los delegados, que aplaudieron ruidosamente. *Marcos* pidió después a los representantes regionales que leyeran el resultado de las consultas organizadas en las comunidades de sus zonas. La mayor parte se habían pronunciado a favor de la guerra, tal y como *Marcos* había explicado ya a la dirección nacional de las FLN en una reunión mantenida meses antes en la capital mexicana. En aquella ocasión, sin embargo, no había logrado convencer a sus camaradas.

El *comandante Rodrigo* pidió la palabra. Impresionado sin duda por la firmeza de los delegados, pronunció un discurso mucho más matizado que el que había empleado durante el encuentro con *Marcos*, en el que se había opuesto categóricamente al inicio de las hostilidades. "Ha llegado el momento de lanzarnos contra el gobierno", dijo, "pero no hay que precipitarse. Todavía no tenemos suficientes armas ni medicamentos". A pesar de sus reservas, *Rodrigo* explicó que no se opondría a la decisión de la mayoría. *Marcos* decidió que el debate estaba cerrado y que había que pasar al voto. "Aquéllos a favor de la guerra que levanten la mano", soltó. Todos los delegados la alzaron, incluyendo *Rodrigo* y los otros miembros de la dirección nacional. La moción fue aprobada por unanimidad. "Era inevitable", cuenta uno de los participantes. "Habíamos vendido todo nuestro ganado para comprar las armas. No podíamos dar marcha atrás".

Marcos acababa de obtener una gran victoria, pero todavía era insuficiente. Necesitaba ahora consolidar su poder imponiendo a sus candidatos en el nuevo comité central.

Marcos se levantó [narra *Raúl*]. Tenía en la mano la libreta con la lista de nombres que nos había propuesto en la reunión de San Cristóbal, en septiembre de 1992. Tomó la palabra: "Compañeros, algunos de ustedes se van a sentir molestos pues lo que voy a decir les va a afectar personalmente. La dirección nacional tiene que cambiarse. Ustedes todos dijeron que vamos a pelear. Para eso necesitamos una dirección fuerte y unida. Si no, nos vamos a recriminar. Tenemos que cambiar la estructura de nuestra organización. Voy a leer los nombres que han sido propuestos para el comité central. No he sido yo el que los ha elegido, sino la gente."

La tensión creció súbitamente en la escuela. *Marcos* lo había preparado todo desde hacía una semana. Había dado instrucciones precisas a su gente para que votaran a favor de su lista de candidatos al comité central. Estaba seguro de tener la mayoría, ya que además contaba con el respaldo de *Germán*, el *comandante en jefe*. *Marcos* propuso a *Germán* para el puesto de secretario general del partido y también para el secretariado de Interior. Nadie se opuso a esta sorprendente acumulación de funciones, que dejaba en manos de un solo individuo el control de las finanzas, el reclutamiento, la salud, las comunicaciones y la información.

Marcos sería el número dos en la jerarquía y ocuparía el puesto de secretario militar. Según el artículo 40 de los estatutos, tendría bajo su autoridad "a todas las tropas regulares de armas y servicios, los comandos, las unidades especiales así como los milicianos y las bases de apoyo del EZLN". Además, el artículo 41 le confería la supervisión "de todas las actividades del partido, abiertas o clandestinas, en las zonas controladas por el EZLN". *Marcos* se había hecho un cargo a la medida. Para consolidar su poder, propuso a los *subcomandantes Pedro* y *Daniel* como sus adjuntos.

La secretaría de Masas fue adjudicada a la excompañera de *Germán*, *Lucha*, que había pasado ya la cincuentena y militaba en la clandestinidad desde los años setenta. Ella estaría asistida por tres subsecretarios: *Ana*, *Frank* y *Andrés*, encargados respectivamente de los obreros, los campesinos y de las organizaciones populares. Sólo los tres secretarios titulares, *Germán*, *Marcos* y *Lucha*, tenían derecho al voto en el seno del comité central. Quedaba por designar a los responsables de la comisión ideológica, que se ocuparía básicamente de la redacción y la impresión de las publicaciones del partido. La elección recayó en la *comandante Elisa* y su compañero, *Vicente*, que era hijo de un hotelero de Acapulco de origen español y que había estudiado Historia en la Universidad Nacional Autónoma de México. Con la excepción de *Frank*, el responsable campesino, ninguno de los dirigentes elegidos ese día era indígena, y ninguno procedía de Chiapas.

Rodrigo y su compañera, *Gabriela*, dos de los más antiguos dirigentes de las FLN, habían sido excluidos del nuevo comité central. *Marcos* acababa de dar un verdadero golpe de Estado con la complicidad de *Germán*. Furioso, *Rodrigo* saltó en cuanto *Marcos* terminó la lectura. "No estoy de acuerdo con todo esto", espetó colérico. "Ustedes se han estado burlando de mí. Es la última vez que me ven". Se levantó y se abrió paso hacia la salida de la escuela, sin despedirse de nadie. Ahí quedaron sus bártulos. Subió a su pequeño Volkswagen con *Gabriela* y desapareció para siempre. Hoy *Gabriela* ha vuelto a sus clases de Historia del Arte en la ciudad de México y a *Rodrigo* se le sitúa en la ciudad estadounidense de Los Ángeles.

Un espeso silencio se hizo en la escuela de Prado. "Muchos insurgentes se quedaron tristes", recuerda *Raúl*. "Creo que *Marcos* también lo sintió". El flamante secretario militar tomó de nuevo la palabra. "Hemos perdido a un hombre. Ni modo. No hay que llorar. Si son capaces de rajarse así puede ser peor luego, porque nos pueden traicionar". Esta vez su intervención no obtuvo respuesta. *Marcos*, ese día, estaba equivocado. Aquel que le iba a traicionar estaba a su lado, y él mismo lo acababa de nombrar adjunto suyo. Salvador Morales, el *subcomandante Daniel*, se convertiría dos años más tarde en el principal informante de las autoridades, que supieron gracias a él la identidad real de *Marcos*.

CUARTA PARTE:
LA IGLESIA

9

Las primeras escaramuzas

Durante los meses que siguieron al congreso de Prado, *Marcos, Daniel* y *Pedro* se consagraron a la preparación del levantamiento. Visitaron todos los pueblos que podían apoyar la insurrección. Los delegados del CCRI, la nueva estructura indígena, actuaban como enlace político en las comunidades y no dudaban en recurrir a la coacción para evitar las deserciones y para convencer a los recalcitrantes de que contribuyeran materialmente a la causa. Los valles de Ocosingo, Altamirano y Las Margaritas eran un hervidero de rumores sobre la inminencia de la guerra. Los finqueros y los ganaderos blancos (cuyas propiedades abarcaban desde cincuenta a varios centenares de hectáreas), pero también una buena parte de los pequeños campesinos indígenas, los ejidatarios, estaban cada vez más inquietos y habían alertado a las autoridades, que, a pesar de todo, seguían sin tomar en serio las señales de aviso del conflicto.

Como de costumbre, el ejército patrullaba la región con el pretexto de combatir a los narcotraficantes. A veces se incautaba de paquetes de cocaína lanzados por los aviones colombianos, o destruía las plantaciones de marihuana que encontraba a su paso. Gracias a las numerosas radios proporcionadas por la diócesis a los catequistas, los zapatistas se mantenían perfectamente informados de los movimientos de tropas y se retiraban antes de ser descubiertos. Dos graves incidentes, sin embargo, habrían de provocar sudores fríos a *Marcos* y sus amigos. El asesinato de dos oficiales del ejército, sorprendidos durante una misión de inteligencia en marzo de 1993, y el hallazgo, dos meses más tarde, de un campamento de la guerrilla en la sierra Corralchén, precipitaron los acontecimientos. El primer incidente ocurrió a 25 kilómetros de San Cristóbal, muy cerca del cuartel de Rancho Nuevo. El descubrimiento de los cadáveres carbonizados de los dos militares provocó estupor en la región. Según las autoridades, los campesinos tzotziles de San Isidro El Ocotal asesinaron a los oficiales después de que éstos encontraran un escondite de armas. Los habían matado para evitar que dieran la alerta. La participación de los habitantes de este pueblo en la toma de San Cristóbal, nueve meses más tarde, confirmó su pertenencia al Ejército Zapatista.

La intervención del obispo de San Cristóbal, Samuel Ruiz, en este episodio agravó las tensiones entre la diócesis y todos aquellos que la acusaban de incitar a los indios a la rebelión. Las pintadas hostiles al prelado hicieron su aparición hasta en los muros de la casa parroquial. No era la primera vez ni sería la última. El Centro de Derechos Humanos Fray Bartolomé de las Casas, creado por Samuel Ruiz en 1989, fue acusado de haber tomado partido en favor de los asesinos y de haber obtenido su liberación mediante argucias jurídicas. El obispo se defendió asegurando que las confesiones de los trece detenidos carecían de valor, al haber sido obtenidas bajo tortura, una práctica por desgracia todavía frecuente en México.

Estos sucesos marcaron la apertura de las hostilidades entre los militares y la diócesis. El activismo de la Comisión de Derechos Humanos, encabezada por Pablo Romo y Gonzalo Ituarte, dos sacerdotes dominicos del equipo de Samuel Ruiz, molestaba a las autoridades, que no estaban acostumbradas a rendir cuentas. El gobierno mexicano estaba profundamente irritado con este obispo que viajaba sin cesar al extranjero y utilizaba las tribunas internacionales para denunciar, a menudo con razón, el abuso de poder y la impunidad imperantes en su propio país. La militancia de Ruiz en favor de la causa de los indios había atraído la atención de numerosas organizaciones extranjeras —cristianas y laicas— y también de algunos gobiernos, como el canadiense, el holandés y el sueco, que financiaban una multitud de pequeños proyectos de desarrollo en la diócesis. Las subvenciones se destinaban básicamente a programas agrícolas, a pequeños talleres de costura o de zapatería y a la formación de promotores de salud.

La ayuda internacional

Las autoridades religiosas de San Cristóbal han sido siempre muy discretas sobre el origen y el monto de los fondos que administran. Los servicios de inteligencia comenzaron a interesarse por las arcas secretas del obispo después del levantamiento del 1 de enero de 1994. Descubrieron entonces que las organizaciones no gubernamentales alemanas, especialmente Misereor, habían enviado cerca de tres millones de dólares entre junio de 1994 y junio de 1996. Muy por detrás figuraban las ONG francesas, con menos de 200 mil dólares para el mismo periodo, seguidas de grupos de Estados Unidos, Holanda, Suiza, España, Irlanda, Canadá y Dinamarca. En el capítulo de las contribuciones gubernamentales, Canadá era uno de los países más activos, con aportaciones de unos cien mil dólares anuales para una decena de proyectos.

Si bien no ha resuelto los graves problemas estructurales de Chiapas, la generosa cooperación internacional ha reforzado el poder económico de la diócesis, cuyos recursos no han dejado de crecer desde el comienzo del conflicto. Esta situación hace palidecer de envidia a los demás obispos mexicanos, y suscita, a veces, protestas discretas de las autoridades mexicanas, que consideran ciertas donaciones como una injerencia en asuntos internos. Así, en el verano de 1996, una enérgica intervención de la Secretaría de Relaciones Exteriores obligó a la Unión Europea a anular una subvención de 300 mil dólares, que había sido solicitada por el obispo de San Cristóbal para apoyo logístico de sus actividades como mediador entre los zapatistas y el gobierno.

Sin saberlo, la ayuda internacional financió infraestructuras directamente vinculadas al Ejército Zapatista, como el equipamiento de una pequeña clínica instalada a un tiro de piedra de uno de los principales campamentos rebeldes, cerca de la comunidad de Ibarra. Este centro médico, situado en el corazón de la Selva Lacandona, fue inaugurado en febrero de 1989 por Samuel Ruiz en presencia de varios representantes zapatistas. El obispo de San Cristóbal, que había llegado en avioneta ese mismo día, había pedido que *Marcos* no hiciera acto de presencia en la ceremonia. Las relaciones entre los dos hombres se habían deteriorado, pero sobre todo Ruiz quería evitar ser visto en compañías inadecuadas. *Marcos* no apareció, pero no andaba lejos. En el momento preciso en que el obispo bendecía la clínica, el jefe zapatista estaba reunido en el interior del edificio con los *subcomandantes Daniel* y *Pedro*.

Otras dos clínicas financiadas con fondos suizos y canadienses se instalaron en Oventic y Morelia. La elección de los lugares fue a la vez política y estratégica. Estos pueblos eran en efecto bastiones zapatistas y habrían de convertirse después en dos de los cinco *centros político-culturales* donde el EZLN organizó, en julio de 1996, el Encuentro Intercontinental por la Humanidad y contra el Neoliberalismo. Los canadienses, que también habían subvencionado la compra de un camión de tres toneladas en Morelia, estaban lejos de sospechar que sus donaciones contribuían a consolidar la logística de un movimiento de guerrilla. Las autoridades mexicanas montaron en cólera cuando en enero de 1994 descubrieron una pequeña placa, a la entrada de la clínica de Morelia, que señalaba que el hospital se había construido "gracias a la cooperación canadiense". De hecho, las iras del gobierno no estaban en absoluto justificadas, puesto que los desvíos de la ayuda internacional fueron insignificantes, y más si se compara con las enormes sumas despilfarradas por el Programa Nacional de Solidaridad, el PRONASOL, para financiar obras sociales que muchas veces ni siquiera vieron la luz. Una parte de esos fondos, proporcionados por el gobierno, terminó en los bolsillos de funcionarios y caciques locales, pero también en el botín de guerra del EZLN. "No hay ninguna duda de que el PRONASOL ha contribuido mucho más al financiamiento de la guerrilla que la cooperación internacional y el apoyo de la diócesis de San Cristóbal", afirman todos los que han seguido de cerca la génesis del movimiento armado.

El ejército descubre un campamento zapatista

Los preparativos de *Marcos* iban a buen ritmo. La fecha del levantamiento aún no había sido fijada, pero la infraestructura médica estaba lista. Cada campamento disponía ya de una dotación de armas y de municiones que, como se vería después, ni era comparable a los arsenales acumulados por las guerrillas centroamericanas en los años ochenta, ni era, desde luego, suficiente para hacer frente a un ejército regular. Los rebeldes pudieron comprobarlo muy a su pesar el 22 de mayo de 1993. Ese día una patrulla militar descubrió el campamento zapatista de la sierra Corralchén, conocido con el nombre de Las Calabazas. ¿Azar o delación? *Marcos* se hace la pregunta en un revelador documento que dirige a su superior, el *comandante Germán*, tres semanas después del incidente.

"El traidor Abelardo Gómez será juzgado, y si es encontrado culpable, será ejecutado por nuestras tropas en el momento oportuno", escribe *Marcos*. Abelardo, un vecino que aparentemente no tenía nada que ver con el descubrimiento de las instalaciones, se salvó finalmente gracias a la intervención de los sacerdotes de la parroquia de Ocosingo. El hermano de Abelardo, que era el diácono de La Garrucha, un pequeño pueblo situado al pie de la sierra Corralchén, había acudido a ellos para pedir ayuda. La mayoría de las familias de esa comunidad había votado a favor de la guerra. "No fue fácil convencer a *Marcos* de que perdonara a Abelardo", recuerda un religioso que participó en las gestiones.

La reacción de *Marcos* había sido tanto más violenta cuanto que este incidente hubiera podido desbaratar su proyecto. El ejército había tomado la iniciativa, lo que ponía a los zapatistas a la defensiva y amenazaba con anular el efecto sorpresa indispensable para paliar la debilidad de la guerrilla. "Parece que el enemigo sigue preparando una entrada grande, tal y como adviertes, y sólo espera el momento oportuno", escribe a *Germán*. "Mientras tanto, por fin, acá empezó a llover y en serio, lo que nos da una ventaja mínima, pero que se agradece, dada la situación. Mi plan es tratar de aguantar hasta donde sea posible para ver si completamos la maquinaria [las armas]. Según mis cuentas, con lo que ya tienes [...] ya está completo lo de los pueblos. Faltamos nosotros de completar: unas 35 maquinarias con sus dotaciones".

El tono del mensaje enviado a *Germán* muestra a un *Marcos* muy seguro de sí mismo y dispuesto, si es necesario, a responder a una eventual ofensiva del ejército. "Lo más probable es que los militares no se esperen a que yo esté listo y se lancen a fondo y con todo lo que tienen [...] Aquí empezaríamos en todas partes donde tenemos [presencia] para que aflojen adentro y poder salir. En resumen es el plan. Ahora lo que más me preocupa son los chivatazos y los errores en los movimientos de enlaces. Fuera de eso soy feliz".

Marcos hace un balance aparentemente optimista de la "batalla de la Corralchén". Afirma que el ejército ha perdido dos hombres en el primer enfrentamiento y "al menos doce" más en el curso de una escaramuza ocurrida el 26 de mayo de 1993, cuatro días después del descubrimiento del campamento de Las Calabazas. El EZLN, por el contrario, no tendría más que un muerto en sus filas. "Las fuerzas federales están desmoralizadas", escribe. "Las bajas del enemigo fueron sacadas en helicóptero para que nadie se diera cuenta". ¿Era una fanfarronada destinada a tranquilizar a sus propias tropas, que habían abandonado el campamento sin combatir, o bien las autoridades, que reconocieron sólamente la muerte de dos soldados y de un insurgente, querían minimizar el asunto?

Según la lista redactada por el agente del Ministerio Público enviado al lugar, el ejército descubrió 27 fusiles y revólveres de diversos calibres en varios escondites del campamento. Cerca de uno de ellos yacía el cadáver de un hombre junto a su arma, una Ruger Mini-14 de fabricación estadounidense. A esto se sumaban municiones, cartuchos de dinamita, uniformes —pantalones negros, camisas marrones y pañuelos rojos—, "propaganda subversiva sobre las tácticas de la guerrilla guatemalteca", reservas de comida —latas de atún y sardinas, arroz, frijoles, azúcar, café— medicamentos, un generador eléctrico, e incluso una televisión a color. Un auténtico lujo en plena montaña, cuando la mayoría de los pueblos de los alrededores no tiene electricidad.

Seis construcciones de madera, mucho más grandes que las casas tradicionales de los campesinos, servían de dormitorios y de cocina para los cerca de doscientos rebeldes y milicianos que se entrenaban regularmente en Las Calabazas. Había también dos canchas "rústicas" de voleibol, con sus redes de fibra vegetal; trincheras, parapetos "para protegerse contra un ataque del enemigo", un falso tanque de hojalata y la réplica de una pequeña instalación militar situada en Ocosingo.

Los militares del 83 Batallón de Infantería habían hecho otro hallazgo que se guardaron bien de hacer público. Se trataba de un video grabado por el propio *Marcos* para ilustrar las actividades del EZLN. ¿Por qué mantenerlo en secreto? Dos hipótesis, no necesariamente contradictorias, pueden explicarlo. Las autoridades querían evitar que *Marcos* supiera con precisión qué datos tenían sobre él, lo que les daba mayor margen de maniobra para continuar sus investigaciones. Pero había también otra razón, quizás todavía más importante. Si el gobierno hubiera autorizado la difusión de esa cinta, hubiera tenido que admitir la existencia de un verdadero movimiento de guerrilla en territorio nacional. El presidente, Carlos Salinas, se hubiera enfrentado entonces a una disyuntiva que deseaba evitar a toda costa: exterminar a los rebeldes o negociar con ellos. Tanto una opción como la otra amenazaban con complicar las negociaciones en curso con Estados Unidos para la firma del Tratado de Libre Comercio.

La videomanía de *Marcos*

Según uno de sus allegados, *Marcos* tenía la manía de filmarlo todo, lo que no deja de ser algo contradictorio con las reglas de la clandestinidad. Le encantaba manejar la cámara. Siendo adolescente, había rodado varios cortometrajes con su hermano Carlos en la casa familiar de Tampico. Durante la gran manifestación organizada en San Cristóbal con motivo del 500 aniversario de la Conquista, se le vio por las calles cámara en mano, y fue incluso filmado por un aficionado que recordó el episodio tres años más tarde, cuando las autoridades revelaron la identidad del jefe de la guerrilla.

Las cintas grabadas por *Marcos* se exhibían en los campamentos con fines didácticos, para explicar a los nuevos reclutas los objetivos políticos de la lucha y los métodos de combate. El material encontrado en Las Calabazas constituye el mejor ejemplo. Las imágenes muestran diversas operaciones, que van desde la instalación de un retén, a la organización de una emboscada contra un falso tanque pintado con los colores de la bandera estadounidense. *Marcos* dirige y filma las maniobras. Él da las órdenes. El comando ataca al blindado con *cócteles molotov*. "¡Hijos de puta!", grita emocionado uno de los guerrilleros uniformados que, como los otros, tiene rasgos indígenas.

Reina el buen humor. Da la impresión de que los insurgentes se divierten y se lo toman en serio al mismo tiempo. Dos de ellos arrancan una motocicleta con cierta dificultad. A cámara lenta van brincando sobre un terreno irregular hacia su objetivo: unos globos de colores que representan soldados y que hacen estallar con los disparos de una carabina. Otros cavan trincheras, desfilan, montan a caballo o se ejercitan en el tiro al blanco. La imagen se detiene en tres banderas que ondean al viento. En el centro, la enseña nacional, verde, blanca y roja. A los lados, un estandarte con la leyenda "Tercer Regimiento, guardián y corazón del pueblo", y un lienzo negro con una estrella roja y la frase "EZLN. Frente Oriental".

La voz de *Marcos* comenta un asalto a la bayoneta. "Los enemigos", dice, "están formados por costales rellenos de arena y hojas, y varillas de hierro para simular los brazos". Los rebeldes lo pasan en grande atravesando a los soldados inertes. Una música de marimba acompaña los movimientos cadenciosos de los combatientes. En otra escena los guerrilleros practican la lucha cuerpo a cuerpo. "Se enfrentan entre sí para constatar la rapidez de reflejos y la fuerza de sus ataques", explica *Marcos*. A pesar de la mala calidad del sonido difundido por megafonía, se reconoce, a lo lejos, la cálida voz del catalán Joan Manuel Serrat, uno de los cantantes preferidos del jefe zapatista.

Cambio de escena. Del campamento de Las Calabazas se pasa ahora a un desfile a caballo en las cercanías de una comunidad. La población de la zona recibe también entrenamiento, pero "suave", lo suficiente como "para que no dejen pasar al enemigo, para que lo chinguen". Las mujeres, a cara descubierta, desfilan con sus largas faldas y sus trenzas. Los bebés lloran. Las instrucciones son precisas: las bases de apoyo deben cobijar a los combatientes e informar si alguien habla mal de ellos.

Prácticas de tiro al blanco en un túnel. Aparece un tipo fornido, vestido con un impermeable y un pantalón militar. No se le distingue muy bien, pero según uno de los participantes se trataría del *mayor Rolando*, un mestizo originario del norte del país. La narración deja de pronto de ser descriptiva para convertirse en arenga política: "Hemos dado el paso de una guerrilla tradicional a una estrategia de ejército popular. Esto es, acumular el máximo de fuerzas en esta etapa de preparativos de la guerra popular revolucionaria". Y después, esta frase que debió hacer sonreír, equivocadamente, a los servicios de inteligencia que analizaron la cinta, rodada en 1992. "Con toda modestia, pensamos que con nuestra experiencia demostramos que en México la lucha revolucionaria no sólo es necesaria. También es posible".

Justo antes de escucharse esta "modesta" conclusión, la cámara muestra a un grupo de niños sonrientes cubiertos con harapos. Todos están *armados* con palos a modo de fusiles. Uno de ellos desaparece debajo de una enorme gorra tipo Mao. Otro, el más pequeñito y risueño, luce una barrigota que sus guiñapos mugrientos no alcanzan a esconder. Una orden restalla en el aire: "¡Media vuelta!". Todos dan media vuelta a la izquierda. El panzón gira a la derecha. "¡Apunten, fuego!". "¡Fuegooooo!", gritan a coro.

"¡Fuegooooo!", chilla el panzón, feliz, a destiempo. "¿Qué somos?" "¡Zapatistas!", responden al unísono. "¡Zapatistas!", repite el eco tripón, que no está dispuesto a dejar pasar una. "¿Qué queremos?" "¡Libertad!"... "¡Libertad!".

La indecisión del poder

Los servicios de seguridad tenían en la mano pruebas concretas que confirmaban la existencia de una guerrilla en Chiapas. Sabían que estaba dirigida por blancos de formación marxista-leninista, y que la tropa estaba compuesta por indígenas. Las armas descubiertas en el campamento y el tipo de entrenamiento que recibían los rebeldes indicaban que esta organización se preparaba para una acción militar, por muy poco profesional o incluso pueril que pudiera parecer. Ciertas informaciones señalaban la existencia de otros cinco campamentos en la región. El ejército, que había tenido bajas, difícilmente podía cruzarse de brazos ante semejante afrenta. El 31 de mayo de 1993, un comunicado de la Secretaría de la Defensa dio cuenta, por primera vez, de los incidentes ocurridos en Chiapas en los días anteriores. Sin utilizar jamás la palabra *guerrilla*, el boletín afirmaba que "un grupo de individuos, en número indeterminado, que realizaba actividades aparentemente ilegales", había atacado al ejército. Una decena de personas fueron detenidas, pero más tarde pudieron probar que no tenían nada que ver con los rebeldes.

El 83 Batallón de Infantería de San Cristóbal, apoyado por varias compañías llegadas de otros acuartelamientos, emprendió entonces una vasta operación de rastreo, e instaló controles en las carreteras de acceso a los valles de Ocosingo y Altamirano. Dos decenas de camiones repletos de soldados penetraron en estas dos cañadas por los caminos polvorientos que rodean la sierra Corralchén. Para cerrar la tenaza, una parte de las tropas fue transportada en helicópteros a las zonas altas. Gracias a los aparatos de interceptación que llevó consigo, el ejército podía descifrar sin problema las comunicaciones de los rebeldes. Todo estaba listo para cercar a los guerrilleros y neutralizarlos cuando, el 2 de junio de 1993, doce días después del descubrimiento del campamento de Las Calabazas, una orden de repliegue llegó de la ciudad de México. Sin dar crédito, los oficiales pidieron confirmación a sus superiores. Las instrucciones eran categóricas: "Detengan todo y que las tropas retornen a sus bases".

El presidente Salinas había decidido suspender la operación militar al ser informado de que el obispo de San Cristóbal, Samuel Ruiz, que contaba con numerosos aliados en las organizaciones humanitarias, había emprendido una intensa campaña internacional para denunciar la represión contra los indios de Chiapas. Lo último que podía permitirse Salinas era indisponer al Congreso de Estados Unidos, que andaba poniendo trabas para ratificar el TLC, el Tratado de Libre Comercio de América del Norte. El presidente se imaginaba el desastroso efecto que hubieran tenido ante los congresistas estadounidenses las denuncias sobre violaciones de los derechos humanos. El ejército mexicano, además, estaba de nuevo en el banquillo de los acusados: se acercaba el 25 aniversario de la matanza de Tlatelolco y varias organizaciones de oposición exigían la apertura de los archivos nacionales para conocer la verdad sobre esta tragedia que dejó numerosos muertos en una manifestación estudiantil en octubre de 1968.

El momento no era, desde luego, el más propicio para lanzar a los soldados en persecución de unos guerrilleros que, oficialmente, no existían. Además, esto hubiera atraído la atención de la prensa sobre el episodio de la sierra Corralchén, que había pasado hasta entonces relativamente inadvertido a causa de otro suceso sangriento ocurrido al mismo tiempo. El asesinato, el 24 de mayo de 1993, del cardenal arzobispo de Guadalajara, Juan Jesús Posadas, había conmocionado a la sociedad mexicana, sacudida por este crimen sin precedentes en un país mayoritariamente católico. Según la versión oficial, el cardenal había sido abatido por error durante un enfrentamiento entre dos grupos rivales de narcotraficantes en el estacionamiento del aeropuerto de Guadalajara. La explicación fue acogida con sumo escepticismo, sobre todo por parte de los obispos. Algunos de ellos están convencidos todavía hoy de que la muerte de Posadas tiene ramificaciones políticas, vinculadas a la lucha por el poder que enfrenta a diversos clanes del PRI. Sea como fuere, este crimen, el primero de una serie de calamidades para México, fue providencial para el EZLN, como reconocería después *Marcos*. La retirada de las tropas de Las Cañadas sorprendió al jefe zapatista, que no se explicaba cómo el ejército había cometido un *error* de esa envergadura.

El sermón de *Marcos*

Los dirigentes de la guerrilla respiraron con profundo alivio cuando los soldados comenzaron a replegarse. Pero sabían que la calma duraría poco. *Marcos* ignoraba las verdaderas intenciones del gobierno y temía, como había explicado en el mensaje enviado a *Germán*, que la retirada militar fuera una simple maniobra táctica. De entrada, hizo modificar todos los códigos para evitar la interceptación de las comunicaciones del EZLN. Después redactó un documento en el que analiza de manera muy detallada "los errores cometidos en la batalla de la Corralchén". "El sentido de la crítica y la autocrítica revolucionarias es el reconocer y aceptar los errores cometidos para que no se repitan y se constituyan en parte del aprendizaje de nuestro pueblo y sus fuerzas revolucionarias, para el difícil camino de la liberación de nuestra patria".

Marcos acepta su parte de responsabilidad en los sucesos, y considera que debió haberse acercado al campamento para establecer un contacto directo por radio con sus tropas y organizar su evacuación por "una ruta más segura", que les hubiera evitado toparse con el fuego enemigo. "La orden de repliegue dada al V Regimiento la noche del 22/05/93 fue arriesgada y temeraria, basada en informes parciales y suponiendo yo, mas no con la certeza, que el enemigo se había retirado". *Marcos* no explica sin embargo por qué no tomó mucho antes las disposiciones necesarias para evacuar el campamento, máxime cuando sabía —como él mismo dice— que el ejército realizaba maniobras en territorio zapatista desde hacía una semana. No dice tampoco dónde estaba el responsable de la zona de Las Calabazas, el *subcomandante Daniel*, pero las relaciones entre los dos hombres, que mantenían una estrecha amistad desde la universidad, se deterioraron a raíz de este incidente. En las semanas sucesivas *Marcos* fue dejando de lado a *Daniel*, quien se vengaría más tarde revelando a las autoridades la identidad del jefe zapatista.

Las críticas dirigidas por *Marcos* a sus subordinados indígenas a propósito de la *batalla de la Corralchén* revelan que no les tenía demasiada confianza. El jefe zapatista reprocha al *mayor Mario*, responsable del campamento, no haber seguido las instrucciones que había recibido desde hacía mucho tiempo.

> Él sabía que nuestras tropas debían estar listas para moverse en cualquier momento, las impedimentas debían aligerarse y debía destruirse todo el excedente de material que, desde tiempo atrás, se acumula en nuestras posiciones. Esto no se cumplió cabalmente en los días previos al choque y hubo que hacerlo, apresuradamente y de forma incompleta, unas horas antes de la retirada. El resultado es

que ahora están en poder del enemigo un número indeterminado de elementos que le dan indicios ciertos de nuestras intenciones en la zona. Por lo tanto repito a todos la orden dada meses atrás: [...] deben destruirse absolutamente todos los materiales escritos de nuestra organización, políticos y militares, los libros deben ser adecuadamente embuzonados. Todos los materiales audiovisuales y audios deben ser perfectamente destruidos sin importar su contenido o procedencia.

El *mayor Mario*, un tzotzil originario de la región de Sabanilla, que conduciría después a sus tropas a una verdadera carnicería en la toma de Ocosingo en enero de 1994, es el blanco principal de *Marcos*.

El *mayor Mario* ha afirmado que él había cumplido las órdenes, cuando no era así [...] Es inadmisible que, por temor a un llamado de atención, se oculte información al mando o se le mienta. El resultado es que tenemos que esperar a lo que informe el enemigo para saber lo que nuestras tropas abandonaron, en lugar de que nuestras mismas tropas nos informen verazmente de lo ocurrido.

Los *mayores Alfredo* y *Rolando*, que dirigían unidades instaladas cerca del campamento de Las Calabazas, también se llevaron su ración. *Marcos* reprocha al primero haber dado informaciones erróneas sobre los movimientos del ejército y, al segundo, no haber aplicado las medidas elementales de seguridad que están "en nuestros manuales y se han repetido constantemente en cursos y pláticas". Las imprudencias cometidas por los subordinados inmediatos de los *subcomandantes Marcos* y *Daniel* son, en efecto, sorprendentes. Estos fallos demuestran el grado de improvisación en la formación de los cuadros militares del EZLN que, a pesar de haber tenido diez años de preparación, al menos en el caso de *Mario*, nunca habían conocido el bautismo de fuego. "El *mayor Rolando* sabía que un helicóptero había sobrevolado su territorio y no informó a su superior ni tomó ninguna medida de seguridad para sus tropas, tales como camuflaje y humo de la cocina".

Así como el análisis de *Marcos* es riguroso y carece de toda emoción, los testimonios redactados por los responsables indígenas son de una candidez conmovedora. En ellos describen sus miedos, sin olvidar anotar la hora exacta de cada detalle.

El día sábado 22 de mayo de 1993 a las 10:00 horas, [narra la *capitana Gabriela*] nos llegó a avisar el *mayor Mario* que estaba viniendo el enemigo. Nos preparamos todos y empezamos a colocar la gente. Pusimos una emboscada [...] A las 16:45 abrieron fuego los compañeros. El enemigo avanzó donde estábamos posicionados. Llegaron a tirar ráfagas en los techos, pero no subieron más arriba. Los compañeros casi temblaban de miedo. A mí no me dio mucho miedo. Sólo mi cuerpo siento todo frío, como que no pesaba mis balas que tengo cargado. El enemigo se retiraron. 21:00 horas empezamos a quemar todas las cosas que había en el cuartel. Lo escuchamos en el radio que no tenemos que dejar cosas de mujeres. Algunas lo *trajieron* cargando, otras se apendejaron y lo dejaron tirado y algunas cosas lo metieron en la cueva. A las 23:30 empezamos a marchar sin alumbrar la lámpara. Caminamos unos 200 metros; empezamos a alumbrar lámparas. Caímos en una emboscada del enemigo. Empezaron a tirar balas y el *mayor Mario* empezó a gritar "para atrás". Ahí se quedó perdido cuatro de mi gente. Llegamos en el cuartel otra vez. A las 05:00 salimos otra vez cuando empezó a amanecer. Empezaron a agotar por el sueño y el hambre. A mí sólo me chingó mi bota y la sed, pero sí pude llegar todavía.

El *capitán Efraín* cuenta que él tuvo miedo "cuando llegaron los enemigos". "Ya cuando estoy tirando bala ahí me quitó el miedo". El *capitán Ignacio* habla del "olor a las pólvoras", que le producen "ganas de disparar y matar al enemigo", pero después evoca la tristeza que sintió cuando se enteró de que uno de sus compañeros había sido herido. La *teniente Silvia* describe cómo bajo las órdenes de *Mario* "tragaron todo lo que había en la bodega" para dejar las menos huellas posibles. Escritos en un español rudimentario, los testimonios son todos del mismo calibre y revelan claramente que los rebeldes no medían el alcance real de su pertenencia a la guerrilla y no imaginaban el riesgo asumido. Las palabras empleadas por *el teniente Gabriel*, encargado de las transmisiones, son muy ilustrativas: "Compañero *subcomandante Marcos*, le voy a explicar de lo que pasó el 22 de mayo del 93, fue un día sábado cuando tuvimos un enfrentamiento. Bueno, ese día todavía desayunamos en la mañana todos contentos..."

Se comprende la reacción de *Marcos*, que no llega a controlar su cólera cuando comenta las explicaciones de sus subordinados. "Todo, absolutamente todo lo que escondieron los compas al salir del cuartel fue encontrado por los federales. Hace tres días mandé a dos insurgentes para ver lo que quedó y me dicen que limpiaron completamente todo, revisaron todos los hoyos y cuevas y destruyeron todas las instalaciones". En este texto, fechado el 24 de junio de 1993, un mes después de la operación militar contra Las Calabazas, *Marcos* hace un balance de aquello que las autoridades saben de la guerrilla a partir del expediente completo de la investigación. ¿Cómo pudo llegar este documento de 350 páginas a lo más recóndito de Chiapas cuando ni siquiera los periodistas que seguían de cerca todo este asunto lo habían recibido en la capital? Es la prueba de que *Marcos* contaba con el apoyo de una estructura urbana —¿abogados, religiosos, organizaciones de derechos humanos?— que disponía de una excelente logística y acceso a informaciones reservadas.

Según un alto oficial del ejército mexicano que ha analizado la *batalla de la Corralchén*, la falta de iniciativa de los mandos indígenas y la débil disciplina de la tropa son en buena parte el corolario del poder excesivo ejercido por *Marcos*. "Él quiere controlarlo todo y esto le lleva a cometer errores. Hasta entonces, eso no había tenido mayores consecuencias para los zapatistas, porque conocían mejor el terreno que el ejército y además disponían de una buena red de comunicación por radio, que les había evitado encuentros inopinados con nuestras tropas". *Marcos* compensaba este defecto, reconoce el especialista, "con cualidades reales, sobre todo su capacidad de esperar al último momento para tomar una decisión". No es pequeño el elogio viniendo de uno de sus más temibles adversarios, que se consagró durante meses enteros a investigar la identidad del jefe del EZLN y a indagar sobre los vínculos de la guerrilla con la estructura urbana de las Fuerzas de Liberación Nacional.

"No hay guerrilla en Chiapas"

Los militares estaban realmente frustrados por haberse visto obligados a interrumpir la ofensiva lanzada para acorralar a los zapatistas, sobre todo porque sabían que los rebeldes continuaban con sus preparativos de guerra. Los productores agrícolas de la región de Las Cañadas estaban cada vez más preocupados, y algunos de ellos incluso habían escrito cartas al presidente de la República pidiéndole su intervención. Aseguraban que los guerrilleros pasarían a la acción el 12 de octubre de 1993 para conmemorar a su manera el 501 aniversario de la Conquista de América. Sin aportar pruebas concretas, acusaban a los sacerdotes y al obispo de la diócesis de alentar las ocupaciones de tierras. El gobierno hizo oídos sordos.

El secretario de Gobernación, Patrocinio González, que había abandonado poco tiempo antes sus funciones de gobernador de Chiapas y que conocía perfectamente la situación, negó categóricamente la existencia de la guerrilla y pronunció una frase histórica: "Ese falso rumor perjudica gravemente al desarrollo de Chiapas porque frena las inversiones extranjeras y nacionales en el sector agrícola". El secretario contradecía así las conclusiones de las investigaciones realizadas por sus propios servicios y por el ejército. El 6 de agosto de 1993, cinco días antes de la declaración de Patrocinio González, el EZLN había emprendido las mayores maniobras de su historia en Ibarra, el pueblo donde había sido inaugurada en 1989 una clínica financiada por la cooperación internacional, y donde la Organización, como los indígenas llamaban entonces al Ejército Zapatista, tenía uno de sus principales campamentos.

Esto no impidió que el presidente Carlos Salinas acudiera a Chiapas exactamente un mes más tarde. Las autoridades y los rebeldes disputaban una verdadera carrera contrarreloj. En lugar de un operativo militar, el jefe de Estado anunció un vasto programa social en favor de Chiapas con la esperanza de quitarle así argumentos a la guerrilla. El gobierno prometió invertir en la zona 670 millones de pesos de entonces, una suma fabulosa. Como prueba de buena voluntad, Salinas se desplazó hasta la comunidad de Guadalupe Tepeyac, a tan sólo unas decenas de kilómetros del campamento zapatista de Ibarra. Allí inauguró un gigantesco hospital que, ironías del destino, se convertiría cuatro meses más tarde en el cuartel general de *Marcos*.

10

La máscara y la sotana

"*Marcos* no organizó nada aquí. Cuando vino la gente ya estaba organizada por la Iglesia y la ARIC [el sindicato campesino] y él supo utilizarlo". El hombre que así se expresa tiene una cuenta pendiente con su antiguo compañero de andanzas, a quien acusa de haber engañado a los indígenas y de haberlos conducido al suicidio. Lázaro Hernández presenta una biografía peculiar. Su accidentada trayectoria le ha llevado a ocupar funciones importantes en tres sectores de actividad aparentemente incompatibles: la Iglesia, la guerrilla y el Congreso, donde ocupó hasta agosto de 1997 un escaño del gubernamental Partido Revolucionario Institucional (PRI).

¿Cómo ha podido ser, a sus 42 años, diácono de la diócesis de San Cristóbal, dirigente del Ejército Zapatista y diputado del PRI? Una carrera tan poco ortodoxa sólo es posible en México, donde la frontera entre el poder y la oposición es sumamente elástica. Un gran número de izquierdistas de los años setenta ocupan hoy funciones en la administración pública, y los principales negociadores del gobierno en el diálogo emprendido con los zapatistas a partir de abril de 1995 eran de hecho antiguos revolucionarios. La carrera meteórica de Lázaro Hernández es pese a todo sorprendente, porque, al contrario que sus predecesores, él pasó sin transición de la guerrilla al Congreso.

Los zapatistas habían captado a un hombre de Iglesia cuando reclutaron a Lázaro en 1984 y, diez años más tarde, el poder persuadió al entonces dirigente del EZLN para que se presentase como diputado por la circunscripción de Ocosingo, su zona de influencia. El oscuro papel del guerrillero convertido en diputado del partido oficial ha contribuido a alimentar las sospechas sobre la existencia de una vieja relación entre la guerrilla y un sector del aparato, cuyos intereses habrían convergido en un momento determinado.

Lázaro se guarda bien de aclarar este punto, pero está dispuesto a contar los detalles de una vida político-religiosa muy agitada que comenzó en 1965, cuando los notables de su comunidad decidieron enviarlo a estudiar con los maristas. A la edad de doce años, sin hablar otra lengua que el tzeltal, Lázaro abandonó San Antonio Las Delicias, una pequeña aldea del municipio de Ocosingo, para acudir a San Cristóbal.

En los maristas estudiábamos español, la palabra de Dios, la matemática y cómo se explica la Biblia. Después de cinco años ya fui catequista. Entonces me enviaron a San Francisco, cerca de mi comunidad. En 1974 fui como dirigente al Primer Congreso Indígena en San Cristóbal. En 1976 la comunidad me elige como diácono, y cuatro años más tarde me nombran supervisor de los diáconos de la región.

De esta manera, Lázaro formó parte de los pioneros de esta Iglesia *autóctona* que el obispo de la diócesis, Samuel Ruiz, se había propuesto construir en Chiapas a partir de las enseñanzas del Concilio Vaticano II (1965). La Iglesia católica había comprendido que, para impulsar la evangelización, era necesario tener en cuenta la idiosincrasia de cada pueblo y de cada grupo étnico. Los patrones occidentales impuestos durante cinco siglos en América Latina habían mostrado sus limitaciones, y habían contribuido a crear una religión superficial, superpuesta a las culturas locales.

> Cuando yo llegué a Chiapas en 1960 [confiesa Samuel Ruiz] creía ingenuamente que tendría que hacer una acción pastoral que abarcara integralmente la situación del indígena: enseñarle español para poder evangelizarle, quitarle su desnudez a los pies, mejorar un poco su atuendo, y para eso, ayudar a mejorar su situación económica y alimentaria. Una gran parte de la población de la diócesis era indígena, y nos impactó su docilidad, su fuerte religiosidad, las capillas llenas de gente con cantos. Todo eso daba la idea de una Iglesia pujante. Yo entonces leía esa realidad de una forma superficial, no miraba la crudeza de su pobreza.

Con los años, Samuel, como le llaman amigos y adversarios, o *Tatic*, —padre, en tzeltal—, como le designan afectuosamente los indígenas, iría aplicando en su territorio las conclusiones del Concilio. En lo sucesivo se daría a cada cultura la posibilidad de desarrollar su propia reflexión sobre la fe, de expresarse en su idioma y de conservar sus costumbres. En lugar de imponer el aprendizaje del español a sus fieles, los misioneros estudiarían las lenguas indígenas. La diócesis de San Cristóbal desarrolló una nueva catequesis, más conforme con la experiencia de los indios de Chiapas. Alrededor de ocho mil catequistas y más de quinientos diáconos, *tuhuneles* según la terminología indígena, se convirtieron en la columna vertebral de esta segunda evangelización, basada en la "Catequesis del Éxodo", que establecía un paralelismo entre el pueblo judío que huyó de Egipto en pos de la Tierra Prometida y los indígenas que habían abandonado la región de los Altos para colonizar la Selva Lacandona. "La opción preferencial por los pobres", definida durante la Conferencia Episcopal de Medellín (Colombia) en 1968 y la teología de la liberación, que nunca tuvo el respaldo del Vaticano, fueron incorporadas después a la doctrina de la diócesis de San Cristóbal, lo que provocó una confrontación con los sectores más conservadores de la sociedad chiapaneca. Curiosamente, la profunda transformación de la Iglesia local no se vio acompañada de la ordenación de sacerdotes indígenas. Para Samuel Ruiz, la explicación de este fenómeno es simple y lamentable.

Yo podría ordenar aquí mañana mismo a doscientos sacerdotes indígenas sin ningún escrúpulo de conciencia. Hay gentes que serían evidentemente mejores sacerdotes que los que tenemos, porque están dentro de su cultura y probados ya por años de servicio. Y ahí hay incomprensión desde nuestra visión occidental en el interior de la Iglesia, porque se exige que hayan acabado la educación secundaria, y aquí difícilmente terminan la primaria. Además, en la tradición indígena, sólo un hombre casado y padre de familia es tomado en consideración, como varón adulto. Es su concepto de la madurez de la persona. No se trata de que haya sacerdotes que se puedan casar, sino seglares casados que puedan ser ordenados.

Si las reglas hubieran sido otras, Lázaro Hernández sería hoy sin duda sacerdote, y no diputado. Él era, en efecto, uno de los mejores cuadros de Samuel, como él mismo había reconocido en público. El obispo intentó justificarse años más tarde acusando al sistema de haber pervertido a su hombre de confianza. "Don Samuel cayó en la trampa de su propia retórica, que tiende a idealizar a los indios y a convertirlos en el pueblo elegido", sostiene la socióloga Carmen Legorreta. "Pero ellos no son los seres puros que presenta la Iglesia. Por sus mismas carencias son más proclives a establecer relaciones de dominación entre ellos. El oportunismo es la conducta más frecuente. Lázaro simplemente probó que es la persona más hábil para mantenerse en todas las estructuras de poder". La socióloga, que trabaja desde hace varios años con los indígenas de la región, reprocha a la diócesis el haberles arrastrado a la aventura zapatista. "Que Lázaro entrara en la guerrilla significó para la gente la legitimación de la organización zapatista por parte de la diócesis. Con su capacidad de liderazgo y el poder que la Iglesia le había dado, Lázaro garantizó que un movimiento incipiente se convirtiera en algo masivo".

Aunque el acceso al sacerdocio le estuviera vedado, Lázaro Hernández y los demás diáconos tenían de hecho una gran influencia en las comunidades indígenas. Ésta es la razón por la que *Marcos* y sus compañeros, que mantenían excelentes relaciones con la diócesis en el momento de su llegada a la zona, a principios de los años ochenta, decidieron utilizar la estructura religiosa para implantarse en la Selva Lacandona y en los Altos de Chiapas, las dos regiones donde la Iglesia tenía fuerte presencia. Los primeros contactos entre Lázaro y la guerrilla se hicieron con la intermediación de sacerdotes y laicos vinculados a la diócesis.

Lázaro Hernández, diácono y guerrillero

Vestido con un pantalón corto y una camiseta azul con el número 6, Lázaro corretea sobre la cancha de baloncesto, a pesar de su panza prominente y del calor tropical que baña Ocosingo. Ha reunido a algunos amigos para formar dos equipos. Todos llevan uniforme amarillo, verde o azul con la inscripción "Lázaro Hernández. Cámara de Diputados". Sudando y sin resuello, el "honorable legislador" decide hacer una pausa para refrescarse a la sombra de las soberbias ceibas que bordean el curso tumultuoso del Jataté. Bajo un pequeño bigote, una sonrisa permanente deja asomar dos dientes de plata. El dirigente se presta a la conversación, a pesar de la presencia de guardaespaldas poco afables. En un español rudimentario pero eficaz, Lázaro revuelve los recuerdos con los ojos al acecho, como si temiera decir demasiado.

En 1984 conocí a la *comandante Elisa* a través de Jorge Santiago, un viejo amigo cercano a Samuel Ruiz, que dirigía una organización de desarrollo, DESMI. En esa época la gente estaba desesperada porque no se solucionaban sus problemas. La Iglesia y la ARIC estaban organizando a las comunidades, pero no daba resultados. Jorge me dijo: "Vete a Tuxtla y platica". El viaje fue para conocer a *Elisa* y a otras organizaciones para apoyar nuestro desarrollo económico. Nunca me dijo que ella era miembro de las Fuerzas de Liberación Nacional.

La experiencia de Lázaro es parecida a la de *Antonio*, salvo que el primero tenía entonces 31 años y desempeñaba funciones importantes dentro de la Iglesia, mientras que el segundo apenas había cumplido los 14 años y ni siquiera había terminado la educación primaria en el momento de su incorporación a la guerrilla. Lázaro hizo el viaje hasta la capital de Chiapas con tres amigos. Su acompañante les ordenó cerrar los ojos en el momento de llegar a la casa de seguridad de Tuxtla. "*Elisa* y *Lucha* nos esperaban. Estuve cuatro días allá, estudiando la política, pues. Su plan era luchar hasta llegar al poder y tirar el gobierno priista. A la semana siguiente fui en el Distrito Federal. Allá conocí a *Germán*. Luego le volví a ver en los campamentos de Chiapas, con uniforme y las tres estrellas de comandante en la gorra".

"Cuando volvimos a las comunidades no platicamos con la gente, sino que escogimos personas conscientes. Dimos clase a dos o tres gentes. Empezamos con tres, y de ahí pasamos a diez, treinta y luego muchos". Las reuniones se celebraban cerca de San Francisco, donde

Lázaro era todo un personaje, ya que desde hacía cuatro años ejercía de supervisor de los diáconos. Eligió entonces su apodo de guerra: *Jesús*. "Así nomás me salió. No sabía, pues. Me gustaba, pues. Luchaba por la gente. Ésa era la idea, luchar correctamente con los campesinos".

En octubre de 1984 *Marcos* llega en Las Tazas, una comunidad cercana, a dar clase. Los campesinos no saben de la ciudad ni de la política. Escogimos a unas treinta gentes de varios ejidos. Llegó con Panchón, un agrónomo, que empezó a explicar cómo se siembra. *Marcos* dijo que es guerrillero y nos habla de la historia. Entonces nos dijo que las Fuerzas de Liberación Nacional luchaban para liberar nuestra nación y ayudar a los indígenas. Se escuchaba entonces sobre la URSS, Nicaragua, El Salvador, Guatemala en el radio, y de ellos también hablaron.

A finales de 1985 se lo comunicamos a los padres de Ocosingo, a Gonzalo Ituarte. No te dicen nada de sí o no. Según la necesidad de la gente, decía Gonzalo. Ellos eran también conscientes y orientaban. Gonzalo se admiró, pues. Nos decía que tuviéramos cuidado de no hacer públicas las reuniones, y no decir nada a los que no están de acuerdo, para evitar las denuncias. Él no estaba tan de acuerdo. Tuvimos que platicar varios tiempos. Lo invitamos a Gonzalo a participar en nuestras reuniones, pero no quiso ir. "Hagan sus trabajos; si la gente está de acuerdo, no hay problema", nos dijo.

Al principio *Marcos* me pareció que era una persona muy consciente. Vino bien suave. Pero cuando se dio cuenta de que tenía un chingo de gente se volvió mandón, autoritario, agresivo. Empezó a decir que no hay Dios, y que la palabra de Dios eran puras historias. Y ahí empezó el conflicto con los campesinos. Había cambiado mucho, porque antes respetaba las creencias y había orden. Pero después se hizo el desmadre. Los insurgentes se llevaban a muchachas, se enamoraban, se juntaban, no respetaban al papá, son desobedientes. Luego no aguantaban la montaña y regresaban embarazadas. Y su papá a cargar con el niño. En las comunidades sólo se tiene un hombre. Ahí no, ahí a veces se juntan y se separan. Se rompían las parejas.

Don Samuel no estaba de acuerdo con la guerra, sí con la lucha social. Participaba en actos religiosos en Las Cañadas. Hacía visitas esporádicas. Llegaba en avioneta y a caballo. Se reunían los diferentes ejidos en un lugar para que él no tuviera que caminar. Don Samuel no te preguntaba nada. Hasta 1988 es pura religión. Pero cuando *Marcos* quiere acabar con la palabra de Dios, ahí se enteraron los padres y el obispo. Entonces don Samuel llegó a decir que teníamos que estar unidos. Él sabía que había pleito en las comunidades y que se había matado gente por orden de la dirección zapatista. Nos decía que la lucha buena es la que busca la libertad de la gente, y la lucha mala, la que friega a la gente.

Pero cuando estalla el conflicto don Samuel se va con el EZLN. Es un desmadre. Los zapatistas desalojaron a los que no estaban con ellos, les quitaron las pertenencias, los ganaditos, las parcelas, todo. Samuel no dijo nada contra los abusos. Nunca contestó a las cartas ni a las denuncias que la gente le mandaba. Nunca nos explicó Samuel por qué apoyaba al EZLN, por eso la gente se encabronó. Yo no quería estar en contra de *Marcos*. Yo hablo con la religión y con los zapatistas para que no haiga bronca. El camino de la lucha no es que los campesinos se enfrenten, sino acabar la sistema. Nuestra lucha es de más de veinte años. *Marcos* no nos puede acabar. Muchos jóvenes se fueron con él porque no conocen nuestra historia. Está cabrón. Una tercera parte de los catequistas se fueron con el EZLN y los problemas fueron mayores. Hay comunidades con dos grupos de oración distintos.

Cuando decidí retirarme del movimiento, un poco antes del levantamiento del 1 de enero, *Marcos* me amenazó de muerte personalmente, por gobiernista. Yo había sido elegido presidente de la ARIC en 1991.

Marcos tenía buenas razones para estar furioso: él había apoyado la candidatura de Lázaro a la jefatura de la ARIC para infiltrar esta organización campesina, la más importante de la región, y Lázaro no había cumplido. El *subcomandante* zapatista se sentía traicionado por su principal cuadro indígena. Era un duro golpe en el momento en que las relaciones con la Iglesia andaban por los suelos.

Yo salí de la organización porque *Marcos* ya se desligó de los otros dirigentes. *Germán*, *Rodrigo* y *Elisa* no estaban de acuerdo con que la guerra empezara. *Marcos* no aceptó esperar porque sabía que la zona estaba dividida y mandó todo. La mayoría de las Cañadas no quería que empezara la guerra, pero se perdieron todas las nociones. El *Marcos* decía que la guerra iba a empezar nacional e internacional. La gente no sabía y él los engañaba.

Antes de romper con el *subcomandante*, Lázaro había recorrido un buen trecho del camino con los zapatistas. Como el joven *Antonio*, había sido seleccionado para seguir un cursillo de formación política en la escuela de cuadros de la ciudad de México. Es allí donde conoció al *capitán Eduardo*, "un ladino que sabía hacer metralletas Sten". En 1986 visitó diversas regiones del país para asistir a reuniones clandestinas: con mineros en el estado de Chihuahua, con algodoneros en el estado de Coahuila y con obreros de Monterrey. "Pensábamos hacer la guerra en cuatro puntos cardinales. Los mineros y los obreros iban a hacer la guerra en la ciudad, los milicianos en el campo y los insurgentes iban a atacar los cuarteles. Había grupitos chicos, armados, en varios estados: Guerrero, Veracruz, Oaxaca, Puebla, Tabasco. Ya en 1990 los obreros se rajaron por la actitud de *Marcos*. Se creía mucho".

Desde 1988 el *comandante Germán* había estado alertando a sus compañeros sobre "las equivocaciones cometidas" en el reclutamiento de los obreros. "Hemos fracasado en nuestro proyecto de incorporar a los obreros como revolucionarios profesionales", escribía en un documento interno. "Comenzamos a formar comandos obreros de hostigamiento urbano, pero cometimos el error de intentarlo con una célula de integración rápida y todo el trabajo se vino abajo con la defección total de la célula". El *comandante en jefe* extraía las lecciones del descalabro en estos términos: "No hay que idealizar a la clase obrera, pensando que con acercarnos a ellos está asegurado el futuro de la revolución. Sólo empleando la teoría y la práctica marxista-leninista lograremos que la clase obrera tome conciencia y se convierta en una clase en sí, en un clase para sí".[1]

Lázaro no había necesitado leer el texto de *Germán* para comprender que la *estrategia obrera* de la guerrilla había desembocado en un fiasco, y que el proyecto nacional de *Marcos* tenía pocas posibilidades de salir adelante. Guiado por su instinto y su ambición, el diácono-guerrillero se había convertido en un personaje importante en su región: era a la vez la principal autoridad religiosa y el más alto responsable indígena del EZLN. Puesto que ya su poder estaba consolidado, ¿por qué arriesgarse a perderlo todo poniéndose al servicio de una organización cuyos principales dirigentes se encontraban en la ciudad de México y cuyos objetivos no eran necesariamente compatibles con los de las comunidades indígenas? Procurando cubrirse las espaldas, consultó con el obispo de San Cristóbal, que comenzaba, él también, a preocuparse por las maniobras de *Marcos* en Las Cañadas. No contento con preparar la revolución, el líder zapatista había empezado a *usurpar* las atribuciones religiosas de Samuel Ruiz: oficiaba personalmente los casamientos en los campamentos rebeldes y, más grave aún, algunos de sus subordinados, en particular un zapatista de la comunidad de Las Tazas llamado Marcelo, celebraban bautizos sin la autorización del obispo.

1988 llegaba a su fin y los primeros síntomas de tensión eran ya palpables en los pueblos dominados por los zapatistas, que pretendían imponer sus leyes en toda la zona. Apoyado por algunas personalidades influyentes de la diócesis, entre ellas Lázaro Hernández, Samuel Ruiz comenzó a organizar, con el mayor secreto, un colectivo de autodefensa, rival del EZLN. Para ello echó mano de un grupo de reflexión que él había contribuido a crear en 1980 bajo el nombre de SLOP (*raíz*, en tzeltal) para defender los valores indígenas en el marco de la lucha por la tierra.

SLOP, la guerrilla de Samuel Ruiz

"Al principio, SLOP no era un movimiento clandestino en el estricto sentido de la palabra, sino más bien una organización subterránea para cuidar el espíritu de la palabra de Dios", recuerda uno de sus antiguos impulsores, el padre Pablo Iribarren, que dirigió durante mucho tiempo la misión dominica de Ocosingo.

El proceso de evangelización de los años setenta había empezado a sufrir desviaciones e influencias de tipo político. Esto llevó a un pequeño grupo a tratar de recuperar los valores espirituales de la evangelización. Estas personas se comprometen a cuidar la mística de la construcción del Reino de Dios y el fermento liberador de la vida de Las Cañadas a partir de dos instrumentos claves: los catequistas, encargados de expandir la palabra de Dios, y la asociación de defensa de los campesinos indígenas,

Quiptic Ta Lecubtesel (que posteriormente se integraría en la ARIC). SLOP era, entonces, una alianza entre la Iglesia en su concepción crítica y liberadora, como hermana mayor, y la organización campesina, como hermana menor.

Mucho antes de la llegada de *Marcos* a la región, la diócesis había creado SLOP para hacer contrapeso al activismo de los grupos maoístas a los que el propio obispo de San Cristóbal había invitado a trabajar en Chiapas durante los años setenta, y cuyo control se le había ido de las manos. Samuel Ruiz necesitaba cuadros dirigentes, así que decidió formarlos para no depender de los *asesores* maoístas. Fascinado por la revolución sandinista, que acababa de triunfar en Nicaragua en 1979 con el apoyo de un sector de la Iglesia, el obispo envió a uno de sus colaboradores a un curso de un año en ese país centroamericano, para que estudiara *el modelo* y se trajera después la experiencia a Chiapas. Su elección recayó sobre un hermano marista, Javier Vargas, que era, desde los años sesenta, uno de los puntales de la pastoral en la región de Ocosingo y se ocupaba de la formación de los catequistas en San Cristóbal.

A su retorno de Nicaragua, Javier Vargas se encargó de dinamizar la acción pastoral a través de proyectos de desarrollo comunitario destinados a mejorar las condiciones de vida en los pueblos indígenas. SLOP había nacido ya, y uno de sus cometidos era buscar el apoyo de las organizaciones no gubernamentales para financiar la construcción de hornos de pan, granjas de pollos y talleres de carpintería y costura. En las discusiones del grupo se había planteado también la necesidad de organizar la autodefensa de las comunidades, pero dada la falta de experiencia en la materia, esta misión se dejó a los elementos externos a la región que se instalaron en la Selva Lacandona a partir de noviembre de 1983 y fundaron el Ejército Zapatista.

SLOP y el EZLN colaboraron durante seis años, hasta que el obispo de San Cristóbal decidió poner fin a una relación que no le convenía más.

"Lázaro y algunos otros indígenas", cuenta Pablo Iribarren, "no aceptaban ya la idea de estar a las órdenes de *Marcos, Rodrigo* y *Germán*. Les resultaba extraño estar supeditados a liderazgos externos. Además, los veteranos indígenas no pretendían meterse en la lucha para tumbar al gobierno e instaurar un régimen socialista. Su proyecto era menos ambicioso: conseguir más justicia".

Dos hermanos maristas, Hugo y Martín, llegaron a finales de 1988 a Las Tazas, una comunidad situada cerca del Jataté, el impetuoso río que atraviesa la Selva Lacandona de lado a lado. Los indios tzeltales de este ejido estaban profundamente divididos y los maristas, enviados por SLOP, tenían por misión devolver al redil a las *ovejas descarriadas*.

> Nos decían que *Marcos* es mestizo, que no es pobre, y que por qué dejamos que nos mande. Explicaban que quería imponer sus ideas, que lo agarraba todo [recuerda Salvador, un catequista de Las Tazas]. Lázaro también nos visitó. Decía que *Marcos* era muy duro, que castigaba mucho y que no podía mandar a los indígenas. Que el líder fuera indígena. Organizó un campamento y trató de convencer a la gente para que fuera con él. Decía que iban a llegar camiones de armas de Cuba y de Nicaragua, y que les iba a pagar. No era cierto, pero Lázaro se las arregló para conseguir veinte millones de pesos [casi siete mil dólares a la tasa de cambio de entonces] para comprar armas en el mercado negro de Tapachula, cerca de la frontera con Guatemala.

Según Salvador, los fondos fueron proporcionados por las aportaciones voluntarias de la comunidad y por

DESMI, una pequeña organización que dirigía varios proyectos de desarrollo financiados con donaciones internacionales. El responsable de DESMI, Jorge Santiago, era un antiguo seminarista y mantenía una estrecha relación con el obispo de San Cristóbal.

> Lázaro le dio el dinero al Flaviano, un capitán del EZLN que había puesto al frente del nuevo ejército. Flaviano fue a Tapachula con dos compañeros, Marcelino y Juan. Regresaron con algunos fusiles automáticos M-16 y M-1, y otros de calibre 22. Habían comprado también tela *Superman* para hacer los uniformes y las mochilas en los talleres de costura de SLOP. [Las cosas fueron mucho peor en el segundo viaje.] Nunca se supo realmente lo que pasó, prosigue Salvador. Marcelino y Juan inventaron un cuento: que les habían asaltado y que tuvieron que dar los diez millones de pesos. Yo creo que tomaron trago y perdieron el dinero. El caso es que volvieron sin pesos y sin nada. Se encabronó *Tatic* [Samuel Ruiz].

Estas peripecias no contribuyeron a consolidar el pequeño ejército de Lázaro, alias *Jesús* o *el Diablo*, como le llamaban también sus compañeros tzeltales. A pesar de todo, el diácono pensaba que tarde o temprano lograría tomar el control del EZLN gracias a la influencia que ejercía sobre las comunidades indígenas y al apoyo del obispo de San Cristóbal. Para afianzar su posición, decidió aproximarse a ciertos sectores de la izquierda que habían apoyado la candidatura de Cuauhtémoc Cárdenas durante la elección presidencial de julio de 1988. Invitó a un pequeño grupo de *cardenistas*, como les llamaban los indígenas, a visitar el campamento del capitán Flaviano. "Queríamos saber si los cardenistas estaban dispuestos a ayudarnos", cuenta un testigo. "No en el terreno militar, sino en lo social. Necesitábamos técnicos, agrónomos, maestros, médicos..."

El asunto llegó, como no podía ser menos, a oídos de *Marcos*, que desencadenó una ofensiva inmediata contra los *cardenistas*. El *subcomandante* organizó asambleas en Las Cañadas para explicar que todo era un intento de infiltración del gobierno, y acusó a Lázaro y a SLOP de estar en el origen de esta provocación. El jefe zapatista acudió también a Las Tazas. "Dijo que la gente esa jugaba al guerrillerito, y que si llegaba el ejército él no tendría culpa de nada, que el responsable era don Lázaro que era un mentiroso", explica Salvador. "Y la gente ya no les apoyó. Después *Marcos* mandó tumbar el campamento de Flaviano". El pequeño ejército del diácono-guerrillero sólo había sobrevivido dos meses y el jefe zapatista había retomado el control de la situación. Pidió entonces a Lázaro organizar una reunión con un representante del obispo y los dirigentes de la ARIC para negociar un pacto de no agresión entre las diferentes organizaciones. El encuentro tuvo lugar en Ocosingo, en la casa de Lázaro, en presencia de *Marcos*. SLOP, ARIC y EZLN se comprometieron a respetar sus zonas de influencia. Lázaro hizo su acto de contrición y conservó sus funciones dentro del Ejército Zapatista. Las aguas volvieron a su cauce y, aprovechándose de su victoria, *Marcos* se apresuró a romper el acuerdo que acababa de suscribir.

"Los cuadros político-militares del EZLN tomaron medidas draconianas contra sus adversarios", recuerda el padre Pablo Iribarren. "Expulsaron a familias enteras de sus pueblos o, en el mejor de los casos, los trataron como apestados y les prohibieron participar en las actividades de sus comunidades. Fue trágico, en especial en San Miguel, pero también en Patihuitz, Amador y Plan de Guadalupe".

Estos conflictos arrastraron y rompieron familias [corrobora Jorge Trejo, entonces destinado a la parroquia de Ocosingo]. La autoridad de la comunidad estaba amenazada. El conflicto tocaba a los elementos de la Iglesia. Algunos agentes pastorales ya no hacían lo que decía la comunidad, sino lo que ordenaba la Organización. Había *tuhuneles* (diáconos) que no daban los sacramentos si la comunidad no estaba en el movimiento, y otros que no los daban si la gente estaba en el movimiento. Y, al revés, comunidades que no aceptaban al *tuhunel* por estar dentro o fuera de la organización. Teníamos que intervenir nosotros: "No señor. Tú puedes hacer lo que quieras, pero la iglesia es la comunidad, no es parte de la Organización". Había que convencerlos, pero convence tú a un tzeltal.

Las anécdotas vividas en aquellos años por los sacerdotes de Ocosingo son, en retrospectiva, avisos de lo que iba a suceder después. En una comunidad la población llegó a dividir materialmente la ermita. En otra, la mitad de la congregación se presentó uniformada y armada a una celebración dominical, mientras la otra mitad protestaba airadamente.

Vivimos situaciones terriblemente difíciles [recuerda el padre Jorge Rafael Díaz]. Comunidades divididas, a punto de chocar, dramas familiares. Una vez en una comunidad decidí amenazar con sacar al Santísimo si no se arreglaban. No les íbamos a quitar los sacramentos, pero era una medida muy dura, porque no saben con cuánta veneración habían recibido al Santísimo. Hablaron entre ellos. El murmullo fue creciendo. Llegué a temer por mí: el Santísimo no sale de aquí, pensé, pero yo tampoco. Fue bajando el volumen de las voces. Un hermano salió y me dijo que habían llegado a un acuerdo: iban a pedirse perdón, y yo dejaría la imagen. Así que hicimos una misa de reconciliación comunitaria y les di la absolución.

274

Las ambigüedades de un obispo

¿Cómo se había llegado a esta situación? ¿Se sentía *Marcos* lo bastante fuerte como para enfrentarse al obispo de San Cristóbal, después de que le permitió introducirse en su territorio? ¿Había abusado el líder zapatista de la confianza de Samuel Ruiz? ¿O bien el prelado se había visto finalmente sobrepasado por una situación que él había contribuido a crear y que ya no sabía cómo controlar? El comportamiento y el discurso ambiguo de este peculiar personaje, por lo menos tan ambicioso como *Marcos*, ha sido denunciado a menudo por sus enemigos, que le acusan de haber incitado a los indios a la rebelión.

Las cosas no son, desde luego, tan simples, pero el hermetismo y las mentiras del obispo han favorecido los rumores más disparatados sobre él, al punto de que los servicios de inteligencia mexicanos, que no hilan demasiado fino, creyeron durante mucho tiempo que el prelado y el *comandante Germán*, el máximo dirigente del EZLN, eran la misma persona. Con todo, *Marcos* y sus amigos jamás hubieran podido organizar un movimiento de guerrilla sobre el territorio diocesano en contra de la voluntad de Samuel Ruiz, según aseguran todos los que conocen las reglas del juego. ¿Puede deducirse que el obispo los había invitado a instalarse en Chiapas en función de un proyecto político personal, inspirado en la revolución sandinista y en la guerrilla salvadoreña, por las que profesaba una gran simpatía?

A comienzos de los años ochenta el proceso revolucionario en América Central parecía irreversible. La muerte del arzobispo de San Salvador, Óscar Arnulfo Romero, asesinado en 1980 por un comando de la extrema derecha, contribuyó a radicalizar a Samuel Ruiz y a sus colaboradores más cercanos. La mayoría de ellos había hecho la indispensable peregrinación a Nicaragua para apoyar al sector de la Iglesia local que participaba activamente en la revolución. Creían que Chiapas no escaparía a la corriente y deseaban ardientemente participar en el proceso. Había que prepararse y dar un pequeño empujón para forzar el cambio en México.

"El Reino de Dios puede pasar por un cauce político, como es el caso nicaragüense", había declarado Samuel en junio de 1992 a la revista mexicana *Época*.[2] Evidentemente, el obispo no había aprendido nada de la tragedia de Nicaragua, cuya terrible guerra civil había terminado en 1990 con la derrota electoral de los sandinistas y de sus aliados de la llamada *Iglesia popular*. ¿Significa esto que Samuel alentó el levantamiento?

> Yo no lo sé, pero no me cabe duda de que ha actuado como un aprendiz de brujo. Ha desencadenado unas fuerzas que luego no ha podido controlar [afirma uno de sus colegas con tono de reproche]. Es él quien ha provocado el incendio, y cuando ha querido apagarlo era demasiado tarde. Es él quien ha dicho: "Lo que tenga que pasar, pasará. Habrá sangre, y será por el bien de México, porque el futuro del país depende de Chiapas". Esta frase revela una megalomanía cuando menos preocupante.

"Samuel ha cultivado tanto la ambigüedad desde hace veinte años, que ya no se sabe cuál es la motivación principal de su acción: si la opción por los pobres, como él dice, o la lucha por el poder", reconoce una persona de su entorno. "Yo no creo que él haya invitado a un movimiento de guerrilla a su territorio para derrocar al gobierno. Pienso más bien que buscaba la formación de una fuerza de autodefensa para proteger a los indígenas de los abusos de las autoridades y de los grandes finqueros". Los problemas surgieron a partir de 1989, cuando el obispo se dio cuenta de que el EZLN funcionaba de forma autónoma y no respondía ya a los intereses de la Iglesia, al menos tal y como él los concebía. Se encontró de pronto con un verdadero ejército que preparaba una insurrección sin haberle consultado, y que pretendía imponer un modelo político autoritario.

Samuel se sintió utilizado por *Marcos*. La guerrilla había penetrado su base social y la había encauzado hacia un objetivo que él quizás podía compartir, pero que en ningún caso deseaba que otros le impusieran. Éste fue el comienzo de una verdadera lucha por el poder entre los dos hombres. El obispo de San Cristóbal apoyaba discretamente a la organización zapatista o tomaba sus distancias, según las circunstancias. Quería mermar la influencia de *Marcos*, pero sin llegar a la confrontación abierta, de la que el gobierno, el enemigo común, se hubiera sin duda aprovechado. Después del 1 de enero de 1994, Samuel Ruiz proclamó a los cuatro vientos que él había intentado disuadir a los rebeldes del recurso a la violencia, lo que era en parte verdad. Pero al mismo tiempo, se apresuró a subirse sobre la ola de popularidad de los zapatistas, tomando incluso en su nombre el control de la negociación. Había logrado invertir los papeles: desde ese momento era él quien utilizaba a *Marcos*, con un nuevo objetivo en la cabeza: el premio Nobel de la Paz, que, según consideraban sus allegados y sus numerosos partidarios en el extranjero, merecía por su compromiso en favor de la reconciliación.

Lorenzo, un dirigente indígena que vivió de cerca todas estas peripecias, cuenta a su manera las tumultuosas relaciones entre el jefe de la guerrilla y el obispo de San Cristóbal.

Al principio se llevaban bien, pero a partir de 1989 don Samuel decía en sus rezos que no había por qué derramar sangre. El obispo apoyó mucho para que la gente se dividiera. Hasta dijo que no había que ayudar a los zapatistas ni mandarnos comida. La gente empezó a salirse. *Marcos* se encabronó. Decía que don Samuel era modista, que seguía las modas: en 1980 había el problema de Guatemala, El Salvador, Nicaragua y los curas estaban muy de acuerdo. Pero cuando derrotan a El Salvador, Nicaragua y la URSS, la diócesis empieza a retirar su palabra. *Marcos* decía que eran oportunistas. Finalmente, *Marcos*, *Rodrigo*, *Pedro* y *Yolanda* hablaron con Samuel para pedirle explicaciones. Él dijo que había sido una mala interpretación de la gente y que no había dicho que no había que apoyar a los zapatistas. Pero era mentira. Sí que lo había dicho. Luego en 1994 se puso de nuestro lado. Se dio cuenta de que sí lo hicimos, y de que la gente nos apoyó, así que don Samuel se fue con nosotros de una vez.

Conocido por sus cambios de humor y su carácter irascible, Samuel Ruiz recurre al exabrupto cuando se siente acorralado por un interlocutor incisivo. "Me importa la liberación, la teología me vale un bledo", soltó en una conversación con la prensa.[3] El obispo no duda en compararse con Cristo: "Como Jesús, yo me lanzo por los pobres, aunque eso signifique lanzarse a un abismo".[4] Su vicario, el dominico Gonzalo Ituarte —verdadero hermano siamés del obispo, hasta en la calvicie, las camisas de cuadros y las corbatas disparatadas— declaraba a Régis Debray: "No estoy de acuerdo con la lucha armada, pero entiendo sus motivos. Los zapatistas luchan por lo mismo que nosotros. Si razonara como teólogo, diría que es una *guerra justa*. La situación social ya no se toleraba".[5] Cuando se conoce el papel que desempeñaron Samuel y Gonzalo en el crecimiento del movimiento zapatista, cerrando los ojos cuando les convenía, estas palabras revelan un cinismo poco común, que supura también en las declaraciones del obispo de San Cristóbal. A pesar de las evidencias, el prelado sigue sosteniendo que nunca se reunió con *Marcos* antes de la insurrección del 1 de enero de 1994. "Conocíamos su nombre y sabíamos que existía", declaraba, imperturbable, a la enviada especial de la revista estadounidense *Vanity Fair* varios meses después del levantamiento.[6]

De hecho, desde 1983 Samuel Ruiz y varios sacerdotes se reunían regularmente con los principales dirigentes de la guerrilla, en particular con los *comandantes Germán* y *Rodrigo*, que acudían de vez en cuando a Chiapas para evaluar la situación con *Marcos*. "En esos encuentros", precisa un testigo, "se abordaban todas las cuestiones, tanto la situación política nacional e internacional como los problemas socioeconómicos de las comunidades indígenas de la diócesis. *Germán* y *Rodrigo* eran los verdaderos interlocutores del obispo o de sus representantes. *Marcos* era un subordinado y prefería en general dejar hablar a sus superiores". Las cosas cambiaron a partir de enero de 1993, después de la tumultuosa reunión de Prado, en la que *Marcos* logró sacar a *Rodrigo* de la dirección zapatista e imponer su punto de vista en favor de la guerra contra "el mal gobierno". En lo sucesivo él sería el hombre fuerte de Las Cañadas, en competencia directa con el obispo de San Cristóbal, que ya no podía contar con la aparente moderación de los otros jefes de la guerrilla para retrasar el comienzo de las hostilidades.

Samuel Ruiz se embarcó entonces en una contraofensiva destinada a evitar que las comunidades indígenas se lanzaran a una aventura que le parecía suicida. En varias ocasiones, después de la reunión de Prado, el prelado denunció duramente el proyecto bélico de *Marcos*. Lo hizo sobre todo en las ceremonias religiosas en las comunidades de las regiones de Ocosingo y de Las Margaritas. En una carta enviada a los diáconos y a los catequistas reunidos en Santa Elena, un ejido de la Selva Lacandona, calificó al EZLN, sin citarlo jamás por su nombre, de "organización maldita que preconiza la guerra y la muerte".

Para justificar este cambio de actitud con relación a la guerrilla a partir de 1989, el obispo de San Cristóbal tuvo que dar explicaciones a sus fieles. Lo hizo, una vez más, por medio de SLOP, que organizó una serie de reuniones en los locales del seminario de San Cristóbal entre 1989 y 1993. A ellas acudían diáconos, catequistas y representantes de ejidos cuidadosamente seleccionados en función de su lealtad a la diócesis. "Don Samuel nos decía que no podíamos tumbar al gobierno, porque era demasiado poderoso y sus raíces no estaban en Chiapas", cuenta uno de los participantes, que ha conservado sus anotaciones, en español y tzeltal, en un cuaderno escolar. "Nos explicaba cómo decir a las gentes que había que parar la guerra. Cuando el curso terminaba, íbamos a nuestras comunidades para repetir lo que nos había dicho".

En sus intervenciones, el *Tatic*, que estaba generalmente acompañado por Gonzalo Ituarte, su *hermano siamés*, no ocultaba que él había contribuido a que los guerrilleros venidos de la ciudad de México se instalaran en Chiapas. Asumía su responsabilidad, pero alegaba al mismo tiempo las circunstancias atenuantes: había sido engañado, decía, por la "Organización Zeta", como los indígenas solían llamar al EZLN.

"Nos contaba la historia de México desde la Conquista, cuando el emperador Moctezuma es traicionado por una mujer que permite la victoria de Hernán Cortés", recuerda nuestro testigo. "Después nos hablaba de la guerra de la Independencia con el cura Hidalgo, y de la Revolución de 1910 con Zapata". El obispo evocaba también su llegada a San Cristóbal, en 1960, y la nueva *catequesis liberadora* que había desarrollado con los indios de la Selva Lacandona. Recordaba la importancia del Congreso Indígena de 1974; la creación, al año siguiente, del sindicato campesino Quiptic Ta Lecubtesel; el papel de los *asesores* maoístas a partir de 1976 en Chiapas y el nacimiento de SLOP en 1980 para luchar contra la influencia excesiva de los maoístas. Explicaba que había que analizar la situación local dentro de un contexto más global, el de la división del mundo en dos sistemas, uno capitalista y otro socialista. Describía la situación de la URSS y de Cuba, y hacía un resumen de las *guerras de liberación* en América Central durante los años ochenta, en particular en Nicaragua, donde "la revolución había triunfado" en 1979.

Para facilitar la comprensión de sus explicaciones, Samuel Ruiz y Gonzalo Ituarte dibujaban gráficos en una pizarra. Escribían las grandes fechas de la historia de la diócesis que acababan de enunciar. Marcaban una "Z" frente al año 1983, fecha de la llegada a la Selva Lacandona del EZLN, con los *comandantes Germán* y *Elisa*, a los que se uniría *Marcos* algunos meses más tarde. Y recordaban a su auditorio que ellos habían acogido a esta organización porque, en esa época, SLOP también creía que las armas podían conducir a la liberación.

> Trabajamos seis años con ellos [decía Samuel Ruiz]. Prepararon a los jóvenes, e incluso a las mujeres, para la lucha armada. En 1989 nos empezamos a dar cuenta de que ése no era el buen camino. Abrimos los ojos cuando la guerrilla de El Salvador tomó la sabia decisión de negociar con el gobierno capitalista después de doce años de guerra. Desde que cerramos la puerta a los Zetas, en 1989, nuestra organización, SLOP, lucha contra ellos. Y esto dura ya cuatro años.

Después de ser un aliado, *Marcos* se había convertido en un peligro para el obispo de San Cristóbal, quien, tras el levantamiento del 1 de enero de 1994, se guardó bien de reconocer que él mismo había apoyado durante un tiempo la lucha armada, antes de tomar sus distancias con respecto al EZLN. Además de las razones políticas externas que había invocado ante los catequistas para justificar su conversión, Samuel Ruiz estaba profundamente afectado por el éxito fulgurante que *Marcos* había logrado entre los indígenas. De una cierta manera, el antiguo estudiante de filosofía le había robado en unos pocos años una buena parte de sus fieles, que constituían la base de su poder religioso, pero también político. Desde 1960 el obispo había recorrido pacientemente su inmenso territorio para difundir la palabra de Dios, y he aquí que de pronto ese mocoso, que había desembarcado hacía poco tiempo, y que ni siquiera hablaba las lenguas indígenas, se subía de un salto a la cima del árbol plantado con esmero por la Iglesia.

Los miembros de slop escuchaban con atención las explicaciones de Samuel Ruiz en una de esas reuniones organizadas en una sala del seminario de San Cristóbal. Ese día, el obispo estaba de buen humor, a pesar de que algunas semanas antes el ezln había votado en favor de la guerra durante su congreso de enero de 1993 en la comunidad de Prado. El *Tatic* dibujó en el pizarrón un árbol de follaje frondoso, que representaba, dijo, a la comunidad indígena organizada. A la altura de las raíces, escribió la palabra slop. "El tronco", dijo, "representa a los campesinos. Y las hojas son la tradición y la palabra de Dios". Después, en la cima del árbol, dibujó una "Z". Desde allí trazó una flecha que iba hasta la base. Y explicó: los zapatistas se habían apoderado del árbol sin pasar por las adversidades que los campesinos habían sufrido para construir sus propias organizaciones. Comparó al ezln con el *majanté*, esa planta parásita que se instala sobre las ramas más altas de un hermoso árbol y que se alimenta de él hasta matarlo. Para salvarlo, hay que cortar los múltiples brazos del *majanté* que le ahoga, de la misma manera que ya se hacía apremiante romper los lazos con la Organización Zeta para proteger a las comunidades indígenas de su destrucción.

El obispo repitió este mensaje hasta diciembre de 1993, apenas unos días antes de la insurrección. Los acontecimientos demostraron que los ruegos de Samuel Ruiz habían llegado demasiado tarde. La maquinaria estaba en marcha y nadie la podía parar, ni siquiera el *Tatic*, quien, víctima de sus propias contradicciones, debió hacer frente simultáneamente a otra ofensiva procedente de Roma y de la ciudad de México.

La ofensiva contra Samuel Ruiz

Mientras que *Germán*, *Marcos* y el *subcomandante Pedro* organizaban el levantamiento con los dirigentes indígenas en la Lacandona, el gobierno preparaba a su vez un plan de desestabilización contra aquel a quien consideraba el principal aliado de la guerrilla, el obispo de San Cristóbal. Samuel Ruiz no era, desde luego, santo de la devoción de las autoridades mexicanas ni del Vaticano, pero había sabido explotar hábilmente las malas relaciones entre México y Roma para conservar sus funciones. El restablecimiento, en septiembre de 1992, de los lazos diplomáticos con la Santa Sede (que habían sido interrumpidos en el siglo pasado) dio la vuelta a la situación. Los adversarios del prelado decidieron actuar conjuntamente para deshacerse de él. Procurando respetar, al menos en apariencia, el principio de la no intervención del Estado en los asuntos internos de la Iglesia, el gobierno propuso al representante del Vaticano en México que lanzara la ofensiva. El nuncio apostólico, Girolamo Prigione, no se hizo de rogar.

El 26 de octubre de 1993, Prigione convocó al obispo para informarle de que el papa Juan Pablo II le sugería "renunciar voluntariamente" o rectificar su posición, después de haber constatado sus "graves errores doctrinales, pastorales y administrativos". Una carta firmada por el prefecto de la Sagrada Congregación de Obispos, el cardenal Bernardin Gantin, acusaba a Samuel Ruiz de defender "una interpretación del Evangelio a partir de un análisis marxista, dando así una visión reductiva de la persona y la obra de Jesucristo". Le acusaba igualmente de ejercer una pastoral no conforme "en todos los aspectos a la enseñanza de la Iglesia", y de rechazar la colaboración de sacerdotes y laicos que no compartían su visión. "En consecuencia", concluía el cardenal Gantin, "la Santa Sede señala la absoluta imposibilidad de consentir que en San Cristóbal de Las Casas continúe una situación doctrinal y pastoral que se considera en abierto contraste con lo que exige la unidad de la Iglesia".[7]

Samuel Ruiz encajó el golpe, pero se sintió trastornado. Estaba convencido, y tenía razón, de que se trataba de un ajuste de cuentas políticas. Sabía que el contenido de la carta pastoral que había hecho llegar al Papa durante su visita a México, tres meses antes, había irritado profundamente al gobierno. El texto, titulado *En esta hora de gracia*, era un recuento implacable de la situación de los indios desde la colonización hasta nuestros días. El obispo denunciaba a lo largo de 28 páginas la represión, la tortura, "la fabricación de delitos", "la corrupción generalizada de las autoridades", "la justicia al servicio del dinero y de la ideología política dominante", el racismo, la confiscación de tierras que "hace del indio un extranjero en su propio territorio", la explotación de los "intermediarios voraces" que compran los productos agrícolas a bajo precio, y la "modernidad neoliberal" que parece considerar a la diversidad étnica como un "estorbo" para el progreso económico.

La carta pastoral del *Tatic* constituía una acusación contra el sistema político mexicano. El documento daba la palabra a los indios en estos términos: "En las elecciones nos obligan a votar por el partido oficial: el PRI [...] El capitalismo necesita de las privatizaciones y del Tratado de Libre Comercio para seguir avanzando en beneficio de los más fuertes, de los más poderosos

[...] abandonando a su suerte a miles de campesinos y obreros". Samuel Ruiz denunciaba la nueva política agrícola que, bajo el pretexto de la modernización, ponía fin al reparto de tierras según el modelo del *ejido** y hacía de la tierra una mercancía más, sin tener en cuenta las necesidades reales de los campesinos pobres. "No podemos mantenernos al margen de lo que está sucediendo entre nosotros", explicaba. "Conociendo la realidad dolorosa de nuestros hermanos, los más pobres entre los pobres, optamos por acompañarlos, como el buen samaritano, en su búsqueda eficaz por una nueva sociedad, estructurada sobre la justicia y la fraternidad".[8]

Samuel Ruiz se presentaba como el intérprete de los indios, pero el contenido ideológico de sus discursos le traicionaba. De hecho, él expresaba su propia visión de las cosas, recurriendo a veces a conceptos totalmente extraños al pensamiento indígena, tomados de los análisis tercermundistas de los años sesenta sobre *el centro y la periferia*. "La ruptura de la dependencia", escribe, "se inicia desde la periferia, cuando el marginado y oprimido se hace pueblo consciente y organizado. El Estado no permite esta ruptura porque fraccionaría su proyecto hegemónico; por eso busca controlar al pueblo y mantenerlo sin conciencia y sin organización mediante controles políticos, económicos, ideológicos y policiaco-militares". Con la excepción de un párrafo en el que condena sin rodeos "el control artificial de la natalidad y la promoción de la ley del aborto" —en este aspecto, el obispo está totalmente en la línea del Vaticano—, *Marcos* y sus amigos compartían este análisis y habían escrito textos parecidos en las revistas destinadas a los cuadros de las FLN y del EZLN.

---

* Forma de propiedad social que combina la gestión colectiva con el usufructo individual de las parcelas.

Más allá de las coincidencias ideológicas entre la diócesis y la guerrilla, la carta pastoral resulta profética cuando evoca el riesgo "de enfrentamientos y tensiones entre los actores políticos fuera de las reglas y de los acuerdos institucionales". Esta advertencia prueba a posteriori que Samuel Ruiz sabía lo que se preparaba en su territorio y temía una división irremediable de las comunidades entre los partidarios y los adversarios de la guerra. "¿Por qué no iniciar una vía diferente, sin esperar a que las estructuras sociales tengan que cambiar por la desesperación de los que han sido ancestralmente aplastados? [...] Individuos, grupos o comunidades que hayan entrado en colisión deben buscar puentes de comunicación de unos hacia los otros para vivir una transformación en la dimensión del perdón cristiano". Su llamamiento no fue lo suficientemente enérgico como para que lo captaran los futuros beligerantes. El gobierno creía poder comprar la paz gracias a su programa social, y *Marcos* no tenía ninguna intención de dar marcha atrás. El *Tatic* no ignoraba que en el momento preciso en que él presentaba su testimonio al Papa, el 11 de agosto de 1993, más de mil zapatistas participaban en las maniobras militares que habían comenzado el 6 de agosto cerca del pueblo de Ibarra para conmemorar el 24 aniversario del nacimiento de las Fuerzas de Liberación Nacional. Detalle curioso: la carta pastoral del obispo de San Cristóbal está fechada el 6 de agosto. ¿Pura casualidad? ¿O un guiño?

Samuel Ruiz era consciente de que su carta le había indispuesto con un sector importante de la jerarquía católica, que le reprochaba el "excesivo afán de protagonismo" y la "demagogia" que se escondían debajo de su compromiso con los pobres. La teología de la liberación, que había ejercido una gran influencia en América Latina a partir de los años setenta, estaba en decadencia. En el seno de la Iglesia mexicana, el sector conservador, apoyado por el nuncio, había vuelto a tomar fuerzas, pero los obispos moderados constituían una sólida mayoría que oscilaba entre "la opción preferencial por los pobres" y una forma de capitalismo social en un régimen democrático. Por primera vez en más de un siglo, la Iglesia y el gobierno mexicano habían encontrado un *modus vivendi*: en contrapartida al restablecimiento de las relaciones diplomáticas con el Vaticano y del reconocimiento de los derechos civiles del clero, la jerarquía católica se había comprometido tácitamente a no oponerse al proyecto modernizador y al *liberalismo social* del presidente Carlos Salinas. En este nuevo clima de colaboración entre los dos poderes, el obispo de San Cristóbal era el aguafiestas. Había que neutralizarlo.

Varios periódicos europeos anunciaron, a principios de noviembre, la remoción del obispo de San Cristóbal.[9] La temprana filtración de la noticia demostraba que Roma no había previsto la posibilidad de una insubordinación. "Samuel es extremadamente hábil", reconoce uno de sus adversarios, que prefiere mantenerse en el anonimato para no envenenar aún más la situación. "El Papa le había sugerido de forma muy educada que presentara su dimisión. Pero Samuel hizo como que no había comprendido y pidió un juicio público, para provocar un escándalo. Todo el asunto se convertía en un gran teatro. La Iglesia no podía permitirse este género de cosas". La operación contra Samuel Ruiz fracasó estrepitosamente.

El 24 de noviembre de 1993 miles de indios desfilaron por San Cristóbal en apoyo del *Tatic*, que les ofreció una misa de más de tres horas en la catedral. La partida estaba ganada. El poder y el Vaticano recularon discretamente, a la espera de un momento más favorable. Samuel Ruiz sabía que la tregua duraría poco.

La suerte de *Marcos* y la del obispo de San Cristóbal estaban ya entrelazadas. A lo largo de 1993 don Samuel había prestado grandes servicios a la causa zapatista, movilizando a las organizaciones de derechos humanos después del asesinato de dos oficiales del ejército y del descubrimiento de un campamento guerrillero en la sierra Corralchén. En ambos casos su intervención había hecho retroceder a las tropas federales, lo que había evitado un enfrentamiento que hubiera sido devastador para el EZLN. Condenados a entenderse frente a un enemigo común —las autoridades y los finqueros—, los dos *mesías*, aliados o adversarios según las circunstancias, se disputaban el poder en un mismo territorio. El jefe de los rebeldes había utilizado a los catequistas para organizar su *ejército*, lo que había disgustado al obispo. Pero a Samuel no se le escapaba tampoco que la amenaza de una insurrección en su diócesis convencería al Vaticano de mantenerle en sus funciones. Y si finalmente el levantamiento se producía, su presencia resultaría indispensable, tal y como él se encargó después de proclamar a los cuatro vientos. *Marcos*, en fin, sabía que el eventual traslado de monseñor Ruiz a otra diócesis eliminaría el principal obstáculo para una operación militar contra los campamentos zapatistas.

El 28 de diciembre de 1993, *Marcos* ordenó a sus tropas que se concentraran en varios puntos y se prepararan para atacar los objetivos convenidos. Durante los días siguientes los rebeldes se apoderaron de todos los vehículos disponibles en la Selva Lacandona, incluidos los de los finqueros, los de PEMEX y los de la Sociedad Francesa de Geofísica, que hacía la prospección petrolera en la región de Guadalupe Tepeyac. El 31 de diciembre, los insurgentes subieron a los camiones y los autobuses que habrían de conducirlos a Ocosingo, Las Margaritas, Chanal, Oxchuc y Huixtán. Otros emprendieron marcha desde los pueblos de los Altos hacia San Cristóbal. Todos iban vestidos de civil. Llevaban sus uniformes y las armas en las mochilas o en simples sacos de yute. Nadie los detuvo. A la entrada de San Cristóbal y Ocosingo, donde los esperaban elementos del EZLN infiltrados desde hacía varios días, se pusieron sus ropas de combate, resguardados por la oscuridad de la noche.

Al escoger el 1 de enero para lanzar su ofensiva, ¿pretendían los zapatistas rendir un homenaje a la revolución cubana, que festejaba ese día su 35 aniversario? ¿O, como declaró después *Marcos*, se trataba de "celebrar" de forma poco diplomática la alianza comercial con Estados Unidos? Cualquiera que fuera la razón, la decisión resultó atinada. Esa noche, en efecto, nadie los esperaba, aun cuando los rumores que anunciaban una rebelión inminente eran conocidos por todos.

QUINTA PARTE:
EL DESAFÍO

11

El levantamiento

En la madrugada del 1 de enero de 1994, los rebeldes llegaron al centro de San Cristóbal por la misma ruta que habían seguido el 12 de octubre de 1992, durante la manifestación organizada con motivo del 500 aniversario de la Conquista. Sólo que esta vez habían sustituido sus trajes típicos por el uniforme zapatista, y la mayoría iban armados, algunos con carabinas de caza o con simples machetes. Unos cuantos estaban cubiertos con un pasamontañas de lana.

Se protegían del frío, desde luego, porque la temperatura en esa época del año se acerca a los cero grados durante la noche. Pero también evitaban ser reconocidos por los habitantes del lugar, los *coletos*.

A la entrada de la ciudad, dos enormes carteles parecían dar la bienvenida a estos insólitos visitantes, como si se les estuviera esperando. La nueva campaña de publicidad que acababa de lanzar Coca-Cola anunciaba, en efecto, una "Maxi-Revolución: ¡la botella de dos litros!". Dadas las circunstancias, no dejaba de ser cómico. Los rebeldes se alzaban contra la "política neoliberal impuesta por Washington al gobierno de México" y ahí estaba la multinacional estadounidense pretendiendo recuperar la revolución para alentar el gusto inmoderado de los mexicanos por la célebre bebida gaseosa, de la que ya son los principales consumidores del mundo por habitante, detrás de Estados Unidos.

Esta vez no hubo acciones contra los símbolos de la Conquista española ni contra los de la invasión comercial yanqui, que sobrevivieron, sin un solo rasguño, a la insurrección zapatista. Los indígenas entraron sigilosamente, como un verdadero ejército de sombras, aprovechando la oscuridad y la despreocupación de los *coletos*, que celebraban la llegada del nuevo año. Hubo, eso sí, algunas ráfagas para calmar a los borrachos que no se tomaban en serio esta demostración de fuerza. ¿Víctimas? Un muerto y apenas algunos heridos. ¿Cuántos eran estos hombres y mujeres que habían decidido declarar la guerra al gobierno mexicano? Cerca de un millar en San Cristóbal. Otro tanto en Ocosingo. Y algunos centenares en otros puntos.

Hacia las dos de la madrugada, los zapatistas izaron su bandera en la plaza central, flanqueada por la alcaldía, la catedral y varios edificios de estilo colonial. Una estrella roja de cinco puntas sobre fondo negro ondeó en la noche. Era el emblema de las Fuerzas de Liberación Nacional, las FLN, pero las siglas de esta guerrilla de los años setenta habían sido reemplazadas por las cuatro letras del EZLN. Los rebeldes controlaban todos los accesos a la ciudad. La policía no ofreció ninguna resistencia y cuando sonó el teléfono de la comisaría fue el propio *Marcos* el que contestó, como contaría más adelante.

—¿Es la comisaría? Les llamo para avisarles de que hay mucha gente armada entrando en San Cristóbal.
—Está bien —responde el guerrillero. Estamos enterados. No se preocupe. Todo está bajo control.[1]

La guerrilla más extravagante de América Latina, que ha conocido toda suerte de movimientos subversivos en los últimos sesenta años, acababa de surgir en el país donde menos se la esperaba. Para empezar, resultaba anacrónica, en la medida en que la caída del Muro de Berlín, el desmantelamiento de la Unión Soviética y el fracaso de la revolución sandinista en Nicaragua parecían haber anulado toda posibilidad de recurrir a la lucha armada para cambiar un régimen político. Anacrónica, también, porque México celebraba oficialmente ese día su paso del Tercer Mundo al Primer Mundo con la entrada en vigor del Tratado de Libre Comercio con Estados Unidos y Canadá. Pero además era una guerrilla insólita, porque su jefe trufaba sus comunicados bélicos con largas citas literarias tomadas de los poetas republicanos españoles Miguel Hernández, León Felipe, Antonio Machado y Federico García Lorca, pero también de Cervantes, de Shakespeare, de Baudelaire y de Paul Eluard. Insólita, en fin, porque el "caballero guerrillero" había decidido conservar el anonimato, hecho sin precedentes en este tipo de organizaciones donde el culto a la personalidad sobrepasa a menudo al programa de acción, ya se trate de Lenin, Mao o Fidel Castro.

A diferencia de sus ilustres predecesores, el hombre que dirigía la toma de San Cristóbal tenía el rostro cubierto con un pasamontañas negro, que sólo dejaba asomar sus ojos y una nariz digna de Cyrano de Bergerac. "Una nariz impertinente", según la definición que el propietario daba de su "enorme protuberancia". Las tropas eran indígenas, pero el jefe era sin duda blanco. Se presentó simplemente con el nombre de *Marcos*. Se dio por sentado que él era el comandante. *Subcomandante*, rectificó más tarde. "La dirección del movimiento", dijo, "es colectiva. La capucha es para que no haya protagonismo o *vedetajes*, que a veces tendemos los que nos metemos en esto a aparecer mucho. Y porque los que somos guapos tenemos que protegernos". En el momento de pronunciar estas palabras el guerrillero había ya subyugado a sus interlocutores: turistas, curiosos y periodistas de la prensa local, que apenas unas horas después de su primera intervención pública lo habían convertido en estrella. ¿Se trataba del rodaje de una película en escenario natural? El actor principal tenía un aspecto imponente, con su grueso poncho negro, su metralleta UZI colgada del hombro, su revólver Magnum 357 en la cintura y una pipa apagada que se llevaba a la boca entre respuesta y respuesta. Hacía gala, además, de un sentido del humor y de una flema que no cuadraban con el tono beligerante de sus declaraciones.

La sorpresa y la incredulidad fueron tales, que *Marcos* se vio obligado a explicar que no se trataba de un espectáculo para turistas.

> Lamento las molestias, pero esto es una revolución [se apresuró a declarar]. Éste es un movimiento de subversión. Nuestro objetivo es la solución de los principales problemas de nuestro país, que atraviesa necesariamente por los problemas de libertad y de democracia. Por eso pensamos que el gobierno de Salinas de Gortari es un gobierno ilegítimo que no puede convocar más que a elecciones ilegítimas.

Las elecciones generales estaban previstas para el 21 de agosto, y el candidato oficial a la presidencia, Luis Donaldo Colosio, se disponía a emprender la campaña que conduciría inevitablemente a la victoria del Partido Revolucionario Institucional (PRI). Ésta era la tradición y, desde luego, no iba a cambiar, a pesar de los compromisos adquiridos por Carlos Salinas en favor de unos comicios democráticos. Las dos principales fuerzas de oposición, el Partido de la Revolución Democrática (PRD) y el Partido Acción Nacional (PAN), habían arrancado al poder importantes concesiones en materia de reforma electoral, pero el PRI se beneficiaba todavía de privilegios exorbitantes que desequilibraban por completo la lucha. La televisión seguía siendo un instrumento al servicio del candidato *ofi-*

cial, y los recursos del Estado financiaban la campaña de Colosio.

Las explicaciones de *Marcos*

Ante esta situación, *Marcos* consideraba que los métodos de lucha legal habían mostrado ya sus limitaciones, y proponía destruir el sistema.

La única solución es un llamado a todos los ciudadanos y a que las Cámaras de diputados y senadores cumplan su deber patriótico y depongan a Salinas de Gortari y a todo su gabinete y formen un gobierno de transición. Y que ese gobierno de transición convoque a unas elecciones, ahora sí en igualdad de circunstancias para todos los partidos. Con base en eso, se podrían negociar las otras demandas: pan, vivienda, salud, educación, tierra, justicia, muchos problemas que, sobre todo en el medio indígena, son muy graves [...] Mientras en todo el resto del mundo se iban dando rebeliones contra dictaduras o supuestas dictaduras, y esto era visto con lógica, en este país se estaban adoptando una serie de medidas dictatoriales y nadie decía nada.

Las preguntas llovían de todas partes. *Marcos* respondía pacientemente, con evidente placer. Sus explicaciones resultaban en general convincentes, salvo cuando se le pidió que precisara la ideología y el origen de los recursos del EZLN.

Ésta es una organización que lleva diez años preparándose sin hacer un asalto, ni un robo, ni un secuestro. ¿De dónde sacaba el dinero para hacer lo que hizo? ¿Y quién la protegió tanto tiempo? Van a decir que éramos gubernamentales. Tuvo que llegar el día de hoy para que se demostrara que no [...] No hay en el movimiento del Ejército Zapatista de Li-

beración Nacional una ideología perfectamente definida, en el sentido de comunista o marxista-leninista. Hay
más bien un punto común de enlace de los grandes
problemas nacionales, que coinciden siempre, para un
sector u otro, en la falta de libertad y de democracia.[2]

No había, en cambio, ninguna ambigüedad en el
contenido de las *leyes revolucionarias* que acababan
de ser pegadas en las paredes de la ciudad: el EZLN era
un movimiento de guerrilla que tenía como objetivo
el derrocamiento del régimen mexicano. Las reivindicaciones indígenas venían en un segundo término. En
los días siguientes, bajo la influencia de una cobertura periodística que puso el énfasis en la naturaleza
india del alzamiento, *Marcos* invirtió el orden de las
prioridades en su discurso.

¿Por qué elegir el 1 de enero de 1994 para darse a
conocer? ¿Había querido *Marcos* evocar la entrada triun-
fal de las tropas revolucionarias en La Habana el 2 de
enero de 1959, bajo el mando del *Che* y de Camilo
Cienfuegos? El jefe zapatista no entendió la pregunta o
puso cara de no entenderla. Sea como fuere, el impertinente no obtuvo respuesta. Establecer un vínculo entre
el EZLN y Cuba hubiera desencadenado especulaciones
muy embarazosas. Como ya vimos anteriormente, los
dos gobiernos mantenían excelentes relaciones, y *Marcos* ignoraba la existencia de una estrecha colaboración entre los servicios de seguridad de los dos países.

El jefe zapatista tenía otra explicación, más diplomática y mejor adaptada a las circunstancias: "Ésta es
nuestra respuesta a la entrada en vigor del Tratado de
Libre Comercio, que no es más que el acta de defunción de las etnias indígenas de México, que son perfectamente prescindibles del programa de modernización
de Carlos Salinas". Y después soltó esta fanfarronada,
la primera de tantas: "Seguiremos avanzando hacia
otras plazas. Tenemos órdenes de llegar hasta donde
podamos. Iremos a la ciudad de México [...] Cuando

salgamos de aquí, de las posiciones, estamos seguros de que se nos van a unir más a nuestras fuerzas". Éste era, en efecto, el primer punto de la Declaración de la Selva Lacandona, que se había colgado en los muros de San Cristóbal y que los curiosos habían tenido la oportunidad de leer: "Damos a nuestras fuerzas militares [...] la orden de avanzar hacia la capital del país venciendo al Ejército Federal mexicano, protegiendo en su avance liberador a la población civil y permitiendo a los pueblos liberados elegir, libre y democráticamente, a sus propias autoridades administrativas".

Toda la atención estaba concentrada sobre *Marcos*. El *comandante Felipe*, que unas horas antes había leído la Declaración, pasaba inadvertido. Como la mayoría de los indígenas, no llevaba pasamontañas. A pesar de la insistencia de *Marcos*, nadie había creído ni por un momento que *Felipe* dirigiera la operación. Un pequeño grupo de periodistas que había llegado a la carrera y se había perdido las primeras horas de la insurrección le pidió que volviera a leer el documento para poder grabarlo. "Ya no tenía el texto", recuerda Marcos González, que trabajaba entonces para el diario *La República* de Tuxtla Gutiérrez, la capital de Chiapas. "Y nos la recitó de un tirón. ¡Se la sabía de memoria!". La gloria de *Felipe*, de quien se dice que era catequista del pueblo de San Andrés Larráinzar, fue trágicamente efímera. Cayó abatido 24 horas más tarde durante una escaramuza cerca del cuartel de Rancho Nuevo. *Marcos* no volvió a pronunciar su nombre. *Felipe*, finalmente, no era sino un combatiente entre tantos otros, uno de esos figurantes que la dirección zapatista utiliza hábilmente para alimentar el mito de una guerrilla comandada por indígenas.

El bautismo de fuego

El 2 de enero, al amanecer, los insurgentes abandonaron San Cristóbal, pero no en dirección a la capital mexicana. Unos, conducidos por *Marcos*, se replegaron hacia las zonas de donde habían venido, mientras otro grupo enfiló hacia el cuartel de Rancho Nuevo bajo las órdenes de la *mayor Yolanda*, la compañera del jefe zapatista. Estos últimos hostigaron durante varios días al 83 Batallón de Infantería, sin lograr penetrar en las instalaciones. Si la toma de San Cristóbal había sido "un poema", según la expresión utilizada por *Marcos*, las cosas se complicaron en otras plazas. El *Primer Regimiento* del EZLN tuvo que batirse en retirada sin lograr su objetivo: Comitán, una pequeña ciudad a medio camino entre San Cristóbal y la frontera con Guatemala. Su jefe, el *subcomandante Pedro*, un antiguo empleado de PEMEX oriundo de la ciudad de México, fue abatido de un balazo en la localidad de Las Margaritas, una veintena de kilómetros antes de Comitán. Él fue, aparentemente, el único blanco que murió en el curso de la ofensiva zapatista.

Al final de los combates, interrumpidos por el cese al fuego decretado el 12 de enero por el presidente Salinas, el balance oficial daba cuenta de 193 muertos: 150 rebeldes, 24 policías y 19 militares. En cuanto a los civiles, víctimas del fuego cruzado, la mayoría fueron contabilizados en la categoría de *rebeldes* o en algunos casos, su muerte se atribuyó a causas sin vínculo con el conflicto. Según los testimonios obtenidos de la población local, las cifras son de hecho mucho más altas. Se habla de 400, o hasta de 600 víctimas, pero nadie ha podido probarlo. La guerrilla había logrado evacuar a una parte de sus muertos, para que no quedara constancia de la amplitud de sus pérdidas. Varios testigos, sobre todo militares que no resistieron la tentación morbosa de tomar fotografías, vieron camiones y helicópteros llenos de cadáveres yendo y viniendo entre el cuartel de Rancho Nuevo y el aeropuerto de Tuxtla, pero también entre Ocosingo y las bases militares de Villahermosa y Tenosique, en el vecino estado de Tabasco.

Conforme a una vieja práctica muy arraigada en México, las autoridades presentan cifras oficiales bastante inferiores a las pérdidas reales, ya sea en enfrentamientos con las fuerzas de seguridad o en catástrofes naturales. A raíz del terremoto que destruyó el centro de la capital en septiembre de 1985, el presidente de la República, Miguel de la Madrid, anunció nueve mil muertos. Diez años más tarde, en una entrevista televisada, reconoció que hubo, por lo menos, el doble de víctimas. Se recurrió a la misma táctica tras la matanza de estudiantes en la plaza de Tlatelolco, en octubre de 1968. La cultura de la mentira, que impregna todos los niveles del poder, pretende sustraer a los funcionarios de sus responsabilidades y alimentar la impunidad. En el caso de Chiapas, curiosamente, las dos partes tenían interés en minimizar las pérdidas: los militares no deseaban pasar a la posteridad como asesinos de indios, y *Marcos* no quería asumir, tampoco, el costo de la carnicería.

El análisis posterior de la estrategia del jefe zapatista revela que había sobrestimado con mucho la preparación militar de su *ejército*. Envalentonado por la ausencia de respuesta de las autoridades durante la toma de San Cristóbal, *Marcos* creyó que sus tropas estaban en condiciones de asaltar el cuartel de Rancho Nuevo y de destruir las antenas de comunicaciones instaladas en el cerro Tzontehuitz, a una docena de kilómetros en línea recta desde San Cristóbal. Las imágenes filmadas desde los aviones militares muestran claramente el efecto devastador de los cohetes lanzados para detener el avance de los zapatistas, que estaban apenas a 150 metros de su objetivo.

Cada cohete causaba por lo menos tres o cuatro víctimas. Los cuerpos eran lanzados al aire al momento de la explosión [cuenta un general]. Sobre el Tzontehuitz y en el ataque al cuartel, los zapatistas tuvieron bajas importantes, pero nunca lo van a decir.

Gracias a nuestros reflectores, les podíamos ver caer durante los enfrentamientos nocturnos en Rancho Nuevo. Pero al amanecer, cuando se enviaban patrullas para inspeccionar el terreno, los cadáveres habían desaparecido. Como todas las guerrillas, los zapatistas se llevaban a sus muertos.

Los servicios de inteligencia militar disponían de numerosas informaciones sobre el EZLN, y no ignoraban que la guerrilla preparaba una operación espectacular para darse a conocer. ¿Sabían, sin embargo, que *Marcos* tenía la intención de tomar San Cristóbal, y sobre todo, que pretendía atacar el cuartel de Rancho Nuevo? Si se esperaba un ataque, ¿por qué el jefe de la zona militar, el general Gastón Menchaca, había mantenido los permisos navideños dados a la tropa?

El Estado Mayor afirmó que la mayoría de los efectivos del 83 Batallón de Infantería —700 hombres en época normal— se habían quedado en Rancho Nuevo, y que el cuartel jamás estuvo en peligro de caer en manos de los insurgentes. No es ésa la impresión de aquellos que debieron resistir los múltiples asaltos lanzados por los zapatistas. "Éramos pocos para defender las instalaciones administrativas situadas cerca de la puerta principal", cuenta un capitán que todavía hoy se pregunta cómo los rebeldes no lograron penetrar en el recinto. La situación parecía tan crítica que varios periódicos nacionales anunciaron que los zapatistas habían entrado en la guarnición y se habían apropiado de 800 fusiles de asalto. "Los insurgentes eran muy numerosos", prosigue el capitán, "pero andaban mal armados, y desde luego no estaban preparados para este tipo de combate. Se lanzaban a pecho descubierto, sin tomar las precauciones elementales, y caían como moscas. No se daban cuenta de que teníamos sistemas de visión nocturna y que podíamos verlos como a pleno día". Los refuerzos llegaron por fin de Tuxtla, para alivio del personal de Rancho

Nuevo. La aviación *limpió* con ametralladoras y cohetes las faldas de las montañas circundantes para romper el cerco. "Los francotiradores continuaron hostigándonos en las noches siguientes", recuerda el capitán. "Los abatimos uno a uno".

La carnicería de Ocosingo

Contrariamente a lo sucedido siete meses antes, cuando el presidente Salinas ordenó a las Fuerzas Armadas suspender sus operaciones contra el EZLN, en esta ocasión los militares recibieron luz verde para recuperar sin miramientos los territorios ocupados por la guerrilla desde el 1 de enero, sobre todo la pequeña ciudad de Ocosingo. Según las cifras oficiales, una cincuentena de rebeldes perdieron la vida durante el asalto lanzado por dos batallones del ejército (mil seiscientos hombres) para retomar esta localidad de trece mil habitantes. El padre Pablo Iribarren, que dirigía la misión dominica de Ocosingo, siguió minuto a minuto esos momentos dramáticos, que lo marcaron profundamente.

El 31 de diciembre, hacia la medianoche, salí al jardín de la parroquia para cerrar la verja. Entonces los vi. Estaban tumbados en la acera, de cara al palacio municipal, cubiertos con paliacates y con sus rifles. Luego se retiraron. Los vecinos llamaban a preguntar qué pasaba. Puse la radio. Y ahí estaba toda la bulla. Los taxistas y los rancheros se comunicaban alarmados las noticias: "Han cortado el camino, van camiones de gente armada pa'Ocosingo..." Así hasta las cuatro de la mañana. A las 6:30 la calle estaba llena de gente con paliacates. Los policías se habían refugiado en el ayuntamiento. A las 8:30 sonó el primer trallazo, como un estallido. Ya se organizó, pensé. Me subí a la torre y comenzó la música. Hubo un rato largo de disparos. Piano, piano, fueron cercando el ayuntamiento. Dos policías que estaban en los soportales cayeron, desangrándose. Hasta que dejaron de moverse. Otros dos murieron en la parte trasera. A las 14:00 horas cesó el fuego. Entre tanto los zapatistas iban avanzando, detrás de las palmeras y por las calles adyacentes. Luego pasaron con un coche con altavoces diciendo a la policía que se rindiera. Hasta un borracho ahí gritaba: "Ya ríndanse, carajo".

Los rebeldes habían tomado la radio local, inmediatamente rebautizada *Radio Zapata*. Además de la Declaración de la Selva Lacandona y de las *leyes revolucionarias*, la emisora difundía mensajes pregrabados que llamaban a la población "a unirse a la lucha por la democracia y por la libertad de los pueblos indígenas". La misma voz anunció varias veces la entrada en vigor de los *impuestos de guerra*, para que los *ricos* no se hicieran los sordos. La Internacional se alternaba con canciones revolucionarias, incluso con cánticos religiosos: "Gloria al Señor. Gloria al Patrón de nuestra tierra, el Salvador. Me voy a reunir con mi gente en la catedral para celebrar nuestra gran fiesta patronal". ¡Todo un coctel ideológico! Por radio se anunció también la constitución de "tribunales sumarios para los policías y los militares que hubieran recibido entrenamiento militar en el extranjero". Dicho y hecho. El comandante de la policía, que se acababa de rendir, y que probablemente nunca viajó al extranjero ni recibió formación militar alguna, fue ejecutado por una guerrillera de un balazo en la cabeza, cuando estaba tendido en el suelo. Según los testigos, la mujer ("una negrota, gorda") tenía el grado de capitán y manejaba a su tropa con mano de hierro. Desde lo alto de su campanario, Pablo Iribarren seguía los acontecimientos.

El griterío era estruendoso. La gente estaba encerrada en sus casas. Los zapatistas se fueron acercando al palacio municipal sin que ya nadie disparase.

Abrieron las puertas y lo tomaron. Entró la noche con todo el alboroto del triunfo. Sacaron todos los registros y les prendieron fuego. También a los documentos del juzgado. El día 2 de enero en la mañana ya se retiraban en camiones. Calculo que habrían llegado unos mil con diferente armamento. Se iban cargando cosas, todo lo que pillaban. Los zapatistas y el público en general. Toda la mañana fue de saqueo. Yo pedí autorización para enterrar los cadáveres de los policías. Nos juntamos un grupo del pueblo. Levantamos un acta y los sacamos al panteón. Veinte hombres se comprometieron a cavar la fosa. Yo salí a dar una vuelta por el pueblo para evaluar la situación. Delante del mercado había unos 150 o 200 zapatistas echando su refresco y cigarrillos. Ahí veo a Pancho Gómez, un dirigente campesino de La Sultana. Nos saludamos discretamente y regresé a la parroquia.

El padre Pablo ignoraba entonces que los rebeldes habían tomado varios rehenes, entre ellos Enrique Solórzano, uno de los principales terratenientes de la región. Personaje pintoresco, el viejo Solórzano había tenido en su época más de cinco mil hectáreas, pero la mayoría de sus propiedades habían sido invadidas con el paso de los años por diversas organizaciones campesinas. Ese día sintió que el miedo le atenazaba. Los mandos zapatistas habían decidido que él sería el primero en morir. "¡Vamos a matar a todos los ricos. Salinas y el gobierno van a morir también. Viva la revolución!", le espetó el *mayor Mario* antes de ordenar a sus hombres que lo ejecutaran. Afortunadamente no fue más que un simulacro, pero la prensa anunció que el ranchero había sido asesinado junto con su primo y dos yernos.

Un poco más tarde, a las 14.30, oímos carreras [prosigue Pablo Iribarren]. Me asomo y me tropiezo con los soldados, que bajaban cubriéndose unos a otros. Pasaron tres minutos de silencio, que se me hicieron larguísimos. Luego estalló el ruido de cohetería espantosa. La noche cayó entre los tiroteos. Cerramos el convento. Con otro sacerdote y tres religiosas de la misión comenzamos a rezar. En esas estábamos cuando oigo un golpe en seco. Luego otro. Salgo y veo que los soldados habían entrado al convento y tomado posiciones y que subían a la torre como gatos. Nos hicieron salir con los brazos en alto. Les habían dicho que teníamos guardados a los zapatistas. Catearon la casa y ya se calmaron. El día siguiente, el 3 de enero, prepararon el asalto al mercado. Se desató el infierno. Los aviones y los helicópteros sobrevolaban la ciudad con ametralladoras. Cayeron los primeros trallazos en la casa. Nos refugiamos en la cripta. Dieron dos pasadas en picado. Le traían ganas al templo. A las once de la noche volvieron a patadas al convento, a otro cateo.

El ejército había retomado el control de Ocosingo, pero las escaramuzas continuaron hasta el día 5. El balance fue muy costoso para los rebeldes, que dejaron al menos 42 muertos sobre las aceras de la ciudad y entre los puestos del mercado, sin contar los numerosos cadáveres descubiertos después en los alrededores. Entre las víctimas, cuyos cuerpos putrefactos atraían a bandadas de buitres, figuraba un joven guerrillero cuya agonía había sido captada por la televisión. El reportero, que se había acercado a él en pleno combate, le había entresacado estas palabras, apenas murmuradas: "Nos han engañado. Nos han traído aquí para morir. No nos habían dado nada para defendernos. ¡Pobres de nosotros!". Tenía dos balas en el vientre… y un fusil de madera junto a él.

Pancho Gómez, el tzeltal del ejido de La Sultana que había saludado al padre Iribarren unas horas antes, también cayó en el ataque. Para el EZLN era el

306

capitán Hugo, uno de sus mejores cuadros políticos. Nunca se encontró su cadáver, probablemente trasladado en un helicóptero militar y enterrado con otros insurgentes en las fosas comunes de un cementerio lejano. *Marcos* hizo llegar a la diócesis de San Cristóbal una foto de Pancho, aparentemente tomada durante un viaje a Cuba en 1988. Quería saber si estaba preso u hospitalizado. Golpeado por la desaparición de su compañero de andanzas, el jefe zapatista le dedicó algunos meses más tarde un fragmento del último poema escrito por Paul Eluard, "El Castillo de los pobres":

Cuando él llega, nosotros vivimos
y del fondo del Castillo de los pobres
donde nosotros teníamos tantos semejantes,
tantos cómplices, tantos amigos,
sube la vela del valor.
Icémosla sin vacilar.
Mañana sabremos por qué
cuando triunfemos.
Una larga cadena de amantes
salió de la prisión.
La dosis de injusticia y la dosis de vergüenza
son verdaderamente demasiado amargas.
No es necesario todo para hacer un mundo,
es necesaria la felicidad y nada más.
Para ser feliz es necesario simplemente ver claro y luchar.
No esperemos un solo instante:
levantemos la cabeza.
Tomemos por asalto la tierra.

Un *holocausto simbólico*

¡Pobre Eluard! El poeta francés habría de convertirse, él también, en víctima de ese lejano conflicto y de las pretensiones literarias de un guerrillero que fue, es cierto, uno de los mejores estudiantes de su generación, pero que tiene la costumbre de ampararse en

valores reconocidos —y de citarlos muy aproximativamente— para impresionar a la galería. *Marcos* sabe
que, aparte de un puñado de escritores mexicanos que
han tenido la osadía de criticar la calidad de su prosa,
nadie se va a escandalizar por este proceder. Por eso
se permite el lujo de amputar sin pudor el poema de
Eluard y de someterlo a una traducción inexacta y
desangelada. Las nociones de francés adquiridas quince años antes en la universidad se revelaron a todas
luces insuficientes para afrontar uno de los más bellos textos de la literatura revolucionaria, publicado
en 1953, poco después de la muerte de Eluard, en un
volumen titulado *Poesía ininterrumpida*. Al zapatista fugitivo, que como el Che en la selva boliviana carga con
sus libros favoritos, le hace falta en su biblioteca de campaña la magnífica adaptación publicada en español por
Rafael Alberti, quien tradujo así el mismo fragmento:

> Pase lo que pase viviremos
> Y del fondo del Castillo de los pobres
> Donde tenemos tantos iguales
> Tantos cómplices tantos amigos
> Alza la vela del coraje
> Icémosla sin vacilar
> Mañana sabremos por qué
> Cuando alcancemos la victoria
>
> Una larga cadena de amantes
> Salida de la prisión a la que uno se acostumbra
>
> La dosis de injusticia y la dosis de vergüenza
> Son en verdad demasiado amargas
>
> No hace falta de todo para hacer un mundo hace falta
> La felicidad y nada más
>
> Para ser feliz hace falta simplemente ver claro
> Y luchar sin flaqueza

Nuestros enemigos son locos débiles inhábiles
Aprovechémonos

No esperemos un instante levantemos la cabeza
Tomemos por asalto la tierra

Con el recurso de las citas poéticas, *Marcos* eludía responder a una espinosa cuestión: ¿por qué no logró evitar la carnicería de Ocosingo? En la primera entrevista ofrecida después de los combates, el jefe zapatista reconoció la existencia de *errores tácticos*, pero nunca explicó por qué los rebeldes no abandonaron la población al cabo de 24 horas, como habían hecho en San Cristóbal. El *mayor Mario*, que dirigía la operación y se mantenía en contacto por radio con *Marcos*, sabía que el ejército estaba a punto de llegar y que contaba con medios incomparablemente superiores a los de los insurgentes. ¿Creía *Marcos* de verdad que los centenares de árboles que había ordenado derribar para bloquear los accesos al pueblo iban a impedir el avance de los convoyes militares? Los *bulldozers* despejaron la carretera en unos minutos, mientras los helicópteros depositaban tropas alrededor de Ocosingo. Hubiera bastado con destruir varios puentes para retardar la progresión del ejército, como han hecho todas las guerrillas, pero los zapatistas no tenían los explosivos adecuados. ¿Por qué *Marcos* no dio la orden de retirada? ¿Quiso crear mártires para desencadenar una ola de simpatía hacia el EZLN? ¿O fue, simplemente, un grave error táctico? La segunda hipótesis es la más probable, pero la duda sigue en el aire.

Dos años y medio más tarde, en una entrevista concedida al periódico mexicano *Reforma*, *Marcos* ofreció una explicación que se inscribe en el pensamiento delirante del tristemente célebre *presidente Gonzalo*, el jefe de Sendero Luminoso, la guerrilla peruana.

Nosotros salimos el 1 de enero realmente a una especie de holocausto simbólico que permitiera abrir la conciencia sobre esto [la cuestión indígena]. No nos imaginábamos que fuéramos a ser capaces de destruir al ejército federal o de realmente tumbar al gobierno. Decíamos: salimos, por supuesto nos van a hacer pedazos, pero esto va a permitir que se abran muchas cloacas que están tapadas todavía. Cuando hablábamos con los compañeros decíamos: "Bueno, ganemos o perdamos la guerra, las comunidades van a ganar. Después de lo que hagamos en el inicio de la guerra, las comunidades no van a vivir peor seguramente. O sigue igual o mejor".[4]

Los hechos han demostrado exactamente lo contrario. La guerra ha agravado las divisiones y la pobreza en el seno de las comunidades indígenas, siempre a la espera de los frutos que debían surgir de la sangre purificadora y de la muerte redentora. Apenas comenzada, la "insurrección militar-literaria", para retomar la expresión entusiasta de Régis Debray, se había convertido en una impostura genial, catapultada a escala planetaria por Internet.[5] La coyuntura política nacional, la formidable campaña de la prensa mexicana y la fascinación ejercida por el nuevo mesías en los medios intelectuales nacionales y extranjeros contribuirían a dar a la rebelión zapatista una dimensión que el propio *Marcos* estaba lejos de imaginar cuando dio sus primeros pasos en la Selva Lacandona, a principios de los años ochenta.

12

Pánico en las alturas

El alzamiento de enero de 1994 trastocó la vida política de México apenas unos días antes del arranque de la campaña para las elecciones generales del 6 de agosto. El presidente Carlos Salinas se hallaba en la cima de su popularidad y saboreaba los frutos de su gestión: el Tratado de Libre Comercio con América del Norte (TLC) era la coronación de su política de liberalización económica. Las negociaciones para el ingreso en la Organización para la Cooperación y el Desarrollo Económico (OCDE), el llamado *club de los ricos*, iban por buen camino. La imagen internacional de México, y la suya propia, eran inmejorables.

Para asegurar la continuidad de su proyecto modernizador, Salinas escogió, el 28 de noviembre de 1993, a Luis Donaldo Colosio como candidato a la Presidencia de la República. Este joven economista del estado de Sonora era, en cierta forma, su ahijado político. "Tuve con Donaldo muchos años de relación íntima, cercana, de gran calidez. Fue un candidato muy cuidadosamente construido: era la primera vez que un aspirante a la Presidencia del país había dirigido al PRI y había sido electo en diferentes cargos de responsabilidad".

A partir del 1 de enero de 1994, sin embargo, las certezas del presidente se vinieron abajo. El levantamiento zapatista se convirtió en su prioridad absoluta, hasta el punto de que, en retrospectiva, algunos miembros del equipo de Colosio lo acusaron de permitir que la campaña de su sucesor se diluyera sin remedio. "Chiapas lo opacó, es cierto", reconoce Salinas. "Pero el alzamiento oscureció las campañas de todos los candidatos. Es injusto decir que sólo la campaña de Colosio no levantó. Ninguna levantó hasta la negociación".

Cada cosa a su tiempo, pensaba el presidente. Pero cuando, tres meses más tarde, el candidato priista empezó a remontar el vuelo, dos disparos acabaron con su vida. Los amigos de Colosio descargaron su amargura sobre Salinas, a quien reprocharon que hubiera escogido a Manuel Camacho para que negociara en nombre del gobierno con el Ejército Zapatista. Era de todos conocido que Camacho había recibido muy mal la candidatura de Colosio y luego, recuerdan con rencor, le había hecho la vida imposible durante la campaña electoral. Salinas rechaza esta versión, pero al mismo tiempo deplora las pretensiones de su amigo Camacho, quien, antes de la designación de Colosio, se veía ya como presidente de la República. "A pesar de lo que él dice", afirma Salinas, "yo nunca consideré a Camacho como candidato. No podía serlo, era demasiado temperamental".

Si lo nombró negociador fue porque pensó que su perfil era el adecuado, aunque la idea, aclara, no había sido suya.

Después del estallido de Chiapas, Camacho vino a mí. Él se sugirió como comisionado y a mí me pareció bien. Desde luego no me dijo que se iba del gobierno, ni de Relaciones Exteriores. Lo escogí porque se había destacado por su capacidad negociadora con el Partido de la Revolución Democrática y con grupos difíciles durante su etapa como regente del Distrito Federal, en unos momentos muy tensos, y se condujo muy bien.

Para complicar las cosas, Salinas anunció el nombramiento de Camacho como negociador oficial el 10 de enero: justo el mismo día en que comenzaba la campaña de Colosio. "Eso fue una mala coincidencia", asegura el ex presidente. "Esos días eran eternos. Los riesgos de posponer el cese el fuego eran muy grandes. Desafortunadamente coinciden las dos cosas, pero las horas eran larguísimas, y no podía posponerse más la decisión".

Algunas personas próximas a Colosio aseguran que el candidato quería comenzar su campaña electoral en Chiapas, terreno sobre el que había trabajado mucho desde 1993, cuando era secretario de Desarrollo Social. Y que no lo había podido hacer porque el presidente se lo había impedido. "¡Eso no es cierto!", exclama Salinas. "Nadie iba a Chiapas. ¡Pero si había balazos! Varios candidatos acudieron más adelante, pero no entonces". Los miembros del equipo de Colosio están convencidos, sin embargo, de que el presidente trataba de restar iniciativas al candidato para mantenerlo en una posición de debilidad. Mientras, desde su puesto de comisionado, Camacho acaparaba todos los reflectores y mantenía una proverbial ambigüedad sobre su eventual candidatura a las elecciones presidenciales.

El día 6 de marzo de 1994, con ocasión del 65 aniversario del PRI, llegó el desquite de Colosio. Ante cincuenta mil personas congregadas en el Monumento a la Revolución, en el centro de la ciudad de México, se adueñó del estrado. Ahí nadie le hizo sombra. Pronunció un vibrante discurso en el que prometió ser el líder de la renovación total de la vida política mexicana. "La fuerza del gobierno fue la fuerza de nuestro partido, pero hoy el momento es otro", dijo. Había que enterrar definitivamente "las viejas prácticas" y afrontar unas elecciones legítimas. "No queremos ni concesiones al margen de los votos, ni votos al margen de la ley". Como "mexicano de la cultura del esfuerzo, y no del privilegio" encabezaría la reforma de las estructuras para garantizar la independencia judicial, la democratización de los gobiernos estatales y el fin de los abusos. Atendería, en fin, las demandas de los más desfavorecidos.

Hay quienes se empeñaron en ver en estas palabras su sentencia de muerte. Unos culparon a la *vieja guardia* del partido, que quería abortar cualquier posibilidad de continuidad del salinismo. Otros, al mismísimo Carlos Salinas, que estaba disgustado porque el delfín se escapaba, supuestamente, de su control. El ex presidente sacude la cabeza. "Es absurdo. El discurso del 6 de marzo fue el mismo discurso que yo hice en enero de 1988 en Tlaxcala y el mismo que hizo Miguel de la Madrid en 1982. En la tradición política mexicana hay fundamentos de deslindes de un candidato frente al presidente que son indispensables. Lo que no se dice es que Colosio me envió el discurso antes, y que su temática me pareció muy acertada".

Algunos de los antiguos colaboradores de Salinas han comentado que el asesinato de Colosio fue el golpe más certero que se le pudo dar al presidente. Por una vez, recuerdan, no supo qué hacer. El desconcierto y la improvisación en la búsqueda de un nuevo candidato debilitaron considerablemente su posición. "La muerte de Luis Donaldo Colosio fue terrible, porque es lo único que no tenía remedio. De todo lo que nos pasó... Chiapas se podía negociar, los conflictos, los secuestros... Pero no la muerte de Donaldo".

¿Quién mató a Colosio? La mayoría de los mexicanos piensa que la verdad no se conocerá jamás, aun cuando están convencidos de que el crimen se fraguó en las altas esferas del poder. "Es una canallada atribuir la muerte de Colosio a quien más sufrió por ello", se rebela Salinas. "¡Si hubo complot, que lo prueben!".

La caída de los hermanos Salinas

Fustigado por una buena parte de los medios de comunicación mexicanos, que reproducían puntualmente las habladurías generosamente suministradas por sus enemigos de la vieja guardia del PRI, Carlos Salinas prefirió expatriarse temporalmente para dejar pasar la tormenta. Después de haber residido en Estados Unidos, Canadá y Cuba, el expresidente decidió finalmente instalarse en Dublín, la capital de Irlanda. Su exilio voluntario le ha permitido analizar con más distanciamiento los acontecimientos violentos que empañaron el final de su mandato. Ahora pasea tranquilamente por las calles de su ciudad adoptiva. De no ser por su calva precoz y sus inconfundibles orejas, fuente inagotable de inspiración para los caricaturistas, costaría reconocer en esta figura menuda y familiar al otrora todopoderoso presidente de México. A pesar de haberse convertido en el hombre más denostado de su país, Salinas se sigue mostrando afable y sonriente. Se le ve relajado.

El expresidente no elude ninguna pregunta, aunque no tiene respuestas para todo, y se refugia, llegado el caso, en un enigmático "quién sabe" que le permite reservarse su opinión personal sobre ciertas cuestiones delicadas. Está al corriente de la vida y milagros de la clase política mexicana gracias a Internet, que le permite leer cada día la prensa de su país, y sobre todo a su contacto con una red importante de amigos y colaboradores. El sonido discreto de su teléfono celular, que interrumpe de vez en cuando la conversación, es la mejor señal de que el expresidente no ha arrojado la toalla.

Cuando el 1 de diciembre de 1994 Carlos Salinas traspasó la banda presidencial a su sucesor, Ernesto Zedillo, le invadió una sensación casi de euforia. Había logrado finalmente organizar las elecciones y terminar su mandato, espantando así a las aves de mal agüero que veían ya al país hundirse irremediablemente en el caos. Los dos últimos años de su sexenio habían estado marcados por el alzamiento zapatista, y por el asesinato de tres personalidades: el arzobispo de Guadalajara en mayo de 1993, Luis Donaldo Colosio en marzo de 1994 y, seis meses más tarde, el secretario general del PRI, José Francisco Ruiz Massieu. A pesar de todo, el mandatario saliente todavía conservaba cierta aureola de *padre del milagro mexicano* y Estados Unidos apoyaba su candidatura a la presidencia de la Organización Mundial del Comercio (OMC), que reemplazaba al antiguo GATT.

El destino lo condujo por otros derroteros. Tres semanas después de haber dejado el poder, el peso sufrió una brutal devaluación. Zedillo se apresuró a culpar del desastre a la anterior administración, lo que era inevitable y parcialmente exacto. La posición de Salinas se debilitó considerablemente. Las cosas se complicaron con la revelación de una serie de anomalías y extrañas *omisiones* en las investigaciones realizadas hasta entonces sobre los crímenes políticos. Pero el golpe más duro estaba por llegar: en febrero de 1995, Raúl Salinas, hermano mayor del expresidente, fue detenido bajo la acusación de ser el autor intelectual del asesinato de José Francisco Ruiz Massieu. Según la versión oficial, Raúl había sido encubierto nada más y nada menos que por el responsable de las pesquisas, a la sazón hermano... de la víctima. El país se conmocionó ante lo que parecía una insuperable telenovela. El móvil del crimen no estaba claro (las autoridades sugirieron resentimientos añejos), las pruebas eran inconsistentes y los testigos cambiaban su versión una vez al mes.

Rompiendo su imagen equilibrada y calculadora, el 3 de marzo Carlos Salinas se lanzó al fondo del pozo con una huelga de hambre "para salvar el honor". Se instaló para ello en la casa de una familia pobre de Monterrey, en el norte del país. La imagen del expresidente vestido con una chamarra de cuero y sentado en un camastro dio la vuelta al mundo. Aquella foto era el testimonio más patético de un hombre que, posiblemente por primera vez en su vida, se sentía al borde del abismo. Qué lejanas parecían en aquellos momentos las gloriosas portadas que le habían dedicado revistas estadounidenses como *Newsweek* o *Time*, que lo declaró *Hombre del Año* por haber cambiado la historia de México.

Desde Monterrey, Salinas puso dos condiciones para suspender la huelga de hambre: que el gobierno reconociera que él no interfirió en las investigaciones del asesinato de Colosio, y que asumiera la responsabilidad "del error cometido en la devaluación de diciembre", cuya mala ejecución provocó una estampida de capitales. Lejos de despertar las simpatías, el ayuno, que duró dos días, fue acogido con sarcasmo por la opinión pública. "Nunca se le pidió que bajara de peso, sino que respondiera a esa gran acumulación de riqueza que se generó a costa de dañar al país", decía con su afilada lengua Porfirio Muñoz Ledo, entonces presidente del Partido de la Revolución Democrática (PRD). Un caricaturista del diario *La Jornada* retrataba al expresidente clavándose en una cruz. "Perdónenme", decía, "porque ya no sé lo que hago".

Las autoridades aceptaron rápidamente sus exigencias. Unos días más tarde, el 11 de marzo, Salinas abandonaba México rumbo a Estados Unidos en un avión privado. Sus sueños de pasar a la historia como el mejor presidente mexicano, su prometedora carrera como funcionario internacional y su vasta parcela de poder dentro del partido oficial se habían esfumado. Estaba moralmente deshecho.

Su salida del país no mitigó la ira de sus conciudadanos. El "repugnante rito del sacrificio sexenal", como definía el político conservador Carlos Castillo Peraza a la tradición de los nuevos presidentes mexicanos de legitimarse a base de descalificar a la administración precedente, se había convertido en este caso en un auténtico exorcismo colectivo: Carlos Salinas debía morir en la hoguera para ahuyentar los demonios de una sociedad frustrada e incapaz de reaccionar, de un gobierno debilitado y de una clase política oportunista.

Me tuve que ir porque no había condiciones objetivas de seguridad, porque no había posibilidades de un juicio justo para mi hermano, y porque gentes muy cercanas a mí en el área económica me dijeron: "Te están imputando todo el movimiento de la Bolsa. Vete hoy. Si no te ausentas cualquier problema económico te será atribuido". Estaban alarmados. Ya había toda una versión para culparme de todo.

Sus asesores no estaban desencaminados. Sobre Carlos Salinas recayó la responsabilidad de la crisis, los asesinatos, los rumores desestabilizadores y toda la corrupción del sistema, pasada y futura. Amigos "de toda la vida" ahora le daban la espalda; políticos "de su círculo más próximo" aseguraban no conocerle; "leales funcionarios" escondían el retrato familiar con el presidente; correligionarios que habían medrado a su costa pedían su expulsión del partido oficial por "ladrón, traidor y vendepatrias".

No había manifestación en la que su efigie no saliera a pasear, para terminar pateada o quemada. Su contribución involuntaria al mantenimiento de cientos de familias que sobreviven de la economía sumergida fue memorable: los semáforos y puestos callejeros de la capital se llenaron de muñequitos Salinas con traje de presidiario, y de caretas de goma con calva, bigote y grandes orejas, amén de otros imaginativos productos.

Claro que tampoco las revelaciones de los desmanes de Raúl contribuyeron a disipar el enojo de la población. Encarcelado en una prisión de alta seguridad, el mayor de los Salinas tenía que explicar el origen de los *ahorros* que iban saliendo a la luz: para empezar, 120 millones de dólares repartidos en diversos bancos de Europa, si bien los investigadores hablaban de mucho más escondido en cuentas bajo nombres falsos. Las autoridades buscaban afanosamente nexos con el narcotráfico, aunque hasta entonces lo que se iba destapando era una red inmensurable de tráfico de influencias. Con el respaldo de algunos empresarios, Raúl presentó esas ganancias como el fruto de transacciones legítimas y demostrables. Esto no logró disipar las sospechas de que se había aprovechado de la posición de su hermano para lograr comisiones sobre contratos y privatizaciones.

Carlos, infatigable defensor de la inocencia de Raúl en el caso Ruiz Massieu, que siempre consideró una trampa política en su contra, se mostró más circunspecto frente a las acusaciones de corrupción, e instó públicamente a su hermano a que aclarara el origen de unas riquezas cuya dimensión, sostiene, nunca imaginó. Pocos le han creído.

En noviembre de 1995, en un momento en que las críticas virulentas arreciaban de nuevo, el expresidente decidió poner los puntos sobre las íes y envió desde Dublín una carta. En ella, Salinas denunciaba abiertamente la existencia de "una campaña desestabilizadora que se inició en 1994", y que tuvo como hito dramático el asesinato de su sucesor, Luis Donaldo Colosio. El expresidente dirigía sus baterías contra uno de los personajes más connotados de la *vieja guardia*: Luis Echeverría, presidente de México entre 1970 y 1976, cuyo mandato estuvo marcado por unos niveles de corrupción y represión sin precedentes. Tras la muerte de Colosio, reveló Salinas, Echeverría se había presentado en la residencia presidencial y había intentado infructuosamente imponer a un candidato a su medida.[1] El *acusado* lo negó todo y dijo ser un jubilado apacible. El país asistía atónito a una lucha de titanes que, en teoría, representaban dos concepciones ideológicas (estatista y neoliberal) de un mismo régimen anquilosado, pero que en la práctica se asemejaba más a los ajustes de cuentas de las familias de la mafia.

En este contexto, Salinas no considera un capricho del azar que en 1994 se juntaran el asesinato de dos dirigentes del PRI, los secuestros de dos influyentes em-

319

presarios y el alzamiento de Chiapas. "Había un sector del aparato del Estado totalmente contrario al proceso de reforma que yo había promovido, y a ese sector le venía muy bien descarrilarlo", explica. "La candidatura de Colosio fue una llamada a dar continuidad y profundidad a las reformas. No es casual que el movimiento zapatista reviente una vez que hay candidato del PRI, que hay Tratado de Libre Comercio... No se puede descartar que el EZLN fuera utilizado para desestabilizar el país".

La sorpresa de enero

"Me enteré del alzamiento del Ejército Zapatista en la madrugada del día 1", recuerda Salinas, que celebraba su último fin de año en la residencia de Los Pinos y la entrada, ese día, de México en el TLC. Cerca de doscientos invitados habían compartido entre risas y abrazos la llegada de un 1994 cargado de expectativas. Pero lo primero que el año trajo consigo fue una intempestiva llamada telefónica del secretario de Defensa. "El general [Antonio] Riviello me comunicó que un grupo armado había entrado en San Cristóbal. Él se trasladó inmediatamente a Tuxtla. Mis instrucciones fueron la de cuidar, sobre todo, a la población civil. Que no llevaran a cabo ninguna acción que pusiera en riesgo a los civiles..."

Salinas asegura que no esperaba ni por asomo el levantamiento. El presidente, como afirman algunos altos oficiales del ejército, había minimizado las informaciones de los servicios de inteligencia militar, que lo habían alertado sobre un inminente conflicto en Chiapas. En su descargo, hay que admitir que Carlos Salinas no estaba dispuesto a desencadenar una ola de represión como había hecho, en los años setenta, uno de sus predecesores, justamente Luis Echeverría, que creyó haber resuelto el problema de la guerrilla. México vivía un clima de cambio. Las elecciones generales estaban en puertas. El llevar a cabo unos comicios mínimamente creíbles era ya un clamor interno y, al mismo tiempo, una necesidad para que el país se mostrara radiante ante el escaparate internacional. Salinas quería hacer olvidar el fraude que lo llevó a la Presidencia en 1988 organizando un proceso impecable. No era desde luego el momento de movilizar al ejército. Tampoco esa medida se ajustaba a las convicciones personales de un jefe de Estado que se había formado en las universidades de Estados Unidos y prefería las soluciones tecnocráticas y ponderadas. A ojos del gobierno, la única salida factible era volcar en Chiapas el dinero y los programas asistenciales suficientes como para apaciguar los ánimos de la población. En definitiva, poner parches a la historia. Seis meses antes del inicio del conflicto, Salinas confió a Luis Donaldo Colosio, entonces responsable de la Secretaría de Desarrollo Social, la tarea de elaborar un plan especial para la Selva Lacandona y los Altos de Chiapas. Se construyeron dos grandes hospitales, y el propio Salinas asistió, en septiembre de 1993, a la inauguración de la clínica de Guadalupe Tepeyac, en pleno corazón de la zona zapatista. "De haber sabido que había guerrilla no me hubiera acercado. Recuerdo que quise dar la mano a la gente, pero íbamos tarde, así que sólo pronuncié unas palabras". En realidad la protección desplegada por el ejército era férrea. Temían, incluso, una emboscada.

Desde mediados de diciembre de 1993 la selva chiapaneca era un hervidero de rumores sobre el levantamiento armado. El 29 de diciembre empezaron a llegar hasta Ocosingo noticias de robos de vehículos en Las Cañadas por parte de grupos armados. La Policía Judicial fue reforzada en esta cabecera municipal. Paradójicamente, los soldados desaparecieron: muchos recibieron sus permisos navideños y el resto fue acuartelado a partir del 31 de diciembre. Cuando comenzó el alzamiento, los militares tardaron 16 horas en acudir a San Cristóbal y dos días en llegar a Ocosingo. El general Miguel Ángel Godínez, entonces comandante de la VII Región Militar, que abarca gran parte del sur del país, atribuyó esta reacción tardía a formalismos institucionales: el ejército tenía que esperar a que las autoridades de Chiapas solicitaran su intervención al gobierno federal. Las explicaciones no resultaron lo suficientemente convincentes como para disipar la sospecha de que los mandos militares, cansados de clamar en el desierto, habían dejado actuar al EZLN en un gesto de desafío a un gobierno que les había atado de pies y manos y que se empeñaba en negar la existencia de una guerrilla. El general Renán Castillo, sucesor de Godínez, reacciona con vehemencia.

> Si hubiéramos actuado de inmediato, cuando se sabía que los zapatistas estaban progresando, hubiéramos tenido un choque brutal. Ellos avanzaban en camiones, como moscas, indefensos, sin saber a lo que iban... Eran campesinos, la mayoría con armas de palo. ¿Quieren decirme qué hubiera pasado si a las dos de la mañana, cuando empiezan a saquear el palacio municipal de San Cristóbal, rodeados de curiosos, entra la tropa? ¿Cómo hubiera reaccionado la opinión pública mundial? ¡Claro que se podían haber hecho muchas cosas, y hubiera sido una sangría! La estrategia fue esperar. Quedó demostrado que ellos atacaron.

Los acontecimientos revelaron, sin embargo, que el ejército había subestimado la envergadura del operativo zapatista y el grado de respaldo de la población. Esperaban en realidad las habituales tomas de ayuntamientos y emboscadas a grupos pequeños de militares para "ganar batallas al mínimo costo". Por eso el 28 de diciembre, el secretario de Defensa, Antonio Riviello, decidió en una reunión con el general Godínez acuartelar las tropas y no dejar ningún destacamento aislado.

Que los alzados tenían cierta capacidad de fuego se vio en los enfrentamientos posteriores al 1 de enero. Pero también se comprobó entonces que la nueva guerrilla carecía de una preparación militar sólida y del armamento adecuado. Los generales estimaron que había llegado la hora de terminar con la aventura de "los transgresores". Una vez más, una orden perentoria frenó el avance del ejército: el 12 de enero el presidente de la República detuvo la contraofensiva y proclamó el alto el fuego.

La decisión había sido tomada por Carlos Salinas en el curso de una reunión con la cúpula castrense. Los participantes llegaron a la conclusión de que, a pesar de la clara superioridad del ejército, la ofensiva militar sería larga. Alguien recordó la experiencia vivida en los años sesenta por los cubanos, que tardaron tres años en acabar los insurgentes anticastristas acantonados en la sierra del Escambray. En Chiapas el plazo podría ser mucho menor, pero el desgaste político de la operación iba a ser brutal. Como reconocería después el general Renán Castillo, "los ánimos entre los militares estaban muy caldeados", y los mandos temían "que se cometieran errores". El edificio que Salinas había ido construyendo se tambaleaba.

En ese momento había dos ofensivas muy delicadas: una en el ámbito internacional, con tendencias a aislar a México, y otra interna: ya había un movimiento estudiantil y de colonias populares para reivindicar las causas del grupo armado, y eso creaba un riesgo de inestabilidad sociopolítica justo en tiempos preelectorales. De haber continuado los enfrentamientos se hubieran acabado las elecciones [asegura el expresidente].

El ejército se enfrentaba también a su propio dilema. "Una acción violenta nos hubiera dado un éxito militar, pero restañar estas heridas hubiera llevado tiempo", dice el general Castillo. "Y hubiéramos combatido a mexicanos. Nuestros compatriotas no son nuestros enemigos". En este caso, además, se trataba de reprimir a indígenas, lo que hubiera sido políticamente inaceptable. Como señala Leonardo Curzio, profesor de Historia de la Universidad Nacional Autónoma de México,

> *Marcos* inmovilizó culturalmente al Estado, le declaró la guerra desde la voz profunda de la nación. El Estado no puede decir al ejército que aplaste a los indios, tradicionalmente usados para legitimar el sistema político. Y el ejército no puede admitir que se le acuse de matar indios. Así que hacen el papel de ineptos. La cultura pesó de manera eficaz: no puedes justificar la represión, aunque la élite de Chiapas lo pida. *Marcos* lo entendió y lo utilizó.

El gobierno decidió entonces aplicar una estrategia combinada: en primer lugar, establecer un cerco físico. Después, un *cerco político*, concebido para neutralizar a los rebeldes con el anuncio de un cese el fuego, una amnistía y la apertura de negociaciones.

> Hablé detalladamente con el secretario de Defensa [recuerda Carlos Salinas]. El ejército estaba confiado y controlaba la situación sobre el terreno. Se habían recuperado pacíficamente las poblaciones de Altamirano, San Cristóbal y Las Margaritas. La batalla de Ocosingo había sido intensa y nuestras tropas estaban en camino de Guadalupe Tepeyac. Entonces el secretario de Defensa me hizo saber que se sentían bien y que era oportuno decretar el alto el fuego. El ejército se comportó con plena responsabilidad, con disciplina y lealtad.

En retrospectiva, el ex presidente entona un *mea culpa*. "Si de algo me arrepiento es de no haber autorizado a las tropas a retomar en enero Guadalupe Tepeyac, que para el EZLN fue un punto de convergencia política". El ejército se cobró la revancha un año más tarde, cuando el nuevo jefe de Estado, Ernesto Zedillo, dio por fin la orden de recuperar el control de los territorios zapatistas. El contexto había cambiado: había un presidente legitimado con las urnas, con la economía a la deriva, el país al borde del caos y la identidad de los dirigentes del EZLN sobre la mesa.

La ineptitud de los servicios de inteligencia

"Cuando en febrero de 1995 se desenmascaró a *Marcos*, llamé a [Jorge] Tello Peón [director del servicio de inteligencia civil] para felicitarle", recuerda Salinas, que ya había dejado el poder. "La información, imagino, la obtuvieron en enero de 1995, porque a mí no me la dieron. O la guardaron para mi sucesor". El expresidente atribuye la tardanza en la identificación de los dirigentes zapatistas a la suspensión de las investigaciones tras la entrada en vigor del alto el fuego. Ignoraba que los servicios de inteligencia militar habían hecho caso omiso de la orden presidencial y habían continuado con sus operativos de espionaje aéreo e infiltración sobre el terreno. Esto no llenó, sin embargo, las enormes lagunas de sus archivos sobre la guerrilla de Chiapas. Sólo la aparición de una *garganta profunda*, la de Salvador Morales, un alto dirigente zapatista, sacó a las autoridades de su laberinto. No fue hasta diciembre de 1994 cuando lograron atar todos los cabos.

Lo más increíble es que los propios servicios de seguridad tenían la información en sus manos desde 1980. En agosto de ese año, el asesinato de dos miembros de las Fuerzas de Liberación Nacional en un ajuste de cuentas interno había llevado al ejército hasta una casa de seguridad que el grupo armado tenía en Macuspana, una localidad de Tabasco muy cercana a

Chiapas. En el registro, los militares encontraron un documento: los estatutos de la organización, fechados tan sólo unos días antes. Y allí, en el capítulo IX, dedicado a la "estructura orgánica", se detallaba la creación de una rama rural del grupo que vincularía a las FLN "con las masas de trabajadores del campo" y que combatiría "frontalmente a las fuerzas represivas del Estado burgués y aun de los mercenarios e invasores extranjeros". Se le daba ya el nombre: Ejército Zapatista de Liberación Nacional.[2]

¿Cómo pudo pasar inadvertido este *detalle* a los cuerpos de inteligencia? Hay que buscar la respuesta en un informe difundido por la Secretaría de la Defensa después del alzamiento zapatista. Los militares reconocían una serie de fallos en el funcionamiento de su servicio de inteligencia, como la pérdida de documentos confidenciales, errores en el sistema de archivo que dificultaban terriblemente la búsqueda de antecedentes, y la inexistencia de registros actualizados de las organizaciones armadas y sus dirigentes. En el sector civil la situación era aún más dramática, porque los responsables de la siniestra Dirección Federal de Seguridad se habían llevado los archivos en el momento de su disolución, en 1985. Nadie se preocupó realmente de resolver esta gran discontinuidad en la recopilación de información: a esas alturas las prioridades eran otras, y el problema de la lucha armada parecía un viejo capítulo ya cerrado.

"Yo creo que cuando estalla Chiapas todos los que estuvieron vinculados con la seguridad se pusieron a buscar... ¿Y saben? ¡Tenían que haberlo sabido! ¡Las Fuerzas de Liberación Nacional!", clama Salinas. "A la Dirección Federal de Seguridad la penetró el *narco* y la hizo pedazos. Ahí se acabó con el cuerpo de élite de información política del Estado y no hubo tiempo de reconstruirlo. Esos cuerpos sí sabían".

Desde 1988 el ejército había ido recabando datos sobre el movimiento armado que se fraguaba en la

Selva Lacandona. Eran, eso sí, informaciones fragmentarias que se mezclaban con los rumores fantasiosos que circulaban en la región. "Los militares pensaban que era un movimiento más de los que había por allá, organizados por activistas políticos", comenta un asesor de la seguridad del Estado. "De hecho, no se percataron de las tareas de reclutamiento, subvaloraron el arraigo popular y se toparon tarde con las verdaderas dimensiones del problema".

Sobre el terreno la percepción es distinta. "Teníamos la información, pero como no actuaban no podíamos intervenir", asegura el general Renán Castillo en la sede de la VII Región Militar, en Tuxtla Gutiérrez, la capital de Chiapas. "Se sabía que se adiestraban, en Tierra y Libertad, en San Francisco... Pero todo lo hacían muy cerrado: se reunían, platicaban, se entrenaban y se dispersaban. Era un movimiento muy secreto. Entonces no llevaban armas, y no habían cometido delito alguno. Hacían creer que eran entrenamientos deportivos".

El asesinato de un capitán y un mayor del servicio de inteligencia militar, y el descubrimiento de un campamento zapatista en la sierra Corralchén, en 1993, confirmaron que los *atletas* eran en realidad guerrilleros. El ejército emprendió una amplia operación de *limpieza*, pero el presidente Salinas, preocupado por las consecuencias políticas de un eventual enfrentamiento, dio la orden de repliegue al cabo de unos días. "Fue una decisión política, y no se pueden invertir los papeles, porque es mucho peor", dice muy prudente el general Castillo. "Es obvio que tenían datos, se sabía lo que pasaba. ¡El secretario de Gobernación era incluso de Chiapas! Pero la información política que el gobierno manejaba en ese momento era probablemente otra".

Además de los informes de la Secretaría de la Defensa, el presidente contaba, en efecto, con otras fuentes de información: un servicio de inteligencia civil, el

CISEN, recién constituido; una Secretaría de Gobernación dirigida por Fernando Gutiérrez Barrios, un *viejo zorro* del sistema con vasta experiencia en *la lucha antisubversiva* de los años setenta y, por último, un gobierno local chiapaneco que, con Patrocinio González Garrido al frente, desataba en aquella época una dura represión contra los grupos opositores. Los frutos del sector civil, sin embargo, debieron ser más bien raquíticos, a tenor de las palabras de Salinas: "Me sorprende que no haya habido información previa más amplia de los servicios de seguridad del Estado, cuya responsabilidad era precisamente evaluar los riesgos. Me sorprende mucho".

Doctor Jekyll y Mister Hyde

Fernando Gutiérrez Barrios era, sin duda, un profesional de la ley y el orden. No en vano su carrera política había transcurrido entre las paredes de la Dirección Federal de Seguridad y la Secretaría de Gobernación. Previamente había dejado el ejército con el grado de capitán. Treinta años en los engranajes del aparato de seguridad civil mexicano, que él mismo fue construyendo, lo habían situado en una atalaya privilegiada. Nada ocurría en el país sin que *don Fernando* lo supiera.

A sus 70 años, Gutiérrez Barrios cultiva con esmero su aspecto de antiguo galán de cine: el peinado perfectamente esculpido, el bigote perfectamente recortado y la mirada perfectamente penetrante. Dosifica con igual cuidado sus apariciones públicas, en las que deja constancia de su disponibilidad para con la República, como si sólo él pudiera alejar a los demonios que amenazan con hundir al país en el caos. Es cierto que el funcionario ha dejado constancia de hasta dónde podía llegar en nombre de la defensa de las instituciones. A él se debe en gran parte la peculiar estrategia aplicada por el sistema mexicano a partir de los años sesenta: *guerra sucia* contra los grupos revoluciona-rios internos, y *alfombra roja* para los guerrilleros lati-noamericanos y el gobierno de Cuba, que se abstuvieron de denunciar la feroz represión desatada en México contra la oposición de izquierda.

Los viejos activistas no han olvidado el siniestro papel que el principal responsable de la policía polí-tica desempeñó a la sombra del presidente Luis Echeverría. En aquellos años México inauguró, con la mayor discreción, la terrible práctica de las desapari-ciones, que se extendería después a Chile, Argentina y Uruguay. Curiosamente, una parte de la izquierda mexicana que no se involucró directamente en la lu-cha armada profesa una gran admiración por Gutiérrez Barrios. Estos sectores recuerdan el trato afable y la gran capacidad conciliadora que desplegó en los diez años que ocupó el cargo de subsecretario de Gober-nación. *Don Fernando*, como se le denomina con res-peto, temor o ironía, era a la vez el hombre del trabajo sucio y el de la alta política, el Doctor Jekyll y Mister Hyde del régimen mexicano.

Salinas siempre tuvo un poso de desconfianza ha-cia este personaje enigmático y tenaz, al que colocó en 1988 al frente de la Secretaría de Gobernación para mantener el equilibrio de fuerzas en el seno de la cla-se dirigente. En alguna ocasión *don Fernando* se per-mitió contravenir las instrucciones presidenciales, y nunca cejó en su empeño de seguir controlando los servicios de inteligencia, que habían pasado a depen-der directamente del jefe del Estado. En enero de 1993 Gutiérrez Barrios fue destituido. Se avecinaban tiem-pos difíciles con las elecciones de 1994 y Salinas ne-cesitaba un secretario capaz de negociar con la oposición. *Don Fernando*, dice el expresidente, ha-bía perdido reflejos. "La forma en que concebía su tarea había hecho que las principales fuerzas políticas no lo consideraran seriamente. Ya no tenía la capaci-dad para conducir un año electoral. Había perdido eficacia en la negociación con los partidos, y el secretario de Gobernación es un actor político esencial".

¿Cómo explicar, por otra parte, los fallos de su funcionario en la cuestión chiapaneca? Es verdad que el levantamiento se produjo un año después de su salida del gobierno, pero entonces ya había indicios del conflicto, al menos para aquellos que estaban a cargo de la seguridad nacional.

Gutiérrez Barrios tenía toda una trayectoria de ser la gente que mejor conocía los sistemas de información, y estuvo a la cabeza de ese sistema durante cuatro años, en los que, ahora nos enteramos, la guerrilla estuvo haciendo proselitismo [manifiesta Carlos Salinas]. Me sorprende, por decir lo menos, que no me haya alertado en esos cuatro años, habiendo conocido él y padecido el problema de la guerrilla en los años sesenta y setenta".

¿Sospecha entonces el expresidente que su antiguo ministro le ocultó datos esenciales? "Hubo ausencias graves de información, pero no creo que fueran deliberadas. Estábamos en proceso de modernización de todo el aparato de seguridad. Creo que hubo también un descuido por parte de Gutiérrez Barrios, y lo explico porque él pretendía concluir su carrera con imagen de moderado". La duda es si *don Fernando* pretendía realmente "concluir su carrera" o si, por el contrario, consideraba que había llegado la hora de acceder a las más altas funciones... El "hombre providencial", según dejaban entender ciertos rumores, había comenzado una campaña en los círculos dirigentes para convertirse en el candidato del partido oficial a la elección presidencial.

Carlos Salinas tenía ya un delfín para sucederle en la jefatura del Estado, y no pensaba ni por asomo modificar su decisión, que se guardaba de hacer pública. Luis Donaldo Colosio, su elegido, era un hombre de su generación. Ambos compartían la misma visión de un México moderno, en las antípodas de la concepción populista de *don Fernando*, que contaba con el apoyo de la vieja guardia del partido. En un país como México, donde los rumores fundamentan la vida política, no podían faltar las versiones que sitúan a un vengativo Gutiérrez Barrios detrás de un operativo de desestabilización. Según esta hipótesis, el antiguo secretario de Gobernación, con el apoyo de sus fieles en el aparato de la seguridad nacional, habría apoyado a pequeñas organizaciones de guerrilla, en especial al EZLN. El objetivo: demostrar que seguía siendo indispensable para garantizar la paz y el orden en el país. "Gutiérrez Barrios y los antiguos altos cargos de la Dirección Federal de Seguridad estaban muy resentidos conmigo, por el proceso de reforma, sin duda, y también por motivos personales", reconoce Carlos Salinas. "Sin embargo no creo que él haya alimentado al movimiento zapatista. No creo que se arriesgara a una cosa así, porque cuando estalla no se sabe en qué va a parar".

Por una extraña coincidencia, un año antes del levantamiento del EZLN, el presidente confió la cartera de Gobernación al gobernador de Chiapas, Patrocinio González. En los meses siguientes, el funcionario negó sistemáticamente que hubiera una guerrilla en su estado de origen. De ahí su destitución fulminante cuando los hechos demostraron que estaba completamente equivocado. Salinas relacionó la miopía de su secretario con la falta de comunicación que había prevalecido entre las autoridades y las comunidades de Chiapas. Sobre el terreno, la visión es distinta. "Patrocinio sabía de la magnitud del movimiento", aseguran todos cuantos trabajaban en la ARIC entonces. "Pero quería manejarlo a su modo para sacar provecho político y consolidar su propio poder". ¡Él también se había dado cuenta de que tenía ambiciones presidenciales!

Los atentados terroristas que siguieron al alzamiento zapatista en los primeros días de enero reforzaron las sospechas sobre la existencia de una *mano negra* próxima al poder. Después de que el Ejército Zapatista se desmarcara del derribo de varias torretas eléctricas fuera de Chiapas y de la bomba que estalló en un centro comercial de la capital, las miradas se volvieron hacia los servicios de seguridad, de los que se pensó que habían organizado estas acciones para desacreditar a la nueva guerrilla y crear un clima de terror que justificara la militarización del país. El hecho de que el Partido Revolucionario Obrero Clandestino-Unión del Pueblo (PROCUP) reivindicara los atentados no contribuyó demasiado a aclarar las cosas, puesto que, según varios expertos, este viejo grupo armado, que crearía dos años más tarde el Ejército Popular Revolucionario (EPR), había sido parcialmente infiltrado por las fuerzas de seguridad a partir de los años setenta, precisamente cuando Gutiérrez Barrios era su principal responsable.

El busto de cera

Miguel Nazar Haro se había hecho construir un busto de cera del *subcomandante Marcos*, con su pasamontañas y sus cartucheras. Lo había colocado en su despacho, cerca de él. El viejo jefe policial, dedicado ya a sus negocios privados como asesor en materia de seguridad, pasaba las horas con los ojos clavados en su mudo acompañante. Quería observarlo, impregnarse de él y aproximarse a su perfil para tratar de descubrir la identidad real del guerrillero, que se había convertido en una obsesión. Su mirada acerada e inquisitiva, que tan buenos resultados le había dado como arma intimidatoria en sus interrogatorios, no tuvo esta vez mayores efectos.

El antiguo ayudante de Gutiérrez Barrios recibe a sus visitas en un extraño decorado: tres espadas de samurai colgadas en la pared, un libro de crucigramas sobre la mesa y una colección de frascos vacíos de colonia amontonados en un mueble. La escena evoca inevitablemente el testimonio de una de las líderes estudiantiles del 68, que recordaba cómo, cuando fue detenida y llevada ante Nazar Haro, el entonces jefe de la Dirección Federal de Seguridad desprendía "un intenso aroma a Guerlain". Treinta años después, *La Tita* no había olvidado ni el susto, ni el olor a colonia, ni la sorpresa que le produjo el correctísimo trato que recibió de Nazar.[3] Y es que a pesar de su fama de torturador, denunciada por los viejos guerrilleros de los setenta que cayeron en sus manos, el célebre policía hacía alarde de consideraciones exquisitas con algunos detenidos.

El antiguo funcionario policial había analizado los videos que se habían grabado sobre *Marcos* desde el 1 de enero de 1994. Los estudiaba con detalle y revisaba después sus densos archivos. Cuando un año más tarde el presidente Zedillo anunció que *Marcos* se llamaba Rafael Guillén, el busto de cera del enmascarado desapareció de su oficina. A pesar de todo, Nazar no quedó nada convencido con los datos biográficos proporcionados por las autoridades. Sentía tal desprecio por el jefe zapatista que no podía imaginar que fuera mexicano.

> ¿Cuántos mexicanos fuman en pipa? ¿Cuántos mexicanos pueden estar en la sierra hablando español, inglés, francés e italiano? ¿Cuántos mexicanos en aquella región indígena tienen la inteligencia analítica para determinar un día clave en el progreso de una nación para dar ese golpe psicológico y práctico? [se preguntaba en voz alta mientras paseaba en su oficina]. El acento es mexicano, pero me pregunto dónde se ha preparado mental, táctica y subversivamente.

A la cabeza le venía el recuerdo de viejos tiempos, cuando él estaba encargado de desmantelar las Fuerzas de Liberación Nacional que dirigían los hermanos Yáñez, *Pedro* y *Germán*.

La base del EZLN en Chiapas es la misma que tenían los de las FLN. *Germán* es el iniciador, con su hermano, de la lucha subversiva. Se agarraron a Chiapas desde hace años. Pero no es el autor de la táctica del 1 de enero [de 1994]. *Germán* es un tipo de guerrillero que lucha por el poder sin pretender dañar al país. Es el otro el que daña al país, ese *Marcos* criado no sé en dónde... Yo conocí a *Germán*. Luché contra él. Él desaparece cuando le matan al hermano. Ésos eran unos fanáticos, pero honestos, no aventureros. Dígame usted, ¿qué guerra han hecho los zapatistas? Una guerra de papel. Lo de los setenta fue una lucha que duró diez, quince años. Aquéllos sí que eran auténticos... Aquéllos no hacían diálogo, luchaban con las armas en la mano. Ese *Marcos* no sabe ni agarrarlas. ¡Tira una bomba molotov así [Nazar arroja un artefacto invisible], como si fuera una granada!

Nuestro interlocutor extrae de un armario una videocinta grabada por el realizador Epigmenio Ibarra.

Cuando vi las películas pensé: es un gran show. Eso es lo que pensé. Un show para decir al mundo que hay guerra en México. En México no hay guerra. Punto. Ni hay guerrilleros. Hubo. El primer objetivo del EZLN es desprestigiar a este país. *Marcos* tiene mentalidad de político. Observen cómo mueve las manos... Siempre las lleva limpias, hasta con *manicure*. Ése entraba y salía de la selva. Y cómo fuma la pipa... ¿Dónde en Europa se fuma más pipa? En Noruega, en Holanda...

Los tiempos habían cambiado, y para Nazar Haro, un guerrillero que se lavaba, fumaba en pipa y utilizaba más el Internet que los explosivos no podía ser un verdadero guerrillero. El antiguo policía se encontraba totalmente desconcertado frente a un nuevo héroe que ocultaba su rostro y que se permitía el lujo de provocar al poder con toda impunidad. Nada de esto encajaba en los esquemas de los viejos expertos en seguridad nacional. De ahí que las autoridades se empantanaran durante tanto tiempo antes de lograr identificar al jefe zapatista.

La obsesión de Salinas

Carlos Salinas estaba obsesionado con la identificación del *subcomandante Marcos*. Cada vez que alguien le sugería un nombre, el presidente llamaba inmediatamente a los responsables de la inteligencia civil para que siguieran la pista. Durante varios meses estuvo convencido de que el jefe zapatista era Samuel Orozco, un activista de los años setenta que había desaparecido sin dejar rastro. El entorno de Salinas filtró esta información a varios periodistas que se apresuraron a publicarla sin citar la fuente, conforme a las instrucciones recibidas. La táctica no era nueva y se emplearía en varias ocasiones: se trataba de lanzar un rumor y esperar reacciones que pudieran aportar otros elementos en favor de la tesis o, por el contrario, invalidarla.

Las informaciones periodísticas aseguraban que Orozco había tenido contactos con Sendero Luminoso, la guerrilla peruana, y destacaban de paso las coincidencias con el EZLN: ambos movimientos estaban dirigidos por universitarios blancos, y reclutaban a sus bases en los medios indígenas. Razón de más para pensar que *Marcos* era, en efecto, Samuel Orozco. Carlos Salinas estaba tan convencido de ello que llamó personalmente a Jorge Tello Peón, el director del CISEN, el servicio de inteligencia. No era la primera vez, pero en esta ocasión el presidente insistió mucho. Así que se removió cielo y tierra para encontrar al famoso Orozco, hasta que un día se descubrió que había re-

335

hecho su vida en Estados Unidos. Se envió a un emisario para asegurarse de que no se trataba de un homónimo. No: era el mismo Orozco, que vivía con su mujer y su hija en una pequeña localidad californiana. Ahora trabajaba en una emisora de radio, y la revolución no formaba ya parte de sus preocupaciones.

Vuelta al principio. Había que partir de cero, tantear y filtrar otros nombres a la prensa, que estaba encantada. El surtido era muy variado, pero se notaba una pulsión irrefrenable por implicar al estamento religioso, en especial a los jesuitas. ¿Cuál era el objetivo de lo que parecía, de hecho, una campaña contra la Iglesia católica? Hay que buscar la explicación en el odio ancestral de ciertos elementos del Estado hacia la Iglesia católica en general, y hacia la Compañía de Jesús en particular. "Fue algo innecesario y una muestra de ignorancia. Era lo peor que se pudo hacer, porque luego hubo que desmentir", deplora Carlos Salinas. "Yo recibí inmediatamente a los jesuitas. Fue una irresponsabilidad de quien lo hizo, sobre todo porque los jesuitas, especialmente en Chiapas, se habían comportado de forma muy responsable".

Una buena parte de las *informaciones* peregrinas procedían directamente de la Presidencia de la República, y eran filtradas por el principal asesor de Carlos Salinas, un mexicano de origen hispano-francés, José Córdoba, que convocaba regularmente a los directores de los periódicos para comunicarles sus últimos descubrimientos. He aquí algunas de las perlas que vieron la luz en la prensa (la relación no es ni con mucho exhaustiva): el EZLN era una alianza que reunía a miembros del Partido de la Revolución Democrática, a viejos grupos armados como el PROCUP y a un batallón de curas y monjas fanatizados que encabezaba el obispo Samuel Ruiz. La dirección era colegiada. *Marcos* era sólo una *figura decorativa*. Para dar mayor sustento a esta versión, se envió a las redacciones de los periódicos una lista de los religiosos "vinculados al

EZLN", en la que figuraban el obispo de Tuxtla Gutiérrez, Felipe Aguirre, y otros sacerdotes conocidos por su conservadurismo y su férrea oposición a la teología de la liberación que preconizaba su colega Samuel Ruiz. Estaba también una anciana de origen canadiense, Jeanine Archimbaud, que había ayudado financieramente a las organizaciones religiosas de Chiapas. Las autoridades estaban convencidas de que se trataba de una de las principales dirigentes del EZLN. Ignoraban que la dama había regresado a Canadá antes del conflicto para tratarse una grave enfermedad que le impedía caminar.[4]

El honor de los servicios de seguridad quedó finalmente a salvo gracias a Salvador Morales, el *subcomandante Daniel*, cuyas revelaciones pusieron fin al desconcierto en el que se había sumido el poder desde la aparición de los zapatistas en la escena nacional. Carlos Salinas no pudo saborear esta satisfacción. Acababa de abandonar sus funciones sin haber logrado resolver el misterio que le había obsesionado durante tanto tiempo. El interrogatorio sistemático de *Daniel* a partir de diciembre de 1994 derribó numerosos mitos que se habían ido construyendo con el paso de los meses, entre ellos la convicción íntima de algunos jefes de inteligencia de que el *comandante Germán* era en realidad el obispo de San Cristóbal, Samuel Ruiz.

El testimonio del antiguo compañero de *Marcos*, al menos en lo que se ha conocido, no permite confirmar si el EZLN contó con alguna complicidad en el aparato del Estado antes del levantamiento del 1 de enero. Lo más probable es que el *subcomandante Daniel* lo ignore. Y si lo sabe, no podrá hacerlo público mientras los militares lo mantengan en un lugar secreto para su propia protección (y para asegurarse la exclusividad de sus declaraciones). Después de haber dado tantos palos de ciego, los servicios de seguridad no están dispuestos a soltar esta magnífica presa, que les ha permitido actualizar la historia de la guerrilla desde finales de los años setenta.

SEXTA PARTE:
LA IMPOSTURA

13

Un Óscar para *Marcos*

Una figura pálida y nariguda, cubierta con un pasamontañas negro que encuadraba unos vivaces ojos castaños, contestaba con paciencia las preguntas que decenas de vecinos resacosos le hacían en el zócalo de San Cristóbal de Las Casas el día de Año Nuevo de 1994. La ciudad colonial había amanecido tomada por individuos armados y silenciosos y nadie entendía nada. El personaje en cuestión, cálido y desenvuelto, se excusaba con buenos modales y golpes de humor: resulta que estaban viviendo una revolución. "Es un perfecto showman", comentó un turista.

A partir de aquel instante, y en las semanas sucesivas, la imagen del enmascarado acaparó portadas de periódicos y noticieros del mundo entero. Una guerrilla indígena en México era un bombazo informativo, pero además la prensa tenía ya una sugestiva figura que la personalizaba. Decía llamarse *Marcos*, era culto y había sabido sacar partido de la vieja tradición mexicana en la que los héroes se cubren el rostro, como vengadores anónimos siempre listos para acudir en ayuda de los más débiles. Un nuevo mito acababa de nacer.

El jefe zapatista resultaba excéntrico pero cautivador, impecablemente arropado con un *chuj* (poncho de lana) negro, una desgastada gorra estilo Mao sobre su pasamontañas y las cartucheras cruzadas en el pecho, de acuerdo a los cánones estéticos de la Revolución mexicana. Un pañuelo rojo anudado al cuello, una pipa y dos relojes, uno en cada muñeca, completaban el conjunto.

Este nuevo Zapata parecía caído del cielo, o lo que era lo mismo, dadas las circunstancias, de El Parnaso, el café de moda entre los intelectuales en la ciudad de México. Empleaba un lenguaje urbano, recurría a citas literarias, hacía referencias a *Corazón Salvaje*, la telenovela del momento, o a películas de Oliver Stone, e intercalaba expresiones en inglés. Silvestre, desde luego, no era. Tampoco parecía el clásico revolucionario presto a endilgar doctrina soporífera: tenía sentido del humor, cierta tendencia al coqueteo y un talento literario innegable.

El impacto se transformó en delirio. A falta de revoluciones en el mundo y, sobre todo, de rebeldes presentables (porque hay que reconocer que el peruano Abimael Guzmán, jefe de Sendero Luminoso, no tiene nada de castigador), *Marcos* se transformó en el nuevo hito de la imaginería guerrillera, que se había quedado anclada en los posters del *Che*. El pasamontañas con ojos y pipa se transformó en el emblema de los *progres* de dentro y fuera de México, y dio pie a un auténtico filón comercial: fotos, camisetas, carteles, *pins*, muñecos e incluso condones, vendidos bajo la sugestiva marca de *Alzados*.

El jefe zapatista se mostraba distante: "A mí me divierte... Ni me va ni me viene, no tengo ningún beneficio porque no tengo *copyright* de mi imagen".[1] Le divertía todo menos lo de los condones, que buen escándalo le organizó a una periodista que tuvo la ocurrencia de regalarle una caja de los susodichos en una conferencia de prensa durante el primer diálogo de paz en la catedral de San Cristóbal. *Marcos* se indignó y dijo que con la sangre de los zapatistas no se jugaba. Posiblemente, más que los preservativos lo que le molestó fue la irrupción inoportuna de una de sus *groupies*.

El *subcomandante* era un maestro de la puesta en escena, y sabía que pasar el límite podía ser contraproducente. Por eso ignoró la extravagante oferta de Benetton, la empresa italiana de ropa, para que posara junto a sus hombres y los pobladores de la Selva Lacandona en su campaña publicitaria de 1996. La propuesta le llegó mediante una carta de Oliviero Toscani, el audaz creativo de Benetton que ha roto todos los moldes de la glamorosa mercadotecnia de la moda a base de asociar los suéteres multicolores y los vestidos estampados con fotos de la destrucción del medio ambiente, la tragedia del SIDA, la guerra de Bosnia y otros grandes dramas de nuestro siglo.

En la carta, enviada en el verano de 1995 y publicada meses después en la revista estadounidense *Harper's*, Toscani explicaba su filosofía de trabajo "al muy respetable comandante" (al que amablemente ascendía en el escalafón):

No creemos en los mitos de belleza difundidos por el consumismo. Siempre hemos elegido fotografiar a personas reales, no a modelos, en los lugares donde viven. De esta forma, hemos resaltado la belleza de los chinos, de los turcos, de los habitantes de un pequeño pueblo italiano, y, recientemente, de los palestinos de Gaza.

Toscani intuye que comparte algo con el *subcomandante*:

Nos dirigimos a usted porque sentimos que usted sabe que la comunicación puede ser una forma de lucha. Le pedimos que nos dé la oportunidad de fotografiarlo junto con los hombres, las mujeres y los niños de su grupo, el Ejército Zapatista de Liberación Nacional. Nos gustaría darle la oportunidad de mostrar la belleza de los rostros de aquellos que pelean en nombre de una idea. Un ideal abrillanta los ojos y alumbra el rostro de aquellos que luchan por llevarlo a cabo.[2]

Estas argumentaciones no hicieron mella en *Marcos*, que ni siquiera se tomó la molestia de responder. Prestar su imagen para uno de los imperios punteros de esa "internacional de la muerte", como él define al neoliberalismo, hubiera sido un exceso imperdonable, por mucha faceta humanitaria y concienciadora que Benetton quiera presentar. De todas formas, Toscani hubiera tenido un poco complicado captar la expresión facial de los zapatistas, autodenominados los *sin rostro*, sin que pareciera que promocionaba los pasamontañas como un nuevo producto de la casa.

Marcos no sólo dio vida a la utopía perdida, o a la leyenda del Zorro; además, desató las fantasías eróticas. Ahí se imaginaban ellas, como lady Mariana, con el guerrillero poeta debajo de una ceiba a la luz de la luna. Decenas de cartas de amor le llegaban del mundo entero al *subcomandante* zapatista, que en este capítulo no ha firmado ningún alto el fuego: sus alusiones a las "armas" que Dios le ha dado, a la leche que le sobra, a los susurros y a las humedades femeninas han seguido despertando las calenturas, incluso después de que el gobierno le quitara el pasamontañas y dejara al descubierto a un hombre agradable pero más cercano al vecino de al lado que a Kevin Costner en su papel de Robin Hood. El destape de *Marcos* no desanimó a las numerosas admiradoras que habían dejado galopar su imaginación durante meses y que, de todas maneras, no estaban dispuestas a romper el encanto. Para ellas *Marcos* seguía siendo ese par de ojos hechiceros. El *subcomandante* se apresuró a tranquilizarlas asegurando que no tenía nada que ver con ese Rafael Guillén.

En más de una ocasión, el jefe guerrillero ha tratado de controlar el caballo desbocado en que se había convertido su popularidad. En el Ejército Zapatista, ha insistido, no hay caudillos. Ni celos. Hay un mando político, el Comité Clandestino Revolucionario Indígena, que emana de las comunidades y al que él, como jefe militar, obedece. Reconoce, sin embargo, tener una "autoridad moral" que se ganó mucho antes del 1 de enero. Para evitar los afanes protagónicos está el pasamontañas, que ayuda a no tomarse siempre en serio. "Mientras uno tenga la capacidad de marcar distancias frente a sí mismo y reírse de poses, es bueno, es sano para la lucha, para uno mismo y para la historia, si es que alguna vez se escribe todo esto que está pasando".[3] A pesar de sus esfuerzos, *Marcos* ha perdido la mayoría de las batallas contra su propia vanidad.

Fitzcarraldo de la Lacandona

"Sólo los soñadores pueden mover montañas". Con estas palabras y una sonrisa que derretía cualquier escepticismo, *Molly* (Claudia Cardinale), dueña de un burdel en Iquitos, daba su respaldo una vez más a *Fitzcarraldo* (Klaus Kinski), el irlandés de mirada extraviada empeñado en conseguir una fortuna rápida con la que llevar a cabo su obsesión: construir en aquella ciudad sumergida en la Amazonia peruana un palacio de ópera para escuchar en vivo al tenor Enrico Caruso. Sentado en el techo de su enorme barco, acompañado por las arias que escapaban del gramófono, Fitzcarraldo abandonaba el Amazonas y navegaba contracorriente atravesando la selva para alcanzar el río Ucayali, que le conduciría a la riqueza del caucho. Una montaña se interponía entre los dos cauces. Pensaba remontarla con el barco a cuestas.

Subido a una tarima con forma de puente de mando, en el inmenso anfiteatro-carabela construido por los zapatistas junto a Guadalupe Tepeyac, en el corazón de la Selva Lacandona, *Marcos* inauguraba el 8 de agosto de 1994 el primer encuentro entre la *sociedad civil* y el grupo armado. El *subcomandante* zapatista tenía ya su barco selvático desde el que tripularía la transición democrática en México. Le faltaba Claudia Cardinale, pero podía contar con la actriz mexicana Ofelia Medina, presta para apoyarle en todas sus iniciativas.

Marcos llamó a aquella reunión Convención Nacional Democrática de Aguascalientes, en recuerdo de la *cumbre* celebrada en 1914 en ese estado del centro de México por Villa, Zapata y otros jefes de la Revolución, para sentar las bases del nuevo régimen que había derrocado la dictadura de Porfirio Díaz. ("Mira tú", diría en esos días el periodista Raymundo Riva Palacio. "Llegamos al final de la centuria igual que comenzamos... Es como para preguntarse de qué nos sirvió el siglo").

Seiscientos hombres habían dedicado casi un mes a la construcción del nuevo Aguascalientes, situado a un kilómetro en línea recta desde Guadalupe Tepeyac. Centenares de árboles fueron talados en la ladera de una colina, que quedó convertida en una inmensa gradería con capacidad para ocho mil personas (para compensar los desgastes sufridos por el medio ambiente, se prohibió a los participantes llevar jabón). El escenario tenía una altura total de 80 metros, y la tarima, 50. Se construyeron además veinte casas para hospedaje, fogones y una biblioteca. La infraestructura se completaba con varios camiones de agua potable, letrinas, luz eléctrica traída por cables desde Guadalupe Tepeyac, un gran equipo de sonido de once altavoces y una lona inmensa para resguardar las gradas de la lluvia.

Los fondos, explicó *Marcos* al principio, se habían conseguido gracias al sacrificio de las comunidades, que habían vendido el ganado colectivo destinado a la compra de sus alimentos. Más tarde habló de algunas aportaciones de grupos de apoyo europeos. No era verdad. O no del todo. En realidad, quien corrió con la mayor parte de los gastos fue... el gobierno,

346

que destinó al evento revolucionario 173 mil dólares en equipos e instalaciones. Todo, eso sí, con la mayor discreción. Las elecciones generales estaban a la vuelta de la esquina y las autoridades deseaban tener la fiesta en paz. La guerrilla aceptó de buena gana ese *gesto conciliatorio* del enemigo y los comicios se celebraron sin sobresaltos. *Marcos*, de todas formas, estaba convencido de la derrota estrepitosa del PRI.

El entonces gobernador de Chiapas, Javier López Moreno, declaró que las aportaciones recibieron luz verde del presidente, Carlos Salinas.[4] "Conmigo no consultaron lo de la ayuda", matiza el exmandatario desde la capital irlandesa, donde se instaló en 1996. El gobierno, añade, tenía la firme intención "de no crearles problemas a sus derechos constitucionales de libre tránsito", pero de ahí a financiar un movimiento armado...

> Como que era demasiado. Yo no creo que esto hubiera gustado a los responsables de la seguridad en esa zona. No sé si fue decisión de Javier López Moreno. No conozco el detalle y no recuerdo que Javier hubiera planteado nunca este tema en nuestras reuniones en el Distrito Federal. [El expresidente se muestra, pese a todo, comprensivo.] Uno tiene que entender que, cuando a nivel local enfrentan problemas difíciles, se busca la manera de construir puentes. No me lo consultaron, pero trataría yo de entenderlo... Aunque me sorprende, porque era mucho dinero.

Un pirata en el delirio

En las vísperas del gran encuentro de Aguascalientes, *Marcos* se había transformado en pirata. El escenario, las gradas y la lona eran "un poderoso navío" que sufre el embate de una tormenta la noche antes de la inauguración de la Convención Nacional Democrática. Así quedó escrito para la posteridad:

El barco está a la deriva, estamos a punto de perecer en los mil mordiscos de un arrecife de coral en el Peloponeso. Tomo el timón con el garfio, el navío sigue dando tumbos sin decidirse aún a recibir los ásperos y mortales besos del coral. Por fin la nave parece enderezar su rumbo y regresar a la bahía de la que mi desesperanza nos sacó esta madrugada [...] Ahora soy un pirata... Un pirata es una ternura que explota fiera, es justicia incomprendida, es desconsolado amor, es triste batallar y soledad compartida, es un siempre navegar sin puerto, es perenne tormenta, es beso robado, es siempre insatisfecha posesión, es sin descanso.

Almirantazgos de diversas sedes han puesto precio a mi estar sin rostro. Quieren mi noble cabellera, mi único ojo y la mueca que llevo en lugar de labios, mi cabeza de mi cuello separada y de adorno para sus suntuosas mesas. ¡Agarradlo!, gritan histéricos. ¡Es un transgresor de la ley!, claman las buenas y terrenas conciencias. ¡Matadle!, ordenan los grandes señores de múltiples palacios. ¡Es un profesional de la violencia!, murmuran en las cloacas ratas de todas las raleas. ¡Es malo! ¡Es cruel! ¡Un criminal embozado! ¡Que venga la paz!, ¡Sí, que venga sobre su sangre y la de los suyos!, gritos y murmullos de gente que se dice buena y lleva mierda en las venas y podredumbre en las entrañas. Grandes y poderosos sabios, doblegados por el lujo y el dinero, aconsejan la muerte peor: ¡Olvidadle! ¡No hay castigo más cruel! Mi barco y los míos no titubean [...] Empieza a amanecer. Hay un revuelo de pájaros y hombres en cubierta, blancas nubes se despliegan de mástiles y cielos, la larga cadena del ancla del destierro gime al despegarse del húmedo lecho como de femenino vientre nuestro sexo. El barco se mueve de nuevo, de nuevo se mueven hombres y velas... nuestra esperanza camina... de nuevo.[5]

Este delirio surrealista, que recuerda a la escritura automática, lleva la firma del "subcomandante insurgente *Marcos*, pirata extraviado, profesional de la esperanza, transgresor de la injusticia, bandido de suspiros, amo de la noche, señor de la montaña, hombre sin rostro y sin mañana y, ahora, confeso conspirador que pinta barcos del color de Aguascalientes, es decir, del color de la esperanza".

La Convención Nacional Democrática

Alrededor de seis mil personas acudieron a la cita, entre intelectuales de renombre, analistas políticos y una constelación de asociaciones marginales que formaban una especie de corte de los milagros de la izquierda mexicana. Allá llegaron todos gracias a 150 autobuses puestos a su disposición por el gobierno de Chiapas para trasladarlos desde San Cristóbal de Las Casas a Guadalupe Tepeyac.

Los vehículos tardaron un día entero en cubrir un trayecto que normalmente se hace en cinco o seis horas. La lluvia, el barro y un accidente obligaron a pernoctar en el camino. Y aún faltaban los numerosos controles zapatistas, que incluían cada vez bruscas palpaciones y registros concienzudos de mochilas, cuadernos y hasta cabelleras. Tanta severidad enojó a varios de los asistentes más ilustres, alterados ya por el penoso viaje. El que menos lo disimulaba era el escritor Carlos Monsiváis, que juraba en arameo por el trato recibido mientras intentaba caminar en medio del lodo, cargado con libros para *Marcos*. La tercera caída lo envió directamente a la *enfermería* de Aguascalientes con un esguince. La sana vida del campo no estaba hecha para él. En aquellos momentos no pudo reprimirse y soltó unas cuantas maldades contra el jefe guerrillero. Esto no impidió que Monsiváis estableciera después una relación epistolar con *su verdugo* y que lo visitara, dos años más tarde, en condiciones más confortables.

Una vez dentro del recinto, los *delegados* de las diferentes organizaciones ocuparon las gradas de arriba. Los invitados, las de abajo. Frente a ellos, una especie de púlpito desde el que únicamente habló *Marcos*; detrás, el *presidium* con un centenar de asientos destinados a la flor y nata de los asistentes. El *comandante Tacho* fue el encargado de leer sus nombres. Comenzó pausadamente. Se trababa a menudo. El *subcomandante Marcos*, que estaba a su lado, se impacientó, y en un inusitado gesto de indisciplina para con un superior, le tomó la hoja y prosiguió él con la letanía.

El objetivo inicial de *Marcos* era tan ambicioso como laxo: de la Convención debía emanar un gobierno de transición que redactara una nueva Constitución y organizara unas elecciones. Pero como los comicios oficiales del 21 de agosto estaban a la vuelta de la esquina y, desde luego, sin ningún viso de suspenderse, *Marcos* había decidido que la Convención animara el voto en contra del partido oficial, luchara porque el ganador aceptara el programa zapatista y se movilizara si había fraude.

No tuvieron tiempo para mucho. Un temporal desgarró la inmensa lona que cubría las gradas y la lluvia empapó a los presentes. En vista de las condiciones, la reunión, que iba a durar dos días, se redujo a uno. Con todo, los *convencionistas* suscribieron acuerdos generales y prometieron organizarse. Aún tuvieron tiempo de formar fila para saludar al *subcomandante* y para hacerse fotos con el primer indígena enmascarado que pasaba a su lado. Los insurgentes, impávidos, aguantaban en silencio.

A pesar de la ausencia de resultados concretos, la Convención fue un éxito personal para *Marcos*. La conferencia de prensa con la que concluyó el encuentro se convirtió en un acto apoteósico de adhesión al *sub*, aderezado con los gritos incesantes de sus seguidoras: "¡Guapo!", "¡Queremos un hijo tuyo!", "¡Que lo rifen!"...

La multitud aplaudía fogosamente cada respuesta y abucheaba las preguntas que consideraba improcedentes. En un momento dado el jefe zapatista ofreció quitarse el pasamontañas. Las masas enardecidas se opusieron. *Marcos* estaba eufórico. Casi al borde "del orgasmo", precisó.

La derrota de Fitzcarraldo

El barco de Fitzcarraldo, como una pesada locomotora, exhala bocanadas de humo y avanza metro a metro por el lomo del monte. Primero cuesta arriba. Luego cuesta abajo, entre los gemidos de las poleas y los troncos que lo sujetan. Finalmente la proa besa las aguas del río Ucayali. Fitzcarraldo había logrado *mover* la montaña gracias a que los indios jíbaros habían decidido participar en aquel proyecto delirante. Y no porque, como creía el irlandés de cabello rubio e hirsuto, le hubieran tomado por un dios blanco. Los jíbaros tenían otros dioses. Y esos dioses estaban disgustados. Cuando el barco reposaba ya en las aguas de la fortuna y Fitzcarraldo y sus hombres dormían la borrachera del triunfo, los indígenas lo desamarraron: si aquella máquina había sido capaz de atravesar la montaña, cruzaría también los feroces rápidos del Ucayali antes de fluir en el Amazonas y la ira de los dioses quedaría aplacada. Justo el tramo que Fitzcarraldo había querido evitar navegando por un río paralelo y moviendo la montaña. La tripulación estaba aterrorizada pero, después de una serie de violentas sacudidas, el barco pasó milagrosamente esta nueva prueba y llegó maltrecho al Amazonas. Los indígenas habían logrado su objetivo. Se habían apropiado sin saberlo del proyecto de Fitzcarraldo, que quedaba convertido en una hazaña desgarradora por su anonimato, hermosa por su inutilidad.

La espectacular escenografía de la Convención de Aguascalientes fue quizás el momento más inspirado del *subcomandante*, pero no el único. Memorable fue también su aparición orwelliana en una pantalla gigante instalada en el Zócalo de la capital mexicana para anunciar la convocatoria a una consulta nacional sobre el futuro del grupo guerrillero. Fue sin embargo con el director de cine estadounidense Oliver Stone con quien *Marcos* se empleó más a fondo. Para él reservó los mejores golpes de efecto cuando el cineasta acudió al cuartel general zapatista en el poblado de La Realidad. *Marcos* y una decena de jinetes surgidos de la noche se plantaron ante la puerta de la cabaña donde descansaba el recién llegado. Los camarógrafos invitados al encuentro encendieron simultáneamente sus focos. Stone no daba crédito. "Lograste la entrada más dramática que he visto en mi vida, más que cualquier otra estrella de Hollywood. Eres un gran actor", le dijo al *subcomandante*, que estaba feliz con el cumplido.

La noche de los Óscares

Era la noche del 25 de marzo de 1996… la noche de la entrega de los premios Óscar, para los que *Nixon*, la más reciente película de Oliver Stone, tenía cuatro nominaciones. "Fue fortuito", declararía después el cineasta. "Al menos para mí, porque para él [*Marcos*] no. Él estaba más al tanto de los Óscares que yo".

Stone había acudido a la Selva Lacandona con una misión de Derechos Humanos y llevaba consigo a dos guionistas. Para alegría de los fotógrafos, el realizador acabó posando subido en un caballo junto a *Marcos*, con su alergia a las plantas camuflada en unas gafas Ray Ban, una pipa y un pasamontañas que el jefe zapatista le retocaba con dulzura. "Era como un circo, los modernos medios de comunicación y esos clásicos revolucionarios de los viejos tiempos en una sola escena", explicaba, entre asombrado y encantado.[6]

Los insurgentes zapatistas conocían parte de la filmografía de Stone, en concreto *Pelotón*, *Nacido el 4 de julio* y *El Salvador*, que habían visto en video en ese rincón perdido de la selva de Chiapas. Pero por primera vez en su vida, estuvieron pendientes de la gran gala del cine estadounidense, y el director pudo enterarse de que no había conseguido ninguna estatuilla. Con un *walkie-talkie* en la mano, un miliciano indígena se acercaba a *Marcos* a transmitirle la lista de premiados: Nicolas Cage, mejor actor. *Corazón Valiente*, mejor película... Stone quería saber la actriz de reparto. La respuesta la obtuvo al cabo de un rato: Mira Sorvino. Vaya, él apostaba por Joan Allen.

Zapatilandia

El jefe zapatista tuvo de nuevo la oportunidad de poner en práctica su hospitalidad un mes después, cuando recibió a Danielle Mitterrand, presidenta de la organización France Libertés, que colabora en varios proyectos en la región de Las Cañadas. Fue todo un acontecimiento. Más de mil campesinos se concentraron en La Realidad para recibirla. Todo estaba listo, relatan las crónicas: los hombres con sus paliacates cubriéndoles el rostro, las mujeres con sus atavíos multicolores, y las consignas, no precisamente ancestrales: "Zedillo, escucha, Daniela está en la lucha", "Se ve, se siente, Daniela Mitterrand está presente" y "Daniela, la ayuda que nos des será para los que ves".[7]

La viuda del presidente francés quería dormir en hamaca y comer frijoles, pero tuvo caldo de pollo y una cama de madera con mosquitera en una casa modesta, pero cuidadosamente organizada: en los estantes, libros de Marguerite Yourcenar, Pablo Neruda, Carlos Monsiváis, Eduardo Galeano, Mario Vargas Llosa, literatura revolucionaria en español, francés y alemán, ensayos antropológicos e históricos... y un pañuelo palestino. En las paredes de madera, carteles de comités de solidaridad en alemán y catalán, jardines de Claude Monet y dibujos de Joan Miró. ¿Qué más podía pedir?

Danielle dijo a los zapatistas que estaba con ellos en la lucha por la mundialización de la paz, y los zapatistas la nombraron *hermana*, la más alta distinción, según explicó *Marcos*. El *subcomandante* regaló a la dama una flor de papel y, romanticismo por romanticismo, Danielle le pidió que se alejara como había llegado: a caballo. Parsimonioso y galante, el líder guerrillero satisfizo su deseo de inmediato.

Algunas semanas más tarde, la exprimera dama de Francia publicó un libro en el que contaba con detalle su breve estancia en la jungla. Su entusiasmo fue tal, que tres meses más tarde, en julio de 1996, acudió de nuevo a La Realidad para participar en el Encuentro Intercontinental por la Humanidad y contra el Neoliberalismo. La acompañaban el sociólogo Alain Touraine, el cineasta ruso Pavel Lounguine y el escritor uruguayo Eduardo Galeano quien, a punto de levitar, reveló a los tres mil quinientos participantes que los zapatistas le habían permitido descubrir que la revolución ya no dependía más de un puñado de "intelectuales iluminados", sino del pueblo.

Un poco antes habían desfilado por La Realidad el escritor francés Régis Debray y el actor estadounidense Edward James Olmos. *Marcos* iba ganando puntos, pero también es cierto que había enviado invitaciones a medio mundo, en especial a las celebridades progresistas de Hollywood, y que la mayoría no había respondido. Jane Fonda, Kevin Costner, Jodie Foster, Robert Redford, Susan Sarandon, Francis Ford Coppola y Harry Belafonte no recogieron el guante.

Cada vez que un famoso ponía un pie en México, surgía la pregunta inevitable. ¿Le invitaría *Marcos* a Chiapas? ¿O se invitaría él? Bernard-Henry Lévy y Alain Delon, que rodaban una película en México, se mostraron dispuestos a darse una vuelta por la Lacandona, pero no fueron finalmente convocados. En cambio, el cineasta alemán Werner Herzog, padre de criaturas tan caras al *subcomandante* como Fitzcarraldo, fue contundente: "Yo no soy uno de esos turistas de la revolución". Le gustaba mucho lo que estaba pasando en Chiapas, pero no tenía intención de filmarlo. Y *Marcos* le interesaba ante todo como poeta.[8]

Tanto trajín con los famosos empezó a despertar ironías. ¿Aquello era una guerrilla o un parque de atracciones? Incluso una revista como *Newsweek*, afín a los sectores liberales estadounidenses, no pudo evitar la tentación de publicar un artículo mordaz sobre los afanes protagónicos de *Marcos*. El jefe zapatista, explicaba el autor del reportaje, había convertido su refugio de la Selva Lacandona en un centro de convenciones y *bed-and-breakfast* para la izquierda. Tal era el éxito logrado que las agencias de viaje palidecían de envidia. Y es que, después de todo, *Marcos* no tenía competencia. Hasta la caída del Muro del Berlín existían casi tantas revoluciones como Clubes Mediterranée, y los turistas de izquierda del Primer Mundo podían optar por recoger café con los sandinistas o conducir tractores en Angola. "Pero con el colapso del comunismo, estos parques temáticos de la utopía se han esfumado, dejando a los radicales de Berkeley y a los socialistas alemanes sin escapadas románticas. ¿Dónde pueden ir hoy en día Ed Asner o Sting cuando tienen un fin de semana libre? Pueden dirigirse a Zapatilandia", concluía el feroz artículo del corresponsal de la revista en México.[9]

Cuando se le ha preguntado por qué tiene esa afición a invitar celebridades, *Marcos* ha respondido que no lo hace por él, sino por las comunidades, y que de esta forma se sacrifica, una vez más, por la causa: "Ni modo. *Marcos* pierde imagen, pero los indígenas ganan seguridad. Es lo que importa. Tendrán más probabilidad de comer y menos amenazas encima".[10] En realidad ni la presencia de Oliver Stone ni la de

Danielle Mitterrand han modificado la dieta indígena, ni su ausencia ha aumentado los peligros. Al margen de lo que digan las personalidades extranjeras, el gobierno mexicano tiene una estrategia muy clara, de la que no forma parte, aunque sea por una mera cuestión de imagen, el convertirse en exterminador de indios.

El culto del ego

La omnipresencia de *Marcos* en los medios de comunicación acabó provocando reacciones adversas ya en los primeros meses de 1994: los indios se levantan en armas, ponen los muertos, y es un blanco el que se lleva los reflectores, escribían los críticos. Era inevitable: *Marcos* era el motor del alzamiento, su estratega, su esteta. Su imagen *vendía*. Los otros personajes uniformados que le acompañaban no atraían tanto la atención: eran más bajitos y silenciosos y además, muchos ni siquiera hablaban castellano. Después de algunas entrevistas en los primeros meses, casi todas con la pertinente autorización, la selva se había tragado de nuevo a *Ana María*, *Ramona*, *Benito*, *Mario*, *Isadora* o *Javier*. Algunos despuntaban esporádicamente con discursos en las fiestas de guardar, como las reuniones de la Convención o el Día de la Mujer, pero poco más.

Conocedor de los medios y muy sensible al efecto de su imagen, *Marcos* supo que le había llegado la hora del acto de contrición, que en lenguaje revolucionario se llama autocrítica. En una carta dirigida en julio de 1994, poco antes de la Convención, a Eduardo Galeano, el *subcomandante* se disculpa por un exabrupto que soltó cuando alguien le transmitió esta frase de parte del escritor uruguayo: "Dios tuvo éxito porque no se mostraba mucho".

Valga la presente como una rectificación. Entiendo que se refería usted a mi protagonismo o a mi tendencia a aparecer demasiado en los medios. [Y se justifica.] Resulta que nuestra torpeza en este asomarnos a la historia nos lleva a la imprudencia y sí, al exceso de palabras y otras reiteraciones. Puede ser también que este brincar y brincar para llamar la atención sea para dar tiempo a que otros se puedan alistar y tomar la palabra que les corresponde. Al final, lo que no registrará esta pequeña historia es que tuve que hacer muchas cosas que no me gustaban. En fin, trataré de amordazar con prudencia mi torpe andar.[11]

Cuatro meses más tarde, ya pasada la Convención y el delirio de Fitzcarraldo, la flagelación vino en directo. Durante la celebración del aniversario del Ejército Zapatista, el 17 de noviembre, *Marcos* entonó el *mea culpa* que, por su costumbre de utilizar la primera persona del plural, se convirtió en *nostra*. "Otros errores son producto de los excesos protagónicos de quien es la voz del EZLN. Nuestra palabra no ha sido, muchas veces, la más acertada ni la más oportuna. Quien tiene la voz y los oídos del EZLN se ha equivocado en no pocas ocasiones, en su palabra y en sus interlocutores".[12]

Llega febrero de 1995. El presidente Ernesto Zedillo anuncia que *Marcos* se llama en realidad Rafael Guillén y las tanquetas Panhard de fabricación francesa entran en la Selva Lacandona. La situación es tensa. "La muerte vestida de verde olivo" visita al dirigente zapatista, y eso contribuye a exacerbar su narcisismo y su ironía. Antes de replegarse aún tiene tiempo para preguntar si ese Guillén con quien el gobierno lo acaba de identificar es guapo, porque todos los anteriores *Marcos* presentados por las autoridades eran "puros feos" que le arruinaban la correspondencia femenina. El *subcomandante* recordaba que había residido en el puerto de Tampico, la ciudad de Rafael Guillén, donde había trabajado de saca-borrachos en un burdel. Y terminaba su comunicado anunciando que tenía 300 balas: 299 para el enemigo y la última para él. No utilizó ninguna, afortunadamente.[13]

Acompañado por un insurgente y su "otro yo", *Marcos* se repliega hasta casi "arañar el cielo" para escapar, dice, de sesenta mil soldados federales. No tienen qué comer ni qué beber. Pero no deja de enviar comunicados. Explica cómo han de esconderse, cómo han comido serpientes, cómo, a falta de agua, han meado en la cantimplora para intentar beberse los orines y cómo han terminado vomitando. Ahora es "el supdelincuente transgresor y a salto de loma". Ilustra su estado de ánimo con fragmentos de poemas de Antonio Machado, Pablo Neruda, Federico García Lorca, Efraín Huerta, León Felipe. Incorpora dos sonetos de Shakespeare, el XXIII y el XXIX, en inglés con grafía original y con la oportuna traducción al español de Agustín García Calvo. Narra su reencuentro, después de una década, con el escarabajo Durito que, además de gorronearle el tabaco y exponerle sus teorías sobre el neoliberalismo, le nombra su escudero. Y qué ocasión más propicia que ésta para incluir fragmentos de *El Quijote*, una de sus fuentes de inspiración en los momentos difíciles.[14]

El *subcomandante* aprovecha también para dar a conocer, en tercera persona, los dogmas de su vida, que parecen inspirados en las Bienaventuranzas: "Pudiendo poseerlo todo para nada tener, decidió no poseer nada para así tenerlo todo", "puesto a escoger entre la comodidad y el deber, siempre escogió el deber", "decidió ser humilde con los humildes y soberbio con los poderosos", "prefirió morir antes de entregar su dignidad a quienes han hecho de la mentira y el crimen una religión moderna", "siempre creyó en el ser humano y en su búsqueda por ser un poco mejor cada día. Tuvo siempre especial afecto por la raza mexicana"...[15]

Marcos vaga en la noche sin descanso, se enjuga las lágrimas y explica que tiene frío, y que el frío, estando solo, duele más. Dice que no duerme en su hamaca para evitar el sueño profundo, porque es "un lujo que se puede pagar caro". Así que se recuesta en una cama de varillas lo suficientemente incómoda como para dar sólo "un pestañazo". Se culpa de todo lo sucedido. "Me sorprendieron..." *Marcos* es, de nuevo, la medida de todas las cosas.

El jefe zapatista mantiene una lucha permanente para contener su ego indomable. Su lucidez le permite reconocer los excesos a los que le conduce su gusto inmoderado por el estrellato. Se da cuenta de que su constante presencia en los medios y sus fanfarronadas han acabado por restar credibilidad al papel dirigente ejercido supuestamente por los indígenas en el EZLN.

Marcos intenta reacomodar la situación con motivo del nuevo diálogo entre el Ejército Zapatista y el gobierno, que arranca el 9 de abril de 1995.

> Las peculiares circunstancias de enero de 1994 hicieron que la atención se concentrara en una impertinente nariz que se ocultaba inútilmente detrás de un pasamontañas negro de lana. La necesidad de un traductor entre la cultura indígena zapatista y la cultura nacional e internacional provocó que la obvia nariz, además de estornudar, hablara y escribiera. Todos ustedes estarán de acuerdo con que lo hizo y en demasía. Habló y habló y, por momentos, pudo parecerles a muchos que el Ejército Zapatista de Liberación Nacional era sólo esa evidente nariz. Fue este un error que tardamos en ver [...] Durante todos estos meses, los compañeros del Comité [Clandestino Revolucionario Indígena] se han preparado intensamente para llevar en su voz la voz de todos y para que esta voz sea escuchada y entendida por todos ustedes. Los protagonistas reales serán ahora los protagonistas formales.[16]

Las cámaras se concentraron entonces en *David*, *Tacho* y *Trini*, que era a la vez la madre de *Tacho* y la cuota femenina en la negociación. Todos ostentaban el grado de *comandantes*, mientras *Marcos*, que después de todo no era más que *subcomandante*, se sumergía en un segundo plano. Los representantes indígenas se convirtieron en personajes familiares que despertaban simpatía. Pero no tenían el mismo impacto. "¿Por qué si el *comandante Tacho* y el *comandante David* exigen las mismas cosas que el *subcomandante Marcos* para los chiapanecos, estas señoras nunca *se enamoraron* de ellos?", se preguntaba la escritora Guadalupe Loaeza, refiriéndose a sus amigas, damas acomodadas de la capital. "¿Por racismo? ¿Porque ellos sí son indígenas? ¿Porque en el fondo los sienten sumamente lejanos?... Cuando los ven en la televisión y escuchan sus demandas, nos tememos que no les llegan hasta el fondo de su corazón, como acostumbraban a llegar las de *Marcos*. La comunicación no es igual".[17]

Aunque parezca frívola, la anécdota refleja en qué medida *Marcos*, con su desenvoltura y su lenguaje, es el puntal que sostiene el edificio zapatista. Las reivindicaciones indígenas hubieran generado probablemente la misma adhesión con otro dirigente, pero la personalidad de *Marcos* y sus guiños retóricos constituyen el principal atractivo del movimiento. Desde el alzamiento del 1 de enero de 1994 el *subcomandante* ha recibido más cartas que un consultorio radiofónico. Mensajes de ánimo, alguna crítica, dramas personales, dibujos infantiles, solicitudes de entrevistas y declaraciones de amor se amontonan en su cuartel general.

El mito no se construyó de forma gratuita. *Marcos* es en efecto la espina dorsal de una organización que carece de los cuadros políticos necesarios para diseñar estrategias y canalizar unas demandas que van desde la petición de guarderías en la selva a la reforma del Estado mexicano. Este vacío se ha puesto de manifiesto en toda su dimensión en el diálogo de paz. *Marcos* había desaparecido del escenario, pero seguía el proceso detrás de las bambalinas, más de cerca de lo que se creía. En los primeros encuentros, el *subcomandante* se desplazó clandestinamente a Oventic, una aldea tzotzil situada a menos de diez kilómetros de San Andrés Larráinzar, sede de las negociaciones. Desde Oventic transmitía sus instrucciones por radio a la delegación zapatista, encabezada por *David* y *Tacho*. Los representantes del gobierno no se privaron de señalar que los *comandantes* indígenas no tenían capacidad de negociación real y que eso retrasaba las conversaciones.

Los intentos de *Marcos* por pasar a la historia como una simple correa de transmisión entre los indios de la Lacandona y el resto del mundo naufragan ante la evidencia. El culto del antimito que predica con tanta insistencia acaba por exacerbar el culto de su personalidad enmascarada. El *subcomandante* echa más leña al fuego al presentarse como una víctima de la fatalidad: "Me he convertido en un caudillo sin rostro, lo que quería evitar". Quizás no había hecho los esfuerzos necesarios para escapar a este terrible destino...

14

El poder de las palabras

"Nuestras palabras no matan, pero pueden ser más letales que las bombas. A la palabra, no a las armas de los zapatistas, es a lo que le teme el gobierno".[1] El *subcomandante Marcos* expresa así su fe en el poder del lenguaje, como lo había hecho Rafael Guillén cuando encabezó su memoria de licenciatura con una cita de Michel Foucault: "El discurso no es simplemente aquello que traduce las luchas o los sistemas de dominación, sino aquello por lo que, y por medio del cual, se lucha".

Por medio de la palabra creó el Ejército Zapatista en la selva de Chiapas. Y con palabras, *Marcos* ha construido todo un armazón que soporta el peso del movimiento. "La forma en que escribe lo describe muy bien. No es el pasamontañas lo que le hace enigmático. Es su propia personalidad", comenta una persona muy allegada al *subcomandante. Marcos* es, en efecto, una paradoja con máscara, una dicotomía permanente. Como si el entrañable Vizconde Demediado de Italo Calvino hubiera resucitado en el siglo XX, el jefe zapatista ofrece una cara irreverente, humilde, a veces lúdica y hasta casi libertaria, a la que se contrapone otra cuadriculada, intransigente y egocéntrica.

Sin previo aviso, *Marcos* pasa de los análisis lúcidos a los razonamientos de iluminado, de las propuestas innovadoras a las referencias obsoletas, de las críticas certeras a la pura demagogia, de los discursos sobre el consenso a las prácticas autoritarias. Compagina la poesía con una jerga militarista patética por lo postiza. Aboga por la autocrítica y la independencia de criterio, pero veta a los periodistas *indisciplinados* y descalifica a aquellos que le cuestionan. Hace llamamientos a la autogestión, pero da directrices precisas sobre cómo conseguirla. Dirige el movimiento zapatista, pero se empeña en aparecer como un mero ejecutante de la voluntad indígena. Se rebela contra el sistema, pero utiliza sus símbolos y sus mismas trampas.

El *subcomandante* es prolífico: la recopilación de sus comunicados ha dado origen a la publicación de tres tomos que recogen los textos redactados en nombre del Comité Clandestino Revolucionario Indígena y sus cartas, escritas en un estilo "más libre". "Cuando uno lee mucho tiende a aprender a manejar el lenguaje como un arma",[2] señala *Marcos*. Y lo demuestra. El jefe guerrillero utiliza una gran amplitud de registros, según el destinatario y según las circunstancias. Cuando responde a la Coordinadora Nacional de Pueblos Indios, escribe: "Queremos decirle nuestra palabra a ustedes. Nuestras cabezas se inclinan por el honor de recibir su palabra con verdad que nos mandan a nosotros. Nuestras armas se guardan para escuchar la palabra de nuestros hermanos indígenas... Porque grande es la sabiduría de su pensamiento de ustedes".[3] Y cuando sugiere titulares de prensa al público ilustrado, emplea códigos bastante más relajados. "Confirmado el armamento extranjero en el Ezetaelene: las baterías antiaéreas son consoladores y vibradores de marcas japonesas (fotos y catálogos en páginas interiores)".[4] El jefe zapatista combina con eficacia elementos extraídos de la mitología maya, del discurso cristiano, del humor urbano y de la retórica *guevarista*. Apunta a todos: al campesino, al universitario, al presidente de la Conferencia Episcopal, a los niños internos de Guadalajara, a las amas de casa, a las que con tono seductor incita a la rebelión... Su prosa ágil y directa toca la fibra emotiva de los lectores y les roba sonrisas y alguna que otra lágrima.

Cuando habla de los zapatistas, "los armados de verdad y fuego", *Marcos* utiliza una sintaxis indígena que depura y trufa con imágenes poéticas.

> Nosotros nacimos en la noche. En ella vivimos. Moriremos en ella. Pero la luz será mañana para los demás, para todos aquellos que hoy lloran la noche, para quienes se niega el día, para quienes es regalo la muerte, para quienes está prohibida la vida. Para todos la luz, para todos todo. Para nosotros el dolor y la angustia, para nosotros la alegre rebeldía, para nosotros el futuro negado, para nosotros la dignidad insurrecta. Para nosotros nada.[5]

El trabajo desarrollado por la diócesis en las comunidades durante más de tres décadas ha impregnado el discurso de *Marcos*, que emplea conceptos idénticos a los que utiliza el obispo Samuel Ruiz cuando habla del proceso de catequización. Ambos evocan "la palabra de los hermanos", o "las propuestas del pensamiento de las comunidades". Si la Iglesia, en su labor pastoral, había comparado la llegada de los pueblos indígenas a la Selva Lacandona con el éxodo del pueblo judío a la Tierra Prometida, *Marcos* va más allá y reviste a los habitantes de Las Cañadas de una condición de pureza inalcanzable para el resto de los mortales. Ellos son "los hombres y mujeres verdaderos, los más pequeños, los más dignos, los últimos, los mejores". Son "la luz en medio de la oscuridad del país".[6]

La capacidad de sacrificio que tienen las comunidades indígenas adquiere, en la pluma de *Marcos*, tintes de inmolación:

> Escogimos este camino suicida de una profesión cuyo objetivo es desaparecer: soldados que son sol-

dados para que un día ya nadie tenga que ser soldado [escribía en febrero de 1994]. La patria que queremos todos tiene que nacer otra vez. En nuestros
despojos, en nuestros cuerpos rotos, en nuestros muertos y en nuestra esperanza tendrá que levantarse otra
vez esta bandera [mexicana].[7]

"*Marcos* habla demasiado de la muerte", cuentan que
comentó un día Fidel Castro. Lo que el historiador Enrique Krauze descubría en esos textos era un "culto a la
muerte redentora" más propio "de universitarios y de
poseídos dostoyevskianos" que de campesinos indígenas. El jefe zapatista niega estar fascinado por el marti-
rio: el sacrificio, dice, es algo natural. "El revolucionario
ama la vida sin temer la muerte, y busca que la vida sea
digna para todos y si para esto debe pagar con su muerte
lo hará sin dramas ni titubeos", escribía *Marcos* a un
niño. "Es preferible morir con honor que vivir con la
vergüenza de un tirano dictando nuestros rumbos".[8]

Como tampoco se trata de tener al público sumido
en la desolación, *Marcos* combina los mensajes dramáticos con las dudas sobre qué ropa ponerse para
asistir a las negociaciones de paz y con las ofertas de
un *strip-tease* para tan fausta ocasión. Y junto a los
partes marciales que auguran la guerra civil inminente, el *subcomandante* envía sus famosas *posdatas*, que
rompen la solemnidad de la ortodoxia revolucionaria
al introducir anécdotas cotidianas. En algunas se ríe
de sí mismo o de sus adversarios. En otras suelta a
Durito, el escarabajo que es la voz de su conciencia,
con sus elucubraciones en lenguaje cervantino. En
otras se pone intimista y da tiernos consejos para olvidar amores. En otras describe las peripecias de
Heriberto, Eva y Toñita, tres niños indígenas que ya
son como de la familia. Y otras envuelven unos cuentos muy hermosos narrados por el Viejo Antonio, un
anciano de una comunidad sin nombre que le transmitió la sapiencia ancestral de los mayas a la manera

del célebre don Juan, el chamán yaqui de las novelas de Carlos Castaneda.

El rupturismo no sólo se da en las posdatas. En sus comunicados, *Marcos* alterna la grandilocuencia cuando evoca la naturaleza militar del movimiento zapatista —"¡Éste es un ejército preparado!", "Somos un ejército que pega y avanza"— con la ironía, cuando se levanta de buen humor: "¡Como ejército somos un despropósito!". Para describir el levantamiento del 1 de enero de 1994, el *subcomandante* utiliza dos versiones. En la primera, describe la operación zapatista como si del desembarco de Normandía se tratara: "En el amanecer del año, en un despliegue que llaman de abanico, nuestras tropas avanzaron y conquistaron siete cabeceras municipales de Chiapas. En primera línea de fuego marchamos los jefes militares y políticos del EZLN..." La segunda versión aporta otra dimensión de los acontecimientos: "Llamar ofensiva a lo de enero es así medio pomposo, porque en realidad corrimos como nunca habíamos corrido antes".[9]

El sentido del humor le ha permitido a *Marcos* escapar, al menos en apariencia, de los lugares comunes de la jerga revolucionaria. La opinión pública, necesitada de héroes, se ha sentido atraída por esa actitud desmitificadora que, a pesar de todo, no consigue ocultar un discurso en ocasiones rancio y milenarista. Por debajo del lenguaje fresco del *subcomandante* sigue supurando la intransigencia de los viejos activistas de los años setenta. Las rimbombantes alusiones al solar patrio, a los "traidores que venden al país", a las cuotas de sangre en el altar de la nación y a la muerte honrosa como tributo a la historia difícilmente se concilian con el carácter irreverente de *Marcos*. Su estridente retórica nacionalista está en las antípodas de lo que escribió años antes en su tesis de licenciatura, en la que denunciaba al nacionalismo como un instrumento del régimen para cohesionar a la sociedad y hacerle olvidar las contradicciones del sistema.

367

La prolífica producción literaria de *Marcos*, servida íntegra y puntualmente por el periódico *La Jornada*, no concita juicios unánimes. Unos la elevan al firmamento de los clásicos. A otros les provoca indigestión instantánea. "Es el mejor escritor latinoamericano de hoy", proclama el intelectual francés Régis Debray.[10] "Es un cursi inefable que cuando no está echando bala está asestando melcochazos sobre arcoiris y grillitos waldisnianos", fustiga Luis González de Alba, antiguo dirigente del 68 y rey de los iconoclastas.[11] Las opiniones están, desde luego, divididas. "Una voz nueva, escrita por el canto de unos pájaros nunca vistos y por el murmullo del viento de la selva", escribe transido un columnista. "Experimenta todo tipo de discursos y mimetiza lenguajes, entre ellos el religioso y el indígena; es el pastiche mediante el cual se parodia o se imita a diversos escritores casi sin discernimiento y que cae a veces en un lirismo folletinesco", contrapone una docente universitaria. "La fusión de la espada y la pluma", sentencia un admirador. "Un ridículo", responde un escéptico.

Sociedad civil y neoliberalismo

En vista de que no disponía de medios militares para tomar el poder por la fuerza, y de que tampoco era posible lograr un entendimiento con la izquierda democrática, que tenía todo que perder en una alianza con un movimiento armado, *Marcos* decidió construir un proyecto político al margen de los partidos. Para ello contaba con la *sociedad civil*, que se convertiría en la base de su edificio teórico. Durante casi siete décadas, el régimen del Partido Revolucionario Institucional había usurpado a los mexicanos el derecho a decidir su destino. Había llegado la hora de que esa sombra silenciosa que era la ciudadanía asumiera el protagonismo e hiciera oír su voz por encima de instituciones y formaciones políticas. "La única salvación de este país", aseguraba *Marcos*, "es que la sociedad civil tome por asalto el poder, que diga aquí mando yo, o sea, todos". Los ciudadanos se convertirían así en vanguardia y vigía de una "nueva práctica política", regida por el principio de que "quien manda, manda obedeciendo".

Decidido a hacer del movimiento zapatista "el impulsor de una transformación radical de las relaciones sociales", *Marcos* convoca a la sociedad civil a reaccionar contra el "cinismo y la estupidez del poderoso". El EZLN iría por detrás, defendiéndola, como un buen escudero. Sus llamamientos no obtuvieron la respuesta deseada, en parte porque los activistas que se apuntaron a organizar la voluntad popular consideraron más pertinente enzarzarse en viejas disputas y convirtieron los nacientes "espacios de encuentro ciudadano" en auténticas jaulas de grillos. Ni el Movimiento de Liberación Nacional propuesto en enero de 1995, ni el Frente Zapatista de Liberación Nacional, formado un año más tarde, lograron despegar, a pesar de la multiplicación de *comités civiles* que asumían las reivindicaciones zapatistas: "democracia directa", justicia social y nueva Constitución.

Otro intento de resucitar el Frente Zapatista se llevó a cabo en septiembre de 1997. Esa vez, por lo menos, la agrupación quedó formalmente constituida en presencia de mil delegados indígenas llegados desde Chiapas a la capital en calidad de *testigos*. Los casi mil cuatrocientos participantes con derecho a voto aprobaron la declaración de principios, que define al FZLN como una organización política pacífica, que no aspira al poder, y que asume como guía las máximas "mandar obedeciendo" y "Para todos todo, nada para nosotros". Los asistentes decidieron prohibir la militancia en cualquier otro partido y la postulación a cargos de elección popular. No se pusieron de acuerdo, sin embargo, a la hora de definir la conformación de la dirección. "Lo que sí queda claro es que la mayoría de los participantes están de acuerdo en que se tiene que construir con la participación de la mayoría", reza el informe del comité organizador.

"El zapatismo es el movimiento más imaginativo del milenio, pero también tiene la sociedad civil más apendejada del milenio". Esta sentencia inclemente pronunciada por la actriz Jesusa Rodríguez da una idea del abismo que separaba a los intelectuales revolucionarios de la realidad vivida por la inmensa mayoría de los 93 millones de mexicanos. Es cierto que el longevo régimen autoritario no había contribuido precisamente a la articulación política de la sociedad, pero también lo es que el discurso *fresco* de *Marcos* no había logrado materializarse en un proyecto concreto, capaz de movilizar a la gente. Sus propuestas resultaban demasiado imprecisas como para que la *sociedad civil*, sacudida por la brutal devaluación de diciembre de 1994 y concentrada en detalles tan rutinarios como llegar a fin de mes, las tomara realmente en serio.

Para su consuelo, *Marcos* cosecha en el extranjero el éxito que este país de descreídos se empeña en escamotearle. En Estados Unidos y sobre todo en Europa, el *sub* provoca delirios entre jóvenes e intelectuales desencantados con la banalidad que les rodea. La inteligencia y el exotismo de este nuevo profeta encandilan a los buscadores de la causa perdida. El líder guerrillero encuentra aquí la vía para ampliar su esfera de acción. Para organizar y dinamizar a este cúmulo de descontentos declara una nueva guerra, esta vez a escala planetaria, contra el neoliberalismo. Los comités de solidaridad se movilizan para participar en esta cruzada insólita, que tiene su primer hito en el Encuentro Intercontinental por la Humanidad y contra el Neoliberalismo, celebrado entre el 27 de julio y el 3 de agosto de 1996 en el poblado de La Realidad.

A falta de disquisiciones más precisas, el líder zapatista ofrece una diatriba que pretende ser una definición del neoliberalismo, elevado al rango de lacra universal: "La estupidez y la soberbia hechas gobierno en las naciones del mundo. El crimen y la impunidad como máxima ley. El robo y la corrupción como industria principal. El asesinato como fuente de legitimidad. La mentira como dios supremo. Cárcel y tumba para los otros que no sean cómplices. La internacional de la muerte. La guerra siempre. Eso es el neoliberalismo".[12]

En su carta de convocatoria al *Encuentro Intergaláctico*, *Marcos* aprovecha para ofrecer una definición del movimiento que dirige más adaptada a la nueva coyuntura internacional.

> El zapatismo no es una nueva ideología política o un refrito de viejas ideologías. El zapatismo no es, no existe. Sólo sirve, como sirven los puentes, para cruzar de un lado a otro. Por tanto, en el zapatismo caben todos los que quieran cruzar de uno a otro lado. Cada quien tiene su uno y otro lado. No hay recetas, líneas, estrategias, tácticas, leyes, reglamentos o consignas universales. Sólo hay un anhelo: construir un mundo mejor, es decir, nuevo. [Para ello debe nacer] una nueva cultura política. No se trata de tomar el poder, sino de revolucionar su relación con quienes lo ejercen y con quienes lo padecen.[13]

La ambigüedad del mensaje político de *Marcos* ha acabado por hacer saltar las alarmas de diversos intelectuales, y no precisamente conservadores, que por debajo de las proclamas libertarias del *subcomandante* descubren un discurso de preocupantes tintes autoritarios. El jefe zapatista, coinciden estos pensadores, ha ido armando un cuerpo doctrinal confuso a partir de prejuicios y de premisas maniqueas, que hace de la *sociedad civil* una entelequia por oposición a la perversidad innata del Estado y de los partidos políti-

371

cos. "Democracia no quiere decir alternancia de poder sino gobierno del pueblo, para el pueblo y por el pueblo", afirma *Marcos*. Sus críticos responden: la concepción del "pueblo" como un ente unitario y homogéneo está reñida con la esencia misma de la democracia, que exige un marco institucional y elecciones para permitir la expresión de la pluralidad y de las contradicciones inherentes a la sociedad. ¿No ha sido, después de todo, la ausencia de alternancia la que ha permitido al PRI establecer su poder absoluto, sin tener que rendir cuentas a nadie?

El que la *sociedad civil* se organice en convenciones o frentes al margen de las instituciones, prosiguen estos analistas, no resuelve el problema de la representatividad política, y sí da paso, en cambio, a discursos abstractos y objetivos imprecisos. *Marcos* cree conocer los deseos "del pueblo" y quiere intervenir *revolucionariamente* en la vida del país. ¿Para qué necesita entonces celebrar elecciones?

La obsesión del *subcomandante* por convertirse en protagonista central de la política nacional va mucho más allá de las reivindicaciones expresadas por esos indígenas a los que él presenta como iniciadores de la lucha armada. Los intereses de las comunidades se subordinan, de hecho, a la ambición de *Marcos* de formar un gran movimiento opuesto a la estrategia de los partidos políticos, que ven en la negociación con el poder la vía para la transición a la democracia. "Por suicidio o fusilamiento, la muerte del actual sistema político es condición necesaria", insiste el líder zapatista, como si tuviera el poder de borrar de un plumazo a todos los actores que le disgustan.[14] Dando muestras de su incapacidad para hacer política, *Marcos* se escuda en las grandilocuentes convocatorias planetarias y en las amenazas epistolares para no tener que presentar propuestas medianamente viables.

El jefe zapatista, concluyen sus detractores, acaba pareciendo más un caudillo sectario e infantil que una figura sólida y democrática.

Ciertos sectores progresistas acusan a *Marcos* de haber contribuido a debilitar a la izquierda organizada, a la que insta a romper con la estructura de partido para luchar en el terreno de la *sociedad civil*. Esto ha golpeado especialmente al centroizquierdista Partido de la Revolución Democrática (PRD), que bascula entre los partidarios de una alianza con el EZLN y los que prefieren mantener una sana distancia para no perder credibilidad como alternativa política. Los representantes de la tendencia moderada del PRD consideran que los coqueteos iniciales de algunos miembros del partido con *Marcos* y la reapertura del debate sobre la legitimidad de la lucha armada, que se había superado ya hace tiempo, les hicieron perder una parte de su electorado en los comicios de agosto de 1994 en beneficio del PRI y de los conservadores del PAN.

La apuesta del PRD por la transición pactada ha contribuido sin duda al aislamiento de *Marcos*. En cierta forma, cada victoria electoral de esta formación es una derrota política del EZLN. Así sucedió, por ejemplo, en los comicios legislativos del 6 de julio de 1997. El *subcomandante* descalificó la votación y organizó toda una operación para boicotearla en su territorio de influencia. Decenas de milicianos zapatistas asaltaron colegios electorales y quemaron urnas en aquellos lugares donde la población, en su mayoría simpatizantes perredistas, había decidido desoír la orden de abstención. Los resultados hicieron historia: la oposición arrebató al PRI, por primera vez, la mayoría en la Cámara de Diputados. El PRD pasó a ser la segunda fuerza política en el Congreso, y su dirigente histórico, Cuauhtémoc Cárdenas, se alzó con el gobierno de la ciudad de México.

La alianza con la izquierda dogmática

Aquellos analistas que han abogado por superar las visiones maniqueas y que se resisten a atribuir al neoliberalismo todos los males del país y del planeta se han encontrado con una dura respuesta del jefe zapatista. Son, dice *Marcos*, "los nuevos intelectuales orgánicos del poder", que como Maquiavelos modernos justifican un "sistema estúpido" y dan "sustento teórico-ideológico a la represión por venir".[15] Estos juicios sin matices, tan contradictorios, además, con la faceta humanista que pretende lucir el *subcomandante*, decepcionaron y molestaron a ciertos intelectuales que habían acogido con simpatía el levantamiento del 1 de enero de 1994 y las provocaciones literarias y políticas de *Marcos*.

En cambio, algunos otros han visto en el líder zapatista el último tren a sus sueños de gloria. Como Fénix de sus cenizas, viejos trostkistas, viejos maoístas, viejos *aparatchik* del Partido Comunista y otros *ex* de todos los *ismos* han resurgido de su marasmo y se han sacudido las telarañas, prestos a sacar partido de la revolución. A coro entonan loas al nuevo mesías y se aferran a su pasamontañas. *Marcos*, conmovido por su entusiasmo y su servilismo, les nombra asesores del Ejército Zapatista en las conversaciones de paz con el gobierno.

Gracias al *subcomandante*, los dinosaurios de la izquierda mexicana, hasta entonces confinados en las aulas universitarias y en los cafés de moda, se han convertido de la noche a la mañana en los pioneros de la nueva democracia y en los organizadores de la *sociedad civil*. Su dogma tiene la ventaja de la simplicidad: todos los que expresan sus reservas respecto al zapatismo defienden al régimen del PRI. La gloriosa venida del reino de los justos se acerca inexorablemente. Las rémoras resucitadas dan rienda suelta a la intolerancia y desde sus columnas en la prensa practican el terrorismo intelectual contra todos aquellos que no comparten sus puntos de vista. Las descalificaciones sustituyen a los argumentos.

Armados con esta filantropía, buen humor y amplitud de miras, estos portavoces de la *sociedad civil* han establecido su segunda residencia en San Cristóbal de Las Casas, donde aterrizan regularmente para abrazar al indígena y diseñar para él su mejor futuro. Aunque ellos son los *asesores* de la delegación zapatista en las negociaciones, es del dominio público que esta tarea la desempeñan, de hecho, los expertos designados por Samuel Ruiz, el obispo de San Cristóbal, que son mucho más discretos y eficaces. Los *revolucionarios* llegados de México prefieren emitir sus decretos, siempre los mismos: hay que destituir a Zedillo. Y terminar con el régimen del partido de Estado. Y con el neoliberalismo. Esto por lo menos les dará unos cuantos titulares en los periódicos y la consabida foto con los *comandantes* indígenas, que no se deshacen jamás de sus pasamontañas.

"Proponen callejones sin salida como escenarios inevitables, sin aclarar qué opciones existen para conseguir los cambios", expresa pesaroso el economista Joel Ortega. Este antiguo líder del movimiento estudiantil del 68 ha vivido la experiencia de la negociación, a la que acudió como invitado del EZLN.

> *Marcos* [dice] tiene un defecto: no conoce el funcionamiento de la izquierda. Vive un aislamiento generacional contradictorio. Es un hombre abierto, pero al mismo tiempo carga su equipaje de viejos dogmas de los sesenta como una rémora. Se ha rodeado de esta izquierda destructiva que quiere dinamitar todas las vías a la izquierda democrática. De todas formas, *Marcos* tiene también una gran sensibilidad que le permite comprender y asimilar todo. Lo que pasa es que está solo.

Todo esto no sorprende lo más mínimo a otro de los viejos activistas, Luis González de Alba, que evoca los tiempos de las barricadas.

¡Son los mismos de hace 20 años! Ahí están todos otra vez con sus ponencias que determinan la extinción inmediata del supremo gobierno. Y votan por la desaparición del presidente como cuando votaban en las asambleas de la universidad por la extinción de la burguesía. Pero entonces éramos jóvenes y nuestros decretos no salían del auditorio. Hoy andamos con el país a cuestas y sigue pareciendo divertida la zancadilla retórica, hueca. Pero... ¿Y eso qué tiene que ver con los indios?[16]

Para tratar este capítulo engorroso, varios doctos antropólogos han desempolvado sus manuales y se han lanzado a diseñar para los indígenas todo un programa de autonomía que hace de la etnia, los usos y las costumbres el último grito de la modernidad.

Frente a los que opinan que el levantamiento armado ha acelerado la transición democrática, Roger Bartra, antropólogo él mismo y uno de los intelectuales con mayor credibilidad en la izquierda mexicana, piensa que el retorno de la Iglesia al escenario político y la reactivación del *indigenismo fundamentalista* constituyen de hecho, "un retroceso de primera magnitud". "Es realmente notable cómo de pronto la izquierda mexicana se encuentra rindiéndole culto a la tradición, a las costumbres, a la Iglesia y a sus jerarquías, a toda una serie de jerarquías que emanan de instituciones tradicionales". El antropólogo considera que la confrontación entre el gobierno y el Ejército Zapatista ha introducido tendencias inquietantes: "Se están erosionando seriamente los mecanismos democráticos de representatividad, que pasan esencialmente por el sistema de partidos políticos. El eje deja de ser la representación política ganada en el terreno electoral

y pasa a ser la negociación entre grupos". Esto, concluye, refuerza al partido en el poder, que consigue
cohesión y legitimidad, mientras la izquierda sale
debilitada.[17]

Al aliarse con los resucitados de la vieja izquierda
intolerante, *Marcos* ha acabado prestando un gran
servicio al régimen, que ha encontrado un pretexto
perfecto para aparecer como el garante de la estabilidad del país. Lo cierto es que el jefe zapatista no tenía
muchas opciones. Difícilmente podía ponerse en plan
exigente cuando de hecho no tenía una base social
real. Con el tiempo, el efecto sorpresa del 1 de enero
de 1994 se había esfumado y el EZLN había aparecido en
su verdadera dimensión: una guerrilla sin medios
militares y sometida a la autoridad de un solo hombre
que se había revelado excepcional, pero que había
acabado por alcanzar su nivel de incompetencia ante
el poder del aparato del Estado, enteramente moviliza-
zado para dar un soplamocos al impertinente.

¿*Che* Guevara o Andy Warhol?

A diferencia de sus colegas latinoamericanos forjados
en combate, el jefe zapatista no había tenido casi tiempo de sentir el olor de la pólvora, pero sí había podido probar sus dotes literarias. Después de todo, él casi
no tenía que ver con los estrategas de otras guerrillas
del continente, ni siquiera con el mismo *Che*, su fuente de inspiración y su ídolo, que era mucho más faná-
tico. *Marcos*, en cambio, tiene más puntos en común
con Andy Warhol, como lo señalaba muy temprano el
escritor Gabriel Zaid en un magnífico ensayo publicado en la revista española *Claves*, en julio de 1994. El
autor explicaba que la guerrilla chiapaneca era una
"ensalada posmoderna" y que sus dirigentes, puros
productos universitarios, "tenían una conciencia iró-
nica de su vanguardismo". De ahí la comparación con
Andy Warhol,

el artista del éxito que tuvo éxito burlándose del éxito de los artistas de vanguardia con parodias de doble efecto: comercial y vanguardista. *Marcos* habla de tomar la capital y de destituir al presidente sin creérselo ni dejar de creérselo; con ganas de que pegue, provocando un levantamiento general, un susto y una fuga. Si no pega, acepta la décima parte, que es un éxito, y se sienta a negociar.[18]

Marcos hizo de la guerrilla un espectáculo. Para darle credibilidad necesitaba que la sangre corriera, y corrió en abundancia durante los primeros días de enero de 1994. Después, las ráfagas de palabras reemplazaron a los silbidos de las balas y la guerrilla se convirtió en un nuevo género literario, con sus adeptos y sus adversarios. Entre estos últimos figura en un lugar preferente el *comandante José Arturo*, uno de los principales dirigentes del Ejército Popular Revolucionario (EPR), un nuevo movimiento rebelde surgido en junio de 1996 en el centro de México. Procurando desmarcarse de *Marcos*, precisa, en tono burlón, que el poder estará siempre en la boca del fusil, y que "la poesía no puede ser la continuación de la política por otros medios".[19]

15

La prensa va a la guerra

"¿Pero qué clase de chingados son estos pinches policías neonazis?", espetó el periodista mexicano al *comandante Tacho*. Dos días encerrado en la casa ejidal habían consumido su normalmente sobrada paciencia. El reportero había llegado hasta aquel rincón del mundo llamado La Realidad para cubrir el Encuentro Continental por la Humanidad y contra el Neoliberalismo, convocado por el *subcomandante Marcos* en abril de 1996, en previsión de la *Intergaláctica* de julio. Y he aquí que se había encontrado de buenas a primeras metido en un campo de prisioneros, donde él y sus colegas de prensa, casi todos mexicanos, eran vigilados estrechamente por un puñado de jóvenes europeos de modales insultantes.

Ahí estaban aquellos rubios transoceánicos, internacionalistas de tiempo parcial, embriagados por el exotismo selvático. Antes del 1 de enero de 1994 no sabían de la existencia de Chiapas e ignoraban todo sobre México, pero ahora se tomaban muy en serio su papel de guardianes de la revolución. Sus conocimientos sobre el conflicto se reducían a los cuatro lugares comunes difundidos por los comités de solidaridad y por Internet. Una estancia de quince días en la Selva Lacandona, sin embargo, les revestía de la suficiente autoridad moral como para despreciar a todo ente ajeno a la causa. Después de todo, ellos y ellas habían sacrificado sus vacaciones para venir a proteger a los indígenas, con los que derrochaban kilos de paternalismo y sonrisas bobaliconas. Ellos y ellas se sentían acreedores del eterno agradecimiento de los aborígenes. De vuelta a casa, ellos y ellas se comprarían un paliacate y un muñeco *Marcos* como recuerdo.

Las protestas airadas de algunos de los periodistas *encerrados* surtieron efecto. *Tacho* en persona se acercó a *rescatarlos*. "No entendieron", se disculpó, mirando con el rabillo del ojo a los carceleros de pantalón corto. En realidad habían entendido perfectamente y cumplían las órdenes de los organizadores del encuentro, vociferantes activistas llegados de la capital de la República, que habían decidido mantener confinados a los periodistas y sacarlos a cubrir la información sólo cuando ellos lo considerasen oportuno. Vista la reacción de los enviados especiales y las repercusiones que aquello podría tener, la comandancia zapatista intervino y dio marcha atrás: a los informadores se les permitió abandonar el cafetal, andar por el poblado y dormir más cómodamente en sus vehículos.

Este episodio, uno más entre tantos, se inscribe en la lógica de sometimiento que *Marcos* ha querido imponer en su relación con los periodistas. El jefe zapatista era muy consciente de la simpatía y el interés que despertaba en los medios. Y abusaba porque la mayoría de los reporteros aceptaban las restricciones con los ojos cerrados. La autocensura y las mentiras negociadas sustituyeron al rigor profesional. Y los más reacios se toparon con amonestaciones y prohibiciones de entrada en territorio zapatista.

En términos metafóricos, *Marcos* explicaba que él era "el marco de una ventana" que se abrió el 1 de enero de 1994. Él estaba a cargo de los comunicados del Ejército Zapatista, pero "por accidente" se había encontrado delante "de las cámaras y las grabadoras". Y le sorprendía y aterrorizaba, decía, que todo el mundo se fijara en el marco, y no en lo que se ve a través del cristal. Era una "cuestión de balance" y ahí los medios de comunicación se habían equivocado.[1] "La misma prensa, en su movimiento dialéctico, se vuelve contra sí misma. Primero que '*Marcos, Marcos, Marcos*'. Y ahora 'pinche *Marcos*, pinche *Marcos*, por qué nada más *Marcos*'. Y la verdad es que *Marcos* no dijo nada. La que hizo el desmadre fue la propia prensa".[2]

Un gran estratega de la comunicación

La prensa, efectivamente, entró al trapo. El jefe zapatista fingía cierto desapego ("Las primeras planas de los periódicos no son termómetro de esta revolución") y se excusaba por la "torpeza" y la "improvisación" en su trato con los medios. Nada más lejos de la realidad. *Marcos* es, por encima de todo, un estratega de la comunicación. Su comportamiento corresponde exactamente al *modus operandi* de las guerrillas de origen universitario, tal y como lo describe Gabriel Zaid, uno de los intelectuales mexicanos más perspicaces. Estas organizaciones saben que no pueden vencer militarmente, y que su victoria consiste "en llamar la atención, producir noticias en la capital y convencer como espectáculo".

La guerrilla universitaria es como un proceso de producción editorial que recurre a las armas para generar tomas visuales y noticias de primera plana [escribe Zaid]. Toma la iniciativa, prepara los materiales y el terreno, las frases, el simbolismo, las escenas fotografiables y el teatro de operaciones o negociaciones, que es también teatro de producción televisable, escenario para ruedas de prensa. [Este tipo de guerrilla busca a las cámaras y las invita incluso a filmar el entrenamiento de sus fuerzas,] sin dejar de hacer sentir a los periodistas el peligro completamente real.[3]

Es sabido que Pancho Villa, el héroe de la Revolución mexicana tan admirado por *Marcos*, llegó a vender los derechos de su imagen y no dudó en repetir algunas escenas de batallas para las cámaras. La fama y el dinero eran, en el caso de este caudillo rural, motivaciones secundarias que acompañaban a una guerra de hecho. La guerrilla sandinista de Nicaragua y los rebeldes salvadoreños, en cambio, pretendían ante todo impactar en la opinión pública: se movían acompañados de enjambres de periodistas y llegaban a adaptar sus operaciones a los tiempos de los informadores. En esta misma línea actúa el EZLN, cuyas acciones se deciden siempre en función de la cobertura de prensa: ser noticia es, en sí, un objetivo militar dentro de su guerra contra el poder.

Sin embargo, la relación que *Marcos* ha tejido con la prensa no tiene parangón en América Latina ni en el resto del mundo. A pesar de la debilidad militar y política de su organización, el dirigente zapatista se ha convertido en objeto de una atención desmesurada por parte de los periodistas, que responden a todas sus convocatorias. De hecho, doce días de disparos garantizaron al Ejército Zapatista más cobertura informativa que 30 años de enfrentamientos en Guatemala o en Colombia.

Ya desde el mismo primero de enero de 1994 el movimiento zapatista se apoyó en la prensa: entonces no se podía prever cuál iba a ser la reacción del gobierno y el levantamiento necesitaba una caja de resonancia para darse a conocer y minimizar la represión que se pudiera desencadenar. Las fotos de los blindados del ejército mexicano y los cadáveres de indígenas con fusiles de palo dieron la vuelta al mundo. "Finalmente", diría *Marcos*, "lo que es crudo de una guerra es lo que presenta una imagen, escrita o visual".[4]

El jefe zapatista conocía perfectamente la lógica y el funcionamiento de los medios ("lo estudiamos cuando éramos jóvenes", había dicho). El *subcomandante* sabía que debía ofrecer incentivos para que los medios siguieran interesándose por un revolucionario-poeta y una guerrilla indígena sin capacidad militar. En el mundo cruel de la información no hay espacio para romanticismos. O pasan cosas o no hay noticia. Con un ingenio fuera de lo común, el líder zapatista ha logrado a lo largo de cuatro años sustituir el atractivo de la sangre con otros golpes de efecto que han saciado el vampirismo de los medios, y que le han permitido mantener su causa constantemente a flote. Después de todo, como reconocería en un arranque de sinceridad, "los periodistas son bastante previsibles".

La impactante escenografía de las conversaciones de paz en la catedral y de los sucesivos encuentros de la Convención Nacional Democrática; la "ruptura del cerco militar" a la Selva Lacandona en diciembre de 1994 —que consistió en que sus bases de apoyo fuera de la zona de conflicto se pusieron pasamontañas y durante tres días volvieron locas a las fuerzas de seguridad, bloqueando carreteras y accesos a poblados—; el referéndum nacional sobre el destino del EZLN o las celebraciones de Año Nuevo, que marcaban el aniversario del levantamiento, atraían regularmente la mirada de una sociedad estupefacta por los avatares políticos, ahogada por la crisis económica y ya ligeramente aburrida de los mensajes alarmistas de *Marcos*.

Los periodistas querían sensaciones fuertes y *Marcos* se las proporcionaba gustoso. El *subcomandante* hizo instalar en las veredas del territorio zapatista pancartas con la leyenda: "Peligro, zona totalmente minada". Los intrépidos *corresponsales de guerra* —*Marcos* se había tomado la molestia de confeccionar unas credenciales plastificadas que otorgaban ese título rimbombante a los periodistas que le visitaban en Guadalupe Tepeyac— contenían la respiración cuando ingresaban en la zona de conflicto, convencidos de que no había que salirse del camino indicado por aquellos carteles decorados con una calaverita, so pena de volar por los aires. De hecho, el Ejército Zapatista, y esto es algo que le honra, nunca desplegó estos terribles artefactos en áreas de tránsito civil, al contrario de las guerrillas centroamericanas. Pero no estaba de más provocar unos cuantos escalofríos a los sufridos reporteros.

Los buenos y los malos

La amplísima cobertura del conflicto de Chiapas creó el espejismo de que se estaba al corriente de todo cuanto allí ocurría. Sin embargo, el gran espacio dado en la prensa a estos acontecimientos no es proporcional, ni con mucho, a la calidad de la información ofrecida. *Marcos* se encargó de encauzar la atención de los medios adonde él quería, y una buena parte de la realidad chiapaneca quedó sumergida en la oscuridad. Los periodistas, mexicanos y extranjeros, compraron sin titubear la versión del *subcomandante*. "La pasión política, el inmediatismo informativo y la ocurrencia deseosa del aplauso de la galería pudieron más que la búsqueda del conocimiento, la exactitud de la memoria y el ejercicio crítico de la imaginación", destacaría el escritor Héctor Aguilar Camín. "Pocas veces el estamento intelectual y periodístico mexicano habrá vertido más tinta y más opiniones sobre un asunto que conozca menos como sobre la explosión de Chiapas".[5]

Marcos crea escenarios, pero al contrario que Pancho Villa, no vende su imagen. No lo hizo con Benetton ni con los periodistas que le ofrecieron dinero a cambio de una entrevista. No tiene necesidad. El interés que despierta el movimiento le da el suficiente margen de maniobra como para poder elegir.

Un mes después del alzamiento, con motivo de las primeras conversaciones de paz, en febrero de 1994, el jefe zapatista echó mano de la Guía de la Comunicación para confeccionar una lista de 27 *invitados especiales*, entre ellos *The New York Times*, *The Washington Post* y *Le Monde*, que tendrían derecho a un "trato preferencial" en materia de entrevistas. Esta práctica no dejó de impresionar a algunos periodistas. "*Marcos* dijo querer conocer al *comando de asalto* de *La Jornada*", escribían, trémulos de emoción, los reporteros de este diario mexicano. "Identificó por sus nombres a varios de los enviados, ninguno de los cuales lo había saludado antes, y preguntó interesado por los ausentes".[6] Con esta misma lógica, el *subcomandante* prohibió la entrada en la zona zapatista a las dos principales cadenas de la televisión privada mexicana, Televisa y Televisión Azteca, a las que acusaba de respaldar la política oficial.

El jefe zapatista escogió a cuatro medios para difundir sus comunicados: el semanario *Proceso*, dos periódicos nacionales, *La Jornada* y *El Financiero*, y el diario local de San Cristóbal de Las Casas, *El Tiempo*, la única voz discordante en esta conservadora ciudad. *Marcos* justificó esta decisión en una carta remitida un mes después del levantamiento a tres reporteros de un diario de la ciudad de Oaxaca que, desairados porque no se les permitió entrar en territorio zapatista, habían acusado a *Marcos* de actuar como una *vedette*. El *subcomandante* explicó su elección en estos términos: los cuatros medios ofrecen una "política editorial plural", "una polémica sana y de nivel", un espacio "al pluralismo ideológico y político", unos "análisis críticos e incisivos", un reporterismo serio y riguroso, "objetividad"...[7]

Estas apreciaciones, aunque discutibles en el caso de los tres diarios citados, constituyen toda una declaración de principios. El problema es que, en la práctica, *Marcos* demostró tener un concepto muy peculiar de lo que era el pluralismo y la objetividad informativa. La lista negra que el *subcomandante* había empezado a confeccionar en febrero de 1994 con dos televisiones se fue ampliando poco a poco. Para agosto, con motivo de la celebración de la Convención Nacional Democrática que reunió a la *sociedad civil* con los zapatistas en la Selva Lacandona, los medios vetados alcanzaban ya el medio centenar (12 nacionales y 38 regionales). Concepción Villafuerte, directora de *El Tiempo*, y una de las responsables de las acreditaciones, fue la encargada de leer la lista de los excluidos. El silencio se hizo en el patio porticado del hotel Diego de Mazariegos de San Cristóbal de Las Casas, donde decenas de periodistas esperaban instrucciones. Doña Concepción, conocida por sus virulentas denuncias de los atentados gubernamentales contra la libertad de prensa, cortó por lo sano las escasas voces de protesta que se levantaron: "¡Si por mí fuera, hubiera vetado a más!". "¡Todos ustedes", espetó luego la señora, con el moño despeinado, a un par de reporteros excluidos, "son una bola de indeseables, unas porquerías!".

Los alegres elegidos se guardaron mucho de invocar el derecho a la información y demás proclamas con las que se llenaban la boca en otras circunstancias. Los proscritos lo fueron por partida doble: sus colegas procuraban mantenerse a una distancia prudencial para no ser vistos en su compañía. Los nuevos apestados se quedaron en San Cristóbal tratando de poner en práctica la "resignación" aconsejada por el obispo Samuel Ruiz, quien en ese entonces firmaba los *visados* de entrada en territorio zapatista. Éste no fue, ni con mucho, el último caso de censura ejercida por *Marcos*, que parece haberle tomado gusto al reparto de castigos y perdones magnánimos a ciertos medios y periodistas.

Los "fantasmas infantiles"

Sobrepasado por el impacto que tuvo en un principio, el *subcomandante* se empeñó en convertir a la prensa en aliada incondicional, aunque en su discurso trataba de guardar las apariencias. "Decir la verdad es tan subversivo como empuñar un arma", clamaba, mientras animaba a los periodistas a no ser tan dóciles con sus preguntas. En la práctica, la tan cacareada obligación exigida a los informadores al entrar en territorio zapatista —"decir lo que ven"— podía causar problemas si se cumplía a rajatabla.[8]

En abril de 1994, un grupo de periodistas de varias nacionalidades se encontraba en un poblado situado, según la expresión consagrada, en "algún lugar de la Selva Lacandona". Como parte de las celebraciones del jueves santo, un grupo de 30 niños, de entre seis y 15 años, con el rostro cubierto y armados con palos, desfiló ante los informadores y ejecutó ejercicios de orden cerrado y posiciones de tiro bajo la dirección de un capitán del EZLN. Según explicó un jefe zapatista, desde 1992 la guerrilla capacitaba a los pequeños de las comunidades en la disciplina militar y en el manejo de las armas. Los mayores ya sabían disparar con fusiles semiautomáticos. "Son las reservas futuras del EZLN", explicó.

Los periodistas se quedaron de piedra. Unos pocos propusieron al resto no publicar la información, por el escándalo que iba a provocar en organismos internacionales y en la propia opinión pública. Finalmente se optó por recabar la opinión del Comité Clandestino Revolucionario Indígena (CCRI). Ellos a su vez se remitieron a *Marcos*: era él, después de todo, quien tomaba las decisiones. Al día siguiente, los reporteros que habían estado allá recibieron una carta del *subcomandante*. En ella les sugería "olvidar los fantasmas infantiles", argumentando que aquello era insignificante y que tendrían la oportunidad de ver "cosas más impactantes" posteriormente. Después, para sellar el pacto, les pedía que firmaran todos en el mismo comunicado. Así lo hicieron, a pesar de las reticencias de algunos, entre ellos el reportero y el fotógrafo del diario mexicano *Reforma*. El primero había recibido, un mes antes, una carta del propio *Marcos* que era un verdadero desafío.

En la vida, y en concreto en el periodismo, la verdad debe combatir en territorio ocupado, [escribía el jefe zapatista]. Y recuerdo ahora que usted me ha preguntado si estábamos dispuestos a rendirnos, a deponer las armas, a dejar de luchar. Yo le pregunto a usted si, llevando la verdad a combatir contra la mentira, está usted dispuesto a ceder. Yo le pregunto si está usted dispuesto a rendirse. Nosotros no nos rendiremos ¿Y usted?...

A modo de respuesta, el periodista decidió publicar el reportaje sobre el entrenamiento de los niños, puesto que era "una realidad que se da en el conflicto bélico de Chiapas". "La verdad debe imperar y difundirse", añadía. "A la pregunta del estratega militar del EZLN, el reportero y el fotógrafo damos un no. No estamos dispuestos a rendirnos. Por eso se publica esta nota informativa y sus fotografías". Naturalmente la decisión le costó a *Reforma* su inclusión inmediata en la lista de los medios proscritos, seguida meses después de una generosa amnistía.[9]

La censura se abatió igualmente sobre una periodista del diario *Excélsior*, por lo demás bien predispuesta hacia el EZLN, y sobre el enviado especial de la agencia internacional Reuter, que habían osado reproducir, en marzo de 1994, las críticas de un insurgente contra *Marcos*. La primera fue sometida a una sonora reprimenda por parte de los mandos de la guerrilla, que la obligaron a explicarse durante una reunión pública; el segundo fue excluido temporalmente del paraíso zapatista.[10]

Marcos no se privaba de hacer comentarios agrios cuando un reportaje le disgustaba, ya se tratara de la cobertura televisiva del referéndum del EZLN, en agosto de 1995, o de los artículos que señalaban la debilidad militar de los zapatistas. El líder guerrillero se sintió especialmente dolido por un reportaje de la revista *Proceso*, de enero de 1996, sobre la precaria respuesta de la *sociedad civil* a sus convocatorias. El título de la cubierta, *El atardecer de Marcos*, tocó la fibra del jefe zapatista. La independencia de criterio del semanario, tan loada por el *subcomandante* dos años antes, ahora no resultaba tan cómoda.

Relaciones inconfesables

La decisión de publicar la noticia sobre los entrenamientos militares de los niños había suscitado una polémica dentro del periódico *Reforma*, que había procurado hasta entonces mantener una posición equilibrada en relación al conflicto de Chiapas. A pesar de seguir una línea en general conservadora, el diario estaba dividido entre aquellos que temían perjudicar la imagen de *Marcos* y del movimiento zapatista y aquellos que abogaban por garantizar a los lectores el derecho a la información. La disyuntiva no resultaba fácil en el contexto mexicano. El alzamiento había sacudido los cimientos de un sistema que se empeñaba en seguir encubriendo sus fisuras más evidentes. Para algunos intelectuales y personalidades de la oposición, los zapatistas habían surgido como una bocanada de aire fresco en una habitación mal ventilada durante muchos años. Más allá del conflicto en sí, Chiapas era para muchos la punta de lanza del cambio político, la patada en el hormiguero de un régimen disfrazado con ropajes democráticos. *Marcos*, como el niño del cuento, se había atrevido a señalar que el emperador iba en realidad desnudo.

Además, el levantamiento de Chiapas era tan inusitado en el panorama sociopolítico mexicano que ofrecía a los medios una buena oportunidad para marcar distancias con el atribulado gobierno. Y es que la prensa y el poder en México han mantenido siempre relaciones inconfesables, al punto de que es la Secretaría de Gobernación quien otorga los Premios Nacionales de Periodismo en el *Día de la Libertad de Expresión*. Es lo que el escritor Héctor Aguilar Camín llama "libertad negociada": en virtud de un acuerdo tácito, el gobierno fija los límites de esa libertad y los medios lo aceptan, porque de ello depende su supervivencia.[11] Y todos hacen como si no pasara nada. El Estado es la principal, y a veces única, fuente de ingresos de los órganos de prensa, a través de la publicidad institucional, las subvenciones al papel, los créditos que no se cobran, los contratos o la corrupción. Los viajes gratuitos, los *sobres* (conocidos como *chayotes*) a redactores o columnistas y otras prebendas son el pan de cada día. Se consideran como gastos por servicios prestados. A pesar del gran cuidado por guardar las formas, nadie se engaña, al menos en el seno de la clase política.

De los 23 periódicos editados en la capital, no pasan de siete u ocho los que tienen lectores reales, ni de dos o tres los que podrían sobrevivir sin las ayudas oficiales. La mayoría son, de hecho, órganos de expresión de los diferentes grupos de poder. La Presidencia de la República, los secretarios, los gobernadores de los estados y los diputados pagan la publicación de ciertos artículos, a veces en primera página, sin que el público ordinario lo sepa. La tipografía suele ser distinta, pero no siempre, y raros son los lectores capaces de distinguir entre un verdadero artículo de información y un texto destinado a hacer pasar, subrepticiamente, el mensaje de un grupo político.

Ni siquiera *La Jornada*, considerado como un periódico de izquierda e independiente, es ajeno a este juego. Hoy es el único medio que sigue publicando los comunicados de *Marcos*, que a veces ocupan varias páginas, pero combina esta audacia con la reproducción íntegra de los discursos del jefe del Estado o los interminables comunicados del gobernador de

Puebla, Manuel Bartlett, *padrino* del cuñado de *Marcos* y uno de los *duros* del partido en el poder. Es el precio que *La Jornada* debe pagar para sobrevivir. Y el gobierno puede marcarse el tanto de que defiende la libertad de expresión al financiar a sus críticos.

"Los medios de comunicación viven en el ámbito no regulado, discrecional, de las relaciones informales y los acuerdos bajo cuerda, a espaldas del lector y de la audiencia, que lee o escucha cosas cuyo patrocinio real desconoce y que está condenado por tanto a la ingenuidad o a la suspicacia", considera Aguilar Camín.[12] Por eso Chiapas dejó al descubierto una veta inexplorada: por una vez, pensaron algunos, había un tema informativo que se escapaba de los tentáculos gubernamentales. Otros acontecimientos, igualmente inesperados, surgirían a lo largo de 1994, abriendo más las grietas de un régimen y un partido hasta entonces omnímodos. La prensa decidió asumir el desafío.

Mientras las publicaciones más oficialistas declaraban la guerra al zapatismo, el resto evitaba cuestionar a la guerrilla o a su líder para no hacerle el juego al gobierno. Los periodistas se vieron de pronto convertidos en soldados de una u otra causa. En un primer momento, Televisa y Televisión Azteca minimizaron el alzamiento, hasta dejarlo como una simple protesta campesina. Algunas revistas vinculadas al PRI, como *Época, Impacto* y *Siempre!*, se descolgaron con delirantes conjuras de sacerdotes y extranjeros. A cambio, *La Jornada*, que necesitó también varios días para comprender lo que pasaba, adoptó una actitud favorable al EZLN y criticó la contraofensiva del ejército.

Un año más tarde, y a pesar de las toneladas de papel dedicadas al análisis del conflicto en la prensa local, las preguntas esenciales seguían sin respuesta: ¿Por qué hubo un levantamiento en Chiapas? ¿Por qué la seguridad nacional no reaccionó a tiempo? ¿Cuál era el tamaño real de la guerrilla? ¿Quiénes eran los dirigentes no indígenas?... Ni siquiera se conocía el número de víctimas causadas por los enfrentamientos, doce meses antes.

Las *perlas* políticamente correctas

En realidad hacerse preguntas parecía lo de menos. Unos y otros se afanaban por acomodar la realidad chiapaneca a sus propios esquemas ideológicos. *Marcos* y algunos miembros de la Iglesia local, con el obispo Samuel Ruiz a la cabeza, habían pintado un cuadro en blanco y negro que la prensa de todo el mundo reprodujo sin pestañear. Los indígenas zapatistas eran presentados como seres adornados de cualidades excepcionales, mientras se ignoraba a los indígenas antizapatistas: los treinta mil que habían huido de sus comunidades eran unos *vendidos* al enemigo. Los tópicos más desgastados resucitaron en los periódicos más serios del planeta: los indios no tienen tierras y se mueren de hambre; los *finqueros* son individuos sanguinarios que ejercen el derecho de pernada y que están rodeados de ejércitos privados, las famosas *guardias blancas*; las disputas seculares dentro de las comunidades indígenas por cuestiones de tierra o de control político son "operaciones represivas de grupos paramilitares", al servicio del partido oficial, contra "la población indefensa" que simpatiza con la oposición.

Con el tiempo, estos lugares comunes se convirtieron en dogmas que nadie podía cuestionar sin ser tachado de reaccionario abominable. Los *corresponsales de guerra*, que tienen la mala costumbre de seguir por el camino más fácil, se inspiraban en la prensa local y retomaban por su cuenta, sin verificarlas, las informaciones proporcionadas por los interlocutores *políticamente correctos*, en este caso *Marcos* y el obispo de San Cristóbal.

He aquí algunas de las *perlas* de mayor éxito. "La talla promedio de las mujeres [de la Selva Lacandona] se reduce un centímetro cada año", afirmaba un periódico que citaba un estudio *científico*. El gobierno ha iniciado "la guerra química para exterminar a las comunidades zapatistas", aseguraba otro diario. "Se dice que" en San Quintín, un ejido antizapatista, los hombres cuidan a los niños mientras sus mujeres se prostituyen con los soldados, escribía un conocido reportero. ¡Sodoma y Gomorra en la Lacandona! Claro que esta revelación sólo era válida para este pueblo, porque como todo el mundo sabe, los indígenas son intrínsecamente puros hasta que entran en contacto con el partido en el poder, que se encarga de pervertirlos hasta la médula.

Más aún. En Chiapas hay sesenta mil soldados, se lee regularmente en la prensa europea... Esto significa, exactamente, que el Ejército Federal Mexicano habría concentrado a una tercera parte de sus efectivos totales sobre el uno por ciento del territorio nacional para hacer frente a unos 300 rebeldes armados, apoyados por varios miles de campesinos sin equipo ni preparación... De hecho, la mayoría de los expertos en temas militares calcula, y la simple observación sobre el terreno constata, que el ejército nunca desplegó más de veinte mil hombres en Chiapas.

La palma de los despropósitos se la lleva un prestigioso columnista mexicano que recogía alarmado una *información* divulgada por una organización de derechos humanos: "los vuelos nocturnos rasantes del ejército" servían "para diseminar semillas de marihuana" en las zonas zapatistas, y justificar así el posterior envío de tropas para destruir los plantíos de droga. Como hazaña agrícola no está nada mal. La técnica podría servir quizá para solucionar los problemas alimentarios de la humanidad.[13]

Los bulos de la *ciberguerrilla*

Estos disparates han adquirido dimensión planetaria gracias a esa telaraña de comunicación informática que es Internet. El Ejército Zapatista cuenta con una página propia, titulada *Ya Basta*, además de otros espacios abiertos por los comités de apoyo. Decenas de millones de usuarios de noventa países pueden seguir día a día los avatares de la guerrilla con sólo teclear en sus computadoras, donde aparecen de pronto, flotando en el ciberespacio, la efigie de Zapata, la estrella de cinco puntas y la imagen encapuchada de *Marcos* con su pipa humeante.

Las autopistas de la información han barrido a "las rutas de la miseria y olvido" que recorrían penosamente los mensajeros para llevar "hasta el asfalto las palabras de dignidad y rebeldía" del EZLN. "Estos zapatistas anónimos arriesgaban todo para cruzar las líneas enemigas una y otra vez, reventando monturas y con los pies destrozados por las lluvias y el frío en enero y febrero, y por el calor y las espinas en los meses posteriores", escribía *Marcos*, no sin ciertas licencias hiperbólicas.[14] De hecho, los indios de Chiapas, y entre ellos los zapatistas, tienen una clara preferencia por los vehículos de cuatro ruedas y conocen desde hace mucho tiempo el uso de la radio para transmitir sus mensajes de un extremo a otro de la Lacandona.

Marcos utiliza una computadora portátil para escribir sus comunicados, que a veces ha transmitido a tal velocidad que se llegó a barajar la posibilidad de que contara con un teléfono por satélite. Un periodista de la televisión mexicana, Epigmenio Ibarra, le prestó el suyo para establecer una comunicación entre el cuartel general zapatista y una sala de cine de la ciudad de México en la que se presentaba un documental sobre el EZLN titulado *Viaje al centro de la selva*. Fue en septiembre de 1994, y *Marcos* pudo hacer oír su voz en directo ante mil quinientos espectadores. En los siete minutos que duró la conexión, el jefe zapatista se mofó de los resultados de las elecciones presidenciales celebradas el mes anterior, denunció el incremento de la movilización militar en Chiapas y pidió al respetable que le guardara unas palomitas. Después hizo algunos comentarios sobre el documental: los milicianos, explicó, acababan de verlo en el campamento y les había parecido aburrido porque no había escenas de cama.

Gracias a la colaboración de un equipo de la Universidad de Texas y de varios comités de solidaridad de Estados Unidos, Europa y México, que alimentan día a día las páginas de Internet, el Ejército Zapatista ha creado una nueva categoría en la nomenclatura de las organizaciones armadas: la *ciberguerrilla*. Otros grupos han seguido después sus pasos, como los peruanos Sendero Luminoso y Tupac Amaru, pero ninguno ha logrado la riqueza y la variedad de la página del EZLN. En ella pueden leerse los comunicados más recientes, las informaciones aparecidas en *La Jornada*, una selección de entrevistas con *Marcos* o los documentos redactados con motivo de los diálogos de paz y del Encuentro Intercontinental por la Humanidad y contra el Neoliberalismo. No falta tampoco una colección de fotografías de escenas zapatistas, ni el número de fax de la Presidencia de la República, para quien desee inundarlo con mensajes de protesta.

El apartado de *urgente* es muy apreciado por los internautas filozapatistas aficionados a los sobresaltos. En mayo de 1996, anunciaban que la guerra era "inminente" en Chiapas. "La situación es más crítica que nunca", advertían. Esa era la realidad virtual. En México, mientras tanto, la guerrilla, el gobierno y los mediadores andaban viendo cómo reanudar el diálogo de paz, interrumpido por la condena judicial de dos zapatistas. Cuando el tribunal de apelación revocó el veredicto, los internautas se olvidaron del asunto. No era la primera vez que hacían sonar las alarmas, ni sería la última.

De la efectividad de las armas informáticas no hay que dudar un segundo. En febrero de 1995, a raíz de la entrada del ejército mexicano en la Selva Lacandona, los principales diarios europeos recibieron decenas de llamadas de personas horrorizadas por lo que leían en Internet. Los jefes de redacción llamaban alarmados a sus enviados especiales, que en esos momentos dormían arropados por el silencio de San Cristóbal de Las Casas, para anunciarles que el ejército estaba "bombardeando la ciudad". Era el primero de una serie de bulos que en cuestión de horas inundaron las terminales de las computadoras. "¡En el hospital de Comitán los cadáveres saturan los pasillos!", "¡Los soldados están violando a las mujeres y asesinando niños!", "¡Hay bombardeos en San Miguel!".

En San Cristóbal, los servicios de prensa del gobierno y del ejército no confirmaban ni desmentían. Ante la presión de los periodistas, las autoridades acabaron por permitir el acceso a la zona donde las tropas habían entrado dos días antes. Los enviados especiales peinaron la región y volvieron con las manos vacías: no había un solo rastro de las atrocidades denunciadas. En San Miguel no estaban felices de la vida, pero la queja más grave era que los militares habían roto una valla. Es cierto que en tres poblados, cuyos habitantes habían huido a la montaña, los soldados aprovecharon para destrozar lo que hallaron a su paso. Una acción tan gratuita como estúpida. Según el balance proporcionado por las dos partes, la operación de febrero dejó dos muertos: el coronel Hugo Manterola y un zapatista del pueblo de La Grandeza.

A los navegantes del ciberespacio se les habían puesto los pelos de punta ya dos meses antes, el 18 de diciembre de 1994, cuando se propagó la falsa noticia de combates entre el ejército y la guerrilla. A pesar de los desmentidos que lanzaron las principales agencias de prensa, el rumor, transmitido inicialmente por un servicio mexicano especializado en información económica, provocó un movimiento de pánico en los mercados financieros locales, que sufrieron en unas horas pérdidas evaluadas en dos mil millones de dólares.

Y en marzo de 1995, un mes después de la entrada del ejército en la Selva Lacandona, un correo electrónico de la llamada *National Commission for Democracy in Mexico*, basada en Estados Unidos, daba cuenta de un plan de genocidio químico en Chiapas. El texto, reproducido por un diario mexicano, explicaba que el gobierno de Zedillo, con el apoyo de "William Clinton y de poderosos intereses comerciales en Estados Unidos", estaba ya probando las armas químicas norteamericanas en el estado de Guerrero: se había constatado que a la gente de una comunidad se le estaba cayendo la piel a pedazos. El siguiente objetivo era usar esas armas en Chiapas, contra el EZLN. Por eso se convocaba a todas las organizaciones internacionales a presentarse en la Selva Lacandona por si ocurría "una extraña epidemia de origen desconocido, y la gente de Chiapas y los hermanos y hermanas militantes del EZLN mueren". La fuente quería permanecer en el anonimato porque temía por su vida. "Si la información es falsa, mucho mejor. Si no lo es, está en nuestras manos prevenir que esto pase. ¡Dios nos ayude a todos!".[15]

Un reportaje publicado en el diario *The Washington Post* reveló que algunos usuarios de la página zapatista, disgustados por esta clase de manipulaciones, habían enviado mensajes pidiendo algún mecanismo para impedir que las informaciones sin verificar inundaran el sistema. Rápidamente fueron acusados de querer imponer la censura.[16] En última instancia, la campaña de denuncias contra el ejército mexicano, alentada sobre todo desde el Centro de Derechos Humanos Fray Bartolomé de las Casas, dependiente de la diócesis de San Cristóbal, llevó hasta Chiapas a decenas de cibernautas preocupados por la suerte de la población civil.

Las aventuras de un cibernauta

Tal era el caso de John Whitmer, un estudiante de Antropología que en septiembre de 1995 aterrizó en La Sultana procedente de Connecticut para engrosar los *campamentos por la paz*. Con sus bermudas anchos y su coleta rubia parecía un marciano en aquel paraje. "¿Periodistas? El permiso de la diócesis para estar aquí", exigió en un español rudimentario. ¡Vaya! Los zapatistas y los militares habían sido obligados a suprimir los retenes... y ahora resultaba que el clero iba a instalar los suyos. John no entendía nada, pero se tomaba muy en serio su papel de protector de las comunidades indígenas, que inexplicablemente habían logrado sobrevivir durante siglos en espera de su llegada. "Estoy aquí para dejar claro al ejército que no puede violar los derechos humanos", espetó. *OK, man*... En tono igualmente agresivo, explicó que había sabido lo que ocurría en Chiapas gracias a Internet, como "todo el mundo académico en Estados Unidos". Ahí había leído los comunicados zapatistas y los informes sobre las violaciones de los derechos humanos emitidos por el "Fraybar" (el Centro Fray Bartolomé de Las Casas).

El joven John echó una mirada furtiva a las credenciales de los intrusos, anotó sus nombres y ordenó caminar sólo por las veredas. El mandato, naturalmente, cayó en saco roto con el despreocupado beneplácito de los responsables indígenas de la comunidad, mucho más acogedores. Como una sanguijuela, el antropólogo en ciernes se pegó a los visitantes, espiando sus conversaciones con los habitantes del lugar. Cansado de no entender nada, o repentinamente consciente de que sobraba, acabó por retirarse a sus cuarteles. Esto era en septiembre, en plena época de lluvias. Cuatro meses más tarde, al comienzo de la estación seca y fría, aún se le pudo ver en Oventic, otro bastión del EZLN situado en Los Altos. Participaba entonces en la celebración del Año Nuevo zapatista, esta vez vestido con un poncho. En compañía de otros *internacionalistas* y varios zapatistas enmascarados, daba saltitos al ritmo de un grupo de rock venido de la capital mexicana. Los indios miraban impasibles, con los brazos cruzados.

Encuentros nocturnos

A pesar de su aparente espontaneidad, *Marcos* prepara cuidadosamente cada uno de sus encuentros con los medios de comunicación. Cuando tenía su cuartel general en Guadalupe Tepeyac, a cinco horas por carretera desde San Cristóbal de Las Casas, el *subcomandante* autorizaba la entrada de la prensa en su territorio cuando tenía algún mensaje que transmitir. La cita previa era normalmente un requisito esencial, aunque también se podía tentar la suerte por si el jefe zapatista estaba de buenas. Había que salir de San Cristóbal muy temprano y tomar el camino pedregoso que atraviesa las suaves colinas cubiertas con plantaciones de caña, platanares y cafetales. El primer retén zapatista se encontraba a la entrada del poblado de Nuevo Momón. Comenzaba entonces una larga espera, mientras los indígenas encapuchados comprobaban las credenciales y consultaban a sus superiores por radio. Claro, era la guerra y había que tener paciencia... La mayoría de las veces la respuesta era negativa y había que dar media vuelta. Pero excepcionalmente los hados eran favorables y se podía continuar hasta los siguientes retenes, tres o cuatro, según las épocas. El último registro se producía a la entrada de Guadalupe Tepeyac. Agotados, los visitantes se reconciliaban con la humanidad cuando se sentaban, entrada ya la noche, en el suelo del inmenso hospital del poblado. Allí les había conducido el *mayor Moisés*, brazo derecho de *Marcos*, con la pipa en los labios y la mirada guasona debajo de su pasamontañas.

El gran jefe estaba cerca, casi se sentía su presencia. Podía aparecer en cualquier momento...

El hospital del Seguro Social, inaugurado por el presidente Carlos Salinas en septiembre de 1993, era un edificio desproporcionado para las dimensiones de esta hermosa aldea situada a la sombra de un risco que, de lejos, recordaba a la nariz de *Marcos*. Los zapatistas lo habían rebautizado Hospital Campesino General Emiliano Zapata-*Che* Guevara. Un mural con los rostros de los dos héroes rompía la blancura de la pared exterior. Ya no quedaba personal sanitario ni medicamentos. Las instalaciones servían para alojar a los observadores de la Cruz Roja Internacional y a los visitantes. Las camillas y el escaso instrumental médico estaban esparcidos por las habitaciones en completo desorden. Pero el agua corriente funcionaba y había luz eléctrica, como en el resto del poblado. En el exterior, las luciérnagas competían con el resplandor blanquecino de las farolas. El gobierno mexicano nunca cortó el fluido eléctrico en el *territorio rebelde*. La explicación oficial a esta peculiar situación es que no se quería perjudicar a la población civil.

Fue así como *Marcos* pudo fabricar en plena selva sus famosas credenciales para los *corresponsales de guerra*. Estaban confeccionadas impecablemente con computadora, impresas sobre cartulina verde y plastificadas. Una de ellas, del tamaño de una tarjeta de visita y con un lápiz dibujado junto a las siglas EZLN, rezaba: "El portador tiene acceso restringido a las zonas bajo control del EZLN y debe sujetarse estrictamente a su trabajo periodístico y respetar las leyes y reglamentos que funcionan en territorio rebelde". La otra, de mayor tamaño, debía colgarse del cuello para transitar por Guadalupe Tepeyac, en el rebautizado municipio de "San Pedro de Michoacán, estado rebelde de Chiapas". El *subcomandante Marcos* firmaba ambos salvoconductos.

La madrugada era normalmente el momento escogido por el líder zapatista para recibir a la prensa porque, según decía, aprovechaba la luz del día para consagrarse a la lectura. La explicación no resultaba demasiado convincente por dos razones: en el poblado había luz eléctrica y, de todas formas, en la Selva está oscuro ya a partir de la seis de la tarde... ¿Por qué entonces despertar a la gente a las tres de la mañana? Fidel Castro, Stalin y otros personajes había empleado ya esa táctica para impresionar a sus interlocutores que, vacilantes de sueño, perdían parte de sus reflejos. *Marcos* aparecía fresco como una lechuga ante un pelotón de periodistas que se presentaban dando tumbos como gansos borrachos, con las legañas puestas y la boca pastosa. Era la mejor manera de alimentar el mito de superhombre que nunca cede al cansancio.

El síndrome de Estocolmo

Cuando el ejército entró en la Selva Lacandona en febrero de 1995, *Marcos* y su gente se replegaron a la aldea de La Realidad, a una quincena de kilómetros de Guadalupe Tepeyac. La antigua base zapatista, convertida en un pueblo fantasma, fue ocupada por los soldados. En su huida precipitada, los vecinos habían abandonado todos sus enseres. Las casas estaban abiertas. Algunos burros pacían junto a las enormes pilas de cajas donde se alineaban los cascos de Coca-Cola, única (y exitosísima) concesión del EZLN al imperialismo y al neoliberalismo. Las calles polvorientas estaban desiertas, apenas animadas de vez en cuando por el paso de algún convoy militar. El hospital, pintado otra vez de blanco para borrar los retratos de Zapata y el *Che*, abrió de nuevo sus puertas, pero las comunidades de la zona evitaban acercarse.

La Realidad se convirtió en el nuevo centro de peregrinación de todos aquellos que querían ver al *subcomandante*. Los retenes zapatistas habían desaparecido ante la presencia del ejército, cuyos vehículos atravesaban el poblado, sin detenerse, varias veces a la semana. Ahora bastaba llegar allá, anunciarse y solicitar una entrevista. Y por supuesto —esto formaba parte del juego— había que esperar. Varios días. Incluso semanas. "Normalmente se acaban yendo porque pierden el avión", explican los del pueblo, acostumbrados a ver cómo la desesperación empieza a hacer mella en los forasteros. "*Marcos* es muy voluble, indescifrable", comenta alguien muy cercano a él. "Es simpático y bromista, pero al mismo tiempo tiene desplantes que te sacan de onda. Le da a todo el mundo jugada y luego les corta los pies. Hace esperar 15 días a la gente antes de recibirla, si es que la recibe. No lo entiendo, debe ser el estrellato".

La población tojolabal de La Realidad, como toda la de Las Cañadas, es afable, a pesar de la estricta vigilancia ejercida por los zapatistas, que prohíben a los visitantes conversar con los vecinos y salirse de un perímetro de 50 metros alrededor de sus vehículos. Los *internacionalistas*, que cultivan sin pudor su talento de chivatos, se dan el placer de denunciar las infracciones al reglamento. Un gesto de impaciencia o un paseo por el pueblo pueden ser castigados con la expulsión. La alternativa es el aburrimiento mortal. Es inútil reclamar una respuesta. *Marcos* nunca dice que no. Y si es que sí, no se sabrá hasta estar delante de él. Desde que las autoridades revelaron su identidad, el jefe zapatista ha reducido a un estricto mínimo las entrevistas con la prensa y ha tachado de la lista a todos aquellos medios que podrían ponerle contra las cuerdas. Los demás se arman de paciencia, y si el líder carismático decide recibirles, experimentarán una alegría indescriptible y un profundo agradecimiento que borrarán el recuerdo de la larga espera. El síndrome de Estocolmo, que se manifiesta en los rehenes que terminan por identificarse con sus secuestradores, causa estragos en la Selva Lacandona.

La nueva Inquisición

La intolerancia y el terrorismo intelectual ejercidos por los grupos vociferantes que rodean al *subcomandante Marcos* contaminaron muy rápidamente a la prensa: los periodistas tenían que defender la causa. No podía ser de otro modo, según los criterios imperantes en la profesión. Toda crónica distanciada era antizapatista. El rigor informativo y la independencia de criterio se confundían con la animadversión. Los matices cedieron espacio a la alternativa diabólica del "conmigo o contra mí".

Varios émulos de fray Tomás de Torquemada, el temible inquisidor del siglo xv, han optado por eliminar de un plumazo la mitad de la realidad del conflicto, aquella que no resultaba *políticamente correcta*. Convencidos de tener *la* verdad de su lado, estos nuevos fanáticos, periodistas e intelectuales *bien*, no cuestionan los dogmas, no diversifican sus fuentes, no contrastan las informaciones, nunca dudan. Pero, no contentos con ello, no toleran que otros cedan a las tentaciones y cuestionen, contrasten y duden, porque eso es una afrenta a la legitimidad revolucionaria y a la ortodoxia *marquista*.

Algunos exaltados han transformado sus columnas de opinión en tribunales de la Inquisición para denunciar los *delitos de opinión*. Ellos han creado su propio código deontológico, que marca con el sello de la infamia a todos los que recogen los testimonios de los refugiados o de los agricultores cuyas tierras han sido invadidas, aunque tengan menos cabezas de ganado que algunos indígenas zapatistas. Ironizar sobre las pulsiones de *Marcos* por el *showbiz* está considerado como un delito de lesa majestad. Señalar las divisiones internas que desgarran algunas comunidades de la Lacandona, o tratar de explicar que la desaparición de las grandes propiedades, prácticamente inexistentes en la zona de conflicto, no resolverá un problema agrario mucho más complejo, es ya alta traición.

Entramos en el imperio del dogmatismo, donde no hay espacio, siquiera, para el humor relajado. Pocos de los excelentes caricaturistas mexicanos osan mofarse de *Marcos*. La intimidación ejercida por la nueva *guardia roja* ha llegado a veces a la agresión física de los herejes. Ahí está el caso de aquel fotógrafo mexicano que arremetió violentamente contra un reportero de una cadena española de televisión, en el patio de un hotel de San Cristóbal, porque la crónica que había transmitido no le había parecido lo suficientemente zapatista. Y ni hablar, por supuesto, de cuestionar las afirmaciones de *Marcos* en una de sus conferencias de prensa so pena de provocar las iras de sus incondicionales, que suelen transformar estos encuentros en verdaderos mítines políticos. "Llevo demasiados años luchando por la democracia en este país como para que estos tipos pretendan ahora callarme", comentaba a la salida de uno de estos aquelarres un periodista mexicano, que reconocía pesaroso que, aunque otros colegas compartían su opinión, no se atrevían a defenderla en público por miedo a verse excluidos de los círculos *bienpensantes*.

A pesar de su deslumbramiento con el fenómeno *Marcos*, la prensa internacional tampoco está a salvo de los rayos y centellas de los guardianes de la fe. "Para atajar la influencia del zapatismo en Europa, el gobierno ha contado hasta ahora con la colaboración de la mayor parte de los corresponsales extranjeros", clamaba uno de los integristas más vociferantes en una de sus homilías semanales, publicada en un periódico local. Sin poder ocultar su gran sagacidad, anunciaba con apremio que estaba en condiciones de probar "la complicidad de la prensa internacional con el experimento de los neoliberales en México".[17]

Además de los agentes al servicio del gobierno, había también espías que trabajaban para las fuerzas represoras mundiales. Así lo dejaban entender un par de crónicas publicadas en *La Jornada* en marzo de 1996, que a modo de advertencia, describían la peligrosa infiltración en territorio zapatista de extranjeros disfrazados de cooperantes o de corresponsales. Tal era el caso de Sabrina, una joven española bella y combativa que participaba como internacionalista solidaria en los campamentos por la paz, y que una mañana en que no pudo contener los remordimientos, le confesó a su ligue italiano que en realidad ella trabajaba "para la policía secreta del gobierno español". Pero ni siquiera eso era cierto, revela el reportero: la dirección zapatista sabía de buena fuente que en realidad la eficaz y encantadora Sabrina, tan servicial con los indios, colaboraba con los servicios de inteligencia militar franceses...

También estaba el caso de Jeff, ese gringo que se hacía pasar por periodista, y que fue expulsado de una comunidad zapatista después de entrevistar a un coronel del ejército mexicano... O aquel chicano que desapareció sin dejar rastro. Sin olvidar a los dos canadienses que hacían el ridículo con sus pantalones cortos. Al perspicaz periodista no había espía que se le escapara.[18]

El propio *Marcos* denunció la presencia en Chiapas de asesores estadounidenses (reconocibles, dijo, porque llevaban la bandera en la solapa) en su discurso de inauguración del Encuentro Continental por la Humanidad y contra el Neoliberalismo:

Nos han visitado los aviones bombarderos, los helicópteros artillados, los tanques de guerra, los satélites espías, los asesores militares y los agentes, algunos secretos y otros no tan secretos, de todas las dependencias de espionaje de varios países. Todos estos visitantes tienen un objetivo común: el asesinato y el robo [...] Diversos gobiernos del mundo se han aliado con el gobierno mexicano para

405

combatirnos a nosotros. La más moderna y sofisticada tecnología de guerra es lanzada en contra de las armas de madera, los pies rotos y el pensamiento ancestral de los zapatistas [...] Una verdadera fuerza multinacional armada nos persigue y trata de destruir nuestro ejemplo. Los poderosos del mundo se molestan por nuestra existencia y nos honran con su amenaza. Aciertan, el desafío zapatista es un desafío mundial.

Este disparate desencadenó una salva de aplausos y se expandió por todos los rincones del planeta gracias a Internet, creado precisamente por "la más moderna y sofisticada tecnología de guerra", la de Estados Unidos, el enemigo número uno...

16

La otra realidad

Durante un año gobernó en las montañas del sureste mexicano la ley de los zapatistas. Cuando nosotros gobernamos bajamos a cero el alcoholismo, y es que las mujeres acá se pusieron bravas y dijeron que el trago sólo sirve para que el hombre les pegue a las mujeres y a los niños y haga barbaridad y media y entonces dieron la orden de que nada de trago y entonces pues nada de trago y no dejamos pasar el trago y los más beneficiados eran los niños y las mujeres y los más perjudicados eran los comerciantes y los del gobierno ... Y se elevó la esperanza de vida de la población civil ... Y las mujeres empezaron a ver que se cumplían sus leyes que nos impusieron a los hombres ... Y también se prohibió la tala de árboles y se hicieron leyes para proteger los bosques y se prohibió la cacería de animales salvajes ... Y se prohibió el cultivo, consumo y tráfico de drogas ... Y la tasa de mortalidad infantil se hizo pequeñita. Y acabamos con la prostitución y desapareció el desempleo y también la mendicidad. Y los niños conocieron los dulces y los juguetes...[1]

Este es el balance que el *subcomandante Marcos* hacía del primer año de gestión zapatista en las comunidades de la Selva Lacandona. Recurriendo a la sintaxis indígena, escribió esta carta en marzo de 1995 para agradecer el apoyo llegado del extranjero. El ejército mexicano, explicaba, acababa de entrar en la zona y detrás de los tanques de guerra del gobierno habían llegado otra vez "la prostitución, el trago, el robo, las drogas, la destrucción, la muerte, la corrupción, la enfermedad, la pobreza". Las hipérboles son inherentes a cualquier guerra de propaganda, y en el caso de Chiapas demostraron su eficacia. La carta se publicó en varios medios mexicanos y extranjeros y fue recibida con ilimitada admiración por miles de lectores. En un pequeño lugar del planeta, pensaron, existe el Paraíso, y tratan de acabar con él.

Las licencias literarias de *Marcos*, ciertamente, tienen poco que ver con la realidad cotidiana de Las Cañadas, los valles de la Selva Lacandona. La tala de árboles no ha cesado porque las comunidades utilizan leña para cocinar. Sólo que además se ha agravado: la decisión de *Marcos* de construir cinco anfiteatros político-culturales exigió el sacrificio de miles de árboles.

La *ley de las mujeres* existe en los campamentos de los insurgentes, no en las comunidades indígenas, donde todavía prevalecen las tradiciones. Las guerrilleras toman la píldora y escogen compañero —eso sí, con el permiso previo del mando—. En las comunidades, en cambio, aún perviven la dote y los malos tratos. La vida de Dominga, en el ejido zapatista de La Sultana, apenas se diferencia de la de Carmela, en el ejido antizapatista de San Quintín: un no parar desde las cuatro de la mañana entre la molienda del maíz, la elaboración de tortillas, las caminatas agotadoras con las cargas de leña, el trabajo en la parcela, los niños y los embarazos eternos.

El alcohol está vedado en el territorio bajo control zapatista, pero no por decisión de las mujeres, sino de los jefes blancos de la guerrilla, que desde el principio hicieron de la abstinencia un requisito imprescindible para entrar en el movimiento. Es sabido que las

408

libaciones aflojan la lengua y la disciplina, y si el EZLN quería crecer en la clandestinidad tenía que evitar todos los riesgos, como había explicado el mismo *comandante Tacho*. Ya desde hacía años la Iglesia había intentado combatir el alcohol, con escasos resultados. La dirección zapatista se empleó a fondo. Las transgresiones de la *ley seca* estaban severamente penalizadas: encarcelamientos, castigos físicos, multas e incluso la pena de muerte, al menos en un caso, el de Benjamín. Este indio chol de Sabanilla había sido uno de los primeros miembros del EZLN y se dedicaba al reclutamiento. Pero "vendía balas para comprar trago", cuenta un *insurgente*. Su suerte estaba echada. Con los ojos vendados y las manos atadas, Benjamín cayó bajo los disparos del *comandante Germán* en 1984, cerca del campamento de La Candelaria, en la reserva ecológica de los Montes Azules. Ésta fue la primera ejecución, pero según reconocen algunos zapatistas, todos los esfuerzos por acabar con el alcohol resultaron vanos y despertaron en cambio muchos rencores.

El mito de la unanimidad

A unos kilómetros del lugar donde, ese mes de marzo de 1995, *Marcos* tecleaba en su computadora portátil las bondades de las leyes zapatistas, el agente auxiliar del ejido Avellanal, que era de los pocos vecinos que sabían escribir, se afanaba en redactarles una carta a los habitantes del Nuevo Poblado Santo Tomás y del Nuevo Poblado Las Tacitas. Estas dos comunidades habían sido fundadas por las familias de Santo Tomás y Las Tacitas expulsadas por los *milicianos* del EZLN al inicio del alzamiento armado.

Su percepción de las leyes zapatistas no se parecía en nada al cuadro pintado por *Marcos*, como muestra este patético llamamiento enviado a las autoridades:

Les pedimos su apollo, que no salgan los ejercitos mexicanos hasta que entregan sus armas los zapatistas. Primero nos va disparar las armas de nosotros o que nos encuentra en camino nos va dejar balaciado. Queremos que cada comunidad lo manda los ejercitos mexicanos. Si este acuerdo de los campesinos no lo cumplen todos nosotros hoy en adelante vamos a desplazar nuevamente. Son acuerdos que ya se tomaron. Hombres y mujeres, niños estamos dispuestos de salir porque nosotro no queremos morir. Este documento queremos que se publican en periodicos en noticias y en televicion.

La carta nunca vio la luz. Ni ésta ni otras muchas enviadas en los meses anteriores, todas escritas con caligrafías esforzadas. La bella retórica de *Marcos* había logrado ocultar, una vez más, la otra cara del Paraíso: la de las tragedias humanas, las divisiones de familias y comunidades, la *limpieza política*, el pillaje y el éxodo de treinta mil personas, casi la mitad de la población de Las Cañadas. Por lo visto, las huellas digitales estampadas por los indios al final de sus escritos tenían menos credibilidad que la rúbrica del *subcomandante*.

Con la tregua y el comienzo de las negociaciones, a partir de febrero de 1994, el EZLN afianzó su control sobre la región. Y entonces reinó el nuevo orden. El falansterio idílico presentado a la opinión pública escondía, de hecho, una estructura político-militar piramidal controlada por *Marcos* y un pequeño grupo de indígenas. Los *milicianos* establecieron retenes en todos los caminos para cobrar impuestos o, simplemente, impedir el paso en función de criterios arbitrarios. Los autobuses públicos dejaron prácticamente de circular, lo que paralizó el comercio. Ante la falta de cosechas, la ayuda humanitaria se hizo cada vez más perentoria. Para las comunidades zapatistas, era el precio de la lucha. Para las que no se querían unir

410

al movimiento, fue el comienzo de la pesadilla. Las amenazas se fueron transformando poco a poco en castigos y expulsiones. Simultáneamente a los comunicados de *Marcos*, otras cartas llegaban desde Las Cañadas, dirigidas a la diócesis y a la dirección del sindicato campesino ARIC.

Los abusos del EZLN

Estas cartas, de una sencillez desgarradora, son verdaderas crónicas de la vida cotidiana. Su publicación hubiera perjudicado gravemente la imagen del EZLN, que con el apoyo de la diócesis de San Cristóbal había creado el mito de la unanimidad indígena. Aún no es tarde para escuchar todas estas voces discordantes, a menudo desesperadas, que nadie tuvo en cuenta durante los dos primeros años del conflicto. Hemos respetado en lo posible la sintaxis y la ortografía originales.

Te damos de saber sobre problema el grupo zapatista [escribían los habitantes del ejido Ibarra el 28 de febrero de 1994]. El dia 26 de febrero como la siete de la noche llegaron el grupo y armados llegaron aprestar el instrumento de la iglecia como los aparatos de sonido y guitarras. dijeron que ban a hacer fiesta pero es puro pretecsto. Ademas estan llevando las mesas y bancas de la iglecia y nosotros no le gustamos. Enpesaron a ensustar la comunidad tiraron muchas balas llego las balas en la iglecia asustaron los niños uyeron en las calles y llorando las mujeres y mentaron mucho de nosotros. Dijeron que nos ban a dejar presos todo de nuestros cuerpos y agarraron una persona el responsable y llebaron en la casa de la seguridad lo amarraron una noche y un dia y ay tres personas que se quedaron amenasadas para capturar. por eso estamos descontento. Atentamente.

Los indígenas del Poblado Nuevo Paraíso describían el 12 de marzo de 1994 una *visita* de los *milicianos* zapatistas:

Siendo las 11 horas con 30 minutos se llebó acabo una samblea general estando presente la mayoria de los habitantes de la comunidad. Que no hay permiso para hacer casa, que no manda el gobierno que solamente los zapatistas. Llegaron bien armado y lo llebaron cinco bueyes y tres vacas con cria y dos caballo y una montura y un television y todo lo que hay en la casa. Todo lo llebaron. La casa quedo basido.

Los campesinos del ejido Santa Rita contaban su experiencia en una carta fechada en abril de 1994.

Los sapatista en Santa Rita quitaron el radio el dia martes 12 de abril a las 3:00 en punto de la tarde en primera ves que vinieron. Segunda ves fue el dia jueves 14 de abril. Lo amenasaron al presidente de la organisasion ARIC. dijieron que no ay govierno que el govierno es el sapatizta. Los zapatizta despues de su muerte de los autoridades dijieron que lo va a varrer todos los que estan de la organizacion ARIC. Tercera ves entraron en su casa del encargado como a las once de la noche. Lo quebraron la puerta de la casa y se entraron a saltar al señor Juan Perez. Lo detuvieron a fuera de la casa para registrar de su casa y el señor Juan ya no pudo ablar porque lo metieron el cañon del arma en la boca y los zapatizta dijieron un chingo de amenaza. Cuarta veces yego el responsable de sapatizta a declarar que no pudieremos vivir en San Rita porque va quedar en un sentro de comvate. dijo que si pudieramos salir en buen modo porque sino ayi acabaremos todos. Entonces resolvemos que no podemos salir porque no tenemos terrenos donde travajar. 32 insurgente yegaron aqui en Santa Rita y cada noche llegan aqui en las casas.

412

El goteo continúa: las autoridades del ejido Zapotal anuncian en abril de 1994 la acogida de los pobladores de San José y de Calvario que habían sido expulsados por "los señores zapatistas".

El lunes 28 de marzo salieron caminando a las 12 de la noche. Binieron con sus esposas y sus hijos sufriendo en el camino. Al amaneser llego en Zapotal, nunca aseptaron ingresarse a la organisacion zapatista porque bien lo saben que no es camino de nuestro Señor. [Previamente, los refugiados habían sido despojados de sus tierras y enseres]: 51 hectareas de potrero, 20 hectareas de cafetales, 50 rrollos de alambre, 6 hectareas de caña, 10 hectareas de rozaduras, 20 casas abandonadas, 6 despulpadoras de madera, 250 matas de arboles frutales...

Un mes más tarde, los 34 jefes de familia del Rancho Bulushbak avisaban de que habían recibido una amenaza de expulsión:

Como a las 15 horas de la tarde del 25 de mayo llego mas de 300 personas diciendonos que salgamos lo mas pronto quitandonos todos nuestro materiales para nuestra casa [...] diciendo que todos los ranchos seran para ellos, y los techos de nuestra casa serán quemadas, luego nos dijo que la ley que maneja el gobierno no le sirve para nada ni para llevar al baño, que tambien el gobierno y las autoridades son personas corruptos, y nos dijo muy claro que si bamos a seguir permaneciendo para el dia lunes 30 de mayo nos volverá a tomar con balaceras.

Decenas de cartas iban llegando de la mayoría de los poblados: Las Tacitas, Avellanal, San Francisco, San Antonio la Victoria, Santa Lucía, Ojo de Agua San Jacinto, Las Tazas, Guadalupe Trinitaria, Plan de Ayala, La Trinidad, Guanal, Pichucalco, Plan de Guadalupe,

Galilea, Salvador Allende, Amador, las rancherías Pacaya, El Bravo, Guayaquil... Todas denunciaban los mismos abusos de los *milicianos* zapatistas: robo de dinero, ganado y enseres, encarcelamientos, trabajos forzados, expulsiones y violencia.

La entrada del ejército federal en la Selva Lacandona en febrero de 1995 y el comienzo de las negociaciones de paz en abril dejaron al descubierto la envergadura de la fractura social en la región de Las Cañadas. A pesar de la presencia de los soldados, todavía se produjeron algunos incidentes. En julio, un grupo de *milicianos* zapatistas llegó al Ejido Morelia para castigar a la población porque había solicitado un crédito para la producción de café. En esa misma comunidad los militares habían cometido graves abusos durante el levantamiento de enero de 1994. Ahora los papeles se habían invertido. "Nos estan tratando muy mal porque no queremos incluir con ellos y tienen reglamentos que ellos mismos están violando", decían en una carta las autoridades ejidales, que pedían a la Comisión Nacional de Intermediación en las conversaciones de paz, presidida por el obispo Samuel Ruiz, "que nos mande unos derechos umaños para arreglar este asunto".

De la gravedad de los hechos da cuenta la carta urgente que el párroco de Ocosingo, Jorge Rafael Díaz, envió el 4 de julio de 1995 al obispo de San Cristóbal, rogándole su intervención:

> Son varias las fuentes que constatan que el día sábado 3 del corriente se presentaron en dicha comunidad milicianos zapatistas para, primeramente, culpar a una parte de la población de aceptar despensas y créditos del gobierno. Además les recriminan pertenecer a ARIC oficial. Por tal motivo el mismo día encarcelaron a 34 hombres de la comunidad, dejando posteriormente libres a 28 de ellos y quedando todavía, hasta hoy, los 6 restantes encarcelados. Se han

dado varios incidentes como el de amarrar y castigar a uno de ellos y de dar trabajos forzados a las mujeres.

La propuesta que ellos hacen a estas personas, [prosigue la carta,] es que acepten formar parte de la *organización* [zapatista] y del Partido de la Revolución Democrática (PRD). Dando como plazo para que tomen la decisión hasta el día 8 de julio. Además han impuesto una multa hasta de cinco mil nuevos pesos por cada uno de los presos. Creemos que en este momento es preciso su intervención inmediata ya que la situación es grave, siendo que, de no aceptar la propuesta, estos pobladores han sido amenazados con su expulsión de la comunidad. Anexamos copia de oficio sobre el caso para su conocimiento.

Los silencios del obispo

La diócesis de San Cristóbal estaba al corriente de todo cuanto acontecía. Además de los informes de sus sacerdotes y de las actas de protesta, el obispo Samuel Ruiz recibía peticiones de ayuda de las comunidades. "Le rogamos su baliosa interbención para hablar con el subcomandante *Marcos* porque el sabe como controlar su ejercito y su grupo en las comunidades, para que nosotros no tengamos problemas con los hermanos zapatistas", le escribían, en abril de 1994, los habitantes del ejido Lázaro Cárdenas. Las familias de Pichucalco, Amador, Salvador Allende y de varias rancherías refugiadas en el ejido La Candelaria pidieron al obispo que acudiera para mediar con los *milicianos*. "Nosotros ya dialogamos con ellos", explicaban, "pero ni nos hacen caso y ya no nos permiten reconocer nuestros derechos y nos obligan formar parte de esa organizacion zapatista. Y nosotros no podemos hacer nada porque ellos están armados y por el momento se encuentran muy encabronados".

Ninguna de estas denuncias se hizo pública. "Don Samuel envió algunas cartas, pero no quería meter mucho las manos", aseguran los dirigentes de ARIC, que habían tratado infructuosamente de reunirse con él. Y es que el obispo estaba muy ocupado, entre sus actividades de mediador y sus múltiples viajes por el mundo para recoger galardones y preparar su campaña para el premio Nobel de la Paz.

Ante auditorios alemanes o norteamericanos, a don Samuel se le llenaba la boca con emotivas disertaciones sobre el sufrimiento de los indios comidos por las lombrices, mientras una buena parte de sus fieles reclamaba inútilmente su presencia. El resentimiento de estas poblaciones hacia el obispo es palpable. "Seguimos su consejo, nos apartamos de la lucha armada, porque no es el camino del Señor, y ahora no nos pela, porque de nuevo se pone del lado de *Marcos*", se quejaba amargamente un grupo de refugiados en Ocosingo.

A pesar de su discurso conciliador y solidario, la diócesis de San Cristóbal cae en el círculo siniestro de la autocensura y el oscurantismo. Los sacerdotes más lúcidos aceptan aportar sus testimonios siempre a condición de que no se les cite. Otros, como el padre Jorge Rafael Díaz, parecen ser víctimas de un desdoblamiento de la personalidad. Mientras en privado este sacerdote habla de la "espiral de violencia" que envuelve a las comunidades, o de sus divisiones internas, o del "autoritarismo" de *Marcos* que, dice, "vive en otro planeta", en público asegura que lo que "verdaderamente está destruyendo las comunidades" es el ejército, que ha introducido la prostitución y el alcohol.

Ni siquiera el Centro de Derechos Humanos Fray Bartolomé de las Casas, que preside el propio Samuel Ruiz, se libra de la parcialidad. Su informe anual (julio 1994-junio 1995) no hace una sola referencia a las actas de denuncia contra los abusos cometidos por los *milicianos* zapatistas, reconocidos incluso por el propio *subcomandante Marcos*. Y eso a pesar de que el documento, titulado *Alzamos la voz por la justicia,* pretende recoger "la situación en que se encuentran las comunidades del estado después del levantamiento armado".

La publicación de la diócesis, diseñada por John Whitmer, el inefable antropólogo de Connecticut trasplantado a La Sultana, dedica amplio espacio a la entrada del ejército en la Selva Lacandona en febrero de 1995. Sorprendentemente, no documenta ninguna de las ejecuciones sumarias denunciadas a bombo y platillo en los días posteriores a la intervención militar (y que, como se vio anteriormente, se trataba de rumores sin fundamento). Junto a la descripción de abusos reales, como los destrozos causados por los militares en tres comunidades, el informe da cuenta de *observaciones* atribuidas a miembros de los "campamentos civiles por la paz", que aseguraban haber visto cómo los soldados envenenaban los pozos de agua y la comida y repartían con fruición "dulces con marihuana" entre los niños.

El Centro Fray Bartolomé de Las Casas, que cuenta con computadoras y que recibe generosas ayudas internacionales, en especial del gobierno canadiense y de la asociación religiosa alemana Misereor. Que una organización de estas características se permita publicar tales absurdos es ya en sí irresponsable. Pero es más grave todavía que omita cualquier alusión a los excesos cometidos por el EZLN. ¿Cómo pueden las autoridades religiosas de San Cristóbal justificar este silencio?

La diócesis, por ejemplo, protesta airadamente "contra la obstrucción al libre tránsito" derivada de la presencia de los militares (que en realidad se limitan a controlar los caminos sin impedir el paso de civiles). En cambio nunca abrió la boca para denunciar la presencia de los retenes zapatistas, que durante trece meses prohibieron el acceso a Las Cañadas e impidieron a la población local salir libremente de la zona.

El informe del Centro Fray Bartolomé dedica también un capítulo a las expulsiones... de los indígenas católicos y evangélicos por parte de los indígenas *tradicionalistas* de San Juan Chamula, en la región de Los Altos, fenómeno que comenzó hace tres décadas. Ni una palabra sobre la campaña de limpieza política que obligó a miles de indígenas no zapatistas a abandonar sus poblados en Las Cañadas. Ni una palabra sobre la pérdida de sus bienes, ni sobre el robo de su ganado, ni sobre la destrucción de sus casas y cosechas.

Este silencio estruendoso contrasta con la celeridad con la que la diócesis ha denunciado la expulsión de miles de indígenas en los Altos y la zona Norte, víctimas de la arbitrariedad de sus vecinos, en este caso militantes del partido en el poder. ¿Es aceptable el doble rasero en la actuación de una organización de defensa de los derechos del hombre? ¿Deben sólo denunciarse los abusos cometidos por el aparato del Estado y por los sectores civiles favorables al gobierno? Así parece considerarlo el obispo de San Cristóbal, que ha convertido los derechos humanos en un arma de guerra en su enfrentamiento personal con el poder.

El desamparo de los agricultores

"Los periodistas y el gobierno sólo escuchan a los matones, a los curas, a los políticos. Nosotros hemos manejado vacas, caballos, monte. Tenemos razón, ideas, pero no las sabemos decir, expresar, plantear. Somos torpes para eso. Somos hombres de trabajo. No somos políticos". Don Antonio Meza Ballinas, don Tonito, ranchero de Ocosingo, expresaba así su desgarro en una conversación sostenida con el escritor chiapaneco Efraín Bartolomé.

418

Don Tonito había nacido en la finca El Recreo, como su padre y como su abuelo. Las paredes de la casa eran entonces de palos y barro. Su familia había comenzado a desbrozar el terreno, puro monte, con la ayuda de dos bueyes. Don Tonito heredó la tierra y las interminables jornadas de trabajo, de cinco de la mañana a ocho de la noche. Dedicó su vida a aquellas 193 hectáreas. Durante años recorrió a caballo veredas lodosas para llevar a vender el ganado. El trayecto a la ciudad le tomaba una semana. En 1970 la carretera llegó a Ocosingo, y en 1992 la empresa estatal Petróleos Mexicanos construyó un camino de tierra que le permitió embarcar el ganado a tan sólo dos horas de su rancho. En 1981 consiguió un crédito para un tractor. Con él empezó a cosechar cuatro toneladas de maíz por hectárea. En 1985 la familia pudo comprarse un televisor de baterías, y más adelante, un refrigerador de gas, porque no tenían energía eléctrica. Después de tres generaciones, todo había mejorado: la casa, el camino, el ganado, las cosechas. Don Tonito contaba con la ayuda de uno de sus hijos, dos ahijados y tres empleados.

El 1 de febrero de 1994 entraron los zapatistas. Destruyeron las puertas. Saquearon la casa. Se robaron todo. La lámina de las construcciones. Y todo el ganado: quinientas cabezas contando becerrada. Esto se acabó, se terminó. Está destruido todo materialmente. Estamos anímicamente destruidos. No tengo más. Yo le doy confianza a mi familia, les digo que tengan fe, que esto se va a arreglar. Ellos se apoyan en mí, pero yo no tengo rama donde agarrarme.

A sus 54 años don Tonito se preparaba mentalmente para comenzar otra etapa de su vida. Quizás iría a Monterrey, la gran ciudad industrial del norte del país, donde vivía otro de sus hijos. O a Tabasco: había oído decir que allí el hombre de campo todavía estaba considerado como alguien digno y honorable. Pero su desolación era inmensa, porque sentía que él pertenecía a aquella tierra a la que había consagrado su vida. "Aquí al ganadero, al ranchero, al que produce alimento para las ciudades, se le ve como a un delincuente [...] El campo es el escudo. Pero esas gentes luchan por el poder. No se van a detener. Mienten y matan. Nosotros manejamos bestias para que la gente coma. Ellos manejan hombres para que la política coma sangre".[3]

Este testimonio arroja luz sobre uno de los dramas más ocultos en este conflicto: el de los pequeños y medianos agricultores —entre ellos numerosos campesinos indígenas— que perdieron sus tierras a raíz del levantamiento del 1 de enero de 1994. Sus tragedias se han diluido en el maniqueísmo interesado de aquellos que pretenden presentar a Chiapas como un estado dividido entre grandes terratenientes despiadados e indios desposeídos y moribundos.

El catastro ofrece otro panorama: la mayoría de los latifundios ha desaparecido y la fragmentación de la tierra en Chiapas es hoy una de las más elevadas del país. Alrededor del sesenta por ciento de los casi 7.4 millones de hectáreas están ocupadas por ejidos y comunidades agrarias, lo que convierte a Chiapas en el estado de México con mayor número de propiedades colectivas después de Veracruz. Es cierto que, como ocurre en el resto del país, no son las mejores tierras ni las más accesibles. Cerca de 2.3 millones de hectáreas pertenecen a *pequeños propietarios*, según la elástica definición establecida por el artículo 27 de la Constitución en función de la calidad y uso de los suelos. En esta categoría entran quienes poseen hasta 300 hectáreas de café, plátano o caña de azúcar; hasta 500 hectáreas para crianza de ganado, o más todavía en las regiones áridas del norte de México. Según el censo agrario de 1991, las unidades de producción individuales en Chiapas tenían una extensión

420

media de 12.6 hectáreas, la mitad del promedio nacional.[4]

Claro que no siempre fue así. Los conflictos actuales tienen su origen en la historia de Chiapas. Su lejanía de los centros de poder explica que hasta 1824 este territorio se debatiera entre su adhesión a Guatemala o a México, que habían logrado su independencia tres años antes. El aislamiento favoreció la supervivencia de figuras coloniales como la encomienda, que obligaba a los indios a trabajar para su *protector* y a pagarle impuestos. Las denuncias del obispo Bartolomé de Las Casas en el siglo xvi, las leyes protectoras de las propiedades indígenas emitidas por la Corona española, e incluso la mismísima Revolución mexicana no llegaron a modificar estas estructuras. El historiador Antonio García de León habla de una "continuidad dinástica relativa de linajes finqueros", que arranca en los funcionarios coloniales, sigue por los caudillos liberales y conservadores después de la independencia y termina en los gobernadores ganaderos recientes.[5]

La finca tradicional, la hacienda, define desde el siglo xvi la vida socioeconómica y política de Chiapas, bajo la tutela de un conjunto de propietarios agrícolas que "imponen la ley a su manera, en un país de peones e indios *libres* ligados al patrón por deudas, agradecimiento, mutua complicidad, restos de tributo y repartimiento, así como por estallidos recurrentes de odio milenario". Es un universo cerrado, autárquico, "feudal en su interior y mercantilista hacia el exterior", que oscila, como dice García de León, entre la contradicción y la concordia. El patrón es el padre de todos, cuida a *sus* indios, convive con ellos, los protege y los castiga.

La vida gira en torno a la *casa grande* del patrón y la ceiba, el árbol sagrado de los mayas. Los elementos indígenas y criollos coexisten y en ocasiones se entremezclan, como una gran familia extensa pero surcada por profundas heridas. Es el mundo desgarrado que tan magistralmente describió la escritora chiapaneca Rosario Castellanos, ella misma procedente de ese *linaje* de finqueros.

Esta especie de *utopía feudal* se vio sacudida por la irrupción del capitalismo en el siglo XIX, a través de la brutal colonización de los territorios vírgenes por parte de las compañías madereras europeas y estadounidenses, y de la creación de grandes plantaciones de café, caucho y resinas en las áreas semitropicales. Las condiciones impuestas a la mano de obra, generalmente indígenas procedentes de Los Altos, resultaron mucho más terribles que las relaciones feudales de la finca tradicional ganadera y maicera.

A principios de siglo, las haciendas y ranchos ocupaban el 44 por ciento de la superficie del estado y concentraban a la mayor parte de la población rural. Según algunos estudios, entre un veinte por ciento y un 33 por ciento de los habitantes de Chiapas vivían en 563 fincas. La oligarquía local logró esquivar la reforma agraria decretada a raíz de la Revolución de 1910, pero se acabó enfrentado con la firmeza del presidente Lázaro Cárdenas (1934-1940), que impuso el reparto de tierras. Como era de esperar, los campesinos indígenas recibieron las peores parcelas, y treinta años más tarde se les envió a colonizar las áreas boscosas de la Selva Lacandona. De este modo, las autoridades evitaron afectar a las amplias y fértiles propiedades de la Fraylesca, que estaban en manos de la clase política chiapaneca. Más de cien mil personas, alentadas por las promesas de ayuda gubernamental, se instalaron en la Lacandona a partir de los años sesenta.

La lucha por la tierra

Después del Congreso Indígena de San Cristóbal, en 1974, que el gobierno federal apoyó para hacer contrapeso al poder de los caciques locales, las comunidades comenzaron a luchar por sus reivindicaciones, aconsejadas por los grupos de asesores maoístas que desembarcaron por esas fechas en la región. Simojovel y Bochil al norte de San Cristóbal, Venustiano Carranza al suroeste y Ocosingo, al este, se convirtieron en los principales focos de agitación. "Las recuperaciones de tierras empiezan a darse de hecho a partir de 1976", explica Joel Padrón, sacerdote de la parroquia de Simojovel, que fue encarcelado en 1991 bajo la acusación de azuzar las invasiones de terrenos. "Aconsejados por la Central Independiente de Obreros Agrícolas y Campesinos (cioac), los trabajadores de las fincas buscan primero la vía legal. Van al patrón y le demandan mejores condiciones *laborales y el pago de* los salarios que les debe, de acuerdo a la ley, desde sus abuelos. 'Si nos pagas, seguimos trabajando', le dicen. La deuda es imposible de resarcir. Entonces al final le anuncian al patrón que se quedan con la tierra y que se vaya con su ganado".

Entre 1976 y 1980 la lucha por la tierra es frontal. Los desalojos de las fincas invadidas son sistemáticos, pero la represión no frena las fuertes movilizaciones. El gobierno estatal se ve obligado a comprar y repartir varias propiedades ocupadas. En los años ochenta, más de ochenta mil hectáreas se distribuyeron entre unos nueve mil campesinos, que fundaron ejidos.6 De la mano del programa de reparto agrario, con el que hicieron un gran negocio diversos funcionarios y sus parientes, llegaron también los enfrentamientos entre las asociaciones campesinas independientes y las organizaciones oficiales, más favorecidas por las autoridades.

La inevitable parcelación de los ejidos entre las familias numerosas, su bajo rendimiento agrícola (maíz y frijol para autoconsumo y café para la venta) y las pésimas condiciones de comercialización de los productos generaron nuevas demandas de tierra, especialmente en la Selva Lacandona, donde la población creció entre 1970 y 1990 a una tasa anual del 5.6 por ciento, más del doble de la media nacional. Las prácticas agrarias agresivas, como la tala y roza, y la ganadería, fueron destruyendo los frágiles suelos de la zona y los ejidatarios tuvieron que desbrozar nuevas tierras cada vez más retiradas. Simultáneamente, debían hacer frente a la lentitud de la administración para legalizar sus títulos de propiedad y a las dificultades para conseguir créditos e infraestructuras. La aprob*ación, en 1992,* de las reformas al artículo 27 de la Constitución, que ponen fin al reparto agrario y autorizan la venta del ejido, hasta entonces inalienable, sembró el pánico. Los campesinos jóvenes comprendieron que no podrían ya acceder a nuevas tierras, quedando condenados a la proletarización.

El estallido zapatista espoleó de nuevo las invasiones de *fincas,* dentro y fuera de la zona en conflicto. Las organizaciones campesinas denunciaron la existencia de 33 latifundios divididos en propiedades ficticias para esquivar la ley. La mayoría de ellos se encontraba fuera de la región controlada por el ezln. En territorio zapatista, los activistas se abalanzaron sobre los pequeños propietarios y su ganado (sesenta mil cabezas de bovino y equino desaparecieron) pero también sobre sus herramientas agrícolas y sus vehículos. Alrededor del noventa por ciento de los casi dos mil predios invadidos desde enero de 1994 tiene menos de 100 hectáreas. Algunos incluso pertenecen a simples ejidatarios. Las organizaciones campesinas han hablado entonce*s de* "errores inevitables", derivados de venganzas añejas.7

Marcos ha reiterado que en el territorio zapatista no hubo ocupaciones de tierras, que sólo se cobraron "impuestos del ganado y que a los pequeños propietarios no los tocaron". Sin embargo, los 746 ranchos invadidos en la zona de conflicto (unas sesenta mil hectáreas) pertenecen a pequeños agricultores, como don Tonito o como José Cruz, a quien en noviembre de 1994 un grupo de milicianos del Ejército Zapatista le arrebató su rancho de 20 hectáreas y le destruyó la casa y los cultivos de maíz, frijol y café. Con ellos quedaron las herramientas de trabajo y 28 cabezas de ganado, entre "vacas, caballos, becerros, *tore*tes y un semental".

Una vez más, las prácticas sobre el terreno contradicen el discurso de Marcos en favor de la concordia. En abril de 1996, con motivo del aniversario de la m^{u}erte de Zapata, el jefe de la guerrilla lanzó un llamado fraterno a "los pequeños y medianos *propietarios"*.

> Queremos decirles que no nos fiemos del poder, que unamos nuestra fuerza y nuestra palabra [...] para exigir lo que *nos pe*rtenece: el derecho a trabajar honradamente la tierra [...] El poder necesita que nos enfrentemos unos a otros [...] La bandera zapatista de Tierra y Libertad hoy es levantada por los trabajadores del campo, por los campesinos sin tierra, por ejidatarios empobrecidos, por los pequeños y medianos propietarios y por los indígenas mexicanos.

Marcos responsabilizó entonces al poder y a los bancos "usureros" de los problemas de la tierra, que sólo se resolverían, dijo, con la "participación de todos los que viven del campo".8 Jorge Constantino Kanter respondió enseguida a la invitación y solicitó una entrevista con el subcomandante. Este combativo ganadero de la región de Comitán intenta desde 1994 recuperar su rancho, en manos de los zapatistas. Marcos no ha querido recibirle. "Estamos en medio de una lucha por el poder entre grupos organizados que usan a los indígenas como carne de cañón", se lamenta Jorge Constantino. "La tierra es el instrumento de esa lucha, nada más. El trasfondo de todo esto es pura mierda".

Fuera de la zona de conflicto, la región de Simojovel, al norte de San Cristóbal, ha sido una de las más afectadas por las recientes ocupaciones de tierras. Allí tampoco quedaban latifundios: las grandes propiedades, como reconoce el párroco Joel Padrón, habían sido invadidas y vendidas por sus dueños hacía tiempo. La nueva oleada de violencia se ha cebado con fincas que van desde dos hectáreas de extensión a las 300 hectáreas que tiene el rancho Campo Alegre. Su propietario, Rodolfo Anzures, asegura que su extensión "está muy por debajo de lo que permite la ley" para la dimensión de su ganado: 480 vacas lecheras.

El 4 de febrero de 1994 entraron en el rancho. Golpearon a los vaqueros, les robaron sus cosas y se posesionaron [recuerda el ranchero]. Los invasores son ejidatarios, pero no saben hacer producir sus tierras porque son unos flojos, y se han acostumbrado a quitar las de otros. Hicieron milpas en los potreros y no dejan entrar al ganado. Los animales están enfermos y han empezado a morirse, pero dicen que hasta que no firme la venta al gobierno no me dejan sacarlos. Pero a mí me da tristeza vender. Arrastrando me llevaba mi papá al rancho. Llevo trabajándolo 55 años. Es todo mi patrimonio. Ahora las diez familias que sostenía están sin trabajo. Vivían allá y les despojaron de todo.

La finca Puerto Rico, un terreno de 19 hectáreas que pertenece a su padre, también ha sido ocupado. "Él tiene 94 años pero seguía trabajando. No le dejan entrar a ordeñar las vacas, que van a reventar. Los que organizan todo esto son una banda de rateros. Ya han acabado con la ganadería. Hace veinte años había sesenta ganaderos en la región. Hoy quedamos diez". Los productores agrícolas están desesperados.

Los invasores gozan de total impunidad, mientras nosotros estamos en la bancarrota. Se nos dice que espe-

426

remos a que concluyan los tiempos establecidos por el gobierno para acabar con el rezago y asegurar la tenencia de la tierra [prosigue Rodolfo Anzures]. Los grupos violentos han arrebatado el patrimonio de seis mil personas y han dejado sin empleo a cincuenta mil más. Han destruido años de trabajo. Los chantajes de una minoría violenta no deben conducir al gasto de recursos públicos en la compra de tierras que, si se fraccionan, pronto serán improductivas y quedarán condenadas al abandono o al rentismo.

El sacerdote Joel Padrón reconoce que la propiedad acaba parcelándose y que "cada uno trabaja su milpa", pero destaca las contrapartidas.

La tierra se vuelve menos productiva, pero la situación de los campesinos mejora porque retienen el fruto de su trabajo. Ahora en los bancos ves filas de campesinos. Pero sí falta dirección productiva. En los últimos tiempos se ha intentado intensificar las producciones agroecológicas, con técnicas de conservación de suelos, pero la mayoría no acepta este sistema de producción.

En una cosa coinciden finqueros despojados, autoridades y expertos: el problema agrario en Chiapas no se va a resolver haciendo nuevos repartos, que supondrían la afectación de propiedades legítimas y de áreas naturales protegidas. La tierra cultivable es insuficiente y está muy dividida, los suelos son poco fértiles, las infraestructuras deficientes y las técnicas agrícolas rudimentarias. Para obtener una tonelada de maíz se necesitan invertir 300 jornadas de trabajo, *cuando* el promedio nacional es de ocho.

La política seguida hasta ahora (comprar las tierras ocupadas y darlas a los campesinos para callarles la boca) obviamente no ha arreglado los problemas. Se necesita una solución de fondo, que pasa necesariamente por el reordenamiento territorial en función de la capacidad de los suelos y del equilibrio ecológico. Los agrónomos consideran igualmente que hay que facilitar el acceso a créditos, desarrollar técnicas agrícolas más modernas que sustituyan a la tala y roza, y crear las infraestructuras necesarias para comercializar los productos. Todos los esfuerzos del mundo, sin embargo, no podrán dar empleo a una mano de obra en plena expansión a no ser que las autoridades se decidan por fin A ESTIMULAR la transformación in situ de los productos agrícolas y a descentralizar algunas actividades industriales hacia el sur del país. Chiapas es un gran productor de electricidad, pero la mayoría de las fábricas están concentradas más de mil kilómetros al norte.

De hecho, todo esto no interesa demasiado a los actores del conflicto, ya se trate de la clase política chiapaneca, que desea conservar sus privilegios, o de los jefes revolucionarios, que utilizan las ocupaciones de tierra como un instrumento para consolidar su poder y mantener la tensión. "En Chiapas no hubo Revolución mexicana y se está haciendo ahora. Es la guerra", decía con vehemencia en 1995 Arturo Luna, entonces secretario de la Central Independiente de Obreros Agrícolas y Campesinos (cioac), uno de los sindicatos más poderosos. Y añadía:

> En todo movimiento social grande hay destrucción. Podrá pasarse de vergeles a muladares, pero es parte del precio que paga esta sociedad por el pasado. Por su historia. Los mestizos levantaron su riqueza sobre la miseria de los indios. Y ellos dicen que se acabó. No es tanto un asunto de dinero como de dignidad, el ejidatario es libre frente a la figura del peón. Si los que invaden las fincas luego las abandonan, otros vendrán después.

EPÍLOGO
POLÍTICAMENTE
INCORRECTO

Cuatro años después del espectacular surgimiento de los zapatistas en la escena política, México ha experimentado una serie de cambios que los mexicanos deploran. La violencia ha aumentado en proporciones alarmantes y el nivel de vida de la población ha sufrido una caída sin precedentes, a raíz de la devaluación de diciembre de 1994. Uno de los méritos de *Marcos* —su único éxito real— ha sido haber abierto la caja de Pandora al desenmascarar el discurso oficial, que había inventado un país próspero, democrático y respetuoso con las poblaciones autóctonas. Todas las máscaras han caído, salvo la del principal interesado.

Es evidente que no se puede responsabilizar a *Marcos* de los innumerables reveses que ha padecido el país desde 1994, pero el balance de su actuación al frente del movimiento zapatista no resulta demasiado esplendoroso. La situación de los indios de Chiapas, al menos en la zona de conflicto, se ha deteriorado considerablemente desde todos los puntos de vista. La movilización política permanente, alimentada por el temor a una nueva intervención militar, ha paralizado la actividad agrícola en las comunidades zapatistas, que dependen de la solidaridad nacional e internacional para conseguir incluso artículos de primera necesidad, como el maíz y el frijol. Además, como hemos visto anteriormente, los *comisarios políticos* del EZLN imponen el terror en las zonas que controlan, expulsando a los recalcitrantes, a los *traidores* y a los indiscretos, confiscándoles sus bienes o condenándolos a trabajos forzados.

La violencia ha desbordado los márgenes de la zona de conflicto y ha alcanzado un nivel inaudito en algunas comunidades choles y tzotziles de los Altos y el Norte, donde las diferencias políticas y religiosas se resuelven a golpe de fusil. Con la matanza de 45 indígenas simpatizantes del EZLN en la comunidad de Acteal, en el municipio de Chenalhó, el 22 de diciembre de 1997, se llegó al paroxismo. El asesinato de civiles, en su mayoría mujeres y niños, conmovió a la comunidad internacional. La diócesis de San Cristóbal de Las Casas, que ha contribuido a caldear los ánimos y no sabe cómo controlar la situación, asegura que los enfrentamientos son el resultado de una estrategia deliberada de las autoridades en el marco de la *guerra de baja intensidad*, que consiste en acabar con el enemigo mediante una serie de procedimientos sutiles y no demasiado novedosos: armar a los civiles favorables al gobierno para neutralizar a sus adversarios y asegurarse el apoyo de la mayoría silenciosa mediante planes de asistencia social. Esto es más eficaz que una ofensiva militar y permite ahorrarse los costos políticos y diplomáticos. Pero es también mortífero, porque, según las macabras cuentas de las organizaciones de derechos humanos, más de un millar de indios han sido asesinados desde la entrada en vigor del alto el fuego del 12 de enero de 1994. Chiapas se ha convertido desde entonces en un campo de batalla donde se enfrentan zapatistas y simpatizantes del PRI, católicos y evangélicos, indios y mestizos... La paz, al final, ha resultado más sangrienta que la guerra, que duró menos de dos semanas.

Después de haber ridiculizado al ejército, el EZLN se ha terminado por transformar, a su pesar, en su principal valedor. Los militares han tenido la oportunidad de esgrimir la amenaza de la guerrilla a la seguridad nacional para conseguir, después de largos años de vacas flacas, un aumento sustancial de su presupuesto y de sus efectivos. Sus mandos han aprovechado para hacer nuevas adquisiciones de armamento ligero y vehículos blindados a sus proveedores franceses, estadounidenses y rusos. Jamás, desde la Revolución de 1910, el ejército mexicano había estado tan presente en la vida del país como ahora. Su participación en operaciones de mantenimiento del orden y en la lucha contra el tráfico de drogas es ya algo habitual.

Los zapatistas han prestado también un inestimable servicio al partido en el poder, que supo explotar el miedo al caos para ganar las elecciones de 1994. Si el PRI y el gobierno no han inventado al EZLN, por lo menos se han servido de él y lo han utilizado para legitimar el régimen y para consolidar su política económica, ese neoliberalismo contra el que *Marcos* ha intentado movilizar al planeta entero. Los rebeldes, y sobre todo su jefe —que, como hemos explicado en los capítulos precedentes, es quien toma de hecho todas las decisiones—, habían apostado por la caída del gobierno y del sistema en vigor desde 1929. Por este motivo rechazaron los primeros acuerdos negociados en la catedral de San Cristóbal en febrero y marzo de 1994, que inicialmente habían alabado. Este fue sin duda el principal error político de *Marcos* (en el terreno militar, la carnicería de Ocosingo, en enero de 1994, queda como su mayor fracaso). Dos años más tarde, en febrero de 1996, las dos partes firmaron en San Andrés Larráinzar una serie de acuerdos sobre *derechos y cultura indígenas* mucho menos ventajosos para las comunidades autóctonas que aquellos planteados en 1994 y, además, totalmente inaplicables en el marco constitucional vigente. Dos años después de la ceremonia de San Andrés, los firmantes no se habían puesto de acuerdo sobre el alcance y el significado de esa autonomía indígena que les había costado tanto negociar.

La causa india nunca fue la prioridad de *Marcos* ni la del resto de los dirigentes blancos de las Fuerzas de Liberación Nacional y su rama zapatista. Por ello, el obispo de San Cristóbal, Samuel Ruiz, y una plétora de antropólogos necesitados de reconocimiento tomaron el control de las negociaciones en nombre del EZLN. El resultado estuvo a la altura de los expertos invitados: lamentable. Los más locuaces, Héctor Díaz Polanco y Gilberto López y Rivas, que estuvieron mucho tiempo al servicio del gobierno mexicano, habían participado sin ningún remordimiento en la *guerra de baja intensidad* llevada a cabo por las autoridades nicaragüenses contra los indios miskitos de la Costa Atlántica. El gobierno sandinista los había invitado a colaborar en el diseño de un régimen de autonomía "en favor" de los miskitos que, de hecho, formaba parte de una vasta operación contrainsurgente destinada a debilitar a la guerrilla antisandinista, la *Contra*. Y mientras el ejército masacraba tranquilamente a los indios de la costa que le eran hostiles, los dos antropólogos mexicanos aconsejaban a la Administración sandinista sobre la adopción de estructuras autónomas destinadas a "pacificar" la región.

Diez años más tarde ambos vuelven a las andadas, esta vez en su propio país. Pero ahora han cambiado de campo, y se oponen a un gobierno acusado de reprimir a los indígenas y de negarles el derecho a una autonomía jurídica. Lo más probable es que los indios de Chiapas no obtengan muchos más beneficios que los miskitos de Nicaragua, ya que sus defensores han consagrado lo esencial de sus intervenciones a hacer profesión de fe revolucionaria y a denunciar a los "gobiernos de traición nacional" al servicio de "la oligarquía nacional y extranjera". ¿Y qué tienen que ver los indios en todo esto? Son simples cobayas, instrumentos al servicio de ciertas organizaciones políticas y religiosas que han hecho de ellos una fuente de poder e influencia. El compromiso de estos grupos en favor de la causa indígena les da acceso a fondos nacionales e internacionales y les permite tener una presencia en los medios de comunicación totalmente desproporcionada para su peso real en la sociedad mexicana.

La verborrea paternalista de esos antropólogos y algunos religiosos que, una vez más, se han atribuido la misión de *salvar a los indios*, no ha desalentado a ciertos intelectuales extranjeros, que se han inflamado con una causa de la que ignoran la mayor parte de los elementos. La personalidad de *Marcos* ha tenido mucho que ver. Subyugados por el escritor-guerrillero, que los invita a La Realidad y organiza, con su sentido innato del espectáculo, un encuentro internacional en plena selva tropical, los ilustres invitados no cuestionan ni por un instante el dogma de que la población indígena apoya al EZLN. "Sin prometer la luna, los zapatistas movilizan. Transformaron a centenares de miles de hombres-objetos en sujetos de la historia", escribe el intelectual francés Régis Debray, que compara La Realidad con un "campo de vacaciones ideal" y se extasía ante "el puritano y disciplinado ordenamiento de los lugares de arraigo".[1] Sorprendente ingenuidad de parte de un hombre que cayó rendido a los encantos de Fidel Castro, acompañó al *Che* en la selva boliviana y asesoró al presidente François Mitterrand durante varios años, antes de convertirse al anticastrismo militante.

De hecho, Debray, Alain Touraine, Danielle Mitterrand y los demás invitados de *Marcos* no tuvieron casi tiempo de conocer a los indios chiapanecos, de la misma manera que en los años treinta, sesenta y ochenta, muchos intelectuales no percibieron la represión ni los tormentos de la vida cotidiana cuando viajaban por la Unión Soviética, Cuba o Nicaragua en los furgones del régimen. En Chiapas, las celebridades han visto simplemente a algunos hombres y mujeres encapuchados, la guardia pretoriana de *Marcos*, y a las familias de La Realidad dedicadas a sus tareas. Ni les pasó por la cabeza que una buena parte de la población local no era favorable a la presencia de los *insurgentes*, pero prefería callarse antes que enfrentarse a los jefes militares del Ejército Zapatista, mucho más autoritarios y agresivos que *Marcos*. Nada nuevo bajo el sol tropical: por su propia supervivencia, los pequeños campesinos fingen estar siempre del lado del más fuerte, de aquel que puede alterar su vida cotidiana y volverla infernal al punto de obligarles a buscar refugio en un lugar más seguro, como les ocurrió a miles de ellos después de la insurrección de 1994.

Una gran parte de los visitantes, célebres o no, están convencidos *a priori* de que todos los indígenas chiapanecos, cerca de un millón de personas, son zapatistas. Ignoran que la inmensa mayoría vive fuera de la zona de conflicto y está al margen de los acontecimientos, cuando no totalmente en contra del EZLN. En México y en el extranjero, los medios de comunicación y los simpatizantes de la guerrilla sólo se interesan por los más ruidosos, los varios miles que han tomado las armas, y por un personaje fuera de lo común que ha sido elevado al rango de símbolo mundial de la lucha contra *el pensamiento único* y el *neoliberalismo triunfante*. La realidad local se ha diluido para dar paso a un Chiapas virtual, reducido a la visión maniquea que transmiten los internautas a partir de las informaciones y los análisis proporcionados por *Marcos* y la diócesis de San Cristóbal. Las angustias y las aspiraciones de la mayoría silenciosa no pesan mucho frente a la locuacidad del jefe carismático, que ha hecho de los indios un capital revolucionario y un trampolín político.

Para justificar su entusiasmo por *Marcos*, varios intelectuales europeos han destacado el carácter no violento del EZLN. El argumento es absurdo. Como mucho, se puede decir que los zapatistas, conscientes de su debilidad militar, comprendieron muy rápidamente que les interesaba aceptar al alto el fuego y la negociación que les ofrecía el presidente Carlos Salinas. Y han demostrado, en cambio, que no dudan en utilizar la violencia contra sus adversarios en el interior de las propias comunidades, lo que no parece preocupar demasiado a los intelectuales ni a las organizaciones de defensa de los derechos humanos. Además, el alzamiento zapatista ha contribuido a espolear el surgimiento de otros movimientos armados, conduciendo así a México a una época que se creía superada y desmintiendo al sociólogo francés Alain Touraine que, valiéndose de su larga experiencia en América Latina, había anunciado el fin de las guerrillas en el continente.[2]

Un mes antes del Encuentro Intercontinental por la Humanidad y contra el Neoliberalismo, en el que se disponía a participar, Alain Touraine había concedido una entrevista a *Le Monde* sobre los zapatistas. "Al buscar la negociación", había declarado, "constituyen el único intento serio por crear una alternativa". El zapatismo, precisaba, "es un movimiento que asocia la participación política con la defensa social y la defensa de la identidad cultural. Pone fin al largo paréntesis de las guerrillas". El mismo día de la publicación de este análisis, el 28 de junio de 1996, el Ejército Popular Revolucionario (EPR) hacía su aparición en México. Otras dos organizaciones del mismo tipo se darían a conocer en el curso de los meses siguientes, y en diciembre del mismo año, la espectacular toma de la residencia del embajador japonés en Lima por los rebeldes peruanos del Tupac Amaru confirmaba que era prematuro, cuando menos, firmar el acta de defunción de las guerrillas en América Latina. En enero de 1997, el propio *Marcos* contradijo al sociólogo. "La lucha armada no es un expediente cerrado", declaró en un encuentro con una representación de los comunistas italianos que se había desplazado a La Realidad. "Y no es por terquedad de los movimientos armados, sino por incapacidad del sistema político latinoamericano para dar alternativas de quehacer político a los rebeldes".[3]

Esto no impidió que Touraine reincidiera algunos meses más tarde, cuando publicó en el periódico *La Jornada* un texto alucinante sobre el Encuentro *Intergaláctico*. En él presenta a *Marcos*, sencillamente, como "un demócrata armado".[4] Renunciando al escepticismo de buena ley que todo observador extranjero debe profesar frente a un fenómeno social, Alain Touraine literalmente revienta: "La historia", escribe, "retendrá el coraje físico, político e intelectual del *subcomandante Marcos*, sociólogo a caballo, mestizo entre los indígenas, patriota mexicano y militante revolucionario mundial, que arriesga su vida para unir de nuevo, en América Latina y en otras partes, la lucha revolucionaria y la libertad política". ¡Uf! Sólo le falta la solicitud de canonización. El futuro dirá qué versión figurará finalmente en los libros de historia: la de los intelectuales políticamente correctos, que triunfa en la prensa y en las universidades europeas, o aquélla, mucho más matizada, de la mayoría de los mexicanos y los indios chiapanecos, que pagan el precio del conflicto.

Mientras espera su entrada en la historia, el jefe zapatista afronta un doloroso dilema: ¿Cómo volver a ser Rafael Guillén sin *matar* a *Marcos*? ¿Podrá el actor sobrevivir al personaje encapuchado que encarna desde el 1 de enero de 1994? ¿Cómo dar el salto de la Selva Lacandona a la capital mexicana sin sumirse en el anonimato o en la mediocridad de la clase política? La izquierda —de la que *Marcos*, a pesar de sus desmentidos, desea convertirse en dirigente nacional— siempre ha desconfiado de él y no parece demasiado dispuesta a facilitar su reconversión. La sociedad civil, a la que él ha invitado tantas veces a organizarse, no ha respondido a sus convocatorias. Apenas nacidos, el Movimiento de Liberación Nacional y el Frente Zapatista de Liberación Nacional han sido confiscados por grupúsculos sectarios. El jefe guerrillero está cada vez más solo. Está agotado física e intelectualmente, víctima de la estrategia de las autoridades, que lo han encerrado en su escondite esperando así asfixiar poco a poco al movimiento zapatista sin haber disparado un solo tiro. A *Marcos* parece habérsele extinguido su imaginación chispeante. Sus textos son cada vez más escasos, y ya no están preñados de ese humor y esa frescura que nos sedujeron como a tantos otros. Lástima.

Cuando no se sentía amenazado, el *subcomandante* podía permitirse ironizar sobre su propio futuro. "*Marcos*", decía en una entrevista concedida a un equipo de televisión a finales de 1995, "puede abandonar la lucha, o puede morir, o incluso convertirse en un político barrigón".[5] Algunos meses antes, cuando el ejército le pisaba los talones, había hablado con un tono menos bromista sobre su eventual suicidio o de su muerte en combate. ¿Acabar como el *Che*, bajo las balas del enemigo? La clonación sería perfecta: la pipa, el asma, la barba, el póster —*Marcos* tiene ya el suyo, realizado por su fotógrafo personal— y, por último, la foto de un cadáver con los ojos entreabiertos y sin pasamontañas que daría la vuelta al mundo, como la del guerrillero cubano treinta años antes. Tranquilos: este escenario es muy improbable, más que nada porque el poder desea evitar un desenlace trágico, que haga de *Marcos* un mártir y complique terriblemente la situación política del país.

A menos, y esto sería igual de dramático, que uno de sus propios lugartenientes, cansado de los sacrificios impuestos a su comunidad por el EZLN, vuelva el arma contra su propio jefe. Algunos jóvenes indígenas formados en las escuelas de cuadros de la guerrilla han abandonado ya la organización y otros se han pasado a las filas de la competencia, el EPR. En cuanto a los más cercanos colaboradores de *Marcos* —*Moisés*, *Tacho*, *David* y algunos otros—, su compromiso con la causa durará en tanto que puedan mantener la esperanza de una negociación favorable para sus respectivas comunidades. Su propio futuro político depende de ello. "Los indios dejan que sus asesores blancos decidan, y les dejan hacer en tanto que eso da resultados", explica el historiador Juan Pedro Viqueira, que vive desde hace muchos años en San Cristóbal. "El día en que les dejan de funcionar, los mandan a volar. Y eso es lo que puede pasar con *Marcos*".

Más que a la muerte, sin embargo, el émulo del *Che* parece temer al olvido. *Marcos* ha tomado gusto a las candilejas, a los medios de comunicación, a la celebridad, y resulta que ahora se le quiere enviar de nuevo al anonimato, o peor todavía, al pellejo de ese Rafael Guillén que él asegura no conocer. Para mantener vivo el mito que él ha creado, y del que es prisionero, al jefe zapatista no le importaría interpretar a su propio personaje en una película que su amigo y admirador Oliver Stone está pensando rodar. Mientras espera las propuestas de Hollywood, *Marcos* ha dado sus primeros pasos en el *rap*, prestando su voz para la grabación de un compacto. El disco, que salió a principios de 1997 bajo el título *Juntos por Chiapas*, reúne a una quincena de cantantes latinoamericanos comprometidos, como Mercedes Sosa y Fito Páez.

El guerrillero multimedia no tiene la intención de pararse ahí, según sus propias declaraciones. "Estamos por hacer un CD-ROM, un espacio que sea como la visita al Museo del Louvre, pero que sea una visita a la Selva Lacandona", había explicado varios días antes de la inauguración de los trabajos de la *Intergaláctica*. "Que la gente pueda venir a La Realidad, visitar un campamento desde su oficina en Moscú, Washington o donde sea. Tenemos también material de video, de los entrenamientos, que nadie conoce y que queremos que se distribuya".[6] Chiapas y la guerrilla como si estuviera allí, y además con todas las comodidades de su hogar. ¡Si el *Che* levantara la cabeza! Él, que quería cambiar el mundo al abrigo de las cámaras y se tomaba su misión tan en serio que se impuso la vida clandestina como un deber...

Marcos ha cambiado las reglas de la lucha armada, que se ha ido transformando poco a poco en espectáculo, conforme a los tiempos que corren. Cuando habla de buscar la vía para construir "un mundo que incluya todos los mundos", precisa: "Si ese camino no existe, pues al menos nos divertimos bastante cuando tratamos de encontrarlo y no estamos matando a nadie, como no sea de aburrimiento".[7] ¿Los indios de Ocosingo murieron entonces porque no comprendieron que se trataba de un simple juego? Con esta clase de comentarios, *Marcos* confirma lo que se sospechaba desde hace tiempo: su inmenso talento para el teatro y el 'showbiz' no hace de él un dirigente político responsable, por más que él lo diga. Claro que el Che tampoco lo era.

SIGLAS

ANCIEZ: Alianza Nacional Campesina Independiente Emiliano Zapata (organización campesina vinculada al EZLN).

ARIC: Asociación Rural de Interés Colectivo (sindicato campesino creado en 1974 bajo el nombre de Quiptic Ta Lecubtesel).

CCRI: Comité Clandestino Revolucionario Indígena.

CIHMA: Centro de Investigaciones Históricas de los Movimientos Armados.

CIOAC: Central Independiente de Obreros Agrícolas y Campesinos.

CISEN. Centro de Investigación y de Seguridad Nacional.

CTM: Confederación de Trabajadores de México.

DESMI: Desarrollo Económico y Social de los Mexicanos Indígenas (ONG vinculada al EZLN).

DFS: Dirección Federal de Seguridad.

EIM: Ejército Insurgente Mexicano.

EPR: Ejército Popular Revolucionario.

EZLN: Ejército Zapatista de Liberación Nacional.

FLN: Fuerzas de Liberación Nacional.

FMLN: Frente Farabundo Martí para la Liberación Nacional (guerrilla salvadoreña).

FSLN: Frente Sandinista de Liberación Nacional (Nicaragua).

MAR: Movimiento Armado Revolucionario.

PAN: Partido Acción Nacional (derecha).

PRD: Partido de la Revolución Democrática (izquierda).

PRI: Partido Revolucionario Institucional (en el poder desde 1929).

PROCUP: Partido Revolucionario Obrero Clandestino Unión del Pueblo (esta organización dio origen al EPR).

TLC: Tratado de Libre Comercio.

UAM: Universidad Autónoma Metropolitana (ciudad de México).

UNAM: Universidad Nacional Autónoma de México.

URNG: Unidad Revolucionaria Nacional Guatemalteca.

CRONOLOGÍA

1910, 20 de noviembre. Arranque de la Revolución mexicana, que aglutina tanto la sublevación política contra la dictadura de Porfirio Díaz como las demandas del campesinado empobrecido que abanderan Emiliano Zapata y Pancho Villa. En esta turbulenta etapa, que se extiende hasta 1920, se promulga la Constitución de 1917, que incorpora la reforma agraria, la defensa de las libertades civiles y los derechos sociales y el anticlericalismo.

1919, 10 de abril. Muere asesinado en Chinameca (Morelos) Emiliano Zapata. Tenía 39 años.

1929. El presidente Plutarco Elías Calles funda el Partido Nacional Revolucionario, que se convertirá en 1946 en el Partido Revolucionario Institucional (PRI), todavía en el poder. El gobierno cierra la sede del Partido Comunista.

1934-1940. El presidente Lázaro Cárdenas profundiza la reforma agraria y nacionaliza el petróleo. En 1937 ofrece asilo político a León Trotski (que sería asesinado en México en 1940 por un agente de Stalin) y a varios miles de republicanos españoles que se exiliaron tras la victoria del general Francisco Franco en la sangrienta guerra civil (1936-1939).

1955. Fidel Castro se instala en México para preparar un desembarco en Cuba. Conoce entonces a Ernesto *Che* Guevara. En junio de 1956 la policía mexicana los detiene junto con otros 26 guerrilleros cubanos, y los libera un mes más tarde. El 25 de noviembre de 1956, el grupo parte de México hacia Cuba a bordo del *Granma*.

1957, 19 de junio. Nace en Tampico (Tamaulipas) Rafael Guillén Vicente, el futuro *subcomandante Marcos*.

1959, 1 de enero. Triunfo de la Revolución cubana. El día 2, el *Che* y Camilo Cienfuegos toman La Habana. Fidel Castro llega el día 8.

1960, 25 de enero. Samuel Ruiz es nombrado obispo de San Cristóbal de Las Casas (Chiapas).

1964-1970. Presidencia de Gustavo Díaz Ordaz.

1965-1975. Surgimiento en México de diversos movimientos de guerrilla. La mayoría fueron desmantelados en el transcurso de los años mediante la *guerra sucia* desatada por las fuerzas de seguridad y las organizaciones paramilitares.

1967, 9 de octubre. Ernesto *Che* Guevara es ejecutado por el ejército en Bolivia.

1968, 2 de octubre. Matanza de estudiantes en la plaza de Tlatelolco (ciudad de México), algunos días antes de la ceremonia de apertura de los Juegos Olímpicos en esa ciudad.

1969, 6 de agosto. Fundación en Monterrey (Nuevo León) de las Fuerzas de Liberación Nacional.

1970-1976. Presidencia de Luis Echeverría.

1972. Las Fuerzas de Liberación Nacional crean un foco de guerrilla en la Selva Lacandona (Chiapas).

1972, 6 de marzo. El gobierno publica el decreto de la Comunidad Lacandona, que favorece a las compañías madereras en detrimento de los indígenas de la región. Fue derogado en 1989 por el presidente Carlos Salinas.

1973. México ofrece asilo político a los chilenos que huyen del golpe de Estado del general Augusto Pinochet.

1974. El ejército propina un golpe aparentemente mortal a la guerrilla en el estado de Guerrero al ejecutar al principal dirigente del Partido de los Pobres, el profesor Lucio Cabañas. Los efectivos militares despliegan también un vasto operativo contra las FLN, que concluye con la caída de su cuartel general en Nepantla (Estado de México) y el asesinato de los miembros de la célula instalada en Chiapas.

1974, octubre. Celebración del Congreso Indígena en San Cristóbal de Las Casas (Chiapas).

1975, 14 de diciembre. Constitución de la organización campesina Quiptic Ta Lecubtesel, que se integraría luego en ARIC.

1976-1982. Presidencia de José López Portillo.

1977. Rafael Guillén ingresa en la Facultad de Filosofía y Letras de la Universidad Nacional Autónoma de México (UNAM)

1978. Amnistía y legalización del Partido Comunista Mexicano.

1979, 19 de julio. Triunfo de la revolución sandinista en Nicaragua.

1982-1988. Presidencia de Miguel de la Madrid.

1983, 17 de noviembre. Las Fuerzas de Liberación Nacional, encabezadas por los comandantes *Germán* y *Elisa*, se instalan de nuevo en Chiapas con el nombre de Ejército Zapatista de Liberación Nacional (EZLN).

1984. *Marcos* se une al EZLN en la Selva Lacandona.

1988-1994. Presidencia de Carlos Salinas de Gortari.

1989, Noviembre. Caída del Muro de Berlín y ofensiva de la guerrilla en El Salvador.

1989, 19 de diciembre. Intervención militar de Estados Unidos en Panamá para derrocar al general Manuel Antonio Noriega.

1990, 25 de febrero. El Frente Sandinista es derrotado en las urnas por una coalición opositora que encabeza Violeta Barrios de Chamorro.

1992

Enero. Aprobadas las reformas del artículo 27 de la Constitución para poner fin a la reforma agraria y modernizar la agricultura.

16 de enero. Firma del acuerdo de paz de El Salvador en una ceremonia celebrada en la capital mexicana.

12 de octubre. Conmemoración del 500 Aniversario de la Conquista.

1993

23 de enero. Congreso de las Fuerzas de Liberación Nacional en la Selva Lacandona. *Marcos* se impone

446

como jefe militar y se acuerda declarar la guerra al gobierno.

22 de mayo. El ejército mexicano descubre un campamento zapatista en la Sierra Corralchén.

24 de mayo. Asesinato del cardenal de Guadalajara, Juan Jesús Posadas.

1994

1 de enero. Levantamiento zapatista en Chiapas y entrada en vigor del Tratado de Libre Comercio entre México, Estados Unidos y Canadá.

12 de enero. El presidente Salinas ordena el alto el fuego en Chiapas.

Del 21 de febrero al 2 de marzo. Primeras conversaciones de paz en la catedral de San Cristóbal de Las Casas.

23 de marzo. El candidato presidencial del PRI, Luis Donaldo Colosio, es asesinado durante un mitin en Tijuana.

18 de mayo. México se convierte en el primer país latinoamericano que entra en la Organización para la Cooperación y el Desarrollo Económico (OCDE).

10 de junio. El EZLN rechaza las propuestas del gobierno para la paz en Chiapas que habían sido negociadas en febrero y emite la Segunda Declaración de la Selva Lacandona, en la que insta a "los partidos políticos independientes" a formar un gobierno de transición, y a la sociedad civil a organizarse en una Convención Nacional Democrática para redactar una nueva Constitución.

8 de agosto. Unas seis mil personas asisten a la Convención Nacional Democrática, convocada por el EZLN en la Selva Lacandona.

21 de agosto. El candidato del PRI a la Presidencia, Ernesto Zedillo, gana las elecciones.

28 de septiembre. El secretario general del PRI, José Francisco Ruiz Massieu, es asesinado en la ciudad de México.

20 de diciembre. La devaluación del peso desencadena una grave crisis económica.

1995

1 de enero. El EZLN publica la Tercera Declaración de la Selva Lacandona, en la que invita a la sociedad civil a crear un Movimiento para la Liberación Nacional para instaurar un gobierno de transición.

15 de enero. Reunión del secretario de gobernación, Esteban Moctezuma, con *Marcos* en Guadalupe Tepeyac.

9 de febrero. El gobierno revela la identidad de *Marcos* y ordena la detención de 19 miembros del EZLN, entre ellos la *comandante Elisa*. El ejército toma el control de las posiciones zapatistas en la Selva Lacandona, incluido el cuartel general de Guadalupe Tepeyac.

28 de febrero. Detención de Raúl Salinas, hermano del expresidente Carlos Salinas, acusado de ser el presunto autor intelectual del homicidio de José Francisco Ruiz Massieu. Posteriormente enfrentó el cargo de enriquecimiento ilícito.

11 de marzo. El expresidente Carlos Salinas abandona México en un exilio voluntario que le lleva a Canadá, Cuba y finalmente a Irlanda.

22 de abril. Reanudación de las negociaciones entre el gobierno y el EZLN en San Andrés Larráinzar (Chiapas).

27 de agosto. Más de un millón de personas participan en una consulta convocada por los zapatistas. La mayoría se muestra a favor de que el EZLN se convierta en una fuerza política.

15 de octubre. Elecciones municipales en Chiapas. El PRI gana 80 de las 111 alcaldías y conserva la mayoría en el Congreso local.

21 de octubre. Detención de Fernando Yáñez, el *comandante Germán*, en la ciudad de México. Seis días después es liberado.

1996

1 de enero. Cuarta Declaración de la Selva Lacandona. El EZLN convoca a la creación del Frente Zapatista de Liberación Nacional para actuar en el terreno político.

16 de febrero de 1996. Las negociaciones entre el gobierno federal y el EZLN desembocan en la firma de un primer acuerdo sobre los derechos y cultura indígenas.

20 de mayo. Para poner fin a las ocupaciones de tierras en Chiapas, las autoridades se comprometen a distribuir 200 mil hectáreas entre 40 organizaciones campesinas.

28 de junio. El Ejército Popular Revolucionario (EPR) hace su aparición en el estado de Guerrero, en el lugar donde un año antes las fuerzas de seguridad habían asesinado a 17 campesinos.

27 de julio al 3 de agosto. Encuentro Intercontinental por la Humanidad y contra el Neoliberalismo en La Realidad (Chiapas).

28 de agosto. El EPR lanza ataques simultáneos en Oaxaca, Guerrero y Estado de México, que dejan una veintena de muertos.

29 de agosto. *Marcos* anuncia la retirada del EZLN de las negociaciones tras acusar al gobierno de no haber adoptado las medidas necesarias para aplicar el acuerdo firmado en febrero.

29 de diciembre. El gobierno y la guerrilla de Guatemala firman un acuerdo de paz que pone fin a una guerra civil de 36 años.

1997

18 de febrero. Las autoridades anuncian la detención del principal responsable de la lucha contra el narcotráfico, el general Jesús Gutiérrez Rebollo, al que acusan de proteger a uno de los más poderosos carteles de la droga.

9 de marzo. Dos jesuitas vinculados a una organización indígena de Chiapas son detenidos bajo la acusación, aparentemente fabricada, de haber participado en una *emboscada* que causó la muerte a dos policías. Fueron liberados cuatro días más tarde, después de una intensa campaña a su favor.

6 de julio. El PRI, en el poder desde 1929, pierde la mayoría absoluta en la Cámara de Diputados, pero sigue siendo la principal fuerza política del país y de Chiapas, donde el EZLN impide la votación en varios centros electorales. Cuauhtémoc Cárdenas, el candidato del Partido de la Revolución Democrática (PRD, oposición de izquierda) gana la gubernatura de la ciudad de México.

27 de julio al 3 de agosto. El segundo Encuentro Intercontinental por la Humanidad y contra el Neoliberalis-

mo se celebra en España, con la presencia de dos delegados indígenas del EZLN.

8 al 12 de septiembre. Mil ciento once indios zapatistas acuden en autobús a la capital mexicana para participar en un gran mitin. Del 13 al 16 asisten como observadores al congreso de fundación del Frente Zapatista de Liberación Nacional (FZLN). *Marcos*, promotor de esta nueva organización, anuncia que el Ejército Zapatista no se integrará en ella hasta que la *guerra* en el sur del país no haya terminado. "El gobierno nos obliga a permanecer con el rostro oculto y la mano armada [...] hasta que nuestras demandas sean satisfechas", escribe en un comunicado.

9 de diciembre. El antiguo jefe de la policía política, Fernando Gutiérrez Barrios, es secuestrado por un comando armado en una calle de la ciudad de México. Queda en libertad una semana más tarde, tras pagar un rescate. Todo apunta a una operación política en el marco de la lucha por el poder.

22 de diciembre. 45 indios tzotziles, en su mayoría mujeres y niños, son asesinados por un grupo armado en Acteal, una comunidad situada a 50 kilómetros de San Cristóbal. Las víctimas pertenecían a un grupo simpatizante del EZLN.

NOTAS

Prólogo

[1] Comentarios de Marcos recogidos por *El Financiero*, 20 de febrero de 1994, ps. 1, 14 y 15.

[2] Comentarios de Alain Touraine recogidos por *La Jornada*, 1 de agosto de 1996, p. 11.

Capítulo 1

[1] Guillén Vicente, Rafael Sebastián. *Filosofía y Educación*. Tesis presentada en la Facultad de Filosofía y Letras de la Universidad Nacional Autónoma de México (unam). México, 1980.

[2] Monsiváis, Carlos. "Fábula del país de Nopasanada", *La Jornada Semanal*. 14 de enero de 1996, ps. 9-11.

[3] Entrevista con Carlos Fuentes en *La Jornada*, 10 de febrero de 1994, p. 27.

[4] *El Financiero*, 11 de agosto de 1994, p. 44.

[5] Debray, Régis. "A demain, Zapata!", *Le Monde*, 17 de marzo de 1995. "¡Hasta luego, Zapata!", *El País*, 22 de marzo de 1995, y *Proceso*, 20 de marzo de 1995.

[6] Monsiváis, Carlos. "Acuerdos y desacuerdos sobre Chiapas", *Proceso*, núm. 897, 10 de enero de 1994, ps. 54-56.

[7] Monsiváis, Carlos. "Fábula del país de Nopasanada", *La Jornada Semanal,* 14 de enero de 1996, ps. 9-11.

[8] *Marcos: historia y palabra.* Video realizado por Cristian Calónico. Producciones Marca Diablo. México 1996.

[9] *Ídem.*

[10] Subcomandante Marcos. "De árboles, transgresores y odontología", *La Jornada Semanal*, 14 de enero de 1996, ps. 5-8.

[11] Calónico, *op., cit.*

[12] Revista *Nepantla*, núm. 34, 1991, p. 3.

[13] *Ídem.* Artículo escrito por el *comandante insurgente Germán*, ps. 5-10.

[14] Calónico, *op., cit.*

[15] Comunicado del Comité Clandestino Revolucionario Indígena (ccri), 1 de marzo de 1994.

[16] *San Francisco Chronicle*, 16 de abril de 1994.

[17] *El Financiero*, 19 de marzo de 1995, p. 15.

[18] Carta de Marcos del 20 de febrero de 1995.

[19] *Ídem.*

Capítulo 2

[1] Extractos de los testimonios recogidos por los diarios *El Universal* (10 de febrero de 1995), *El Norte* (de Monterrey) (11 y 14 de febrero de 1995) y *Excélsior* (11 y 19 de febrero de 1995).

[2] La revista *Proceso* publicó reportajes sobre la biografía de Rafael Guillén en los números 979, del 7 de agosto de 1995, y 981, del 21 de agosto de 1995.

[3] GUILLÉN, Rafael. "El empresario del siglo XX y los retos de su circunstancia". Conferencia recogida por la revista de la Asociación de Ejecutivos de Ventas y Mercadotecnia de Tampico, año I, núm. 4, abril 1992.

Capítulo 3

[1] *La Tribuna*, Managua, Nicaragua, 17 y 18 de febrero de 1995.

[2] *Barricada*, Managua, Nicaragua, 11 de febrero de 1995.

[3] *Proceso*, núm. 982, 28 de agosto de 1995, ps. 50-54.

Capítulo 4

[1] Declaraciones de FIDEL CASTRO a la revista española *Motivo de Actualidad*, recogidas por *El Financiero*, 1 de abril de 1995, p. 27.

[2] BENIGNO, *Vie et mort de la révolution cubaine*, Fayard, París, 1996, ps. 245-249.

[3] Documentos internos de las Fuerzas de Liberación Nacional: carta e informe enviados en 1970 por PEDRO (César Yáñez, jefe de las FLN) a Osmany CIENFUEGOS,

secretario de la Organización Tricontinental en La Habana.

Capítulo 5

[1] Subcomandante Marcos. "Chiapas: el sureste entre dos vientos, una tormenta y una profecía", agosto de 1992.

[2] *Ídem*.

[3] Balance de la misión de Amnistía Internacional de marzo de 1984, publicado en el Informe sobre México de 1986.

[4] "Trabajo político con las bases de apoyo", revista *Nepantla*, núm. 34, 1991, ps. 11-16.

[5] "El 6 de agosto de 1988 en el Frente Zapatista", *Nepantla*, núm. 25, 24 de octubre de 1988, ps. 17-31.

Capítulo 6

[1] Entrevista con el Comandante Tacho en *La Jornada*, 18 de octubre de 1994.

[2] "Sobre la economía", revista *Nepantla*, núm. 34, 1991, ps. 48-50.

[3] "Las escuelas de cuadros", *Nepantla*, núm. 25, 24 de octubre de 1988, ps. 58-67.

Capítulo 7

[1] *Marcos: historia y palabra*. Video realizado por Cristian Calónico. Producciones Marca Diablo. México, 1996.

Capítulo 8

[1] Estatutos de las Fuerzas de Liberación Nacional, 6 de agosto de 1980.

[2] Declaración de Principios del Partido Fuerzas de Liberación Nacional, 1992.

[3] *Ídem*, Capítulo II. Artículo 4.

[4] *Ídem*, Capítulo III. Artículo 6.

[5] Comunicados del Comité Clandestino Revolucionario Indígena (CCRI), 5 y 6 de enero de 1994: "Sobre lo ocurrido a la Cruz Roja y a la prensa los días 3 y 4 de enero" y "Sobre el EZLN y las condiciones para el diálogo".

Capítulo 10

[1] "La táctica de nuestro actual trabajo obrero", revista *Nepantla*, núm. 25, 24 de octubre de 1988, ps. 32-41.

[2] Declaraciones de SAMUEL RUIZ a *Época* en junio de 1992, retomadas en su edición del 25 de diciembre de 1995, p. 83.

[3] CANO, Arturo. "La Iglesia y el obispo", *Reforma*, Suplemento *Enfoque,* 26 de febrero de 1995.

[4] ROMERO, César. "Samuel Ruiz, obispo, político y negociador", *Época*, 7 de febrero de 1994, p. 18.

[5] DEBRAY, Régis. "La guérilla autrement", *Le Monde*, 14 de mayo de 1996. Publicado en español en *Proceso*, núm. 1019, 13 de mayo de 1996.

[6] Declaraciones recogidas por Ann Louise BARDACH. *Vanity Fair*, Julio de 1994, p. 131.

[7] Carta de Bernardin GANTIN fechada el 23 de septiembre de 1993 y reproducida en el número 76 de la revista italiana *30 Giorni*.

[8] RUIZ, Samuel. "En esta hora de gracia". Carta pastoral, Ediciones Dabar, México, 1993.

[9] "Au Mexique, un évêque défenseur des Indiens contraint à la démission", *Le Monde*, 10 de noviembre de 1993.

Capítulo 11

[1] *La Jornada*, 6 de febrero de 1994.

[2] Declaraciones de MARCOS el 1 de enero de 1994 recogidas por *Proceso* (10 de enero de 1994) y *La Jornada* (19 de enero de 1994).

[3] ELUARD, Paul. *Poésie ininterrompue*. París, Gallimard, 1953, p. 144. *Paul Eluard: Poemas*, Rafael Alberti y Ma. Teresa León (trads.), Ediciones Argonauta, Buenos Aires, 1990, ps. 132-133.

[4] Entrevista con MARCOS en *Reforma*, 28 de junio de 1996, p. 4.

[5] DEBRAY, Régis. "A demain, Zapata!", *Le Monde*, 17 de marzo de 1995. "¡Hasta luego, Zapata!", *El País*, 22 de marzo de 1995, y *Proceso*, 20 de marzo de 1995.

Capítulo 12

[1] SALINAS, Carlos. Carta publicada en *Reforma*, 4 de diciembre de 1995, p. 11.

[2] Estatutos de las Fuerzas de Liberación Nacional, 6 de agosto de 1980.

[3] "La Tita, 27 años después", *El Financiero*, 1 de octubre de 1995.

[4] Varias publicaciones dieron cabida a estas falsas informaciones: *El Financiero*, 23 de marzo de 1994, p. 24; *Summa*, 8 de abril de 1994; *El Heraldo*, 25 de enero de 1994, ps. 1 y 16; *Época*, 10 de enero de 1994, p. 8, étcétera.

Capítulo 13

[1] Entrevista con MARCOS en *Proceso*, 21 de febrero de 1994.

[2] *Harper's Magazine*, abril 1996, p. 30.

[3] Entrevista con MARCOS en Radio UNAM. Programa "Chiapas, expediente abierto", 18 de marzo de 1994.

[4] OPPENHEIMER, *Andrés. México: en la frontera del caos*, Vergara Editores, México, 1996.

[5] SUBCOMANDANTE MARCOS. "Posdata del navío pirata", 3 de agosto de 1994.

[6] Entrevista con OLIVER STONE en *La Jornada*, 3 de abril de 1996, p. 9, y 4 de abril de 1996, p. 11.

[7] *La Jornada*, 20 de abril de 1996, p. 7, y 21 de abril de 1996, p. 3.

[8] Declaraciones de WERNER HERZOG recogidas en *La Jornada*, 10 de julio de 1996, p. 25, y *El Financiero*, 10 de julio de 1996, p. 51.

[9] Padgett, Tim. "The return of the guerrilla chic", *Newsweek*, 13 de mayo de 1996, p. 14.

[10] Debray, Régis. "La guérilla autrement", *Le Monde*, 14 de mayo de 1996 y *Proceso*, núm. 1019, 13 de mayo de 1996.

[11] Subcomandante Marcos. Carta a Eduardo Galeano, julio de 1994.

[12] Subcomandante Marcos. Discurso por el decimoprimer aniversario del ezln, 17 de noviembre de 1994.

[13] Subcomandante Marcos. Carta del 9 de febrero de 1995.

[14] Subcomandante Marcos. Comunicado del 20 de febrero de 1995.

[15] *Ídem.*

[16] Subcomandante Marcos. Comunicado del 11 de mayo de 1995.

[17] Loaeza, Guadalupe. "Marcos y las mujeres", *Reforma*, 26 de octubre de 1995.

Capítulo 14

[1] Subcomandante Marcos. Comunicado del 11 de mayo de 1995.

[2] Entrevista con Marcos en Radio UNAM. Programa "Chiapas, expediente abierto", 18 de marzo de 1994.

[3] Carta del Comité Clandestino Revolucionario Indígena (ccri) a la Coordinadora Nacional de Pueblos Indios, 8 de febrero de 1994.

[4] SUBCOMANDANTE MARCOS. Comunicado del 27 de octubre de 1994.

[5] Comunicado del CCRI sobre el comienzo del diálogo, 16 de febrero de 1994.

[6] Discurso y comunicado del CCRI por el aniversario del asesinato de Emiliano Zapata, 10 de abril de 1994.

[7] SUBCOMANDANTE MARCOS. Informe sobre el segundo día del diálogo, 22 de febrero de 1994.

[8] SUBCOMANDANTE MARCOS. Carta a un niño de 13 años, 4 de marzo de 1994, y comunicado del CCRI por el aniversario del "Descubrimiento de América", 12 de octubre de 1994.

[9] SUBCOMANDANTE MARCOS. Comunicado con motivo del decimoprimer aniversario del EZLN, 17 de noviembre de 1994, y extractos de sus declaraciones a *La Jornada*, 11 de enero de 1994, 21 de junio de 1994, 9 de diciembre de 1994. Macrópolis 10 de enero de 1994, y Radio UNAM, 18 de marzo de 1994.

[10] DEBRAY, Régis, "A demain, Zapata!", *Le Monde*, 17 de marzo de 1995; "¡Hasta luego, Zapata!", *El País*, 22 de marzo de 1995.

[11] GONZÁLEZ DE ALBA, Luis, "La sociedad incivil", *La Jornada*, 18 de marzo de 1995.

[12] SUBCOMANDANTE MARCOS. Mensaje de inauguración de la reunión preparatoria americana del I Encuentro Intercontinental contra el Neoliberalismo, 6 de abril de 1996.

[13] SUBCOMANDANTE MARCOS. Invitación al Encuentro Intercontinental por la Humanidad y contra el Neoliberalismo, *La Jornada*, suplemento *Perfil*, 10 de junio de 1996.

461

[14] Entrevista con Marcos en *Proceso*, 1 de agosto de 1994, núm. 926, ps. 6-13.

[15] Subcomandante Marcos, "De árboles, transgresores y odontología", *La Jornada Semanal*, 14 de enero de 1996, ps. 5-8.

[16] González de Alba, Luis, "Ciencia de la información", *La Jornada*, 25 de marzo de 1996.

[17] Declaraciones de Roger Bartra a *Reforma*. Suplemento *Enfoque*, 7 de abril de 1996, ps. 8-10.

[18] Zaid, Gabriel, "Chiapas: la guerrilla posmoderna", revista *Claves*, núm. 44, julio-agosto 1994, ps. 22-34.

[19] Entrevista al comandante José Arturo, del EPR, en *Proceso*, núm. 1032, 11 de agosto de 1996, ps. 22-27.

Capítulo 15

[1] Subcomandante Marcos. Carta al programa de radio "Voz Pública", 2 de junio de 1994.

[2] Entrevista con Marcos en *Proceso*, 21 de febrero de 1994.

[3] Zaid, Gabriel, "Chiapas: la guerrilla posmoderna", revista *Claves*, núm. 44. julio-agosto 1994, ps. 22-34.

[4] Entrevista con Marcos en *La Jornada*, 28 de febrero de 1994.

[5] Aguilar Camín, Héctor, "La implosión de Chiapas", *Nexos*, enero 1995, p. 7.

[6] Entrevista con Marcos en *La Jornada*, 27 de febrero de 1994.

[7] SUBCOMANDANTE MARCOS. Carta sobre la prensa, 11 de febrero de 1994.

[8] Comunicado del Comité Clandestino Revolucionario Indígena (CCRI) a los corresponsales, 24 de marzo de 1994, y entrevistas con MARCOS en Radio UNAM ("Chiapas: expediente abierto", 18 de marzo de 1994), y con el CCRI en *La Jornada*, 14 de marzo de 1994.

[9] ALVARADO, Juan Manuel, "Recluta niños la guerrilla", *Reforma*, 13 de abril de 1994.

[10] *Excélsior*, 9 de marzo de 1994, ps. 1 y 38.

[11] Extractos de la ponencia de Héctor Aguilar Camín en el Foro "La relación prensa, Estado y sociedad", *La Jornada*, 12 de mayo de 1993, p. 8.

[12] *Ídem*.

[13] "Chiapas: 44 años, la esperanza de vida en indígenas", *La Jornada*, 8 de abril de 1995, p. 16.
Sobre la guerra química, ver el comunicado del Comité Clandestino Revolucionario Indígena (CCRI) del 24 de marzo de 1994 y el artículo "Genocidio químico en Chiapas", *El Financiero*, 6 de marzo de 1995.
"La presencia del ejército cambió la forma de vida en Chiapas", *La Jornada*, 1 de junio de 1996, p. 14.
"Hambre en Chiapas", *Reforma*, 5 de junio de 1996, p. 11.

[14] SUBCOMANDANTE MARCOS, "Prólogo para editores marginales", 28 de junio de 1994.

[15] "Genocidio químico en Chiapas", *El Financiero*, 6 de marzo de 1995.

[16] "Mexican Rebels Using A Hich-Tech Weapon", *The Washington Post*, 20 de febrero de 1995, ps. 1 y 21.

[17] "La política exterior de Chuayffet", *La Jornada*, 13 de enero de 1996, p. 4.

[18] "El mundo de la infiltración en Chiapas, desafío a la imaginación", *La Jornada*, 12 de marzo de 1996. "Los esfuerzos de infiltración militar en Chiapas, parte natural del decorado", *La Jornada*, 13 de marzo de 1996.

Capítulo 16

[1] SUBCOMANDANTE MARCOS. Carta para agradecer el apoyo extranjero, 17 de marzo de 1995.

[2] Centro de Derechos Humanos Fray Bartolomé de Las Casas. "Alzamos la voz por la justicia", *Informe anual julio 1994-junio 1995*, San Cristóbal, México, 1996.

[3] BARTOLOMÉ, Efraín, *Ocosingo. Diario de guerra y algunas voces*, Joaquín Mortiz, México, 1995.

[4] VII Censo Agropecuario de Chiapas, 1991. Citado por *El Financiero*, 13 de febrero de 1994, p. 5.

[5] GARCÍA DE LEÓN, Antonio, *Resistencia y Utopía. Memorial de agravios y crónica de revueltas y profecías acaecidas en la provincia de Chiapas durante los últimos quinientos años de su historia* (2 vols.) Era, México, 1985.

[6] HARVEY, Neil, "Rebelión en Chiapas: reformas rurales, radicalismo campesino y los límites del salinismo". Este texto forma parte de la compilación dirigida por Juan Pedro VIQUEIRA y Mario Humberto RUZ bajo el título *Chiapas. Los rumbos de otra historia*, UNAM-CIESAS, México, 1995, ps. 447-479.

464

[7] Datos proporcionados por las asociaciones ganaderas de Chiapas, citados por *El Financiero*, 3 de marzo de 1995, p. 41.

[8] Comunicado del ccri sobre la tierra, 10 de abril de 1996.

Epílogo

[1] DEBRAY, Régis, "La guérilla autrement", *Le Monde*, 14 de mayo de 1996; *Proceso*, núm. 1019, 13 de mayo de 1996.

[2] Entrevista concedida por ALAIN TOURAINE a *Le Monde*, 28 de junio de 1996.

[3] Declaraciones de *Marcos* recogidas en *La Jornada*, 10 de enero de 1997, ps. 1 y 14.

[4] TOURAINE, Alain, *La Jornada*, 22 de diciembre de 1996. Suplemento *La Jornada Semanal*, ps. 2 y 3. Una versión matizada fue publicada en *Le Nouvel Observateur*, 15 de agosto de 1996, ps. 38 y 39.

[5] *Marcos: historia y palabra.* Video realizado por CRISTIAN CALÓNICO. Producciones Marca Diablo, México, 1996.

[6] Declaraciones de MARCOS a la agencia Reuter, recogidas por *El Financiero*, 27 de julio de 1996, p. 26.

[7] El discurso de MARCOS, pronunciado el 30 de julio durante el Encuentro Intercontinental por la Humanidad y contra el Neoliberalismo, fue publicado íntegro en el periódico chiapaneco *Cuarto Poder*, 1 de agosto de 1996, p. 22.

BIBLIOGRAFÍA

Recopilaciones de los comunicados del EZLN

La palabra de los armados de verdad y fuego. Entrevistas, cartas y comunicados del EZLN, 3 vol. México, Fuenteovejuna, 1994 y 1995.

EZLN. *Documentos y comunicados*, 3 vol. México, Era, 1994, 1995 y 1997.

¡Ya basta! Les insurgés zapatistes racontent un an de révolte au Chiapas. París, Editions Dagorno, 1994.

Documentos

AMNISTÍA INTERNACIONAL. "México. Los derechos humanos en zonas rurales", 1986.

INSTITUTO CHIAPANECO DE CULTURA, *Anuarios 1990, 1991 y 1993*, Gobierno de Chiapas, Tuxtla Gutiérrez, México.

CENTRO DE DERECHOS HUMANOS FRAY BARTOLOMÉ DE LAS CASAS. "Alzamos la voz por la justicia", informe anual julio 1994-junio 1995, San Cristóbal de Las Casas, México, 1996; "Horizontes", (publicación irregular. Siete números entre 1990 y 1992).

Ejército Zapatista de Liberación Nacional

"Errores cometidos en la batalla de la Corralchén". Informe escrito por *Marcos* y testimonios de los rebeldes zapatistas. 15 de junio de 1993.

"Resultados de la investigación sobre lo ocurrido del 22/05/93 al 3/06/93". Documento enviado por *Marcos* al comandante *Germán* el 24 de junio de 1993.

Fuerzas de Liberación Nacional

"Comunicado confidencial dirigido a todos los militantes de las FLN" sobre el ajusticiamiento de Napoleón Glockner y Nora Rivera. México. 1976.

"Declaración de Principios del Partido de las FLN", adoptada en la reunión de Prado (Chiapas) en enero de 1993.

"Estatutos de las FLN". 6 de agosto de 1980.

Documento interno sobre las relaciones con Cuba y la creación de un foco de guerrilla en Chiapas. 1970.

Carta e informe sobre la guerrilla mexicana enviados por Pedro (César Yañez, jefe de las FLN) a Osmany Cienfuegos, secretario de la Organización Tricontinental en La Habana. 1970.

Revista *Nepantla*. Órgano de agitación y comunicación interna de las FLN.

Procuraduría General de la República

Deposición de Salvador Morales (*subcomandante Daniel*), México, 8 de febrero de 1995.

Deposición de María Gloria Benavides (*comandante Elisa*), México, 9 de febrero de 1995.

Deposición de Alejandro García Orizaba, 12 de febrero de 1995.

Ruiz, Samuel. "En esta hora de gracia". Carta pastoral enviada al Papa Juan Pablo II durante su visita a México en agosto de 1993. México, Editorial Dabar, 1993.

Libros

Aubry, André, *Les Tzotzil par eux-mêmes*, Editions L'Harmattan, París, 1988.

Bartolomé, Efraín, *Ocosingo. Diario de guerra y algunas voces*, Joaquín Mortiz, México, 1995.

Benigno, *Vie et mort de la révolution cubaine*, Fayard, París, 1996.

Benigno, (Dariel Alarcón), *Memorias de un soldado cubano. Vida y muerte de la revolución*, Tusquets, Barcelona, 1997.

Bermejo, Edgardo, *Marcos' Fashion. O de cómo sobrevivir al derrumbe de las ideologías sin perder estilo*, Océano, México, 1996.

Castañeda, Jorge, *La utopía desarmada. Intrigas, dilemas y promesas de la izquierda en América Latina*, Joaquín Mortiz, México, 1995.

Castañeda, Jorge, *La vida en rojo. Una biografía del Che Guevara*, Alfaguara, México, 1997.

Castellanos, Rosario, *Obra I. Narrativa*, FCE, México, 1989.

Clerc, Jean-Pierre, *Las cuatro estaciones de Fidel Castro*, Aguilar, Madrid, 1997.

De Vos, Jan, *Viajes al Desierto de la Soledad. Cuando la Selva Lacandona era aún selva*, Centro de Investigaciones y Estudios Superiores de Antropología Social (ciesas), México, 1988.

De Vos, Jan, *Vivir en Frontera. La experiencia de los indios de Chiapas*, ciesas, México, 1994.

Debray, Régis, *Loués soient nos seigneurs. Une éducation politique*, Gallimard, París, 1996.

Favre, Henri, *L'Indigénisme*, Presses Universitaires de France, París, (Col. Que sais-je?), 1996.

Favre, Henri, *Changement et continuité chez les mayas du Mexique*, Anthropos, París, 1971.

García de León, Antonio, *Resistencia y Utopía. Memorial de agravios y crónica de revueltas y profecías acaecidas en la provincia de Chiapas durante los últimos quinientos años de su historia,* 2 vols., Era, México, 1985.

González de Alba, Luis, *Los días y los años,* Era, México, 1971.

Guillén Vicente, Rafael, *Filosofía y educación.* Tesis de licenciatura. Facultad de Filosofía y Letras, Universidad Nacional Autónoma de México, 1980.

Guillermoprieto, Alma. *La Guerre des ombres.* París, Dagorno, 1995.

Hirales, Gustavo, *Memoria de la guerra de los justos.* México, Cal y Arena, 1996.

Humbert, Marc, *Le Mexique.* París, Presses Universitaires de France. Col. Que sais-je?, 1994.

Krauze, Enrique, *Emiliano Zapata.* México, FCE, 1987.

Le Bot, Yvon, *Subcomandante Marcos. El sueño zapatista,* Anagrama, Barcelona, 1997.

Legorreta, Carmen, *Política y guerrilla: el caso de Las Cañadas,* 1973-1995. Tesis presentada a la Universidad Autónoma de Chapingo, México, 1996.

Montemayor, Carlos, *Guerra en el paraíso,* Diana, México, 1991.

Moreno, Alejandra, *Turbulencia política. Causas y razones del 94,* Océano, México, 1996.

Oppenheimer, Andrés. *México: en la frontera del caos,* Vergara Editores, México, 1996.

Orozco, Marco A., *Síntesis de Chiapas,* Edysis, México, 1994.

Paz, Octavio, *El Laberinto de la soledad. Posdata. Vuelta al laberinto de la soledad.* México, FCE, 1981.

Poniatowska, Elena, *La noche de Tlatelolco,* Era, México, 1971.

Tello Díaz, Carlos, *La rebelión de las Cañadas,* Editorial Cal y Arena, México, 1995. Madrid, Editorial Acento, 1996.

Trejo Delarbre, Raúl, *Chiapas: la comunicación enmascarada*. México, Diana, 1994.

Viqueira, Juan Pedro y Ruz, Mario Humberto (eds.), *Chiapas. Los rumbos de otra historia*, México, unam-ciesas, 1995.

Viqueira, Juan Pedro, *María de la Candelaria. India natural de Cancuc*, FCE, México, 1993.

Artículos

Aguayo, Sergio, "The Intelligence Services and the transition to democracy in Mexico". Extracto publicado en *Reforma*, suplemento *Enfoque*, 26 enero 1997.

Iribarren, Pablo, "La inculturación de la Iglesia en la praxis de la comunidad tzeltal". Revista *Anámnesis*, enero-junio 1991, México.

Iribarren, Pablo, "Cultura y evangelización entre los tseltales", documento mimeografiado, Ocosingo, México, diciembre 1991.

Legorreta, Carmen, "Chiapas: el impacto en Las Cañadas". Revista *Nexos*, marzo de 1996, México. ps. 53-61.

Leyva, Xóchitl, "Espacio de Organización Social en la Selva Lacandona: el caso de la Subregión Cañadas", *Anuario del Instituto Chiapaneco de Cultura de 1990*, ps. 17-49, Chiapas, México, 1991.

Morales, Jesús. "El Congreso Indígena de Chiapas. Un testimonio", *Anuario del Instituo Chiapaneco de Cultura de 1991*, ps. 242-370, Chiapas, México, 1992.

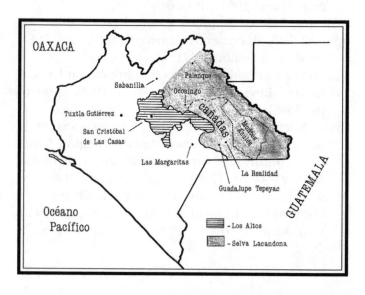

Títulos de reciente aparición en
AGUILAR NUEVO SIGLO

La invención del poder
Federico Campbell

Nuevo tiempo mexicano
Carlos Fuentes

Sorpresas te da la vida
Jorge G. Castañeda

A dios lo que es de dios
Carlos Martínez Assad (coord.)

Los once de la tribu
Juan Villoro

Mitos mexicanos
Enrique Florescano (coord.)

México, el poder, el dinero y la sangre
Adolfo Gilly

Humor en serio
Análisis del chiste político en México
Samuel Schmidt

Etnia, Estado y Nación
Enrique Florescano

PRINTED IN MEXICO
Impreso en México por
Gráficas Monte Alban, S.A. de C.V.
Fracc. Agro-Ind. la Cruz, el Marqués, Qro.

LISTEN TO YOUR BODY
<u>NOT</u> THE MYTHS AND HYPE
"DIET OF THINKING"!

❂

•You've been taught to think of food as the enemy.

❂

•You've been told it's wrong to eat for pleasure, emotional fulfillment, or comfort.

❂

•You've been instructed to deprive yourself and eat dangerously unbalanced combinations.

❂

•You've been convinced your "weight" is relevant.

❂

•You've been told it's "inevitable" to lose muscle and gain fat as you age.

❂   ❂   ❂

YOU'VE HAD NO WAY TO SEPARATE THE
MYTHS FROM THE FACTS—
UNTIL *BODYFUELING®*

❂

•BEGIN to eat lots of delicious, wonderful foods you always wanted to—frequently—to keep your metabolism humming, lose fat and gain muscle!

❂

•BEGIN investing in your health and your future!

❂

•BEGIN to experience the joy and pleasure of eating again!

❂

•BEGIN to *fuel your life* instead of trying to "fix" or manipulate your body!

BEGIN *BODYFUELING®*!
An Alternate Selection of Doubleday
Health Book Club™

●

"FANTASTIC . . . THE FOUNDATION FOR FEELING FREE FROM FOOD BONDAGE OF ALL KINDS."
—*The New Times*

●

"SUPERB! FINALLY, A SENSIBLE YET POWERFUL NUTRITION/HEALTH BOOK WHICH BOTH INFORMS AND TRANSFORMS . . . AN EXCELLENT BOOK."   —Jeffrey S. Bland, Ph.D.,
author of *Nutraerobics*

●   ●   ●

BODYFUELING® CHANGES PEOPLE'S LIVES

"BODYFUELING® has changed my energy and my life. I no longer assume that as I get older, I must get fatter. Also, eating *before* running altered my training—I couldn't *believe* the difference—I ran a fantastic marathon."

—Peg Miller, physical therapist

●

"I already knew most of the information, and yet I had never put it all together. What BODYFUELING® did was put me in touch with my commitment to my fitness and health, so now I'm actually *using* the information."

—Mark Weeks,
water quality specialist/rock climber

●

"I had heard a lot of the stuff before—I was an aerobics instructor for fourteen years—but the authenticity and clarity really pulled it together for me. I've never seen this information presented so thoroughly."   —Susan Bennett, teacher

BODYFUELING®

ROBYN LANDIS

FOREWORD BY KAAREN NICHOLS, M.D.

WARNER BOOKS

A Time Warner Company

Grateful acknowledgment is given to quote from the following:

Schuplein, R. J., "Perspectives on Toxological Risk—An Example: Foodborne Carcinogenic Risk," Vol. 32, Iss. 2, Clydesdale, F. M., Ed., CRC Press, Boca Raton, Florida, 1992. With Permission.

Future Edge by Joel Arthur Barker. Text copyright © 1992 by Joel Arthur Barker. By permission of William Morrow & Company, Inc.

WARNER BOOKS EDITION

Cover design by Rachel McClain
Cover photograph by Russell Johnson
Book design by Giorgetta Bell McRee

Warner Books, Inc.
1271 Avenue of the Americas
New York, NY 10020

Ⓦ A Time Warner Company

Printed in the United States of America

Orginally published in hardcover by Warner Books.
First Printed in Paperback: May, 1995

10 9 8 7 6 5 4 3 2 1

There is nothing more difficult to take in hand, more perilous to conduct or more uncertain in its success than to take the lead in the introduction of a new order of things.

—*inscription on Machiavelli's tomb*

The real act of discovery consists not in finding new lands but in seeing with new eyes.

—*Marcel Proust*

CONTENTS

ACKNOWLEDGMENTS

I dedicate this book with deepest gratitude to the following people:

To Marty and Doris Weisen, my parents; and Steven Weisen, my brother, for being so generous with their love and so vocal about their pride for so many years that I began to believe all the great stuff they said—making me bold, and confident that my voice counts.

To my husband, Robert, whose observations and views found their way into the book through innumerable animated conversations. Thanks for sharing with me the vision that sparked BodyFueling. You paved the path to the finish line, and along the way cleaned it, repaired it, lit it, and lined it with flowers. As corny as it may sound, I know being the wind beneath someone's wings is not easy. Perhaps most of all, you made those last sleepless, interminable hours of manuscript preparation not only possible but survivable.

To Grandma Rose, the pioneer who preceded me, whose legendary capacity to love, forgive, and persevere continues to set an example for me that will smooth the way for what I've set out to accomplish. I know you're beside me, guarding the torch you passed to me by your instinctive urging: "Eat, eat!"

To my editor, Jeanmarie LeMense, for whose skillful and sensitive guidance I feel exceptionally fortunate. Every author hopes for this kind of commitment, genuine enthusiasm, fairness, keen sense of direction, and painless tempering of criticism with appreciation. I'm grateful that you saw an important book beneath a wild-horse manuscript, and helped tame it without subduing its passion. And I'm honored that you have become a fluent and persuasive champion not only of the book, but of its messages.

To every BodyFueling® workshop participant and consulting client: My commitment to you, and to the next generation of "yous," fueled this book. Every person I have ever spoken with on this subject contributed something to it. Thanks especially to Dr. Ann McCombs, Dr. Kaaren Nichols, the Scherers, the de Leñas, Dr. Mike and Susan Kinnear, Marty Jordan, Amanda Bergson-Shilcock, and Mark Weeks for going out of your way to provide support and encouragement.

To Karta Purkh Singh Khalsa, with great appreciation for your patience with my millions of curious questions, and for the healing wisdom that not only helped keep me robust and flu-free during the 17-hour-a-day editing season, but whose role in the future of health holds promise I can't quite put into words yet.

And to our friends, for understanding when I essentially disappeared off the face of the earth for the duration of this project, and while I tended to be rather . . . shall we say *absorbed*.

Finally, I would like to thank H. Ross Perot. Regardless of what one thinks of him or his policies, his work during 1992 provided an uplifting example for anyone dedicated to the power of an informed, independent-thinking public and the elimination of dysfunctional establishments. He has proven the viability of raising American consciousness about grave and pressing issues—quickly. He set a worthy standard for doing so, bringing urgency to problems, upbeat reassurance to solutions, and logic to priorities. Unflappable in a world that often fights truth rather than welcomes it, he launched previously slippery concepts into political and public awareness—and made them stick. To me, this is inspiration to usher crazy aunts out of basements whenever we find them, and constantly renews my faith that the ones I found will be received.

FOREWORD

by Kaaren A. Nichols, M.D.

As a family medicine physician with a busy practice, I daily encounter patients with bothersome and often serious medical symptoms that are a direct result of the food they eat—or don't eat. National statistics on disease and diet bear out this observation.

Last summer a patient came to me complaining of constant abdominal pain. None of the appropriate tests showed a problem; the revelation was Kate's eventual confession that she was subsisting on 15 diet sodas daily. Imagine! A week after my suggestion that Kate stop the sodas and replace them with real nourishment, her pain had completely disappeared. She has been well since then, with no recurrence of pain.

It makes perfect sense that a daily diet limited to 15 sodas would cause discomfort—*but it wasn't obvious to Kate*. Time and time again I see this connection not being made, this lack of a sense that what we put into our bodies is of supreme and utmost importance. The image of Kate has stayed with me as an icon for how Americans treat their bodies—without much awareness about priorities or costs.

How many Americans try to get through each day by filling their bodies up with substances that provide no sustenance, no energy—no fuel? How many people displace quality food and liquid with ones that offer no value? And how come the average American manages to miss the significance of that?

If your car ran out of gas, would you put sugar water in

the tank? No way! Why do we so often treat our bodies much worse than our cars? Why is the average American at such a loss about how to treat it at all? Food is fuel to make our bodies run; why has it become everything *but* that?

These are good questions, questions I have asked myself—and I have never seen them posed, framed, and answered with such a unique blend of intuition, history, science, and personal passion as Robyn Landis has in her classes and now in her book *BodyFueling*.

This is an important and comprehensive education that teaches you to think, to see, and to understand—and then to act. Robyn's book brings an entirely new, positive, even transformational perspective to that education. Her way of seeing food, eating, and the body—and her insightful and compassionate sense of the culture's viewpoint—slices through the confusion to reveal those basics that everyone should have grown up knowing (and soon may, if Robyn has her way!).

Robyn's book shows you, step by step, how to feed your body so it can be in prime condition—but she also explains exactly why those steps work. Her gift for metaphor and vivid analogy makes an often technical and complex subject easy for anyone to digest (so to speak!). Her analogies are thoughtful, graphic, and memorable, making abstract science come alive. She made me see in a fresh new way the science I know so well.

Robyn courageously challenges the established thinking that let you get this far without becoming an "educated owner" of your body. But, as a physician who believes the individual is also responsible for his or her health, I also appreciate Robyn's persuasive case for you taking charge and becoming knowledgeable. Her message is not presented as a platitude to swallow whole and follow blindly.

Patients of mine have had their worrisome medical symptoms significantly reduced and often completely alleviated by "fueling." Fueling is fully consistent with the type of eating most recommended by health authorities today (with a few additional, frequently overlooked caveats)—but when Robyn presents it as fueling, you don't feel as though you're "following orders."

As any health-care provider knows, inspiring action and a sense of personal responsibility for self-care is a real challenge, and yet one that is emerging as the ultimate answer to health. My patients are unanimously ecstatic at how well they feel and how great they look. So am I! But I'm even more excited that they took action on what they learned.

For these reasons and more, Robyn's book is definitely not a "diet book." I'm confident that, unlike many diet books, it will gain the respect of professionals everywhere, not only because it is scientifically sound but because it strikes a chord culturally. Rather than promote yet another diet, Robyn cuts to the quick of why the facts aren't getting through to people—and she does get through. In fact, if you're ready to move from dieting to eating and living your life, this is the book to buy.

Though this is not a "program" per se, you can certainly lose excess fat and redefine your body if you take action on the book's information and inspiration. And I am willing to bet "taking action" turns out to be very different (for the better!) than you might assume it's going to be before you start reading.

The fact is that the vast majority of overfat people have simply trained their bodies to respond that way—through the way they eat, and through the way they don't eat. The vast majority can also retrain the body—by feeding it in a way that works with how *it* works. It all starts with retraining your thinking, as well as with some education about the human machine. I am so pleased to have discovered a resource like this that makes such an education accessible to everyone.

Because of my academic training in physiology and biochemistry, as both a physician and teacher, I expected to be critical of at least some of Robyn's material. Not so! It is so thoroughly researched and exceptionally accurate, I was nothing but impressed. I myself can say I learned. No matter how advanced your education, you can always benefit from a perspective that stimulates you to *use* more of what you know . . . and to feel more like you have a choice.

I've never seen the formidable task of bringing America to a new food/body consciousness undertaken with such fierce intelligence, razor-sharp logic, and genuine personal commitment. The case for new thinking in health and fitness education has found a unique and powerful voice in Robyn Landis.

I would nominate *BodyFueling* as required reading for every woman and man, curriculum for every child, and a word to the wise for every educator, health professional, and coach. I recommend it to all my patients, friends, and colleagues. I know you'll learn from it, enjoy it, and reap a lifetime of benefits—both in mind and body.

Here's to a happy, healthy, well-fueled you!

—KAAREN A. NICHOLS, M.D.
Founder and Director,
Seattle Medical and Wellness Clinic

BODYFUELING®

INTRODUCTION:
Lies and Truths—
Your World Turned
Upside Down

Have you ever thought, or do you believe, any of the following?

▶ Eating less and exercising more is the way to get fit.
▶ Losing "weight" is synonymous with getting fit; it is always good to have lost weight; there is an ideal weight you should weigh.
▶ Fat people are fat because they eat way too much food.
▶ You need to make up for overeating or eating something "bad" by cutting back.
▶ It's bad to eat when you're angry, lonely, sad, bored, or frustrated.
▶ You can eat anything you want as long as you stay within a certain range of calories.
▶ If you stop eating fat, you'll lose fat.
▶ If you exercise, you can eat anything you want.
▶ If you cut out caffeine and sodium, and avoid pesticides and preservatives, you'll be much fitter and live longer.
▶ Being fit is a matter of control and willpower.

These assumptions represent just a small sampling of the prevailing wisdom about diet, health, and exercise.

Which of these are true?

The answer is *none*.

Do you know *why* they're not? Do you know what *is* true?

1

Can you describe what kind of fuel your body runs on? Do you know what it needs, how much, how often, and in what proportions? Or do you just know how to watch your weight? Does it seem odd to you that you know how to count calories—but you don't know what a calorie *is*?

To say that the list of statements above are myths may seem dubious. After all, some of these you may "know" to be true. But think for a moment about your own experiences. You've tried eating less and exercising more, but you don't look and feel like you think you should. You've whittled down the fat in your diet, but you haven't seen any dramatic results. You eat lots of salads, vegetables, and juices, but you're puzzled by your lack of performance. You've even investigated the benefits of eating organic, all-natural food, but you just haven't reaped the rewards all those magazines and studies have promised you. You're doing everything that everyone knows is right, so why does it look and feel so wrong?

In this book you'll find simple, logical, undisputed data to explain what's nonsensical about each and every one of the myths on the previous page. You'll see why these "truths" have been peddled to you—and why the odds have been against your digging yourself out from under them. You'll see how not knowing enough about your own body has left you powerless to dismiss the myths and live a fit, satisfying life of good eating.

The human body is a marvelously sophisticated machine, and like most machines it has fuel requirements. But did you grow up knowing how to fuel your body purposefully, consistently, and precisely—the way you fuel your automobile? Probably not. As a culture, we don't even think about food or our bodies this way. Most Americans, even otherwise highly educated ones, know far more about fueling their cars or how their computers work than about feeding their bodies.

Yet our bodies are the most important resource we have to get us where we're going. It's the "vehicle" we'll rely on most throughout the course of our lives. For the longevity, appearance, strength, and performance of that machine—your body—its needs don't get much more primary than fuel.

Food is our fuel, but food's been made the enemy. As a result, Americans are overfat largely because they *under* fuel (not overeat) in a misguided effort that stems from a basic ignorance of our own biology. It is both dangerous and frustrating to mess around with technology you don't understand. But you do this with your body all the time. Determined to be "thin" and fit, you labor at all the wrong things—things you've been assured are the answers. When it doesn't work, you think *you're* the problem.

We've all heard that diets don't work. What you don't hear much about is why. Teaching my BodyFueling® workshops, I've seen that while Americans are coming to some consensus about what not to do, the average person is at a loss about what to do instead, and why and how to do it. Everybody's saying it, but it's not inspiring any positive action.

At the same time, the one thing you still hear more about and do more of than any other is "losing weight." While "dieting" may be losing its luster, "weight"—rooted in the same misguided thinking as dieting—remains the centerpiece issue. Our so-called "fitness" efforts have been oriented around weight for generations, yet your weight is not relevant to how you look or feel or how long you live. There is no such thing as a "weight problem," "overweight," or "ideal weight." Rather than sell you yet another way to lose weight, *BodyFueling* unravels the premises that make weight an issue, so you can see it's nothing but a limiting, unhealthy, and counterproductive diversion.

Weight doesn't matter? My problem is undereating? While these may sound like radical assertions, they're just the beginning of many happy surprises you'll find substantiated here. You'll be enlightened about how "weight," "overeating," and other decoy issues have derailed the so-called "fitness revolution"—and how they've personally affected your efforts. Then you'll learn what to do about it.

As you'll see, "losing weight" as we currently pursue it is a process not only biologically determined to fail, but one that compounds the original problems. Yet more that half of all Americans are trying to do it. Why are we flocking down the wrong tunnel in droves? Why have you been led to believe what you believe? How have those beliefs managed to persist when basic science shatters their every premise? And how can you learn to think—and act—more effectively?

Stop parroting the cliché "diets don't work" and other

trendy catchphrases that don't get at the heart of the matter. Start by becoming an educated owner of your body. Dependable information gets you halfway to the ultimate goal: informed choice. Armed with the most essential, substantiated facts about your body's requirements, you're in a position to make the healthiest choices possible.

Informed choice also means you know these choices are yours to make. Without information (or with misinformation) your commitment is constantly tested by the frustration of seeing no reward for your efforts. On the other hand, information without an authentic experience of choice also backfires. Don't you know things and not act on them? Isn't it grueling when you act strictly out of grim resolve?

Don't be hard on yourself if *have to, ought to, should*, and *must* haven't inspired a wholesale turnaround in your habits. The prevailing strategy of media and educators is to wag a finger at you, the naughty child who *should* eat better and *shouldn't* eat *bad* foods. Once informed, you're automatically supposed to do what works. There's no choice—and that doesn't work. Just look around you.

I'll treat you like the intelligent adult you are—someone who can understand and make responsible choices about your body. You'll see for yourself what will work—not what I think you "should" do. And you'll be encouraged to explore, in a positive, new way, why you *want* to fuel yourself—not be made to feel that you have to.

Informed choice means knowing what you want, knowing how to get it, and *choosing* whether or not to. To bring you to the position of informed choice—your most powerful tool for building a life of lasting fitness—this book offers four solid pillars as a foundation:

INSPIRATION—A BREAKTHROUGH IN THE CHALLENGE OF "MOTIVATION"

There's a vast difference between fueling your future and trying to fix your body (or "weight"). Rather than try to get you to fuel, I'll guide you in consideration of fueling as an investment in your body, an expression of your long-term commitment to your life.

INSIGHT—DIET THINKING DOESN'T WORK

It's not merely diets that are doomed to fail; the deeper problem is the entire way of thinking that gave birth to diets. Start recognizing the vague, negative, biased language and thinking that sustains an environment of rampant fallacy about eating and exercise. You'll see how groundless assumptions are made about fitness and fat loss, even by professionals—and why this misleading belief system has gone relatively unchallenged until now.

INFORMATION—WHAT DOES WORK AND WHY

Discover why poor fueling—not food—is the enemy! You'll understand the design of the human body, the relationship between food assimilation and energy, and how ways of eating you may think are "right" are actually counterproductive. You'll develop a frame of reference for navigating the information explosion and setting logical priorities. No magical theories, fads, or miracles—just solid explanations for the way your body actually works with food.

INTEGRATION—A HOW-TO STRUCTURE THAT MAKES IT EASY

Practical guidance will show you just how simple and enjoyable "fueling" is, and will help you make fueling a natural part of daily living—not "a diet."

Like you may be, I was once frustrated and confused about eating. I did everything "they" tell us to, but I didn't have the body my "healthy" habits were supposed to give me. I decided to take the matter into my own hands, making an indepth study of basic science—biology, human physiology—and applying what I learned to my eating. The results were outstanding, and the utter backwardness of how we've approached "healthy eating" became obvious to me in the process.

Common assumptions about eating are clearly dispelled by the most fundamental facts. Fat loss and fitness have stunningly little to do with all those methods we never thought to question. Those popular practices have almost nothing to do with how your body works, are physiologically wired for failure, require deprivation, and are a source of suffering for countless people. It is unconscionable to me that the facts I have assembled here for you are not widely or completely circulated to the lay public.

As you'll see in the following pages, I have a few things to say about the media that promote what I call diet thinking, and the health/science professionals and educators who should know better. This book is a grassroots effort to provide and promote a bottom-line education that, in both content and form, has been kept from you until now. The physical and psychological rewards of such education are tremendous. I don't think people should have to go out of their way to get it, as I did.

Turn the page and leave behind the tired mentality that has crippled your past efforts. You'll be taking a critical step beyond traditional diet thinking into a provocative inquiry about your future and the relevance of what you eat. *Body-Fueling* won't merely change the way you eat—*it will transform the way you think about eating and your life*. It isn't just about "changing your diet"—it's about fueling your future, working with your body to create the life you want, and caring for and respecting the marvelous machine that will get you there.

I'll make you a promise: *BodyFueling* will free you from the dismal sentence of denial and control you've been handed as the only path to fitness. You can develop an efficient, fun, and satisfying way of eating—and thinking—that offers high energy, reduced body fat, ease, and convenience at less expense. You'll find yourself eating in the ways most widely urged by health authorities—not only without suffering, but with joy and purpose.

What do you really want? If it's not only to look good, but to feel good, live long, and have food be a source of pleasure and power instead of a problem, then *BodyFueling* is for you. For once, it's really good news—so read, eat, and enjoy!

1

FUELING YOUR FUTURE:
A Breakthrough
in Motivation

THINK OF FOOD AS FUEL

Food is the fuel that runs your body all the time. That's why, to start with, I call eating "fueling." When you think about food as fuel, it's hard to think of food as the enemy.

Thinking of the body as a machine with fuel requirements makes sense. It's a powerful way of looking at and thinking about food. It allows for analogies that even little kids can grasp. (What do we say to toddlers and their toys? "Vroom, vroom! Make the car go!")

If food fuels the body's functions, then "eating healthy," for starters, must involve eating. Obvious? You'd be amazed how many people overlook this. Look around you: People are *resisting eating* more than they are eating. And that's not just because they're dieting. Efforts at "healthier lifestyles" in general focus on cutting things out. Even when what's being limited is appropriate—such as dietary fat—people tend to cut total food volume along with it, which is unnecessary.

When you're looking at food choices from the nearsighted perspective of "weight loss/diet," your concerns are very narrow. Choices are based on "Is this 'allowed' on my 'diet'? Will it help me lose weight?" When you see food as fuel for your body, your questions become more thoughtful, intelli-

gent, and direct: "Will this fuel my body? Is it good fuel?"
This chapter begins the path to a completely new perspective.
It will take you from "trying to fix your eating and your
body" to "fueling your life."

That's why we start with *what you want*. We need to know
what you want before we can talk about how to get it. So
what you need, even before you know how to fuel, is why
to fuel—a powerful, compelling purpose for fueling yourself
optimally. Not because what works is hard; I bet that as you
read this book, you'll find that what is biologically most
efficient for the human body is easier, more convenient, more
fun, more food, better tasting, and less expensive than you
think it'll be or than what you do now. But change—for the
better or not—is still change. And as you've probably noticed, it doesn't "just happen."

Fueling your body really starts with looking at your life,
your future, your commitments and desires—something that
initially has nothing to do with nutrition. But it's not off the
subject. It's all connected. If whatever you embark upon
fitness-wise doesn't have to do with your life, what does it
have to do with? And why bother?

That's a very good question.

A NEW WAY OF THINKING ABOUT "MOTIVATION"

When people talk about motivation—either giving it or getting it—it's used in a very different way than I've come to
think of it. You typically think of motivation (especially related to eating and fitness) as something someone does to you
from the outside. If my job is to motivate you, then you think
my job is to get you to do something—to pump you up, jack
you up, glaze you over, and send you out with a "Rah rah
rah!"

The problem is that there's no power in this concept of
motivation. You are depending on someone else to give you
the impetus to do something. It's short-lived, if it works at
all. *You* need to find and generate the impetus, and this chapter
will guide you in doing just that—in a new and positive way.

Informed choice replaces the traditional (and essentially

bankrupt) concept of "motivation." From this point on, I won't even use the word. It's too much a part of the vocabulary of diet thinking, one of a number of words—such as "lifestyle"—that while not innately negative, have come to be associated with too many diet-oriented concepts. "Motivation" is a false, temporary push that you think you need to get started and "stay on" some rigid program. None of that applies to fueling.

SOMETHING NEW: IT'S YOUR CHOICE

"Personal responsibility" has become a buzzword that has nearly lost its meaning. Too often it's folded into the same old, tired "nag approach," as in "You really should be responsible for your body."

That's not my idea of personal responsibility. My definition doesn't say you "should" be responsible, but rather acknowledges that you *are* responsible—whether or not you accept that and use the freedom that accompanies it. Whether you're willing to exercise your choice or not, you do have a choice. Once informed about how your body works and what works best with it, what you do with that information will be up to you.

Fueling is not about what you can or can't have, it's about what you want. When you move beyond "have to" ("I have to eat better, I ought to change my habits, I have to get fit, I should be healthier") the only question that remains is, "If you don't have to, then why would you? Why might you *choose* fueling?" If "I should" was your reason, and we remove that reason, what reason do you have?

Just allowing that you truly do have a choice either way, may prove more of a challenge than you think. "Of course I have to eat better!" you may say. "My doctor said I'll get sick if I don't! My wife will leave me! I'll never be successful if I'm fat! It's wrong to eat poorly!" Is it really? Just answer this: Where has it gotten you so far to *have* to?

There's a subtle but very powerful difference between "I have to do this" and "This is what it will take to get the results I want." Only the latter tells the whole truth. You don't really have to. You only have to if you want particular results.

"Oh, that's the same thing," you may cry. "That's no choice—obviously I want those results." Ah, but it *is* a choice. It's *not* necessarily obvious. One possible answer is, "I don't care, and I'm willing to pay the price." Getting sick *is* an alternative. People make that choice all the time. They just don't always admit it.

To insist that you have to is to insist you have no power, to remain subject to the will of someone and something else, to disclaim responsibility for your own body and the actions that affect it. Informed choice is supremely powerful, but it requires that you be responsible.

I could hold a gun to your head and say, "Eat this way" and you probably would, but what would that accomplish? That might change your eating, but not in the way I'm talking about. If I did that, *I'd* be responsible for changing your eating. What works is for *you* to be. Rather than "modify your behavior," I'd rather see you tap your ability to be the source of your behavior.

Therefore, I will not try to make you, get you to, shame, threaten, order, cajole, obligate you, or otherwise bulldoze you into fueling. What you do is up to you! Maybe you can tell kids to do something "because I said so!" but for adults it doesn't work. You need to have your own personal—and powerful—reasons to use the information here. Only you and your own plans will inspire you to care for yourself.

Once you've established that you do have a choice, it's most effective simply to explore what might sway your choices toward those that will best serve you. Thus, food choices become "I don't *want* what doesn't fuel my body" instead of "I can't have that."

Hear the difference? In "I can't have it," someone else made a determination and you followed—probably unwillingly. The fact is, you *could* have it. But you chose that you didn't *want* it, because something else is more important to you.

Cindy, a workshop participant who described herself as having "enough books about diet and weight to start a bookstore," saw this after BodyFueling: "Now, if I want a cream puff I can have it. But now I also know what I'm doing to myself when I do. I'm always aware that everything I put in my body is an investment—for better or for worse. It really works to look at it that way. I'm much more aware of what I'm building. I honestly don't *want* to drug myself with fat and sugar anymore—I see too much to live for and have energy for."

THINK FIRST, DO LATER

That we're looking at inspiration and your thinking *before* looking at the body and food is no accident. Like everything else in *BodyFueling*, it's totally by design. It's important that we go through this exercise; it's also significant and purposeful that it happens before anything else. Before I tell you what to do, how to do, how it works, and why it works that way, I want you to have a perspective in which to view the information, so it's a positive experience of choice—not a new bunch of rules to follow or just another high-carbohydrate diet. I refuse to simply throw information at you; there's already plenty of that going on.

Therefore, I don't present you with anything to do until we've addressed these issues: that you do have a choice, that you are responsible, and that there are things in your life— plans and purposes—that will influence and inspire your choices.

I agree that knowing how or what to do is definitely important. (That's why there is plenty of that later in this book.) But the key is to cross the gap between knowing and doing. Ask yourself how often you've known what to do—and not done it.

If you just want to change your eating for a little while, you can rush in and manipulate the eating itself. To change your eating to *a way of living* requires you to first transform your whole way of thinking. We can't just rush out and dump a pile of building materials on a rotten foundation. First we must carefully lay a solid foundation.

SUSPENDING JUDGMENT

This is likely to be a departure from approaches to which you're accustomed, where you just get handed the diet rules, shoulds, and recommendations. Typically, that's all you're trained to look for. This is the nation that worships "Just do it." The only problem is, you don't. It's a nice tidy idea, but it doesn't work—Americans' headline-making lack of success with fitness is proof.

Not only does the BodyFueling approach not supply instant answers, but the questions we explore initially may be unsettling. For many, it's much easier to avoid this kind of inquiry, focus instead on technical data, and then blame it for failure.

As a result, it's not surprising that I've run into an extraordinary amount of resistance to starting with the subject of your future. As Americans, we're listening for the how-to, for the what-to-do. We want to know how to get it before we know *why* we want it. We worship content, when context is of equal or greater importance. We worry endlessly about doing it or not, or doing it right, but we never take a step back and first ask why.

"Just tell me what to do," people insist, as if that will ensure they'll do it. "Let's get on with it," they say. Well, this *is* it—as big a part of it as any. "This isn't what I expected." You're right, it sure isn't. If it was what you expected, it would be the same old thing you've always known—which didn't work. It looks different because it is different. If you want "the same," buy a diet book.

If this issue makes you uncomfortable, know that you're not alone. Also know that it's not an accident. Be curious about why this makes you so antsy or angry or sleepy, rather than certain that your feelings of impatience are justified. If you're upset about "not getting down to the facts," that's a hallmark of the very thinking that keeps your efforts in the unsatisfying realm of "changes I have to make," "a diet I need to do." It immediately tips me off that you see your future and your life as unrelated to eating.

That flawed thinking helps perpetuate America's obsession with what we (unappealingly) call "sticking to it." Healing this rift between your eating and your future solves a lot of that problem (and getting informed about what really works, as you will see later, takes care of the rest). But trust that maybe what you think presents an even bigger hurdle than what you do.

BodyFueling is less something to do than it is something to know—something not to "follow," but to *live*. It's a profound change in perspective that will form the basis for your commitment. Don't rush headlong into doing it—or, as is more common, *trying* to do it. Suspend your thirst for content—at least temporarily. Trying to change your eating when you're wallowing in the midst of what I call "diet thinking" is like changing your clothes to a white outfit when you're still in the middle of a mud puddle. It just makes more of a mess.

IF YOU HAVE NO REASON TO GO, YOU DON'T NEED DIRECTIONS!

How come merely telling you what to do is so futile? Because it gives you no ownership in the data; content by itself doesn't demand your engagement. It's not personal; you don't connect with it. Information alone doesn't guarantee a response. The assumption that it ought to is a major and fatal premise of traditional diet-thinking education. I see lots of information thrown at you every day, and then I see the throwers whining, "They just don't do it!"

In fact, if being told what to do elicits any kind of response from a human being at all, it's defiance and opposition. Telling you what to do is probably a good way to ensure that you don't do it.

If knowing doesn't ensure doing, what does? Purpose. I'll demonstrate with a question: Are you going to Ohio tomorrow?

If you answered "No," then you probably have no reason to go there, do you?

If I gave you really great directions to Ohio, then would you go to Ohio tomorrow?

Highly doubtful—because you still have no purpose in being there. Directions by themselves don't get you on the road. If you have no interest in going, even the best directions won't get you there! If you're not going, you don't need directions at all.

On the other hand, if the fiery love of your life and a job of your dreams at a salary of $2 million a year was in Ohio, you might be interested in going. And if you were absolutely planning to go, then you'd need to know how to get there. Then you'd want the best directions you could find.

Some people think the entire eating problem is bad directions. I definitely agree (as you'll soon see) that's certainly part of it. But not having much of a purpose for using the directions is just as problematic. This book contains the best directions available for obtaining fitness, health, energy, and leanness. But if you have little or no interest in getting to where fueling will take you, you don't need those how-tos. Why dash for a road map if you aren't serious about the journey?

So begin asking yourself about this journey and why you're excited to use the "directions" you will get later. What interests you about what fueling has to offer? What could you use more vitality and more years for? What will you spend them on?

NOT JUST ANY REASONS

It's not enough to have just *any* plans or want *some* results. Chances are you already do. Chances are also that if they haven't inspired you to do much by now—if you have not made changes you think you "should"—those reasons are probably not very compelling.

Your reasons for wanting or using information typically influence whether you use that information, and how you use it—your perspective affects your actions. For example: I have the same information about car care now that I did when I owned a little econo-box hatchback. But the hatchback was a temporary car; I planned to keep it just for a year or two. And I didn't care for it well, even though I knew what to do. I never changed the oil, didn't tune it up once in 52,000 miles, and ran it out of gas three or four times.

When I replaced it with the convertible I'd been coveting,

things changed. I still knew the same stuff about car care—but I started to use it. My appreciation of my new car, my plans for the future of the car, made the difference. I intend to drive it till I have a daughter to give it to. And I plan to enjoy it until then.

Of course you do all the right things to your car if it's very important to you to keep it for 20 years. If it's not important, you don't—or it's very hard to "motivate" yourself to. (Hear how that word becomes interchangeable with "make" yourself?) We can alter the way we look at our bodies in this very same way, making a shift from temporary to lifelong, from careless to caring, and from deprecating to appreciative.

What you think and say about something affects your experience and thus your actions. If you saw having a child as merely being pregnant—nothing more—you'd have a different experience of pregnancy than if you saw yourself as creating a product of love between you and a partner, a new friend to share life with, an expansion of family, a potential contribution to the earth. Hear the difference? You'd not only experience pregnancy differently; you'd probably also treat yourself and the pregnancy differently.

Here's another example. The person who is laying brick day after day for a wall, who is simply told that his job is to build a wall, will have a different experience than one who is told his job is to build the world's first center for educating physically handicapped children of exceptional intelligence. The latter will probably also build the wall differently, pay a different level of attention to it, than the former. One can see beyond the mere wall to what he is really building and what its purpose is. The other can only see a wall for the sake of a wall.

Compare this to the way you have looked at and spoken about your reasons for seeking an eating-related change. Has it sounded something like "I have to change my diet," "I need to lose weight," "I've got to stick to this program," "I must lower my cholesterol/blood pressure," or "I look awful; I can't wait to lose 10 pounds"? These are the kinds of "reasons" I hear constantly. "I've got to lose fat" is as about as inspiring and appealing as "I've got to clean the bathroom."

Compare those to "I eat to nurture my body so it is the natural representation of a person who is active in the community." Or "I eat to keep my body lean and strong so I can be the most outrageous mom of three . . . and grandmom . . . and great-grandmom . . . in this city/state/country (how adventurous are you?)." Or "I eat to keep my body fueled for high performance on the job, since my work is about XYZ, and it's very important to me." "I eat to invest in the future of my real job—being a fun dad."

Does eating sound different now? What would *you* rather have your eating express? Which makes caring for yourself more compelling?

"SHOULD" IS A WORTHLESS WEAPON

One overused reason for pursuing fitness, which you may have been content with before, is: "Well, I should." But it's one that I assert won't get you to fuel your body (or do much of anything else). I don't see many people doing important things just because they feel obligated. If they do, they don't seem very happy, and it usually doesn't last.

When I ask people about their commitment to health and fitness, it frequently comes out as a thing they "should" be doing. "I am committed to working out three times a week." "I am committed to losing 15 pounds." Bring it back to *why? What for?* What is your body for, and *why* would you want it leaner, fitter, or more energetic or healthy? Don't cop out with "Well, I just do" or "Isn't it obvious?" or "Because I should."

WHAT ARE YOU FUELING?

If you're fueling a future, the most crucial question is: *What* future? Your answer makes the difference between *working on your eating* and *investing in your life*—two truly different experiences, only one of which I think you enjoy.

What do you want your body to be able to do? What

beloved aspect of your life demands a fit, healthy, resilient body? What do you want to do and be that requires energy? Now . . . What if you ate for that? Fueled that?

Don't be modest. Something or someone out there benefits from you having optimum performance—and you benefit, too. It may be your work, your children, your hobbies, your community. Whatever they are, they are things that motivate you far more than "I should" or "I look terrible" ever will.

What are you for? Do you deliver babies? Father great children? Run triathlons? Teach our future generations? Write things that make a difference? Manage other human beings? Are you for your grandchildren? Your company? Your love? Your retirement travel plans? Eat for that.

Be specific. "I just want to be healthy and happy" isn't powerful enough to influence your choices on a lifelong basis.

Once you get started, it gets easier. One BodyFueling workshop participant envisioned herself like Kate Hepburn with a huge home and great gardens—which she'll have the energy to tend herself, well past her nineties. Tom wants to be "100, horny, and running triathlons." Peter wants to sail around the world and "not be a burden to my children, but rather a continuing contributor to their lives." Pam wants to be a 90-year-old racquetball competitor. Linda wants to teach her great-grandchildren to ski, just as she did her kids. Wayne wants to be an energetic manager—and when he gets home at night, an even more energetic dad to his one-year-old. Laura works in recycling and plans to have an impact on the way we treat the environment. Al wants to live in Portugal, where medical care is limited, demanding that he stay healthy. Carolyn, whose 30-year-old lover is 20 years her junior, wants to keep up with him—in every way. Betsy doesn't ever want to stop white-water rafting.

If there is a way to eat that will better their odds for achieving these things, they will eat that way—happily and enthusiastically. Eating becomes an opportunity for obtaining or achieving something great—not a means for "fixing" a "problem." They choose food that they know will fuel their dreams and ambitions.

BE WILLING TO EXPLORE

If you're like many people, you have been so busy railing against what you don't want that you haven't even bothered to consider what you do want. You haven't identified something that excites you, inspires you to feed your body, to treat yourself with honor rather than to inflict punishment on your body.

It can be hard to look that far ahead. People rarely come to this question prepared to discuss the next 75 years or their purpose on the earth. Not coincidentally, most people also don't have a way of eating that works, and don't see it as a natural, lifelong proposition. There is a connection between your vision of the future not extending very far, and your successful eating not lasting very long.

One highly successful stockbroker at a corporate workshop bravely admitted—among her peers—that she really had no idea what was in her future, what she wanted or pictured. She never thought past the current year. Not only was that disturbing in itself, but she had never connected that short-sightedness with her struggle against "weight." She was trying to make herself a "thin" person by chanting "I am a thin person," whenever faced with food. This is resistance to food, resistance to who she really thinks she is (why would she have to chant "I am thin" if she really believed she was?). The scariest part to me is that she *was* thin—for what little that word is worth—and on a commercial weight-loss plan.

Her whole focus was on thinness and how her body looked right now. Nothing about health, no sense of her body being a precious vehicle intended to carry her to her precious future. There was no precious future. She hadn't created one. So what else could she focus on?

"GOALS": THE A TO B MENTALITY

Yet another answer to what you're fueling that doesn't work too well is what I call the A to B phenomenon. Mostly, when you hear people talking about doing something for their fitness, it's limited to the confines of this context.

You start at point A, and there's a point B you want to get to. Rather than the whole rest of your life, point B is some event or arbitrary point weeks or months into the future. Sometimes it's a wedding—yours or someone else's. Sometimes it's a cruise, a class reunion, summer, a new love, a visit, a party, an athletic event.

This is how our culture has trained us to think. There hasn't been much encouragement to look farther than the tree in front of your nose (or in your mirror). You weren't taught to think of the forest. But there is a forest—a long, full life after point B that never gets addressed in this equation.

Approaching fitness as a short-term goal or a one-time fix has several flaws. Chief among them is that whatever changes are made in order to get to point B are dropped once point B is reached. Goals end—and your goal-related actions end with them. You make it, and you have no reason to keep going. Americans are dieting en masse to lose "weight" so they can fit into their swimsuit or wear that dress to Aunt Mabel's wedding. Then summer's over, the wedding's over, the reunion is past. Whatever you did up till that day, that week, or that season you no longer have any reason to do.

This is related to another flawed assumption—the notion that fitness and health are somehow achievable by doing a certain thing for a short time and then having "gotten there." It holds out hope that there is someplace one gets to, some mecca, where one never has to think about one's actions again.

This is what diets have meant to people for as long as I can remember. When I was growing up, the idea—among kids, teens, and adults—was to go on a diet, lose the "weight," and that was that. We believed you could diet, then fall back into whatever groove you started from with no repercussions. If the diet didn't somehow leave you impervious to the effects of fried food indefinitely, something was wrong with it—or you.

The tendency to see fitness this way persists. I still encounter indignation at the idea that one cannot simply follow a plan, a set of rules—temporarily do things differently—and have the results last forever with no further attention. It would be as if one day we could put a certain type of gasoline in the tank that would leave the car never needing any gas again.

But that doesn't happen. So what does? The much-reported (but never adequately resolved) disaster is that you wind up back at point A. Almost everyone I've worked with has experienced this at some point in their lives. You get to point B—triumph!—and then six weeks or six months later, you're exactly where you started. Or worse.

(It's important to note that this is not entirely due to flaws in our culture's fitness *thinking*. What we're *doing* in the name of fitness doesn't work either. The methods most often used to get from point A to point B are flawed, creating *biological* reasons for the miserable recidivism rate associated with diets. Biologically, those methods make sustained fitness virtually impossible no matter what the state of mind. But that's a whole other story, begun in the next chapter.)

Focus on coming up with a context for your life rather than a "better" or longer-term goal. They are different. Sometimes people become annoyed with me when they say, "I know—I want to run a marathon in three years!" and I say, "Okay, but what about after *that*?" Athletes have a reason to fuel beyond how they look, and while they're competing they *appear* to represent the powerful pull of fueling something bigger than "thin thighs"—such as performance or victory. But even athletes, without a context beyond their sport, can easily turn their eating into a "should." As a result, they not only may struggle with eating disorders during their competitive years, but also often quickly become poor examples as soon as their athletic career has ended (about how many former athletes have you said, "Wow, look how out of shape he/she's gotten!"). They had nothing beyond their last event to keep them caring—that marathon victory wasn't a lifelong context; it was just a slightly longer short-term goal.

Plan for your life, instead of for tomorrow when you put on your jeans. Eating and exercising, when driven by a larger purpose, are a different experience than they are when you use them as a tool to "change right now."

GOALS WITHIN REASON

Short-term goals can be useful and fun. They become limiting only when they're *all* you've got. Without some impetus bigger than all of them—something that includes them but goes way beyond them—you're back to a dry, unappealing "have-to."

I love killer biceps, but if it were the daily focus of why I fuel—the sole reason—it would quickly become tiresome. What I plan for the next 100 years makes it very desirable to act for the preservation of my body. I want to. Every bite is an investment in a long future filled with books, screenplays, children, travel . . . Mmmmm!

If I eat to serve a lifelong commitment to educating other people, requiring a strong, resilient, energetic body—and yet I am working toward better biceps in the next six months— that's no big deal. I am not being ruled by the smaller goal. I have a way of eating that works, in which I am placidly and pleasantly engaged for life. Now I have this game to play for the next six months.

Investing in your life won't take you off the track of more immediate goals; it will naturally get you to the smaller goals along the way. (The leanness that makes you healthy, strong, and long-lasting also happens to look good, by our cultural standards.)

Goals and long-term vision work nicely together, actually. A goal gives you something in which to anchor the long-term vision day to day. Within a larger context, goals have a tremendously positive power—you own them, rather than their owning you.

WHAT IT'S FOR VERSUS WHAT IT'S NOT: FORGET WHAT YOU DON'T WANT!

A powerful purpose for fueling will be positive as well as open-ended. At first you may gravitate automatically to the negative–a "*not* something" rather than "*for* something." I've found people have an exceedingly difficult time getting past the "nots"—what they don't want, what they shouldn't eat, what their bodies are not.

If a baby is playing with something that's not too healthy for him to be playing with, it generally works better to introduce something new for him to focus on. It's far less effective if you simply try to drag him away from the current object of interest. This works for us, too. Instead of "Don't touch that. Don't be interested in that. Don't think about that," get interested in something else. Seek to turn up the volume of your passion for living—not squash your passion for particular foods. Instead of trying to stop something, start something.

Yet, when I ask workshop participants what their body is for that would make them want to fuel it, the first answers invariably come out like this: "I don't want to look like my mother." "I don't want to die young." "I don't want to look like this anymore." "I don't want to be fat." "I don't want to have such a hard time climbing stairs." "I don't like what I see in the mirror." "I don't want to hurt anymore."

That's eating *against* something. What DO you want? What DO you see? What could you eat for?

Culturally, we're trained to look for what's wrong: what's not possible; reasons we can't rather than reasons we really want to. People initially believe that what they don't want will jump-start them (even though it hasn't worked before). Are you really inspired after you've thoroughly whipped yourself? But you do it all the time; I see it in client after client. Self-deprecation, even self-hatred are the tools you reach for first—the only tools you may know.

Focusing on what your body is not takes you in an utterly different direction than what your body is for. "What you're not" takes you to failure—in fact, it is a response to failure. "What you're for" invites you to explore future possibilities. "For" is going forward; "not" is going backward or staying stuck in place, trying to avenge the past or fix the present. What you're not (or what you don't want) becomes a project of "fixing" what is (or isn't) instead of living toward and fulfilling something desirable.

WORKING ON YOUR EATING VERSUS WORKING ON YOUR LIFE

You may think you should be focusing on changing the way you eat, and if others are concerned about your "weight" (fat), they try to "get you to" change the way you eat as well. That's a mistake, and you've probably noticed yourself that it has limited (if any) success.

Inspiration comes from undertaking to create the life you want, not from working on your eating as if it were separate. Instead of an extreme close-up in which you zero in on your eating, pull back to a wide-angle view and get clear about how important your life is, and why. Toiling over your body, your weight or even your health is dull, dry, and limiting drudgery.

A man in his mid-forties saw lights go on in the middle of a recent workshop. "My God," he said, "I've been eating all my life to *fix* myself, instead of eating to have the energy to live my life!" Subtle? Maybe—but it changed his whole experience of eating. He called us three times in the three days afterward to excitedly talk about the physical energy he gained by feeding himself in a way that was scientific—and the mental energy he saved by abandoning the grind of trying to *fix* himself and *do it right*.

LIKE IT OR NOT, YOU ARE YOUR BODY

Americans seem to think about and treat the body as a *thing*, as if it's separate from us and somehow should run by itself. We take it for granted. We don't appreciate it. No mystery, then, that you don't even know how it works or what it needs, or make it your business to find out.

But to try to make your body beautiful, you're willing to do unthinkable things to it. You'll gladly run it out of gas all the time. After all, it's not really yours! From the neck down, it's something else. To mistreat the body the way some do, you'd have to be divorced from the body; you'd have to work up a disregard or disrespect for it. Otherwise, it would be too painful to live with yourself and the damage and abuse you inflict.

If you deny ownership of the body, you can also deny the facts about how it works—no matter how well you know them. I'll never forget the university biology department adviser with a master's degree in biochemistry to whom I described my work as not new information but inspiring new education. She ruefully pulled a bag of corn chips from her desk drawer and admitted, "This is all I eat all day." Talk about knowledge not making the difference!

People who aren't happy with their bodies sometimes actively take the position that the body is only distantly related to their lives. "I'm not my body," they insist loftily. The mind and the spirit, they say, are far more important. I contend they take this position only because they're sure what they'll "have to" do to handle the body will be miserable, and/or because they've failed at handling it so often they've given up. That's understandable, since there's no way to succeed at that game.

But it's just not true that you're not your body. You can *say* it all you want, but when you're lying in the hospital after a heart attack, how can you continue the work or sport or whatever else you love, while your body stays behind and recuperates? There's no separating the two—in this life, at least. On this earth, your soul, mind, spirit (and anything else your beliefs say are part of you) all come in this package we call a body. That body is the machine that will support every activity you have planned for the rest of your life.

You decide how important those activities are to you. If you are to accomplish what you want to, your body is coming with you—in fact, it's propelling you there. Decide what kind of condition you want it to be in, given where you're going. Then learning exactly what affects its condition will have a solid purpose.

"IT'S ONLY ME"

Sometimes, the greatest roadblock to discovering an inspiring reason for eating well is the conviction that you aren't important enough to warrant excellent care.

In the April 1992 issue of *Bazaar*, there was a news clip

that noted that Olympian women need to eat a loaf of bread a day (among other things), an amount that the magazine suggested "most American women couldn't imagine." But I may eat nearly that much bread in a day. It's not hard for me to imagine at all—and I'm no Olympic athlete. But I do think of myself as being as important as one—to myself, to my work, and to the people directly around me—and that's key. (I also know exactly what my body needs and what it does with bread, and that helps immensely, too.)

World-class athletes obviously need to take great care of themselves and "fuel" appropriately. In fact, athletes are the one group of people who do talk about food as fuel for their activities. Why not you? Most people think they are ordinary souls who don't need to bother as much with good fueling as athletes do. True, the costs of not doing so are less immediately obvious—you're not going to lose a gold medal or fall on your face during a sprint. But what about your world-class *life*? Life is an athletic endeavor. We are athletes in our lives and would do well to honor ourselves as such.

Think about your average day. You probably have a job or business, possibly a very demanding one. Maybe you have a lover or spouse, maybe kids, too. Social activities. Sports and exercise. Travel. Errands. Volunteer work. You think you don't need energy for those things? You think that those aren't Olympic trials? That getting through one of your action-packed days isn't an Olympic feat?

You are important enough! How many times do I hear "I don't have time to eat. I'm too busy taking care of . . ." Fill in the blank. My work. My office. My husband. My kids. My groups. My home. My car. My friends. My mother. More backward thinking (or nonthinking). How do you expect to take care of all those people and things if *you're* not taken care of? How well can you really accomplish what you're out to accomplish, when the machine you live in needs fuel and you're not providing it? When you maybe don't even know what that fuel is?

Every body needs fuel. Everyone who owns a body must fuel it the way it was meant to be fueled—if one's life demands high performance from it.

And whose doesn't?

INVESTING: PRECIOUS GEMS

Many people concern themselves with retirement planning and act to ensure financial security in later years. Yet in our culture it is not yet habitual to plan carefully for a "savings account" of health and fitness—to *eat* as if "investing" in one's future body.

People who are consistently, permanently inspired to care for themselves have the conviction that the body is precious and worth their investment. You don't treat precious things badly, only things you don't think are valuable. If you are deeply in touch with how precious you are, you won't want to mistreat the package you come in either. If you value yourself and the body you come in, fueling is then an obvious priority, an instinctive course of action.

As with financial investing, little can be done to suddenly turn a meager investment into instant fortune. Health and fitness—like savings accounts—are built consistently, not suddenly. And it's efficient eating, not money, that represents investment in your body. Money can't necessarily recover a deteriorated body. You can't buy health as easily as you can throw a greenback on your doctor's desk.

Even if you could, why spend money that way? Why abuse yourself in the hope that money will buy you out of the consequences later—when you can painlessly prevent costly ramifications and spend your money on something great instead?

JUDY: THE DIFFERENCE "WHAT YOU'RE FUELING" CAN MAKE

Judy, a morbidly obese 35-year-old woman who has been dieting since she was six, called us a week after our workshop to tell us this story. Her husband had bought a box of jumbo, greasy muffins, which she normally would have eaten four of immediately. She said that she looked at the muffins for a long time, then said to herself, "You know—there's no fuel in that for me." So she had a bagel instead—happily.

Judy was standing up for her body as she never has before—because she is now conscious of her body's value and necessity in a way she has never been. No longer is it this separate "thing" she must drag around. It's *her*. And it's the only one she's ever going to get. For the first time in 29 years, she's not trying to "fix what's wrong"—just fuel all the great things she sees as being possible from now on.

WHAT NOW?

I've introduced this inquiry. It's your job to keep it going. If you think you just want to skip to the how-tos without considering further . . . well, as I've emphasized, every choice is yours to make.

But I've been studying people and how they go about this for years. I've taken a close look at what's missing—why so few feel satisfied in the endless, universal quest for fitness and a way of life that supports it. I've learned from my own experience and that of thousands of others: *great directions are utterly useless without a journey planned*. In the case of eating, that journey must be a lifelong one, visualized in detail, for your experience to shift. If you don't develop and keep developing a perspective that goes far beyond next month or even next year, you'll probably never escape diet thinking.

The reward is a way of seeing your body, yourself, and your life—all connected—that lets you enjoy the possibilities, and relish how everything you do for yourself is contributing to those possibilities. Pair this with full knowledge of how your body ticks and how that applies to eating and exercise, and you've got power, choice, and freedom like never before.

I encourage you to use the worksheet on page 28 to continue the exploration.

FUELING YOUR FUTURE

Picture yourself during the following time periods.
Jot down 1 to 5 things you'd really like to be doing, or imagine yourself doing at that time. (e.g.: work, recreation, travel, hobbies, family, community.)

6 months from now I would like to _____

_____

2 years from now I would like to _____

_____

10 years from now I would like to _____

30 years from now I would like to _____

_____

What role will your body and its condition play in the above activities?

_____

_____

I can envision myself active and healthy all the way to at *least* age _____

THREE things I would do if I had more energy are

1) _____
2) _____
3) _____

Other people in my life who rely on me to be healthy, alive, and strong are

_____

_____

I want to care for myself so that in turn I can take care of

_____

_____

Ultimately, the future I want to "fuel" is essentially about

_____

_____

2

WHAT'S WEIGHT GOT TO DO WITH IT?

If I told people I've gained 15 pounds over the past two years, a likely response might be, "Oh, that's too bad," or "I'm so sorry." Sorry about what? That I now have 15 additional, active pounds of food-burning, fat-burning, metabolism-increasing muscle? That I can eat more food—*need* to eat more food—just to "feed" that muscle? That I look sculpted and toned? Please, hold your sympathy.

But that reaction is typical—and telling. *What is the reflex that makes people assume my added "weight" is "bad"?*

The use of weight to define, determine, and measure health and fitness is the pinnacle of diet thinking. "Dieting" has begun to lose favor as a means for weight loss, but "weight" has managed to remain at center stage. "Diets don't work" has become a familiar knee-jerk refrain, but it's not just that diets don't work—it's anything aimed at "weight" loss. *Weight doesn't work* as a unit of measurement.

Focusing on "weight" is the most basic and widespread mistake in attempts to become lean or healthy. To manipulate that number, you'll do things that change the "weight" but don't improve anything. You'll do things that are not only unhealthy but also counterproductive to what you really mean to accomplish. "Losing weight," as you probably currently pursue it, is not only *biologically predetermined to fail*, but also *compounds the original problems* and diverts attention from real solutions.

If what you weigh has nothing to do with how healthy, fit, or fat you are, why will I spend time on it? Because even though there is no sensible premise to support loss of "weight," more than half of all Americans are trying to do it. Because you *think* weight matters. And because understanding why it doesn't helps you to understand your body, and to fully distinguish diet thinking.

WHAT IS "WEIGHT"?

Let's start out by examining the word "weight" itself. It's such a common word, so massively overused, that it's probably something you never even think about, let alone question. "Lose weight"—everyone knows what that means!

But what are you really trying to say? What is "weight"? Think about that for a minute. "Weight" is a generic term, a measurement that could refer to anything. Virtually any object you can touch has a weight. Everything on your body has a weight. So does your car. Do you say, "Honey, I'll need the weight tomorrow?"

What do we mean?

In one workshop, I asked a client, Nancy, to show me where the weight was that she wanted to lose. "All over," she replied immediately. "Oh, okay," I said. "Your hair, too?" Everyone laughed. "No, no, not my hair."

"Oh, you said all over," I reminded her. "What about your teeth?" More laughter.

"No."

"Your bones?"

"Nope."

"Skin. Arms? Legs?"

"No!" she protested, laughing. "I want to lose *fat*."

Ah, fat.

But that's not what you say. Virtually everyone starts out talking *weight*. Of course, they don't mean "just anything." Almost everyone I have ever talked to about this wants to lose fat and fat alone; almost no one wants to lose anything else.

Still, it doesn't matter what you meant. Sometimes in life you get exactly what you ask for. And that is exactly the case with weight loss. Unfortunately, not saying what you really mean can get you into real trouble—and it does here. Really, how can you expect to lose something efficiently when you can't (or won't) even say what it is?

So you want to lose fat, but you say weight. Now let's examine something else: The Formula.

What do you do to lose that "weight" (though you mean fat)? What is the timeworn, generic, everybody-knows formula that losing "weight" always comes down to?

Eat _____, Exercise _____.
Fill in the blanks.

In every group I've ever led, this phrase is sadly easy to complete. I just say, "What does everyone know is the formula to 'lose weight'? Eat . . ." (And I pause.)

"Eat less and exercise more."

No matter who they are—homemakers or executives, teenagers or senior citizens, white-collar professionals or welfare mothers, athletes or accountants, physicians or plumbers—people obligingly regurgitate this formula like robots. It rolls off their tongues.

DRIVE MORE, USE LESS GAS?

Remarkably, this formula has gone unquestioned—until now. Let's look at "eating less and exercising more" in the context of food as fuel. If food fuels the body, can you see how "eating less and exercising more" presents a problem? Decreasing the fuel supply while increasing the demand creates a deficit. You put in less fuel, and drive the machine harder than ever. That's like running your car twice as fast, twice as hard—and expecting to put in less gasoline. It doesn't make much sense, does it?

Except that the formula purposely creates the shortage. What Americans have always assumed is that fat will conveniently and completely fill in that gap. You deprive your body of fuel with the thought that if you create a void, the body will automatically choose fat to fill it. Then, according to this reasoning, you'll lose "pounds" (of fat, though you don't specify).

There's just one problem with that: *It's not what happens.* Fat can't pay back the deficit you create by "eating less and exercising more," because *the body doesn't run on fat alone. Carbohydrate is the human body's primary source of fuel— the immediate source of energy we use constantly to fuel our activity and most of the work of our cells.* The body must always have glucose—the carbohydrate found in your blood-stream at all times—and *virtually no fat can be made into glucose.*

Ideally, your body makes glucose out of food—carbohy-drate food. But it's common to cut out food, thinking that's the key to "thin." Perhaps you're on a weight-loss diet that specifically restricts carbohydrate (as most do). Or else you're too busy. You don't have time for food; you forget.

So where does your body get glucose if you're not provid-ing it? If you don't eat enough carbohydrate—whether pur-posely or thoughtlessly—your body manufactures carbohydrate fuel using existing materials. *But not the materi-als you may have always assumed.* While your body cannot turn any significant amount of fat into glucose if you come up short, the system can make glucose by grabbing protein from your lean muscle tissue and converting it to carbohy-drate. *Your own muscle tissue is destroyed in order to replen-ish the too-low glucose supply.*

This is a survival mechanism; as you'll continue to see, your body is efficiently geared with numerous safety features to ensure that you stay alive. And since we're designed to use glucose at all times, this is your body's way of making glucose when you don't keep it well supplied with the food to do it.

So the assumption that your body will manage somehow on its own if you expend more energy while consuming less is half right—it just doesn't do it the way you may have hoped. Fat is not the crutch your body leans on in a glucose deficit. Fat has other functions, which you'll learn later.

But at least if your muscle can be used to make fuel, your body's needs are handled, right? Well, in a way. Your survival is ensured, and you even lose "weight"—because the lost muscle weighs something. The problem is that losing pounds of muscle is nothing to celebrate. In fact, it's dangerous and counterproductive. This kind of "weight loss" worsens the immediate bodyfat situation *and* the long-term outlook for leanness. Here's how.

DANGEROUS

Destroying your own muscle for the purpose of creating glucose during a shortage is dangerous for several reasons. One, your muscle obviously has a purpose. Your muscle mass is your strength; it supports your skeletal structure and protects your bones. As physiologists William Evans, Ph.D., and Irwin H. Rosenberg, M.D., of the U.S. Department of Agriculture Human Nutrition Research Center on Aging at Tufts University, declare in their book *Biomarkers*, "Muscle, to a far greater extent than most people realize, is responsible for the vitality of your whole physiological apparatus."

Two, burning muscle for fuel is inefficient and wasteful. It's "environmentally unsound" to your insides. It uses a process that leaves toxic biochemical by-products in its wake. Because protein is nitrogen-based, nitrogen is given off when muscle protein "burns," leaving your body an unpleasant mess to deal with. Organs such as the kidneys and liver are unduly stressed as they are saddled with the task of safely processing and excreting these by-products.

Three, the heart is a muscle. You might hope your body has the good sense to save that muscle for last—and in fact it does, attacking the muscle tissue of the larger extremities first. But how far do you want to push it? People can and do damage heart-muscle tissue through constant dieting.

Four, along with loss of muscle protein comes the loss of other important body proteins. The antibodies that defend you against illness are proteins. Muscle contains enzymes designed to metabolize fats, which are lost when muscle is lost. And when your body is struggling to process muscle protein into carbohydrate fuel, the liver produces more low-density cholesterol, and fat-storage-assisting enzymes build up.

Five, it is impossible to completely break down fat without carbohydrate—which diets usually restrict. Fat that breaks down without carbohydrate's help does so incompletely, leaving more harmful by-products behind to join the poisonous "leftovers" of muscle/protein breakdown. More processing nightmares for your organs.

And six, if more than about one-fourth of weight lost is muscle, and/or if the loss is very rapid, serious protein deficiency and electrolyte imbalances can cause heart irregularities that could result in death.

Enough? And to think you could have just eaten a roll and avoided all that!

(You'll gain further insight into this entire process in Chapter 3, "Fueling the Human Body: Your Owner's Manual.")

TOTALLY COUNTERPRODUCTIVE: THE BIG IRONY

The counterproductive aspect of "weight" loss by fuel deprivation is almost more compelling than the idea that it's dangerous—and it's certainly more ironic.

Converting muscle for use as fuel leaves you less lean in the short term, since you're losing lean tissue and thus your overall percentage of lean mass goes down. Even more significant, though, using your own muscle for fuel in an effort to lose fat is counterproductive because *it sets you up to gain more fat, and have a harder time losing it later*.

That's because muscle is what scientists call metabolically active tissue. It's the part of your body that demands fuel be burned—including fat. Muscle demands 98 percent of the fuel you consume. Only about 2 percent of the energy in the food you eat is required by the fat on your body. When your body converts muscle to fuel, it is destroying a gas-guzzling engine because you let the tank go dry.

And since a smaller engine burns less fuel, your rate of fuel consumption decreases. Losing muscle "weight" is like going from an 8-cylinder to a 6-cylinder engine—or less. A big engine (even in a compact car) will demand and use more fuel more quickly. A small engine "conserves."

When you lose muscle, you lose the very thing that burns what you *really* wanted to lose. Isn't that crazy?

The more muscle you've got, the more fuel you burn, and the more food you can eat—in fact, the more you need to eat to support that muscle. The less muscle you've got, the slower and less efficiently you burn fuel. Muscle is the most influential factor in your metabolic rate. Clearly, it's something you want to have as much of as possible. The loss of even one pound of muscle is devastating.

The loss "dieters" experience when they lose pounds rapidly is excruciating. If muscle is a huge factor in your overall metabolism, imagine what losing 40 pounds of it does to your ability to burn the food you eat. Yet that's often what people who lose 75 or 100 pounds or more do lose. We all know that liquid diets on which people lose hundreds of pounds are doomed—but very few know this is a key reason why.

YOU'VE LOST WEIGHT—BUT WHAT HAVE YOU GAINED?

When you lose "weight" by eating less and exercising more, you get exactly what you asked for. You lose "weight." But it turns out to be a booby prize. You can lose "pounds" this way. The question is, pounds of what?

"Weight" could be anything—your hair, your hat, or your shoes. *You haven't necessarily lost fat.* Muscle weighs! If you tell me you "lost weight," I don't know what that means. You might have lost fat, but you might have lost muscle, too. You might have lost an arm or a leg.

"Weight" isn't innately bad, and before we judge pounds—lost or gained—we ought to distinguish what they are. "Weight" isn't necessarily fat. *It's not inherently healthier to weigh less—it's healthier to have less fat.* The weight-loss movement of the last 40 years has never clearly distinguished this—and still doesn't.

Historically, the dieting world has been happy to part with "pounds" without a care for what they're composed of. People who proudly chirp about having lost massive pounds are bragging that they have just destroyed tissue that would have burned fat for the rest of their lives. I think of this when I overhear someone excitedly boasting to a friend or store clerk: "This cappuccino is the first thing I've eaten all day, but it's worth it—I've lost 13 pounds already." I have to fight the urge to walk up to them and say, "Why didn't you just amputate your legs? It would have been faster, more permanent, probably less painful in the long run, and not a whole lot worse for your body."

What do you think is going to happen when they start eating something besides cappuccino again? Far from having successfully handled their fat problem, as diet thinking believes, they've *destroyed fat-burning machinery and switched on fat-making machinery*. (Not to mention what's been lost as the body tries to function without the variety of nutrients it needs.) They will be having this conversation again with a different person, maybe in two months, maybe in six months, maybe in a year.

WEIGHT CAN BE GREAT

My own experience is a positive example of how meaningless "weight" is as a measurement. After two years of consistent, purposeful "fueling," I had my body composition tested. In those two years, my bodyfat went from 27 percent to 17 percent. It showed: My dress size had gone from 6 or 8 down to 2 or 4.

Even more noteworthy, given the way the world measures body progress, is that I weighed exactly what I had two years prior. I lost no "weight." And I still haven't.

No weight loss? Didn't "fueling" work? Yes—beautifully. When I started, 27 percent of my 130 pounds were fat pounds. That's about 35 pounds of fat I was carrying on my 5'6" frame. Two years later, only 17 percent of my 130 pounds were fat pounds. That's 20 pounds of fat. From 35 to 20 pounds fat; net loss—15 pounds of fat.

So why wasn't I 15 pounds lighter? Because even better than the 15 pounds of fat I lost were the 15 pounds of muscle

I gained. With moderate exercise plus good fueling, I added 15 pounds of lean, metabolically active, fat-burning tissue.

In traditional "weight loss" terms, those two years would be considered a failure because I lost no "weight." But I replaced 15 pounds of unneeded feathers with 15 pounds of valuable gold. The net weight is the same, but 15 pounds of gold takes up a lot less space than the same weight in feathers, so I'm smaller. I'm also stronger, healthier, less at risk of disease, and, yes, most people would agree I look better. Muscle is *good* weight.

IT'S NOT "HEALTHY EATING"!

"Eat less/exercise more" not only isn't about fat loss, it does nothing to address health, nutrition, and energy—which are also concerns for most people. In fact, "eat less/exercise more" runs entirely counter to "healthy eating." It bears no connection and no resemblance to what's healthy and makes you feel good, because the effort on which it focuses—weight loss—has nothing to do with either fitness or health. Fat loss may, but fat loss is something else entirely.

In late 1992 and 1993, many commercial diet companies began desperately trying to repackage their products to associate "weight loss" and "diet" with "healthy." Ultra Slim-Fast briefly switched from "Give us a week—we'll take off the weight" to "The healthy way to lose weight." NutriSystem and Jenny Craig suddenly began talking about "learning to eat right."

The problem is that just mouthing the words doesn't change the content or intent. Simply saying so doesn't make drinking glorified milk shakes "healthy living." Besides, eating "right" (as opposed to "wrong") is just more diet thinking. Most of all, the programs were still the same higher protein, too-low-carbohydrate, "diet-like" . . . well, diets—and they still focused on weight loss. The companies just painted over the outside to appeal to a growing public concern.

Despite the "education" claims, a size-6, already-lean young woman I know was eagerly accepted into one of these commercial programs, lost 15 pounds (mostly muscle, since the leaner you are when you lose "weight" via carbohydrate deprivation, the more muscle you lose), and rapidly gained 15 pounds back (all fat) when it was over. Now she struggles with food and fat even more than she did before, having shrunk her engine and thus reduced her total requirement for energy from food. And, after all that, she didn't understand what had happened and *still* didn't know how to eat for leanness.

Weight loss is designed only to make your weight smaller. It's ironic enough that it doesn't necessarily make your body smaller. It's even more ironic that people try to lose "weight" for their health—when the typical "weight"-loss method is 100 percent removed from being healthy. It is, in fact, *damaging* to energy and health.

IT DOESN'T TAKE MUCH

Losing fat affects the scale differently than losing "weight" which includes muscle. Of course, you'll lose some pounds if you lose fat. The important part is it won't take as many pounds of fat as you might assume to look and feel the way you want.

People often say, "I know why! Muscle weighs more than fat!" That's more unexamined nonthinking. Does turkey weigh more than ham? A pound of fat weighs the same as a pound of muscle—they both weigh a pound.

More accurately, a pound of fat takes up more space than a pound of muscle (fat is lighter by volume), so when you lose a pound of fat it really shows. You can lose a great deal of muscle, however, and not improve the size, shape, or tone of your body (in fact, it will ruin the tone). That pound of muscle wasn't taking up much space. It was sitting there looking good and demanding fuel.

This means you can forget whatever your preconceived notions are about how much "weight" you "need" to lose to achieve the leanness you want. You really have no idea. The number of fat pounds it will take is far less than the number of generic "pounds." Remember, those undistinguished "pounds" include the muscle donated for fuel when you diet yourself short of glucose.

Women have informed me that 10 to 15 "pounds" is "what you have to lose" to drop a dress size. I dropped a dress size after losing 3 pounds—of fat. How's that? Women who lose 10 to 15 pounds the usual way lose the same thing—2 to 4 pounds of fat. You can guess what the rest is. That's the "rest" I *didn't* lose.

By the same token, a fat gain that scarcely shows upon the scale shows quickly on your body. You may not notice a half-pound on the scale, but because even a half-pound of fat (think feathers again) takes up significant space, your belt notch may change. On the other hand, my 15-pound muscle gain only improved the lean look (though my broad shoulders require my tops to be a size larger than my bottoms!)

NO FAST FAT LOSS

There is no such things as fast fat loss—it's physically impossible to lose significant amounts of fat "overnight." You didn't gain it all overnight, either, no matter what you think. There is only fast "weight" loss—and fast weight loss means muscle loss.

Ask marketing representatives of a certain commercial diet claiming 30,000 users if you lose only fat on their program, and they say, "Yes, only fat." It's a lie. They also promise weight loss as fast as 10 pounds a week. It is virtually impossible, physiologically and biologically, to lose 10 pounds of fat a week. Ten pounds, yes—muscle, water, fat, glycogen, other waste products—but pure fat, no. Ask them to prove it's only fat, and they avoid the question, talking instead in generalities about how much research backs them. Ask them to provide the research and they get very nervous.

Weight loss is about speed. It's not about transforming the way of thinking, eating, and living that spawned the fat, or learning how it happened. It's about getting pounds off, fast. You worry about the ramifications later.

THE MAGIC NUMBER—WHO CARES? YOU DO.

You can see now that weight is not relevant to how you look or feel or how long you live. There is no such thing as a "weight problem," "overweight," or "ideal weight." That number upon which America is fixated—and spends tens of billions annually to manipulate—is utterly inconsequential to fitness or health.

You could argue that if I was 5'1" and weighed 750 pounds, that would be a problem. And it certainly would. But it would still be a fat problem, not a weight problem. And we'd probably notice it even if I never weighed myself.

Who cares what you weigh, if you look and feel great? More people are saying, "I don't care—I just want to be fit and healthy," but there's still a frighteningly large group who believe that the number tells all. They don't care what the mirror says; the number rules. In my classes I have spent hours outlining the concepts in this book, providing graphic demonstrations, distributing textbook page copies—and had people ask at the end, "So how fast will I lose weight?" It's both fascinating and horrifying.

Despite the facts, most everyone I have worked with has had some number in mind. There's a weight they want to weigh, used to weigh, have never weighed, or have been told by their doctor they should weigh. (One client's doctor told her to lose 20 pounds and come back in a month.) Many people have an entire chronicle of their lives based on what they've weighed at various times. They'll tell a story something akin to "weights I have known." Clients have recited narratives that go something like: ". . . and then, in 1984, I got down to 127, but that only lasted for two months. After that I went up to 143 and stayed there until the spring of '87, when I went on the XYZ diet. I was a size 10, but lost 6 pounds by . . ."

A woman in a recent workshop admitted that even if she were a perfect size 6 and had enough energy to make people envious, she wasn't sure it would be okay with her to weigh in at her current number of pounds. Another client, Dawn, tells the story of her boss down-dialing the scale in the ladies room because he got tired of hearing them chatter about losing weight. She walked into the ladies room one day, weighed herself, and was 10 pounds lighter. She thought to herself, "Well, I guess I don't need to lose 'weight' after all,"— even though she felt terrible and didn't like how she looked.

At a health club, I overheard two women in the locker room wondering whether the club scale or the Weight Watchers' scale was right. They were talking about a difference of 2 pounds. "Well, it was 138 at home, but 140 there, but of course I had clothes on then, but . . ." If I had had more guts, I would have shouted, "Who cares whether you weigh 138 or 140! There's a mirror right in front of you! Do you like how you look or not? Did you lose fat or not?"

"Greg," a Fortune 10 vice president, reported three months after we worked with him: "I've missed only one snack since the workshop, and I rarely eat junk anymore. I grab apples, bananas, bagels—it's just something I do now. It feels right. This was the first Thanksgiving I didn't feel bloated and lethargic after dinner. I don't *like* fat or grease anymore. I love eating this way. I feel very different, look very different. I don't feel tired in the morning anymore, and I don't feel fatigued at the end of the day. And I've been steadier than ever with my exercise program." His waist had shrunk several inches as well.

But. "I'm still concerned," he said. "I haven't lost any *weight*." Aargghh! One of the sharpest, most on-the-ball managers I have ever encountered, Greg leads one of the most progressive international companies in the world. He looks and feels better than he ever has, by eating in a way he never dreamed he could—yet he was still concerned because the scale didn't say what he thinks it should. That's how totally crippled this culture is when it comes to weight. It defies all logic.

How many times have I seen this question (or some variation) in womens' magazines over the last 10 or 15 years— right up until today—"A friend told me I shouldn't do weight training because I'll gain weight." Yes, you will! That's great. Gain, gain, gain! Just be sure of *what* you're gaining!

Or how about this one: "If I wear navy, will I lose more 'weight' during my workout?" Thinking more *sweat* loss, being "weight" loss, counts for something.

I gain 3 pounds after I eat my breakfast in the morning: two slices of toast, 2 ounces of turkey or chicken, a giant bowl of oatmeal with raisins, a cup of coffee, and four or five glasses of water. So *what*? Pounds of *what*? I gain 5 pounds when I put my winter coat on. As an experiment, I weighed myself before a run (132) and then after (128). Then I drank four or five glasses of water (131).

While the number may be impotent and its fluctuations meaningless, such fluctuations have the potential to dominate your life—*if you validate them*. I've seen many people truly overwrought based purely on what the scale says—and taking dangerous, *needless* action as a result.

One of our first clients, Sue was an intelligent and wealthy businesswoman who also happened to be a golf champion. She had everything going for her—and was ravaged by concern about her "weight." She had stopped eating dinner by the time we worked with her because, she said, she was several pounds "fatter" every time she got on the scale after dinner.

Bright and successful as she is, she somehow didn't connect that swallowing a bunch of food might affect her total body weight, in the same way that putting a bunch of rocks in her pocket might. She really believed that the food she ate could instantly become several excess pounds of fat.

By the time we got to her, she *was* beginning to put on actual fat—because she was starving herself. Skipping dinner—and sometimes lunch, too—while following a rigorous athletic training schedule, she was "eating" precious muscle tissue and slowing her metabolism down. She was terrified to begin eating the quite moderate amounts of food we recommended—they seemed massive to her. Three meals plus snacks? Believing her meager food "allowances" had actually been staving off further disaster (not realizing that these scale-inspired cutbacks were causing, not treating, the problem), it seemed that such steady eating would really do her in.

But just the opposite occurred. While it can take more time to retrain bodies that have grown accustomed to years of starvation, Sue had been athletic all her life and hadn't been "living off her lean" for very long. She found her too-tight clothes to be comfortable again within a month of fueling.

The exciting part was that the results came from eliminating the suffering of starving. She got to eat. As she said: "It's wonderful to eat without a constant emotional battle. The charge is off; it's relieved a huge frustration. I think, 'I can do this [fuel] or not' and usually I choose to. I have desserts, but now that I know I can have them, I don't *want* to eat them all the time."

WHAT TELLS THE STORY THAT WEIGHT DOESN'T?

Diet thinking keeps people looking at the scale, even though it tells you no more than your wall clock. When you jump on a scale immediately after eating something, added pounds don't reflect fat that instantly got stored from the food you just swallowed. When you jump onto the scale after a workout, lost "weight" isn't pounds of fat that have just been "burned off" your body. When you learn the actual "specs" of the body's design and operation, you'll realize it just doesn't work that way.

The scale doesn't define which pounds are fat and which are muscle—any more than the meat scale in the deli department tells you how much of a pound of meat is ham and how much is turkey. You have to look at what's on the scale!

There are a number of different ways to get your body composition tested. These tests will tell you approximately how many pounds of muscle and how many pounds of fat comprise your total body weight. If you're seriously interested in testing your body fat, I suggest you consult a health clinic or exercise physiologist in your area. The tests range in cost from about $25 into the hundreds of dollars, depending on where you live.

▶ *Dual-photon absorptiometry* (now considered the most accurate test). NASA uses this. You probably won't.
▶ *Skin-fold calipers* (the "pinch"—considered the least accurate test). The Accu-Measure is an at-home test of this kind. Athletic clubs frequently use this method.
▶ *Bioelectrical impedance analysis* (measures the degree to which fat impedes the travel of a mild electrical current)

▶ *Total-body electrical conductivity*
▶ *Hydrostatic* (underwater weighing—long considered the most precise). You sit in a scale above a tank of water and exhale as much as you can. You're then lowered into the tank, and your rate of descent is measured and factored into a formula. You usually need to do this three or four times to obtain an accurate average. Your lung capacity may also be measured using a spirometer.
▶ *Futrex*. An electrode is attached to your ankle, some basic body dimensions and activity information are computed into the machine, and a laser beam uses refracted light to measure the density of fat in relationship to muscle.

Recommended ranges for bodyfat from the health and medical communities vary, from 16 to 25 percent for women, and 10 to 20 percent for men. Both male and female athletes can get into the single digits; this is not recommended for the nonprofessional athlete, nor is it necessary.

If you feel you must measure yourself with some kind of machine and don't want to spend money on bodyfat testing, there is one advanced way to use the scale with a moderate degree of accuracy—but it works only if you're fueling consistently. If you've truly been giving your body exactly what it needs, it will not make glucose out of your muscle protein. So if the scale consistently shows a loss of "pounds," you can count on them being fat. And if you've truly been giving your body exactly what it needs and not much fat, a consistent increase in weight is likely to be muscle. This should be measured over a period of weeks or, better yet, months— daily weighing won't work.

YOUR EYES ARE THE BEST MEASUREMENT TOOL

Still, the first way I knew exactly what I had lost and gained was by *looking* at my body, *feeling* my strength, and *seeing* the way my clothes fit. The scale said nothing; my first 6 pounds of fat loss happened to occur simultaneously with a gain of that many pounds of muscle. I was two sizes smaller,

I was "harder," and I could do chin-ups for the first time in my life. What more evidence could I want?

It is almost as unnecessary to measure your bodyfat as your weight, in my opinion. Given the numbers-crazy measure-mania to which we're prone, I *don't* recommend it. I didn't test my body composition for more than two years after I began "fueling." When I did, I was able to guess the figure, right on the nose, before I found out what it was. It's not that hard to tell—once you start looking beyond weight and even "thin." I've been quite accurate guessing my clients' bodyfat as well—as close as Santiago Burastero, a physician conducting a study on bodyfat at St. Luke's-Roosevelt Hospital in New York. "In the last three years, he has observed almost 2,000 volunteers, measured them with every state-of-the-art technique he knows, and discovered that his eyeball estimates usually come to within two percent of what sophisticated body-fat tests come up with" ("Fat Gauge," *Allure*, January 1993).

Sometimes, in our eagerness to measure everything we forget to look and listen to *us*. Like Dawn, who believed the tampered-with scale even though her experience told her nothing had changed, we trust machines and numbers more than our own eyes and sensations and experience. This can be dangerous as well as discouraging. If your reddened, screaming baby felt like an oven, but the thermometer indicated a mild 99°, would you say, "Oh well, she doesn't have a temperature!" Of course not. But that's what we do with the scale.

In this culture we count everything. When it comes to fitness and exercise, we not only count calories consumed, calories burned, and pounds gained or lost; we rigidly monitor every morsel we eat; we chart how much weight we lifted today and compare to last time and next time and the national average; we count the number of times and hours we exercise and how many miles we went and compare that to others; we measure our heart rates and our bodyfat and our inches.

The "right" numbers—body composition—can become as oppressive as the wrong ones if you fully substitute them for your own instincts and sensibilities. I gave a series of workshops at one very exclusive athletic club whose manager and assistant manager (both highly educated in the physiology discussed in this book) confessed to testing each other weekly and, in the words of one, "freaking out" about their bodyfat. Both are beautiful, extremely fit athletes with substantial, sculpted muscles. I certainly didn't need data to tell that they were each 13 to 14 percent fat. Why did they?

There is a theme here: Misplaced concern. Just as we worry about the pesticide on the food we eat without worrying about the fat content—or don't put fuel in the "tank" because we're too busy grooming some small, insignificant piece of the vehicle's exterior—we become fascinated with high-tech diversions that only distract us from the more important matters at hand.

Now that you're learning to think and act, rather than simply believe and react, start learning to see and hear your body, too.

THE "OLDER EQUALS FATTER" MYTH

"All of a sudden some metabolic switch deep inside me flicked to a slower setting."
—PENNY WARD MOSER,
"Anti-Aging Fitness Program: The New Fountain of Youth," *Self,* September 1992

Muscle loss makes sense of the A to B goal phenomenon I presented in Chapter 1, "Fueling Your Future." Your ascent back to point A, while hastened by lack of impetus to move beyond point B, is further hastened by the metabolic damage resulting from a faulty method of "travel."

But the irony goes beyond the fact that a "weight"-loss diet damages your body's largest contributor to fat burning. That fact triggers a vicious cycle: After your weight-loss diet has caused deterioration of fuel-burning muscle, you find yourself gaining fat more easily. But since you mistakenly gauge that fat gain by your "weight," you turn in panic to another "weight"-loss diet, and that digs a deeper hole in your fuel burning, to which you still see only one alternative—and on it goes.

As a result, the average American loses a full 25 percent of the lean body mass he/she had at age 20 by the age of 70. That's one-fourth of your fat-burning, metabolically active tissue—a quarter of your engine over 50 years, or about 5 percent per decade.

You can see that even if food intake remained identical day to day—bite for bite—at some point the shrinking muscle mass would demand less fuel than what the fixed intake kept providing. You'd be eating the same, but needing less. That gap between what you eat and what you need grows as the muscle mass decreases further and metabolism slows. Thus more and more of the resulting excess is stored as fat.

No wonder people say, "You get fatter as you get older." You will gain fat more easily *if* you lose muscle as you age. And you will lose muscle as you age *if* you continue to sustain your energy by using muscle for fuel. What's never pointed out is the "if"; people don't question why that muscle loss happens and don't learn that it doesn't have to. The way muscle loss is reported makes you think it's "just the way it is"—a prediction of *everybody's* future, rather than a mere observation of the past.

But muscle loss is not an inevitable process we're helpless to control! These reports don't cite the simple biological data that clarify how dieting, skipping meals, and "cutting back" on carbs or food in general facilitate your reliance on muscle as a fuel crutch. If fuel deprivation causes muscle loss, and if half of all Americans are dieting—can you see what is happening?

And don't think that the nondieting half aren't depriving themselves, too. The American way of eating in general tends toward the erratic. You may not be doing it purposely, but even those who aren't trying to go hungry often do so unwittingly. You don't remember to eat, don't have time—but you don't know what it is costing you.

STOPPING THE DOWNWARD SPIRAL

Muscle loss isn't a "natural" genetic legacy. The downward spiral—losing "weight," gaining fat as a result of the damage, and thus trying to lose more "weight"—can be stopped or reversed by *fueling*. Give the body quality food with consistency and regularity, and your body need never "withdraw" muscle for fuel. Best of all, with consistent and widespread education that starts early, the downward spiral need never begin. Kids start life by eating in a way that instinctively provides them with what they need. They may learn to like junk, but at least they don't starve themselves. It was probably sometime between puberty and your twenties that you had your initial first-hand experience with a diet. Something happened: You heard, saw, or read something; your mother, dance teacher, boyfriend, or girlfriend made a remark. Maybe it was a picture, or someone else's body.

Something had you convinced that you should lose "weight." So you began—using the only tactic you knew, the one already branded in your consciousness. It's the same thing our culture is still offering up, blindly and unthinkingly: Eat less and exercise more. The more you did it, the more "weight" you lost. The more weight you lost, the more muscle you lost. And the more muscle you lost, the easier it got to gain fat. And the more fat you gained, the less you ate and the more you exercised.

This is the core of yo-yo-ing. The fatter we get, the more society tells us we must starve to "fix" it. The more we starve, the fatter we get. Until recently, society has never questioned the worth and effectiveness of this starving business; it has instead questioned those who fail at starving. Now that it's begun to question starving, it's still confounded about why it fails.

If we truly and deeply believed that shooting your foot off helped you walk better, and no one ever questioned it (even though, in practice, it never quite seemed to work), there would be a lot of very frustrated and pained people limping around. Maybe worse, they'd feel inadequate because this "tried and true" method didn't work for them. Isn't that how it is with "weight loss"? People are ashamed because what everyone "knows" should work doesn't work for them.

MAINTENANCE

Weight "maintenance" is now considered to be the true challenge of weight loss. The battle may be over, but a new war has been declared. Just the idea that you need another program to "maintain" the first says it's going to be rough—expect defeat. Poignantly, one client (and weight-loss program veteran) concurred: "You hope you won't gain the weight back. Actually, you don't hope. You know you're going to gain it back. Everyone knows. We pretend to hope." That's because "weight" loss is by nature physically and psychologically unmaintainable.

BIOLOGICALLY UNMAINTAINABLE. A series of congressional hearings chaired in early 1992 by Rep. Ron Wyden of Oregon revealed that 90 to 95 percent of those who use the programs gain back all their "weight"—if not more. (Of course, they're not just gaining "weight," but pure fat.)

That's not a mystery, though researchers and health professionals continue to call it that. You can see that given the biology of weight loss via "eat less/exercise more," what is called "maintenance" in the diet industry is a lost cause. Physiologically speaking, you haven't got a hope in hell of "keeping it off."

New research or not, weight is still what the researchers talk about. What's "new" is they warn that weight loss must be "permanent" or it's unhealthy. What's nuts is they never say that "permanent" *muscle* weight loss makes permanent *fat* loss unachievable. They promote generic weight loss, achieved by the same classic one-size-fits-all deprivation formula. A permanent struggle is all you can count on.

PSYCHOLOGICALLY UNMAINTAINABLE. Even if weight loss/maintenance worked physically, the old, tired thinking doesn't. It's never about a life of fueling yourself to live fabulously. It's about "losing 20 pounds." It's never about what bigger, greater possibilities you are moving toward—just the drudgery of "keeping it off." Weight maintenance isn't about living—it's about your weight.

You're still "on" a program, but now it's a maintenance program that simply extends the grim, hopeless cycle—shifting attention from lowering a meaningless number to keeping it there. You replace your short-term diet with something almost worse: a diet you're supposed to stay on for the rest of your life.

At one recent workshop, a woman struggled for words as she tried to describe what it was she really wanted. "I think," she said haltingly, "what I want is a weight-loss program that will work, and then to integrate my weight-loss program so it's a part of my life." Of course, she quickly learned that BodyFueling is not about weight loss, that it's not a program, and that her weight was irrelevant. What struck me was the unlikely idea of shoehorning something as unnatural as a "weight-loss program" into your life.

I knew what she meant, though: She wanted it to blend in and just become *eating*. But she had no language to articulate it, because "program" is all the vocabulary she had. Where is this language reinforced? In articles like "The Finish Line" in the August 1992 issue of *Self*. " 'What is needed is a phased, long-term eating plan that incorporates both a weight-loss phase and a longer weight-maintenance phase that builds on it,' said Johanna Dwyer, D.Sc., R.D., director of the Frances Stern Nutrition Center and a professor at Tufts University Medical School." What a mouthful! I'd simply say what is needed is eating and living.

When the now-famous "yo-yo study" (which linked the repeated losing and gaining that marks chronic dieting with coronary artery disease and premature death; profiled further in Chapter 5, "Diet Thinking") hit the streets and the anti-diet movement began to swell, companies scrambled to repackage their programs to capitalize on the negative publicity, rather than perish by it.

Having weight-loss companies go into a huddle and come out grinning with "weight management" is like finding kids with chocolate all over their faces, swearing they just ate green beans. They didn't go back to ground zero or update the old thinking. *Weight maintenance* and *management* are built squarely on the paradigm of diet thinking—it's just "weight loss diets" with a new name.

CONTROL: THE BOOBY PRIZE OF MAINTENANCE

Especially where maintenance is concerned, much is made of *controlling* your weight (or food or your body). But in this context, control is the furthest thing from real power. Power is relaxed and implies choice: "I know what I want, need, and will have." You hold all the cards and do with them what you wish.

By contrast, control implies that someone or something else holds the cards. You can't own it, only manage it. You've barely got a handle on it; if you get the upper hand, you must be forever on your guard.

Control also means denial and resistance: "I'm not having ice cream . . . I'm not . . . I'm *not* . . ." People think if they can gain "control" of something—weight, fat—it won't run them. But to resist something is to validate its existence. "I will not get fat; I will stay thin" dominates your life just as "I'm fat" does.

Maintenance promises a life that is centered around reigning in or holding back one of the most natural human instincts—to eat—and that is so oriented around reduction (of pounds, portions, calories, sizes, body parts) that it reduces life itself. It is managing your own starvation by seeking to control an irrelevant number.

Think of Weight Watchers. The name tells all. "Watching your weight." What a concept! What a life! Imagine: Your eyes are glued to the dial on the scale. I'd rather watch the most boring TV in the world than my "weight"—as if it had anything to say about me anyway!

Ironically, those who manage to stay the same weight their whole life—thus supposedly winning the maintenance game—usually still gain fat over that period. As you've seen, body composition can change dramatically—for better or worse—without weight changing at all.

"WEIGHT" REGAIN IS ALL FAT

Failure to "maintain weight" is actually much more of a disaster than most people realize. You may think the worst part of "regaining the weight" is being back where you started—but you're not.

If you lose, say, 50 pounds—and 25 are muscle—you can easily gain 50 pounds back. After all, 25 pounds of muscle is a *lot* of engine. (Plus, fuel deprivation causes additional metabolic changes that further hasten fat gain, as you'll soon see.)

Then you say "I gained all the weight back." But that's not all. When you lose weight that way, you don't gain back the exact weight you lost. Those 50 regained pounds are not 25 muscle and 25 fat. *They are all fat.*

You don't just pile on 25 pounds of muscle in a few weeks and with no effort (though it is possible to lose them nearly that fast, if you're really starving). It takes months or years to build muscle—and not only good fueling but also exercise is required. It's a lot easier to lose muscle than to gain it. (More on this in Chapter 4, "Exercise.")

So you lose 25 pounds of fat and gain 50 back! And you have 25 pounds less lean muscle than when you started. Your total bodyfat percentage has increased.

LOSE NOW, PAY LATER

Weight loss creates a repeat customer. Each time you lose "weight," you're more likely to be fat again in the future.

Why? Every time a "weight-loss diet" has you lose a bunch of pounds that are mainly muscle—by creating a fuel deficit your body can fill only by "dipping" into the muscle protein tank—you lose pounds of metabolically active tissue that was once "on your side." You're locked in a cycle in which the regain of fat is imminent. So your need for "weight loss"—if you remain uneducated about what is really going on—stays firmly in place.

"If doctors know all that, why do they get on TV and swear up and down that they're doctors and it [the diet] works?'' Dawn, our participant with the scale-tampering boss, asks plaintively, echoing the obvious question that at least one participant in every workshop arrives at eventually.

I offer these possible answers:

1. I don't know. I ask exactly the same question every day.
2. Money.
3. America wants speed, and weight loss does do *something* fast (it's just that what it does isn't what you really want).
4. It does work, in a sick sense, in that you do lose what it promises—you do lose pounds! But these diets and their advertising play on your vagueness, your not having distinguished that you want to lose fat. And they will continue to do so until Americans demand complete education, not a temporary quick fix that makes some arbitrary number smaller for a brief time.
5. They don't know.

The average medical doctor has had about as much nutrition training as the average anybody else. Our culture has elevated medicine to a level where we expect doctors to know everything and do everything—in fact, to be more responsible for our health than we are. But Western medicine hasn't focused its training on keeping healthy people healthy; currently, it emphasizes fixing sick people.

On one talk show, I heard Covert Bailey, the highly respected MIT microbiologist and fitness educator, poke fun at "medically supervised" diets. "What does that mean? Why would I want medical supervision for a diet? I'd want medical supervision if I was gonna have surgery, but for a diet?"

A friend in medical school, who took a "sub-elective" course in nutrition her first year, told me: "The instructor said, 'Enjoy this. It's the last chance you'll have for the next four years.'" And our clients notice. I long ago stopped counting how many have said, "Well, everyone knows doctors don't know anything about nutrition anyway." Many clients first came to BodyFueling because their doctors absently mumbled, "Lose XX pounds and call me in a month." Some have confided they wouldn't listen to their doctors' guidance anyway—because their doctors are fat.

Dr. Anthony Sattilaro, who eventually cured his cancer by eating a more particular version of the diet now recommended for its prevention, is candid about this in his book *Recalled by Life*: "As with most physicians, my medical training did not include the study of nutrition. I understood the need for certain nutrients and the problems associated with nutrient deficiencies, but I had little understanding of how the overall diet promoted health or illness . . . Since doctors don't receive much training in preventive medicine, or nutrition, they don't place much emphasis on it."

This fact is underscored by a report in the April 1993 issue of *Nutrition Action Newsletter* noting that when New York Hospital Cornell Medical Center sent a survey on diet and disease to 30,000 practicing family, general or internal physicians listed with the American Medical Association (AMA), only 11 percent responded. And of those who did respond, only 23 percent asked patients about food and fluid intake; only 34 percent used nutrition research to improve patient care; and little more than half recommended dietary solutions to blood pressure or cholesterol problems.

One client revealed that she was shocked when she first learned that her doctor was on a popular commercial diet program. "I thought, shouldn't he know how to do this? But I realized he didn't, not any more than I did." Another client challenged her doctor after BodyFueling: "What kind of weight did you want me to lose—fat or muscle?" She said he replied, "I don't care which. You've just got to lose 60 pounds."

A SOBERING EXAMPLE OF WEIGHT TREACHERY

Arbitrary "weight" standards keep fit, muscular people out of weight divisions in sports, and even jobs. The story of Tenita Deal, an American Airlines flight attendant, makes this excruciatingly clear. As reported in *Health* magazine in February 1992, this beauty-contest swimsuit competition winner was first hired by American Airlines in 1961. She weighed 118 pounds. The airline insisted even then that she lose 5 pounds. To do so—and to stay that way—she consumed "a protein diet of meat and eggs" for 15 years. (The human machine requires the food/fuel we consume to be only 10 to 20 percent protein.) Diagnosed with cancer at 34, Deal's doctor suggested her diet "may" have been a factor, so she integrated more fiber into her diet.

After having a son at age 37, Deal gained 15 pounds. The airline had loosened its weight restrictions a bit by then but still required Deal to lose 5 pounds. As she reported in *Health*: "I would fast on juices for almost a month. Before getting my weight checked, I'd take diuretics and laxatives and almost faint on the scale. It got harder and harder to lose. When I couldn't get my weight down, I'd move up my vacation and literally stop eating. At one point I ended up in the hospital thinking I'd had a heart attack. The doctors said my potassium was low and my electrolytes had been thrown off from starving myself."

Deal also tried a liquid fasting program: "I spent all that money, did what they said, hard-walking for an hour every day. I weighed one hundred forty-six pounds and it just wouldn't go lower. My counselor said 'Why not settle for the higher weight? You look great!' I told her I'd be happy to—I mean, I'm fifty years old!—but I'd get fired."

Deal finally did decide to put an end to the "not eating for three or four days, exercising till I was in pain, and being totally focused on my weight." In September 1991, American Airlines settled weight discrimination lawsuits filed by the flight attendants' union and the Equal Opportunity Employment Commission.

The stark horror of what this woman sacrificed in the name of weight is a monument to diet thinking: *three decades* of serious, near-fatal destruction of her own health, marked by cancer, electrolyte imbalances, and long stretches of starvation. Desperately damaging a normal, healthy body so as not to get fired—this is "weight" mania gone awry.

It's also what's dangerous about not understanding the body. Because someone didn't understand the difference between weight and fat—between muscle and fat—or the precise costs of manipulating "weight," someone decided that a stupid number meant more than Tenita Deal's looks, overall health, or vitality as an employee and a human being.

And it is education that's missing, not a "fuller-figured standard" (as some fashion-model-bashers claim). Note that the problem here was not the standard of looking "slim." If that alone had been the issue, Tenita Deal—at size 10, described as muscular and compact, certainly not fat—would have been fine. No, it was the weight, the number. (Note: In May 1993, the same story was front-page headlines all over again—only the names had changed. The airline was United, the woman was 44-year-old Catherine Brewer [5′ 4″ and 150 pounds], and she was to be suspended without pay unless she lost 18 pounds. Like Tenita Deal, she and other men and women resorted to crash diets and appetite suppressants to meet the airline's weight restrictions. In this case, too, a lawsuit was filed.)

OFF THE CHARTS!

The *Health* article admits that a weight chart is not a precise measure of fatness, yet the whole piece pushes new, more "forgiving" weight charts.

Dr. George Bray, Director of the Pennington Biomedical Research Center at Louisiana State University, "believes that women can safely add some pounds as the decades pass, but not more than 11 over the life span." Oops! Sorry, Dr. Bray, I put on 15 already. Want to tell me those pounds—of lean muscle—were unhealthy?

You think these semantics don't matter? Sit in on one of my workshops sometime and listen to people's stories. See their confusion, their obsession with the number. See how many "normal"-weight people feel awful, and don't look so great, either. See how many overfat people think they're safe because they fit neatly onto the range of a height-weight chart.

It's impossible for any chart to identify a weight that is healthy. No matter how low your weight, bodyfat can be high. No matter how high your weight, bodyfat can be low. A person could weigh in the "ideal" range with 40 percent bodyfat (not healthy) and a very low lean-body mass. Arnold Schwarzenegger does not conform to "ideal weight" charts—yet he is clearly not "fat." Think about it.

But the media and medical professionals still are saying weight. Here, from my ever-growing file, are some choice items I believe keep this nonissue alive. The italics are mine for emphasis:

▶ "I think women should be even *lighter* than the 1959 tables," says Robert J. Garrison, a National Heart, Lung and Blood Institute statistician.

▶ "If that person has high blood pressure, angina, congestive heart failure, or arthritis of the knees, I can get quite excited because he'll improve by losing *weight*," says Theodore VanItallie, a Columbia University obesity researcher.

▶ William Castelli, director of the well-known Framingham Heart Study (on which the "yo-yo study" research was also based): "Look at all the bad things that follow *weight* gain . . ." (But nothing bad follows *muscle* gain!) "The real question is, is *skinny* better?" (No, but leanness is. Skinny and 40 percent bodyfat is terrible.)

In the next sentence, the article's author refers to Castelli as a "leanness advocate." But he isn't—he's a "skinniness" advocate. Do they think it's obvious what they mean? Do they think it's all the same? I talk to people about this every day, and it's not. *They don't know!* They don't differentiate, and it's dangerous.

▶ C. Wayne Callaway does acknowledge, "I also see men who meet the weight guidelines and who have no buns and are all belly and are already having their first heart attack at age forty-six." Yet the rest of the article supports weight as *the* marker of future disease.

Most of the researchers concur that fat is unhealthy, and they provide ample evidence to show it. This we agree on. The trouble comes when they use the word "overweight" interchangeably with "fat," so that people associate the two, look at their weight, and begin to manipulate it in ways that just make their bodies fatter. Dr. Bernadine Healy, National Institutes of Health Director, has said "There is no more important issue in nutrition at large than weight loss and weight control" (*USA Today*). I think there is no more important issue than having professionals and health leaders stop calling it "weight" and start calling it what it really is.

DE-EMPHASIZING SIZE

To a lesser extent, I would encourage de-emphasizing size as well as weight, because even it becomes irrelevant when health and leanness are the real concern. It can be misleading when I say I am a size 2 or 4 if you think I mean that's an ideal size, or that the size alone means I'm healthy and fit. It doesn't.

What's significant is the *change in size*, because when you lose fat, you do get smaller. It's more telling that I dropped sizes by fueling and losing fat than it is to say what size I am now.

To a point, size is also useful to demonstrate why weight is irrelevant, since people who weigh the same weight may differ in size due to vast differences in what constitutes the "weight"—muscle or fat. So it's also telling that others who weigh what I do may be much larger, and therefore probably fatter.

But people of my size can be much fatter as well. One can be a size 4 and be quite fat. You could call such a person "skinny," but not lean, which is why skinny and thin are pretty meaningless. You could also be a size 12 and lean as a rock.

I'd rather be the rock than the mush, regardless of size. I just happen to be the size I am because of my body shape and type, which you can't do much about—not that I can see any reason to want to change that part. There's plenty you can impact. You can't control how far apart your hipbones are spaced; you can affect how much fat is piled on top of them.

I used to care a lot about being "thin." But when I began to think differently—when I began to consider my health and future and strength and stamina, and learned exactly what would give me all of that—well, let's just say being "thin," sickly, flabby, and hungry became decidedly less appealing than being lean, fit, glowingly healthy, and full of food all the time.

FUELING THE HUMAN BODY:
Your Owner's Manual

I hope it's clear to you now that directions all by themselves won't inspire you to go somewhere. Once you have a journey in mind, however, good directions are of utmost importance. And now that you've thought a little about where *you're* going, you need to know how to get there!

If you wanted to get to Boston from Los Angeles, and you had a vehicle, fuel is the one thing—the first thing—you would be sure to have in that car. Without it you simply could not budge. What fuels make your body, the vehicle, run—and what makes it run best?

UNDERSTANDING YOUR FUEL SYSTEM

There is unquestionably a system design to the human body that has fundamental requirements. The problem is that we're given this very sophisticated and important machine without basic instructions. If you don't know precisely what you need, feeding yourself is hit or miss. When you miss, you start breaking down and losing efficiency.

What follows is the education we should all have had as a natural part of growing up—and which I hope future generations will have. It will provide an essential understanding of why I (and virtually every expert on the subject today) recommend you eat the way I call "fueling."

Fueling means learning to work with the way the body works, not the way you think it works, hope it works, or wish it would work. Learning how your body really works is worlds ahead of merely learning "how to eat." If you can predict accurately how your body acts and reacts, you can fuel yourself accordingly, and that understanding is crucial to the sense of ownership that makes fueling something you *want* to, not *have* to, do. Basic science will show you what you need to do to get what you want. It will be obvious what works, what doesn't, and what's optimal.

The following material is based purely on textbook biology and physiology. It's not my theory or viewpoint, nor is it a "philosophy." I've synthesized science and put it in language you can understand. I believe you have a right to this information, even a responsibility to know it. It's the informed part of being able to make informed choices.

THREE DIFFERENT "BRANDS" OF FUEL

Nutrition science defines the six nutrients as protein, carbohydrate, fat, vitamins, minerals, and water. Vitamins and minerals are *micronutrients* while protein, carbohydrate, and fat are *macronutrients*. That's because protein, carbohydrate, and fat are the three primary nutrients your body can burn as fuel, convert to fuel, or store as fuel. Your body runs on them. Without them, your body would be like a computer without an operating system.

What follows is the complete "manual" on each of these fuels and how they operate, so that you know how the body uses each and what happens when they're missing or imbalanced.

PROTEIN (UNLEADED)

Protein is the simplest fuel of the three to explain. The reason it's the simplest is that it's not actually intended to be fuel at all. It can become fuel—that is, the body has the ability to convert it to useable fuel. But protein *as protein* is not utilized by the body to provide energy—to "fuel" or run the body.

So what is protein for? You may remember from high school or college biology that protein was referred to as "the building blocks of the body." And that's exactly what protein is. The body uses protein to repair, maintain, and build tissue. Your body is constantly regenerating and repairing cells and tissue. Protein is critical to this renewal process.

When you exercise muscles regularly, creating a continuing demand on those muscles, the body responds to the need for strength at those locations by reinforcing them. Your muscles "build," or grow bigger and stronger. Protein is needed to do that "building." The antibodies that protect you from disease and heal you are proteins as well.

Protein itself has building blocks of its own: All proteins are made up of chains of substances known as amino acids. There are 22 known amino acids, and the body can manufacture most of them all by itself. But there are eight amino acids that the human body cannot produce on its own, yet that our bodies need in order for protein to perform its necessary functions. These amino acids are called "essential amino acids" because we cannot do without them.

That's why it's important that we eat protein, even though it does not directly fuel the body. If our bodies could manufacture all 22 amino acids, ingestion of protein might be optional. But that's not the case.

Where can we obtain these essential amino acids? By eating protein. What kind of protein? When choosing protein to eat, we have two general types from which we can select: animal protein or vegetable/plant protein. There can be advantages and disadvantages in both groups, but we can choose wisely from either or both and do very well.

From a health standpoint, there are two main considerations when selecting proteins: whether it is a complete protein and whether it is a low-fat (or lean) protein source.

Complete protein is that which contains all eight of the essential amino acids your body needs to run properly and that it cannot produce on its own. All animal proteins are complete proteins; this is an advantage of eating animal protein.

One of the disadvantages of animal protein is that it can be very high in fat. Many meat and dairy products contain well over the 30-percent-of-calories-from-fat-or-less recommended in the new government guidelines, and way beyond the increasingly common suggestion by health and nutrition professionals that we limit our intake of fat to 20 percent of calories or less. However, this doesn't have to be the case. There are plenty of animal protein sources that meet these standards: Lean white-meat poultry, fish, shellfish, very lean cuts of pork (such as tenderloin), low-fat or nonfat cheeses, and other skim dairy products such as yogurt and milk. Even eggs actually contain only 6 grams of fat each. While an egg also contains 275 milligrams of cholesterol, people whose blood cholesterol is below 200 and whose intake of saturated fat is low (less than 10 percent of calories) should not have a problem with eggs a few times a week. It is possible to find special cuts of red meat with fewer than 30 percent of calories from fat, and an occasional (once or even twice a week) serving of beef should not be a problem, especially if you are otherwise fueling yourself consistently.

In my work, I take no personal position about eating animals; that is for other authors to explore. My concern is for humans to be able to eat a 10 to 25 percent fat diet that is delicious and satisfying and that provides all necessary nutrients. So I have no "beef" (okay, pun intended) with any animal protein *that is lean*.

By the same token, I have no disagreement with people who choose to eat only plant food. I applaud that decision, whether it's based on human or planetary health, or both. Again, my one concern about vegetarian protein is that it be low in fat. It's a common fallacy that a vegetarian diet is automatically a healthy one. I've met numerous vegetarians who prided themselves on their natural, organic, earth-friendly diets, but who fueled so poorly (so little food, so infrequently, and/or so much fat) that I doubt the lack of additives made much of a health impact.

A vegetarian diet is not inherently low in fat. Vegetarians

may load up on cheeses, nuts, and nut butters, eggs, beans, and bean curds made with lots of oils, and other greasy fare. A vegetarian may consume more fat than someone who eats burgers regularly!

It's certainly just as possible to eat low-fat vegetarian protein as animal protein. This is done by choosing low-fat and nonfat cheeses and other dairy products, eating nuts and seeds and eggs sparingly, and making beans and legumes the greatest share of protein intake.

The bottom line: Both a vegetarian diet and one that includes animal product can provide adequate protein and remain low in fat.

When choosing plant protein—beans, legumes, grains, nuts, or seeds—you need to combine several foods in order to get a *complete protein*, which provides all of the amino acids you need. While any animal protein contains all eight essential amino acids, plant proteins do not. Each contains different combinations of some of the eight. Some plant foods contain amino acids that others do not. Therefore, you can obtain all eight by eating plant foods that, when combined, provide complete protein. Beans and rice is an example of one such combination, reflecting the instinctive wisdom of many ethnic cultures and their cuisine.

By combining the two foods, you get as complete a protein as if you'd eaten animal food. On the next page is an easy-to-use chart that will guide you in combining some commonly eaten foods in order to get complete protein.

Also be aware that a 1987 study at Loma Linda University in California showed that animals fed rice and beans separately grew as quickly as those fed these foods at the same meal, so the idea that you must combine your proteins at exactly the same time may be outdated. If you eat a wide variety of foods throughout the day, it appears you'll absorb the full complement of amino acids.

One more important thing about protein: The body cannot store protein as protein. There are no caches of protein socked away for "rainy days," on call to fill in if we don't happen to eat protein for a while. Therefore, since the body is always using protein but lacks the ability to store it, we need to eat protein on a consistent basis.

COMBINING FOODS TO MAKE COMPLETE PROTEIN

GRAINS

Rice, wheat,
rye, oats, corn,
millet, buckwheat,
barley, bulgur,
corn, quinoa

NUTS/SEEDS

Almonds, walnuts,
cashews, pecans, Brazil
nuts, pistachios;
sesame, sunflower,
pumpkin seeds

BEANS/ LEGUMES

Dried peas;
lentils; kidney,
pinto, lima, navy,
and black beans;
soybeans;
chickpeas

*Combine beans/legumes with either grains or nuts/seeds for complete protein if
you eat no animal proteins (meats, eggs, dairy). Recent studies show that you need not
combine them at the same meal in order to absorb all the essential amino acids.
Simply eat the complementary proteins sometime during the same day.*

That doesn't mean we need to eat a lot of it. Be sure you don't confuse consistency with volume, because it's a common mishap. The typical American, having been taught that protein is the "ideal" food, harbors related misconceptions (such as that eating a lot of protein builds muscle even if you don't exercise). While protein is necessary, we don't need heaps of it—and we certainly don't need it loaded with fat.

The U.S. Recommended Dietary Allowance for protein is 58 to 63 grams for men and 46 to 50 grams for women (60 to 65 grams for pregnant and breastfeeding women). Some nutritionists consider even that to be too much. But let's say that's the place to start—certainly it is a maximum. Think of it this way: Even breast milk is only about 5 percent protein—and it's designed for an infant's body, which is doubling in size during the first year of life. If a baby can grow on a 5 percent protein diet, then we ought not need much more than that.

Let's put these recommendations in better perspective: A 6-ounce sirloin steak has 45 grams of protein. A cup of nonfat milk offers 9 grams. A cup of cooked pinto beans provides 17 grams. A 2-ounce serving of tuna has 12 grams of protein. An eight-ounce yogurt plus an ounce of nonfat cheddar cheese would equal 24 grams.

Most people I've worked with either consume way too much protein or little to none. Some people alternate the two, eating none for a while and then gorging themselves on, say, a huge serving of beef. This is especially inefficient. Remember, your body cannot store protein as protein. The result of such erratic protein intake is a body that is without the necessary repair and maintenance tools much of the time, yet is occasionally overloaded with more than it can use.

If the body can't store protein as protein, what can it store protein as? Well, you've already seen that the body can turn protein (either dietary or from your lean-muscle tissue) into carbohydrate fuel if you run low on carbohydrate (glucose). Protein can convert itself in another way, too. When you've consumed more protein than the body can use in the next several hours, your body will break down the excess protein and convert it to fat. Protein can be stored as fat. (That's in addition to the fat that was already present in the food.)

Few people need the extra fat converted from excess protein "runoff," but there are other good reasons not to leave your body consistently converting protein to fat. Your body is no happier when you are de-aminating (breaking down the amino acids) for conversion to fat than when you are de-aminating to make glucose. Since protein is nitrogen-based, nitrogen is one of the waste products given off by this breakdown, and that toxin must be treated and excreted. You place undue stress on organs that wouldn't be called on otherwise. It's a lot of work to take amino acids apart and clean up the "ash" they leave behind.

Also, too much protein in the body has been shown to "leach" calcium from the system, and American women tend to have difficulty maintaining adequate levels of calcium in the diet and in the body to begin with.

Water loss is another result of protein breakdown, because the body uses as much water as possible to flush the poisonous ash of protein-burning out of the body. (This water loss caused by carb-deprivation protein breakdown is misinterpreted as a happy circumstance by people who confuse "weight" loss with fat loss.)

So if protein isn't supposed to fuel the body, what is? Both carbohydrate and fat do—and here's how each of them, in their own way, provide fuel for the human body to run.

CARBOHYDRATE (SUPREME)

I've already gone into carbohydrate in some detail because an understanding of its functions is so critical to eliminating "weight" as an issue. We've also discussed why carbohydrate deprivation has terrible consequences for your body. But how exactly do we fuel the body to circumvent muscle breakdown?

Carbohydrate is the human body's primary source of *immediate fuel*. Most of the time, our bodies use more of it than anything else. Even at times when the body may use more fat than carbohydrate, the body is still using some carbohydrate—it cannot run without it. The brain and central nervous system run purely on carbohydrate, and would cease to function if none was available.

Since the human body is brilliantly designed for survival, a built-in mechanism kicks in another fuel source when carbohydrate runs low. Your body's ability to take protein (from the diet or your muscle) and convert it to carbohydrate fuel is one of the key mechanisms your body has to guard against carbohydrate shortages.

You've already seen how the loss of muscle adds up to loss of "pounds"—loss of metabolism-raising, fuel-burning tissue. If dietary protein is diverted for use as fuel, it is not available for its primary functions of cell and tissue repair and maintenance. Any muscle tissue broken down by exercise and daily use does not get replaced, because dietary protein is being "stolen."

Under ideal circumstances, your body need not turn to this emergency action. To prevent the unnecessary diversion of muscle or dietary protein for conversion to carbohydrate fuel, you can do something very simple: *eat*. Delivering carbohydrate fuel to your body means eating carbohydrate food. Clearly, this makes eating not only normal and healthy, but necessary.

Complex carbohydrates make the best fuel—whole-grain breads, cereal, rice, pasta, potatoes, fruit, beans. (Beans also provide protein—in fact, most foods provide some of all three fuels we discuss here, but in varying proportions.)

In the process of digestion, carbohydrate is eventually broken down to a simple, useable form called glucose. Glucose is the form of carbohydrate the body consistently draws on as its energy source. Glucose operates from the bloodstream; that's the "rendezvous point" for delivering fuel to the muscles.

There is a blood level of glucose that is appropriate for each of our bodies. Too much—high blood sugar—is a manifestation of diabetes, in which insufficient levels of insulin inhibit glucose's ability to enter and fuel the muscle cells. Too little glucose in the bloodstream to adequately fuel you—"low blood sugar"—is also an undesirable condition. As a chronic condition it can be the result of a disease called hypoglycemia (although true hypoglycemia is rare).

Many people diagnose themselves as having hypoglycemia, when in fact their blood sugar is low simply because they haven't replenished it by eating enough carbohydrate food, or eating it often enough. People starve themselves, either unwittingly or consciously, and then declare themselves hypoglycemic. That's not being hypoglycemic. That's being human. "Low blood sugar" is descriptive; it is a symptom, not in itself a disease.

Since your nervous system runs on glucose exclusively, you can bet you'll feel dizzy, headachy, and unable to concentrate if your brain's precious glucose supply is dropping. But that it drops is a normal, predictable occurrence. If you have a tank full of something you use all the time, what will happen to what's in the tank? Your car's gas tank can be filled only to a point; if you drive constantly, the level falls until at some point you must refill it.

Most people regularly experience low blood sugar, yet don't connect the symptoms to how long ago they last ate. If they do make the connection and recognize their need to eat frequently to avoid these symptoms, they think they are "special." This is analogous to believing your car is broken—or special—because after a full day of driving, you actually had to fill the gas tank again.

Now you know that you use carbohydrate constantly, and that blood glucose is the primary end product of the carbohydrate you eat and the form that the body employs as fuel. Given that, the key to keeping your energy level high is to keep carbohydrate intake consistent so that the glucose level remains steady. Your blood glucose level is practically synonymous with your energy level. If your energy is low, how much carbohydrate you're eating and how often is a good place to look first. It's the bottom line.

GLUCOSE ISN'T STORED. Glucose in your bloodstream does share some characteristics with fuel in a tank. But your bloodstream is not a storage tank for glucose; it is better thought of as a "rendezvous point." Your blood is where it hovers or "hangs out"—kind of a stopover—prior to its delivery to muscle cells, where it is burned for energy.

There's only so much glucose that your body will allow

to "wait" in the bloodstream at any one time (as you can probably imagine, there are many other things going on in your blood—and in your whole body—besides the ones we're examining). That means there's not only a minimum level of blood glucose you want to maintain, but also a maximum that your bloodstream can bear. You cannot jam endless amounts of carbohydrate into your body and keep it all as glucose for later.

The amount of glucose your bloodstream can "hold" will last from about three to five hours. This amount varies depending on the individual, and is a factor of how quickly you burn fuel in general (primarily determined by how active you are, how much lean mass you have, and how effectively you utilize fat as a "supporting fuel").

This means that *a crucial part of fueling is eating carbohydrate every three to four hours*. While you may be able to go a little longer than that without feeling it or triggering a deprivation response, this time frame will cover just about everyone. In fact, in my experience, most people feel better if their carbs come less than four hours apart. It certainly won't hurt you to "re-fuel" sooner than later. Doing this keeps blood glucose steady and energy up, and ensures that you never need to steal muscle to make the precious glucose that fat cannot adequately replace.

Obviously, regularity and consistency is significant to carbohydrate fueling. Given the system's design, the same amount of carbohydrate eaten all at once (instead of in many snacks and meals) will not be efficient. You cannot make carbohydrate last twice as long—say, six to 8 hours rather than three to four—by eating twice as much at once. That's like trying to put 20 gallons of gas in your car's 10-gallon tank, hoping that you can drive twice as far without a re-fuel. You'll get only 10 gallons in the tank, the rest will slop over the side, and you'll still have to re-fuel after the 10 gallons are gone.

What if you do eat "20 gallons" of carbohydrate when "10 gallons" would do? What if you consume more carbohydrate than your body can use as glucose over the next several hours? You still won't be able to go twice as far without re-fueling—because you can't "stock up" on glucose, and so the excess is not stored as such. But fortunately, if it's complex carbohydrate, neither will it make much of a mess (the way the extra 10 gallon of gas does as it drools over the side). To understand why, first you must see why quality fuel is *complex* carbohydrate.

COMPLEX VS. SIMPLE. Your choice of carbohydrate fuel is as important as its timing. The complexity or simplicity of a carbohydrate determines how rapidly it reaches the bloodstream as glucose. The complex carb, as its name implies, is complicated; it has many parts and pieces to it. Therefore, it will take more time to disassemble and will reach the bloodstream more slowly.

The simple carb, as its name indicates, isn't at all complicated and takes very little effort to break down. In fact, a simple carb (such as refined flour and sugar) is already nearly broken down. It arrives in the bloodstream almost instantly. This makes it an inferior choice for energy, health, and fat loss.

Why would a simple carb's speedy arrival represent a problem? You want to get your blood sugar up as fast as you can, don't you? No. The longer amount of time complex carbohydrate takes to break down and reach the bloodstream is healthier. And it won't feel like too long unless you've already dipped into the hysterical zone and are hungry enough to eat cardboard. (Ideally, you don't let it get to the deficit point; that's part of what "fueling" is about.)

The "rush" of glucose you get from simple sugar is counterproductive, and here's why. As glucose arrives in the bloodstream, your pancreas, a gland, is signaled to produce a hormone called insulin. Among other things, insulin manages the metabolism and delivery of fuel—including carbohydrate fuel to cells that can burn it for energy. Sufficient levels of insulin ensure that blood glucose is metabolized and escorted to the cells that need fuel.

When blood glucose levels rise moderately—via the slower, steady breakdown of a complex carb—the pancreas has sufficient time to gauge precisely how much insulin is needed to manage that amount of blood glucose. But when blood glucose levels suddenly soar, the pancreas does not have time to accurately match insulin to the new glucose level. It has to act rapidly on limited information.

Yet it must get some insulin into the bloodstream immediately. That's a safety mechanism to keep blood sugar from remaining unnaturally elevated, which is what happens when the pancreas does not produce enough insulin, or any insulin at all. (That's diabetes. Unless insulin is artificially provided, blood sugar is "stuck" at the rendezvous point—the bloodstream—unable to gain access to the muscle cells that desperately need it. Untreated, in extreme cases, this can result in coma and/or death.)

A non-diabetic body will not allow this to happen. Since it hasn't been given sufficient time to act accurately, our clever survival machine selects the lesser of two evils—too much insulin rather than too little. It reacts to an instant surge of blood sugar by overshooting its mark. This ensures that at least the burst of sugar will be safely cleared out of the bloodstream, rather than stranded in the blood without proper management.

The problem is that oversecretion of insulin produced by your panicked pancreas overclears the blood of glucose. Insulin stimulates the liver and muscle and fat cells to remove glucose from the blood and use or store it. You're left with a blood sugar level lower than when you started—and you're hungrier and more desperate for fuel than ever. You experience what you may have called the "sugar blues," "sugar blahs," or even "hypoglycemia." But it's not a sickness—just your body's way of handling an inefficient fuel source.

A very large meal (the kind after which you are stuffed to the gills), incidentally, has about the same effect on the pancreas as simple sugar overload. The pancreas is overwhelmed and again produces too much insulin in its effort to manage the onslaught of fuel.

Now you're back at square one, low on glucose and needing more carbohydrate. At this point, if you don't understand what is happening in your body, you might eat more sugar—seeking the quick burst you got the time before, hoping this time it's not so short-lived (but it will be). You might soar and crash many times over before you figure out it never will work. I remember riding that roller coaster, and I know it's frustrating.

Or, at this point you might say, "Forget it! I ate something and it just made me feel worse, so I won't even bother." You let your body handle the glucose deficit in a makeshift way. And it does: Desperate for glucose and unable to get a meaningful amount from anywhere else, it turns to your muscle, and/or any protein you've eaten.

In addition to being a poor strategy for maintenance of steady high energy, flooding the system with simple carbohydrate also encourages fat storage. The attendant oversurge of insulin not only ushers away too much glucose too quickly but also creates an easy pathway for fat to enter fat cells. That's because insulin acts somewhat like a key unlocking cells. It's a master key: It unlocks muscle cells to let the glucose in, but it also unlocks fat cells. When an excess of insulin is circulating in the system, it will routinely unlock fat cells for the entrance of any dietary fat also present in the blood (triglyceride). (And triglyceride levels are likely to be elevated since sugar and fat often come in the same package.)

If you value high energy, you need fuel that gives good mileage. That means carbohydrate whose complexity allows the pancreas time to process and respond with precision, providing insulin appropriately to manage a stable blood glucose level.

COMPLEXITY DEMANDS ENERGY. A carbohydrate's complexity provides a second important advantage. A complex carbohydrate will expend not only more time but also more energy in processing—and that makes it less likely to wind up as fat. Technically, excess carbohydrate can be converted to fat and stored as such—just as excess protein can and will be. But it's downright difficult to eat "too much" of, or "get fat" on, complex carbohydrate.

For one thing, a high-carbohydrate diet gets your body burning. The energy required to process the "complicated" complex carbohydrate elevates your metabolism.

For another, excess carbohydrate has other potential destinations besides fat storage. There is a special "fuel tank" I haven't mentioned till now—a small stash of a carbohydrate called *glycogen*, which is stored both in the liver (for use by the whole body) and in the muscles (for use by the muscles themselves). The body cannot store glucose in the blood-stream, but glycogen is a way the body can store carbohydrate fuel.

The body can't store very much glycogen—that's why you can't run indefinitely on glycogen when glucose runs low. In fact, the body stores just enough glycogen to fit in the palm of your hand—1,200 to 1,400 calories worth. Glycogen is true emergency carbohydrate: While glycogen in the muscles will be called upon in a carbohydrate deficit situation (typi-cally athletics), the liver usually hoards its cache until the situation is far more dire.

So the first stop for excess carbohydrate after blood glucose levels are maxed is to replenish glycogen stores. When those tanks are "topped off," any remaining excess can potentially be stored as fat. But wait! The body disdains storing carb as fat. It's a lot of work. Your body expends three calories to turn 100 calories of dietary fat into bodyfat—but to convert the same amount of carbohydrate calories into fat, it will expend 23 calories of energy.

In other words, it costs your body about one-fourth of any excess complex carb to turn the rest into fat. If you eat a bagel and the entire thing is more than your body needs anywhere else at the time, one-fourth of the bagel will be "donated" as energy for the processing of the rest.

Another plus: Complex carbs tend to be high-fiber foods. That means that if 65 percent of your fuel comes from com-plex carb food, you don't have to wonder if you're getting enough fiber or count fiber grams. And since high fiber, complex carb foods are filling, they'll probably keep you too full to eat enough junk to do damage if you make them your priority fuel.

REAL-LIFE PROOF. This is partly why I was slowly able to increase my fuel intake to 2,500 calories a day—even while cutting my exercise to half of my previous routine—and drop several dress sizes in the process. About 70 percent of those calories were complex carbs and only 10 percent

WHY EXTRA CARBOHYDRATE WON'T NECESSARILY BE STORED AS FAT

If, for example, you eat this "extra" slice of bread at lunch, your body will not necessarily convert it all to fat for storage. Your body exercises a number of options: it will put some to immediate use (glucose); store some in another carbohydrate form (glycogen); *then* convert what's left to stored bodyfat. Even then, all of the remainder does not end up as fat; your body "spends" some to fuel each of these processes.

Converted to glucose ⇨ bloodstream
for use as energy

Converted to glycogen ⇨ liver/muscles

Converted to fat ⇨ stored

Burned as fuel to meet the energy
"cost" of conversions/storage

were fat. My body expends a great deal of energy just to break down all that carbohydrate to simpler forms such as glucose or glycogen. Of the carbohydrate that remains, much is distributed to the bloodstream as glucose for energy, routed for conversion to glycogen stores, or delivered directly to cells for use as fuel.

If there's still excess carb after all that, my body will convert it to fat. But even then, 23 percent of whatever's left won't wind up as fat but will instead be "paid" as energy required for that conversion. And since I am fueling frequently and plentifully, I'm not losing any precious fat-burning muscle tissue—and in fact have gained muscle, which in turn also supports my caloric increase because that extra muscle requires extra fuel. Suddenly, 2,500 to 3,000 calories a day for a woman who's not exceptionally active makes more sense.

How anyone could consider trying a high-protein, low-carbohydrate diet for any reason after understanding this simple physiology is beyond me.

There are yet other factors, besides muscle loss, that make starving "fattening." They're detailed in the next section.

ALCOHOL IS ETHANOL. Alcohol is a carbohydrate of sorts, but not one that provides any nutrient value. It's very poor fuel. More to the point, the active ingredient in what you think of as "fruity" wine or "dry" beer is actually ethanol alcohol. Kind of a sobering thought, isn't it? But as with everything else, it doesn't mean you should never drink—just that you choose based on complete facts. Understanding what it is and what it does may not make you stop drinking, but then that's not the purpose. As with fat, the most reasonable and effective way to choose your alcohol indulgence is to keep it moderate and make it special.

Ethanol is very definitely a toxin, and your liver can process only an ounce of it every hour and a half. If you drink another ounce before it is finished processing the first, that second ounce will circulate in your bloodstream, "on hold" until the first ounce is processed.

Since alcohol is recognized by your system as an unwelcome intruder, treating and excreting it is a priority. Therefore, some other functions—including nutrient processing and absorption—are delayed or displaced. Some nutrients are lost forever. And while the second (or third or fourth) ounce is waiting, this toxin is passing through body tissues and cells.

FAT

WE DON'T UNDERSTAND FAT. Fat. While our culture incessantly talks about it, reads about it, writes about it, obsesses about it, and tries to avoid it (often unsuccessfully), there is a stunning lack of awareness about what fat is for and how it's really created. That ignorance allows Americans to do things that are totally inconsistent with the body's "system design"—ironically encouraging the body to do what they want least: be fat.

We rail against it as if it were a beastly substance with evil intent; it is our nemesis, the bane of our existence. Yet fat is not inherently a curse and does have a reason for being. It's important to understand *why* and *when* your body makes fat, because if you know which circumstances make it proficient, you can easily sidestep them. Rather than fostering a hatred of fat and blindly trying to tear it off of your body, realize that it does have its place and that—with knowledge— you can help to determine its destiny.

However much fat your body has stored is almost always an appropriate bodily response to how you eat—or, more likely, how you *don't* eat. Your body adjusts to what you do to it. You look at your fat and think "something's wrong"— but there's actually something right (just as there's nothing "wrong" when you're hungry three hours after a meal). It's how your body works.

YOUR BODY DOES USE FAT. Your body actually uses a combination of carbohydrate *and* fat for fuel *all the time*. I've said that carbohydrate is the body's critical fuel, and this is true: The body cannot run without it. However, the body uses fat as well, alongside carbohydrate, albeit in a different way.

Some people's bodies use more fat, all day long, than other people's bodies. Numerous factors affect how much of your energy need is met by fat rather than carbohydrate. Several major factors are within our power to change, though not overnight. "Fueling" is key, because how we eat (or don't eat) and how fit we are both directly and indirectly influence how willingly our bodies use fat.

How readily our bodies use fat for fuel—or, more specifically, the ratio of carbohydrate to fat used for fuel at any point in time—depends mainly on three things: your fitness level and body composition; what activity your body is engaged in at that moment; and whether you've been regularly and properly fueled.

Fitness level and body composition. A superfit athlete burns more fat—whether at rest or in competition—than the average person. Those with more muscle, those with very fit muscle (enhanced oxidative metabolism), and those with expanded cardiovascular capacity utilize fat as fuel more efficiently.

What activity your body is engaged in at the moment. The extent of your body's usage of fat for fuel at a given time depends in part upon the task at hand. There are times when fat actually will be the front-runner fuel of choice, and (more often) times when it won't. To understand when the body might favor fat over glucose, it helps to understand the strong suits of each.

Carbohydrate provides fast energy. Glucose is readily and rapidly burned for energy, and it is always present in the bloodstream at some level (either from carbohydrate food you eat, glycogen converted to glucose, or, failing that, from protein your body steals and converts). Glucose is always "on call," ready to be pulled into action.

While carbohydrate is the dynamic superhero of energy, fat is the strong, silent partner. Fat burns slowly. Slowly and quietly—but powerfully—it provides long-lasting sustenance and endurance.

Each fuel has its place. Fat is more ideal for some situations (such as a long hike or bike ride, when fuel must be doled out steadily and yet last long), while pure carbohydrate is best for others (such as an unexpected sprint). In each fuel's ideal venue it takes the lead, and the other moves to the background as the "support fuel." Either way, your body can draw on both at the same time; it's not usually an either/or proposition.

Whether you've been regularly and properly fueled. Your body makes, stores, and conserves fat under certain conditions—conditions you can avoid through the way you eat. Whether you are fueled frequently, and with quality, is crucial to whether your body uses or stores fat.

Of the three factors listed above, this one gives you the most power to encourage maximal fat usage. The others are less malleable: Your physical fitness level *is* a factor that can be altered, but that takes time—and itself requires good fueling. And all bodies essentially favor fat for long-term aerobic activity, and glucose for short-term and/or anaerobic activity.

But fueling regularly and purposefully is your chance to encourage the maximal use of fat at those times when fat is an appropriate fuel—whatever your fitness level. The way you eat can set the stage for your body to either seize or waste the opportunities it has for using fat. For example, a body "trained" by underfueling will not use fat as liberally, even during an aerobic workout, as one that has been well fueled.

"I'M ONLY TRYING TO HELP"—HISTORY REPEATS ITSELF. There is a physiological and historical logic to the fact that we store fat and to the conditions under which we do so. The environment that's ripe for fat creation is one of scarcity. When your eating habits signal that food is scarce, safety switches are tripped to make you more efficient at fat manufacture and fat conservation.

Fat was at one time so important to surviving scarcity that homo sapiens developed many different methods to ensure its efficient "stockpiling." When famine was a fact of life, the humans who survived were those who could stay "fueled" even when the environment didn't provide sufficient food for fuel.

The human body we each have today is practically identical to the model designed approximately three million years ago for a very different lifestyle. Life has changed radically, but our bodies haven't. Today, unlimited quantities of food are readily available to most of us—a situation that did not exist during the eons when the human body was evolving. We have bodies that are brilliant at making, storing, and conserving fat—at a time in history when, in America at least, that's no longer necessary.

WHY FAT? As stored fuel goes, fat boasts many advantages over carbohydrate. If you were designing the human machine for survival, you'd choose fat as most efficient for storage. There are a number of reasons for this.

More MPG (miles per gram). A gram of fat will take you more than twice as far as the same quantity of carbohydrate. Fat has 9.3 calories per gram. Protein and carbohydrate each provide 4.1 calories for every gram. Therefore, even 2 grams of either carbohydrate or protein would not provide as much fuel/energy/calories as only 1 gram of fat. Why store 2 grams and get 8 calories of stored fuel, when you can store 1 gram and get 9 calories?

Slow and steady. Fat is also efficient as a rainy-day fuel because it burns very slowly. Fat reserves by design are not depleted rapidly, even when you do "dip in" to them. A person with bodyfat in the average range could live off fat stores for two to four months, an obese person four to six months. Remember that fat is usually the background fuel. It burns so slowly that it would be virtually impossible for any of us under normal circumstances to use it all up. That's a safeguard.

No limits. Remember I said the body cannot store excess protein as protein, and can store only tiny amounts of carbohydrate as carbohydrate? Well, the body can store fat as fat—in unlimited amounts. That means no matter how much your body decides it should put away, your body will never run out of room. It will stash it somewhere. We don't always like where, but, frankly, your body doesn't care what you look like in a skirt. It is a machine engineered for self-preservation. If it runs out of fat cells to pack fat into, it will simply manufacture more fat cells.

MULTIPLE FAT-CREATION STRATEGIES. Since stored fuel is the link to life in the event of famine, and fat is the storage fuel of choice, your body actually has multiple methods of ensuring that this lifesaving padding is sufficient when you eat (or don't eat) in a way that hints of a "fuel recession." Your body will gather, save, and resist "spending" fat.

In addition to using lean muscle to create emergency glucose in response to a "fuel shortage," a poorly fueled body will also:

Make more fat. Your body can make fat out of any food you eat—even if it's not fat to begin with. Protein and carbohydrate can both be turned into fat. If eaten in ideal amounts (total daily calories about 15 to 25 percent protein, 60 to 70 percent carb) they'll be used for their own purposes rather than converted. But more of everything you eat is converted to fat if the system detects a need to stock up.

One of the few conversions that doesn't happen is from fat to anything else. Remember? Except in minimal, inadequate amounts, fat cannot be converted to glucose or glycogen or any other form of carbohydrate (only about 5 percent of a fat molecule's total weight—not sufficient to adequately fuel the brain and nervous system—can become glucose). That's why it is muscle/protein, not fat, that is used to replenish glucose levels when you're starved of carbohydrate. Neither can fat be converted to protein. Fat is either immediately burned as energy—or stored and potentially used later for energy. *Fat is fat and that's that.* And why not? A smart machine wouldn't offer any way of turning its crucial backup fuel into anything else. Fat is designed for keeps.

Store more fat. If you tell your body "food is scarce!" it will ensure that your rainy-day fuel—fat—gets stored efficiently. It creates a fertile environment for the storage of fat, encouraging the fat you eat to be stored rather than used, and more of other fuels to be converted. One way it rolls out the red carpet for fat storage is by increasing the production of lipoprotein lipase (LPL), an enzyme designed to transform dietary fat into stored fat (adipose tissue). Because of the expediency with which LPL does this, it has been dubbed "gatekeeper of the fat cell."

Studies show that LPL quantities increase significantly during periods of calorie reduction, and that it takes much longer for those enzyme levels to return to normal than it does for them to increase.

This means when you starve yourself, you actually increase the body's natural propensity for storing fat from food. When you stop starving and start eating (maybe even bingeing, because you've made yourself hysterical with hunger), your body's heightened fat-storage enzyme level doesn't dissipate immediately; the return to normal levels is a slow process. So your body remains for some time biochemically as eager to store fat as you are to eat food.

Conserve fat. Yet another way your body guards against fat loss is to be thrifty about spending it. Is a giant recession the logical time to recklessly spend your savings? Then why expect your body to freely part with fuel saved to sustain you in famine—when how you eat (or don't) suggests famine is imminent?

Thus, as a third main safeguard to prepare you for a famine, when your body senses too little fuel coming in consistently it will slow down its use of fuel to "stretch" whatever it receives and guard its stores. This usually shows up as a decline in our basal metabolic rate (BMR).

YOU HAVE SOMETHING TO SAY ABOUT YOUR BODY'S RAINY DAY. The fact that your body is greatly skilled in making, storing, and conserving fat doesn't mean it must use those skills. (You may be very good at the firing range, but having the skill doesn't mean you randomly go around shooting.) The body activates its complex fat-maximizing systems when it's signaled to do so—but we don't have to set those systems in motion.

The problem is that we do. Typical American eating patterns give false signals that hyperactivate these fat conservation systems. The main premise of starvation for "weight loss" is "my body will have to use up my excess fat if I don't give it anything else." But as you've already learned, the body doesn't run on fat alone. If it runs low on carb fuel it will relinquish fat-burning muscle tissue for conversion to glucose. You can't get your body to use fat and fat alone, because it won't. Body fat can never be converted into glucose to feed the brain adequately.

In fact, without carbohydrate, fat can't even break down properly. The fat you do lose while eliminating carbohydrates from your diet is not being burned cleanly. "Without sufficient carbohydrate, the body can't use its fat in the normal way. (Carbohydrate is needed to combine with the fat fragments so that they can be used for energy.) So the body has to go into ketosis (using fat without the help of carbohydrate), a condition in which unusual products of fat breakdown (ketone bodies) accumulate in the blood." (*Nutrition: Concepts and Controversies*, Eva May Nunnelley Hamilton et al., 1991.) Ketosis is definitely an unhealthy process for anyone, and can even cause brain damage and mental retardation in infants of women who experience it during pregnancy.

PRE-FAMINE: READY, SET. . . . Sometimes people ask why the body doesn't use fat when we starve ourselves, if starvation is what it's saving the fat for. The answer is that your body is saving fat for the real thing. Storage and maintenance occur in *preparation* for famine. You get ready, you get set—but you don't go. Real famine is a life-threatening condition, and most Americans probably won't ever be exposed to it.

And that's something to be thankful for. Your body would need to be in the midst of an authentic famine to actually begin the advanced, unnatural, and unhealthy emergency process of making fat its mainstay fuel. After three to five days of absolutely no food, your body would back off of muscle breakdown and begin digging into the fat cache it has created. The only possibility for making carbohydrate available would be conversion of your own muscle, so once the body lays off to preserve lean tissue, fat is used incompletely, as described above. This is the kind of wholesale starvation the Somalis, for example, endure.

This would be a rather dramatic and dangerous way to lose fat, not to mention miserable—and, most of all, unnecessary.

TAKING PRE-FAMINE SERIOUSLY. Shoring up for a famine is as unnecessary as actually having one. Since starvation grooms your body for fatness, a key to getting your body willing and able to use fat is reconciling your definition of starvation with that of your body.

The level of denial at which your body's red-alert is engineered to go off may not be a level you recognize as deprivation. Because of diet thinking's distorted perspective, what is devastating to your body may feel "normal." You may think: "I'm just skipping lunch." "I'm just trying to lose weight." "I'll eat later." "I forgot." "I was too busy to eat."

Many believe hunger is good, that it means "losing weight." Satiety becomes almost sacrilegious. The result of this thinking, and the eating habits that accompany it, are bodies that are always in a state of shoring up, constantly suspended in the pre-famine preparatory phase. A real famine never actually arrives. We just keep preparing . . . and preparing . . . and that's a major reason why America is overfat. Starving is fattening—and dieting, which at least half of all Americans are doing—is self-imposed starvation.

EASY, ENJOYABLE EATING SIDESTEPS FAT CREATION. Happily, to avoid sending these signals is a function of avoiding starvation—or anything close to it. That means doing something you probably won't mind at all—eating carbs steadily throughout the day (as well as that small amount of lean protein at each meal).

Even if you've trained your body to be thrifty, it can be retrained to be spendy. It just takes time—and patience. It doesn't happen overnight. You've got momentum in one direction; you've got to slow down that momentum, do a hairpin turn, and get going in the other direction. But it can be done. Given that you've got a whole lifetime, why not start now?

EATING FAT

LESS FAT, YES—NOT LESS FOOD!

Eating more fat than is used as fuel *will* also make a body fat. All but the most athletically challenged bodies will consistently use more carbohydrate than fat. If you consume more fat than the small amount your body needs, it will—surprise!—be stored as fat.

Clearly, though, a fat-fertile body is the product of much more than fat consumption alone. Just cutting dietary fat won't change your shape much. If you cut much food out with the fat, you'll train your body to get fat and stay fat. You may lose "weight"—but it will be mainly muscle.

Now you can see why "eating too much" is not the issue you think it is. Most people I teach eat *too little* to fuel their activity. Clients who claim to "overeat," it turns out, consume just a fraction of what I do. One client told me she drank diet soda all day to quiet her hunger. This is common—and senseless. Hunger is not "bad"! It's because of your meager eating—not in spite of it—that your body makes and stores more fat, and uses less. "Too much" may apply to fat or protein, but surprisingly rarely to total food volume.

YOU DON'T NEED TO ADD ANY!

There are a couple of distinctions to make when it comes to consuming fat.

The first is *source fat vs. added fat*. This distinguishes between the fat that is already naturally in food and the fat that we add to food.

Source fat is that which is already in food. The 8 grams of fat in a 4-ounce chicken breast is source fat. The olive oil you sauté it in is added fat. The 2 grams of fat in ⅔ cup oatmeal is source fat (even plain grains contain a small amount of naturally occurring fat). The fat in the cup of whole milk you add to the oatmeal is added fat.

Since most food has some source fat, it would be impossible to eat a completely nonfat diet without restricting food variety so severely that overall nutrition would be compromised. So the idea is not to eat a nonfat diet—though I've met many people who think that is the goal (or who think they already do it).

What is a low-fat diet? Let's simplify all the media-borne

clutter on this and look at the facts. The U.S. Recommended Dietary Allowance suggests that 30 percent of your calories or fewer come from fat. Most disease, research, and nutrition experts today recommend 20 percent; research on several types of cancer have suggested that 30 percent is still well above the threshold that impacts prevention. Prevention diets for breast cancer, for example, are consistently close to 20 percent.

To give you a frame of reference, I now average a 10 percent fat diet (although my daily intake can vary between 8 and 20 percent of calories from fat, based on approximately 2,500 calories a day). This is lower in fat than I suggest to the average person, although it is the percentage Pritikin insisted upon, and the one Dr. Dean Ornish uses to reverse heart disease. I'm more conservative with what I recommend to our clients because 10 percent is still considered extreme by the "mainstream" health community and may seem that way to clients as well.

I definitely encourage a minimum of 10 percent, because there is still very limited data on how less might affect the body. Less, for example, may inhibit proper use of fat-soluble vitamins. And it seems sensible to me that if your body makes, stores, and saves fat more zealously when deprived of carbohydrate fuel or just total caloric intake, a too-stingy fat intake might well trigger a similar response. Still, I'd bet that if it should ever be found that eating less than 10 percent of calories from fat is "too little" for whatever reason, the negatives probably won't even begin to approach those associated with a 40 percent fat diet.

It's true that we need some fat in our diet, but the amount we absolutely need is less than one-twelfth of the average American's intake. Today that average intake hovers between 36 and 42 percent—and it's been stuck there for a long time. Having fat comprise 3 percent of your diet would be sufficient for vital functions. You could get the trace amount of fatty acid that's critical to cell life from a small bowl of plain oatmeal or a couple of slices of wheat bread. Again, though, that doesn't mean you should shoot for 3 percent, which is a minimum for survival, not a level for thriving.

SATURATED VS. UNSATURATED/ANIMAL VS. VEGETABLE

The fat our bodies do need to operate is unsaturated fat. The saturated fat that clogs our arteries is *totally unnecessary* to human functioning. So if anyone ever tells you, "Well, some butter or beef is good, because you need fat in your diet," tell them to go drink a can of Pennzoil. Eating a steak because your body "needs some fat" is like pouring 10 quarts of heavy-weight motor oil into your car, when all it needs is a little more lubrication to make it run optimally.

Saturated fat is that which is found in animal products. The fat in meat, poultry, fish, dairy products, and eggs is saturated fat. Also, tropical oils—such as palm and coconut—are saturated. These items each have different amounts of fat—some may be relatively low in fat, some high—but regardless of the amount, all of it is saturated fat.

Unsaturated fat is fat found in vegetable or plant products. That means the fat in foods like avocados, nuts, seeds, and olives is unsaturated. Olive oil, almond oil, canola oil, corn oil, sunflower oil, safflower oil, peanut oil—these are all unsaturated.

But what does "saturated" mean? How is it different from "unsaturated" fat? You parrot the words, you nod and grab for the unsaturated—but few know why.

It's pretty simple. Each molecule of fat is a chemical compound—remember high school chemistry?—and one of its "parts" is carbon. In a saturated fat, every single carbon atom has a hydrogen atom attached. Therefore, that fat is considered to be "saturated" with hydrogen. Think "soaked." In an unsaturated fat, only one (monounsaturated) or two (polyunsaturated) of the carbons have hydrogens attached. Therefore, this fat is not saturated—i.e., *un*saturated.

So, what does fat saturated with hydrogen mean to you and me? To our bodies, it means several things. First of all, the hydrogen increases the "stickiness" of blood platelets. Platelets are one of the main components of our blood, along with red cells, white cells, and plasma. Sticky blood platelets can "clump up"—favoring the formation of blood clots and thereby increasing the risk of stroke. That same tackiness is a contributing factor in the complex process by which plaque builds up on artery walls. The saturated fat itself is part of the material that forms plaque. Saturated fat has also been shown to raise blood pressure and has been linked to diabetes as well as intestinal cancers and cancer of the colon, prostate, uterus, and breast. (These happen to be America's most frequently-occurring cancers.)

It's important to know that saturated fat can be man-made as well as "natural." Anyone who has read labels will be familiar with the term "hydrogenated" or "partially hydrogenated." This refers to the addition of hydrogen to an oil that was unsaturated, so that the oil will be solid at room temperature. (A high health price to pay for being able to spread your fat, I'd say.)

CHOLESTEROL

Another strike against saturated fat is that it also increases the production of cholesterol by the body. Our bodies *produce* cholesterol, and that's an important fact that too few people realize.

People with alarming cholesterol levels go to great lengths to eliminate cholesterol-containing foods from the diet—sometimes while continuing to eat a diet fairly high in saturated fat. (Packaged and processed foods that boast "no cholesterol" still may contain saturated fat.) Or people switch from eggs (275 milligrams of cholesterol each) to a cinnamon roll with butter ("only" 31 milligrams per tablespoon). In fact, they are doing little to counteract the problem. They wonder why their cholesterol isn't going down—and then give up on making any changes at all, because "it didn't work." No one told them the whole story, so once again incomplete information is the downfall of efficient eating.

Cholesterol—like fat—is not an enemy per se. Your body produces its own because cholesterol has important functions, just as fat does. Cholesterol is a transporter of fats and thus essential to survival; it also insulates nerve fibers and cell membranes. Most of us are familiar with at least two of the five different kinds of lipoproteins that comprise cholesterol—low density (LDL) and high density (HDL). I could write an entire chapter just on the various functions of each.

But all you need to know is that lipoproteins make it possible for fat to be transported to various destinations (the liver, fat cells, muscle cells) and so the more fat you consume, the more cholesterol your body must make available to "partner up" with that fat for transporation. Excess cholesterol is part of the mixture that forms the basis for arterial plaque, and it also has the opportunity to clot your blood.

A "normal" cholesterol level is a difficult thing to determine. Medical science is still divided on the question, and part of the problem is that standards tend to be pretty lenient. Nathan Wong, Director of Preventive Cardiology at the University of California at Irvine, pointed out: "A lot of times, doctors will say a (total) cholesterol level of 200 to 250 is 'normal.' But we have to recognize that in this country, it's unhealthy to be 'normal.' It's 'normal' here to die of a heart attack or heart disease." (*Orange County Register*, November 2, 1991)

Indeed, in the 1950s, when Nathan Pritikin began his self-healing journey, his cholesterol was 300—and that was considered normal! Fortunately for him (and for millions of others who have benefited from his research and questioning), he didn't buy it. Common consensus these days is that a total cholesterol of under 200 is healthful, while another movement suggests that 150 is the desired target (since that is close to the average cholesterol level in nations with low-fat diets and low rates of the diseases that are epidemics here).

If you get your cholesterol tested, always get your HDL and LDL tested as well as total cholesterol. (This requires a blood workup done after a 12-hour fast—which is something I'd obviously never recommend doing except for this purpose. But those finger-prick tests at the mall don't do the same job.) The reason you want to know your HDL and LDL levels is because the ratio of HDL to LDL is more significant than total cholesterol. HDL is often referred to as "good" cholesterol—it carries fatty acids from your blood to the liver for processing and is protein-dense (rather than fat-dense like LDL and other types of cholesterol).

My total cholesterol (187) could probably go lower. I do eat animal (saturated) fat in chicken, fish, and turkey; if I were to eliminate those, my total cholesterol would likely drop. It's now an informed choice I could make. So can you. Some people will be willing to eliminate animal fat entirely, some significantly, some less so. Although I don't rule out being a vegetarian someday, I'm not interested right now— I like turkey sandwiches. But, *total* fat in my diet is still 10 to 15 percent calories from fat, and my *saturated* fat consumption is well below 10 percent. Plus, my HDL is 74, making the ratio excellent.

FAT IS FAT AND THAT'S THAT

All of this means that if you are going to add fat (and, remember, you don't ever need to because you will get more than enough source fat), the unsaturated oil is a healthier choice, given all the current data. Unsaturated fat will not clog your arteries, cause clotting, or stimulate cholesterol production. In fact, studies have shown unsaturated fat consumption to cause a lowering of blood cholesterol.

But this can be taken out of context, because *unsaturated fat is still fat*. While our arteries may be discriminating about saturated versus unsaturated, our fat cells aren't. *Either* kind can be stored and thus make you fat. A 40 percent unsaturated fat diet may be somewhat healthier in terms of the fat's direct effect on atherosclerosis or clotting, but it will still likely make you fat, which is not healthy. And while consuming unsaturated fats has been shown to decrease blood cholesterol levels, if you aren't eating a lot of saturated fat and cholesterol, you won't need to "put out the fire" by consuming more of a different fat to counteract it.

In addition, recent studies have shown that while the villain of the cardiovascular disease epidemic is saturated fat, cancers may be caused by either kind of fat. Breast cancer, in particular, appears to be just as sensitive to high unsaturated fat consumption. (Both diseases—and a host of others—are affected by high bodyfat as well as high dietary fat.)

In our zealous desire to eschew the dietary bad guy of the day, we often lose sight of the whole picture. While saturated fat consumption is still high in the United States, it has declined over the past several years. Why then has total fat consumption remained constant? Because as Americans eliminated some saturated fat, they replaced it with unsaturated fat.

The healthiest strategy is to eliminate fat where you can—not to replace it with a marginally "better" fat.

KNOW YOUR BRANDS

Clearly, part of fueling yourself efficiently is knowing what "brands" of fuel are available to you. The chart on the next page briefly reviews the main features of each so that you'll be better able to evaluate "dietary advice" in the future.

Now that you've got the core facts, let's take fueling one step further.

"BRANDS" OF FUEL

the Body Can Use—And How, When, and Why It Does

Think of calories as a "miles per gallon" measurement.
The number tells you how energy-intensive that fuel is—how far each gram of it will take you.

"Body fuels" differ not only by how many calories of energy they can provide per gram, but in how the body uses them, and under what circumstances. All fuels are not equal; in the same way, all calories are not equal!

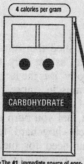

4 calories per gram

CARBOHYDRATE

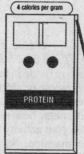

4 calories per gram

PROTEIN

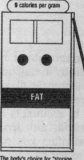

9 calories per gram

FAT

CARBOHYDRATE

- The #1, immediate source of energy your body depends on.
- Easily converted to glucose ("blood sugar"), which fuels the work of most body cells and the brain and nervous system.
- Stable, relatively slow breakdown provides steady supply of fuel without erratic ups and downs.
- Body resists storing it as fat; other uses take priority.
- Tiny amounts of carbohydrate are stored, in a form called glycogen.
- Whether you use, convert, or store it, you'll expend energy (burn even more fuel) to process it.
- Complex carb foods typically are high in fiber as well.

PROTEIN

- Not an efficient source of energy to fuel the body; not the body's first choice.
- Important for tissue repair, maintenance, building.
- Don't need much but need it consistently—small amounts regularly (such as at meals).
- Excess is stored as fat; this conversion is stressful.
- Body *can* convert protein (from food or your muscle tissue) to carbohydrate fuel in an emergency—but the process is toxic and harmful.

FAT

- The body's choice for "storage fuel"—the most efficient way to store energy.
- The body constantly uses small amounts as fuel, and larger amounts during extended aerobic activity.
- Only in the latter stages of progressive famine will the body use large stores just to sustain basic functions.
- Normally, the body "saves" more and spends less when it gets too little food/fuel (to prepare for famine) via several key mechanisms.
- The body can create more fat if signaled of potential fuel shortages .
- Little energy is required to turn food fat into bodyfat.

4

EXERCISE:
Increasing the Fuel Demand

We've established that muscle is responsible for burning the food you eat; as the only significant metabolically active tissue in the body, it is the largest determinant of your metabolism. More muscle, more fuel needed; less muscle, less fuel needed.

In addition to muscle mass, how much fuel you burn and how fast also depends on your activity level—how hard, fast, and often you run the machine. So your need for fuel is affected by not only the size of the engine, but also by how far the "machine" goes.

Exercise is a valuable tool for toggling your "fuel demand" because it impacts both factors: It affects the size, shape, and efficiency of the engine (your muscle mass), and it is a primary component of your activity level (and the amount you do is totally in your control).

BMR (BASAL METABOLIC RATE)

Your basal metabolic rate (BMR), which varies from person to person, is a third factor in fuel-burning efficiency. It refers to the amount of energy (fuel, calories) your body needs. Sometimes research (or, more often, an article reporting research) indicates that the "energy cost" for the body at rest is 1,200 to 1,400 calories per day. But this generic interpretation is easily misunderstood. Because muscle mass size affects the amount of energy your body requires, we know that it must differ from person to person, just as muscle mass size does.

To some extent, genetics does seem to affect what that base energy "cost," or rate, is. The amount of energy your body demands (and needs you to consume), whether active or at rest, will vary even among people with the same amount of muscle. However, that variance is not as dramatic as the layperson often assumes; certainly, one's "natural" basal metabolism does not impact overall ability to be lean and fit nearly as much as some like to think. Despite what those who consider themselves too "genetically disadvantaged" to achieve fitness assume, the BMR gap between individuals may be reduced or even closed because the two factors we can change (muscle mass size and activity level) are each more powerful than the one we're born with.

Using our activity level and muscle mass as tools, each of us can affect the BMR we're given. Although BMR exists as a fuel-burning factor distinct from muscle mass and activity level, it nonetheless can be altered by changes in the other two. By increasing your lean body mass and your activity level, you can increase your BMR—just as you've seen that you can decrease your BMR by decreasing lean body mass through deprivation.

Exercise assists with increasing lean body mass, *and* increases BMR directly. Aerobic exercise boosts metabolism during the activity *and* keeps it somewhat elevated afterward. It also creates a greater demand for energy from both fat and carbohydrate than the demand your body makes if you're not exercising. Bodyfat may be "spent" by the body to meet that increased energy cost. Similarly, weight-bearing exercise (which can be aerobic or anaerobic but is usually anaerobic) helps build lean muscle tissue, which makes you a better, faster food-burner whether active or at rest.

The point here is not whether the person standing next to you was born with a faster metabolism—it's that you have the power to do something about it.

WHAT EXERCISE CAN'T DO: THE MYTHS

Covert Bailey, author of *Fit or Fat*, has referred to this as creating "a better butter burner." I dislike this characterization because it derives from and bolsters two diet-thinking assumptions. The first is that people must and will continue to eat butter and other unnecessary fats, and thus the only answer is to manipulate the body to handle it better.

The second is the fallacy that "If you exercise, you can eat anything you want," or "Exercise cancels out whatever you eat." People often expect exercise to do something, all on its own, that it simply cannot do.

Putting exercise before diet, or making it The One Solution, does not work. It simply doesn't bear out that exercise "buys" you the freedom to consume unlimited butter (or other fats, sugars, or anything else damaging to the body) without consequences. If I had to choose now, I'd eat no butter and not exercise instead of exercising and eating loads of butter.

Exercise is enormously beneficial, but it's blown way out of proportion with respect to eating. Further, basic biology, new research, and my own experience all show that not only does exercise not absolve a multitude of sins; without fuel, it doesn't do much of anything. To get the benefit of either fat burning or muscle building, exercise requires that *you start out fueled*—a critical, yet seldom-heeded distinction.

MYTH: EXERCISE AUTOMATICALLY PREVENTS HEART DISEASE

Exercise does not "clean out" your veins. Being a "better butter burner" *may* keep your hips, thighs, or tummy trimmer, but not the inside of your arteries. Exercise alone does not prevent heart disease. (Too many seemingly fit athletes have died of heart attacks or strokes.)

Exercise *has* been shown to increase HDL, which can improve your overall ratio, but to rely on that alone to manage cholesterol is a very narrow approach. It's like relying on better driving to compensate for a car without brakes or steering fluid. Exercise won't neatly "counteract" atherosclerosis if you're loading up on saturated fats, causing your liver to continually pump excess cholesterol into your blood.

Eating a high-fat diet and expecting your exercise to compensate for the resultant high blood cholesterol level or body-fat increase is an extension of the "magic pill" approach to fitness. Exercise becomes The One Thing that you hope will cancel out your other poor habits. In the end, all the gyrations to avoid dealing with the eating part of health and fitness are not only futile, but take far more effort than it would simply to deal with eating.

MYTH: EXERCISE WILL HELP YOU "KEEP" MUSCLE DURING DIETING OR BUILD MUSCLE NO MATTER WHAT

Exercise alone does not automatically build muscle. Without the proper fuel, your body cannot make or build much of anything—in fact, if you are underfueled, your body will "eat" your muscle faster than you can build it. It takes a few days to lose muscle but months, even years, to build it back.

Yet the media and health-care and research professionals continue to insist that exercise is The Key for obesity or for "keeping it off." "The trick to stilling the yo-yo, experts agree, is exercise," said a *Shape* magazine exposé on diet companies and weight loss in March 1992. This statement has inaccurate implications: It implies that exercise is the single most important thing you can do for your health, even before consistent eating. It suggests a belief that the body can somehow magically maintain or build muscle even when it is deprived of the fuels it needs to do so. It also says it's reasonable to urge dieting (starving) people to increase their energy expenditure.

All of this flies in the face of basic biology. In fact, muscle loss from underfueling guarantees that the yo-yo syndrome will be perpetuated—and exercise without fuel will hasten, not stave off muscle loss.

Here's an example. If I am eating 800 calories a day, and I really need at least 1,200 more (mostly carbohydrate) to fuel my body's activities, there is no way any kind of exercise will allow me to maintain or build muscle. In fact, it will speed up muscle loss, because the exercise is creating an even greater need for fuel, which is not met by my measly 800 calories.

Why isn't this simple logic ever reported? If it had been, I'd have realized sooner why my five years of weight-lifting three to four hours a week never built a single pound of muscle or a single "cut" in definition. The time I wasted! As I emphasize is so often the case, just a bit of simple information was the solution: After a year or two of plentiful fueling, I was able to build 15 pounds of muscle and all the definition I wanted with only 45 minutes a week of exercise with weights. (Yes, I ate more and exercised *less*.)

The key to maintaining muscle is not exercise—*the key is eating enough!* The trick to stilling the yo-yo is not to lose any muscle, and that means not eating so little that you train your body to keep you fat and famine-prepared. They say, "Exercise while you diet and then you'll keep your muscle!" But that's not only admitting that dieting causes muscle loss—it's mistakenly asking you to exhaust yourself to save it with an effort that, under those circumstances, actually makes it worse.

Human physiology dictates that the way to keep your muscle is to not diet in the first place. Instead, eat enough fuel so your body never needs to use muscle, and so exercise is not a drain. If you want to build muscle, the key is to do weight-resistance training while eating a mainly healthy, balanced, and *ample* complex carb-laced-with-lean protein diet you enjoy.

MYTH: EXERCISE "CANCELS FAT" (OR FOOD)

Exercise does not magically negate or nullify fat—or anything else—in the diet. That many Americans make this assumption (I did!) is a perfect example of the hopeful, simplistic explanations we fabricate to justify our actions.

A March 1993 *Allure* article on exercise addicts typifies this: "It starts out logically. An indulgent midnight snack is undone with a half-hour on the StairMaster the morning after." Only in diet thinking is this "logical"! Food cannot be "undone," nor should you want to undo it. We need food, so there's no sense in trying to flush it out or eliminate it. The article goes on to complain that this supposedly sensible-in-moderation strategy can escalate into a constant quest for "damage control" called exercise bulimia. But the problem isn't just that this type of strategy can get out of control; the problem is it never worked to begin with. It's not scientifically sound.

You can't just "burn it all off"—you've seen that the way food works in the body is not a simplistic food-in, energy-out process. The body is specific about which fuels it uses for what purposes. Different kinds of exercise demand different fuels, in different amounts. Besides, exercising solely because you ate food and must "get rid of it" is like driving just because you put gasoline in the car.

There's no getting around that what you eat makes a difference. Yet you try and try to get around it anyway, hoping exercise is a possible shortcut. If you eat without purpose or precision—if you are not properly fueled—you will not enjoy exercise as much; you will not get optimal results from it; and you may in fact be wasting your time completely.

That's why I teach eating, not exercise. Too many people exercise their butts off and don't eat worth a damn. Then they wonder why it's not working, why their hard work isn't paying off. Such frustration means suffering—and sometimes quitting. Once that happens, obviously no benefits are reaped at all.

WHAT DOES EXERCISE DO?

EXERCISE BOOSTS MUSCLE QUANTITY

Weight training is the new rage, according to the women's magazines I read. Recent studies on exercisers show that those who complement *aerobic workouts* with some form of *resistance training* lose more "weight" (usually reported this way, though they mean fat) and gain muscle, too. The articles excitedly point out that weight training with aerobics seems to boost metabolism (as if it's some incredible new discovery never before dreamed of, when the simple fact is that weight training can build muscle and increased muscle means increased metabolism—this is just good old biology).

Some reporting assumes that the pairing of the two types of exercise, one performed right after the other, is relevant to or responsible for the results. There may be some special benefit to pairing the two in the same workout, and there may not. To be certain, we'd have to see studies on subjects who did aerobics a few times a week and did weight training separately (as I do) and see if they don't also build muscle and lose fat (as I have).

While the back-to-back combo might be ideal, it doesn't mean that splitting up the two types will yield nothing. The "ideal" yielded is probably marginal, if it exists at all. That's the case with most "ideals"—though unfortunately people often use them to discount their efforts. We go crazy trying to do it exactly the way the researchers of the latest study think is ideal, assume we're getting no value if we don't, and skip exercise entirely if circumstances preclude perfect adherence to every detail. Indeed, reporting often supports this kind of thinking.

But one core truth gets lost in all the hype: *any* exercise is better than none at all. Sure, it's great to experiment with your routines by incorporating the latest research, but don't overreact to unfounded emphasis on minutiae. If study subjects did 22 minutes of something, don't abandon all effort because you can only do 20. It's far more important to simply remember these basics:

EATING TAKES PRIORITY. Muscle is precious, but before you go crazy jerking weights up and down to get some, take one step back: There's something to consider about muscle even before exercise, and it's eating. Eating saves muscle *and* is preparation for building it. If you are tearing muscle apart to use as fuel and if you're not providing enough lean protein for use as building blocks to make more muscle, you cannot increase the size of your fuel-burning engine.

WEIGHT-BEARING EXERCISE BUILDS MUSCLE. The kind of exercise that builds muscle most efficiently is weight-resistance training—with free weights or circuit machines such as Nautilus®, Cybex®, or Lifecircuit®. Any weight-bearing exercise will build to some degree the muscle used—for example, running or bicycling will build (as well as shape) muscles of the legs. To achieve balanced muscle increases, and especially to fully develop the upper body, however, you need a steady program of weight training using specific machines and/or exercises with weights.

MORE MUSCLE DEMANDS MORE FOOD. How can you know if you've added enough muscle to warrant more food? A bodyfat test will tell you (provided you have an earlier number to compare it to), and you may be able to *see* added muscle, depending on how much fat you're carrying over it. But if you reach the point where you listen to your body—you fuel it and take care of it and love it and honor it, and keep it "clean" inside most of the time—you'll hear it calling for more fuel. It can be as subtle as eating essentially the same things in the same amount for a while and being satisfied—and suddenly finding you are consistently hungry even with the ample amount of food you have been consuming.

This happened to me. I "knew" I had gained muscle (and upped my carbohydrate intake appropriately) long before a body composition test confirmed that it was true. After I had gained 5 or 6 pounds of lean muscle, the breakfast and lunch I had been eating consistently began to feel insufficient. Then it dawned on me; I was feeling leaner and looking more sinewy; I had seen steady increases in the amount of weight I could lift. I must have gained muscle.

I weighed myself several times over the next few weeks and found that indeed my weight was consistently up several pounds. I knew it was not fat, because I was fueling, and the fit of my skirts and pants hadn't changed.

To feed this added muscle that was demanding fuel, I added another carbohydrate serving to breakfast (increasing from 3 servings to 4, or from about 45 grams of carbohydrate to 60) and had an extra carbohydrate serving (about 15 grams) at mid-morning snack time. It felt great, and I found I was fine the rest of the day with my previous intake. I've since made similar adjustments as I continue to add muscle.

You can experiment. It may take just 1 carb serving, maybe

2 or 3; it may work best to add it at snacks or at meals. Just remember: If you're hungry, your body is telling you something. It's good news.

EXERCISE ENHANCES MUSCLE QUALITY

Proper eating will give you the necessary "building blocks" to build not only *more* muscle, but also *better quality* muscle when you exercise. Increasing the fat-usage enzymes that are produced inside muscle cells takes exercise. The more you exercise your muscles, the more of these enzymes your muscles make, and the more efficient you become at using fat for fuel during exercise—and, increasingly, at rest as well. This means your muscles have enhanced their capacity for *oxidative metabolism*.

Since fitter muscles are better able to use fat for fuel, less of the fat you consume will be stored as fat, as more of the fat you consume is burned for energy. Further, if all of the fat your muscles demand cannot be obtained from your low-fat diet, your body will turn to stored fat to fill the need.

Also, when muscle quality improves, exercise gets easier. Regular activity stimulates the production of fat-usage enzymes so your muscles are better equipped to grab and use the fuel they need for that activity. That's one of the reasons that the more you exercise, the better you feel and the easier it is. This is part of what it means to "get in shape"; you can go harder and faster than before, and it taxes your body no more than a lower intensity of exercise once did. The muscles are improving their ability to use fat, thus sustaining energy even at higher intensity levels while sparing glucose and glycogen stores so they won't be used up quickly and leave you "low."

EXERCISE ITSELF SPEEDS METABOLISM

Our bodies use fuel even when we're not exercising—even when we sleep or sit at a desk. But the more active we are, the more fuel we use. When we exercise, we burn energy obtained from various fuels (and measured in calories) at a higher than normal resting rate *long after the exercise is over*.

That elevated metabolic rate is not as high as during the actual exercise, but it is higher than if you had done nothing but sit around.

You may have read about this; it has been called the "afterburn" or the "bonus burn." To me, it makes more sense to call the burning of fuel you do during exercise the "bonus." That burning might occur for a half-hour, an hour, however long you exercise. The "afterburn" may last four to eight hours. That makes much more of a long-term difference than what you burn during exercise.

If you exercise regularly, you will have regular four- to eight-hour periods of elevated metabolism. The more of these periods you have, the closer and closer you get to simply burning fuel at a higher-than-standard rate all the time.

EXERCISE CREATES A DEMAND FOR BODY FAT AS FUEL

Remember "spot-reducing"? I do. In the 1970s, I remember reading in magazines about various exercises that would magically dissipate unwanted fat. Sit-ups would suck away my tummy fat; push-ups would trim unsightly upper-arm bulges.

A corollary fallacy, which I still not only hear from individuals but also read in many magazines and newspapers, is the notion that fat can be turned into muscle, or vice versa. One health-food store newsletter carried an article that said, "It is more desirable to turn fat and flab into toned flesh and muscles."

First of all, fat cannot be turned into anything but fat—or energy. It certainly cannot "turn into" muscle. Fat and muscle are two completely different types of tissue, and one cannot ever be turned into the other.

Second, to say "fat and flab" implies that they are two different things, but there is no such thing as "flab" distinct from fat. Flab is a meaningless euphemism—it's just fat. Third, flesh—skin—cannot be "toned." Only the muscle underneath can be shaped and firmed.

Finally, no exercise can remove fat from specific places on the body or target individual fat deposits. Adipose tissue— your stored bodyfat—is universal storage. Your personal pattern of fat distribution is chiefly a matter of nature and nurture.

The only way to get your body to use any of it is (1) to eat so that your body is not signaled to hang on to it for dear life, (2) to not provide ample fat in the food you eat, and (3) to have your body burn fuel at a rate where fat is in demand. Exercise is valuable in the latter sense both because it creates an increased demand for fuel, and because aerobic exercise is a situation in which your body finds fat to be an ideal fuel.

When exercise—or when just having a big engine (muscle mass)—calls for fat as fuel, your body may signal for the release of stored fat into the bloodstream. From there it is distributed into the muscle cells to be "burned" as energy. That stored fat is released *from all over the body*. Use of arm muscles doesn't mean fat sitting atop your arm muscles will necessarily be used. Using muscles in the thigh area doesn't mean you'll use up your "thigh fat." You can't eliminate the "tire" of fat around the middle through sit-ups. You can certainly strengthen and build the abdominal muscles beneath the fat, which helps your appearance somewhat. But those muscles will still be hidden beneath the fat, unless an overall demand for fat fuel causes bodyfat to be relinquished.

Most people find that when they lose only fat, without the muscle loss that's inherent to deprivation, fat is lost quite evenly from all over the body. This may be one reason why it seems slow and minuscule this way—because big "chunks" aren't taken from one place. It's slowly and evenly drawn from all over. Some people do tend to lose from certain places first; there are theories that male and female bodies favor different places for fat storage and fat usage. Other theories hold that fat most recently "packed away" will be broken out of storage first, with the "oldest" stored fat being the last to go.

IN SUMMARY. Fueling comes first—before any of the several factors that must be present for fat loss. Your body must be willing to part with stored fuel—and if you're not regularly, properly fueled, your body will be reluctant to spend its "savings." Then there must be a demand for fat; several factors offer opportunities to increase that demand, including aerobic exercise itself, boosted metabolic burning after exercise, and more muscle. Finally, stored bodyfat will be called on only when the diet isn't so rich in fat that bodyfat is unneeded. If fat is always more than readily available in the food you eat, your body needn't go to the trouble of breaking some out of storage. It will live off the fat in your diet and save what's on your body.

WHAT KINDS OF EXERCISE WORK BEST?

First off, let me say that my philosophy about exercise is that any kind works better than no kind at all. When people ask me how much exercise they "should" do (the universally common question, direct from diet thinking), I typically say "some."

I want to know first how much they'd like to do, or at least could actually envision themselves doing for a long time. That's probably how much and what kind would be "best"—for them.

It's not that specific kinds of exercise aren't ideal for specific kinds of results. If you're after a specific result—and you're willing to do whatever and however much exercise it takes in order to get that result—there are some general guidelines you can follow to get what you want.

FOR FAT LOSS: SLOW AND LONG IS IDEAL

Many people I talk to are still under the impression that the more they sweat, struggle, and hurt during and after exercise, the "better workout" they are getting—and the more fat they are burning. Biologically, this couldn't be further from the truth. Once again, when we examine the actual facts, the truth is the antithesis of the party line.

To explain why frenzied activity can be counterproductive to burning fat, you need to understand the nature of aerobic exercise. Most people know that aerobic exercise "burns fat" (uses it for energy), but few know what it is about aerobic exercise that makes it fat-burning exercise.

Aerobic means "with oxygen," and so exercise that makes oxygen available for fat breakdown is called aerobic. *Fat needs oxygen in order to be broken down and used for fuel.*

This particular biochemical process requires the presence of oxygen. That's why muscles whose capacity for oxidative metabolism has improved are muscles that can better use fat.

Thus, in order for oxygen to be available as needed for fat usage during exercise, you have to be able to breathe. When you are gasping and wheezing and your chest hurts, and you're turning colors, these are signs that there is insufficient oxygen for the task of converting fat to energy at that moment.

What does your body do then? It burns glucose. Glucose—your blood sugar, that ready-to-use carbohydrate that's hanging out in your bloodstream—does not require oxygen for use as energy, nor does glycogen. So at times when an oxygen deficit renders fat unusable, the body uses the only fuel it can make available immediately: carbohydrate.

When you feel like you're killing yourself, but think it's all worth it because of all the fat you're burning, think again: you're probably not burning any at all. Only if you're going *slow* enough will you be able to use fat efficiently for fuel during the exercise.

What's a good way to determine if you are indeed exercising aerobically—"with oxygen"? The American College of Sports Medicine (ACSM) position statement still endorses the "target heart zone" (subtract your age from 220 to determine your maximum heart rate—the number of heartbeats per minute that would more or less kill you—and take 60 to 90 percent of that as your target heart rate. But there are a few more individualized and less cumbersome ways than doing the math and monitoring your heart rate. The ACSM endorses these for people who are exercise beginners and/or have diseases, but they work fine for you and me, too.

Probably the simplest is the "breathe test." While exercising, notice your breathing. Is it heavier than normal—kind of a light pant—but not gasping and heaving? If so, you are probably exercising aerobically. A light sweat (rather than pouring rivers, unless it is extremely hot and humid) is another good sign.

If you exhibit the breathing and sweating characteristics described above, but still can speak to someone next to you, you're doing well. If you cannot speak, slow down. If you can sing (I mean, if you can sing just as well as you can at rest) then you might want to try increasing intensity till speaking works, but harmonizing doesn't.

For those who like checking their pulse to confirm they're exercising aerobically, 110 to 130 beats per minute is a good general target, regardless of age. This will allow the "average" (nonathlete) exerciser to burn fat while exercising. Going higher will be geared more for the improvement of cardiovascular capacity than for fat burning.

EXERCISE LONGER FOR FASTER, BETTER RESULTS

Once you know aerobic exercise can create a demand for fat and an environment that allows its use, it's common to think the way to step up fat loss—get more and faster results—is to do it harder and faster. But if you want to accelerate the process, exercising *longer* (or more often) is the key—not harder. Harder is reserved for athletes who wish to make particular improvements in speed and/or cardiovascular capacity.

If you bust your guts going as fast and hard as you can, several things are likely to happen:

▶ You probably won't be able to sustain it for very long, unless you are a highly trained athlete with a strategic purpose for going "all out."
▶ You'll probably be exercising anaerobically, meaning insufficient oxygen will be available for the utilization of fat. You'll be burning pure glucose, or close to it. If you do begin to use fat and not enough oxygen is available to complete the process, you'll be left with a by-product of incomplete fat breakdown called pyruvic acid. This gets converted to lactic acid, whose acquaintance you may have made: Its buildup in muscles is one cause of the pain associated with overdoing—what we call "charley horses."
▶ You're more likely to injure yourself, interrupting the benefits of consistent exercise.
▶ You're more likely to hate it, which means you may not exercise as often, or may not continue at all—again, reducing your overall, long-term benefits.

So the good news is that you don't have to—in fact, shouldn't—kill yourself exercising. Can you stand it? Not only are you allowed to eat, but that brisk walk after breakfast or dinner that you think you could almost deal with is actually going to do a lot more good than a gasping, sweating, aching blast of a run.

(So shame on Arnold Schwarzenegger, whom so many people look up to for fitness advice, for answering a woman's request for aerobic exercise suggestions in a September 1992 issue of *U.S. Week* with: "Bike *hard*, or run up and down the stairs, *very fast*.")

AN EXERCISE FOR EVERY OUTCOME

While longer is better for fat burning, that doesn't mean shorter is useless. Walking from the parking lot to your office or taking the stairs *will* do some good. Everything you do does some good. Recent studies show that three 10-minute jaunts are essentially as beneficial as one 30-minute outing.

I think it is most effective and empowering to think of differing lengths and intensities of exercise not as being relatively "better" or "worse" but as simply different, each with their own benefits. Long, hard, anaerobic bursts of exercise, though not ideal for fat burning, have their place—they are excellent for speed training in running or bicycling, for example. Weight training is anaerobic but does build muscle. Light aerobics—say, at 40 to 50 percent of your maximum heart rate, or with very light sweating and slightly increased breathing—is excellent for fat burning but less effective for cardiovascular capacity increases. The maximum heart rate of 60 to 70 percent is best for cardiovascular improvements but will not burn as much fat as workouts of slightly lower intensity.

This allows you to pick and choose, based on your likes and dislikes, your time, and the results you desire. I have found a very effective strategy is to combine different kinds of exercise throughout each week. This not only allows you to take advantage of all the different benefits but makes boredom less likely. Sometimes I do weight training; sometimes a quick 10-minute run; sometimes 45 minutes to an hour of fat burning; sometimes a hard burst for speed development;

sometimes a half-hour of moderately strenuous aerobics to push my cardiovascular limits. There's no "right" exercise; it depends on my mood. Sometimes that means none at all. Knowing that's okay, that there's a genuine choice, makes it inviting rather than dreadful.

FUELING FOR EXERCISE

The no-eating-before-exercise myth is particularly pervasive. Maybe it's Mom's influence over us, since most people, when pressed, trace the edict back to her: "Don't swim after eating or you'll drown!" Certainly I don't recommend that you swim or do any exercise sooner than a half-hour after eating. But a half-hour is more than enough time for the body to "process" the food you've eaten to the point where moderate aerobic exercise will not upset you. You could wait up to a full hour and a half to begin exercise; wait longer than that, though, and you'll probably be exercising underfueled.

Think about it. If after three hours your blood glucose supply is mostly depleted and awaiting re-fuel, where does that leave you heading into your exercise? Even after two hours, glucose levels will be on the downswing. The body will need glucose as well as fat during the activity (both in higher amounts than if you were just sitting around) and more glucose than fat during the first 20 minutes or so—you'll be increasing your energy output just when your available fuel is getting low. You're going to run out fast—and begin drawing from other places—muscle glycogen but also muscle tissue. Doesn't make much sense to "eat" muscle for fuel during the very exercise that could help improve and build that muscle.

Logically, the body will react to "more exercise on less fuel" the way it does to general starvation. It perceives the deficit, and anticipating further and future scarcity, will pack away more stored fuel—fat—at its next opportunity. Again, you're detracting the overall benefit of exercising. You may burn some fat if you exercise into fuel scarcity, but you'll inspire vigorous refilling of "fat tanks" afterward.

This can be avoided simply by eating 30 to 90 minutes before a workout. Experiment and see what works for you—

the actual food that "sits" the most comfortably seems to vary widely from person to person. I find a meal works better for my energy level, but some people prefer a snack. I find anything sweet before exercise makes me thirsty, so I don't drink juice or eat fruit before a workout. In terms of timing, I've observed that I can go for a bike ride or walk even 20 minutes after a meal, while an hour wait feels best before a run.

Even after studying physiology, when I could clearly see it was scientifically inefficient to race the machine on a waning tank, the "don't eat first" belief was a tough one for me to kick. I "knew" that I would puke if I ran after eating. In fact, training for my first marathon, I ran every one of 300 or so training miles on an empty stomach, very often in the morning after 10 or so hours of "fasting"—pre-breakfast, in other words. After going on three-hour training runs, I would wonder why I came back shaking so hard I could barely untie my shoes, sometimes even dizzy and disoriented. I assumed it was part of training.

The funny part is that while almost everyone "knows" you shouldn't eat before exercise, and a good many "know" they personally would be sick if they tried it, few ever have! We urge clients to fuel appropriately before exercise, and when they do, they notice the same thing we did: never a shaky, lethargic, workout again. Never. As a result, there's a tendency to want to exercise, and to do it more—not that that's a "should," but if it occurs, it's great.

An April 1992 *Northwest Runner* article, in a heartening display of "beyond diet thinking," confirms this. (It's always refreshing to read articles that don't simply regurgitate old fitness platitudes but that actually question and examine them.) Nancy Clark, M.S., R.D., wrote: "Some athletes 'know' they have to exercise on an empty stomach or else they will suffer from an upset stomach or unwanted pit stops. Others simply hesitate to eat before they exercise because that's what their coach told them years ago. . . . If you habitually exercise on an empty stomach just because that's what you've always done, you may be surprised to discover you can achieve performance benefits with an appropriate pre-exercise energizer. . . . Research shows good results with about 300 calories of carbohydrate one hour before moderately hard exercise (*American Journal of Clinical Nutrition*, vol. 54, no. 866, 1991)."

Of course, for every enlightened passage like the one above we're buried in a hundred more espousing diet thinking. Here's one from the January 1993 issue of *Allure* suggesting you exercise on an empty stomach. It once again leaves me vexed at researchers' seeming inability to connect to everyday practices and occurrences the science in which they are steeped. Over and over I see the simplest, most obvious conclusions being overlooked in pursuit of more complex, illogical ones.

The article both quotes and paraphrases Jean-Pierre Flatt, professor of biochemistry at the University of Massachusetts Worcester Medical School. "But not all workouts burn fat with the same efficiency. A 20-minute fast run in the afternoon, for example, might not be as effective as a longer, less intense jog or walk before breakfast," says Flatt. He believes that exercising as far as possible from the last meal will mobilize fat more quickly because the body's glycogen and blood glucose levels will be at their lowest. So pre-breakfast might be the optimal time of the day, and a workout of 30 to 45 minutes most effective.

If I had the chance, I'd ask the following (and so should you when you read things like this):

▶ Can the body operate purely on fat? Does it "switch over" to using only fat when blood glucose is too low to provide adequate fuel for exercise—as it is when he suggests exercising? (If he says yes, then all of the biology textbooks I've ever read are wrong.)

▶ If insufficient glucose is available to fuel the body, can the brain and nervous system continue to function? (No—or he discredits basic biology.)

▶ Can any significant and useful amount of fat be made into that critical glucose? (No—or, again, he discredits basic biology.)

▶ Where does the body get more glucose, then? If fat cannot provide it, and you are suggesting a 45-minute walk when glucose and glycogen levels are low, where will more carbohydrate fuel come from? (The answer would be muscle/protein.)

▶ Does using muscle for fuel make exercise useful, healthy, and worthwhile?

▶ Done after breakfast, a long walk is something a person might actually want to repeat. How do you think it feels to exercise when "glycogen and glucose levels are lowest"? Doesn't that count? If it's miserable, will people keep doing it? Isn't it more important that they continue than it is to burn "more" fat during a single walk?

▶ Why do you assume that the "longer, less intense" morning walk succeeds more than the more intense 20-minute afternoon run because it took place before breakfast? You have more than one variable here. Not only is the timing different, but they are two completely different types of exercise. There's far more evidence that the *length* and *lower intensity* makes the walk a better fat burner—not the fact that it took place before breakfast. A long, less-intense walk after breakfast would surely still beat the 20-minute run—regardless of when that run took place.

▶ Even if the muscle burns more fat when you exercise "on empty," that also encourages more fat storage next time you do eat.

I would love for Dr. Platt and others who expouse his theories to talk to my hundreds of formerly inactive clients who were overjoyed to find the difference in energy and impetus to exercise that a snack or meal gave them. I know that if I now had to exercise before breakfast, I wouldn't—period. Not just because of what I know, but how I feel.

This is a common mistake—an isolated theory obscuring logical practice. Watch out for these kinds of diversions.

THERMOGENESIS: BOOSTING YOUR "BONUS BURN"

A secondary reason to eat before exercising is to capitalize on the afterburn, also called the bonus burn or thermic effect. As I explained earlier, there is an energy cost to digestion and assimilation. Your body uses energy to break down all of those complex carbohydrates and other foods you eat, so eating actually does elevate your metabolism. This effect is known as thermogenesis.

If the afterburn of exercise increases your metabolism as well, then exercising after you've eaten bolsters the total afterburn. Why not work with your body's functions to take maximum advantage of this—given that you need the fuel anyway?

RE-FUELING AFTER EXERCISE

It's also a good idea to eat a small amount of carbohydrate after a workout (maybe not even so small, if you're an amateur or professional athlete whose strenuous physical activity exceeds an hour a day). Again, while you may want exact numbers, it's best to use your judgment and your senses. Here's a loose frame of reference: After a half-hour bike ride or 45-minute walk, an orange might suffice. After a one-hour training run or two hours of tennis, you may want to eat a large bowl of cereal and a banana, or a bagel and some orange juice. Individual needs will vary. Listen to your body.

Research has shown that the rate of muscle glycogen synthesis may be twice as high if you consume carbohydrate within a half-hour after the exercise. But this will be of most significance to the competitive athlete in terms of recovery and subsequent performance. The average person is best off simply doing what feels good.

Re-fueling after exercise should come pretty naturally if you're fueling in general, because in that case you'll always (or almost always) be eating every three to four hours. If you take care to fuel before exercise, then by the time you're done it will be nearly time to fuel again anyway. Example: If you eat a snack at 3:30 P.M., go for a walk at 4:00 P.M., and return at 4:45, it will be time for dinner soon anyway. (And it's fine to have a little something before dinner, if you feel the need right after the walk.) If you eat breakfast at 6:00 A.M. and go to the pool at 7:00 A.M., swim till 8:00 A.M. and get to work by 9:00, it's time for your snack when you get there.

However much carbohydrate you choose to re-fuel with, drinking plenty of water before, during, and after exercise is

important. Though not fuel, it's something else your body
definitely needs.

EXERCISING SICK

Don't exercise when you're sick. To even consider putting
your body under that kind of stress when it is already stressed
by illness lives in diet thinking, where you must stick to
your rigid "regimen" no matter what, and where one missed
workout surely spells doom for your fitness efforts.

I remember feeling that way. About eight years ago, I *left
my bed* to take a long run when I had a particularly bad head
and chest cold. (It was January, I think.) When I returned, I
coughed and hacked for hours. What was scary was I got
really hot; my face was beet-red for hours and hours and
wouldn't cool off. My body was straining and struggling to
deliver energy and blood to the healing projects going on
inside me, and at the same time my overworked cardiovascular and muscular systems were vying for the same attention.
In the name of fitness, I subjected my body to far more
damage than skipping that one running session would have—
but diet thinking severely distorted my priorities and logic,
as it continues to do for so many.

Remember that protein is for building, maintaining, and
repairing body tissues. When you're sick, the body needs
protein to repair the damage; don't force your body to divert
protein to muscle repair and building simply because you
didn't want to skip a day at the gym.

WHAT ABOUT WHEN YOU CAN'T EXERCISE?

One of the many benefits of fueling is that your body will
"hold" its fitness longer if you're not damaging or depriving
it with poor or no fuel during periods of no exercise—you'll
keep the muscle you "earned," instead of losing it. Thus,
with fueling there need never be any "I've got to get to the
club" hysteria. If you like to and *can* exercise a lot, you'll
get maximum value from it all if you're fueling. It won't be
just a grim race against fat. And if you exercise just a little,

you'll get the most out of every little bit—so you can be really fit and feel great on minimal effort.

Feel good about what you do instead of worrying needlessly about what you're not doing. That doesn't mean it's better to stop—it's not. It's better if you exercise. There are health benefits even above and beyond fat loss and improved cardiovascular strength. But it does mean that if you really have to stop for some reason—illness, travel, short-term schedule change—you can eat in a way that will minimize the loss of benefit.

When I was taking classes for six months while working, and exercise temporarily became a once-a-week treat, I was thrilled to find that because I was "fueling" my fitness level didn't drop significantly. Of course I lost some ground in my cardiovascular fitness; I noticed that right away when I returned to it. *But I didn't gain fat and I didn't lose muscle*. Mainly, I was "holding"—not making strides but not slipping backward. And for the benefit of a time-intensive commitment that I knew wouldn't last forever, I could live with not making strides.

It felt so good to know what to do, how to handle it best— to know for sure that I was protecting what I had. And, best of all, I was still eating. Staying fit with less exercise didn't mean going hungry. That, as you can now see, would have been the worst thing—hastening muscle deterioration. It was a relief to know I wasn't mistakenly bumbling down the wrong path, thinking I was doing something good—as people do when they cut way back on eating because their exercise has slowed.

MYTH: DO A LOT OR DON'T DO IT AT ALL

Working with a core management group at one of the nation's major telephone companies, we noticed that the same thing kept coming up on people's registration forms in response to the question "Where do you feel you are most 'blocked' in getting and staying fit?" Typical responses: "Need to exercise more." "Not enough structure." "No exercise regimen." "Not enough exercise." "Not disciplined enough."

Yet these people were all walking, running, or using a stair machine two to five hours per week—more than we were at the time. Who or what gave them the idea that what they were doing is not enough? The fact that they didn't have an official "regimen," or that their exercise didn't feel rigid, unchanging, unyielding? As if creativity, choice, and spontaneity are all bad signs, signs that you are not really doing what you "should."

The bottom-line message in that thinking is that if you're not suffering, you must not be doing it right. These folks were suffering about it. How much good could their two to five hours per week be doing, when they feel guilty and wrong? The stress we place upon ourselves by worrying about eating or exercise is probably far more debilitating than any inconsistency—perceived or real—in our habits. Stress is hard on the body. It defeats the purpose of eating well or exercising.

Just as "eating less" is a nebulous recommendation, "exercising more" is a groundless, you-can-never-do-enough mind-set when whoever is suggesting it has no idea how much exercise you're already doing.

You don't need to do a lot! The myth that you have to pound yourself for an hour or more a day keeps many people from doing anything at all. When people ask how much I exercise, I say "Well, except during our short summer, about three hours." So often they say, "A day?" Heavens NO! Three hours a *week*!

People waste a lot of time exercising more than they need to. As with eating, *consistency* is key with exercise. I firmly believe it's more important to do some with regularity—whatever it is and however much—than to hit the supposed "ideal" peaks or forget it.

That choice, that never *having* to, makes exercise a joy I never knew it could be. I lost 15 pounds of fat and gained nearly that many pounds of muscle in little more than two years. Not overnight results—but I got to eat a lot, incessantly, and to *do what I felt like*. It took two years to get to a place I undoubtedly could have reached faster if I'd invested much more effort, "regimen," and "discipline." But then exercise wouldn't be the treat that it is now. Life wouldn't be as sweet.

I've been headed in the right direction the whole time—I'm just moseying my way along a path that I don't see ending. I'll be wandering and strolling in that general direction for the rest of my life.

EXERCISE IS IDEAL—AND SOME IS BETTER THAN NONE

Don't misconstrue this statement to mean that you need not exercise or should not exercise. Not true! For the record, I'd much rather you exercise than not—if I were given the choice. I think what's different about me is I respect that it is not my choice to make. I can help you understand the value and benefits, encourage you, and acknowledge every little bit you do. I know that makes more difference than telling you what you "should" do. I'd rather see you walk for 15 minutes whenever you felt like it, and really love it, than bust your gut 30 to 45 minutes three days a week because you "should."

Fortunately, some authorities have officially loosened or dismissed some of the more restrictive timing and intensity standards that probably have served more often as deterrents than they have as guidelines. I think this is wise. Not placing stringent do-or-die minimums on exercise will get more people trying it.

Fashion, fitness, and news magazines have increasingly been touting this "go easy" trend since early 1992. But after 40 years of a paradigm that has deeply engendered a public (mis)understanding, a few lines in a few magazines don't radically alter the general public consciousness. Most of the people who come to our workshops still believe *long and hard and miserable* is the only exercise that matters—just as they are convinced that they eat too much and must "cut back" (no matter how much they currently eat).

So to say that exercise isn't valuable—it definitely is—or suggest that people should not exercise is not the point. The point is that, as with good eating, people won't do it because they "should." I have presented compelling reasons to exercise and why—so people who do it know what they're getting out of it, and those who don't (or don't much), might find themselves more interested, given the benefits.

CHRIS AND THE 10-MINUTE "TRICK"

One client, Chris, indicated during a follow-up that the fueling was going fantastically. Her cholesterol had already dropped 30 points and her nurse practitioner was astonished at how much she now knew about food, fat, and her body. But Chris was discouraged about exercise. She felt strongly that she "should" be doing some, but she just couldn't "get herself" to do it. When these red-flag words came up, I could hear that Chris had backed herself into a corner.

I knew Chris had a stair machine at home, and that she had at one time played tennis regularly. Somewhere she had burned out. I acknowledged that her feelings and experience were absolutely fine, even appropriate. Then I asked her if she could deal with just 10 minutes on the stair machine every other day. She began protesting: That's not enough, that isn't good enough, etc. I calmly explained the biology again and helped her see that while more exercise than I was suggesting would produce particular results, she didn't have to want those results; she didn't have to do anything at all.

Did she want to? Yes, she said firmly. All right then: Could she do just 10 minutes? "Of course!" Okay, I said, then do that—and no more. In fact, I teased, "I forbid you to do more!" Chris called a week later; she had done 20 to 30 minutes on the machine every day—and played tennis a couple of times as well. "Sorry I 'disobeyed'—it's hard not to keep going after 10 minutes!" she gushed.

This has been my experience over and over in coaching people—with eating or exercise. Human instinct seems to be that in order to "get someone to" do something, we have to push. We can't let up, or they'll never do anything. But time and time and time again I've seen that stepping back and allowing some space, some choice, leaves people choosing wisely and well. And their experience is totally different than if I "got them to" do something.

Fueling is about fueling your body for whatever you do—including your exercise. So whether you do one hour of

chocolate, cola, and potato chips are really what fuels their high-performance bodies. For best performance, athletes—just like the rest of us—need to efficiently and consistently fuel themselves. A high-performance race car needs to be well-cared for and optimally fueled all the time, not just the day of the race.

5

DIET THINKING

DIET THINKING IS THE CULPRIT

By now it should be at least somewhat clear that fitness failures—personal ones and cultural ones—can be traced not merely to diets and lack of knowledge about our body's needs, but to the very foundation of our thinking about the subject. While it's fashionable to attack "dieting," for example, to do so is to attack a symptom rather than to look deeper to the true cause. No one person or thing is at fault. We're all subject to systems of beliefs and assumptions through which we filter information, regardless of whether the beliefs have any factual basis. And often we're unable to step beyond a system's restrictive vision because we're not even aware we're trapped within it.

Diet thinking is one such belief system—a way of looking at, listening to, and interpreting everything we think, see, and do that's related to eating and fitness. Consumers, the media, businesses, and health educators all speak, see, and hear through its filter. Such thinking (or, just as often, *non* thinking) allows and encourages the spread of frustrating and dangerous misinformation, and obscures the truth that would set you free.

Diets don't work, yes, but no one asks how they got so thoroughly woven into the fabric of our culture in the first place. Diets never were based on anything germane; their inevitable failure could have been deduced before hundreds of millions of people wasted their time, money, and bodies. But no one ever considers that the cultural mind-set responsible for that "oversight" is the real concern, rather than the diets themselves.

Such thinking is how "weight" has managed to survive as the centerpiece of our fitness concerns for so long. Diet thinking is what enables many to remain convinced that something so irrelevant is all that's relevant—even though its unimportance is soundly demonstrated just by basic science and a close look at semantics. The fact that our cultural fixation with dieting and weight loss persists, despite mounting evidence of their failure and simple facts that undermine their every premise, reflects the stubborn foothold of diet thinking.

DISSECTING THE ANATOMY OF DIET THINKING

With some facts about your body already under your belt, and with some thoughts hopefully brewing about food as fuel and an investment in your life, you can probably begin to discern some of the parameters of diet thinking. Where previously you saw and heard through the filter without even realizing you were wearing one, you can now begin to see its shape lurking in the fog.

Chapter 2, "What's Weight Got to Do with It?," introduced you to one of the most explicit and dominant products of diet thinking. To help you become even more fluent, summarized on pages 122 and 123 are some of the key characteristics that tip you off to the presence of diet thinking.

To my mind, diet thinking's greatest flaw lies with the summary's final point—*it's not about fueling your body*. Both the goal and the means of diet thinking are several steps removed from the precise requirements of your body. A weight-loss diet may be rigid in that you must "follow" its rules to the letter in order to lose "pounds"—but it's not exacting in the sense that you provide your body with the precise fuel it needs to make it run efficiently. The two are actually antithetical. I've never seen a "diet" claim "this is what your body needs." The body's needs are not a primary

THE ANATOMY OF DIET THINKING

It's About Weight Loss, Maintenance, Management, or Control.

▶ Progress is measured by a number that cannot tell you a thing about health, fitness, or fatness.

"Dieter" Is a Noun; "Dieting" Is a Verb.

▶ There are "just regular people" and then there are "dieters." A dieter doesn't eat; he/she "diets."

▶ One is not a successful person who eats to be healthy, but a "successful dieter."

It's a Diet, Plan, Program.

▶ It never occurs to you to just start eating for your life and keep on going.

▶ Instead, you stop eating and "start a diet," a detour or hiatus from "regular eating" and real life.

▶ Even unstructured "healthy eating" is considered "different" and "special"—an eating "plan."

It's Temporary.

▶ It's a short-term attempt to "put out a fire"—to alter the body so you can return to living.

▶ Diets aren't meant to be lived on, just survived for the time it takes to get the short-term result.

It's Negative.

▶ It's assumed that what's good for the body must naturally be what you don't want (and vice versa).

▶ "Healthy eating" is assumed to mean limiting, reducing, losing, cutting, restricting, giving up.

▶ The focus is on what you are not, getting rid of or avoiding something, what you can't have.

▶ The mood is resignation.

▶ You're trying to fix something, not live and eat.

Your Body Is Separate.

▶ The thing you're trying to "fix" is usually your body; it's about your body, not your life.

▶ You don't see your body as an extension of you—something to cherish, work with, and care for.

▶ Endeavors are all about manipulating its size or "weight" by whatever means you're told will do it.

The Focus Is on the Micro, While the Macro Suffers.

▶ There's no sense of priorities: Endless fretting about specific vitamins and minerals, caffeine, or preservatives dwarfs concern for basic issues such as eating enough or often enough, or fat intake.

It's a "Should."

▶ There's little if any ownership, choice, sense of responsibility, or self-determination.

It's About Control and Resistance.

▶ "Control" implies rigidity, unnatural restraint, repression.
▶ You consent to constant combat with calories, food, weight, hunger, your body.
▶ It's questionable who's controlling what.

It's Got a Vocabulary.

▶ When diet thinking is operative, you're sure to see (or hear or use) words such as *have to, ought to, don't, shouldn't, fight, control, avoid, willpower, maintain, limit, portion, allowed, stick to, stay on, follow, regimen, resolve, relapse, cheat, discipline, strict, be "good," program, plan, rigorous, lifestyle, trim, thin, skinny.*
▶ The language is constructed in black-and-white, extreme absolutes: "can" and "can't," "good" and "bad," "yes" and "no," "on" and "off."

Good Things Become Enemies.

▶ Your body's source of fuel and energy—what you need to live—is mistaken for an adversary.

It's Unscientific.

▶ Theories and recommendations are premised on assumptions, not the body's science.
▶ Sources are "well, everybody knows that" or "a friend read that a scientist thinks . . ."

It's Rules to Follow.

▶ It's all "how-to"—no big picture, no context, no sense of why something works or how *you* work.

It's a Moral Issue.

▶ Eating "right" assumes there is a "wrong."
▶ Technical efficiency gets confused with moral correctness.

It's Not About Fueling Your Body.

▶ The body's precise needs are not the concern of a diet; weight loss is.
▶ To lose weight, the body's needs actually take a back seat.

concern of a diet—weight loss is. Moreover, the body's needs, if necessary, will take a back seat to getting that result.

The funny part is that eating to fuel your body based on its design, its system requirements, does get you great results—not weight loss, but leanness, health, and energy. And it achieves these not by wedging some unnatural, temporary-fix tool (like a "program") into your life, but by making eating a purposeful part of your life—by directly meeting your body's needs rather than trying to trick it or take a shortcut. What could be more logical?

Now that you know the landmarks to look for, let's take a journey. On it, you'll see just how much a part of our culture diet thinking has become—like the air we breathe, it's invisible yet influences your every thought and every bite, and every aspect of your life. In the process, you'll come to recognize your own diet thinking and that of others, understand how it affects you—and learn to think beyond it.

A SHORT COURSE IN PARADIGM THINKING

Such research reflects what scientists call a paradigm shift, a fundamental change in understanding that only occurs at rare moments in the history of science—theories clash like cymbals, and then all that was confusion suddenly comes into focus.
—*The Seattle Times*, December 29, 1991

To help you understand the insidious influence that diet thinking wields, I'd like to introduce you to the concept of paradigms.

Thomas Kuhn's *The Structure of Scientific Revolutions* details an experiment in which subjects were shown a deck of playing cards with red spades instead of black. They reported seeing black spades, because that's what they expected to see. When the "trick" was revealed, they had no trouble seeing that the spades were red. They had made the assumption based on their "playing card paradigm."

Experiments like these and countless others have shown

how paradigms—a set or system of beliefs or assumptions so ingrained, so deeply etched into a culture's collective consciousness that it is invisible—filter our reality. We see only what supports our paradigms. They operate in the background, screening without our knowledge. And since it's what we call "reality," we don't question it; we take it for granted.

Joel Arthur Barker, author of *Future Edge*, has helped make paradigms a mainstream concept. Barker explains that paradigms "are invisible in many situations because it is 'just the way we do things.' Often they operate at an unconscious level. Yet they determine, to a large extent, our behavior." He calls the result the Paradigm Effect: "You are quite literally unable to perceive data right before your eyes . . . any data that exists in the real world that does not fit your paradigm will have a difficult time getting through. . . . That data that does fit your paradigm not only makes it through the filter, but is concentrated by the filtering process, thus creating the illusion of even greater support for the paradigm."

Diet thinking is a paradigm that tells people how to be fit. It operates within a cobweb of myths that literally contradict the basic physiology of the human body and the biochemistry of food metabolism. Diets, dieting, and the thinking that fertilizes them all survive because these myths are held as absolute truth by the majority. Whether or not it is true doesn't matter; it has force because it is perceived, without question, to be fact. Since you don't question it, diet *thinking* is technically a misnomer because it isn't creative, active, critical thought; it's the absence of such thinking. It's *non* thinking.

That's why when I teach the biology of how the body really works—even show the textbooks—some still cannot believe that eating a lot of carbohydrate food won't make them fat, or that starving or eating only salads won't be the best thing for getting lean, or that losing "weight" isn't the issue. The American paradigm is that those things are true. Your don't think they're true—you *know* it.

Barker calls this "*paradigm paralysis*, a terminal disease of certainty." He notes that "there is temptation to take our paradigm and convert it into *the* paradigm . . . Once we have *the* paradigm in place, then any suggested alternative has to be wrong.''

CHANGING THE PARADIGM

Paradigms can, and do, change. *BodyFueling* was conceived in commitment to provoking a paradigm shift in the way we think about food and our bodies—to create new trends and dramatically alter trends already in place. Barker explains that a new paradigm (in this case, fueling) has a high likelihood of appearing while the prevailing paradigm (in this case, dieting) is still performing. That's why new-thinking ideas and language (such as ''eat more; don't count calories'') are being used to market old-thinking products and concepts (like ''weight loss'' and ''programs'')—and vice versa. The interest is on the rise, but what's coming out to address it is not saying anything new.

Paradigms, Barker notes, remain in place until someone—typically an outsider—challenges them. He points out that the outsider has a distinct advantage—a fresh perspective that makes new or previously unrecognized angles visible. How many times have you stared at something for ages—a picture, puzzle, a chess game—only to have someone come along and notice something so simple and obvious that you said, ''Now, how come I didn't see that before?''

''Outsiders'' can see most clearly, Barker says, when they are ''knowledgeable about the paradigm, but not captured by it . . . They ask 'dumb' questions. They wonder about behaviors and approaches accepted by those 'in the know.' '' (Like starving. Cutting carbohydrates. Counting/cutting calories. The usefulness of ''weight'' as a measure. The validity of ''overeating.'')

Though clearheaded innocence is the paradigm shifter's edge, Barker acknowledges that those enmeshed in the status quo don't necessarily appreciate this. ''These people are bringing you your future. And yet, as outsiders, what is their credibility? . . . Who do they think they are?'' Businesses die or lose great sums of money because of their slowness in anticipating a paradigm shift or heeding the warning of an observant "outsider." IBM and General Motors are two high-profile examples.

Certain phrases, Barker notes, are used to put the fresh-eyed observer in his place: " 'That's impossible.' 'We don't do things that way around here.' 'It's too radical a change for us.' 'When you've been around a little longer, you'll understand.' 'How dare you suggest that what we've been doing is wrong!' 'If you had been in this field as long as I have, you would understand that what you are suggesting is absolutely absurd!' "

A paradigm shifter is often someone who personally has run into one of the problems of the prevailing paradigm. It starts as just their problem (i.e., "we thought we knew how to eat; why aren't we getting results?"). "So they start to work on their problem . . . *And inadvertently they create through their solution a special example that leads to a model, a theory, an approach—a paradigm—for solving an entire class of problems.*" That's precisely how BodyFueling was born.

Barker provides strong examples of now-defunct paradigms. Because we're beyond these, they're now so clearly off-base that they illustrate paradigms better than any theoretical explanation. Barker reminds us that the people making these predictions were, without exception, experts in their field—they just couldn't see past their paradigms.

"The phonograph . . . is not of any commercial value." Thomas Edison remarking on his own invention, 1880

"Flight by machines heavier than air is unpractical and insignificant, if not utterly impossible." Simon Newcomb, astronomer, 1902

"There is no likelihood man can ever tap the power of the atom." Robert Millikan, Nobel Prize Winner in physics, 1920

"Who the hell wants to hear actors talk?" Harry Warner, Warner Brothers Pictures, 1927

"I think there is a world market for about five computers." Thomas J. Watson, chairman of IBM, 1943

WHY DIETS *REALLY* DON'T WORK:
The Science Nobody Talks About

NO ONE IS EXEMPT FROM DIET THINKING

Clearly, general intelligence or high education doesn't prevent a mind from being blinded by paradigms. Just look at the inability of many health professionals, researchers, and educators to manage not only the health, fitness, and eating issues of others, but also their own.

Professionals specifically educated in the science of the human body have allowed (even encouraged) people to continue operating in the dark—because they are in most cases no less in the dark themselves.

I've known several morbidly obese cardiologists who are brilliant at surgically treating heart disease but can't seem to prevent it in themselves. My medical student friends report biochemistry honors students who leave class to consume beer, burgers, doughnuts, and large quantities of alcohol, even recreational drugs. ("It's as if we're studying an alien species.") I met the director of a wellness program at a large corporation who was a clear heart-attack candidate.

A number of my clients have been counselors who treat eating disorders—and have eating disorders themselves. Other clients have regaled me with stories of dieting doctors, obese dietitians, and bulimic psychologists—who, they say, shook their faith in those professions. The paradigm doesn't automatically spare those with credentials after their names; in fact, those credentials entail paradigms of their own.

In *Recalled by Life*, an inspiring book about how he became cancer-free through what he ate, Dr. Anthony Sattilaro confessed to his ignorance—and arrogance—about food and health when he skeptically abandoned his lifelong fat- and protein-laden fare: "How does one keep up his strength on this high-carbohydrate, low-protein, low-fat regimen? Maybe I needed a steak dinner to keep my strength up."

AN EASY MYSTERY TO SOLVE—FROM OUTSIDE THE PARADIGM

Thomas Kuhn, in *The Structure of Scientific Revolutions*, explains how scientific paradigms impair the "objectivity" of research, filtering the so-called "reality" that scientists can see. Kuhn found that when confronted with information that didn't fit into their belief systems, scientists distorted the information to make it fit or missed it entirely. And, of course, you don't even bother to begin studying what you don't *think* is an issue.

Thus, many professionals steeped in scientific knowledge about the body are perplexed about why "weight" is "hard to maintain." I still read and hear that researchers consider obesity to be a "mystery." Scientists who have studied the human body in consummate detail, and must know what muscle is for and what it does, watch dieters lose 100 pounds on starvation diets, gain back 100 pounds of fat, and scratch their heads, saying, "We don't understand obesity or why it's so hard to keep weight off." That's like a car expert being baffled by why pulling the six-liter engine out of a car and replacing it with a one-liter motor will cause the car to use far less gasoline.

Let's look at some select examples of the experts missing what's under their noses:

From the *Berkeley Wellness Letter*: "The researchers don't know why weight fluctuations may be a problem. One theory is that when weight is regained, fat may be more likely to settle in the abdominal area (a possible risk factor for heart disease and other disorders) . . . Or perhaps people who lose weight tend to choose an especially high-fat diet when they relapse. The researchers suggested that further studies be done to determine why frequent weight changes might account for their findings."

What about the fact (not theory) that the way people diet causes lost "pounds" to include muscle, which decreases their metabolic rate afterward? It's been known for a long time that muscle creates a requirement for fuel; the processes of muscle metabolism were clear by the middle of the century. Your body burns carbohydrate and fat to fuel the muscle. Muscle burns 98 percent of the calories we consume. Muscle size equals metabolism size. Calling for more research to discover why losing lots of "weight" through "eating less and exercising more" leaves you fatter is like undertaking more research to find out why chopping off your finger with a machete makes you bleed. It's just the way your body works!

To say we don't understand why repeated "weight" loss damages the heart is also evidence of paradigm blindness. Carbohydrate deprivation, such as is common on diets, causes muscle weight loss. The heart is a muscle. It's logical that losing muscle through chronic dieting could eventually weaken the heart. But clearly logic is irrelevant when paradigm blindness strikes—a condition worsened by the pull of a $33 billion diet industry and perhaps a thriving research industry as well.

Plus, those who translate the research you read—the media—are also stuck in the paradigm, reading into it their own biases, adopting those conclusions they expect to find, such as "eat less," "loss weight," "stick to," "willpower." New findings are crow-barred into old language. Data is both misrepresented and misheard, so that even good news ends up sounding like the same old grind.

A July 1991 *Los Angeles Times* article, printed a week after what's now known as the Yale "yo-yo dieting study" was published, exemplifies both research and reporting from the bowels of diet thinking. This particular study is just one example of science and the media together reinforcing diet thinking. But it is an especially good one because it was widely considered a "breakthrough" in the area of diet and health; it catalyzed or strengthened theories that miss the point; and it resonated with as many diet thinking assumptions as you'd ever hope to find in a single item.

Lead author Kelly Brownell, a Yale University psychologist, evaluated 3,200 men and women from the Framingham Heart Study in Massachusetts (which has shown that obesity, high blood pressure, and high blood cholesterol are risk factors for heart disease). Analyzing subjects' weight fluctuations over a 32-year period, Brownell found a link between chronic dieting (yo-yo-ing, or "weight cycling"—losing and regaining "weight" in large amounts and/or losing and gaining repeatedly) and coronary artery disease and premature death, especially in those aged 30 to 44 (the people the study also found are most likely to diet). This was independent of other risk factors such as obesity, weight, smoking, and cholesterol level.

Diet-thinking mayhem followed in the media and the scientific community. Among the conclusions to which reporters, researchers, and the public jumped:

▶ That obesity (already a known risk factor for many diseases) is healthier than repeated relapse after dieting (though the study itself did not even compare or examine which is healthier)

▶ That "thin" is a damaging standard

▶ That more research is needed

From the *L.A. Times* piece (italics are my emphasis):

> Researchers zeroing in on what makes a dieter successful over time have unearthed some *surprising* findings. . . . The next logical step for *chronic dieters*? Reduce to an *ideal weight* and stay there, Brownell said, or pick a *weight that is reasonable*—even if it is above the ideal—and *stay there*. . . .
>
> Yale's Brownell said *to lose weight and keep it off, dieters* must *identify their personal triggers to overeating*, whether it is boredom, the smell of food, depression or other factors. . . .
>
> Most important, people who decide to lose weight *must be truly ready*, Brownell said. If you're not ready, he said, it may be healthier to postpone the diet or forget it altogether. "*One way not to regain weight is not to lose it in the first place*," he said. "As silly as it sounds, that may actually be a better course. . . ." On at least one point, Hirsch and Brownell concur; more research is needed about the effects of weight fluctuation. . . . Meanwhile, he said, "Dieting should be taken seriously. It's *possible* that *dieting under some circumstances could create negative effects*."

Let's take a look at some of the diet thinking flaws here.

IT'S BIOLOGY, NOT PSYCHOLOGY!

The ways Americans manipulate the number on the scale (depriving ourselves of food, especially of carbohydrate) provokes muscle loss, a counterproductive destruction of the precious tissue that burns fuel. As you've already learned, it also causes a host of additional body reactions designed to help you better make, store, and conserve fat.

Yet the above article, and virtually all of the reporting I've seen on the subject, assumes that yo-yo dieting (and fatness in general) is a function of a psychological inability of people to control themselves. By subjecting the dieters, rather than the process itself, to endless analysis, an important opportunity to distinguish biology and "weight" from fat is wasted.

I read about this study in more than a dozen magazines and newspapers, and none ever addressed why yo-yo-ing happens in the first place. None even mentioned the biological changes caused by deprivation of food. If they did, people would realize that what they call "willpower" compounds the problem: The "better" you are at suppressing your eating, the more biologically primed you are to get fat. Being "good" makes you and keeps you fat, because the diet thinking definition of what's "good" is too little food, and the body retaliates.

Calling overfat a psychological or character issue creates three big problems.

It's a red herring for the real issue. It becomes a misleading decoy, distracting attention from the true focus: what biologically creates the fat problem—and how total miseducation about one's own body leaves one powerless to handle it.

It makes people feel bad—needlessly. Something is supposedly "wrong with you" for not keeping "it"—weight—off. In reality, not keeping fat off is your body's perfectly appropriate, biological response to dieting.

It suggests the "weak-willed" are better off doing nothing. "Experts" who emphasize psychology and who learn about the effects of yo-yo-ing without understanding or considering its biological cause as much as say, "If you're not going to be 'strong' enough to stick to your diet or keep the 'weight' off, don't do anything. Just stay fat." Staying fat is not the answer; it puts you unequivocally at risk for disease.

Also, the solution to the problem isn't arduous; it's easy. But the "good news" isn't heard because this thinking doesn't leave room for a positive solution.

CLEAR DATA, BUNGLED TRANSLATION

Once you know how the body works, dieting's dangers are hardly an enigma or a "breakthrough": continued deterioration of muscle, stimulation of fat-maintenance mechanisms, and a higher total percentage of bodyfat because of reduced muscle mass. That's all very straightforward.

Yet the conclusions drawn by researchers and reporters of the yo-yo study didn't reflect any of that. Instead of revealing why dieting (indeed, why any deprivation or undistinguished "weight" loss) would always be counterproductive, the advice that emerged suggested that for some people dieting and "weight" loss is still appropriate. Instead of saying that diets (or weight loss) simply don't work at all, they now said these would only work if the time was right: You must be in a place where you're really "ready" to lose the "weight" and "keep it off." (The difference between, or relevance of, fat weight and muscle weight was totally ignored.)

Since the initial "yo-yo research" was published in July 1991, this type of "new" cautionary advice has become the standard dietspeak in fitness and women's magazines. Instead of "don't diet" (or better yet, "don't eat too little," whether from a diet or not), they kept diets and gave them a modifier: "Only when you're sure you're ready to 'keep it off.' " This uniformly psychological response to a biological issue suggests that "weight" loss and maintenance success is all in your mind.

There is no "readiness" that will make eating less work physiologically. Biologically, you can't keep it off—no matter how "good" you are. The psychologists ignore the fact that "keeping it off" is more a function of what you took off than what you do afterward. They suggest waiting for a "favorable time to diet." But there is no favorable time to deprive your body of fuel.

Brownell himself was quoted in the March 1992 issue of *Shape*, saying, "When you decide to lose *weight* or adopt an exercise *program* you must prepare yourself *mentally and emotionally.* . . . How motivated are you compared to previous attempts to diet and exercise? . . . Do you eat when you feel lonely, bored, angry, depressed or anxious? If so, are you ready to come up with an alternative response to these feelings?" He advises "*dieters*" to "identify the *risks* and decide how best to handle them. What if you are invited to *an elaborate buffet*? . . ." (Italics added for emphasis.)

What if you are? You should eat—like everyone else. Being in what the article calls a "food-heavy environment" is not a "risk"—but notice how food is portrayed as the enemy; as always, the assumption is you'll want to eat as little as possible. Why would you need an alternative response to wanting to eat—unless you consider eating a problem, and your premise is that eating too much is the issue? In truth, why you eat and how much both pale in importance compared to *what* you eat. We need caring, educated, conscious eaters, not "successful" or "emotionally aware" dieters.

For all the difference the yo-yo brouhaha made, a year later I walked into a grocery store to see a huge headline on the cover of the February 1992 issue of *Self*: "Diet Scoop—How to Control Your Eating," and on the January 1993 *Glamour*: "Are you Dieting Wisely or Unwisely?"

It's like that old MTV ad: "Some people just don't get it."

"JUST STAY FAT": THE BACKLASH AGAINST BETTER EATING

Another reason researchers refused to conclude that diets simply don't work at all is the fear that people would abandon diets. They're wrong—and right.

What they mean is, they don't want people abandoning fat loss and health. They don't want people staying fat. But they muddy the issue by equating health and fat loss with dieting and weight loss—when in fact they are unrelated. They assume that if you give up dieting, you'll necessarily be giving up leanness. The opposite is true. "Diet only for health reasons," said Van Hubbard, M.D., Ph.D., of the National

Institutes of Health. Yet the yo-yo study itself suggested diets were not healthy.

This obviously didn't leave you with many options. Those whose research indicated that dieting causes mortality also continued to suggest that not dieting also causes mortality. (And they wonder why you ignore dietary recommendations!) As a result, two distinct camps organized in light of the yo-yo data: diet and anti-diet. And since each has one good point buried in its reactionary diet thinking, I can neither fully support nor fully discount what either has to say.

The anti-diet camp has a point because dieting doesn't work, and simply loving your body is a great place to start. Their problem: They have misdiagnosed the problem as the standard of lean, when the hitch is the method used to get there. And they advocate forsaking it all instead of finding the method that works. They throw the baby (leanness, good health) out with the bathwater (dieting).

The diet camp counters, "But fat is unhealthy; just accepting it is stupid," and they too have a point. Their problem? The only solution they continue to hold out is the one that they admit doesn't work: Diets for weight loss. These methods they're recycling still aim to manipulate the weight, which is irrelevant to fat loss and health.

CHOOSING BETWEEN TWO EVILS—AND MISSING THE BOUNTY

The backlash against dieting is a leap from the frying pan into the fire—from one unhealthy extreme (dieting) to another (fatness). It's needless, because what works is neither of those. But what works—*don't diet* and *don't be fat—is so fogged by diet thinking* it's never even considered as a possibility.

A *Washington Post* headline that appeared after Brownell's study was first released condemned dieting, with "Worse Than Being Overweight?" splashed across its pages. A *New York Times* article on April 12, 1992, declared an "anti-diet revolution"—women rising up against weight loss regimes and vowing to "love themselves large." It talked about burning scales—and equated burning the scale with being fat. The message: No concern for weight must mean being fat.

Newsweek, on August 17, 1992, ran a story entitled "Let Them Eat Cake": ". . . With much the same messianic fervor they once devoted to the war against fat, some women have gone into battle against diets."

The March 1992 *Vogue* health column comes right out and says it directly: "All of this leads to the obvious question: if the majority of people regain the weight they lose after dieting, and if yo-yo dieting is risky, why not just stay fat?"

That's not what the research showed, but it left a lot of people feeling justified, even righteous, in carrying around a dangerous excess of bodyfat. There's even a National Association to Advance Fat Acceptance in Sacramento, California. True, the study showed that losing and then gaining repeatedly increased risk of coronary disease. But that's a far cry from "Dieting causes heart disease, so being fat is healthier!" That's like saying, "Since I keep falling on my face every time I stand up, I guess I'll just sit here," when simply untying your shoelaces, which have been tied to each other, would solve the problem.

In the face of the anti-diet uproar, most of the experts agree we should not deny the fact that fat is unhealthy. Leanness is healthy. Overfat (not overweight, as the misnomer goes) has been overwhelmingly shown to be a health risk. Two of every three people you know will die of heart disease, cancer, or stroke if current trends continue. All three are strongly linked to fat.

The experts' main mistake has been to continue seeing "a weight-loss diet" as the only alternative to being fat. For example, Kelly Brownell himself expressed concern with the anti-diet backlash. But the only place he could see to go back to is diets. "The pendulum is swinging away from dieting so fast that I find myself in the uncomfortable position of actually defending weight loss programs."

In the *New York Times* article, Theodore VanItallie—a Columbia University obesity researcher—called the anti-diet approach "ridiculous." He said, "It's irresponsible to encourage women with weight problems to eat what they feel like." Well, I would not encourage an overfat person to eat high-fat food. But what is over*weight*? And telling people not to eat what they feel like accomplishes nothing—except possibly driving them to eat it. Most of all, if it's "irresponsible" to encourage people to eat what they feel like, that assumes that what they will "feel like" eating will be wrong. In reality, people do also "feel like" eating all kinds of things that are great for them. Maybe they just need to know which are which. (People who "diet" would love to eat, period!)

Syracuse University psychology professor Thomas Wadden agrees with VanItallie: "People who stop dieting may get comfortable with their bodies, but I don't see them getting comfortable with an increased risk of mortality." While commenting on a study that *linked* dieting to mortality, he implies there's no way to get lean except to diet—even though every statistic says Americans aren't getting lean that way, because their diets are making them *fatter*. It's fat, not "weight," that increases mortality risk, and, as you now know, getting "comfortable" with your body doesn't preclude either eating healthily or being lean.

THE STANDARD IS FINE; THE METHOD STINKS

As fruitless as the "be fat or diet" trap is the implication that leanness itself (mistakenly called "thinness") is the problem, that our beauty standard is a supposedly impossible-to-attain lean ideal. This theory argues that it's your disappointment in failing to achieve an unattainable goal that makes you "give up" and gain the "weight" back. Others say it's a plot to dominate and oppress women; they present leanness as unnecessary, even unreasonable. They encourage you to "make peace with your body" instead—no matter its condition.

Once again, several issues are snarled into one. I certainly endorse loving your body and being at peace with it. BodyFueling is not about fighting yourself or decoy demons like "weight," or subjugating your instincts. You learn the details of your body's functions and needs, explore your body's role in your life and future, and choose whether to meet its needs. If that isn't loving—as well as intelligent and responsible— I don't know what is. What I don't sanction is the assumption that "making peace with your body" must mean making peace with being fat—and being unhealthy.

GOING TOO FAR: GLORIFYING FAT

Anti-diet advocates irresponsibly ascribe "power" to fat—when true power comes from being completely informed and exercising your choice. Naomi Wolf, author of *The Beauty Myth*, during a speaking engagement broadcast on National Public Radio in November 1991, stated that one-third bodyfat for women is "normal and healthy." Her semantics jumble the facts: 33 percent is "normal"—meaning typical, average—but *not* healthy, *not* ideal. She also stated, "Female fat is where the hormones are. It's where our sexuality is. It's where the libido is. It's female power."

While Wolf's work has many important points, this takes the diet backlash to dangerous lengths. Being misinformed detracts from power. Such carelessly vague, misleading statements for the sake of theatrics ultimately splinters the female power being claimed. To assert that there literally are hormones in the fat itself—so that people become concerned that to lose fat is to physically excrete female hormones in the process—is just plain wrong. Also, to imply that a woman needs fat to be sexual or have "female power" is ludicrous. Rather than uniting women, Wolf's theory is divisive, because it effectively promotes poor health even though poor health is, without doubt, an oppressor. There isn't much that's more oppressive than death. Where is the power in the fat of a medically obese woman (based not on appearance, but a percentage of bodyfat over 30 percent)? If the fat makes her one of the 64 percent of Americans who die prematurely of heart disease, cancer, or stroke, is that fat still worth keeping for its mystical "female power"?

If you had a broken leg and the wrong tool had repeatedly been used to set it, would you want to locate and use the right tool? Or would you say, "The heck with it. It's dumb to have your leg set anyway. Who needs a leg? Just leave it broken."

If the "tool" used on "weight" (fat) loss has never worked, should you now give up and stay fat? Or finally learn what's been going wrong and what to do about it? Don't ditch what works; teach what works! Don't bash leanness;

instead, correct the unhealthy and incorrect ways people try to reach that healthy standard.

NOT JUST FOR APPEARANCES

Since being lean is part of being healthy, why knock it if people also happen to find it attractive? It's another incentive. People want to look good, and probably always will.

I agree that efforts to be lean purely for the sake of the way it looks are not to be encouraged—but that's because I think appearance alone is an insufficient motivation to have people alter their eating in any permanent way. Getting "slim" so someone will love you or hire you or not fire you is definitely unconstructive. Improvements don't last under these circumstances because there's no ownership. If it's not for you and your life, it's probably not for keeps. But eating as an investment in your life, as fueling all the things you want to do, is quite different—it brings the prospect of "healthy eating" to a whole new realm.

MEN, WOMEN, AND FAT

I also believe we're missing the point by making overfat a female or feminist issue—just as we're missing the point in diverting all our energy to eradicating so-called overeating when *underfueling* is a chief cause of high bodyfat.

Fat—high bodyfat—is a person issue and a health issue. So is the lack of education and perspective that promotes it. The damage caused by our backward, unscientific approach to eating and fitness doesn't discriminate. Both men and women in America are concerned about "weight" or diet, confused about "healthy eating," and frustrated by lack of fitness results.

Emphasizing differences also encourages the search for "special" problems and excuses. Yes, men and women have their physiological differences, but there are many fundamental needs all human bodies have—easily handled basics that are common to everyone.

Asserting that fat retention is a so-called "women's biological disadvantage'' perpetuates this issue. Women are not "biologically disadvantaged.'' That's a claim rooted in negative perspective, not in fact. Women simply are built the way they are, and men are built the way they are. It is both demeaning and discouraging to women to say they are "set up'' for failure by virtue of gender.

Disadvantaged compared to what? I hear: Men burn fat easier. Men don't gain "weight'' as easily. True, men by nature have more muscle, and more muscle means more and faster fat burning. A man with 150 pounds of muscle will have a hungrier "engine'' than a woman with 95 pounds of muscle. But so what? The real issue is your own body and what you can do with it.

The gap isn't actually that wide to begin with—but a woman can widen it considerably by starving herself. The average woman may have less muscle to start with than the average man, but she'll wind up with less still when she deprives herself of fuel in efforts to get thin as quickly as possible. Factor in other metabolic changes that occur during deprivation to favor fat, and you do have a disadvantaged woman. But those are disadvantages that are self-induced and *can* be avoided.

With 110 pounds of muscle, I'm not so terribly different from my husband's 145 pounds of muscle. But back when I was down to 94 pounds of muscle, the gap was wider. My lean mass reached that low point because I consumed too little to fuel the activity I was doing. Sure, Robert's additional 35 pounds of muscle require more fuel, but what's that got to do with me? Besides, I get plenty to eat myself—and I know that's what I'm supposed to be doing. There's no need for martyred justifications about why I can't be fit.

We are different. We all have different body types. People do not all experience fat loss at the same rate. Even among women, there are many variables: What you've done, what you do now, what body you started with. The point is not to compete with one another. The point is that wherever you're at, you can look and feel better, and live longer—by fueling your body optimally. And the joy is that it's done by eating, not starving.

If women are at a disadvantage at all, I think it's a social one. Because women seem to be especially committed to "weight loss"—at any cost—they've been more susceptible to misinformation. In my observation, although some men are as obsessed with "weight" as women, most are more likely to shrug off what they notice doesn't work or doesn't make sense. Women seem more prepared to make sacrifices, even at the expense of health or peace of mind.

An April 1992 *Mademoiselle* article called "How I Learned to Love My Body" underlines this. In the article, author Amy Cunningham notes, "The way women care for their appearance more than they value their health is a symptom of a cultural logjam that fouls up our priorities all the time." She cites a 1983 Cincinnati College of Medicine study that surveyed 33,000 women. "Their greatest single hope as a group was to lose 10 to 15 pounds. That's above their hopes of achieving success at work, raising self-respecting kids and making the world a better place. Odds are those statistics would not have improved greatly if that same study were done today."

Whether it is society's fault that women tend to be this way I leave to other books to explore. I don't doubt that societal pressures have deeply affected the American woman's desire for the perfect figure. You could also say that perhaps men simply value themselves too highly to agree to self-abuse at any cost; if so, more power to them.

I do believe we have to stop blaming men for our bodies— for how they are naturally and for what we do about them. The fact that the man standing next to you has 50 more pounds of muscle than you does not in any way stop you from maximizing your own muscle through fueling and exercise. And it's not his fault that you never knew you could eat plenty of food and still be lean. (If there's a fault, it probably lies with the men *and* women who have long known all of what I am teaching and have not spoken up.)

If one is really interested in what will make a difference to young girls and women, militant feminist finger pointing will not do the trick. It will galvanize a certain number of women, but for what? Righteous resistance? I think it affirms and maintains victimization to stay stuck in place trying to avenge the past. Let's move on.

LEAN VERSUS THIN

Hazy, imprecise diet-thinking language helps to cloud the issue of body standards even further. Those who favor a "fatter" standard say *thin* is unreasonable; I say *lean* isn't. We're using two different words that are not interchangeable. In that sense, I agree that "thin" is a bad standard—but only because it doesn't mean "lean." One can be thin and have plenty of bodyfat.

If we eradicated all the empty, misleading words that mean something different to each individual and ultimately don't mean anything at all—thin, skinny, trim, slim, slender— we'd be left only with "overfat" and "lean." Only these are directly descriptive and, unlike the others, don't support goals or arouse concerns that serve as distractions.

The interchangeable use of these two and all the other words is rampant in the media, and it reinforces the wide-spread assumption that all the terms are synonymous. The February/March 1992 issue of *Health* quotes Columbia University obesity researcher Theodore VanItallie as saying, "I think a healthy leanness not only doesn't carry risks, but is probably beneficial." Then the writer goes on to say, "But confirming that skinniness really is better hasn't exactly . . ." The author uses skinniness in place of leanness, thinking she has found a perfectly sound substitute.

But people can be slim, skinny, or thin without being lean at all. One client calls it thin-fat, and reports she has been able to identify it more readily since our workshop. "I used to think anyone who was thin looked good. But now I can see the difference. There are people who are a little larger, but strong and solid—obviously lean. And there are people who are scrawny, yet if you really look, they're 'fat.' "

An acquaintance once remarked to Robert (who is over six feet tall and about 15 percent bodyfat) that she thought he looked "anorexic." He replied, "Anorectics never eat. I have food in my hand almost constantly. I consume 3,000 calories a day. Anorectics don't look like that." What he politely didn't point out is that the acquaintance has more than enough extra bodyfat to pose a health problem.

One must be careful when speaking about eating disorders

and the way people look. Anorexia is not a function of how thin you are; it's about how you get there and your state of mind.

Anorexia is about *thin*, not *lean*. There is a distinction between the "lean" I am suggesting is healthy and the "thin" that clinically eating-disordered people seem to picture and pursue. Such people are not concerned about bodyfat percentages or maintaining muscle—they destroy enormous amounts of muscle in an effort to waste their bodies to smallness. Such a degree of obsession is dangerous and sometimes fatal.

It's true that some women are scared of muscle, which I think can be traced to their not understanding what muscle is and what it does. The January 1993 issue of *Allure*, in its article "Fat Gauge," quotes sports nutritionist Michelle Vivas: "I have women asking me if they stopped exercising for a year, would the muscle go away. . . . Women also ask about leaving protein out of their diets to try to reduce their muscle." Such women are clearly 100 percent uninformed about the way their bodies work, since they're not aware of muscle's critical role in achieving the low-fat look they want.

On the other hand, if any person really despises the look of muscle because it interferes with the look of "thin," I think it's safe to say their thinking is disordered. Such a person might then find my physique, for example (size 4, but decidedly muscular), to be unattractive. I love muscle because I love what I know it's doing for me—its mere existence creates a metabolic demand for fuel. If you are unable to appreciate the portion of your weight that actively works for your health and your leanness, then diet thinking has you in a lock that might mean help is in order.

Just be sure the "help" isn't in the same diet-thinking boat with you.

POOR FUELING IS NOT A JOKE

In diet thinking, food indiscretions are funny. This tends to be a subject about which people put their heads together and laugh nervously. It's as though the way food affects our bodies is all kind of a joke. You think something is "wrong" but will do it anyway, and when you laugh together about it, somehow it's all okay. "Guess I'll make up for it tomorrow, heh heh heh!" "Better watch out for those killer cupcakes, hahahah!" "Oh, this is (heh heh, wink wink) some of that *low-calorie* cheesecake, right?"

Maybe it's because the concern is so universal that it brings people together. It creates instant rapport and camaraderie. But it's destructive, because it fans the fire of myths, misconceptions, and unhealthy attitudes, and it sanctions ignorance by glossing over it.

I happened to catch the April 28, 1992, National Public Radio coverage of the Food Pyramid's death and subsequent reprise. The lack of time devoted to constructive education, and the commentators' not-always-subtle mockery of efforts to eat healthfully were appalling to me—its only usefulness was as a perfect example of how deeply into popular culture this paradigm has bled.

The U.S. Department of Agriculture (USDA) in December 1990 officially announced revisions in the government's standard public information nutrition icon based on current research findings about diet and disease. The decades-old "four food groups" was replaced by a pyramid graphic emphasizing more grains, fruits and vegetables, and less animal food such as meat and dairy. The graphic was released in 1991, but the agriculture secretary quickly recalled it. In April 1992, the USDA released one that hadn't changed much since its initial rejection.

The segment spent a short time briefing people about the pyramid itself, and discussing the controversy over whether the beef and dairy industries had played a role in delaying its release because the pyramid recommends reduced consumption of meat and dairy products.

Following about five minutes of discussion about the pyramid's release, NPR devoted more than twice that amount of time to a humor piece that asked NPR reporters, commentators, and listeners for commentary on their personal translations of the four food groups. Wasting precious airtime that could have been used to educate about a subject that cries out for clarification among consumers, NPR chose instead to further demonstrate that need.

Commentator Daniel Pinkwater said, "I'll tell you a little-known fact. Nature's most perfect food is pizza. It can sustain life indefinitely and encompasses the crust group, the sauce group, the cheese group, and the pepperoni group.'' Another commentator cited food groups as the four Fs: foam, fun, fried, and fat.

NPR editor Brooke Gladstone chimed in: ''I think the best thing to do is have something green, something yellow, and something white'' at every meal, which, it's noted, might include a glass of milk for the white, a pear for the green, and a piece of pound cake for the yellow. Gladstone added that for her kids, she ''feels safe'' if she gives them something ''high in protein'' that walks or crawls, and something out of the ground. But, she confesses, ''I also give them a vitamin because I don't really know what I'm doing.''

Here, at least, some valuable truth: A smart, successful mom who admits she is lost when it comes to this. She assumes that her children need to be well fed, while she doesn't, and she isn't at all confident that she even knows what to do for them. Based on her own rule, she doesn't: She could be giving her kids three times the protein and/or a fraction of the carbohydrate they need. A multivitamin won't help that one bit. Gladstone doesn't know how the human body works or what it needs, and her kids aren't learning it now.

As the grande finale, still another commentator claimed that the food groups are grease, salt, and carbonated beverages, explaining that how you balance these three dietary elements is to get your grease from ''a hamburger or two hamburgers, or maybe two hamburgers and a hot dog, or two hamburgers and a hot dog and fried chicken,'' your salt ''on the side by pouring it on the french fries,'' and your carbonation from ''Coca-Cola, which cuts through the grease and the salt and everything kind of evens out there.''

This is funny? This is our most high-brow and respected source for radio news? But let's face it, this is what's on people's minds. These NPR folks are bright people—the nation's best and brightest, really, the reporters and the listeners both. But their joking is the same as what I hear at parties, in grocery stores, at health clubs, even at the beginning of my own workshops.

What if a similar commentary poked fun not at poor eating but at drunk driving? ("Oh yeah, I load up and race around in my car all the time. Silly me! Ha ha ha!" or "Sure, I believe in moderate drinking! I wouldn't think of having more than ten beers before I head home from the bar! Hee hee!") People are dying at the rate of more than 2,000 a day of heart disease and stroke, and we're laughing about how the four food groups are "foam, fun, fried, and fat" or about "grease, salt, and carbonation." Our culture has completely missed the point that poor eating is as lethal as excessive alcohol consumption.

Am I being humorless? Not given the suffering that I have made it my business to see and understand. I wouldn't be considered humorless if I expressed outrage at casual cracks regarding sudden infant death syndrome, or drunk drivers who kill, or AIDS. If you're thinking to yourself, "Lighten up, Robyn," I'd say that's an indication of the breadth of diet thinking, the lock this paradigm has on our sensibilities. Even lofty public broadcasting types cannot see what's shameful about spending 10 precious radio minutes giggling about Brooke Gladstone's helplessness, instead of educating their audience about what their bodies really need.

In the end, lame jokes about self-inflicted damage through food are a flimsy substitute for the authentic lightness that comes with knowing what to do, knowing you don't have to—and knowing you want to because it's not hard and the benefits are astronomical. Brittle "humor" like the NPR report merely attempts to cover the desperation and confusion of America's relationship with food. If you want to laugh, laugh with joy at the smorgasbord of wonderful food that can fuel your life, instead of tittering halfheartedly about the food you "shouldn't" have eaten.

BEYOND DIET THINKING:
Looking Back at "Diets"

Every year 65 million Americans strike back at what they think is their "weight" problem, feeding a weight-loss business that topped $32 billion in 1989 and was predicted then to exceed $50 billion by 1995.

Statistics suggest that anywhere from 40 million to 80 million adults are hazardously "overweight" or that 63 percent of American adults are "over the recommended weight range for their build." Of adults currently on a diet in the United States, 71 percent are estimated to be women. About 50 percent of American women and 25 percent of American men are estimated to be dieting at any given time. It's estimated that 90 to 95 percent regain some or all of the "weight."

REGARDING YOUR "DIET DAYS" AFTER FUELING

When you stop diet thinking and start fueling, all of the premises that once validated the idea of "going on" a diet fall apart. Here are some real-life examples of what happens when diet thinking's foundation crumbles.

Pat, an energetic, cheerful, outgoing woman of 51, is candid about the frenzy of dieting she did in the 1970s and 1980s, from high-protein fads to currently popular programs like NutriSystem. "I screwed up my metabolism so bad with the high-protein things. I stuck to one for months, grim as it was. When I went and had my basal metabolic rate tested, I had slowed down so much that I was told I could only consume 600 calories a day without the excess being stored as fat.''

Having taken BodyFueling (''It's the best thing I ever did''), Pat is careful now in her language. She talks about gaining or losing *fat*, not indiscriminate ''weight.'' She is aware that by depriving herself of carbohydrate daily for close to a year, she was constantly requiring her body to convert lean muscle protein to carbohydrate fuel. Most of the ''pounds'' Pat lost during this period were muscle—and that loss was partly responsible for her body's overall metabolic slowdown. She understands all this now and is amazed at some of the things she put herself through—and further amazed that her physicians allowed and even encouraged it.

Pat put herself into counseling in 1989 to ''de-program,'' as she puts it, from ''the dieting mentality. I was never anorexic or bulimic, but I knew I wanted out of all of the brainwashing I'd had from these diets. Just to be able to eat food without 'knowing' I should be controlling it somehow.'' She laughs now about waking up to eat carrots in the middle of the night because the Weight Watchers program she was on was so adamant about her having to eat *exactly* the food they told her to.

''Diet Center seemed compulsive even to me at the time. Weighing in every day seemed crazy. Even the more nutritionally sound of the diets don't really teach you how to deal with real life, or how your body works,'' Pat concludes. ''It's all about their food, their pills, their supplements. There's no reality attached to it at all. I know how to make choices now. I know what my body needs and why. I have a frame of reference for what's important and what isn't. I know brands and labels. I can cook and bake with no fat and no sugar. And it's all about living my life, not 'doing well on my diet.' ''

A teacher in her fifties, Liz courageously shared a particularly harrowing story about dieting and health during a workshop. When we completed the biology section of the course, her eyes were wide as she pieced together a history that for the first time in 30 years made perfect sense to her.

The high-protein diets of the 1970s, which she was so proud of herself for "sticking to," despite the misery. The medically supervised fasting program. The struggle in every single instance to keep the "pounds" off (in actuality, to keep fat off after having lost pounds of muscle). And the horror of the truth behind what drove her to start all this: the doctor who told her to "lose 20 pounds and come back in a month." The doctor who told her, when she was 27, to gain only 10 pounds during her pregnancy or she would die. (She was so restrictive, she *lost* 10 pounds during that pregnancy, and her son suffered birth defects.)

Liz also revealed during our discussion about muscle loss that a recent medical examination had shown the muscle tissue around her heart to be severely deteriorated. She hadn't understood why until now. While most people can build some muscle back, it does take exercise and is not nearly as rapid a process as losing it. In the extreme case of losing 50 pounds of muscle on a liquid diet, building 50 pounds of muscle back can take a decade and a lot of work—if it is even at all possible. In Liz's case, there are no exercises to "build" the muscle surrounding the heart; the damage is done. (I encourage people to grieve the precious tissue lost due to lack of such simple education—and to know that regardless of what they have done up until now, from this day forward they have the opportunity to preserve the muscle they do have.)

Perhaps the most compelling thing of all was that when Liz came to us, after three decades of dieting, she *still* did not know anything about how to eat to fuel her body. All those diets that ravaged her body still left her uninformed and unable to buy, prepare, and eat the things her body needed. All she knew was how to diet, and how to worry about the 5 "pounds" she gained "after Thanksgiving" (which may have been water or her heavy sweater or who knows what, but which, after one weekend, were not 5 pounds of stored fat).

Connie is a 50-year-old factory worker who is inspiring in her efforts to adopt a healthy, lifelong way of eating, given her background: complete lack of education about nutrition (not that that in itself in unusual), an upbringing that insisted loads of protein is good and carbohydrate is fattening, a husband who resists changes in their diet and loves red meat, and the stress of living with both her mother and mother-in-law. Yet she has valiantly and earnestly managed to make major changes.

"I never used to eat three meals a day, but now I do," says Connie. She starts her day at 3:00 A.M. when she wakes for her morning work shift. "I couldn't believe the difference it made. I was amazed. I looked better, felt better, slept better—I was sleeping like a baby. I always used to have trouble sleeping.

"I didn't really believe it was okay to eat so much and that I'd still be all right. But I haven't 'expanded' like I thought I would if I ate that much food. I can eat the whole sandwich, not just half! My husband made me popcorn one night and he put butter and salt all over it. I literally couldn't eat it. I said, 'You ruined it!' I'm really proud that I feel that way. There's no high-fat junk in the house anymore.

"It's insane, what's out there. Everyone tells you you have to diet. You 'know' you have to. I went to a doctor about migraine headaches and he weighed me, and just based on the weight, he said, 'I can't work with you until you lose some weight.' He was totally rude."

Connie, like Pat, is a graduate of advanced dieting—participation in numerous group and commercial programs, none of which left her prepared to shop, cook, eat, or most of all think in a way that would work for life. She talks about NutriSystem: "Every week it was the same thing. 'Why did you go off? What's gonna make you go off next week?' If you hadn't lost any weight or had gained, it was 'What did you do wrong?'" The message was clear, she says: "You're on a diet now."

Chuck, another workshop participant, said about Jenny Craig, "I would get really weak. It made me mad that they gave a big guy like me the same 1,000 calories as a little guy who wanted to lose five pounds. . . . Now I have enough energy to bust my butt all day at work. Now I know my son (age two) will be healthy and know how to eat."

Jessica, a teenager, said of Jenny Craig, "You were like a specimen. You were your weight. And they were really condescending." Jessica's father, who attended our work-

shop with her, said later, "Jessica has gotten her eating together for the first time in her life—and your workshop led
the way. None of those diet programs ever clicked. . . . It's
funny, what works is so simple; people probably don't believe
it can work. But learning all this cleared the confusion and
brought us back to that wonderful simplicity. You're on the
cutting edge, especially where the idea of personal responsibility is concerned."

Jessica's father is also a communications professional who
worked with a law firm representing plantiffs in a case against
a popular commercial diet company. He reported at the time
that the company and plaintiffs settled out of court, and part
of the agreement was that all court documents be sealed.
What might they want to hide? My client Chris (of the 10-
minute exercise in Chapter 4) shed light on that question when
she related the story of her short-lived stint as a counselor for
that company:

"They train you, sure—to sell. It was about commissions.
'Don't you want to be rich?' they'd say. We were taught that
the most important thing is to get the customer to sign the
contract requiring them to buy $50 to $100 per week worth
of food. It didn't matter if they needed it or not. To get our
commissions, the person had to buy all the food in their
contract.

"They taught us how to talk to people, you know, on the
phone—what to say to get them to come in. You were never
to vary from the script. You weren't allowed to tell them any
prices over the phone. When they came in, they got the hard
sell. In exchange, we would promise them ten pounds in a
week or two. Of course, there was nothing ever said about
fat or muscle. It was all weight." She quit after three days.

Allure, in September 1992, published "The Allure Diet
Survey," an exposé which corroborated the countless horror
stories my clients have provided. At Diet Center, for example,
according to the article, an *Allure* volunteer was given what
amounted to a low-carb, high-protein diet including a limit
of half a baked potato or a third of a cup of rice or pasta
daily, as well as a glut of protein: nine ounces daily, *plus* an
additional two servings of dairy protein, *plus* the recommended snack of peanut butter, of all things. She was given

18 supplements to take daily. And she was weighed several times a week.

At another popular commercial center, another *Allure* volunteer recognized the diet as basically a Weight Watchers plan and was told, "Listen, Weight Watchers is the key to life." Yet, says the article, " . . . on the *Today* show last May, a counselor for a Weight Watchers affiliate said that only one-half of 1 percent of the program's clients keep their weight off. She also said that only 5 to 7 percent of those who signed up at her center reached their goals." (Weight Watchers International, however, disavowed her statements.) At all of the commercial centers, volunteers were commanded to adhere strictly to their menus.

For this kind of deprivation and imbalance, the volunteers paid through the nose: at one commercial center, one volunteer reportedly was told she would get no information until she had "signed on the dotted line"—to pay $1,005 (registration, diet, and "Sta-b-lite" program). She was discouraged by the counselor from reading the "consumer rights notice" in the contract. So she signed. Later, she was quoted a lower price at a different branch, so she called the first center and asked for the money back. Suddenly, this center decided that her initial down payment ($502) would be enough—for six weeks of the diet, anyway, during which she was promised a loss of 17–20 pounds. Vitamins and supplements, at $23 a week, were not included, though.

At a different commercial center, another volunteer paid $185 for registration, $94 for lifestyle tapes she didn't realize were optional, $149 for a special lifetime deal, and $88.90 for the first week of food. She had to sign an agreement to buy the first eight weeks of food—another $587.

PARTICULARLY BAD DIETS

There are diets that add their own specific mutations to the basic "eat less and exercise more" paradigm, surpassing even the general scientific and contextual flaws that apply to all diets. My point in warning you about these, and passing on the warnings of others who have evaluated them, is not only to put you in a further-informed position, but also to illustrate the serious risks posed by the truly atrocious void in our education that allows them to thrive.

HIGH PROTEIN, HIGH FAT: A REVIVAL

One disturbing development is the reemergence of high-protein diets that advocate unlimited protein and even fat. *Dr. Atkin's New Diet Revolution* is just one example of recently published books that advocate this backward thinking. As you learned in detail in Chapter 3, "Fueling the Human Body: Your Owner's Manual," your body has little use for more than a small amount of fat, and uses protein for tasks other than fuel—unless you force its use as fuel. The (non)thinking behind a high-protein, high-fat diet is: "This machine ideally uses fuel A. So, let's not give it any A! Let's use only fuel B and C instead."

Unfortunately, this mind-set can be traced, in part, to the still-prevalent myth that carbohydrate food is fattening. Andrew Weil, M.D., wrote a *Mademoiselle* article back in 1988 that contained a lot of wisdom:

> People who are watching their weight often shun foods high in carbohydrate—such as potatoes, pasta, rice and bread—convinced that they turn directly into ugly fat. Instead, they load their diets with protein. . . . Complex carbohydrates have probably gained their bad reputation because of the company they keep. Most of us have learned to like our carbohydrates with lots of fat. . . . Yes, such dishes are fattening, but don't blame that on the carbohydrates . . . they're the body's ideal fuel, easy to break down and burn for energy. . . . They should make up the biggest part of your diet.

Five years later, this wisdom still doesn't register with many of the people I work with. Even though carbohydrate is what fuels most of the work of our body's cells, and most of the activity we engage in every day, from thinking to walking, more than half of the people I meet are still surprised to learn about its dominant role in our energy and well-being—our very existence.

The misunderstanding, even fear, of carbohydrate goes back to whether you want to lose "weight" or fat. A diet that starves you of carbohydrate will cause pounds of muscle to be stolen for fuel, and you'll lose "weight." Like the high-protein, low-carbohydrate diets of the 1970s—now widely recognized as useless and dangerous (they led to about 60 deaths after they first became popular in the early '70s)—the reprise of these strategies is all about that one little number. They are shortsighted plans to make that (meaningless) figure on the scale go down—and capitalize on Americans' uninformed quest for Another Quick Answer to manipulate it.

If you look beyond the little booby prize between your feet, what these diets really represent is the best way to get your body totally inefficient at using fat—or any fuel. Fat loss—not to mention energy, health, fitness, and a lifelong way of eating—are unachievable with such a strategy.

CAN YOU BE ADDICTED TO SOMETHING IT'S NORMAL TO NEED?

About the best thing that can be said for *The Carbohydrate Addict's Diet*, by Richard and Rachael Heller, is that it's a perfect example of what *not* to do. It's exactly the opposite of what you'd want to do for energy, health, and fat loss, given the way the human body works and uses food for fuel. Everything about modern human biochemistry runs counter to the strategy they advocate.

In my workshops now, someone routinely pipes up after we've covered the physiology of carbohydrate use: "Then isn't that book about carbohydrate addiction that tells you to cut way back on carbohydrate dangerous?" Yes.

Yet the Hellers assert that people are fat because they are "addicted" to carbohydrate. They tell you to drastically reduce your daily intake of bread, cereal, fruit, pasta, potatoes—all carbs. These are the foods that basic biology, the government's U.S. Recommended Dietary Allowance, nutrition textbooks, organizations such as the American Heart Association, research data, and the vast majority of health experts all suggest should be 55 to 70 percent of the diet that will keep bodyfat at bay and ward off cancer and cardiovascular disease; the foods most people love to eat and would be thrilled to know their bodies—all bodies—need to eat to run efficiently.

After severely restricting carbohydrates throughout the day, the Hellers endorse one main meal a day of pretty much anything you want. This is a 23-hour abstention from what your body needs most, which stimulates all of the "fattening" mechanisms your body uses when starved of its key fuel. Between-meal snacks are also severely shunned because even a piece of fruit, "eaten other than during your Reward Meal, can reverse the whole metabolic process that is emptying your fat cells."

By saying "eat anything you want" at the so-called "reward meal," you are also basically encouraged to make that meal as high in fat and protein as you want. All foods are "allowed" and in any quantity. Sample menus for other meals include "four to six ounces of pastrami" for breakfast, "two cheeseburgers (without the buns)" for lunch, and, for dinner, "How about ribs, mashed potatoes, baked beans and a large tossed salad? Dessert is up to you."

Yet consider the facts: Fat makes you fat—I mean, how can you get around it? Fat *is* fat. Consuming great quantities of it will result in the total opposite of what people really want. One client told me her sister-in-law was eating bacon and ice cream for dinner because the book said she could have anything she wanted. Another client told me her boss was thrilled because now that she wasn't eating carbohydrate, she could skip breakfast and lunch more easily. I shudder to think how many others are piecing together such motley—and downright deadly—strategies as a result of this freewheeling advice.

The processing of carbohydrate burns a great deal of energy. No matter what the destination of carbohydrate—to muscle cells for fuel, conversion to glycogen, or conversion to fat—some part is "donated" to meet the fuel demand of processing it so you can eat more of it without creating excess.

On the other hand, very little energy is needed to store fat. Since most people's bodies have a greater demand for carbohydrate than fat, most of the time, fat is less likely to be used for fuel. Fat not needed for fuel is readily stored as fat, since 95 percent of it cannot be converted to anything else.

The high-protein strategy is fattening in yet another way. The average body doesn't need much protein; 2 or 4 ounces at a serving, or 6 to 10 ounces a day, is plenty for most people. Since the body has no way to store protein except as fat, it will break down (deaminate) excess protein and convert it to fat for storage. As if that's not bad enough, on its way it leaves a toxic trail of biochemical "ash" such as nitrogen, which the body must struggle to excrete. Yet the carbohydrate addiction theory says you could eat a pound of protein at dinner (or anything you want).

Some of the protein in a high-protein diet will also be deaminated and used for fuel, to spare your muscle from shouldering the whole carbohydrate-deficit burden. Whether you use dietary protein or body protein (muscle) for fuel, the breakdown/conversion process is equally tiring and toxic. And the dietary protein your body is stealing would normally be used for the building and repair of tissue. Eating carbohydrate lets the protein you eat do its own usual—and vital—jobs.

These are all biological facts—you can find the same explanations yourself at any library. Translated, what the Hellers are saying is that the best way to lose generic "pounds" of who-cares-what-as-long-as-your-weight-goes-down is to stop eating what your body needs most for energy, health, and sheer survival. Instead, eat as much as you want of what your body needs very little of, and which it stores readily as fat.

Moreover, the Hellers suggest that one of the attributes that makes carbohydrate an enemy is that it makes you hungry for more. "Small, frequent carbohydrate meals actually feed the addiction and lead to loss of appetite control," they admonish. Your body runs on carbohydrate. "Controlling" anything that might make you want to eat more of it is rooted in the diet-thinking assumption that you always need to eat less, and so must extract from your diet anything that encourages eating.

Carbohydrates do trigger insulin production. (As you may

recall, this is done to manage the use of blood glucose.) But it's normal and understandable—not "bad"—to be hungry after insulin has helped glucose out of the blood and into cells for use as fuel; blood glucose is lower again, and you need more. The Hellers call that a problem—and suggest that to avoid it you avoid carbohydrate. They are essentially offering a way to skirt a normal biochemical reaction. They define a compelling hunger or craving for carbohydrate-rich foods as "addiction,"—when in fact such hunger is appropriate, and meeting that hunger (eating lots of carbohydrate-rich foods) is what's most widely recommended for health, leanness, and disease prevention.

The result that "proves" the Hellers' theory is that they, and others, "lost weight" doing this. Sure they did. Pounds are lost. Thanks, but I'd rather hold onto my muscle tissue.

You would do well to be suspicious of any strategy that seeks to fundamentally alter, work around, or ignore the basic form and function of the body. The diet-thinking underpinning of any such strategy is the notion that you can (even should) manipulate your body for your own short-term gratification, completely displacing any consideration of the big picture that includes your long-term future and actual needs. Remember you cannot corrupt the basic design of anything without paying a price.

ADDICTS ANONYMOUS: AMERICA'S ADDICTED TO ADDICTION

All high-protein, low-carbohydrate diets promote a way of eating that directly defies the body's design and needs. You use carbohydrate for fuel constantly; it's key to your survival. It is normal, healthy, and *necessary* to eat lots of it—in fact, to have it comprise the giant's share of your fuel/food intake.

I gleefully down enormous amounts of cereal, breads, potatoes, rice, fruit, pasta. True, I've lost no "weight," but dropped 11 percentage points of bodyfat (a 44 percent drop); I'm sleek and energetic; and I haven't experienced so much as a sniffle for more than four years. You can't get this kind of glowing good health by gorging on what the body needs little of, and avoiding what it needs a lot of.

The fact is, the average American's carbohydrate intake is

already too low, and fat and protein too high. The last thing Americans need is encouragement to eat less carbohydrate! The "carbohydrate addiction theory," like so many others, preys on the fact that many people don't know it's all right to crave carbohydrates. They already feel insecure and uncertain about how they eat, and so will willingly subjugate their natural desires and needs.

DIVISIVE DIVERSIONS

A new (as of June 1993) diet that introduces yet another irrelevant tangent is The Body Type Weight Loss Program. The fundamental assertion of this scheme (which through info-mercials markets a supplement program along with a diet plan) is that all human bodies are different and thus need different diets. A quiz helps you determine which of four body types you are, the point being that your body type supposedly determines what your cravings are. To lose "weight"—naturally, the purpose of the diet—you must eat or avoid certain foods based on your specific type.

In addition to being focused on weight and size, the Body Type Weight Loss Program is definitely a "thing to follow"—testimonials include such phrases as "on the program," "kept it off," and "lost 16 pounds." The premise of the diet is that by following the diet for your type, you "cure" your cravings so you don't eat too much. The physician and author who created the program was quoted as saying, "If you follow the Body Type Diet that's right for you, you're curable, you can be cured." Where's the sickness in craving food?

What I find most disturbing about this particular program, however, is that it seeks to confuse a crucial, bottom-line biological fact: all human bodies need essentially the same fuels in the same proportions. All human bodies need a great deal of energy food (carbohydrate) and far less growth food (protein) or storage fuel (fat). And all human bodies can benefit just by loosely apportioning fuel intake to those ratios.

Moreover, the claim that differing body types will always have different cravings shuts out the possibility that a "saltycraver'' or a ''fat-craver'' can learn to love and crave carbohy-drates more. Studies have shown that after 8 to 12 weeks of eating a low-fat diet, people do lose the craving for fat; my experiences and those of my clients' corroborate that. I've found that knowing what the body needs—and realizing the desire to meet those needs—usually adds appeal to the foods that fulfill them. This diet suggests that cravings are biological destiny and cannot be altered through intellect and commit-ment.

There's no question that in many ways each of us is a unique individual, and some of our needs differ from those of other people. But the most basic needs we have are com-mon to all of us, and it's wise to get those handled first. There are many hundreds of car models on the road, each with their own unique features and subtle differences in per-formance and requirements. But all of them—except for a very few that are especially engineered otherwise—are fueled by gasoline.

TIMES ARE CHANGING, SLOWLY

You could say there are bad diets and good diets, in terms of the degree of danger they present. But any ''diet'' is still just that—a diet, with all the characteristics (described in Chapter 5, ''Diet Thinking'' and Chapter 2, ''What's Weight Got to Do with It?'') that doom it to physical and emotional failure.

Fueling totally replaces ''diets'' and ''weight loss''—in context, purpose, methods, and language. Fueling is not a ''better diet.'' It's *no diet*—just eating. There are no trendy ''X Factors'' and ''Y Indexes.'' You know your body's needs, and you meet them to whatever degree you choose. By fueling your life instead of ''losing pounds,'' and by making choices based on science instead of hearsay, you'll live happier, healthier, and saner.

One good thing about the ''yo-yo study'' uproar was that it helped inspire a National Institutes of Health conference in April 1992 that brought together professionals in the field to study the issues. Although the validity of weight loss itself unfortunately remained unchallenged, the national attention was a valuable first step. Diet bashing doesn't change diet thinking, but it's a start.

I don't believe diets themselves are the root problem—it's the thinking, and lack of it, that nurtured the "diet" concept—I must caution that the demise of official diets is not the end of the problem. For every person I meet who has dieted (or still does) there are two or three who wouldn't *call* what they do a "diet," but whose way of eating (or not eating) is just as inefficient or unhealthy.

In fact, while I have worked with many men and women who have suffered through the commercial dieting routine, the most common situation I encounter today is the person who is trying to "change their lifestyle"—and is totally lost. Approaching it as "a lifestyle" rather than "a diet" is no guarantee of success. Just wanting to "eat better for life" doesn't teach you how. The typical caller for the BodyFueling workshop says, "I'm trying to eat right/better/healthy, and I did a pseudo-lifestyle diet program years ago, and I have a juicer and a fat-counter, and I take vitamins, but I'm still struggling with my 'weight.' Can you help?"

Yes, I can—through providing a complete education. I know how badly that education is needed because I have heard the story above too many times to count. Americans turning away from dieting feel betrayed when quasi-healthy lifestyle efforts don't work any better than diets. Thorough, thoughtful, quality education—not "healthy lifestyle" jargon and gimmicks—must fill the void left by the demise of "dieting." Otherwise, people will continue to starve, struggle and, ultimately, give up.

Thus the end of diets is really a beginning. What a breakthrough it will be to have a generation "fueling" instead of dieting, maintaining rather than destroying their body tissue. The good news is, it's really possible.

7

OVERTURNING THE OVEREATING MYTH

After weight, the most solidly entrenched pillar of diet thinking is the notion that we must all "eat less." Because of this long-ingrained assumption, a great deal of energy is channeled into "taming overeating," which clouds the fact that the amount of food most people— especially women—consider excessive is actually required for leanness.

The biology of how your body uses food as fuel explodes the rationale for "eating less." Obviously, the volumes of food you eat can be quite *high* if it's primarily complex carbohydrate food, rather than primarily protein or fat. Secondly, it exposes extremes of "eating less" as a cause of fatness, rather than the solution. If eating less deprives you of carbohydrate, and carb deprivation leads to muscle breakdown, and muscle burns 98 percent of the calories you consume . . . well, it doesn't take a genius to see the problem here, does it?

Yet even as these basics of human biology demonstrate food quantity to be the least important issue (well behind quality and frequency), American fitness efforts remain firmly focused on how much food is "allowed"—or, to use one of diet thinking's favorite phrases, "portion control." You cut your portions, often eating infrequently or choosing poor-quality food as well, and expect positive results.

YOUR OVEREATING PROBABLY *ISN'T*

Diet-thinking people struggle with this. Karen, a client in her forties, said: "I've dieted for twenty-five years. I'm used to not being 'allowed' to eat more than 600 to 700 calories a day. It's hard to get used to all this eating. I look back at that sixteen-year-old who started dieting, and now I know if she hadn't, I wouldn't look the way I do right now. The joke is, when I was sixteen I didn't even *need* to diet."

People are often unable to trust even the sober black and white of a biology textbook: "I know what it says," confided one client, "and it obviously worked for you. But I can't stop thinking I should just be having a small salad." Another reported how tempting it was "just to skip a few meals" to "speed up" her results, even though we had demonstrated how that would actually slow them down. And in the *New York Times* "anti-diet" article, one woman close to tears is quoted as saying, "How can you ask me not to diet? I've been dieting my whole life. My family, everybody expects it."

When in our seminars we discuss the amount of food human bodies need to function optimally, generally three out of four participants respond to our recommendations with initial disbelief. "Are you sure I should be eating this much?" People who consider 2 or 3 servings of carbohydrate at a meal to be too much (a serving being about 15 grams of carbohydrate; 3 servings being equal to a bagel or a medium baked potato)—well, I can only imagine what they're eating. Or, should I say, not eating.

More astonishing is how many people will insist they have an overeating problem. Ruled by diet thinking, they're absolutely convinced that they eat too much *and* that this is a psychological problem. Randomly surveying the workshop registrations of 300 clients, I counted 146 who claimed somewhere on the form that "My problem is overeating" or "I'm a compulsive overeater" (self-diagnosed). When asked to describe a "typical day of eating," they list such a pittance of food that it's clear they're seriously underfueling—and many are also "overfatting" when they do eat. No one I've ever worked with who said, "I overeat, that's my problem" eats near the volume that I do.

It's because of your meager food intake—not in spite of it—that your body makes and stores more fat, and uses less. What you've been told is the solution is actually the problem—a little basic education would have made that apparent long ago. Unfortunately, as shown by the following examples, confusion and lack of education is epidemic:

From a report in the June 1992 issue of *Allure* on a recent Oxford University study:

> Psychologist Sarah Beglin and psychiatrist Christopher Fairburn interviewed 243 normal women, aged 16 to 35, about their eating habits during the previous month. . . . About [9 percent] reported occurrences of what the researchers called "subjective bulimic episodes": They felt out of control with their eating, but they actually consumed very little. Many of the women were sure they'd binged . . . nearly half the women they talked to were sure they'd overeaten at least once during the month— although again, the amount of food they reported eating was not large . . . "Women are looking at their own behavior as pathological. Usually it's not," contends Beglin.

The September 1991 *Shape* reported:

> Among college-age women studied over a one-year period, 85 percent believed they needed to lose weight and 60 to 70 percent reported having been on a diet, even though about 95 percent of them were already at their ideal weight, according to researchers at Tufts University School of Nutrition. . . . "Their relationship with food is one of anxiety," says Bailey [Stephen Bailey, Ph.D.]. "Women who are consuming between 800 and 1,000 calories a day don't even think they're on a

diet," he says. "Restricted eating is habitual behavior for them."

NOT A PSYCHOLOGICAL PROBLEM—NOT A PROBLEM, PERIOD!

Fat is a physiological problem—no doubt in some cases having begun with a psychological issue, but in most cases probably not. To insist it's psychological takes the overfat problem totally off course. Through counseling, analysis and psychological manipulation ("behavior modification" makes you sound like a rat, doesn't it?), fat people are told to eat less when they're probably not even eating enough—when "eating less" is part of the problem, perhaps even the cause!

But this truth is clouded by diet thinking. When Americans are told leanness and health can't be achieved without addressing "deeper issues such as binge eating, food dependency, self-esteem and learning to accept one's genetically determined weight . . ." (*Shape*, March 1992), it's no surprise we assume eating is an emotional and physical land mine that has to be controlled. So we grit our teeth and starve. As a result, we get fatter and fatter, and more frustrated (as is understandable when you keep doing what you've always thought would work and it doesn't).

Jackie Berning, M.S., R.D., wrote in *Shape* magazine in April 1991: "Many doctors used to attribute the difficulty to low self-esteem and other psychological problems, but we now know there are physical factors that encourage the regaining of lost weight. . . . Rapid weight loss through restricted diet is difficult to sustain . . . because the body has mechanisms that react to starvation."

Author and educator Covert Bailey has been saying it for years. In *Fit or Fat* he points out, "There are 500-pound people who are getting fatter every day on 1,000 calories—while undergoing psychological counseling and behavior modification to convince them to eat less." Fat people are encouraged to do what physically doesn't work—and to blame their psyches when, predictably, it fails.

It's no wonder such people also don't want to exercise. Who wants to drive without enough fuel in the tank? People on diets give up exercise easily because there's little or no fuel available for the body to run at the "higher speeds" of exercise. It feels terrible, so you stop—or never start. And then you feel terrible about that. Actually, your body is being sensible, even if you aren't—it's doing what it's supposed to under the circumstances of starvation.

"THERE ARE NO CONTRADICTIONS"

It's not an anomaly that fat people eat very little and lean people eat a lot. How many times have you said (or heard someone say), "I just don't understand it. I eat hardly anything and I just can't seem to lose 'weight,' " or "I've been skipping dinner every night and I just seem to be getting fatter," or, "I can't believe so-and-so. All she/he does is eat, and he/she is thin as a rail!"

Whenever I hear these words, I think of a character in Ayn Rand's *Atlas Shrugged*, who told another, "There are no contradictions. If you think you see a contradiction, check your premises. One of them will be faulty."

There's nothing baffling about a person eating all the time and being lean, because eating all the time is an important part of what it takes! The faulty premise here is a backward generalization: "eating makes you fat" or "food is fattening." If you just look at basic biology, it's obvious. The correct sentence would read: "I eat hardly anything and *that's why* I can't lose [fat]." "He eats everything in sight and *that's why* he's thin as a rail."

A Cornell University study summarized in *Prevention* and *Parade* (the national Sunday paper supplement) confirms that frequent high-carbohydrate, low-fat eating encourages fat burning—and, regardless of quantity, does not promote fat gain:

> Cornell University nutritionists reveal that if you eat lean, you can eat all you want. . . . When a group of women switched from eating a fat-laden American diet to one in which roughly 22 percent of the calories came from fat, they steadily lost . . . about half a pound a week. While you may think this is a paltry amount, consider this: The losers

> ate as much low-fat food as they wanted . . . all
> fruits (except avocados), all beans, bread, bagels,
> English muffins, tortillas, most breakfast cereals,
> grains, pasta, nonfat milk and yogurt, lean fish,
> light chicken or turkey meat (without skin), pret-
> zels, air-popped popcorn, rice cakes, angel-food
> cake, fig bars, animal and graham crackers, chest-
> nuts, ices, Fudgsicles™, Creamsicles™, puddings
> made with skim milk and all of the new fat-free
> goodies (Gail A. Levey, R.D., *Parade*, November
> 10, 1991).

The research of Dr. Peter Vash, assistant clinical professor at UCLA and author of *The Fat to Muscle Diet*, has compared the effects of a 40 percent fat diet (the American average) with a 20 percent fat diet. Even though both diets totaled 2,000 calories, the latter group burned significantly more calories daily than the former. This shouldn't be surprising to you, now that you know carbohydrates take more energy to burn than fat does. As Dr. Vash explains: "Your body expends only six calories to turn 200 calories of food fat into bodyfat. Yet it burns 46 calories to convert 200 protein or carbohydrate calories into bodyfat." A high-carbohydrate diet gets you burning "hotter," so more food, so long as it's complex carb, is not only okay—it's an *advantage*. See how far you can get with knowledge of biology and common-sense reasoning?

OVEREATING VERSUS OVERFATTING

This makes what kind of fuel you're consuming a critical matter. Carbohydrates can be consumed in great quantities without fat gain, while fat cannot.

When I worked for a public relations firm years ago, 20 of us would gather every Monday at noon for a staff meeting. Lunch was ordered from a deli that featured triple-size sand-wiches, as well as salads and soups. My standard fare was a humongous chicken breast sandwich with mustard and as-sorted vegetables, a bowl of vegetable, bean, or pea soup, often with a roll, and fruit salad for dessert. Almost everyone else was "on a diet" and would have either a lone pint of fruit salad, or a tiny spinach salad with bacon bits, dollops of creamy dressing, and a roll with butter.

Although my co-workers would marvel at the quantity of food I consumed, they never considered that in addition to providing sufficient fuel, my sandwich, soup, and plain roll totaled less fat than their tiny, dressing-coated spinach salads and buttered rolls. Minuscule lunches like that are not only low on satisfaction but high in fat.

It is entirely possible to consume massive quantities of food and very little fat—and by the same token to consume pitiful little quantities of food with lots of fat. And eating lots of fat definitely increases bodyfat—even more so when partnered with deprivation. Think of a large load of fat going into a machine that has been programmed to save it.

By our culture's standards, I was "overeating" for lunch, while those eating their fuel-poor mini-salads (with triple the fat) were eating "normally." But I was enjoying myself; they remained hungry. I was fueled; they weren't. I was eating less fat, and getting more food and a greater variety of nutrients.

I see this in grocery stores: overfat people in line with a cart only half-filled. They've got vegetables, salad fixings— and butter, dressing, peanut butter, whole milk, and chips. Sometimes they've got those containers of pasta or rice salad—creamy with mayo and oil. And, of course, cans of Slim-Fast. My cart might have four times as much food in it—loaded with loaves of bread; rolls, bagels, pasta, noodles, and rice; soups; fruit and vegetables; fat-free/sugar-free crackers, cookies, granola bars, pretzels, nonfat frozen yogurt; lean poultry and fish; beans, cereals, and juices. I have *never* seen an overfat person with a cart like mine. I have *never* had an overfat client who was not starving or consuming lots of fat, or some combination thereof.

"WHY DO I EAT?" WHO CARES?

How much to eat isn't all that obscures the importance of *what* and *how often*; the senseless quest for portion control also forms the basis for the pointless pursuit of reasons *why* we eat. This endless fascination with psychological motives for doing something physically necessary is universal. The question "why do we eat?" is the darling of the media, the "weight-loss" industry, and the public alike.

Since diet thinking says eating is wrong, that twisted logic dictates that if we can pinpoint emotions that make us eat, we can "work around" those feelings and thus avoid eating. This doesn't take into account, of course, that your reasons for wanting to eat might be valid—that maybe those "feelings" come at least in part (if not completely) from your body.

Since what works for leanness is to eat enough good fuel, and often enough, who cares why you're eating it? When you realize that eating is not a problem, then neither are emotions, sensations, or feelings that encourage eating. So much energy is squandered trying to manipulate feelings that "trigger" eating, to "modify" behavior that is really normal. That energy is far better spent focusing on what *kind* of eating—educating people so that when they do eat, regardless of the reason, they are in a position to make informed choices.

"I eat out of boredom, or loneliness, or frustration. That's my problem." It's not a problem! Go ahead! Feed your hungry heart! Fill the love hunger! Eat for boredom! Eat for loneliness! Eat out of stress. Eat because you and your boyfriend broke up. Eat because you didn't break up.

I eat for all kinds of reasons, all the time—but I don't eat high-fat, high-sugar items. Don't worry so much about why you eat and focus instead on eating.

EATING DISORDERS AND DIET THINKING: WHICH CAME FIRST?

I think there is a dire need for researchers and therapists of all kinds to reexamine and redefine their classifications for eating disorders. If definitions are based purely on what people eat and how much, I myself might be considered to have a disorder, based on unscientific diet thinking about what is "normal." According to those standards the fact that I eat bagels, cereal, and fruit at midnight, or an entire box of fat-free cookies while grocery shopping, might qualify me as a "binger"—even though I'm freely choosing and enjoying the food without conflict or guilt, I'm eating because I'm hungry, and I'm secure in the knowledge that my choices won't make me fat.

Compulsiveness is in the *intent*, not the action. It is the state of mind—the hysteria and mental self-abuse accompanying the eating—that makes it a disorder. A person downing a box of cookies could be being compulsive. But I'm calm and happy, enjoying myself. I know exactly what I want, and when I eat it, I'm done. No guilt, no fear.

Unfortunately, because "weight control" has so often been painted as an emotional issue, psychologists have been encouraged to assign labels and diagnoses to what might more appropriately be termed *misinformed* behavior. Remember, therapists (and other professionals) come from the same background of (mis)understanding, the same belief systems that the patients do. No one is exempt from the influence of the diet-thinking paradigm. I have been at dinner parties and banquets where brilliant doctors, psychiatrists, or other highly educated professionals said things like, "I didn't eat all day, so now I can really indulge," or "Mmm, that luscious bread looks sooo fattening!" or "I think I'll skip dinner so I can have dessert." (When I mention what I do in my business, no matter how I phrase it, they interpret it as: "Oh, so you help people lose weight/eat less/cut calories?") More than one client has recalled visiting a hypnotist to "lose weight"— and being hypnotized to "eat less and not want food."

If counselors and therapists view patients—especially the obese—through diet thinking, they're not only barking up the wrong tree, but possibly hurting their patients in the process. Research confirms that professionals do see the "fat problem" this way. *Shape* magazine in March 1992 cited a *Journal of the American Dietetic Association* article that called for major changes in the weight-loss industry (of course, my vote is to start by calling it something besides "weight loss"). It identified that research shows health professionals tend to stereotype "overweight" people as "weak-willed, ugly, awkward, self-indulgent and emotionally disturbed." If that's what they believe, what are they going to "treat"?

I believe psychological problems are created when people are mistakenly ordered to restrict their normal eating in the first place. For example, women who are eating normally (or already too little) are made to *feel* "compulsive" in the constant battle against their healthy appetites and instincts.

I think there's a desperate need for standard definitions that not only bring consistency and accuracy to the labels slapped on people by professionals, but also lay to rest the self-diagnosis that is rampant, especially among women. In my experience, the commonly self-diagnosed "disease" of compulsive overeating is nothing more in the majority of cases than people eating normally, but questioning their intake based on the skewed, unscientific standards of the culture-wide campaign to lose "weight."

If our culture got the idea that people should sleep only two hours a night, everyone who felt the physiological urge to sleep six or eight hours would then be "oversleepers." If they succumbed despite their resistance, they'd be labeled "compulsive sleepers," and might go into therapy designed to improve their willpower, to better exercise rigid control against these perfectly natural urges.

Most people who have diagnosed themselves as overeaters learn they are just fine during BodyFueling. They stop berating themselves for eating, realizing it is normal and healthy, and that it's even okay to enjoy eating at the same time that it is providing necessary fuel. They realize they weren't screwed up—just uninformed. Even people who are obese find that after decades of advice about their supposed "compulsions"—from professionals, well-meaning family, and friends—they simply need to make a few key changes they never heard about or understood.

There is every indication that eating disorders begin not in a vacuum of body standards, but in an information void about how to achieve those standards. "Liza," a client who was bulimic, spoke candidly with me about how her compulsion began: "The purpose was only to stay thin. And what I thought back then was that eating makes you fat. So I had to have all this structure to keep me from eating." What if she had learned very early that eating keeps you lean, and that starving makes you fat-fertile in a number of ways?

The black hole of education continues to encourage disordered behavior once it has triggered it. Liza injured herself again and again through compulsive overexercising after a body composition program at her athletic club told her she could lose more fat if she worked out six days instead of four and cut her caloric intake. This was downright irresponsible; anyone should have been able to tell that Liza did not need to lose any bodyfat and was obsessed with it.

Gale, an obese man, told us, "I learned a lot of things in my eating disorder treatment program. But a lot was left out, too. I didn't know how carbohydrates get used by the body, how protein gets used, and how fat gets used. Even though they gave me a pretty similar 'diet' to follow (except for snacks), without that background, it was just a diet. I had no understanding of why it works." *And he wasn't doing it when he came to our program.*

Sometimes people who've been told they're "overeaters" and have accepted that label are somewhat reluctant to remove it. They've become attached to whatever payoffs their "diagnosis" provides. One individual became quite upset during a seminar because I said her self-diagnosed "compulsive overeating" would be fine—if only she began choosing more high-carbohydrate, low-fat foods to "overeat." She insisted she just couldn't lose fat because she was an overeater.

Her description of what she actually ate on a given day was roughly half of my normal consumption in food volume—though her fat consumption was probably twice mine. She was in therapy for this "eating disorder," but was unable to see that she could make an informed decision about whether that label really fit. "Accepting" that she was an "overeater" had somehow become easier than having a choice about what she ate.

I can hand you the key to your cell and invite you to be free—but I've noticed some people would rather stay in jail.

A CASE STUDY: UNDERFUELING UNMASKED

Judy, the morbidly obese client I referred to in Chapter 1, "Fueling Your Future," went home after BodyFueling and threw out everything in her cupboards. She joined the local cooperative grocery and is taking every cooking class they offer. She has, she said, begun a new life.

> All through the years of being fat, people always tried to tell me why it was I was fat—that is, what my "issue" was. I went through life "knowing" there was something mentally wrong with me. When I did BodyFueling and learned how my body works, I saw that it was very simple. If there was anything psychological, it was caused by all of the attention on whether I was "normal" or not, on my "problems."
>
> I really didn't know what to eat, or how much, or how often, or where to buy it, or how to cook it. All those years, and no one ever talked about what my body needed and how to do it. It's always this stuff about what you're repressing and what "inner needs" you're feeding. Can you believe in all those years, no one ever talked to me about the burgers and the big fatty muffins?
>
> When you asked at the start of the seminar, "What do you think of when you hear the term *BodyFueling*," it was like bells went off. I thought instantly of making a machine go, with fuel. I realized that was what food was. It sounded totally different than anything else I'd ever heard about food.

Being obese *doesn't* mean you're emotionally screwed up. We can educate overfat people about what works. If it's done intelligently and thoroughly, without condescension and "shoulds," if their path to leanness and health isn't cluttered with imposed psychological hurdles, I can guarantee that the information will make a difference.

People love to say, "Oh, but you *can't* just approach it scientifically. People don't think that way about food. It's a very emotional issue. People have 'food issues' and you can't just approach it simply and factually. There's too much emotional 'baggage' that goes with it. People can't look at food simply as fuel."

But Judy and a thousand BodyFuelers have proven that you can. The problem is that most people have never tried. They're taught to jump to the conclusion that it couldn't possibly work for them. Who has ever considered that maybe the psychological problems show up because those who "treat" the problem are looking for it, even create it?

What did that approach ever do for Judy, obese for most of her youth and adult life? People were so convinced that, being obese, Judy couldn't possibly deal with switching from beef with mayo to turkey with mustard. It was assumed she wouldn't. She was analyzed for three decades before someone approached her about eating bagels instead of doughnuts. They decided for her.

It certainly never occurred to Judy that eating didn't have to be negative and rigidly controlled. Through all the time that friends, family, doctors, and therapists were talking with her about her "problems," the underlying message was that she shouldn't be eating and that if she was, it was a sign of psychological trouble. "I can remember all of my life being hungry. I was always hungry, but I didn't eat, because I 'knew' I shouldn't eat. I 'knew' eating was wrong," she says.

Therapists and other practitioners may protest, saying, "That's not what we meant," or "We never said that, not that way." But, my friends, you must be responsible for what you leave people with. That's what Judy heard. And you know she is not alone.

OVEREATERS ANONYMOUS

The indications are that undereating—under*fueling*—and excess fat consumption are responsible for much of America's fat problem. Therefore, the 12-step program approach of Overeaters Anonymous (OA) is probably overkill for many people who use it as a "diet" tool. It should only be used to address an actual addiction or disorder in which you really are harming yourself and cannot stop, even when you know what would work.

For many people, however, the distinction between "what would work" and "what will harm" has been blurred. Diet thinking labels harmful practices such as suppressing appetite or avoiding food as "good"; and normal, healthy ones, such as eating, "bad." So when you're doing what works, you think you need "help." If Mary is left to decide whether she is an addict, and our misinformed culture has labeled her perfectly normal carbohydrate snacking "overeating," she will try to "treat" her normal desire to eat. Perhaps her eating may even have become a little frenzied because of all of the misdirected diet programming that taught her she shouldn't eat, and that frenzy scares her. But adding more control is only going to make that worse.

Therefore, unless you've truly transcended diet thinking, self-diagnosis can't be trusted. And if you have indeed moved beyond diet thinking, it's doubtful you'll need to be in or on any kind of program.

Besides, as with any 12-step program, the assertion of Overeaters Anonymous from square one is that something is wrong with you—you're addicted; in fact, you must say so in order to stay and participate. OA also promotes the notion that you can never be "cured." You carry around forever the "knowledge" that you are an addict.

Rather than entering a 12-step program that's geared to curbing your eating, why not allow yourself the freedom to eat again? Given the coercive effect diet thinking has had on America's eating, I don't think the idea of an Underfuelers Anonymous (how to unhinge yourself from the gripping conviction that your meager pickings are "too much") is too silly.

WHAT ABOUT OVERCOMING OVEREATING?

Speaking of allowing yourself the freedom to eat again, the book and program Overcoming Overeating (OO) deserves mention because many of its tenets explode past diet thinking in an impressive manner. I don't agree with all that they say and do—obviously, I don't approve of the name, which I think is misleading. Also, OO peddles its share of diet-thinking assumptions and vocabulary. But Carol Munter and Jane Hirschmann, the women who created OO, do challenge some of the foundations of diet thinking:

WHAT I LIKE. Munter and Hirschmann are reported to be enthusiastic eaters who consume anything they want to, don't count calories or fat grams, and believe in working with the body. They point to the sense of "scarcity" created by food restriction as a harbinger of compulsiveness, and remind us that we're born with—and can regain—the natural instinct to eat for sustenance. Permission replaces discipline; no food is "bad."

WHAT I DON'T LIKE. While the means is good, the end to which it leads falls short. That is, the individual ideas that mark Overcoming Overeating's methodology are laudable, but what they're used for is limited by the boundaries of diet thinking. It's that anti-diet, only-two-options, let-yourself-be-fatter thinking—and it ends there. You abandon dieting, but then you "accept a higher 'weight' " as a result. You aren't presented with the third option—being lean by abandoning dieting, by gorging with educated precision rather than ignorant compulsion. You don't distinguish between "weight" and "fat" or between "lean and "thin," so the pursuit of health and leanness is jettisoned along with the compulsive pursuit of thinness.

A major problem with OO is that its adherents often remain confused because the power and freedom being proffered becomes entangled in the dregs of diet thinking that remain. You don't learn the biology of your body; you don't become a fully educated owner and use your newfound freedom to choose fueling. Though some do report eventually finding their way to that choice, it seems hit-or-miss.

This, from the August 17, 1992, *Newsweek*, is unfortunately typical of the reporting I've seen about OO: " 'If it's okay to be fat, why do I still want to lose weight?' asked a heavy middle-aged woman at the OO meeting." Because it's *not* okay—from a health standpoint—to be fat. And you want to lose weight because you still haven't learned that your "weight" is not just fat, and that just losing weight won't make you lean.

A 26-year-old TV producer quoted in the same article reportedly tried 50 diets before reading *Overcoming Overeating*. She insists the "program" feels great, but adds, " 'Deep inside there's a lower weight I'd like to be at. . . . though I feel comfortable where I am now and can stay here if this is where I'm meant to stay.' '' I think her response is consistent with what I've noticed. There's some relief, but she hasn't broken the surface of diet thinking. There's a wistfulness, a lingering sense of disappointment and resignation about weight—no conviction that her weight really is meaningless. Her accomplishment lies mainly in what she *doesn't* do anymore. There's no joy, no sense of what she *can* do to connect eating with fueling her future.

CALORIES DON'T COUNT— SO DON'T COUNT THEM

I hope our civilization will soon be rid completely of this archaic practice called "calorie counting." It's a retentive and diversionary extension of trying to eat less. Low-calorie diet proponents tell you calories are bad, but never even explain what they are. They're just one more thing to worry and feel guilty about.

A calorie is simply the standard unit of measurement used to measure the heat, or energy, produced when food is oxidized by the body. For the layperson, a useful analogy is that calories tell you how much "mileage" a food will give you. A food's caloric content tells you its MPG (miles per gram)— how far that food will take you.

Every gram of carbohydrate or protein will give you 4.1 calories worth of energy; each gram of fat provides 9.3. That's why fat is the choice fuel for storage. A smart machine would choose fat whenever it needed to stash away emergency fuel, because every gram of it packs more than twice the energy value of either carbohydrate or protein. If you were building a savings, would you choose to stash away nine-dollar bills or four-dollar bills?

In terms of bodyfat and body leanness, the source of your calories is what's important—so important that the number is virtually immaterial. Getting some particular total number doesn't take into account what the calories are made of— it's far more critical to get the appropriate proportions or percentages of your calories from needed fuels. To refer to calories without identifying their source makes no more sense and has no more value than to discuss weight without knowing the content of the pounds. Yet, as with weight, we've assumed that quantity is more important than the content.

Calories may come from protein, carbohydrate, and fat. The body does not use these three in the same ways, with the same readiness, or in the same amounts. You've already seen that the three behave very differently when they are digested and reach your bloodstream. For example, fat calories are stored more readily; carbohydrates burn additional calories (use more energy) to break down, offering a metabolic advantage. Protein is ideally not burned as energy at all. Calories from protein cannot be expected to serve the body in the same way as carbohydrate. They do not readily substitute for one another.

Daily calorie quotas without any regard for where the calories are coming from are ineffective for fat loss, and downright dangerous to health. To simply suggest one restrict calories to a certain number, as many diets do, is naively simplistic. People interpret this to mean any kind of calories. When I was a teenager, I figured I could eat anything as long as my calories totaled 1,000. It could be chocolate and bran muffins spaced seven hours apart (and, I painfully recall, often was just that). Just so long as I "limited my calories." Did I lose "weight"? Sure. Need I say more?

Advertising contributes to the confusion—one-calorie this and no-calorie that have left normally intelligent people thinking no calories at all would make the ideal food or diet. No one thinks to specify that no calories in a food or diet means *no fuel*—which would make it impossible to survive for any length of time. I've met bright people who believed calories were nasty little physical entities found in food—literally like raisins or nuts—which could be extracted to make the food acceptable.

Articles like "Summer Diet Plan" (Harper's *Bazaar*, January 1992) don't help. "Despite the fact that fat calories are more readily converted into body fat than other kinds, a calorie is still a calorie. And weight loss occurs only when the calories consumed are fewer than those burned. Although starches like pasta, bread and grains aren't inherently fattening, large amounts can have an undesirable effect." A registered dietitian stated for the article, "If you're trying to lose weight, you still have to limit these foods somewhat. A cup of rice has a lot more calories than a cup of plain vegetables."

It's this kind of deceiving material that leaves people trying to resist the foods the body needs most. A calorie is not just a calorie; that's ridiculous. Weight loss (including muscle) occurs when you consume less carbohydrate than the body needs. Fat loss occurs when you engage in activity that demands fuel while consuming enough carbohydrate so that you're more likely to use fat than hoard it. Either way, it has everything to do with enough grams of specific fuel, such as carbohydrate, and almost nothing do with numbers of calories.

The facts about how a calorie's source determines its destiny are part of simple human biology. You'd think it would be obvious that focusing primarily on the number alone is a sham. To merely count calories is oppressive and ultimately counterproductive. But that focus has survived for decades; even today, the health care and scientific communities continue in hot pursuit of generic calorie reduction.

Let's look at an example. Roy Walford, M.D., a physician and researcher, touts the "necessity" of low-calorie diets for health. His assertions imply that my 2,500-plus daily calories are unhealthy, even though I get three-fourths of them from complex carbs and only 10 to 15 percent from fat. Based on the "low-calorie is healthy" theory, I'd be better off eating only 1,200 calories of anything—doughnuts, steak, whatever.

Actually, if you look at the research Dr. Walford conducted to prove his low-calorie hypothesis, you can see a real leap based on diet thinking. The monkeys in his experiment ate not only a 1,200 calorie diet, but also an 11 percent fat diet. There are two variables here. Yet of those two variables, he and every reporter who covered the study pounced on the calorie limit, failing to make the low-fat percentage a prominent point. They've arbitrarily decided the calorie variable is what caused the monkeys to be healthier and live longer, rather than the low-fat nature of the experimental diet.

Other research has shown bodyfat and dietary fat to be the culprits where our nation's most fatal epidemics are concerned—and that depriving calories only lowers weight, not bodyfat. In fact, a 1,200-calorie deprivation diet stands a good chance of causing increased bodyfat. Even the government's new food labeling laws include a "Daily Value" of 2,000 calories for women and 2,500 calories for men on every label as a basic guideline. The substantial "eat all you want as long as it's low-fat complex carbohydrate" research only corroborates my experience and that of my clients.

If Dr. Walford is so sure it is the number of calories that counts, and not the 11 percent fat, that should be proven without other variables. Feed the monkeys 1,200 calories a day of protein and fat, and see if the low-calorie theory still holds. I believe that would be a better way to spend the $1 billion that has been appropriated to test the low-calorie theory on humans (which will amount to more money spent reinforcing and trying to substantiate the miserable myth that you must eat less).

According to Walford's book, personal experiences and clinical observations are irrelevant because they don't occur in a laboratory as a controlled experiment governed by all the rules of research. You can decide for yourself whether it's relevant that my clients and I eat a 10 to 20 percent fat diet, with frequent meals and snacks high in complex carbs and low to moderate in protein (15–25 percent)—but double the low-calorie proponents' suggestion of 1,000 to 1,200 calories per day. We don't trip the fat-harboring mechanisms that respond to deprivation. We've tailored suits and dresses to our fat loss. And we are healthy. I stopped catching colds and flu when I stopped trying to be active at athletics while eating as few calories as possible.

It's just this kind of research that perpetuates the overeating myth, and persuades people to underfuel. The reporting doesn't help. The April 1992 *Men's Health* had this: "How do the experts recommend we lose weight? Seventy-five percent said that *cutting calories* is Extremely Important or Very

Important . . . If you cut calories, you'll cut fat." *Think!*
There's absolutely no effort made to distinguish fat calories
from carbohydrate calories, which only persuades people they
can gorge on cake and ice cream and forego everything else.
They'll eat under 900 calories because they think calories are
the key—but they're still getting 45 percent of those calories
from fat! With advice like, "The number of calories you eat
ultimately determines how much you weigh," it's no wonder,
as the article says, that "obesity is one of the country's biggest
health problems."

Moreover, when told to eat fewer calories, one must ask
what *is* "fewer"? Fewer than what? Generic recommendations don't take into account what you're doing to begin with.
If I tell you to get "less sleep," won't you wonder how I
can assert that you need less of something when I don't know
what you're already getting? What if you're already sleeping
only two hours a night?

The media certainly can—and typically does—make the
original diet thinking much worse by botching the translation
with leaps of reasoning, semantic blunders, and generaliza-
tions. Let's take another look at Walford's monkey studies,
this time through a writer's perspective. An item on Walford's
study in a health-food store magazine (Lauri M. Aesoph,
N.D., in *Delicious!*, May/June 1992) noted: "After four years
of calorie cutting, the leaner monkeys are healthy and matur-
ing slower than the well-fed group." This reflects conjecture
that the leaner monkeys are leaner because of the calorie
cutting; there's no proof of this, and certainly no mention of
which type of calories were cut.

Secondly, it's assumed that the diet, not the leanness itself,
was responsible for the monkeys' health and slow aging.
Isn't it logical that *being* lean is what made these monkeys
healthier, not necessarily whatever it took to *get* lean? Finally,
if the calorie-cutting was healthier, isn't it odd to call the
non-calorie-cutting monkeys "well-fed"?

Walford applies the same blind assumptions to himself and
others. An article in the September 1990 issue of *Self* noted
that over the past five years, the 67-year-old Walford has
lost 12 percent of his body weight and he recommends that
"patients shed 10 to 25 percent of their weight . . . over four

to six years." He makes the claim that reducing "weight" in exactly this manner "may decrease susceptibility to cancer, diabetes and cardiovascular disease, and increase your life span . . . depending on . . . how faithfully you maintain the reduced weight."

More diet thinking! What did Walford lose? What component of his body weight? If Walford is a six-foot or so male who gets any exercise at all, and he was consuming a paltry 1,200 calories a day, his loss almost certainly did include muscle. Losing 12 percent of one's body weight could be a disaster if any of it was muscle. Losing 25 percent of one's "weight," if principally muscle, could be downright deadly. Does that decrease susceptibility to disease? It's much more significant and valuable to have a 44 percent drop in body*fat* (as I have) than a 12 percent drop in body *weight*.

The reporting suggests that "low-calorie" is right for everyone. Even if "low" or "lower" actually did identify something specific, how can everyone need the same "low" number of calories? Dr. Walford surely would not dispute that muscle demands fuel and impacts metabolism—that's part of the most common and fundamental physiology of homo sapiens. More muscle means more food is needed for fuel. Since people have different amounts of muscle, that indicates that people need different amounts of fuel.

Activity level also affects how much food you need. The runner training at 60 miles a week will need more calories of fuel than the person walking three miles a week. How then can we all subsist "healthily" on 1,200 calories a day? How can a man with 160 pounds of muscle exercising seven hours a week need the same number of calories as a woman with 100 pounds of muscle exercising two hours a week? Such calorie limits are just as vague and groundless a limit as an "ideal weight."

THE CASE FOR LOW FAT, HIGH CALORIES

During my second year of fueling, I consumed 2,500 or so calories a day (about twice the low-calorie proponents' one-size-fits-all recommendation), and I didn't gain an ounce of anything except lean muscle. Of course, that added muscle meant I kept needing to eat more to maintain my new muscle. And I kept losing fat very slowly; after dropping 6 pounds of fat within six months of beginning to "fuel" this way, I lost another 10 over the next 18 months. Slow? Sure, but it was pure fat, no muscle loss—and there was no hurry because it's not like I was suffering or waiting for the end. *This is how I eat.*

"Oh, she must exercise like crazy, though." Not so. While I do bicycle everywhere for two or three months a year (summer), I otherwise do about three hours a week of aerobics— modest by any standards. I do 45 to 60 minutes of weights— *per week.* When I'm bicycling a lot, I might cycle up to five or six hours a week. But I significantly up my food intake accordingly.

Now, society considers 2,500 to 3,000 calories a day an obscene amount for a woman. Women have had it drummed into their heads that even 1,200 calories is a lot—even if they're very active. Some women swear they "gain weight" on 1,000 calories a day. (Sure, they can gain fat that way— because their underfueled bodies are fighting to store everything they eat as fat.) They—and many researchers and health professionals—assume that if 1,000 calories a day isn't working, it must be too much. So they go lower, compounding the problem.

Everything I do works to make my body burn hotter and more efficiently, and creates "permission" to spend fat when fat is an appropriate choice. I never deprive, so my body never gets a famine signal and tries to "shore up" its fat stores, and I never need to "eat" my own muscle. Dietary protein is always available to build muscle if I lift weights. I eat very little fat, so when my body does need fat for energy—during endurance exercise, say—it's more likely to "dip into" reserves of bodyfat. And processing all those complex carbs I eat raises my overall metabolism.

Am I working hard at all this? No. I enjoy unbelievable amounts of bread, bagels, rolls, rice, pasta, potatoes, oatmeal, cold cereal, soups, fruit, juice, fat-free/sugar-free cookies, cakes, muffins, and bars (baked by me or bought), homemade pizza, lasagne, calzones, manicotti (all with low-fat ricotta), Thai food, Chinese food, Cajun food—with lean poultry, fish, and seafood, skim dairy, beans, and lentils as my "garnish." I add fat to nothing. Butter and oil in exchange for unlimited, delicious, hearty food. No contest.

A November 1991 *Lear's* article by Marcia Seligson, a woman who began eating in a new way for health reasons, echoes this experience:

> . . . . We began by eating incessantly. . . . The amount of food we ingested in a day was embarrassing. . . . Though I am just as excited by and attached to food as I ever was, my preferences have changed. I can't tolerate the taste or feel of oily food any longer, and after Tom ate a chocolate cookie as an experiment last month, he got a stomachache. . . . Perhaps the most amazing result has been the end of suffering about food . . . I have a newfound sense of having more control over my body, my well-being, the aging process, and, indeed, my future.

A GREAT STUDY FADES; DIET THINKING FLOURISHES

It was interesting but not surprising that in all my reading, I saw Walford's research reported a dozen times, while I saw the Cornell study (described on page 165, in which subjects ate all they wanted of low-fat food and steadily lost fat) mentioned only twice. I've also seen mentioned only twice a 1988 study at the Stanford Center for Research in Disease Prevention, which found that subjects' percentage of bodyfat was not related to their caloric intake or to the size of their meals. Rather, it directly reflected the amount of fat in their diets. The same is true for Dr. Peter Vash's research that showed people who ate more calories of carbohydrate burned more.

Why did this research go generally unreported? Because Cornell, Stanford, and similar studies don't fit into the paradigm. "Low-calorie" conclusions do. Walford's data make sense to the diet-thinking media; they're familiar. The Cornell results, positive as they are, may well have been dismissed as implausible. Remember Joel Barker's Paradigm Effect:

Any data that exists in the real world that does not fit your paradigm will have a difficult time getting through your filters. You will see little if any of it. That data that does fit your paradigm not only makes it through the filter, but is concentrated by the filtering process, thus creating an illusion of even greater support for the paradigm. . . . Any suggested alternative has to be wrong.

Of the two reports I did see on the Cornell experiment, both assumed it worked because participants "probably" ate fewer calories—since they ate less fat and fat has more calories per gram. But that's not what the study proved or set out to prove, nor was it the conclusion of its researchers. In diet thinking, that *would* be the only way they could have lost "weight." But now you know that they could have eaten lots more calories and still lost fat.

After reading the articles describing his theories, I checked Dr. Walford's book out of the library. I was surprised to discover that while I maintain fundamental disagreement with the low-calorie theory and the insistence on using weight as a measure, many of our concerns are shared ones. He too cautions against dieting, eating too little for exercise, and following nonsense programs. As usual, however, the media left out many qualifying details: Walford actually recommends starting out with 1,800 to 2,000 calories and going lower only if that doesn't spur "weight" loss. But the media jumped on the lowest number he'll support, and the familiar idea of "low-calorie." And, as usual, their interpretations drowned out the message of both the original research and the book that explores it.

I'm afraid research and reports will continue to be filtered by and shaped into standard, worn-out diet thinking, because that supports cultural biases shared by the researchers and writers and the majority of readers. But you don't have to join the Portion Control Patrol in its calorie-cutting frenzy. Being educated about your body and how it really works gives you an opportunity for true critical thinking—the ability to separate the facts from the mindless jargon.

Stay savvy about every detail of Chapter 3, "Fueling the

Human Body: Your Owner's Manual''—maybe even check a few science textbooks out of the library to reinforce your trust in those facts, to expand your knowledge, and to deepen your understanding of the big picture. For now, those books are more trustworthy than news headlines. And if anyone ever tells you to ''eat less'' or ''cut your calories,'' or that you ''overeat,'' you'll have a few questions to ask them.

8

DIET THINKING
IN THE MEDIA

Now that you've identified the paradigm and can begin to make out its insidious form, you'll become more and more fluent in deciphering its language. You'll notice the tangled semantics and faulty reasoning. You'll start to hear yourself saying, even thinking, these things, and now you'll begin to question them.

This is good. It means that, for you, the paradigm has begun to shift. It is the difference between truly thinking and passively experiencing thoughts that got planted in your mind.

The media are collectively the single largest source of those implanted thoughts. After all, they are probably where you get most of your information—just as I did, before I tired of their interpretations and sought out bottom-line sources. I cut out the middleman and put myself in an informed position, so I could draw my own conclusions without the prejudice of diet thinking.

You can do the same, and now that you've had a baseline education, this chapter will give you the opportunity to practice.

It's important to remember that the media reflect the thoughts, feelings, opinions, and consciousness of their consumers—us. As Ralph Lauren says in a magazine ad for the American Society of Magazine Editors: "Magazines are a window on America's culture." The degree to which diet thinking has permeated the media is a good barometer of the degree to which it has penetrated the culture.

It may be of interest to note that much of what follows came after all the diets-don't-work/yo-yo hullabaloo. Two or three years later, diet thinking is still busting out at the seams—the same speculative conclusions, misleading reports, and unscientific claims that prey on and fertilize diet thinking.

THE GOOD GUYS ARE OUTNUMBERED

While I have seen movement toward a more rational, fact-based approach to nutrition and fitness reporting, touting some of the same information you find in this book (or science books), I haven't found one piece yet that I would want to copy and hand out to my clients. No matter how promising it starts out, each piece sabotages its fresh perspective with a diet-thinking conclusion. This is in part because even when straining to forge a new reality, the media are still encumbered by old language, so the result is often more confusing than enlightening.

Publications I read have sporadically jumped on the bandwagon during the last few years, trading diet thinking for sense and science, but not to a uniform degree. For example, in May 1990 *U.S. News & World Report* noted: "Weight distribution and the proportion of fat to lean tissue are far more important than weight itself in predicting good health." But no groundswell of support has materialized behind such enlightened reporting—it's too outnumbered. For any item correctly explaining what works or how it works, I can find 20 or more that same day—often within the very same publication or report!—that directly or indirectly undermine it.

The truth is that a few magazine articles or quotes here and there cannot instantly alter the thinking created by hundreds of thousands of magazine articles before them that have exhorted people to diet, get thin, lose weight, count calories, cut back, "watch it," and so on. The campaign needs to be as pervasive as the misguided one of the last 40 years—and powerful enough to open the "diet thinking eyes and ears" of its public.

OLD AND NEW CLASH

One of the most confusing situations for readers occurs when one article of a publication is factually correct and semantically accurate, while the next page (or the next paragraph) presents woeful diet thinking. Sometimes the conflicting messages—the new and the old—appear in the very same headline. Remember Joel Barker's assertion that when a new paradigm appears, it will begin to emerge while the old one is still operating.

A succinct example is this tabloid cover: "Dolly Parton reveals how crash dieting almost killed her!" Then, directly underneath, another headline: "And, how to lose five pounds a week on new [something or other] diet." It would be laughable if it wasn't so serious.

When a magazine has 10 different editors and 25 different editorial assistants and copywriters, this is to be expected. Some may have the real scoop; others are operating under the influence of anywhere from mild to debilitating degrees of diet thinking. By June 1992, I could find more than a few articles that eschewed language such as "weight," "diet," "cut back," "calories," and "thin" in favor of "complex carbs," "bodyfat," "health," "snacks," "energy," and "eating." Even "fuel" was occasionally popping up as a synonym for food. But following each refreshing new thought was some throwback that made me cringe.

A good example of this old/new clash is a June 1992 *Allure* article entitled "Diet of the Mind," revealing the "secrets" of what it calls "a new breed of diet gurus." On the one hand, I found a few tidbits I felt good about. The article did mention a *Journal of the American Dietetic Association* statement that, "It is now widely agreed that obesity treatment is, in general, ineffective." Amen. The *Allure* piece, however, doesn't go on to give some of the simple biological reasons why. (I don't know if the *Journal of the American Dietetic Association* did either.)

One "guru" sounded like someone I could get behind: an

L.A. psychologist who "believes that people will naturally eat the right amount of food once it loses its 'forbidden' attraction, and that the key to a successful diet, therefore, is not dieting at all." I was thrilled when I read that she has clients say, "I enjoy eating only when my body needs fuel, and only then do I eat." Then I read on to see that this mantra is used to help clients limit themselves to small portions. Ouch! Right tool, wrong purpose.

The few healthy reports are drowning in tired, worn diet thinking, swimming alongside references to "calories," "weight," "pounds," as well as elaborate psychological explanations for the biological fat rebound that occurs after dieting.

A dietitian explains that "people who want to go for a chocolate bar can instead go, in their mind's eye, to a place of peace and tranquility . . . relaxing and sending 'cleansing light' from the tips of the toes upward." What about the issue of whether or not they want the candy bar because they are hungry? What if they need fuel? People can't fuel their bodies on peace and visualizations! I think of poor Judy, hungry for 30 years, her stomach growling while psychologists told her to picture herself thin, or as a flower or a beam of light. Maybe that person should just eat a bagel! Or maybe they can eat the damn candy bar—if they have fueled throughout the rest of the day and usually do so day to day.

Manhattan psychologist Stephen Gullo, *Allure* reported, has clients listen to tapes with "pro-thin" affirmations such as "thin tastes better than a cookie." He calls this either/or concept a "positive idea," not like "the negative cliches dieters give themselves"—though I don't see the difference. Gullo also was reported to limit clients to 800 or 1,000 calories a day—now designated as Very Low Calorie by the American Dietetic Association. Worse, he calls "bread and pasta common triggers for overeating" and "restricts many clients to 100 grams of carbohydrate daily" (the equivalent of a potato plus a cup of cooked rice—or my typical breakfast).

It's the same old low-calorie diet, "stick-to-it" program mentality. It's just dressed up with some new, trendy mental exercises, justified by some thinly disguised psychospeak, and all based on the assumptions that one must "give up" food, calories, and the freedom to eat. Most of what these "gurus" do is designed to enforce that.

But what do you expect? Do you ask an English professor or a plumber or a race car driver how you should eat? Here are four Ph.D.s in psychology telling you how to handle a basically biological issue. "The problem, they insist, isn't in the body but in the head." Oh, please! Have they read about gluconeogenesis and the "protein-sparing effect of carbohydrate" lately? No, because "most of these diet meisters come from disciplines that talk more about pillow pounding than pounds." They are "helping diet-burned people understand not just what to eat but why they eat."

Why did I just eat that toast, orange, and bowl of cereal as I sat here typing at 2:00 A.M.? Because I was hungry, because I needed fuel to write late into the night, because it sounded good—just *because*. I know what fuels my body, I want to fuel my body, and I chose my snack based on that.

It's fair to note that in a three-page article, the methods of these practitioners might not be covered fully; they may have fallen victim to sound-bite journalism. It is possible that the dietitian who teaches people to visualize peace when they're hungry may also address the issue of getting enough food. But remember, I am only a reader, just like all the other readers. I cannot know anything about these people beyond what I am given to read—and neither can anyone else. What I am left with, everyone is left with.

Now it's your turn. Let's play "Spot the Diet Thinking." You may even want to use a pencil or highlighter to mark words and phrases you now recognize as diet thinking.

LEAPS OF REASONING: INTERPRETING DATA TO FIT THE BIAS

▶ The May 14, 1990, issue of *U.S. News & World Report* cites an April 1990 *New England Journal of Medicine* report in which UCLA physician Philip Kern found abnormally high levels of lipoprotein lipase (LPL)—the enzyme responsible for the transformation of fat into adipose tissue (stored fat)— in nine obese subjects who had lost an average of 90 pounds. These subjects had not only high levels of LPL, but also high levels of the genetic messenger that signals LPL production.

His conclusion: "This suggests it may be easier for formerly fat people to regain weight."

(Suggest? May? This is news? Worse, *U.S. News & World Report*'s speculation is that this data is "a convincing argument for hereditary programming." Why? It doesn't say. An ordinary biology textbook says that the body increases production of LPL *after* you deprive the body of the fuel/food it needs for long periods. This indicates it's not genetic—it's the result of self-inflicted starvation.)

YOU'RE NOT ALLOWED TO EAT LIKE A "REGULAR" PERSON

▶ May 14, 1990, *U.S. News & World Report*: "Dieters don't just want to be slender, they want to stay slender. Yet simple as this goal seems, it often eludes the most iron-willed of calorie counters. The world seems to conspire against the newly thin. 'Have a piece of cake,' it whispers seductively. 'Have a Tootsie Roll.' There are office parties and baby showers, romantic dinners and family picnics, and they all come equipped with food."

(Food is "equipment" we need to survive. The occasional piece of cake is not what makes a "newly thin" person fat again! What made them thin also left them biologically primed to regain that fat. Note also the assumption that we're unable to make healthy choices in such situations. That's just not true.)

SLOPPY LANGUAGE, MUDDLED CONCEPTS

▶ *Allure*, March 1992: Citing Thomas Wadden, Associate Professor of Psychology at the University of Pennsylvania School of Medicine, this article notes, "An important study last year in the *New England Journal of Medicine* showed that women as little as 5 to 10 percent overweight had a 30 percent increase in risk of heart disease. That's just 7 to 14 pounds for a 140-pound woman."

(They mean over*fat*. I know that—but do others? Remember I've gained 15 pounds of muscle—an 8.5 percent "weight" gain. Am I now at risk of heart disease? No— because muscle doesn't cause heart disease. This undefined

language can make women hysterical about their weight—
and get them dieting themselves fatter.)

Wadden and other researchers suggest people be "taught
skills to maintain weight loss, and that prevention of relapse
should be a more central focus." (But "skills" are ineffective
when your lean muscle has been ravaged.)

▶ *Health*, February/March 1992: William Castelli, Director of the Framingham Heart Study, in the article "The Great
Weight Debate": "We found that one of the worst things
that can happen to you is to put on weight. The real question
is, is skinny better?"

(Is that the real question? I think the real questions are,
why don't you say put on *fat*, so people who work out and
gain muscle aren't left thinking they're doomed? And what
do you mean by "skinny?" Do you know "skinny" anorexics
can have 50 percent bodyfat? Is my 15 new pounds of muscle
"the worst thing that ever happened" to me?)

▶ *Allure*, November 1992: Linda Wells, Editor-In-Chief,
writes, "I've forgotten how many calories are in an Oreo,
even though I still feel like a minor criminal whenever I
eat one. . . . As the leader of Overcoming Overeating says,
'Maybe it's possible to become so accepting of ourselves that
we may not think about being thin.' "

(Remember, though, lean and weight have nothing to do
with one another. Do we want to "accept" a body prone to
heart disease, cancer, and stroke?)

▶ *Young Miss*, October 1993, "Model Musts": Monique
Pillard, President of Elite Models, says, "The ideal weight
is 115 to 125, but we will take a girl who's a few pounds
over if she's got potential."

DIEHARD DEDICATION TO DIET THINKING

▶ Jeffrey Steingarten, in *Vogue*, October 1991: "I've always imagined that if I could only work up an interest in
those dreary high-fiber, low-calorie foods, my appetite problem would be solved. Unfortunately, nature often insists on
putting protein and fat in the same package, like cows and
chickens. Eating chicken without its crispy skin . . . holds
little gastronomic interest." (I find it hard to believe that

mayonnaise, salad oil, and chicken skin are more exciting than tomato-basil pasta tubes stuffed with ricotta, roasted peppers, garlic, and sun-dried tomatoes; or that orange-bread, pesto bagels, or spicy rice and bean burritos are dreary.)

▶ *Glamour*, December 1992: ". . . climbed on the bathroom scale the other day, after two weeks of butterless toast and a daily jog around the park, only to find the needle still stubbornly stuck on the same number when she started . . . Her life was a hollow mockery; she was destined to never be happy."

▶ *Cosmopolitan*, September 1993, "The Goddess Regime," by Cynthia Heimel: "To get in shape fast, a girl has to suffer," says the subtitle. "Lunch: calcium, kelp, chlorophyll, mineral water and a banana."

BASIC BAD INSTINCTS

▶ Jeffrey Steingarten, in *Vogue*, October 1991: "In scientific research, a high-protein lunch caused human subjects to eat 12 percent less at dinner than a high-carbohydrate lunch. This is bad news for nutritionists, both in government and on best-seller lists, who urge us to stick to pastas, grains and beans."

(Of course, this is only "bad news" based on his assumption that eating 12 percent less at dinner is better. He obviously doesn't know that much of a high-protein lunch is likely to wind up as fat, because the body can't use heaps of protein at a single sitting and has no other way to store the excess, or that digesting a high-carbohydrate lunch elevates the metabolism highest. So big deal if you eat less at dinner!)

▶ *Mademoiselle:* "Don't eat a high-carb lunch; it'll make you sleepy." (No, it won't. A high-fat lunch will, and a high-protein lunch will. Any lunch will if it's huge and you haven't eaten for more than four hours. Whoever ate a high-carb lunch and got sleepy either came to lunch starved or didn't notice how much protein and/or fat accompanied the carbs.)

▶ *Mirabella*, February 1993 (interview with singer Rosanne Cash): "She denies herself the pasta with a sigh and orders the soup and salad."

▶ *Allure*, August 1992: "The last ten pounds: it's only a dress size, but it's a nightmare to lose and requires serious strategies." (Wrong! If you lose just fat, 3 pounds is a dress size—the nightmare is losing the other 7 pounds of . . . what?)

Some of the "serious" strategies peddled by the celebrities questioned (most pictured were overfat!):

"I eat only vegetables, vegetables, vegetables, and drink gallons of water."—Alison Mazzola, editor.

"I can't eat too many vegetables because it makes the tummy big."—Maguay Le Coze, restaurateur.

"Work hard or have sex. As long as it's hard, you'll lose the weight."—Patricia Field, designer.

"I lose my ten pounds with Nikki Haskell's Star Caps. They're papaya and garlic, and they're fabulous."—Beverly Johnson, model.

"No starvation here: That's declassé. Instead, the goal is 1,200 calories a day for women and 1,400 to 1,500 for men. 'We really believe in feeding people.' "—Yvonne Nienstadt, Health Director of Cal-a-Vie spa in Vista, California.

(That's feeding people?)

▶ *Us* magazine, January 1993: "I figure I have another year that I can eat anything I want. When I see myself drastically gaining weight, I'll start the whole diet and workout thing, but for now I'm going to live it up."—Milla Jovovich, model and actress.

STAY IN CONTROL

▶ *Ladies Home Journal*, November 1992 ("Oprah" cover story): "Overeating—the most common addiction. We're in control of our lives—why can't we control our eating?"

▶ *Mademoiselle*, October 1992, "Diet News": "Sometimes, it seems the biggest difference between a thin woman and an overweight woman is willpower. One has it, the other doesn't."

▶ *Parade* magazine, November 10, 1991, "Our Food Survey": "Cumulatively . . . 489 million pounds were gained,

630 million lost. That's a lot of willpower in action. And most dieters (72 percent) have done it the hard way—through portion control.''

▶ *Mademoiselle*, January 1993: "If you don't keep track of your meals and snacks, the exercise sessions you make and the ones you miss, who will? That's why, when it comes to maintaining your shape, the best security measure may be a daily journal . . . keeping careful notes on what you can eat, when you work out and how you feel can help you take control.'' (They call this the "post-holiday recovery plan.'' Note how eating at the holidays is treated like a sickness!)

▶ *Glamour*, January 1993: "Take control now . . . focus on weight maintenance and prevent your weight from becoming a problem. Don't let your weight get out of control.''

"I'LL TRY ANYTHING" DRAMA

▶ *Allure*, August 1992, Eileen Ford, co-founder of Ford Model Agency: "At a certain point, you have to parade around naked in front of a mirror and say, 'It is mind over matter, and my mind will control this matter.' I make myself eat a carrot or a whole head of celery before every meal because it cuts down my appetite. But mainly, the last part of weight loss is mental commitment. If you say, 'I'll just go off the diet for a week,' that's doom.''

▶ *Cosmopolitan*, 1992, issue unknown: "Sure, genes help, but even top models have to work at their figures! . . . but I do adore eating, so choose high-protein, low-fat bingeable foods . . . take lecithin and bee-pollen pills (from health-food store), to burn fat, and go on a popcorn and Coca-Cola diet when desperate to lose weight (like right before the Paris fashion shows).''

LANGUAGE THAT LANGUISHES: THE DREARIEST DIET THINKING

▶ *Berkeley Wellness Letter*, October 1991, University of California: "Any diet program must teach skills to maintain weight loss and prevent relapse. A diet isn't over when you've shed your excess pounds—it's just beginning.''

▶ *Cooking Light*, March/April 1993: "Do we know what actually works, and what makes some people keep the weight off? John Foryet, Ph.D., director of the Nutrition Research Clinic at Baylor College of Medicine, feels the main differences . . . are psychological. He profiles a 'successful loser' as one who incorporates lifestyle modifications."

▶ *Parade*, March 14, 1993: "Almost all experts agree that keeping slim is the hard part . . . Some of the reasons lie wrapped in biological and psychological mystery." But what scientists do believe, says the story, is that "You may have been born to be fat . . . You may have accrued a lot of fat cells in childhood . . . Everybody around you is overweight and consumes lots of food . . . You have mental or emotional problems . . . You have a false image of how you look . . . and therefore feel free to eat."

"BREAKTHROUGHS" AND "MYSTERIES" THAT AREN'T

▶ *Mademoiselle*, October 1992: "Dozens of studies now suggest that people . . . may overeat certain foods because their brains have lower than normal levels of serotonin and other mood- and appetite-regulating chemicals."

(A clear case of overlooking the obvious—that they're ravenous because they're starving themselves—in favor of complex theories.)

"Cookies, ice cream, pasta, bread, potatoes—these are the foods many women tend to cut out when they're dieting, and they are all carbohydrates. They are also the foods many women report craving, and the foods they binge on. Fearing weight gain, women may struggle to avoid these foods altogether. During such carbohydrate-craving periods, these women may eat and eat. . . . Carbohydrate cravers need this type of food to maintain serotonin levels and keep their moods balanced, research suggests. . . . 'People eat carbohydrates because they produce a calming, tranquilizing effect,' says Dr. Judith Wurtman."

(No! Read a biology textbook! "Carbohydrate-cravers" aren't special—they're human! Everyone needs carbohydrates—and not just to balance moods, but to survive! We eat them because we run on them; if your body doesn't get them, it will beg for them! How can you do research about carbohydrates and overlook this?)

This same article enthuses about how women can "cure" their cravings by eating carbohydrates, citing the example of one woman "suffering from obesity" who showed great improvement in how she looked and felt after Dr. Wurtman "added carbohydrates to her diet."

(Why is this treated like a new breakthrough?)

▶ *Self*, March 1992: "Diet Resistant Fat: No matter how little you eat or how hard you work out, it just won't budge." (An accurate statement would read: "Fat: As long as you eat too little and work out hard, it just won't budge because that's how the body works.")

CALORIE UNCONSCIOUS

▶ *Allure*, January 1993, "The Last 5 Pounds": This piece begins by saying that women who think they need to lose five or ten pounds probably don't—but hastens to offer a way to do it anyway: "Simply start weeding out calories," says Helen Roe, a registered dietitian. . . . A combination of the following tricks can add up: Nix the dressing on a salad at lunch and lose two pounds. Hold the mayo on a sandwich and drop another pound and a half. Pass up a glass of wine and watch a pound disappear. Have an egg-white omelet instead of a regular one on Sunday and lose three pounds in a year. Consume one Fig Newton instead of two and drop another three quarters of a pound. Accompany this with a touch of exercise and the weight will fall off."

(This is inanely simplistic. Even if merely cutting "calories" did magically shave "pounds," it could only be relative to whatever else you do. Merely passing up something, with no attention to what else you eat, cannot make fat drop off your body.)

▶ *Delicious!* magazine, November/December 1992, "Ten Tips for Lifelong Health": "Here, Charles B. Simone, M.M.S., M.D., shares his plan to strengthen immunity. Simone is a medical oncologist, immunologist and radiation oncologist in Lawrenceville, NJ. 1. Maintain a healthy weight. 2. Decrease the number of daily calories."

▶ *Mademoiselle*, September 1993, "Sizing up a Serving":
" . . . common sense says it's how much you eat that really
matters. . . . If you're dieting, these distinctions are crucial. . . . Most people don't realize how big the portions
they're eating really are," explains the registered dietitian
and American Dietetic Association spokesperson quoted in
the article. "It's important to be aware of what a serving
looks like, so you can't pretend you're eating fewer calories
than you are."

(Obviously, common sense is meaningless when it's defined within diet thinking.)

LYING IN WEIGHT

▶ *Allure*, December 1992: "As a writer, I make truth my
business, and yet I'll admit right now that I have never told
anyone how much I really weigh—not my husband, not my
best friend, not my mother, and even when my life depended
on it, not the hot-air-balloon pilot or the man who ties the
bindings on my skis. I am a reasonably attractive, big-boned,
tall, athletic, muscular woman and I have struggled with my
weight every day since my first conscious memory."

DIET THINKING ON DRUGS

▶ *Elle*, October 1992, "Diet Pills: Popping off the
Pounds": "If pharmaceutical labs have their way, a new
generation of diet pills will soon be on the market. What if
a pill could artificially increase serotonin: would you feel full,
even while eating less? That's the premise behind dexfenfluramine, manufactured by Interneuron Pharmaceuticals Inc.
According to Richard Wurtman, M.D. [professor of neurosci-
ence and co-founder of Interneuron] . . . patients treated with
dexfenfluramine eat less and significantly reduce their intake
of carbohydrates."

(As if the idea of trying to restrict carbohydrate, create
fake fullness and "treat" one's desire to eat as if it were an
illness isn't backward enough, the drug trials suggested that
so-called "success" required pill-popping forever; after los-

ing weight through a therapy of pills, overuse and "behavior modification," patients were weaned from the pills, only to find that the weight returned.

Does this sound like a life? Anti-fat pills? Why not just know how fat—and everything else—works, and eat accordingly? Can it really be worse than drugs and "behavior modification"?)

▶ *Allure*, October 1992, "The New Diet Drugs": "In a survey published earlier this year in the *American Journal of Clinical Nutrition*, 50 top obesity researchers concurred that a new generation of diet drugs, many of which are now being developed or tested, will take a vital role in helping the very overweight achieve and maintain weight loss . . . A substance called acarbose blocks digestion of complex carbohydrates and reduces body weight in animals . . . Atkinson thinks the concept could work and hopes scientists can eventually develop a drug for humans that does what acarbose does for animals."

(Why is time, effort, and money being spent to block the digestion of our most needed fuel?)

NO HELP AT ALL

An article by Jane Kirby, R.D., featured in *Glamour*, July 1993, offered a recipe for blueberry muffins containing 9 to 14 grams of fat per muffin—with this excuse: "It's hard to lower the calories and fat in these muffins and still produce something deliciously light and delicate." This gets an "F" for effort.

SHORT TAKES

▶ *Reader's Digest*, November 1992: "10 Ways to Lose 10 Pounds."

▶ *Glamour*, January 1993: "Zap Holiday Fat!"

(You were fine all year, and then the pie you ate on Christmas Eve made you fat? It's as if the starving/dieting/fat eating you did all year wasn't an issue, or your body actually discriminates between holiday fat and other fat.

And it implies that not only was the creation of the problem short-term and temporary, but the solution will be, too—just a zap!)

ADVERTISING

Advertising, as long as it's been around, has been a great mirror for American attitudes and trends—and for what's considered important to people, since smart advertising speaks to people's desires and priorities. There are plenty of TV ads airing, as of this writing, that make a clear case for my observation about people's priorities and their current level of knowledge:

Cases in point:

▶ The 1992 Olympics advertising, which hailed Snickers and M&Ms as "the official snack food of the U.S. Olympics." Come on! You know most superathletes don't touch the stuff—and those who do are inhibiting the potential of their performance. Those candies are loaded with fat and sugar, and there are undeniable physiological consequences to consuming them that affect one's short-term performance as well as long-term health.

▶ "Don't eat Wheat Thins because they taste good," says Sandy Duncan. "Eat them because they're baked, not fried . . ." (but still loaded with hydrogenated vegetable oil. A box has more grams of fat than one-and-a-half Big Macs. And, yes, people do eat a whole box of crackers—which is fine if they're fat-free.)

▶ "Such a great mother!" exclaims a woman to her friend, upon seeing the friend's selection of JIF—*low-salt, low-sugar* JIF. She watches salt and sugar, but peanut butter gets 80 percent of its calories from fat—nearly three times the U.S. RDA for fat and four times the increasingly favored 20 percent. It's fat, not salt, that kills Americans—and there are leaner protein sources.)

▶ A winter 1991 Fun Foods ad asserts that "there's no way to make oatmeal taste good" and that "the only alternative has been a bowl of sugar." (This brainwashes kids and moms into thinking it's hopeless to make fresh, whole food taste great in healthy ways. They say the only alternative (until their product) has been hopeless junk. Their product? Microwave meals—all loaded with fat.

▶ "The choice is yours" claims an ad for the BIO/SYN nutrition bar. "You can burn either fat or carbohydrates as an energy source."

(It's not either/or; you're constantly using both. And the choice *isn't* yours. You can change the ratio over time through good fueling and muscle increases, but you deciding so won't change what your body will use tonight—and neither will eating a sports bar.)

"Sorry, high carbohydrate and carbo rich energy snacks make it **impossible** [their emphasis] to burn stored body fat. In fact, you'll tend to store even greater amounts of fat with a high carbohydrate diet, regardless of the amount or intensity of exercise."

(This contradicts human biology and recent studies. In fact, they even come right out and admit their claims fly in the face of established science: "Most exercise physiologists say 'That's impossible.' We call it good science.")

▶ Ultra Slim-Fast: "The healthy way to lose weight." "Give us a week—we'll take off the weight." "You can't find a lunch with less fat."

▶ First-of-the-year advertising is always a field day for diet thinking. Last January I opened my Sunday papers to supplements like these: "NEW! The weight loss plan for chocolate lovers. Nestlé Sweet Success. Same low calories as other Diet Shakes. And the great chocolate taste only Nestlé can deliver!" As if all that's important is "low calorie," and that you get your chocolate!

A Klondike® Lite ice cream bar ad showed a calendar with "Diet starts today!" scrawled across it in red. Kellogg's Special K: "Save 93¢ for your '93 diet." An ad for Sun Chips "multigrain" snacks doesn't tell you they're about 50 grams of fat per 7-ounce bag. Milky Way II—25% Fewer Calories: "Now it's 25% easier to keep your New Year's Resolution." (Quick math tells you: 25 percent of 20 grams of fat is 5 grams. That's 5 grams fewer than the standard Milky Way—15 instead of 20. And let's not forget the sugar and corn syrup.) Another coupon circular advertised cigarettes, cocoa cereal, and cold medicine—causes and cures, all on the same page.

Keep in mind that the material quoted here is just a microscopic representation of what's out there. I could go on. I have stacks of books, newspapers, and magazines piled around my office with highlighted assumptions, misleading semantics, and unfounded speculation. I get tired of tearing out magazine pages. I would probably have a neater office if I saved things that didn't have diet thinking in it.

It's your turn now.

9

BODYFUELING DAY TO DAY:
Eating for Living

The biological picture of what's going on inside your body gives you a fairly explicit map to what kind of eating will provide optimal energy, longevity, and leanness. For example, you can see that the *frequency* of eating is crucial, *quality* of fuel is a close second—and *quantity* is hardly an issue at all if you eat mostly complex carbohydrates and very little fat.

But if you're like most people, you'll want some tools and parameters to put these blueprints into purposeful, everyday practice.

FUEL PROFILES

In BodyFueling, I provide "fuel profiles"—estimates of carbohydrate and protein intake ranges—for each workshop participant. I provide these not as restrictive guidelines about food intake, but rather to ensure that people eat enough. These are meant to be a foundation or starting point for meeting fuel needs—not a be-all-end-all thing to "follow," "stick to," or "stay on."

One individual's fuel profile varies from another's based on activity level and lean body mass. As you know now, your activity level and the size of your lean body mass are the most significant factors in your basic need for fuel. However, your need for fuel may change daily—as well as over the long term, as you gain muscle and/or increase activity level.

(That's yet another factor that makes "being on a diet" ridiculously disconnected from the reality of living. Typically, diets insist you eat essentially the same amounts every day. If you listen to your body and respond to its variable needs—say you want toast and a whole banana instead of "half a medium banana"—you've "blown it" because you have not followed it to the letter of the law. Faced with meaningless restrictions your body and mind rebel.)

The quantities I've listed on page 207 will help you start to get a sense of how much food your body needs. But everyone has individual needs, and myriad factors influence the need for fuel/energy from day to day. You might need one less or one more serving of carbohydrate (or two) at any given meal or snack, depending on not only your unique physical makeup but also that day's requirements—activity, exercise, stress level, and so on. Thus guidelines here are general, not gospel. Imagine I am handing you a plate and saying, "Here is about what your plate should look like; nudge it around a bit from there"—*not* "Here is what your plate *must* look like—don't stray a bite."

Don't jam down more than you can swallow just because it says so here (or anywhere); similarly, don't deny yourself an extra slice (or two) of toast because your profile doesn't indicate it. You are an individual, and your body knows best. It will tell you what it wants—if only you begin listening to and taking care of it again.

Because diet thinking is so ingrained, because you are programmed with "less" and "stick to," I must reiterate this: It's not critical to watch quantities exactly—not nearly as critical as the frequency with which you eat and the quality of what you're eating. The only critical aspect of quantity is eating enough carbohydrate.

Why give numbers at all? I'd prefer not to. I'd be inclined to simply teach you how your body works, guide you in developing a lifelong vision, and help you make the connection that you'll need your body to fulfill that vision. I'd rather say, "To have that body and that health, eat lots of complex carbohydrates and small amounts of lean protein daily, and don't add fat unless it's precious to you.''

I have two reasons for providing numbers, rather than simply leaving you with what I've just said. One is that Americans like numbers and rules—and although I've done my best to stay away from them wherever possible, I've found people get a little crazy if I'm too general in the "how to" area.

The more significant reason is that diet thinking has left you with no sense of what "a lot of carbohydrate" or "a little fat" looks like. Most people's idea of "a lot of food" isn't. For most people, the fuel profile represents more than they are currently eating. If I didn't give parameters, most people wouldn't eat enough.

The only time not to trust your body is if at first you find you're not hungry for anything or not hungry for long periods of time. This is a physiological reaction to underfueling, common to people who have starved themselves for many years. If you haven't eaten breakfast for 20 years, your body may have stopped asking for any a long time ago—*but that doesn't mean you don't need it*. And remember, not eating breakfast because you'll get hungry for lunch is diet thinking—it's *good* to be hungry for lunch (and a pre-lunch snack, too!).

Eating regularly does make you want to eat more—but that's not bad! You've learned that when you eat carbohydrate, insulin is produced—and insulin does bring blood sugar down. (However, that's not an arbitrary reaction—it's allowing that glucose to be oxidized for the energy you need!) When blood glucose drops, you want to eat more. This is supposed to happen. You could interrupt the normal sequence of events by not taking in fuel at all—but why? Your body will just get its carbohydrate fuel by destructive means.

At breakfast, for example, if your fuel profile indicates several servings of carbohydrates but you are certain that you cannot take any solid food after decades of not eating till noon or later, start out slow. You might want to start out with a banana (or half, if you can't even finish that) or some juice or a few bites of toast. Do that till you feel you can eat the whole banana or the whole slice. Add bite by bite until you're getting at least 2 servings (or 30 grams) of complex carbohydrate each morning within an hour of rising—the sooner the better!

Breakfast is crucial, because your blood glucose is never lower in any 24-hour period than it is upon arising. Your last snack, even when you're fueling, is likely to have been a few hours before bed, and then you sleep for hours. When you wake up, you've consumed no fuel for anywhere from six to twelve hours. Get up and start your busy day without addressing the near-empty tank, and before too long you'll find yourself in an energy-sapping, muscle-eating, metabolism-slowing fuel deficit.

The charts that follow will provide you with some guidance in assessing your fuel needs. The ranges shown are fairly broad, but they will give you a frame of reference to start with as you begin to incorporate the basics of fueling. Better yet, skip the gram-counting approach entirely and go to page 212 for "My Recommended Easygoing Alternative."

With the carbohydrate ranges as wide as they are (to account for varying activity levels, even among people with similar muscle mass), you can see that it's not terribly important to know exactly what your muscle mass is. I don't even like to distinguish between men and women; both need enough carbohydrates to fuel their activity and lean mass, and as those factors increase, so will a person's fuel need. Just about any man or woman could conceivably require between 3 and 10 servings of complex carb at each meal. Most people will be somewhere in the middle, and your body will tell you better than anyone else can what specifically works in that range. If 5 servings make you feel as if you'll burst, that tells you something. If 3 servings leave you ravenous, that's pretty simple to interpret, too.

Unlike carbohydrate, protein requirements are "fixed" numbers and *do* differ for men and women. The generally larger, more muscled male body will require a little more protein (but not as much more as some men believe!). If you're ever hungry after fueling and want to add more food, add carbohydrate, not protein. You'll rarely need more than what's shown on page 207, which is consistent with U.S. RDA guidelines.

FUEL PROFILE

▶ **DAILY CARBOHYDRATE INTAKE:** 275–500 grams is a broad general range. (One serving = 15 grams carbohydrate.) Where you are in the range will depend on how much lean tissue you have and how much exercise you do. For example, someone who is 90 pounds lean and exercises an hour or two a week will probably have carbohydrate requirements at the lower end of this range, while someone with 160 pounds of lean tissue who exercises seven hours a week will probably find their needs hover at the higher end of the range.

▶ **DAILY PROTEIN INTAKE:** Protein is a *fixed* amount because our need for it as adults does *not* vary much (with the exception of pregnant and lactating women). It is also different for men and women. U.S. Recommended Dietary Allowances for protein are 46–50 g. for women, 60–65 g. for pregnant/lactating women, and 58–63 g. for men. (One serving = 6 grams protein.)

▶ **DAILY FAT INTAKE:** You *need not* take in added fats for fuel. The fats listed in the fuel profiles below are not to be *added*; you'll most likely get close to the amounts shown just by eating the proteins and carbs also listed. Fatty acids occur naturally in predominantly carbohydrate and protein foods, and will provide the tiny amount required daily. An intake range of 20–65 grams daily is a fuel-smart ideal.

Remember that the above are ranges and averages; they are not meant to be followed rigidly! The rest of this chapter details ways to find your own best place within these ranges, based on your individual and changing needs. See page 182 for examples of how to assemble a meal based on your fuel profile.

Women

BREAKFAST	LUNCH	DINNER	SNACKS
12 g. PROTEIN	12–18 g. PROTEIN	12–18 g. PROTEIN	30–75 g. CARBO.
60–150 g. CARBO.	60–150 g. CARBO.	60–150 g. CARBO.	0–10 g. FAT
0–15 g. FAT	0–15 g. FAT	0–15 g. FAT	

Men

BREAKFAST	LUNCH	DINNER	SNACKS
12–18 g. PROTEIN	18–24 g. PROTEIN	18–24 g. PROTEIN	30–75 g. CARBO.
60–150 g. CARBO.	60–150 g. CARBO.	60–150 g. CARBO.	0–10 g. FAT
0–15 g. FAT	0–15 g. FAT	0–15 g. FAT	

Interestingly, while the government's Recommended Dietary Allowances offer explicit quotas for protein as well as all kinds of vitamins and minerals, and suggest a specific limit for fat, past editions of the National Research Council's *Recommended Dietary Allowances* offer no specific quotas for carbohydrate—which is only our most critical fuel! However, most nutrition texts specify at least 300 to 400 grams of carbohydrate daily for the moderately active person—and more for those who exercise more than one hour daily. The FDA's new food labeling scheme will for the first time include a recommendation for carbohydrate—though indirectly—by suggesting 2,000 to 2,500 calories daily and 65 percent of those calories from carbohydrate. That's 325 to 400 grams daily. (As a frame of reference, most "weight loss" diets "allow" about 100 grams or less of carbohydrate daily.)

If you were to believe the media's portrayal of the average American "overeater," you'd think this fuel profile would be license for many people to go hog-wild and push the ranges to the upper limits. I've found just the opposite to be true. For most people, diet thinking has made it tough to imagine eating beyond the low end of the profile—no matter who they are or what activity they're doing. If you're in that place, start at that low end and go from there slowly, paying attention to your comfort level.

ASSEMBLING MEALS USING THE PROFILE

Lean proteins and complex carbohydrates are the foods represented in the profile on page 207. Below are the most familiar of the fresh-food sources of protein and carbohydrate. For packaged foods that also fill the bill, see Food Brand Recommendations, pages 226–227.

Each protein food in the amount listed represents what I call a serving (about 6 to 8 grams) of protein. Each carbohydrate food in the amount listed represents one serving (or about 15 grams) of carbohydrate. So, for example, if you wanted to assemble a meal for a profile of two protein and four carbohydrate servings, you would:

Choose 2 from the Proteins

1 oz. chicken or turkey

1½ oz. most fish

1½ oz. fish or shellfish

1 cup nonfat or 1% milk

1 cup nonfat/low-fat yogurt

¼ cup cottage cheese (1%, nonfat or dry curd)

1½ oz. nonfat cream cheese

2 oz. low-fat/nonfat ricotta

¾ oz. low-fat or nonfat hard cheese

2 oz. Quark cheese spread

1 egg (or 2 whites mixed with one yolk)

1 cup fruit yogurt

1 cup lentils *(combine with grain for complete protein)*

1 cup split peas *(combine with grain for complete protein)*

½ cup beans *(combine with grain for complete protein)*

or any other low-fat item with *6 grams* of protein

And 4 of the Carbohydrates

1 slice bread

1 small roll or cocktail bagel

⅓ regular-size bagel *(one whole makes 3 servings)*

⅓ cup oatmeal *(dry)*

½ to 1 cup cold cereals* *(average; check package for exact grams)*

¼–⅓ cup fat-free granola

1 fruit

4 to 8 ounces fruit juice *(unsweetened)*

1 large wheat or corn tortilla

1 cup fruit yogurt

½ cup couscous

⅓ cup rice or barley

½ cup pasta; 1 pasta tube (manicotti)

⅓ baked potato *(one whole is 3 servings)*

1 small red potato

1 cup lentils

⅓ to ½ cup beans

or any other low-fat item with *15 grams* of carbohydrate

All foods in amounts listed are cooked except oatmeal

Most foods are primarily protein or primarily carbohydrate (or primarily fat!). A few protein foods do contain significant carbohydrate, and vice versa. Such foods will appear on both lists. For example, fruit yogurt (not sugared, of course) at breakfast will give you a good dose of carbohydrate and protein.

In terms of protein requirements, the average man needs 18–24 grams per meal, not to exceed 63 grams per day. (Recall that excess protein is stored as fat—and the conversion process is toxic.) A woman rarely requires more than 12 to 18 grams per meal, except during pregnancy and breastfeeding (when the U.S. Recommended Dietary Allowance rises from 44–50 grams to 60–65 grams). Snacks shouldn't provide significant protein (unless your meals don't).

This doesn't mean you should never eat a 4-ounce chicken breast if you're a woman. As with every aspect of fueling, the key is consistency! Too much protein on Monday won't matter. Too much every day is another story.

Familiarize yourself with what foods are mainly protein, mainly fat, and mainly carbohydrate, and try to know visually what 1 cup of lentils or 3 ounces of fish really amounts to. It's a good idea to invest some start-up time weighing and measuring—just long enough to get adept at visualizing your "fuel supply."

FRUIT

"One fruit," as listed on the carbohydrate side on page 207, generally refers to one whole fruit (i.e., one apple, pear, banana, orange, nectarine), with the following exceptions:

strawberries = 1½ cups
cantaloupe = ½ the melon
pomegranate, mango, papaya = ½
honeydew = ⅛–¼ of the melon
peaches, kiwi, plums, mandarins = 2 each
other berries = 1 cup
grapes = ⅔ cup

For fruit juice, 1 serving is 4 to 6 ounces of orange, pineapple, and other "sweet" ones, 6 to 8 ounces of grapefruit and apple.

Juice is almost as good as fruit for getting carbohydrate into your bloodstream, although you miss the fiber, and it may not provide the physical or mental satisfaction of having (chewing) a snack. You may also find that because juices are often more concentrated than the fresh fruit, they trigger a "wilder" insulin surge. This can quickly strong-arm the blood glucose out of the blood and leave you needing something more substantial (which is fine as long as you do get something more substantial). However, juices are convenient—and may be less conspicuous than a chewy bagel in a professional situation. They certainly beat having nothing.

VEGETABLES

Most vegetables, unless specified, simply don't provide enough carbohydrate to count as adequate fuel. Like anything without much carbohydrate value, vegetables aren't worth much *when it comes to energy*. No matter how many vitamins and minerals it has, if it's low in carbohydrate you'll be short on fuel.

I certainly don't want you to give you the impression that you should skip vegetables because they're not fuel-dense. Eating plenty of vegetables is good—they provide important vitamins and minerals, and I recommend piling some on at least one meal a day. Think of them as richly nutritious garnish. Just don't try to subsist on vegetables alone, or you'll be short-changing yourself on fuel. Aside from potatoes, peas, and a few others, it would take more vegetables than most people are willing to eat at one sitting to provide enough carbohydrate fuel for a meal. For example, you'd have to eat 5 pounds of lettuce-and-tomato salad to equal the carb fuel in two slices of bread. It would take 9 cups of broccoli to provide the carb you'd get from a baked potato and a dinner roll. You're likely to fill up or get tired of these before they add up to significant carbohydrate.

There are a few veggies and legumes that do count as carbs and/or protein (i.e., they provide significant grams of carbohydrate or protein when eaten in a standard portion). These are noted on the appropriate lists above, under protein and carbohydrate. In general, however, a roll, cereal, fruit, or fat-free/sugar-free snack bar or cookie is a much smarter snack than celery sticks. If you like celery sticks, have them—but eat them along with some more substantial carbohydrate.

WALK, DON'T RUN: MY RECOMMENDED EASYGOING ALTERNATIVE

Use of the preceding fuel profile, in conjunction with at least a bit of aerobics and weight training, is likely to yield the most progressive fat loss. That's only because if you monitor the number of grams of protein and carbohydrate you take in, you ensure a degree of precision in meeting your body's needs—and the better you fuel, the better the results. But please remember that this means relatively fast—not ''fast'' in fast-weight-loss terms. Fast ''weight'' loss is exactly what BodyFueling is designed to avoid.

I know authentic fat loss is a goal for many of you, but rather than driving aggressively toward that goal, why not coast? Just let your now-informed instincts guide you. I've drawn up the fuel plate below as an alternative to using the fuel profile. Instead of watching portions, you simply stay aware of protein and carb *proportions*. You're not counting and measuring—but you're still fueling and moving in a healthy direction.

Use the fuel-smart ''plate'' to plan your own plate's carb-to-protein ratio at each meal:

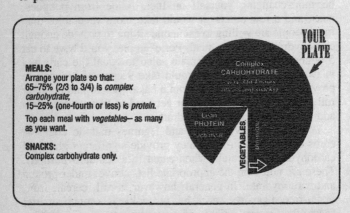

MEALS:
Arrange your plate so that:
65–75% (2/3 to 3/4) is *complex carbohydrate*,
15–25% (one-fourth or less) is *protein*.

Top each meal with *vegetables*— as many as you want.

SNACKS:
Complex carbohydrate only.

YOUR PLATE

Complex CARBOHYDRATE
(early 3 to 4 hours meals and snacks)

Lean PROTEIN
(4ch meal)

VEGETABLES
Unlimited

Also, it's far less complicated to know what foods are complex carbohydrate and which are protein—eating a lot of one and a little of the other—than it is to remember serving numbers and to count grams. You'll prefer this route if you feel as I do that the more details you have to "follow," and the more numbers you have to crunch, the higher the cost to your sense of freedom. The fuel profile numbers provide a frame of reference for those who want to be sure they're on target. But watch the tendency to use it against yourself, to try to "follow it" or "do it right." Remember, this is *eating* we're talking about, not a "plan." These are guides, not gospel.

Simply eating the appropriate proportions of carbohydrate to protein, keeping fats to a minimum, and fueling with carbohydrate frequently is a giant step forward for most people. And it still works—unless you're in a hurry and counting the days till fat loss, which is diet thinking anyway.

It's possible to relate to the Fuel Profile outside of diet thinking too, and not use it merely as a short-term fat-loss instrument. But the flexible "rough-estimate plate proportion" approach is more natural—like real eating in real life.

Coming full circle from where we began this book, it's important to remember that you have your whole life—probably a longer one if you eat this way. Stay focused on fueling what's important to you. I'd rather see you eat well and often, be reasonably accurate, and enjoy it than fuss with small details or seek perfection. Take time to carve out a basic way of eating that works for you, because your patience will be amply rewarded, both in mind and body.

"Darlene" is an example of someone who squandered the opportunity to begin a leisurely "coast" toward ever-improving fitness, then wanted to race to a short-term goal at the last minute. She did our workshop but applied what she learned in only a limited way. A year later, she called us two weeks before a trip to Hawaii, hoping we'd endorse her plan to go on a high-protein crash diet to whip her body into shape for the beach.

No! She could have been enjoying a hearty, plentiful but specifically fuel-smart way of eating for 12 months that would have her where she wanted to be right now—no "crashing" necessary. Instead, she blew it off for 12 months, and now wants to do something that will damage her body's ability to burn food and fat during and after her vacation—damage that's only partly alterable, and then only with a good deal of work.

Even though it wouldn't have meant deprivation to start fueling and just keep fueling, it was hard for Darlene back then to look ahead 12 months. Why change if she wasn't going to see the results next week? That's the way America thinks. But there's simply no substitute for a year-round way of eating that works—for all the vacations, for the rest of your life.

There are good reasons to start fueling even if you won't see results next week: It is what your body needs, based on its fundamental design. It is also the way virtually every disease-prevention study suggests you eat (though I don't know why we need studies to tell us that eating according to how the machine works will be good for the body, or that defying its design will harm it). It will feel good. And you can "turn it on" and forget about it—leave it on.

LISTENING TO YOUR BODY

When I began fueling, I counted grams to ensure I was getting the appropriate amounts of everything daily. But as my own transformation progressed from ordinary "I'll try this for a while" thinking to the joy of consciously, purposefully, and lovingly investing in myself, I relaxed. My vigilance softened till I was using the "easygoing alternative," eating as much as I felt like I needed—as long as each plate resembled the proportions of the "plate chart" above.

Understanding carbohydrate use by the body reassures that you have a lot more leeway than I'd imagined. I began to count on my body to tell me what I needed and when I needed it. I found my body would cry out for some carb just shy of every three hours—like clockwork. I didn't need to watch the clock or "stick to" this plan I had given myself. My mind knew the basic parameters; my body was smart enough to bend them slightly.

Interestingly, my sense of my needs never took me far off the original profile. But the experience is more freedom and flexibility. In other words, I don't have to eat 4 servings of carbohydrate every single day at lunch. I could have 3 some days, 5 or even 6 on other days. And I routinely began to eat at least 3 carb servings at snack times, instead of one or two—especially as I added lean muscle.

I also measured things at first, and that fell away too after about a month. But it was a valuable exercise, because I became intimately familiar with serving sizes. I can tell 2 ounces or 4 ounces of chicken at a glance. I can "feel" whether a slice of turkey is a half-ounce or 1 ounce. I can eyeball 1 cup of pasta or 2 cups of rice. And because of that I can go to a buffet and instinctively assemble a plate that is consistent with my fuel needs.

As months and years of fueling go by, you can look forward to making a fine art of "sensing" your body's needs, and you'll probably trust that sense more and more. Some days my snack is a nectarine, others it's a loaf of bread. Why? Probably a bunch of reasons, some of which modern science may not be able to account for.

I *know* when I'm done eating. It's a deep certainty; something goes "thunk" into place. Until I get that "thunk," I allow myself to keep going. I don't (usually) judge it, no matter how big the amount or how weird the craving (say, eight slices of toast). I always reach a point where my body says, "Ahhhhhhh. There." And then I really don't want any more. I have to think there was a reason my body said keep going. It certainly isn't going to hurt me (I don't butter the toast, of course).

If I tried to stop myself after the third slice of toast, based on some arbitrary standard, I'd be uncomfortable and dissatisfied. Why draw a line, and based on what? Is four slices too many? Five? Says who? It's the idea that you should be done, based on some predetermined portion "ideal" not customized to you, that drives you to lose touch with what you really need.

A DAY IN THE LIFE

My typical day from morning till night goes something like this: **Breakfast**—⅔ cup of (measured dry) oatmeal and a handful of raisins, two slices of toast with either 2 ounces of chicken or turkey, an ounce of low-fat cheese or a cup of yogurt. **Snack** might be a bowl of cold cereal with Rice Dream® nondairy beverage, or a bagel, or a few slices of toast, or toast and fruit, or a roll and a fruit, or fat-free crackers and fruit, or homemade muffins/cake/cookies, or some low-fat, no-sugar mini-donuts, or fruit juice, or fat-free toaster tarts. **Lunch**—couscous or soup with bread, or leftovers (rice and beans, pasta and cheese), or a sandwich (turkey, chicken, tuna, low-fat mozzarella and tomato, low-fat ground turkey-breast burger), and some fruit, low-fat/fat-free chips, and/or fat-free cookies or more cereal.

Dinner—anything from bean-and-rice (or bean-and-non-fat-cheese) burritos; to turkey and Spanish rice; to Chinese chicken with rice and vegetables; to homemade pizza, lasagne, or manicotti; to spicy Cajun rice with prawns; to Indian ginger-curry couscous; to spaghetti and turkey balls; to homemade bean (or split-pea or lentil) soup and fresh bread; to seafood stew; to Cornish hen with garlic and grilled red potatoes; to pasta topped with chicken or ricotta and roasted vegetables and garlic; to baked potatoes topped with cheese or stuffed with shrimp; to turkey burgers with tomato, lettuce, and low-fat chips; to chicken-breast/low-fat mozzarella/broiled red pepper sandwiches with garlic "fries" (baked potato sliced and "sautéed" in a nonstick pan); to turkey-ball subs with peppers, onions, and zesty tomato sauce . . . (I could go on, but it probably makes more sense just to do a cookbook). **Afternoon and evening snacks** can be the same as morning, or nonfat, fruit-sweetened frozen yogurt.

What might your day look like? Here are just a few examples of how you can "build" a meal by pairing enough grams of carbohydrate with enough grams of protein. The sample breakfasts below are based on the profile of someone who wants to get 12 grams (2 servings) of protein and 60 grams (4 servings) of carbohydrate. Remember, this is just to get you started—not the breakfasts you "should" eat!!

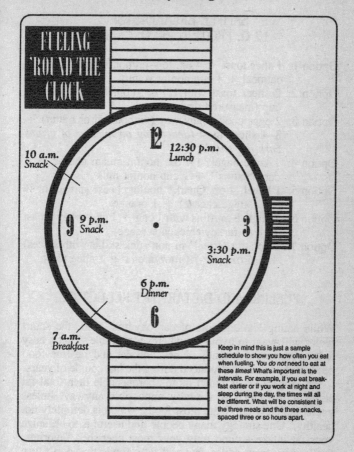

FUELING
'ROUND THE
CLOCK

10 a.m.
Snack

12:30 p.m.
Lunch

9 p.m.
Snack

3:30 p.m.
Snack

6 p.m.
Dinner

7 a.m.
Breakfast

Keep in mind this is just a sample schedule to show you how often you eat when fueling. You *do not* need to eat at these *times!* What's important is the *intervals.* For example, if you eat breakfast earlier or if you work at night and sleep during the day, the times will all be different. What will be consistent is the three meals and the three snacks, spaced three or so hours apart.

SAMPLE BREAKFASTS:
12 G. PROTEIN, 60 G. CARBS

Option 1: 1 slice toast + 4 oz. low-fat/nonfat ricotta; ⅔ cup oatmeal + 1 cup nonfat yogurt, 1 cup blueberries

Option 2: 2 slices toast with 1½ oz. nonfat mozzarella; ⅔ cup (measured dry) oatmeal

Option 3: 2 eggs cooked any way (without oil or butter) + 3–4 slices toast (*depending on number of grams carb per slice*)

Option 4: 1 large bagel, 1½ oz. nonfat cream cheese + 1 cup "oatios" + 1 cup nonfat milk

Option 5: 1 bagel, 4 oz. Quark® nonfat cheese spread (or ¼ cup cottage cheese) + 1 orange

Option 6: 2 English muffins with 1 egg + 1 oz. turkey breast (or lean turkey/chicken sausage)

Option 7: 1 potato ("fried" in non-stick skillet with spices) + 1½ oz. low-fat mozzarella + 1 slice toast

FUELING AND DIETARY FAT REDUCTION

While eating lots and lots of carbohydrate food, the smart fueler will want to avoid fat wherever possible. That's easy today, because thousands of new low-fat and fat-free food products have been introduced during the last couple of years.

Fat moderation is much more approachable than total fat elimination (which is virtually impossible anyway, unless you completely eliminate most foods, which is definitely not healthy). One strategy many people find useful is to organize your fat intake around only your most cherished favorites. Walk away from added fats and fatty foods that don't turn you on. So maybe the Chocolate Decadence every Friday night stays, but the mayo in your tuna goes because it isn't worth the cost, and all-fruit jam replaces butter on the morning toast quite painlessly. Maybe sugar-free, low-fat ice cream or frozen yogurt is perfectly satisfactory four of every six times you eat frozen dessert. You work it out.

Be able to spot high-fat/all-fat items at a glance. Read labels and learn the fat content of foods that tend not to be labeled. I've created (see page 220) a complete guide to "hidden fat detection" (and sugar too!), and I've included a method for determining the percentage of calories from fat contained in food (see page 221). You may *choose* to eat fat at times, but you have no choice if you don't know a food is loaded with fat.

It is possible to get too rigid about fat consumption. If you tended to be obsessive about calories, you may find yourself doing the same with fat grams. Try to remember there's no one thing that makes you fat, no one day of indulging. And the purpose here is not to keep you "inside the lines," following orders, but to have you *make conscious choices based on facts and your future*. In the end, your future probably speaks louder than a dollop of dressing.

It's less important that you avoid a single food that has 2 more grams of fat than you think it should than it is to consistently incorporate all aspects of fueling into your life. And as long as you're keeping the fat content between 10 and 30 percent of total calories (or 20 to 65 grams daily) and the protein to 15 to 25 percent of total calories (or 46 to 63 grams daily), you can probably eat more food than you're eating now—or thought you could.

GUIDE TO FAT & SUGAR DETECTION

ALL FAT (100% or close to it)

Butter
Oils
Margarine
Butter-substitute spreads
Mayonnaise
Salad dressings

VERY HIGH IN FAT

Beef (even extra-extra lean)	Coconut/coconut
Pork	milk and cream
Duck	Tofu (regular)
Bacon	Lamb/mutton
Hard cheeses	Hot dogs
Whole milk (4% milkfat)	Ham
and milk products *(cream,*	Avocado
ice cream, 4% cottage cheese,	
whole-milk cheeses, whole-milk yogurt)	
Nuts, seeds, and nut butters	
Chocolate/carob (powder's OK)	

NOT NECESSARILY OBVIOUS SIMPLE SUGAR "ALIASES"

Dextrose	Corn sweetener
Sucrose	Cornstarch
Maltodextrin (from corn)	Honey
Corn syrup	Maple syrup
High-fructose corn syrup	Molasses

SUGAR NOTES:

Fructose is a sugar in fruit. It is more complex than processed white sugar, but concentrated fruit juice may produce similar effects.

Lactose is a sugar found in milk. It produces a mild to severe allergic reaction in some people.

A *maltose* is a complex sweetener. Rice syrup and barley malt are two man-made examples. Maltoses also occur naturally in some foods.

COMMON SOURCES OF HIDDEN (NOT OBVIOUS) FATS

The following are foods to be conscious about— read labels and check fat /sugar content. For most foods listed below, I say "many" (not "all") because there ARE exceptions in those categories— more and more all the time. The point is to be educated enough to make informed choices.

Commercially baked cakes, cookies, candy bars
Many commercial breads and rolls
Commercially baked muffins *("oat bran" or not)*
Many frozen yogurts
Many "natural" yogurts
Many chips (potato, corn, etc.)
Salads (with dressing, mayo)
Many "diet" foods (from snacks to frozen meals)
Many "health food" snacks, meals
Many granolas and granola bars
Many canned soups, chilis, beans
Many packaged and processed foods
Many sauces and gravies

Label Euphemisms

"Natural," "lite," "healthy," "organic," "vegetarian," "low cholesterol" do not necessarily mean a food is healthy— not by fueling standards! In particular, it may be high in fat or sugar.

"Low cholesterol" (or no cholesterol) doesn't mean low in fat. Low-cholesterol foods *may* have saturated fat, which causes your body to produce cholesterol.

PERCENTAGE OF CALORIES FROM FAT

1 GRAM OF CARBOHYDRATE PROVIDES 4 CALORIES WORTH OF ENERGY
1 GRAM OF PROTEIN PROVIDES 4 CALORIES WORTH OF ENERGY
1 GRAM OF **FAT** PROVIDES **9 CALORIES** WORTH OF ENERGY
   (THAT MEANS 2 GRAMS IS 18 CALORIES, 3 GRAMS IS 27 CALORIES, 10 GRAMS
   IS 90 CALORIES)

Once you know that each gram of fat has 9 calories there are only two things you need to know about any food to figure out the total % of calories from fat:

- How many *total* calories in the serving of food
- How many total grams of fat in the serving of food

OF CALORIES FROM FAT = **NO. OF GRAMS OF FAT** × **9** (cals. per gram)
% OF CALORIES FROM FAT = **NO. OF CALORIES FROM FAT ÷ TOTAL CALORIES OF ITEM.**

If a food has 90 calories and five grams of fat, you know that 45 of those 90 calories are fat calories (because five grams of fat × 9 calories for each gram = 45 calories total). That means it gets *half* or *50%* of its calories from fat (45 ÷ 90).

TRY IT:
One cup of whole milk (4% milkfat by volume) has 8 grams of fat and 150 total calories.
What percentage of calories are from fat?
8 grams fat × 9 cals. per gram = 72.
72 of its 150 calories are from fat.
Divide **72** by 150 total calories = .48 (i.e. **48%**)
Whole milk gets **48%** of its calories from fat.

HOW TO USE THIS
This is useful for spotting foods that are composed mostly of fat, or contain too much fat. The idea is that if you are aiming for a 15–20% fat diet, but eating lots of foods that are 40–100% fat, it will pose a very interesting challenge to maintain the overall percentage.

HOW NOT TO USE THIS
Bottom line is *how much total fat you take in*, not what percent fat your foods are. For example, oil is 100% fat, but if you consumed only half a tablespoon, you would be adding just 7 grams of fat to your day's intake. If you ate enough of a food that only gets 10% of its calories from fat, you might add many more grams than that!

A much easier way to do this (instead of running around with a calculator) is simply to choose foods with less than 4 grams of fat per serving.

10

FROM THE SHELF
TO YOUR TABLE:
A Practical Guide

BUYING FOOD

Fueling efficiently is easiest when you have fuel—good food you like and want to eat—readily available at all times. That means a well-stocked kitchen. Fueling tends to fall apart when the cupboards are empty and you think your only alternatives are vending machines and burger barns.

I recommend grocery shopping only once a week and buying all the food you need for the entire week—instead of "running to the store" three or four times and spending more time and money, all told, than you would in a single larger trip. (This also saves you the frustration of always standing in line.)

A once-a-week grocery jaunt that gives you everything you need also takes much less time—and will be much cheaper—than eating out even once during the week. The price of one dinner for two at a decent restaurant is the same as my weekly grocery bill for two. While this may not be a concern for you, it is for many people. If you hear yourself complaining about the high price of food and your strained budget, look to see if most of it's being spent in restaurants rather than the grocery store.

Grocery shopping is further frustrating when you spend

the time and money and still don't wind up with what you need. Ever get the packages on the kitchen counter, stare at them blankly, and say, "Where's the food? What can we eat for dinner?" The grocery list on page 225 should help. Barring truly unruly cashier lines, and after your initial frenzy of label reading, it will get you in and out of the store in about an hour. More importantly, it's designed to start you connecting your eating to your shopping, in advance, without a lot of complicated planning.

The idea is to think in terms of buying fuel, and how much you'll need, so you get it all. Look at each item and think *seven days*. If you're shopping for a week, you want to buy one week's worth of the items each family member will be eating. For example, you'll need seven nights worth of dinner proteins for yourself (or 14 for two of you, etc.). You'll need seven yogurts, if yogurt is one of your morning proteins. You'll need enough dinner carbs for a week, so buy enough rice, pasta, and potatoes for you and whomever else. If you always snack on fruit, you'll need 21 fruits. If you'll be eating primarily sandwiches for lunch, you'll need seven portions of deli meat or tuna, or whatever, sized for you, and at least a few loaves of bread.

For your convenience, have foods packaged in serving amounts. For example, if you need 4 servings of protein for dinner and seafood is one ounce per serving, buy 4 ounces (¼ pound) of fresh-cooked shrimp and you have one prepackaged dinner to top pasta and veggies, mix with rice, or stuff a baked potato). If you'll be eating 2 ounces of turkey for lunches, you can have the deli wrap 2-ounce servings of turkey (though this is not the most environmentally conscious solution—it's better to simply eyeball one-eighth of a one-pound package).

Buy in bulk. It's not only cheaper, but generally healthier and more environmentally responsible too. Oats in the cardboard "tin" or in little packets is up to three times more expensive than bulk. Bulk food is generally plain; bulk rolled oats, for example, are not "maple and brown sugar flavored" (which means "loaded with all kinds of sugar and artificial maple flavor"). You can add what you want when you serve

it. Many groceries and most co-ops carry bulk items. Small
health food stores tend to be pricier, though they are good
sources for alternative brands or bulk food if your local grocery chain doesn't carry them.

PACKAGED FOOD

While it's nice to have fresh food, there are probably times
you can't—or won't. I eat fresh, whole, raw, and fresh-
cooked food when I can. If I can't, though, you can bet I'm
going to eat something!

Rather than avoid packaged food entirely—which is unrealistic for many of us—it's a healthy compromise to identify
and choose from the growing number of packaged foods that
are low fat and low sugar (or no sugar or fat added). On
pages 226 and 227 is a list of brands that specialize in this
new breed of packaged foods. You should be able to find
many of them in well-stocked grocery and health food stores.

These new products include what I call "healthy 'junk'
food." That means that, at worst, they may not be loaded
with nutrients that contribute to your health, but neither are
they loaded with stuff that detracts from it. Sometimes I get
more carbohydrate than I really need from such snacks, but
that's about the worst of it.

LABEL READING

To keep it simple, there are two central issues to contend
with when reading food labels.

▶ What *does* it provide? (Does it have the fuel I need?)
▶ What *doesn't* it provide? (Is it high in fat and sugars?)

Information about protein, fat, and carbohydrate content
is usually given on package labels in grams. It's important
to note that all information is for the manufacturer's (arbitrary) idea of a serving—*not* for the whole package. You'll
see this confirmed by the statement "nutrition information
per serving; X servings per container." For example, if the

GROCERY LIST

PROTEINS
chicken (boneless, skinless breast or thighs)
turkey (whole, breast, fillet)
chicken/turkey sausage or ground meat *(lowfat/no skin)*
fish/seafood
sliced deli turkey, chicken
tuna
beans, lentils, and dried peas
eggs

CARBOHYDRATE FUEL
rice (raw/bulk or packaged— *no oils, sugars*)
pasta
couscous
quinola
beans, lentils, and dried peas
baking potatoes, sweet potatoes, small red potatoes, white/new potatoes
soups or instant soup/ couscous/rice & bean cups

oatmeal, rolled rye, barley, bulghur wheat, other whole grain hot cereals
oatios, flakes, bran, krispies or other plain cereal *(preferably unsweetened)*

breads
rolls
bagels or mini-bagels
English muffins
(For breads, be sure sugars/ oils are low on ingredients list.)

DAIRY PROTEINS
yogurt (plain nonfat, unsweetened, or fruit-sweetened)
milk (skim or 1%)
cottage cheese (1%)
fat-free cream cheese
fat-free/low-fat hard cheese (less than 4 grams per oz.)
ricotta cheese *(lowfat, not part-skim)*
nonfat Quark®

Milk Substitutes (soy milk, Rice Dream)

FAVORITE FRUITS: _____
_____
_____
_____
_____

FAVORITE VEGGIES: _____
_____
_____
_____
_____

CONDIMENTS
Jam
Spices
Salsa
Mustard
Tomato sauce

SNACKS (mini-fuel-ups)
fat-free/alternative-sweetened cookies
fat-free crackers and chips
fat-free toaster pastries
juices
bagels
rolls

FOOD BRAND RECOMMENDATIONS

Here are some examples of favorite food categories in which there are many alternatives to traditional high-fat and high-sugar foods. These are not the only kinds of food that offer so many choices, nor are the brands listed the only fuel-smart ones in their categories. Not all brands listed may be available in all parts of the country— but the point is not to limit your eating to these brands anyway. The point is to recognize that no matter what you like, there are plenty of healthy and tasty alternatives. Read labels and ingredients so that you can recognize versions distributed in your area.

PACKAGED/INSTANT RICES

- **Nile Spice's** Rozdali rice
- **Lundberg's** RizCous *(couscous-like grain made from rice)*
- **Near East** flavored rices
- **Konriko** flavored rices
- **Casbah** rices, taboulis, couscous mix
- **Fantastic Foods** rices, taboulis, and couscous
  (Watch for fat in some varieties, or fat in cooking directions.)

INSTANT SOUPS & MEALS

- **Nile Spice** instant couscous and soup cups
- **Fantastic Foods** soup or rice-n-bean cups
- **Casbah** instant soup cups

CANNED SOUPS, CHILI, BEANS

- **Health Valley** fat-free soups and chilis
  (CAUTION: Health Valley has regular— not fat-free— soups.)
- **Hain** 99% fat-free soups
- **Swanson's** 1/3-less-salt chicken broth
- **Shelton** turkey chili
- **Bearitos** vegetarian chili and refried black beans
- **Hain** refried beans
- **Rosarita** refried beans (low-fat or fat-free!)

NONFAT/LOW-FAT YOGURTS
(NO SUGAR OR HONEY)

- **Dannon** *Light* w/Nutrasweet® *(all their others have sugar)*
- **Continental** nonfat yogurts
- **Alta-Dena** low-fat/nonfat yogurts and yogurt shakes
- **Cascade Fresh** fruit-sweetened low-fat and nonfat
- **Knudsen's** fat-free yogurts
- **Stonyfield Farms** (nonfat variety)
- **ANY** brand plain nonfat

CHEESE/SPREADS

- **Kraft** Philadelphia fat-free cream cheese
  (not the "reduced fat" kind; it's FAT FREE!)
- **Quark** nonfat spreadable cheese
  (spreads like cream cheese, tastes like sour cream)
- **Frigo TrulyLite** low-fat mozzarella
- **Healthy Choice** fat-free cheeses
- **Alpine Lace** fat-free cheeses
- **Precious Lite** ricotta cheese
- **Gardenia** low-fat ricotta cheese
- **Frigo TrulyLite** low-fat *or* fat-free ricotta cheese
  (The three ricotta brands above each make "part-skim" also, which is only slightly higher in fat, still better than whole-milk ricotta.)
- **Kraft Free** fat-free cheese singles
- **Guiltless Gourmet** oil-free nacho cheese dips

COOKIES, BARS, TARTS

- **Health Valley** fat-free cookies
- **Health Valley** fat-free fruit bars and fruit bakes
- **Health Valley** fat-free granola bars
- **Frookie** fat-free cookies
- **Frookie** fat-free fig Fruitins
- **Nature's Warehouse** fat-free cookies
- **Nature's Warehouse** fig bars and raspberry bars
- **Auburn Farms** Jammers fat-free cookies
- **Auburn Farms** Toast-n-Jammers (toaster tarts)
- **Tree of Life** toasted a.mond fat-free cookies

Those below do have some fat and/or molasses/honey— but less than other "health food" cookies.

- **Frookie** Animal Frackers
- **Small World** animal cookies
- **Pride o' the Farm** cookies
- **Health Valley** amaranth graham crackers or oat bran grahams
- **New Morning** graham crackers
- **Mi-Del** graham crackers

CRACKERS AND CHIPS

- Health Valley fat-free crackers
- Tree of Life fat-free crackers
- Frookie fat-free crackers
- Premium fat-free saltines
- Lifestream fat-free crackers
- Auburn Farms fat-free 7-grainers
- American Grains "Poppers" low-fat potato chips
- American Grains Tortilla Bites (corn/bean chips)
- Guiltless Gourmet no-oil tortilla corn chips
- Basically Baked tortilla chips
- Bearitos oil-free tortilla chips
- Barbara's Amazing Bakes (try Pesto flavor!)
- American Grains Rice Bites rice chips
- Guiltless Gourmet no-dill quesa sauces and bean dips

COLD CEREALS

- New Morning Oatios
- Barbara's cold cereals
  (CAUTION: her cookies/treats are higher-fat "health" food, but the cereals are good fruit-sweetened alternatives)
- Nature's Path Manna-Grain oat bran flakes, Heritage Flakes, Millet Flakes, or Heritage–Os
- Health Valley cereals (a wide variety)
- Health Valley fat-free granola
- Erewhon cereals (hot and cold)
- Arrowhead Mills cold cereals
- Kellogg's Nutri-Grain cereals
- Post GrapeNuts/Grape-Nuts Flakes
- Nabisco Shredded Wheat or Shredded Wheat n' Bran
- Perky's cold cereals
- Golden Temple Granola
- Kashi—puffed or cooked
- Lifestream cereals

ALL-FRUIT JAMS

- Cascadian Farms
- Harvest Moon
- Polaner's
- Welch's Totally Fruit
- Sorrell Ridge
- R.W. Knudsen
- Smucker's Simply Fruit (not their "low sugar")
- Nature's Conserve

JUICES

- Nice-n-Natural
- Cold Mountain
- Heinke
- R.W. Knudsen
- Santa Cruz Natural

NON-DAIRY MILK SUBSTITUTES

- Rice Dream 1% fat milk beverages
  (CAUTION: Their frozen desserts are higher in fat than their milks.)
- Health Valley 1% Fat-Free Soy Moo
- Edensoy or WestSoy Lite soy milks
  (Many soy milks are as high—or almost—as whole milks.)
- White Almond beverage

FROZEN DESSERTS
GROCERY

- Star's nonfat/fruit-juice-sweetened frozen yogurt
  (NOT their ice cream or regular yogurt)
- Stonyfield Farms nonfat frozen yogurt
- Cascadian Farms fruit sorbets
- Nouvelle Sorbet fruit sherbets

SOFT-SERVE/SPECIALTY

- TCBY soft-serve nonfat Nutrasweet®-sweetened
  (their regular has sugar)
- Alta-Dena nonfat (the best!)
- Gise lactose-reduced low-fat frozen yogurt
- Vitari or Fruitage all-fruit soft-serve
- Baskin-Robbins Sugar-free ice cream
  (The fat-free has sugar; the Light has more fat and sugar than either.)

label says 12 grams of protein, that's "per serving." If the manufacturer says there are "3 servings per container" then the whole package provides 36 grams of protein.

Keep in mind that their "servings" don't have anything to do with what I'm calling a serving. Some cans of soup say "2 servings per container," when you might easily eat the entire contents. It's fine to eat the whole can of soup even if it says "2 servings per container," and the same goes for other foods. Rather than try to follow various labels' "serving" guidelines, just make sure the food provides appropriate amounts of protein and complex carbohydrate. Be conscious of added sugars and fats as well, and you're most of the way there.

To determine total "fuel value" for the whole item, multiply the number of protein or carbohydrate grams "per serving" by the number of servings in the whole package. The can of soup with 2 servings per container and 16 grams of carbohydrate per serving has 32 grams of carbohydrate total. Remember, you want to be sure you're getting *enough* carbohydrate and protein. It's easy to spend too much time worrying about what might be in your food that shouldn't be, but fueling is far more dependent on what to eat than what to cut.

As for fat, try for 3 grams or less per serving on most packages in your cart to help keep your overall fat intake modest.

I recommend you at least start with this simplified approach, which will cover the most important issues, rather than fuss with the rest of a label. A government mandate for new labels, which are required beginning May 1994, seeks to ease some of the confusion people experience. My concern is that they will make matters worse. The new labels contain even more information than before—much of it not fuel-related. Unfortunately, when the labels were signed into law, no educational funding for programs to help people make sense of them were passed along with it.

My own belief is that those who designed this new label shouldn't have been so quick to add all that data, but instead should have chosen to educate people about the information already there. I've seen too many highly intelligent people express total helplessness about the old labels.

Newly standardized serving sizes were supposed to become more realistic, but a March 1993 *Berkeley Wellness Letter* label sample showed ½ cup for macaroni and cheese. (Who eats ½ cup of macaroni and cheese?) At 13 grams of fat per ½ cup, that's 52 grams of fat if you eat 2 cups.

It's also easy to foresee the havoc that the new Percents of Daily Values will create. That's the percentage of recommended daily quotas a serving of a food provides—if you're eating 2,000 calories and if your goal is 30 percent of calories from fat. Just when people are learning about recognizing "percent of calories from fat," these labels switch to "percent of daily value," a totally new concept. For example, in the macaroni-and-cheese label, the ½ cup is said to be 20 percent of your total daily fat intake. You might glance at that and think, "Oh, good, this food is 20 percent fat." But this doesn't mean it gets 20 percent of its calories from fat. It gets 46 percent of its calories from fat (see page 221 if you're not sure how I arrived at that), which *is not* 20 percent of the daily fat intake recommended if you eat 2,000 calories a day. If you ate 2 cups, you'd have used up 80 percent of your daily fat quota!

I also can't imagine why the labels list calories from fat (which requires further calculation to determine percentage of calories from fat). Why not simply state the percentage itself?

And all that's valid only if you eat 2,000 calories a day. All the numbers become meaningless to the masses of people trying in vain to subsist on 600, 900, 1,200, or 1,500 calories. Nor do the numbers work if you wish to eat the less than 30 percent of calories from fat now recommended by many health experts, or more carbohydrate than the 60 percent assumed by these daily values.

CURRENT SAMPLE LABEL

Nutrition Information Per Serving

Servings per container: 2 *(so multiply everything by 2 for total grams)*

Protein	**4 grams** *(× 2 = 8; whole container worth 8 grams = 1 protein serving)*
Carbohydrate	**14 grams** *(× 2 = 28; whole container worth 28 grams = 2 carb servings)*
Fat	**2 grams** *(best if this number is less than 4)*

TIPS ON READING INGREDIENTS

What if no nutrition information is given on the label?

1. You can choose a different brand. (See Food Brand Recommendations, page 226.)
2. Sometimes, just ingredients tell you enough to make a wise choice—and to guess carb/protein value.

"LEADERS" ARE LARGER. Ingredients are given in *descending order* of "appearance"—that is, a food contains more of the first ingredient listed than anything else and less of the last ingredient.

HONOR SIMPLICITY. Try to choose foods with a maximum of 10 (or so) ingredients. (You needn't be fanatical about this. It's just a guideline that helps you to avoid those foods with 96 multisyllabic ingredients.)

FATS AND SUGARS SHOULD TRAIL THE LIST. Whenever possible, choose foods with no sugar or oils/fats added. If they are added, it's best if they are in the second half of

NEW SAMPLE LABEL

FDA-approved labels that will begin appearing in May 1994

Nutrition Facts

Serving Size: 1/2 cup
Servings per container: 4

Amount Per Serving

Calories 260   Calories from Fat 120

		% Daily Value
Total Fat	13g	20%
Saturated Fat	5g	25%
Cholesterol	30mg	10%
Sodium	660mg	28%
Total Carbohydrate	31g	11%
Dietary Fiber	0g	0%
Sugars	5g	
Protein	5g	

Vitamin A 4%	Vitamin C 2%	Calcium 15%	Iron 4%

* Percents (%) of a Daily Value are based on a 2,000-calorie diet. Your Daily Values may vary higher or lower depending on your calorie needs:

Nutrient		2,000 Calories	2,500 Calories
Total Fat	Less than	65g	80g
Sat. Fat	Less than	20g	25g
Cholesterol	Less than	300mg	300mg
Sodium	Less than	2,400mg	2,400 mg
Total Carbohydrate		300g	375g
Fiber 25g 30g			

1g Fat = 9 calories
1g Carbohydrate = 4 calories
1g Protein = 4 calories

• Serving sizes were supposed to "get real." This sample (the one critiqued in two popular health newsletters) suggests 1/2 cup of macaroni and cheese as the serving size. Who eats 1/2 cup of macaroni and cheese? The 4 servings that make up the whole container is probably more realistic— which means you have to be label-savvy enough to multiply every piece of info given by 4. The total fat for a measly half-cup (13 g) is high enough, but if you eat two cups (the whole box), multiply by 4—that's 52 grams of fat.

• Includes sugars that occur naturally as well as added sugars (like corn syrup). So foods like yogurt, milk, and fruit juices will appear high in sugar. (Source: *Nutrition Action Newsletter*, March 1993)

• No explanation of how this relates to anything else on the label, how people can use it and to what purpose. Believe me, people don't know!

This is still needlessly high, in my opinion. 65 to 80 grams of fat may be 30 percent of a 2,000-2,500 calorie diet, but it still takes me three days to consume that much fat in my 2,500-calories-plus. I'd have to work to find that much fat I'd really want to eat. Besides, 30 percent is not "ideal"— it's a maximum.

• Should show *percentage* of calories from fat. That's what virtually every source has urged you to learn about and use for years. (The U.S. RDA recommendation for fat is 30 *percent* of calories or less; the latest disease prevention research indicates 20 percent or less.) Simply giving calories from fat forces people to divide calories from fat by total calories to get percentage of calories from fat—if they even think to do it, or know how.

• "Daily value" is an entirely new concept about which people have no information other than what's on this label. The fact that a *percent* of Daily Value is used will likely confuse people, because the "percent" that's been the focus everywhere else is "percentage of calories from...." Thus, when people see the "% Daily Value" for total fat as 20%, they may assume without thinking that the food is 20% fat.

That's not what this means. (The food gets a whopping 46 percent of its calories from fat—well over ANY recommendation or even the national consumption average—and this isn't shown.) It means that a half-cup of this food uses up 20% of your daily fat allotment if you're eating the exact number of calories considered a Daily Value.

Which leads us to the final flaw: Every "Percent of Daily Value" is based on either a 2,000 calorie or 2,500 calorie diet. While such generous recommendations are good, their mere mention on a label won't pierce the diet thinking of a person who "knows" he must eat 600, 900, 1,200, or 1,500 calories a day. And for those people—indeed, anyone not eating exactly 2,000 or 2,500 calories daily—all of those "Percents of Daily Values" become useless.

BOTTOM LINE: This label adds a lot of information without explaining it *or* clarifying existing information. No uniform education system or package will accompany the release of this label (as of this writing).

the list (i.e., if there are 10 ingredients, sugar or fat should show up among the last five listed.)

GUESS GRAMS. You can probably make fairly accurate guess of a food's "fuel value." For example, if a bagel is 45 to 50 grams carbohydrate (worth 3 carb servings), a roll the same size probably is too—unless it's loaded with sugars or fats. Also, if oil is the last of 11 ingredients, total fat is likely to be low.

If you remember the above guidelines when selecting food, you'll be able to make an educated choice about whether an item suits your nutritional needs. Look at the following sample labels that came from four different loaves of bread. Examining their ingredients will give you an idea of the differences that can exist between similar products.

OK   Whole wheat flour, wheat gluten, malted barley, molasses, canola oil, salt, yeast

BETTER Whole wheat flour, sourdough starter, rye flour, canola oil, salt, yeast

BEST   Whole wheat flour, rye flour, water, sea salt

YUCK   Enriched flour, malted barley flour, ferrous sulfate, niacin, thiamine hydrochloride, honey, high fructose corn syrup, sodium caseinate, partially hydrogenated soybean oil, cornstarch, soy flour, soy protein, cornmeal, vinegar, yeast, sugar, yeast nutrients (calcium phosphate, ammonium sulfate, potassium iodate), dough conditioner (sodium stearoyl lactylate)

FOOD MARKETING

MYTH: If it says "healthy" or if it's sold in a "health food" store, it must be good for you.

FACT: Foods that are called "healthy" or "health food"— as well as those labeled "natural," "organic," and even "diet"—can be loaded with fat and sugar. Take a stroll through the aisles of any health-food store or co-op and you'll find numerous foods that don't even meet the U.S. RDA for percent of calories from fat: high-fat cheeses, nut butters, whole dairy products, oils and toppings, dressings, chips, crackers, cookies, canned and packaged products. Many are labeled "natural," "unrefined," "unprocessed," "organic," "low-sodium," "wheat-free," even "low-fat," or "diet," but it's wise to remember that these terms can be misleading. For example, fat and sugar are "natural." But are they healthy? Earthquakes are "natural," too.

Like any other form of advertising food marketing is designed to sell products. There are companies that are committed to and concerned about health, and who actually make food with that specific purpose, and label it accordingly. But for the most part, you need to read and think, not just react. Don't toss it into your cart just because the brand name has the word "healthy" in it.

Again, the new label laws aim to regulate the worst of the subjective, relative terms—such as "lite"—but some remain. The biggest problem with these is not that they're false, but that they bank on you leaping to favorable conclusions based on a single claim. "No sodium" isn't a lie; it just doesn't guarantee it won't also have 12 grams of fat per serving. And it doesn't inform you that no studies have ever proven conclusively that salt causes hypertension, and that a high-fat diet and obesity do. It's hoped that you'll make the leap from "low-sodium" to "no need to worry about anything else that might be unhealthy about this food either."

They're not wrong for trying to get you to buy their food— that's their purpose and it's a perfectly legitimate one. (This *is* a capitalist country.) But you have a different purpose— fueling your body and being healthy—so you need to be educated enough to read beyond the bright label banners and know that a food with "no cholesterol" could still get most of its calories from fat, and that a food with "no fat" can still be loaded with sugar and corn syrup.

For every food like that, there is a different brand that does it better. I firmly believe that; it's been my experience with nearly every food I like. "There's always another brand" is my motto. If you find low-fat yogurt that's got sugar, or no-sugar yogurt that's high in fat, don't settle for it. There are great pure-fruit, unsweetened, or juice-sweetened nonfat and low-fat yogurts. The same goes for frozen desserts, cookies, crackers, cereals, spaghetti sauces, and soups. And much more.

"HEALTH FOOD" FOR THOUGHT

Is food that's not considered "health food" actually "sick food"? Why do all the major grocery stores in which I've ever shopped have a "nutrition" aisle? What am I supposed to think about what's in the rest of the store? All food should be health food. If it's not, it shouldn't be classified as food.

Here are some tricky examples of "health foods" that started bad rumors about what healthy eating means:

TOFU. There are low-fat varieties, but most get more than half their calories from fat, sometimes 7 to 10 grams per serving (and you're likely to eat more than one). Many tofus leave you no better off than beef (except at least tofu fat is unsaturated). Choose lower-fat brands (if you still want it).

SOY MILK. Again, there are lower-fat soy milks, but it's often assumed that soy milk is "automatically" healthier. Not true—unless you're allergic to cow's milk. Check labels for those with 2 to 3 grams (or less) of fat per serving.

MUFFINS. Unless you've made them yourself and know for sure how much oil, sugar, and eggs went into them, muffins are not an automatically healthy choice. Most, in fact, are little more than greasy cupcakes: Bakery, convenience-store, and other commercially made muffins are almost always loaded with fat and sugar. And their timing—typically in the morning, after a 7- to 12-hour fast when your body most needs good fuel—is awful, making them a bodyfat-raising as well as energy-poor breakfast.

GRANOLA. This cereal mix somehow got associated with "health nuts" and "earthiness," but it's usually high in fat and sugar—more so than even kids' cereals. There are good low-fat and fat-free brands available now. Granola bars are mostly the same—some are excellent, but unless specifically stated otherwise the traditional "old-style" granola bar is likely to have as much fat and sugar as a candy bar. Better to have a candy bar instead and really satisfy yourself if that's what you crave, so you can be done with it and eat some fuel!

SALAD. This can be a disaster too. Unless there's some lean meat in it and you accompany it with some carbohydrate, it contains no fuel or building tools to speak of. It can be as empty as a candy bar—and, with dressing, even higher in fat.

To equal the fat in one salad with only 4 tablespoons of regular blue cheese dressing, you could instead eat ALL of the following: 2 pints of Stars espresso mocha chip nonfat frozen yogurt, 4 large bagels, 12 cups of rice, 2 instant tomato minestrone couscous cups, 1 cup of raisins, 5 apples, and 5 baked potatoes.

"DIET FOOD." Many frozen diet dinners are a travesty; you can have three times the volume with less fat—and for less money, too. I've seen something called a "diet bar" in health-food stores—it's a tiny little candy with 15 grams of fat. It's possible to eat three huge meals and not get that much fat!

Have you seen the little crunchy diet snack that comes in a bag the size of your palm? It promises to "keep you full for hours" and costs almost a dollar. And it has 10 grams of fat per bag. First of all, why would I try to stay full on a measly bag of chips? Secondly, how could that handful keep you full for hours? Third, why would I spend a dollar for them—when I could buy a half-pound of beans, a half-pound of rice, and some tortillas for that dollar and stuff myself full on burritos for a whole week—and still get less than 10 grams of fat?

Ultra Slim-Fast frozen chicken fettucine dinner

12 ounces   12 grams of fat $3.12 (1992, Seattle, Wash.)

2 cups pasta, 3-oz. chicken breast with tomato sauce, garlic, peppers and spices

22 ounces   8 grams of fat $2.26

The frozen meal costs 38% more for 50% *more fat* and 55% of the volume.
Less food and *still* more fat—that's the Ultra Grim Past!

THE SO-CALLED "HIGH COST" OF HEALTHY EATING

MYTH: Healthy food is more expensive than "junk."

FACT: If you're not buying trendy foods from small health-food stores, good fuel is cheap and plentiful. Junk food that doesn't even provide fuel has far more potential for blowing a budget.

Eliminating the following from one grocery or "warehouse savings" trip will trim about $65—enough for another week's worth of groceries for two! One pound of butter, a can of shortening, a six-pack of beer or bottle of wine, a bottle of salad dressing, three large bags of chips, a 5-pound "brick" of cheese, one box of sugary kids' cereal, a jar of mayo, a case of soda pop, 1 pound of sugar, a dozen muffins, a pint of cream, a can of beer nuts, a jar of nondairy creamer, a bottle of cooking oil, two frozen dinners, two candy bars, and a week's supply of Slim-Fast. (I have seen carts like this—no kidding.)

That same $65 could buy the following at my local grocery store (early 1993): 2 pounds ground turkey (100 percent breast), a half-pound of cooked shrimp meat, a half-pound of chicken, six loaves of bread, two boxes of fat-free crackers, a jar of all-fruit jam, eight fresh bagels, 12 bananas, eight oranges, two apples, two red peppers, carrots, broccoli, snow peas, two baking potatoes, mushrooms, two onions, six bulbs of garlic, six different spices (in bulk; enough to fill six regular spice jars), one can of broth, a pound of oatmeal, a box of cold cereal, two cans of tuna, a box of instant rice, a half-pound of bulk brown rice, a pound of bulk rye flour, a pound of bulk black beans, tortillas, one carton of Rice Dream® nondairy beverage, ricotta cheese, low-fat mozzarella, six flavored yogurts, one large plain yogurt, 2 pounds of pasta, one jar of pasta sauce, a half-pound of bulk raisins, and one box of fat-free cookies. Not bad!

We usually spend $70 to $80 a week for two of us, and that covers breakfast, lunch, dinner, and snacks. On average, $10 a day feeds both of us—lavishly. (Remember, I'm talking about two people who together consume 5,000 to 6,000 calories a day.)

While you may never think beyond your moment at the cash register, there is also the high cost of not eating healthy to be considered. What about the cost of developing, delivering, and buying high-tech health-care services? It's food for thought.

COOKING

It's hard for me to imagine "rules" applying to cooking any more than to eating. Rules not only abdicate choice and responsibility, but in the case of cooking they inhibit creativity. Though you could hardly call it a rule, the most specific guideline I would ask you to observe is to cut loose and experiment wildly with all the foods you know are great fuel. The "Mix-n-Match Meal" diagram below may help you do just that. "Preparing healthy meals" can be as simple as pulling together a meal from those two lists—kind of like choosing from a Chinese menu!

THE MIX-N-MATCH MEAL

CARBOHYDRATE **A**   **B** **PROTEIN**

PASTA (wheat, amaranth, corn, quinoa, or rice) — CHICKEN
BAKED POTATO — TURKEY
RED POTATOES — FISH (snapper, cod, sole, tuna, etc.)
RICE (white, brown, wild, basmati, etc.) — SEAFOOD (shrimp, scallops, clams, etc.)
BREAD — BEANS/LEGUMES (lentils; black, red, etc.)
COUSCOUS — LOW-FAT SOFT OR HARD CHEESE
BARLEY — GROUND TURKEY (100% BREAST)
QUINOA — TURKEY/CHICKEN SAUSAGE (low-fat)
SWEET POTATO

Amounts will be based on what you know works for you either roughly duplicating the fuel-smart plate or using the fuel profile. However you do it, if you're fueling you'll be eating a *lot* from column A and a *little* from column B.

Vegetables, condiments, and spices are your C list. Spices are great things. By varying spices and vegetables (or fruits), you could conceivably make at least nine different ethnic dishes out of chicken and rice: Indian, Cajun, Mexican, Spanish, Hawaiian, Italian, Ethiopian, Chinese, or Japanese. And that's just chicken and rice! Imagine what you can do with all the other carbs and proteins. Remember: vegetables, nonfat condiments and spices have little or no fuel value—they're there for vitamins/minerals (vegetables) and flavor (spices and condiments).

A few additional caveats:

▶ You need not add oils, butter, or margarine to your food. I have prepared many packaged foods that call for a teaspoon of butter or margarine or oil, and not used any; we've never found that the food suffered for it. If you *must*, absolutely *must* cook with oil for some reason I haven't thought of, use a smidgen of unsaturated (not animal or tropical) oil such as olive oil, safflower oil, sunflower oil, or canola oil. (My trick is to pour a dime-sized or smaller dollop into a nonstick skillet and smear it with my fingers to coat the pan—good for stirfry.) While unsaturated fats, if not used by the body for energy, will still be stored or used as fat, at least they won't help coat your arteries, predispose clotting, or stimulate cholesterol production.

▶ Feel free to experiment with various sauces. Don't forget that tomato-, mustard-, and yogurt-based sauces will be lowest in fat, though there are substitutes for just about anything, from fat-free nacho cheese sauce/dip to fat-free gravy.

▶ With regard to "following" recipes: Don't worry about doing it "right." Experiment—it's fun! Forget the teaspoons and tablespoons. Go nuts with the nutmeg. If it says green onions and you like red, so be it. Trust your intelligence as well as your creativity.

EATING OUT

MYTH: You can't fuel yourself well if you travel and eat out a lot; it's just too hard. There aren't enough options.

FACT: You have four options, as I see it—all the freedom in the world. Like everything else, it's a choice you make.

1. Don't go (save time and money).
2. Go and ask for exactly the fuel you want.
3. Go and have whatever they offer (because you fuel most of the time).
4. Go to places that cater to fueling.

Try eating out less. Besides not being as healthy (usually), it takes more time than doing it at home—and costs a lot more money. Salmon with potatoes and vegetables costs $6 to $9 for two at home. The same two meals at a decent restaurant would cost at least $30 to $50—and probably won't be prepared as healthfully. A sandwich at an average deli costs more than a loaf of bread and a pound of turkey meat.

I prefer my own cooking these days. Recently we considered dining out for a celebration—and realized we couldn't think of anywhere we'd want to go or anything we could order that we'd enjoy more than something we prepared at home.

If you do go out a lot, it's still well within your reach to sustain good fueling. If you choose meals that are simply prepared and avoid obvious fats, you can eat pretty much anywhere. Don't hesitate to ask for what you want, and ask several times if you have to. It's your body and your money. Be pleasant but firm. When I get two tiny red potatoes with my chicken, I sweetly ask for four more—no oil, please— and another basket of bread. I've never been refused (and if I was, I wouldn't go back). Then I take half of the monster protein portion home for tomorrow.

Be specific—and very conscious about whether what you've asked for is what you get. Don't trust someone else to decide how much gunk it's okay to put into *your* engine. I was having lunch at an open market with a friend last summer. We both ordered sandwiches from a deli stand. I ordered a turkey club with lettuce and tomato, mustard, no mayo. My friend ordered the same, and told the person behind the counter, "Just go *light* on the mayo with mine."

I groaned inwardly. "Go light on . . ." or "just a little . . ." are invitations for not getting what you want. One person's light/little may be your overdose. Most don't know, and many don't care, what's going to be optimal.

I watched the guy closely as he made my friend's sandwich. He used the same amount that he had on other peoples' sandwiches before she ordered—at least 3 teaspoons, at 15 grams of fat apiece. One hundred percent fat.

It's one thing if you love mayo—if it's your favorite and you consciously choose to eat it. But if it's not your heart's desire and you really could do without it, it just doesn't make sense to bury your food in it.

BODYFUELING
IN PROGRESS:
Navigating the Path

Now—with awareness, information, background, context, and everyday tools—you are fully prepared to begin fueling your body, and your life, if you wish to do so.

As you begin to fuel, and as the experience blossoms from "trying it" to living it, you may find yourself at any of a number of crossroads I've found to be common along the journey from diet thinking to fueling. At these points, you may be presented with opportunities to either slip into diet thinking, or continue forging your own path of fueling.

If you stay grounded in the scientific facts, and if you continue to question your own nonthinking as well as that of others, you will become increasingly facile at recognizing diet-thinking traps that sidetrack happy fueling, and more adept at simply stepping around them. In the following pages, I'll address the issues and concerns that crop up most often in my work with people after they have begun fueling and provide some guidance on navigating this new path and maintaining the true spirit of fueling.

FORGET "PROGRAMS"

I very purposely do not call BodyFueling a program. The purpose of BodyFueling is to provide vital education and to instill a sense of choice and responsibility—the opportunity to make informed, inspired decisions moment to moment, forever. I am more interested in you *living your life* than in you "doing my program" or "sticking to my plan." That approach is doomed to fail regardless of the content.

I have yet to see anything else that adequately addresses this insistence upon assigning a special temporary status to something as basic as eating. Even as the concept "eat more" begins to climb out of the pit of diet thinking, it is forever being presented as a "program," "plan," or "diet."

"Programs" are one of the telltale markers of diet thinking, as I mentioned when I introduced you to the fundamentals of diet thinking in Chapter 5. This point deserves a reprise here, because I've noticed the "how-to" or getting-into-action part of eating differently is where Americans are most vulnerable to programitis—the tendency to automatically lunge for a highly structured Thing to Begin Monday that has an End. You "go on" a program that will stop when you return to "normal" eating—which implies that whatever you do on your "program" isn't normal. It rarely occurs to you to simply begin eating differently, and have that become what's "normal" for you.

Fueling is just that: eating differently, eating knowledge-ably and efficiently—but when all is said and done, it's eating. You completely forego a life held together by a string of short-term "plans" and "programs." If you intend to fuel your body and think you're "starting the BodyFueling program," you're not only mistaken; you've missed the point completely.

As much as anything else, "successful" fueling depends on how you're approaching it: what you're doing it for and why. You can be doing things that add up to fueling, yet it can feel like a diet and be just a plan. For example, I talked with four clients who had once been on a "diet" that espoused many of the *technical* aspects of fueling: high carbohydrate, plenty of food, etc. But to all of them, it always was a "plan," a "program." What made it a plan, I wanted to know? Why wasn't it just "the way they ate"?

"It got boring," one said. Why were they doing it? "To

lose weight, of course." Aha. Anything else? "What else is there?" another revealed.

They didn't learn why the diet's recommended way of eating worked. They never thought of that way of eating as "fueling" or even "caring for and investing in" their bodies. They never connected that investment to the full length of their lives and their profound desire to live actively and productively. There was no partnership between them and their bodies, and no sense of responsibility. They were just "on the plan." And not long after, not surprisingly, they were "off the plan."

"I've been trying to follow it," some of my own clients will say of BodyFueling a few weeks after a workshop. Don't! I reply. Just eat! Eating, fueling, sustenance is not about "following" anything. It's a basic necessity as well as a pleasure—not something you "go on" until you get to a goal and then "go off." Eating is no different than sleeping or breathing—they're each critical to life. But "programs" *make* it different.

Fueling is a journey, and there is no ultimate destination. On a path, you are not seeking the end; you expect to be moving always. This is the inherent opposite of a weight-loss diet, which is about waiting for, and hurrying to, The Result. Also, to suggest that there is one single place to "get to" suggests there is a limit to how fit and healthy you can be—that after a certain point, you simply cannot reach any further or develop any more. There is no evidence of such a limit; it exists only in your own mind. By targeting a "destination" you want to reach, you have created an end to the road. What made you think you had to stop there?

The program mentality is in part responsible. By relinquishing your power to its rules, you allow the program to determine what you can and cannot do. Americans expect their eating to be regulated—by someone other than themselves. Near the end of a class, people will ask, "Is XYZ allowed?" I respond, "Anything is allowed."

The question is not "Can I keep eating XYZ" but "Can I . . . and still get what I want? And how much do I want what I want?" When you're simply eating, or fueling, there's no such thing as "Can I have this? Is it allowed?" Of course it is. You can eat Butter Blinkies all day and night if you like. You just won't be as fit and healthy as you will if you fuel. It's your choice.

After fueling her body happily for six months and losing several dress sizes, Ann went on vacation to Hawaii for two weeks and gave herself total permission to eat whatever she wanted. (This is part of fueling your body, not the antithesis.) This is what she observed:

"I fully expected my clothes to get tight by the end of two weeks—and I was prepared for that; it wasn't going to be a problem. I know that the way I eat now will always be to fuel my body, and I would do that as soon as I returned.

"But the amazing thing is, nothing happened. I indulged myself fully every day, and at the end of the trip my latest new clothes, which were already getting loose again before the trip, were looser still. So I got a whole new take on fueling. My body isn't just responding directly to good fuel. Its handling of food—all food—has altered dramatically. It's now more efficient at processing, whether I'm fueling optimally or not.

"And it's a miracle to have approached this whole trip the way I did. I've never before been able to look at eating as simply the choices I make each day. It would have been 'off the diet for the trip' and 'on the diet after the trip.' The way I look at it now is as new and important as the way I eat."

CONSISTENCY, NOT PERFECTION: YOU CAN'T DO IT "WRONG"

Since lives aren't perfect—and I think few would argue that they're meant to be—then eating, if it is a seamless part of your life, is not meant to be perfect either. If you're not focused on "staying on" or "sticking to" something, then an occasion when you don't fuel (i.e., you miss a snack or meal, eat a very high-fat food, or don't eat enough) is hardly an occasion to flagellate yourself.

It's not being perfect that will do it. It's being relatively *consistent*. Rarely is a path perfectly straight, unwavering in a single direction. It moves all over the place. "We fail to realize that mastery is not about perfection. It's about a process, a journey . . . the master is the one who is willing to try and fail and try again,'' says George Leonard in his book *Mastery*.

The benefit of being extremely stringent and hating it, as opposed to being moderate and enjoying yourself, will be marginal to nonexistent. There's a definite law of diminishing returns—it's not healthy to be pinched and miserable, nor to drive yourself crazy trying to find the perfect food with just the right number of grams of fat. And as I discussed in the chapter on exercise, the healthiest thing to do is what you'll do, not the ideal that you won't ever achieve.

You can fuel at any moment. No one can ever take that away from you. And every moment is new. Every day is new. Not fueling doesn't mean anything—except that you didn't fuel just then.

I CAN HAVE IT—I DON'T *WANT* IT

Knowing you don't have to be perfect has a surprising way of bringing you closer to perfection than you ever thought possible. One day, while wandering downtown streets in search of a snack (a rare occasion in which I was unprepared), I discovered that none of the high-fat, sugary treats Americans are supposed to love held any appeal to me. It had been ages since I'd indulged in anything "nuclear," as my husband calls such "treats." I was "due." I had my choice of anything.

But I didn't want a headache or a sugar buzz or that fatty-food sluggishness. I wanted lots of tasty food that would give me energy to keep walking around. I chose Macheezmo Mouse, a local healthy-fast-Mexican-food place, and had brown rice with salsa, low-fat cheese, and a tortilla. That's what I wanted.

At a friend's birthday party at a fine restaurant, where only the desserts were richer than the entrées, I reaffirmed that my idea of "treat" no longer fits with even the idea of "treat" I would still endorse (even encourage) for most people. Some people call it suffering or denial to pass up this kind of food; to me, it was actually suffering to eat it. Good fueling is my treat. The biggest treat I can imagine is to feel healthy and energetic and know I am nurturing my precious body.

After the creamy pasta and chocolate cake that night, I felt leaden and had a headache. I wanted to wash that food out of me. Not because I feared "gaining weight" (or fat) from it—I know that doesn't happen in an evening—but because it didn't feel like it was serving my body. I craved plain, wholesome food—fuel. Next morning, my big bowl of oatmeal, toast, and plain chicken felt more sensational than ever—pure, clean, and tasty, and a welcome relief.

Don't despair if you're not at this point yet. It doesn't start with me (or you) ordering: "Okay, start desiring foods that fuel you—now!" It's a process, one that starts with you knowing what foods fuel you, realizing you want and need to be fueled and healthy, and then giving fueling a chance. Let yourself be charmed by how you feel after doing it for a while.

I wasn't always this way, either. Anyone who knew me years ago knows that I was a dessert queen. Because I wasn't thinking about health, life, and high performance—I just wanted to stay "thin" that week—I'd do anything I thought would "allow" me to "get away with" living on ice cream and chocolate. Now that I know how my body works, doing those things is unimaginable.

Think about the concept of "treat"—it should be something that makes you feel good, right? Ever wonder why then we term it a "treat" to consume things we know make us feel and look less than wonderful? Would you say, "Yea, I'm going to celebrate by stabbing myself in the face with a sharp object?" No, but you often say "Yea, I'm going to 'treat' myself to that [name of favorite garbage food]" when you know your body will protest.

Sure, some of those things taste good. Some of them also give you headaches, make you depressed, drain your energy, add bodyfat, cause drowsiness or jitteriness, or whatever other reaction to sugar, fat, and alcohol you experience. Rather than say "I shouldn't" as if you don't hold the power to make an informed choice, the question you can ask yourself at every banquet table is: Will it taste good enough to make the "hangover" worthwhile? If yes, go ahead. Just indulge consciously and selectively. If you pass it up, it won't be because you couldn't have it, but because you don't want to.

Once you're informed, it's all a matter of choice. What's most important to you?

SOCIAL COMMENTARIES

In this diet-thinking world, it's still conspicuous when someone is choosy about what they put in their bodies. Few people can imagine actually thinking before they stuff whatever's in front of them into their face. Fueling with precision isn't recognized as a willing act of self-love and a natural way of being around food; it's assumed to be some temporary, rigid plan. We never consider that being selective could be a natural way of life.

Therefore, if I pass on a meal or dessert because I deem it inappropriate fuel or not worth the cost, sometimes people will automatically demand, "Are you on a diet?" No, I say, it just didn't look good to me, or didn't seem worth it. I try not to preach and, unless asked to make recommendations, stick to modest personal statements such as, "I just like to be discerning about what goes into my body." I do the same when people ask, "Are you hypoglycemic?" because I'm eating a snack. (To eat frequently is considered so odd, it's assumed something is wrong.) I usually reply, "No, I'm not hypoglycemic—I'm human. This is how often humans need to eat."

"TOO BUSY" TO EAT

MYTH: I'm too busy to snack (or to eat a healthy lunch instead of a burger and fries).

FACT: You're a powerful, successful, active, busy person who has accomplished far greater things in your life than managing to swallow a banana at 10 o'clock in the morning at your desk, or bringing leftover pasta and rolls, or going the extra five minutes to the deli that serves sandwiches and soup. You're too busy *not* to snack. You're too busy to have that "lag," that fuzzy feeling mid-morning or mid-afternoon. You're too busy to eat the muscle tissue that represents your strength and stamina and metabolism. You're too busy to shorten your life.

Saving a minute now by not eating could cost you a lot later. (It's the same as saving a few minutes by not putting gas in your car—then running dry in mid-commute.) Statistical odds are that the alternative to high-carb, low-fat snacks and meals may be a disease much more time-consuming and unpleasant than remembering to take a bagel with you to work. A coronary artery surgery costs $30,000 to $40,000, takes about six months to fully recover from, and doesn't cure you. It's a matter of pay now—with a modicum of effort—or pay later with poor energy and health.

MAKING SURE IT HAPPENS

Almost nothing is more important than fueling your machine frequently throughout the day. That means snacking as well as eating three solid meals. Sounds like fun after decades of misguided starving, yes?

Having food with you everywhere is a habit that can be developed. (You weren't born taking your keys with you every day.) The best defense is to keep good fuel handy— in the office, at home, in the car, at your mother's, etc. It can be as simple as a slice or two of bread or an apple. If it's taste and variety you're after, flavored or seasoned rolls and bagels, homemade muffins (bake several dozen and freeze), exotic fruits or juices may do the trick.

Plan meetings and appointments so that you have time to eat beforehand. Try not to schedule meetings that last more than three hours without breaks. Take a few minutes each night to look at the next day's schedule and figure out what you will need. Prepare your food the night before. Plan breakfast, and pack lunch and snacks so they're ready to go.

I have clients who have schedules or work you'd think might make it tough to wedge a snack in. But they do it. They keep six-packs of fruit juice under the seat in the car; munch a banana or small box of raisins on the way to the next appointment.

Some get bolder and begin to demand that life around them

conform to what they know are the body's requirements for good performance—*every* body's requirements. They denounce meetings that go for hours without a break, or that take place in steak houses, or that present giant boxes of danish as the only sustenance. They begin to educate people around them about how the body works—and why the current situation doesn't. It's ignorance of the body's needs and non-thinking that keep our world inconsistent with those needs. If whoever schedules the four-hour meeting realizes that it does matter—and it's not a matter of being a wimp, but a matter of being human—that person may be inclined to make changes too.

I'll fuel myself anytime, anywhere. I will whip out a bagel or banana no matter where I am. I will stuff a sandwich into my mouth while facilitating a workshop. (Admittedly, it fits with the subject; I'm not suggesting that an executive do this while giving a speech to a conservative group. But, then again, I'm not assuming he or she can't, either.)

I don't leave the house without food any more than I would leave the house without keys or wallet. It's simply that much of a necessity; what happens if I'm caught short without food is just too branded in my consciousness. I take food even if I don't think I'll be away from food for a full three hours; there are traffic jams, changes in plans. If I am caught without food at snack time or mealtime on some rare occasion, I'll go to the nearest grocery store and get some.

Sometimes people laugh at Robert and me because anywhere we go—to our own workshop, another class, a concert, a meeting, shopping—we always carry a cloth sack packed with provisions. For road trips, the back seat is piled with bags of sandwiches, rolls, fat-free crackers and cookies, fruit, and juice. (And our trusty five-gallon water jug; for shorter trips we take a one-liter bottle.)

Once Robert was stuck in a snowstorm. It took him nearly five hours to make a trip that normally takes less than 30 minutes. But he had food and water with him. While others cried with frustration at the wheels of their cars as day turned into night, Robert was calmly munching in the middle of the dark, snow-blown freeway.

I wouldn't think of leaving it to chance, fate, or other

people to be responsible for me being fueled. I wouldn't think of placing myself in a position where I am forced to rely on the limited selection at a roadside fast-food place, if one does appear on the horizon. I am simply that committed to my body. It's very matter-of-fact: It's *my body*. What could be more important? What else can get done if I'm not fueled?

I'll even eat dinner before going to a banquet, wedding, or conference, or other preplanned, one-choice sort of meal. If the only choice is beef, with pasta and vegetables swimming in oil, butter, and cheese, I can pass and just munch on a roll or two. Conspicuous? Embarrassing? I don't care. To me, it's ridiculous to be more concerned about decorum than the condition of your own body. I will not ingest garbage that doesn't interest me just to be polite. I'll eat garbage once in a great while, but I choose the time and place, and I choose the garbage. The food I'm willing to indulge in outside the bounds of good fueling usually comes at dessert, not in the form of a steak or a stick of butter.

If the wedding dinner or banquet is good fuel, I eat it. Yes, I'll have had two dinners, one at home and one at the party—but remember the forgiving nature of carbohydrate. It won't hurt to do that on occasion. Most people would never eat two full dinners, thinking that would be the ultimate downfall. But they will commonly and unthinkingly skip meals and snacks or accept greasy garbage they don't really want—which is something I'll never do. Priorities change when you understand the design of the machine.

WHAT ABOUT THE REST OF THE FAMILY?

Parents sometimes say to me, "Kids have to have junk, though, don't they? They want it, I mean, you know. . . ." Often they trail off, suddenly uncertain about something they've always accepted without question.

I cannot count the number of times I have seen a child not old enough to speak in a grocery cart chomping on a frosted doughnut or bag of jelly beans, or leaving a fast-food restaurant clutching a cheeseburger. They didn't ask for that food; it's what they were given! As soon as toddlers have teeth, many parents are plying them with their own favorite nonfuel, assuming the child will want (''need'') it too. They're not thinking that what they feed the child represents an investment in his or her future. And it's just as important an investment— in my humble opinion, far more important—than a college fund.

Later, yes, the kids will ask for it—because it's all they know to ask for, and possibly also because by then they experience a physical addiction to it. The assumption that children come out of the womb craving packaged pies and french fries is ludicrous. Our bodies were not designed to ''ask'' for those kinds of foods; most of human existence has been without them. Chinese children don't ask for cupcakes. Indian children don't demand fried chicken nuggets or moon pies.

It *is* possible to fuel your children with the same commitment with which you fuel yourself. Parents like our cousins or one set of friends may be fairly rare. Both couples puree fresh fruits and vegetables and cook rice, oats, and other grains for their babies. (No throwaway jars that cost more than fresh, contain as much corn syrup as food, and wind up in landfills.) The child among them who is old enough to chew gets a fruit if he wants a snack, not a brownie, and he will not see the inside of a fast-food restaurant till he is old enough to pay for it himself. And they are the happiest, most glowing little children I have ever seen.

Most of my clients find inspiration for family-wide transformation in the opportunity to pass on a positive and accurate legacy to their children. While many worry at first about what the rest of the family will think of fueling—or any changes at all—those who are clear about the advantages and determined to make the switch simply do so. Just as you can find time for a snack if you really perceive its importance, you can manage to make fueling work in a family context if you're serious about it.

Most find their families quite adaptable, merely needing a chance to learn—just as you did—that healthy eating won't limit them to a few leafy greens, textured vegetable protein, and beet juice.

One family who read an early draft of *BodyFueling* proceeded to eliminate fatty and sugary foods from their cupboards. After several months, however, they allowed the children a "treat"—some high-fat potato chips. After eating them, the son complained, "Mommy, I don't feel so good. Those chips gave me a stomachache. I think they're too high in fat." When I heard this story, I almost cried. It's simply such a condescending lie to say children, given the chance, aren't capable of this.

Some bluntly don't care whether the family objects or not: "When I put the pieces together and realized what our careless eating was costing us in every way, both now and later, I didn't care what they thought," said a single mother (who was initially aghast when a comparison revealed how much more time and money she spent on fast food than simple, tasty "fuel" meals at home). "I told them, 'This is what we're going to eat; I'm not making anything else,' and, well, they ate it!

"If they want sugar and fat, they'll have to get it somewhere else. And if they do eat those things at friends' houses, or buy them with their allowances, they're still going to get far less of it overall because they're not getting any here! And you know, they're making the choice. They're learning it's up to them." Bravo.

RESULTS: STOP DIGGING UP THE GARDEN!

Fat loss can be a result of fueling—one result, not the only result. Other benefits and advantages you'll see and feel when you begin fueling your body in the way it needs include:

▶ More energy and vitality
▶ Muscle gain (or at least maintenance)
▶ Strength
▶ Better workout performance and stamina
▶ Longevity
▶ Less illness and reduced risk of disease
▶ Time savings
▶ Cost savings—to you and others
▶ Ease of food preparation

our offer of fat-free cookies and muffins: "No, thanks. I have celery sticks with me."

Lisa, one *week* after the workshop: "I'm doing okay, I guess. I haven't lost any fat yet."

The rate at which people lose fat (best measured by appearance and the fit of clothes) varies widely. It depends on how efficiently and impeccably you begin to fuel yourself now, how inefficiently you've done it before and for how long, and what your body's natural tendencies are. The more abuse your body has taken—the more starved it's been—the better trained it is to save fat instead of spend it. You can retrain your body—but that means nurturing it, not further assaulting it.

It may take a year, maybe even two or three, to lose all the fat you want to. But what a year! You're not sitting around suffering, waiting for the pot to boil. You're eating. Plenty. An increase in energy, if you haven't been fueling efficiently before, is an immediate result you can enjoy. If you really do plan to care for yourself from now on, to eat efficiently and give your body what it needs—and if what it needs turns out to be lots of great stuff—you may well ask yourself, "What's my hurry?"

After I began fueling, it took me six months to lose 6 pounds of fat, and then another two years to lose 10 more. Results like that are wonderful physically—it was a major boon to my health and appearance. It was clearly pure fat loss; it was steady in that direction, even though slow. And it really just happened as a result of fueling my life and investing in my health and energy—not in an all-out effort to harvest cosmetic benefits.

No one can promise you that you will lose X amount of fat in X amount of time. How could they? You are an individual, and they can't tell you exactly what you are going to do from now on, any more than they can tell exactly where your body is now. There are a few things I can promise you, though.

If you fuel yourself, you'll always be headed in the direction you want to be going. Your whole life will become that never-ending path, getting better, fitter, and healthier continuously.

You'll notice landmarks, milestones—but none need mean you're "done."

You'll have fun. You'll be eating, not dieting; living your life, not "on a program." You'll be eating a lot of food. It may even mean rediscovering food and eating.

You'll enjoy peace and confidence. That's what comes with knowing that any biology book you get your hands on will confirm that the amounts and proportions of food you consume are just what you need.

I firmly believe that without a perspective that goes far beyond next month or even next year, it's unlikely you'll transcend the paradigm of diet thinking. I also believe that superstition about a watched pot not boiling. So stop lifting up your shirt every day to see if your belly's gone. It won't disappear any faster than it appeared. Appreciate the changes inside that will show up in what *doesn't* happen 30 years from now, not just in what *does* happen two weeks from now. Live your life and forget about manipulating your thighs. It will come.

HEDGING YOUR BETS FOR FAT LOSS

If fueling isn't meeting your fat-loss expectations, and you've determined those expectations are reasonable, you may not be fueling completely. In one-on-one work with clients, I have yet to come across a single person who, after a closer look, actually was consistently fueling in every regard—frequency, quality, and quantity—and not seeing fat loss, if fat loss was needed. These are the six most common roadblocks people encounter:

1. Too much protein. If you've thought you were fueling consistently, but believe you're not seeing reasonably progressive fat loss (loosening of clothing after eight weeks), this is one to check. You've learned that excess protein at any one sitting will be converted to fat. But it can take time to adjust because the world is so protein-crazy. Most restaurants still seem determined to give you twice as much protein and half the carbohydrate you need (though it would be far cheaper to give us what we actually use!). Even you—or whoever prepares your food—may not be quite certain what 2 or 3 ounces of chicken looks like. Find out!

2. Not eating often enough. I can't count how many times during one-on-one work people swear they fuel by the clock, only to have a food diary three days later reveal, "Gee, I didn't realize I was going seven hours without food there."

Frequency is number one—to keep your body burning "hot," give you energy to be active, and preserve precious lean muscle. So why do you find it so easy to put it last? Habit, for one. Say you've pushed through every day without eating for the last 20 years. Now you know all the ways your body conspires to pack fat away in that fuel deficit. But that doesn't make frequent fueling an instant habit. Only you can.

3. Hidden fat. Often a client will be certain he/she has dramatically whittled dietary fat. When I check out the fridge, I hear "No kidding! I had no idea that had fat in it." Look! Or, "But it's olive oil (or margarine); I thought it was 'less fattening.' " When it comes to fat loss, fat is fat.

4. Too much carbohydrate. This is the least common trip-up, because it's difficult to gain fat by eating complex carbohydrate (and it's still more important to eat enough of this stuff). Still, if you regularly eat more than a serving or two above your fuel needs, the body may begin converting the excess to fat—or using it as fuel in lieu of stored bodyfat. You might be "misusing" a food that is much higher in carbohydrate than you think (one client was eating lots of pomegranates every day, unaware that one packs the carbohydrate power of three or four peaches), or eating lots of simple carbohydrate (sugar). Refined sugar is a biochemical accomplice to fat storage, and the short-lived, ultimately exhausting energy surge/crash it creates may drive you to chase it with more of the same—or worse.

5. Not much activity. Exercising "more" does offer benefits if you provide the fuel your body needs to sustain added activity. If increased activity makes you hungrier, do add carbohydrate. Adding two hours of exercise per week, then going hungry when appetite increases correspondingly, will only backfire.

Increasing exercise for more progressive fat loss and/or

muscle gain doesn't mean you must triple your output. Chronic exhaustion is a tip that you may be adding too much. Go slow; increase in increments. And remember: Longer is better than harder/faster for fat burning.

6. *You may not need to lose fat.* If you're not losing fat, you may not need to. When someone who clearly has excess bodyfat to lose complains, "It isn't working," we start exploring the other five snags listed above. But when an already-lean person seems overly focused on fat loss, I know there may be other issues to deal with first. When Sarah, for example, glumly reported that she hadn't lost any fat yet, bells went off. First, it was only two weeks since her workshop; second, she was already undeniably lean, though it took a good bit of discussion for her to grasp this.

I've observed that the body is a pretty evenhanded machine. If you fuel 50 percent, you'll have a 50 percent kind of body. But that doesn't mean fueling only half the time is bad. Fueling is not morally correct—just scientifically accurate. You don't have to fuel; you don't have to want to. You're entitled to eat exactly as you please. But only fueling will give you all the benefits with none of the negatives. When energy and leanness are more important to you than whatever takes you off track, you'll fuel.

IF FUELING DOESN'T FEEL GOOD

If fueling doesn't work, or if it doesn't feel good, something is wrong. This is the way your body is designed to use fuel, so if it's not using it or using it well, then the machine is malfunctioning. An example: A client found she could not tolerate any carbohydrate whatsoever. She had long avoided it because it made her so uncomfortable, but when she learned her body needed it, she tried to integrate it back into her diet. She felt constantly nauseous and achy and had great difficulty digesting.

Tests revealed that, because she'd had her stomach pumped as a young woman due to poisoning, she had suffered significant liver damage. She was then able to begin treatment to heal her liver so that she could feed her body the way it was intended to be fed.

THE ULTIMATE TRIUMPH: MORE FAT, NO FEAR

A little bit of bodyfat fluctuation is normal and natural, and is nothing to worry about if your eating remains consistently fuel-hearty and low-fat. I've noticed I do gain fat in the winter—but my response to it is radically different than it would have been a few years ago. That's thanks to the big-picture context of fueling for life, coupled with the knowledge that reducing bodyfat slightly again will not involve anything resembling starving or suffering.

As I believe would be the case for most anyone, it is nothing short of a miracle to me that I can observe my body getting a bit fatter and, rather than launch into a frenzy of "eating less and exercising more," simply shrug and say, "Well, it'll come off when spring comes," and continue to fuel and do whatever exercise I feel like. This calm knowing is what thrills me most about fueling. I think if the truth were told, it's what people want most—even more than great bodies.

First of all, it makes sense to me that a body would want a bit of extra padding when the average temperature is 35 degrees instead of 75 degrees. That doesn't mean it makes sense to me to gain 15 or 20 pounds of fat, or to eat a lot of fat just because it's cold out. It means I notice a subtle difference, and since I'm not deep in hysteria about how my body looks, I have the chance to consider that perhaps it's appropriate. Diet thinking, focused only on bullying the body shape and "weight" for immediate gratification, doesn't allow for such consideration.

Besides the need for warmth, I know another reason I gain some fat in winter is that my spring/summer activity level is dramatically higher. Come summer, I walk and bicycle everywhere, and rollerskate whenever I get the chance. In Seattle's long, wet winter, my stationary bike is pretty much the extent of my aerobic activity. I don't feel like walking or bicycling outdoors, and I don't have to—I don't "make" myself. That would ruin the happy relationship with physical activity that I relish.

Yet I keep eating like an athlete all winter; I won't deprive myself of food. Because my food intake is so high in carb and so low in fat, bodyfat is added so minimally and slowly that before the gain becomes visible to anyone except the two people (including me) who see me naked regularly, it's spring again—and my activity increases to create a definite demand for the full complement of fuel I eat.

Is my fat gain unhealthy? No, because we're talking about a jump from about 16 percent bodyfat to 18 percent (not, say, 27 percent to 33 percent). Also, it comes from excess carbohydrate calories—not excess fat, which easily and rapidly adds up as stored bodyfat, and leaves a nasty legacy on artery walls and blood cholesterol levels. And remember, the energy cost for converting and storing that carbohydrate reduces the actual amount being converted to a bare minimum.

How have I achieved this tranquillity about how much fat I have on my body? Knowledge of the scientific facts gives me power. Connection and commitment to my future keeps me caring for myself, instead of harming myself in repeated, doomed attempts to browbeat my body.

I would be irresponsible if I presented my relationship to eating and exercise as utopic. There are days I feel like a slug; when PMS convinces me that—after all this!—I am going to be a whale; when I would sooner nap than bike. I just don't buy into it anymore. I don't have to worry about a lot of things that don't matter, because I know what does matter. I don't have to engage in a lot of things that don't work, because I know they don't. It's about a million worlds away from where I used to be. It's where you can be too.

12

THE "FAT-LOSS/
MUSCLE-GAIN" MOVEMENT:
Words of Warning

> Women, who once believed you couldn't be too
> thin or too rich, now equate thinness with weakness
> and sickness, and the muscled body with power.
> In the 80s, the status outfit was the Power Suit.
> Today it's the anatomically corrected Power Body
> . . . Suddenly, to be merely slim, without muscle
> definition, is to be out of shape, a lightweight.
> —*Allure*, March 1993

I don't completely agree with
this. The majority of women I meet and talk to—from teenage
to middle age—still don't know who Linda Hamilton is and
just want to be thin and lose "weight."

Yet, undeniably, there is a trend afoot. The more muscled,
sculpted look for women is slowly, in selected circles, replacing the thin-at-any-costs ideal. I think this is particularly true
of upwardly mobile, young urban professionals (or whatever
they're called nowadays).

Is there a problem here? Just that it doesn't make any
difference if diet thinking doesn't get addressed. In that case,
it's just the latest hot trend headed for the diet-thinking junk-
pile.

IT DOESN'T ADDRESS DIET THINKING

Riding this wave is a rash of new books, programs, and media articles that might appear at first glance to be deceptively similar to some of the material in this book. Technically, some of them are. And you might be drawn into thinking, "Oh, here's something good! It's about losing fat and gaining muscle, so it's not diet thinking." But that's not necessarily true. It all depends on its purpose—and yours.

Remember, BodyFueling is about your *thinking*, not just trying to *do* the latest technically correct thing in an effort to fix your body. Informed choice is not just about information alone; it's also about perspective. You haven't gained a new perspective simply because you've replaced counting calories with counting fat grams and hours at the gym—in fact, the fat-loss/muscle-gain mentality can all too easily become a new, even more demanding kind of diet thinking, complete with new "control tools" to help you chase the new standard.

Even if the trend and its products didn't represent diet thinking, they don't help you address your own diet thinking. If you're still setting out to tweak and toggle your body into the "right" shape, all you get is a more accurate, precise way to do it. That's why, for example, I'd never provide the previous how-to chapters without the context of the rest of the book.

But with many of these new programs, that's essentially what you get. While some may present basically sound to-dos, they don't take you off the diet thinking merry-go-round. For one thing, from Greg Phillips' "ThinkLight! Lowfat Living Plan" to Susan Powter's "Stop the Insanity" program, these are still being delivered—and accepted—as diets and programs. They're new and ultra-improved: commendably, you eat more, ignore calories, and forget weight (usually). And, without question, all of that is, I'm glad to say, worlds apart from "eating less, exercising more, and losing weight."

But you still "do" them, you still "follow" them; you still fight (fat, diet companies, whatever) and focus on getting a lean body—as soon as possible. None of them present the holistic approach that I know is the only way out of diet thinking: inspiration, education, and tools for integration.

And when I say inspiration, I don't mean someone on a stage whipping you into a frenzy; I mean the type of ongoing, self-directed inquiry detailed in "Fueling Your Future." When I say education, I don't mean just "how to eat," but rather the complete background on how your body works. They are programs for how you don't look or feel (yet). Instead of being about weight, now they're about fat (or muscle). They're still not about your life.

IT'S NOT ENTIRELY ACCURATE

Further, some of what the "fat-loss/muscle-gain" faction has to say—especially through the media—is *not* scientifically sound. Misinformation and confusion are as rampant within this trend as they were with classic dieting. The media are massacring even the most informationally sound and well-intentioned concepts by pasting together sound bites without a context of understanding.

For example, the spotlight on weight-lifting is spawning a "more protein" push. This is a classic symptom of diet thinking's "one thing will do it" mentality. Instead of learning the whole picture, you continue operating under the assumption that there has to be One Right Way. Thus if one thing that's needed is protein, the next deduction is that protein is The Thing.

The March 1993 issue of *Allure* featured two articles on the subject—one called "Body Makeover" and another called "Body-Building Food." The latter carried the tag line: "As women seek stronger bodies, protein has been making a comeback." The diet of a "thin, health-conscious and fat-phobic" woman is described: bran muffin for breakfast, salad for lunch, and pasta for dinner. "What's wrong with this picture? She forgot the protein." Except it sounds like she also forgot the carbohydrate, based on the measly breakfast and virtually nonexistent lunch.

But this article doesn't address carbohydrate. Instead, the piece quotes an L.A. fitness trainer who says that women's bodies "are cannibalizing their own muscle for energy because their diets are so protein-poor." As you now know, however, that's not why muscle breaks down. Protein isn't energy food; muscle is "cannibalized" for use as energy when diets are poor in carbohydrate. (And yes, many women's diets are carbohydrate-poor.)

The article also displays a commonplace symptom of fat-and-muscle ignorance by including the hackneyed blooper "Replace body fat with muscle," which leads too many people to believe that fat can turn into muscle and vice versa.

In a true salute to diet thinking, the magazine's own editor-in-chief misunderstood the article's recommendations. In her Editor's Note, she summarizes: "All it takes is a low-fat, *high-protein* diet and two hours a day in the gym, and voilà, Linda Hamilton II." But *high* protein is not what the article said! In the end, its message is that a small amount of lean protein at each meal is ideal for muscle building, repair, and maintenance (although that conclusion is preceded by numerous distractions that isolate protein).

This editor tasted a bit of her own medicine: the kind of dangerous leap you can easily make reading an article like this one.

A NEW MAGIC PILL INSTEAD OF A TOTAL EDUCATION

The above mishap occurred because neither editor nor writer has the full picture. They aren't educated. It's true that you need protein for certain things, but if you understood the human body, you'd already know that. You'd also know you need other things just as much as protein. You wouldn't be at the mercy of a magazine doling out a single, disembodied scrap of information.

Instead of education, a new magic pill is tossed into the raging sea of confusion. Though sufficient carbohydrate is what fuels muscle once it exists, suddenly protein replaces carbohydrate as The Answer. Though both weight training and aerobics are valuable, suddenly weight training replaces aerobics as The Answer. "Suddenly, aerobics classes seem as dated as Isadora Duncan dancing barefoot with scarves," said the "Body Makeover" article. Meanwhile, you read the headlines, think everything's changed (again!) and feel more confused than ever.

The way of eating that's ultimately proposed in "Body-Building Food"—if you get to the article's end—is fueling. They're talking about a 65 percent complex carbohydrate, 10 percent fat, 25 percent protein diet—roughly what I eat, what I recommend, and what disease prevention researchers point to. But it's presented here as "a special diet" for muscle building that "allows" for "some form of low-fat protein at every meal." *That's not special!* That's what the body needs—whether you're trying to build muscle or not.

Appropriate warnings about excess protein and toxicity; a statement from Linda Hamilton's trainer that he also kept her carbs up; the fact that most Americans are still far from a diet that's too low in protein; and the fact that you don't have to starve to build muscle all make the final paragraphs of these articles. But many people will never read that far.

Interestingly, while articles like these focus on women and their "new" interest in muscle, it's taken for granted that men have always wanted to build muscle. Once again, the educational needs and true desires of men get trampled underfoot. The male worship of protein is legendary; their "lots of it" could mean anything. And a number of men have confided to me that they felt bulldozed into muscle building by trainers who have a one-size-fits-all Mr. America in mind. Now women get to join this diet-thinking club. Hooray for progress.

All those men wanted was to be toned, fit, and lean—without it dominating their lives. They didn't want to perform surgery on their bodies; they wanted to eat and live. In fact, I think that's what most people want. Being exhorted to lose fat and gain muscle for its own sake, as a pursuit isolated from the benefits it brings to life, just lures them away from that desire.

WHY ARE YOU DOING IT?

The *Allure* article "Body Makeover" did ask an excellent question that I thought deserved more attention: "Do women want to look stronger, or be stronger?" This question underlines the difference between manipulating your body and fueling your life. You can "do" any "fat-loss/muscle-gain" program—and stay in that driven, ever-searching mind-set. But whether you're a sleek young muscle-seeker or a conventional, thinness-oriented dieter, whether you're wielding the scale or the calipers, chasing 110 pounds or 14 percent—you're on the same treadmill.

I want to *be* strong. I like the look that comes with it, no question about it. But being strong holds far more relevance to living my life than merely *looking* strong does. One will help me on hikes and bikes; with books and babies. The other will only help me in front of the mirror. Mastery is great, but if it's always limited to one thing—your body's looks—perhaps it's unhealthy. I like the idea of mastering my musculature—but I also want to master my strength, my health, my skating speed, the guitar . . .

Muscle is valuable, for numerous reasons I have described in other chapters. Losing fat will mean a healthier body for many people. But without a life purpose or context, you are nearly as dominated by the correct information ("eat more," "lose fat, not weight") as you are by lies. Headlines screaming "Lose fat now!" aren't intended or received much differently than "Lose weight now!"

Straining to manufacture muscle while deeply embedded in the shortsightedness of diet thinking, or with the sole purpose of looking like someone else, is not fueling. "Applying protein" (or even a more well-rounded strategy) with that hopeful, even mildly hysterical vigil over your body has the earmarks of dieting. It might not cause as much physical harm as classic dieting (provided you do get accurate information and don't embellish it, as in, "If protein builds muscle, then tripling the U.S. RDA must build more" or "Maybe 10 hours a week of weight-lifting will work better than four"). But no matter how accurate you are, there's no relief in mind and spirit.

Once again, I direct you back to Chapter 1: "Fueling Your Future." The definition and dismantling of diet thinking is what sets BodyFueling apart from "fat-loss/muscle-gain" diets. And "Fueling Your Future" is your path to personal disengagement from diet thinking. To me, it's more important than anything else in this book.

13

SURRENDERING
THE SUFFERING:
Why the Hardest Part May Be
That It's Easy

Settling into a lifelong way of eating for optimum performance actually requires a willingness to have it be easy. Fueling your body is not a complicated, high-tech prospect. If you were expecting highly controlled, tightly wrapped meal plans, "forbidden" foods, demands for perfect-to-the-gram, exacting-to-the-bite self-surveillance, and a push for pills and powders, you're probably stunned. You may also be surprised that the simplicity and ease offered by the knowledge and perspective I've provided seems almost . . . unpleasant.

It may, in fact, be so simple and easy that it goes right over your head. It may seem too insubstantial, as if complication and difficulty equal substance. You may not trust the value of something that doesn't require you to suffer at least a little. You may be waiting for the other shoe to drop, the real blow. "Aha! I knew there must be something else to this."

This is a very common, very human condition. George Leonard's book *Mastery* explores human tendencies to keep ourselves and others as they are, whether good or bad—and how these tendencies often sabotage progress or mastery.

"This condition of equilibrium, this resistance to change, is called homeostasis . . . and it applies to psychological states and behavior as well as to physical functioning. . . . Although we might think our culture is mad for the new, the predominant function . . . is the survival of things as they are. The problem is, homeostasis works to keep things as they are even if they aren't very good.''

Leonard cites numerous examples, such as families that create new problems when an old one—say, a parent's alcoholism—is resolved in order to perpetuate the state of uproar to which they are accustomed. ''Organizations and cultures resist change and backslide when change does occur.''

This not only serves to explain the cultural persistence of weight mania and diet thinking (despite lack of factual support for, and the failure of, every practice and process related to it). It also accounts for an individual phenomenon I've encountered with some regularity: the person who dismisses effective, pleasurable fueling in favor of the drudgery and inefficiency of diet thinking, choosing to remain stuck with what never worked.

If there is an addiction related to weight and fat, the real one may be the suffering associated with those issues. As Americans, we think it's got to be hard and has to be complicated. *I* cringed when I read this letter to the editor of my local newspaper regarding Ross Perot during the '92 election season: ''I cringe when I hear his simplistic answers to fix problems.'' Why? What if it is simple—and problems go unfixed because people tinker with complex minutiae? As with our politics, that's the problem with the American approach to fitness.

That's one reason it's been so easy to miss the most fundamental and obvious of solutions—answers that have been there all along. We trample right over basic biology in our certain assumption that there must be something more, something beyond, something different.

And even as you wait in hope for The One Final Answer to overfat, deep down most people ''know'' they must suffer in exchange for improved health and fitness. In particular, when it comes to eating, you are sure you must deprive yourself to get what you want.

You think you must never eat anything you like; that's the only ticket to health and/or a super body. You think you must eat weird, gross food, and exercise two hours a day. You think you must sweat rivers, turn red, blue, or white, grow calluses the size of stones and twice as hard, pull muscles, tear ligaments and rip tendons. And if you're not exercising so much that you feel crunched for time and as if you are shortchanging other parts of your life, then you figure you're probably not doing enough.

This belief runs so deep that I've found some people almost patently reject anything that sidesteps all this. Remember, this is the culture that came up with "No pain, no gain." You adhere to it in relationships, business, and of course in its place of origin: sports. If it doesn't hurt, it's worthless. You don't trust it.

Are you willing to put aside suffering about food and weight? Are you willing to consider that it's almost laughably simple—not a big, dramatic, futuristic kind of answer? When it comes right down to it, are you willing to have this be easier than you ever thought possible—and are you willing to have it handled?

"WHAT DO YOU MEAN, DO I WANT TO HANDLE IT?"

That may sound like a crazy question—as crazy as it may sound to suggest we're a culture that welcomes, even worships, pain and suffering. "Of course I want to handle this!" you may cry. "It's been a pain in my fat rear all my life!" But let's be honest. We're talking about our humanness.

This—"weight," diet, eating—is a hot topic. If you handled it for life, and one day just began eating in a constructive, consistent way, and it came naturally, and it was the way you lived and not your new "program," what would you talk about?

Suffering buys you payoffs. You get sympathy. You get agreement from others. You get out of doing things. Show me a problem that is a constant complaint, and I'll show you a situation in which the angst is somewhere, somehow, providing at least as much payoff as cost.

I've had clients admit to it. One woman I worked with told me bluntly on a follow-up call, "You know, I don't know what it is. I used to love bread, when I thought it was wrong to eat it, but now that you've told me it's good, I don't want it anymore. I hated dieting, but now that you told me I don't have to, I don't want to eat. I don't snack like I'm supposed to." She paused. "I guess," she said thoughtfully, "I just really want to suffer with this. I thought I wanted to do what works, but I don't." A young (and totally gorgeous) bodybuilder admitted she just didn't want to stop weighing herself, even though she knew it was meaningless to everything else she wanted.

Others are more covert. A successful, wealthy mother of four incredibly prodigious children spoke frankly during the workshop about the all-consuming havoc this issue created in her life. She animatedly described how her family would avoid her in the morning after she'd been on the scale, how "gains" of 1 or 2 pounds turned her into a raving bitch for the remainder of the day, how she obsessed about her size 4 days as a teenager. She could recite the chronology of what she'd weighed every year since then. She told us how her daughter, at age seven, already said things like, "Mommy can't eat, because she's on a diet."

What she learned in the workshop gave every indication that the suffering could end. She understood—intellectually—how her daily abstinence from food until dinnertime contributed to the shape her body was in now, and that her shape could change only by doing the very thing she thought was forbidden: eating. She could see conceptually that the scale had nothing to do with what she was really after.

But after the workshop and a bit of one-on-one work, she dropped out of sight abruptly, without explanation. She stopped returning calls, except for one terse message: "I've decided this isn't for me right now. I don't want to continue talking. Thanks." At first I was stunned, but the more people I worked with, the more sense it made.

One company had a "weight-loss group" that met for lunch every week. They were interested in the concept of fueling for high performance, but it never got further than a concept. During my presentation, I saw eyes glazing over at the apparently incomprehensible thought that one could eat food and still be lean. I wondered whether the thought of not needing a weekly "weight-loss group" anymore was too disorienting to pursue. It could have become a soccer group, a dance group, a guitar group, or a walking group. But it had been a weight-loss group for years; maybe it always will be. It's familiar and comfortable.

Another way in which homeostasis rears its head is by seeing even the most universally loved aspects of fueling as dismal; forcing a positive reality to fit your negative expectations. No matter how good it is, you say it's hard—because you're wearing "hard" glasses. Through them, everything looks like a hassle. This is the paradigm effect again: All you can see is what you expect to see or already "know." If you come to fitness "knowing" it's going to be all sacrifice and torture, you may not be willing to accept any other answer.

An example: Dan looked at his breakfast fuel profile (3 servings [18 grams] of protein and 4 servings [60 grams] of carbohydrate—the equivalent of a cup of yogurt, two ounces of turkey, two slices of toast, and a bowl of cereal) and blustered, "That doesn't seem like very much food." I was startled; the opposite reaction is more common. "Oh? What do you eat for breakfast now?" I asked. "Uh—nothing," he replied sheepishly.

Another woman caught me off guard during a workshop when I was asking the group which would take more will-power: the typical "eat less and exercise more" or fueling's "eat enough, often enough, and exercise." (Usually, everyone agrees that the diet-thinking word "willpower" has a place only in an environment of trying to "stick to" something miserable—which fueling isn't.) In this particular class, this woman raised her hand and said, "Well, I think eating enough, often enough would take more willpower." When I asked her why, she said, somewhat indignantly, "Because it's too expensive! If I eat more, it will cost more."

The woman's reaction perfectly illustrated diet thinking to the group: She was making a statement that wasn't necessarily true, but treating it as if it was truth; and she was speaking generally with no frame of reference (eat more than what? cost more than what?), which is a good way to stay confused and powerless.

Even if it was more expensive—and I emphasized that it definitely didn't have to be—then wasn't her body worth it?

If Popsters® cost more than Ruffles®, was it worth spending a few more cents to get 70 fewer grams of fat per bag?

Most of all, the willingness to see this in a new way has to be there. If you have an investment in how hard life is, you'll make everything hard. You are responsible for how you see things. If you can find problems with eating lots of food often, you could probably also come up with difficulties about winning $10 million in the lottery. "I have to go all the way to Anytown to pick up the money, and then I have to go to the bank." "Can you believe all the taxes they're taking?" "I suppose Aunt Martha will expect me to pay for her daughter's wedding now."

"IT'S PART OF ME"

In one-on-one training, I gain even deeper insight into what keeps people from taking on something wonderfully simple that could end the agony they've dragged along for so many years—the diets, the losses and gains, the erratic health, the emotional distress. More than one client has grappled with the question "Who would I be if I didn't have this as an issue?"

Sound odd? Think about it—parting with something you've always worried about, worked on, tussled with. It's part of you; it seems to identify you as who you are. Sometimes, it's hard to give up a part of you, even if it's something you hate.

Clients have also confessed that their resistance to simply beginning to fuel their bodies is a fear of looking sensational, fear of being vulnerable, and a way of thumbing a nose at a parent or spouse.

When you get down to it, fueling is easy. It's not about depriving or restricting. I am not ordering you to reduce eating, cut out meals or snacks, exercise four hours every day, or eat sprouts and tofu. I'm asking you to try three hearty, high-carbohydrate meals a day, and at least three snacks of bread, bagels, fruit, rolls, juice, cereal, or fat-free/sugar-free cookies, crackers, cake, or bars. If that presents more of a problem than "sticking to" a carrot and celery stick "regimen," maybe something else is going on.

IF YOU SAY YOU WANT TO AND YOU'RE NOT: LOOK AGAIN

Sometimes brilliant and successful people will balk at fueling even when they confess they always dreamed it would turn out that eating and enjoying food is the correct thing to do. People who have started companies, lectured to thousands of people, raised millions of dollars, or competed in world-class athletics become helpless when they need to manage getting a snack into their bodies at three in the afternoon.

When we compare their roster of herculean accomplishments to the minuscule task of conquering a daily snack, people can see for themselves that something else is going on. It's clear the logistics of eating a banana mid-afternoon are not insurmountable for a person of their stature. Then we get down to what is stopping them from closing the book on this issue. Over and over, we hit rock bottom at a basic attachment to "it has to be tough." If this is all it's going to take to get where they always wanted to be, then they're going to find a way to screw it up.

Your reaction to all this may be, "Not me. If I could have it all work, I would." Okay. Maybe so. But if you're planning to take this whole thing on, committed to having a life of happily fueling your precious body, looking and feeling awesome, and having nothing to do with dieting, "weight-watching," calorie counting, overaerobicizing, or being hungry, don't be too surprised if some kind of resistance crops up.

ACKNOWLEDGE YOURSELF

You've probably noticed that criticism is an easy habit. Natural, easy recognition of our accomplishments and excellence is more rare. Who hasn't responded to a compliment with a sheepish "Oh, this old thing?" We look in the mirror and notice what we're not—and in the body department, this is epidemic. So it is with fueling as well.

"Oh, I'm doing . . . okay," is the ludicrously familiar sigh I hear virtually every time we follow up with a client a few weeks after a workshop. After asking a few key questions, the person invariably reveals that they have eliminated enormous amounts of fat and/or sugar; that they are eating more frequently and noticing much more energy; that cooking has been much simpler, and the family likes it, that they have begun walking every other day and actually enjoy it—or, at least, don't mind it. Or any number of other things that make me want to laugh or cry when I think of their initial "I *guess* I'm doing *pretty* good."

I'm not talking about silly little things for which I pat them on the back just to make them feel nice. People make amazing changes in their eating, shopping, and cooking—in a rapid and painless way that would make any nutritionist's eyes bug out. But all they can see, hear, or talk about is what they haven't done.

It makes me sad. One of my favorite parts of my work is simply praising people for the great strides they have made, repeating back to them what they have told me, until they can hear that they have just reported a near-miracle. Mature and professional adults become little kids: "Really? I'm really doing well? That's really good?"

Some people simply refuse the acknowledgment, so determined are they to maintain victimhood. Mary-Jane, a mother and midwife whose family actually sounded to me like a paragon of healthy eating, insisted that they were still "bad" because they frequently ate "health-food treats"—fruit-juice sweetened, low-fat cookies and frozen desserts. "Well," I said, "if you are, then we are too—we eat those things all the time. Why are you so convinced that you cannot enjoy anything—even modified treats—and still be doing a good job?"

Every change you make is a big deal. For each, there are thousands of Americans being urged to do the same thing—and not doing it. So, as you begin to try fueling on for size, include acknowledgments for what you are doing. Replace "I blew it; I buttered my toast this morning" with "I had all-fruit jam every day for two weeks." Note that "I've eaten at least two snacks every day this week" instead of "I keep missing my evening snack." Pat yourself on the back for exercising more this month than you have in years—instead of chastising yourself for missing yesterday's walk.

THINGS THAT ARE GOOD FOR YOU SHOULDN'T HURT

Be suspicious of your wariness of comfort. If fueling feels good, and you've begun enjoying food, notice if your first thought is that you must be being "bad."

It's a good idea to replace that worn-out "no pain, no gain" edict. It doesn't make sense that things that are good for you will cause ongoing suffering, denial, or deprivation. Satisfaction is a good sign, not a warning bell; hysterical hunger is a signal to eat, not a triumph to relish. Feeling good is good, feeling bad is bad.

Such common sense can hail a return to more sane living that carries over to other areas as well. Why not?

14

GETTING YOUR PRIORITIES STRAIGHT:
Channeling Your Concerns Constructively

FIRST THINGS FIRST

A young mother straps her baby securely in a child safety seat—the baby is clutching a big, greasy doughnut in his fist.

A man urges his friend not to drive home after having a few drinks—but scarcely notices the friend's all-night consumption of beer nuts and pigs-in-a-blanket.

A couple joins an activist group to stop the use of certain pesticides on apples—but regularly treats the kids to Chocolate Zingies, Fruit Tweezils, and Double Decadent Frozen Explosions for doing their homework.

A family goes to extraordinary lengths to move away from power lines they fear will cause illness—while still eating every other day at Burger Bob's.

My local health-food store will not carry any food with artificial anything, but they will carry foods that are "naturally" 80 to 100 percent fat.

A magazine article asks, "Is your diet your energy problem?" and proceeds to cover in-depth the perils of . . . iron deficiency.

"Your choice of diet can influence your long-term health prospects more than any other action you might take," former Surgeon General C. Everett Koop told us during his term. Yet I've encountered an almost reflexive insistence in our culture upon downplaying or dismissing your power to drastically reduce risks shown by scientific research to be the greatest and most preventable—and to devote inordinate amounts of time and energy to fearing and protesting superficial or microscopic concerns. Diet thinking, which is a breeding ground for mindlessness and illogical thinking, makes rational comparisons between risks difficult.

Yet if you cannot distinguish what's important, you cannot make informed choices. Therefore it's important to be fully informed about major risks, to put them in perspective, and base your choices on logical priorities. Just as understanding your body eliminates the worry, confusion, and fear about "eating right," so does understanding the relative relationship of risks to one another eliminate needless, wasteful worry about imagined threats. It also eliminates unwitting dismissal of very real threats.

UNJUSTIFIABLE COMPLACENCY

It's common to hear someone launch into a sanctimonious account of how "healthy" they eat. "Oh, yes," he or she will say, "I've cut out caffeine completely, and I never eat high-sodium foods. Everything I buy is organic and all-natural—no additives, pesticides, or preservatives. I eat lots of vegetables, drink carrot and wheatgrass juice every day—juiced myself, of course. And I always make sure to supplement with [list of vitamins, minerals, and herbs]."

The person described above is not doing anything bad. In fact, this person has taken many excellent steps toward improving health and having a nice clean machine. My only contention is what may have gotten displaced or neglected in the wake of such virtues. Often, further conversation will reveal that this person, dazzled by her own pristine lifestyle, has no clue that the fact that she only eats one meal a day—or often "doesn't have time" for breakfast, or eats lots of "natural" (and high-fat) "health" foods like sesame butter, tofu, granola, and avocado—is creating problems that in the short and long term will have far more impact on her health than preservatives or mineral deficiencies would.

This focus on secondary issues poses several problems. First, you get a false sense of security that you're eating or living healthily, when in fact you've only handled peripheral issues that don't necessarily make a dramatic difference in energy, appearance, or longevity. Second, you get frustrated when you don't see results from making these peripheral changes, because you were under the impression such changes *should* make a difference. Third, you spend a lot of time worrying about issues that are trivial—compared to some basic ones that you could handle easily and pleasurably, and that would yield tangible benefits.

VITAMINS, MINERALS, AND OTHER MICROCONCERNS

> The most exciting research these days is being done on a particular group of vitamins . . .
> —"Anti-Aging Diet: Eat Less, Live Longer,"
> *Self*, September 1992

While vitamins and minerals are important, your body can't run on them. A vitamin pill without a meal is like gas additive without gasoline. A car absolutely needs water and oil, but can't run on those; it must have gasoline. Fuel is a bottom-line priority.

People tend to concern themselves with the micro while the macro suffers. And macro and micro are apt descriptions, because the nutrients on which I focus in this book are referred to in nutritional science as *macronutrients*—carbohydrate, protein, and fat. All can be used as fuel. Vitamins and minerals are called *micronutrients*.

This doesn't mean vitamins and minerals aren't important! We need vitamins and minerals to be healthy. But we need fuel just to stay alive, just to survive each moment. Your body is not fueled by vitamins and minerals.

Nor can vitamins correct the effects of poor fueling. No pill will make up for the greater damage being done if you frequently go for long periods of time without eating, eat a diet very high in fat, or eat very little food overall. The body is not a neat system of checks and balances in which one virtue can negate another poison. "To ignore diet and just use supplements is like putting on a seat belt and driving like a maniac," acknowledges vitamin researcher Paul Jacques of Tufts University ("1992 Health Guide," *U.S. News & World Report*, May 4, 1992).

In fact, vitamins and minerals are not only powerless to absolve inadequate fueling (or any body abuse); they cannot do their own "real jobs" effectively if the foundation isn't laid with the right fuel. Before you can see results from (or even use) a gas additive, you have to have gas in the car!

But when the body machine starts sputtering, too often you don't even look at the gas gauge. You fling the hood open and start fiddling with the thermocalibrated-electronic blahblah. Maybe it's that, and maybe it isn't. But without gas in the tank, how will you ever know? No gas, no go. It doesn't matter what else you do.

Taking vitamin and mineral supplements, lowering sodium intake, taking herbs, cutting caffeine, eliminating artificial sweeteners, or avoiding additives, preservatives, and pesticides—are all valuable personal choices. If you're well fueled most of the time, those steps will fine-tune what you're doing.

Whether it provides fuel for the body to run is certainly not the only standard by which food ought to be judged. But it is a standard, and it is a bottom-line one. You can do a lot of other neat stuff to your car, but if you don't fuel it, in the end it won't matter.

An important part of moving beyond diet thinking includes moving your focus away from the borderline issues that get blown out of proportion, and addressing instead what will have the most impact. Statistically speaking, some dietary issues demand more of your attention than others. So first things first: Get the proper fuel in your tank. Concern yourself with the wheels and the paint afterward.

FOR STARTERS: HEALTHY EATING MEANS *EATING*

There are things it's healthier not to eat (or at least not eat very much of), but that's only part of the picture. Too much is made of the "less" part, and little attention is given the many "mores" (like eating more carbohydrates, more often) that people would be relieved and thrilled to know about.

Somehow, America conceptualized "healthy eating" and put it in a tiny little box with sprouts spilling over the top and soy milk leaking out the bottom, which turned off most of the population to even thinking about what healthy eating might be, and relegated the rest to a sort of private club.

The number-one thing about eating that's healthy is *eating*! You need to eat in order to be eating healthy. You'd be amazed how many people overlook that fact, which you'd think would be more obvious than who's buried in Grant's Tomb. Eating one meal a day, even if it's the most natural and organic stuff in the world, is not efficient fueling.

Eliminating "bad" substances doesn't constitute healthy eating. Caffeine and sodium are favorites in terms of substances that make people feel "safer" when they cut them out—even though there is no evidence to support that.

Sometimes when I'm sipping a cup of coffee before a workshop begins, a participant will come up to me and say, "You're drinking coffee," as if expecting me to fall to my knees and beg for absolution. "Yes, I am," I agree calmly. Caffeine is not a fuel issue; moreover, it has been studied extensively over the past decade and in moderate doses (one or two cups a day) has not been shown to cause serious health problems. No association has been established between caffeine consumption and heart attacks, cancer, or birth defects. It can aggravate the painful symptoms of fibrocystic breast disease, but it does not cause it.

People overreact to sodium as well. "You didn't talk about salt," someone occasionally accuses at the end of a workshop. "That's right," I say, "because salt is not a fuel; no studies have ever proven that salt causes hypertension (high blood pressure), while fat has been strongly linked to that condition. And, if you're fueling as we've just discussed, you're likely to eat more fresh foods and more progressive brands when you do choose packaged foods, which naturally means less sodium."

WHAT KILLS (AND DOESN'T): GROUNDLESS OUTRAGE

Americans obsess endlessly about both real and perceived health-related issues: pesticides, power lines, air pollution, drunk drivers, water quality, fluoride, shark attack, hair spray, electromagnetism, nuclear power, asbestos, dyes, hazardous waste disposal—the list goes on and on.

Yet statistically none of those even come close to posing the risk that our diet does. The fact is that more than two-thirds of all American deaths result from only three conditions: heart disease, cancer, and stroke. All three, according to the U.S. Department of Health, the Surgeon General, and innumerable research studies, are preventable—and all are fat-related.

Diet, therefore, has been identified as a key source of the problem—and a key solution. American health and health care would have a different landscape if every person in the nation "fueled." Yet the average person doesn't apply this perspective to the health scares they worry about. They continue to eat their way to a statistically predictable death—as they agonize about the dye in the paper that wrapped their chicken-fried steak sandwich.

WHY IS FAT EXEMPT?

Cigarettes, alcohol, and fat are all linked by scientific, medical, and government authorities to the diseases ranking among the top 10 killers in the U.S. The research evidence against fat is no less voluminous or clear than that against the other two.

Yet abuse of food—specifically, continually eating foods linked by studies to those top killers—is still a minor concern compared to abuse of cigarettes, drugs, or alcohol. "Dietary indiscretions" have acquired a certain acceptability that has been revoked for the other three. It's passé today to hang out in bars and drink all night, and certainly to drive home afterward. Friends and bartenders alike consider themselves practically second-degree murderers if they allow a buddy or patron to leave soused—and in fact can be legally charged under certain circumstances.

Yet people don't feel remorse about serving, or allowing others to consume, high quantities of fat. Somehow, the public relations campaigns have not successfully connected the burger, butter, or dieting to overfat; or the overfat to the heart attacks and cancer—not with the authority of campaigns that have brought home the connection between the cigarette and lung cancer or the drink to smashed windshields. But there must be a way to bring immediacy and urgency to the result of destructive eating. Just because accidents can kill instantly while diet-related diseases may take a few decades doesn't make the latter any less inevitable.

RISK-REDUCTION RETROGRADE: DATA IN DISARRAY

In response to a reader survey on modern health concerns, a cover article in US Week (USA Today's Sunday supplement, with 33.5 million readers), focused on electromagnetic fields and, to a lesser degree, indoor pollution, pesticides, and AIDS, playing neatly into the utterly backward level of concern over health risks.

The cover alone was a monument to disproportionate outrage. Next to the huge headline, "Is My Electric Blanket Killing Me?" sit a mom and her child. Mom is clearly overfat, perhaps obese. Based on statistics, if anything is killing her it's her visible 40-some percent bodyfat level, and the food (or lack thereof) that sustains it. And how often does that child eat at fast-food restaurants and consume fatty, sugary "treats"?

But the article doesn't even ask. It ignores statistically significant risk factors. This not only reflects the misappropriation of public concern, but does the public a huge disservice by supporting minutiae-mania. As another example, the article quoted a 34-year-old nurse who has breast cancer: she said her only possible risk factors could have been smoking, early pregnancies, and a family history of cancer. She doesn't know if any other risk factors have been identified, and the article doesn't tell her that thousands of studies—population studies, cohort studies (of women over time), animal studies, randomized research—suggest that a high-fat diet is a risk factor for developing breast cancer (not to mention heart disease, which kills many more women each year than all cancers combined—a fact the article also fails to mention).

The piece did find room to report that one study disputes a fatty diet as being a cause of breast cancer. To dispute is not to disprove—especially in the case of one study up against such an enormous (and still mounting) body of literature suggesting a link. Even more importantly, the article didn't detail that this Harvard study of 89,494 nurses depended on the subjects' own assessments of their dietary fat level—a subject's opinion, for example, that she consumed a 32 percent fat diet. As I've demonstrated (and as have many others I have quoted), people do not evaluate their own diets effectively. Based on my experience with people who complain "I'm eating a no-fat diet and not getting results" but who turn out to be eating mounds of hidden fat, that study has zero credibility.

Other studies suggest that the specific fat levels studied in this one—25 percent and 32 percent, as opposed to 44 percent of calories—are insufficiently low to prevent breast cancer, identifying 20 percent of calories or less as the probable target for prevention.

In fact, the study's own author, Walter Willet, has carefully qualified the results by urging us not to intepret this as free license for fat consumption, that by all means a low-fat diet is still advisable. But this statement of his always appears at the end of reports on his study; most people don't read that far. The headline is never "A low-fat diet is still important, says study author, despite questions"—instead, it's always: "Is fat in the diet irrelevant to breast cancer?"

Environmental conditions do represent a risk factor for developing cancer—it's just a very tiny one, relatively. Such factors pale compared to the risks associated with eating the typical American diet and smoking cigarettes. R. Doll and R. Peto's "Proportions of Cancer Deaths Attributed to Various Factors" (*Journal of the National Cancer Institute*, vol. 66, no. 1193, 1981) attributes 30 percent of total cancer deaths to tobacco and 35 percent to diet. E. L. Wynder and G. B. Gori's "Contribution of the Environment to Cancer Incidence as Epidemiologic Exercise" (*Journal of the National Cancer Institute*, vol. 58, no. 825, 1977) estimate is even more aggressive, attributing to diet 40 percent of male and 60 percent of female cancer deaths.

That makes diet the single most threatening health risk—even more than smoking, which the public pretty universally acknowledges as a cancer risk.

Since people use the news media as their source of information and education, stories showing the total risk picture with the statistical rankings of each factor would give people the perspective they desperately need. It may be less titillating, it may sell fewer newspapers, but it is the responsible way to go. Articles on electric blankets and shavers divert attention from true risk factors—even sanction their dismissal—when there is no evidence that America's most pervasive, painful, and costly health problems can be solved by rerouting power lines or banning hair dryers.

Robert J. Scheuplein (Acting Director of the Office of Toxicological Sciences, Center for Food Safety and Applied Nutrition, Food and Drug Administration, Washington, D.C.) has written a pivotal report on risks and public perception. He succinctly defines the American phenomenon of misdirected priorities and emphatically articulates its dangers. He calls it "the outrage factor," as first defined by P. M. Sandman, a term that refers to the level of public outrage generated by statistically insignificant risks.

Notes Scheuplein, "Sandman . . . argues that peoples' concerns are often more a function of outrage than hazard. When risks are perceived to be voluntary, controllable by the individual, familiar . . . they tend to be minimized by the public. The experts conclude that people consistently underestimate the hazards of risk that are low-outrage and overestimate the hazards of risk that are high-outrage."

Scheuplein calls diet "a perfect illustration" of a low-outrage, high-risk factor. "While widely acknowledged in scientific literature and in several government reports, the risks from an improper diet, both from known and uncertain causes, have scarcely caused a ripple in the media or in the public consciousness.''

Scheuplein—regarded as highly conservative by the scientific community—conducted a very detailed and technical analysis of more than 60 studies of food-related carcinogens and concluded that ''the large attribution of the total cancer burden to two causes, cigarettes and diet, is widely accepted by experts as correct. . . . Carcinogens overwhelmingly originated from food itself and not from additives, pesticides or contaminants. . . . Even a modestly effective attempt to lessen the dietary risk of natural carcinogens would probably be enormously more useful to human health than regulatory efforts devoted to eliminating traces of pesticide residues or contaminants.''

And what are those ''natural carcinogens'' (cancer-causing agents)? Scheuplein cites a recent Surgeon General's report on Nutrition and Health which concluded that a chief risk factor is the ''disproportionate consumption of foods high in fats, often at the expense of foods high in complex carbohydrates and fiber.''

AND THERE'S MORE . . .

There are literally hundreds of mixed-up outrage cases being ''tried'' every day by the media.

I remember seeing a cartoon, I think by Gary Larson, with two obese people sitting at a table, drinking alcohol, eating something big and greasy, and smoking cigarettes. The caption said something like, ''Aren't you glad we don't eat apples with that Alar on them, Fred?''

Mark, a client who works as a water quality analyst for a major city near ours, relates this favorite story of his supervisor's telltale encounter with the outrage factor: ''Dave'' finally visited the home of a woman who had called the water department repeatedly over a several-week period, complaining that her doctor believed her ''health problems'' might be caused by poor water quality. When he knocked on the front door, it was opened by the woman herself—obese, holding a cigarette in one hand and a cocktail in the other. She led him to a sink piled high with dishes in dirty dish water.

At a drivers' safety course given by my auto insurance company several summers ago, the instructor asserted that the most dangerous thing Americans do is drive their cars. While accidents do take many lives, and even one is too many, it's clear that the most dangerous thing Americans do—if you look at the top causes of death in this country—is reckless eating. While 1 million die every year of cardiovascular disease alone, less than 40,000 die every year in automobile accidents (about 20,000 of those are drinking-related). Statistically speaking, you're safer on the freeway than you are at your kitchen table.

We live in a toxic world. We will be exposed to things. I'm not saying that's great, or that it isn't wise to avoid as many risky things as possible. But number one, fuel yourself (and your kids). You can slash your odds against falling prey to the most common and preventable risks, and make your body as tough and strong as possible to deal with all the rest. Don't fray your body by depriving it of what it needs, and then hope the sharp corners of the world don't pierce your thinning shields.

WHY DON'T I FEEL GOOD? LOOK AT YOUR PLATE

When you don't feel well, you may think it's your workplace atmosphere, artificial sweetener, or air pollution. Do you ever wonder if it's the fact that you didn't eat breakfast, had a candy bar for lunch, and a meatball sub at 10 P.M.? That you worked out at the gym for two hours after eating nothing but popcorn all day? That you had fettucine alfredo with a couple glasses of wine at lunch?

You think people don't do this stuff? I promise you, they do.

The nice thing about handling the basics first—fueling and seeing if that handles your low energy or stomachaches or headaches or whatever—is that you're not trying to find a needle in a haystack. You can rule out "no/little/poor fuel" as a problem and go from there. If fueling doesn't handle it, you'll know something else is up.

Also, handling the basics naturally leads you to the secondary concerns. When you put the basic fueling of your body into balance, you become aware of other sensations. You can feel how other things affect you. Robert didn't realize how lifeless diet soda made him feel until he began fueling. When you're in a constant state of low-grade breakdown, it's hard to identify what's going on. The general well-being you get from fueling provides a basis for comparison. You really know what it's like to feel great—so it's very obvious when you've done something to disrupt that well-being.

MAGIC PILL MANIA

> Eating a carrot a day may significantly lower your risk of stroke and heart disease, according to a study by researchers at the Brigham and Women's Hospital at Harvard Medical School in Boston, Massachusetts.
> —"Health News," *Mademoiselle*, October 1992

A corollary to the outrage factor is what I call magic pill mania. When Americans do set their sights on diet, the tendency seems to be to seek shortcuts—those things that will compensate for lack of responsibility and destructive behavior—rather than direct action. It's a tunnel vision approach that amounts to putting out fires that *you* started. And it's exhausting, because instead of simply removing the inflammatory material, you have to chase your body with a fire extinguisher forever.

"Even the most educated health-conscious consumer is likely to harbor a fantasy that somewhere, somehow—in the next television commercial or on the diet shelf at the supermarket—a panacea awaits," observed the *U.S. News & World Report* cover story on May 14, 1990, entitled "Getting Slim."

The recent attention on chromium as a mineral that helps

make fat metabolism and muscle synthesis more efficient is a great example. While there is good evidence for chromium's promise, the people looking for magic pills don't see it as a possible complementary supplement to a proactively healthy way of living. It's "the new pill to take to speed up your metabolism to lose weight" while continuing to eat recklessly. And, of course, those marketing the stuff don't hesitate to take advantage of that mind-set.

You can see it in the media's definitions of "break-through"—products that allow us to keep abusing and not change anything. The constant search for high-tech "cures" keeps us from seeing the marvelously simple prevention right in front of us. The answer couldn't be right there in the basic biology we've understood for years—that would be too banal, too unscientific.

I saw this wacky item in *Self* in September 1991: "First oat bran, now celery? Rats who were given celery, in an amount equivalent to humans eating two large stalks a day, dramatically lowered their blood pressure and cholesterol levels. But don't stock up just yet, cautions William J. Elliott, M.D., Ph.D., at the University of Chicago School of Medicine: 'Celery contains salt. Eating too much of it can raise blood pressure. Our hope is to extract the beneficial chemical and administer it in a pill.' "

Perfect—take nature and engineer it one better to create a drug that will allow people to keep the lifestyle that causes high cholesterol and blood pressure, rather than find workable substitutes for saturated fat. Take a celery pill and keep downing that grease.

This type of one-directional research that seeks The Answer just creates a never-ending succession of Answers that serves only to further confuse. An October 1992 *Consumer Reports* article stated this well: "If Americans are uncertain about how to choose a nutritious diet, it may be partly due to the crosswinds of scientific debate. . . . A third of adults are confused by the reports which give dietary advice, according to an American Dietetic Association survey. It's little wonder. In the past year, we've been advised to: use oils sparingly, but load up on olive oil. Avoid being overweight, yet avoid 'yo-yo' dieting. Drink red wine because the French have fewer heart attacks, but refrain from alcohol because the French have more liver disease.''

What it costs to keep researchers working to isolate solutions that allow Americans to continue abdicating responsibility for their lifestyle and health is a whole other story.

While they search for the holy grail of microsolutions—a pill, an exercise, a machine or contraption that will ensure protection against bodyfat and disease, no matter what you eat—there are simple things you can do to greatly improve your odds against having to deal with cardiovascular disease and many cancers. Diet provides the power to steer your own destiny in matters of disease. If you stop trying to do it with aspirin, red wine, fish oil, and oat bran, you could invest that energy and time in forging a path you'll be glad to walk for the rest of your life.

MAGIC FROM ABROAD: THE FRENCH STUDY

The incredible amount of hoopla generated by reports comparing the French diet to ours, pinpointing a supposed inconsistency in our incidence of disease compared to theirs, is a prime piece of evidence for magic pill madness.

''60 Minutes'' stated that the French eat 30 percent more fat than Americans do, raising the question: ''Why is the rate of death by heart disease 40 percent lower in France if they eat so much more fat?'' Everyone was abuzz about the well-known high-fat French fare: ''They eat so much cheese! And fatty birds!'' You could just imagine researchers setting their hounds loose to isolate the key element, the magic Thing that made the French able to ingest unlimited amounts of fat, supposedly without ramifications.

For a while, we couldn't have a workshop without at least one person asking: ''How come the French can gorge on fat and be so healthy, while we can't?'' Some people were indignant that we weren't offering them the Magic Answer from France about how they could fry their food and live to tell about it.

But the *Berkeley Wellness Newsletter* set the facts straight in April 1992. The statement that the French eat 30 percent more fat than we do was false. They eat a 39 percent fat diet—exactly what the average American diet is made of. Heart disease rates there are lower, but it's stretching the truth quite a bit to say they have no ramifications: *Heart disease is the number one killer in France as well*. Furthermore, a closer look shows that the French have been consuming this high-fat diet only since the mid-1980s (such a diet is associated with prosperity). Americans have been consuming the same high-fat diet since 1923! The newsletter asserts that the high-fat diet will catch up with the French. We're just 60 years ahead of them.

Still, in the glow of hope for a Magic Answer, industries leapt in eagerly to peddle their angles. French cheese merchants claimed that the calcium in the cheese flushes out saturated fat from the body. (Wrong!) Wine merchants clamored that the phenomenon was due to the red wine that the French drink. (The *Berkeley Wellness Newsletter* noted that while moderate consumption of any alcohol, not just red wine, has been shown to lower risk of heart disease, in quantities greater than an ounce a day it leads to cirrhosis of the liver.)

For every new Magic Answer (and there are many others like the French example), there are always similarly solid, sensible explanations. The facts always end up pointing back to personal responsibility for self-care—largely diet-related—which the Magic Answer was attempting to avoid. By harping on the fad rather than the facts, the media keeps people hanging in hope, not bothering to create a basic lifestyle that works because one day there will be an answer. Space that could be devoted to educating people about body basics and how that translates into action is used up by the latest flash on what's hot in biotechnical gadgetry.

HORMONES

In March 1992, newspapers across the country featured coverage of new scientific breakthroughs on aging. The lead paragraphs of these stories all centered on discoveries related to hormones that may slow many characteristics of aging and may increase longevity. There is no long-term research yet on side effects of these hormones.

A *Seattle Times* article did cover health and fitness, identifying nutrition and exercise as the most important elements in making aging a much nicer prospect. If you fuel your body and exercise, you'll have a great head start. Then, if the time comes when you want to take hormone supplements, you'll be enhancing an already solid foundation, not trying to bolster a sagging, worn structure. Putting a "magic pill" into a poorly cared for, poorly conditioned body is no different than putting superb oil, anti-freeze, and wiper fluid in a beat-up car with no (or poor-quality) gasoline.

STUDY-ITIS

Unfortunately, the tendency of research and its media coverage is to promote what I call "study-itis"—a reluctance to commit to any conclusive recommendation until there is "enough" research evidence to support it (and "enough" is rarely, if ever, defined). Researching what's already documented is another symptom of this condition.

The cover story "Pumping Immunity" in the April 1993 issue of *Nutrition Action Newsletter* is an interview with five health authorities—professors, scientists, physicians—who discuss how immunity can be preserved and boosted using various dosages of different vitamins and minerals.

The piece begins with an anecdote from Jeffrey Blumberg, associate director of the USDA's Human Nutrition Research Center on Aging at Tufts University. He notes that "It was only about 30 years ago that people even discovered that nutrition affected immune response." The evidence he cited was "in studies of starving kids. When these children were given food, their immune systems improved." (Am I the only one to think it's crazy that any study was needed to tell us this?)

Later in the article, an immunology professor shares the story of a surgeon in England who prescribed for his cancer patients a special fat developed to feed malnourished patients intravenously. He thought it would help them "regain weight and muscle." Instead, this fat helped the patients' cancers spread, which supports recent findings that a low-fat diet may not only prevent cancers, but help cure them. Yet when asked, "Could the amount of fat in the typical American diet cause damage?" the professor responded, "Right now we don't have the answer."

Even *Nutrition Action Newsletter* itself—a publication which I recommend and almost always find extremely informative and incisive—has demonstrated study-itis: "We'd like to think that whole grains make people more energetic than refined grains or sugary cereals, but there are no good studies that prove it, as far as we know" (April 1993). Why in heaven's name would we need a study to prove that? Not only does ordinary biology illustrate that whole grains are processed differently than refined, but just about every BodyFueling workshop participant has acknowledged that whole grains sustain their energy much better than refined. Biology suggests it and human experience supports it. Needing a study to "prove" this makes no more sense than needing a study to prove that gasoline makes a Toyota perform better than cyanide does.

THE HEREDITY CRUTCH

The most important heredity is the environment you create.

My father's father died of stomach cancer, and all of his father's nine brothers and sisters died of some form of intestinal cancer. My mother's family was plagued by heart disease—cardiac arrests and high blood pressure down the line.

But am I scared of my "heredity" factor, the genetic threat that I will die of a heart attack or colon cancer? No—because I eat a 10 to 15 percent fat diet, I'm lean, and I'm cardiovascularly fit. Those who died on either side of my family were all overfat, all ate a diet rich in beef, eggs, whole-milk cheeses, and fried foods, and all were sedentary. I didn't inherit the thing that killed those family members: their lifestyle, values, and cooking habits.

Money that's now spent trying to document beyond a hair of a doubt whether people are fat because of their "bad genes" could be better spent on education. Heredity may be somewhat a factor in obesity as well as high blood cholesterol. Some people may be more predisposed than others to make, store, and save fat. But to emphasize the possibility of such a predisposition is too often to relieve people of responsibility. Even if such a predisposition exists, it will be made significant by poor fueling, which trains the body to become adept at what it is supposedly predisposed to do.

The fact is that what you have now learned to call "fueling" is an overfat or obese person's best bet for health and fitness. But that doesn't make them "different," because the same way of eating is also ideal for a fit person. And it's also ideal for a diabetic, and an athlete, and a person treating heart disease, or reversing it, or preventing it—or preventing any number of diseases.

It works for all people because it's based on how the human body is designed to use food as fuel. A slowed, clogged, overfat body resulting from direct denial of this design should not be considered a mystery requiring endless study! If the care and treatment of a machine doesn't take into account its basic needs and design, the machine will probably break down.

It all gets back to working the best you can with whatever you have. Obese people *may* be more likely to gain fat, but as I said earlier, I still have never worked with an obese person who was fueling his or her body appropriately. Never. I would like to see studies in which children of families determined to be "genetically" obese are from birth fed plentifully in ratio of 65 percent carb, 20 percent protein, and 15 percent fat. I have a very, very hard time believing they would become obese. They might not tend toward the exceptionally lean—but who knows?

The Carbohydrate Addict's Diet says, "Overweight runs in families." When I am at a buffet and I see an overfat mother, father, and children all piling danish and sausage on their plates, am I to believe the child is obese because he got Mom and Dad's genes? Even if he does have a genetic switch that the fates have thrown in favor of fat, does that mean he should throw all sensibility to the wind and stuff himself with fat and sugar?

It's the same with cholesterol. A small number people seem

to have a difficult time managing it by diet alone, and only with the help of drugs does their blood cholesterol level seem to stabilize. But too many times I see people taking drugs to lower cholesterol—and eating fettucine alfredo for dinner. What's the point?

"IT'S OUT OF MY HANDS . . . ISN'T IT?"

You're not at the mercy of age and disease. Statistics and odds confirm it and my own observations have utterly convinced me. Just getting one's eating in order drastically tips the odds in one's favor.

Yet listen to people talk about heart disease and cancer—people who have it, who know others who have it, or who are commenting in general. The tone is matter-of-fact resignation. I hear: "Oh, well, you know, he was old," or "Well, these things happen—it's a real shame."

In *Recalled by Life*, Dr. Anthony Sattilaro's story about how he became cancer-free through diet, he said, "I had suffered from intestinal disorders for twenty years. . . . My intestines were obviously having trouble digesting the food I was eating. Rather than change the food, I took medication to suppress the symptoms . . . I never addressed the underlying causes. Ultimately, those causes brought on my own cancer. Because I did not understand this, I viewed my lot as capricious and my cancer as outside of me. I had nothing to do with it—other than the fact that it had struck me down. It was all bad luck."

HIGH HOPES FOR STAYING HEALTHY, LOW STANDARDS FOR HEALTH

Doubts about our power to stay healthy are often aided by dismally low standards of what "being healthy" really means. I think to many people, "health" means "not in intensive care right now." The father of a past co-worker of Robert's chain-smoked and lived on fried fast food. The guy could barely walk, Robert says, but when he died, the co-worker's wife commented, "It was so sudden—he was so healthy." Robert nearly fell over. He said it seemed like what she meant was, "He didn't have a cold."

Often in our workshops, after all the educating has been done, someone will pipe up, "But my Uncle Fred (or whoever) ate grease (smoked, drank, etc.) all his life and he's 95 now and still going." My answer is always the same. One, Uncle Fred may be breathing and have a pulse, but is he truly alive? Is Uncle Fred active, feeling and looking good, and enjoying life? In other words, we are talking about fueling not just to make it to a certain age, gasping and wheezing or on a stretcher—but to really live. Not just a long life, but a quality life. Two, if after all that abuse Uncle Fred is indeed doing what he loves to do—hiking, working, boating, or whatever—then he is the very rare exception. No matter how common people think it is to abuse yourself and "get away with it," the statistics show that it's not common. Currently, two out of every three people you know will die of cardiovascular disease or cancer. These illnesses are conclusively preventable, largely through diet. Period.

If you want to bank on having the luck of Uncle Fred, go right ahead; this is all about choice. But know that, even if Uncle Fred is living a life you'd want to live, your chances of doing the same while abdicating all responsibility and conscious thought about what goes into your body are not good. Chances are Uncle Fred is probably semicomatose by the TV most of the time.

These diseases don't "just happen." Contrary to popular belief, we are *not* passive victims of these diseases due to old age or heredity (except when we "inherit" poor lifestyles and habits). We are *not* helpless against strokes, heart attacks, and the most common and deadly cancers.

A NOTE ON THE FAT/CANCER LINK

Contributing to this sense that there's not much you can do is the fact that many scientists are still reluctant to come forward and declare that a fat body and/or diet are definite risks. While the link to heart disease is now widely considered

indisputable, the link to cancer is not. Some say it is unques-
tionable; others will only say "studies suggest a link" and
"more research is needed." Some say statistical correlations
are not enough, because they don't prove cause and effect.
(In that case, smoking doesn't cause lung cancer, either.)

HOW DOES FAT CAUSE CANCER?

This is not certain yet. Several theories about fat and cancer
are presented by various publications, books, and reports. Fat
may promote cancer by influencing the metabolic processes of
normal cells, leaving them vulnerable to the development of
malignancy brought on by other agents. Carcinogens which
might not be effective otherwise are thus able to create abnor-
malities. Most recently, some research suggests that fat may
act as a solvent that actually enhances the effects of certain
carcinogens.

Fats can also upset the balance of our hormones, which
has been linked to certain cancers, most notably breast cancer.
Fat in the diet as well as an overfat or obese body seems to
increase estrogen production, and increased estrogen levels
have an established role in breast cancer (estrogen seems to
feed tumor cells). One study showed that in women who
switch to a diet where fat is 20 percent of calories, estrogen
levels quickly drop by 10 percent. Besides, fatty acids also
affect production of the hormone prolactin, which governs
breast growth and milk production and influences the circula-
tion of estrogens as well. Abnormally high levels of prolactin
have been found in woman with breast tumors. Additionally,
as far back as the 1940s, scientists were finding that mice
fed a high-fat diet suffered more mammary tumors than mice
on a low-fat diet. And overfat animals consistently develop
more tumors than lean ones.

Finally, since a high-fiber diet has been linked by studies
to lower incidence of cancers, especially intestinal ones, the
fact that eliminated fatty foods are likely to be replaced by
high-fiber complex carbohydrates may be a source of protection and prevention. (In fact, the assortment of literature I've
reviewed, both lay and scientific, does seem unanimous in

confirming a definite link between dietary fat and colorectal cancer.)

The Japanese have virtually no cancer of the breast, colon, or prostate. Also, heart and artery diseases are rare among Japanese. Scientists now believe that the Japanese diet—exceptionally low in fat—is the key. Once they migrate to the United States and consume the high-fat diet that is from a worldview peculiar to the United States, Canada, and parts of Europe, their rates of cancer (and the other diseases that kill Americans) rise correspondingly. If you graphed the varying levels of fat in the diets of countries the world over, and then graphed the varying rates of breast, colorectal, and other cancers, the two graphs would mirror each other perfectly. (Not surprisingly, in this country the Seventh Day Adventists who follow a vegetarian regimen for religious reasons show a much lower rate of cancer and cardiovascular diseases than the rest of the general population.)

Two friends who each worked for four years at the East Coast's largest cancer research center told me privately that, given the voluminous collection of studies reinforcing the breast cancer/diet link, questioning it is playing with fire; there is no question in their minds about the connection. While I have spoken with health professionals who argued that "the case for a low-fat diet should be obvious to people," I don't think they realize how mixed the messages are. On breast cancer, for example:

▶ Dr. Susan Love, M.D., Director of Faulkner Breast Center in Boston and Assistant Clinical Professor in Surgery at Harvard Medical School, says in a 1992 *Mirabella* article that asked why more women than ever are getting breast cancer, "We don't have a clue."

▶ Epidemiologist Maureen Henderson, of Fred Hutchinson Cancer Research, said flatly of the breast cancer/fat connection in a January 1991 *Time* magazine article, "I'm sure of it."

▶ *Self*, October 1992: "The best way to beat breast cancer is to detect it early."

▶ An 18-page booklet from the National Cancer Institute lists seven risk factors for breast cancer. One is being a woman. Fat is not among them—nor is it mentioned anywhere else in the pamphlet. Saying that "the biggest risk factor for breast cancer is simply being a woman" is not only a maddening push for "early detection" when early prevention would be so much cheaper and less painful—it's also just not true. It's a technicality. You could get really clever and say that the biggest risk factor for dying is being alive, or that the biggest risk factor for totaling your car is owning one. But what's the point? Why waste time and money educating people about a risk factor that's such a given that it's meaningless? Women want and need to know what they can do, not be gripped by terror simply because they have breasts.

In fact, the same goes for men. Since the cancers that afflict them most also happen to be those most strongly linked to dietary fat (colorectal and prostate cancers, for example) it is unconscionable that our scientific community is inviting the public to believe that all the data amassed so far is coincidental. Populations with high-fat diets have strikingly high rates of prostate and intestinal as well as breast cancer (not to mention coronary diseases).

Meanwhile, the diet thinkers make a low-fat diet sound like a sentence in hell: *Health*, in its January/February 1993 issue, said, "Some women cut out fat. . . . For these women, fixing a meal can become a rigorous chore, and eating with friends nearly impossible." In January 1991, *Time* said, "Another concern [about funding cancer/fat studies] is that women participating in such trials would have trouble adhering to the drastic regimen." (I dare anyone to observe a day in my life and tell me honestly that the vast smorgasbord I relish is a "drastic regimen" and "rigorous chore.")

A public television feature on Dr. Dean Ornish's program to reverse heart disease quoted a doctor as saying, "It is impossible for most people to live on a 10 percent fat diet." He asserted that it makes one "constipated, depressed and neurotic about food."

The tug-of-war and lack of a clear position plays directly to the inability of people to perceive risks and priorities. What the research community calls "playing it safe" is probably playing with people's lives. Murmuring, "There may be a connection," in the face of so many studies showing a conclusive link is what finally leaves the anxious, overfat people in my workshop squinting, "But the fat connection is kind of iffy, isn't it?" People are listening hopefully for authoritative hesitance and clinging to the vague and ambiguous statements they hear.

How much must something be studied before the public can be told the link is certain? We'll all be dead before some things are "proven" to the satisfaction of some scientists. Since the evidence "suggesting" fat/cancer links is voluminous, and since a low-fat diet does indisputably protect against the disease that kills 12 times as many women as breast cancer does (breast cancer deaths are 42,000 women a year, heart disease more than 500,000 a year), why wait? If the verdict that it's also a cancer buffer finally comes in after "more research," you'll be ahead of the game.

> The 33-year Baltimore Longitudinal Study on Aging is meticulously monitoring physiological changes that occur during the lifetimes of more than 1,000 healthy volunteers. The study has so far found that an 80-year-old healthy heart can work as well as a 20-year-old one. According to scientists, this is not only due to the occasional stroke of genetic good luck. *Like an auto engine's, the human heart's performance over a lifetime is a direct result of how well it's been cared for*. [Italics my emphasis.]
>
> —Madeline Chinnici, in *Self* magazine, April 1991

15

EDUCATION:
The Ultimate Answer

As a physician, I have observed that diet and lifestyle are the most important factors in promoting health and preventing disease. Yet many Americans eat and drink their way into sickness or premature death. In a recent study by the American Dietetic Association, 25 percent of those surveyed said healthy eating "takes too much time." . . . The study also revealed that 38 percent of Americans think a healthy diet means giving up their favorite foods.

—LOUIS W. SULLIVAN, M.D.,
Secretary of Health and Human Services,
Parade, March 29, 1992

Many Americans are still confused, misinformed or apathetic about the connection between diet and health. . . . Misconceptions about dietary change seem to have deterred many Americans from taking steps to improve their diets. Consumers frequently tell researchers they don't want to give up the foods they like.

—*Consumer Reports*, October 1992

Adam Drewnowski, Ph.D., director of the human nutrition program at University of Michigan's

School of Public Health, counters, "We've been telling people 'just say no to fat; eat vegetables' for the past 20 years, and basically it's not working."
—*Glamour*, September 1992

No, it's not working—and by now, you know I have quite a few ideas about why. I believe educators must reexamine *what* they've been telling people, and *how*. You can only blame the student for so long before the tactics of the teacher come into question. Therefore, my goal is not only to educate the public, but to stimulate critical thinking among other educators.

Diet thinking is not simply an outgrowth of lack of education—equally at fault is the reliance on misguided, ineffective education. More education is important; different education is an even bigger priority. What matters is not just the information we provide and how much, but in what manner we provide it.

Diet thinking hampers incisive, substantial education. Impotent education creates fertile ground for more diet thinking. It's a catch-22 whose loop must be closed now by updating the content, the context, and the extent of education about eating.

People not only don't know what their greatest threats are (feeding the "outrage factor" described in the previous chapter); they are also at a loss about how to effectively deal with them. The result is a great number of people who don't do anything, many more who do the wrong things, and some who are unhappy about doing the right things. How do you educate people and have them act on that information—gladly?

Statistics on American fat and sugar consumption, and on the epidemics of heart disease, cancer, stroke, and diabetes, show that simply launching the latest research findings into living rooms via the evening news doesn't necessarily move people. Education must be consciously designed for digestibility.

The major flaws in current education efforts match a number of the basic characteristics of diet thinking. Missing from education are clarity, specificity, consistency, choice, a base-line of science to explain the rules, a sense of priorities, and positive language. Underlying it all is a lack of understanding about what people are really doing, and how they interpret and feel about what they are told.

Still, it's not hopeless. I wasn't trained to be an expert in education or even in nutrition—but I have been able to reach people successfully and powerfully with the messages so many health professionals are eager to get across to Americans. I've done it by recognizing and moving beyond those diet-thinking glitches. Other educators and health professionals can do the same.

However, it will mean giving up the investment in "the way it's always been done," and the safe and easy route of blaming the listener for not grabbing the data tossed at them. They'll have to be willing to take a few pages from my book—the work of "a young person . . . who has studied the paradigm but never practiced in it. . . . knowledgeable about the paradigm but not captured by it . . . an outsider" (Joel Barker in *Future Edge*).

Remember the phrases Barker said are typically used at first to put such people down: " 'That's impossible.' 'We don't do things that way around here.' 'It's too radical a change for us.' . . . 'How dare you suggest that what we've been doing is wrong!' 'If you had been in this field as long as I have, you would understand that what you are suggesting is absolutely absurd!' " I expect to hear a few of these. However, as I execute my vision for more cohesive, comprehensive, positive, and powerful public health education, I also hope to find that the majority are more interested in what works than in being right about past methods.

BE MORE UPBEAT!

In *Mastery* George Leonard says of conventional education: "The operative words are too often *don't*, *no* and *wrong*. The fundamental learning is negative."

Negativity is certainly a feature of the education born of diet thinking. Advice is usually limited to the few aspects of change likely to be considered negative—even though those aspects aren't as important in the big scheme of things as those that are positive (like eating enough).

For example, a staple of nutrition advice is what to cut from your current intake. No wonder people don't want to hear any more. "Don't eat fat. Don't eat this. Cut back this. Reduce this." People want and need to know what they *can* eat, what they *can* do! Those who counsel overfat people constantly try to extract commitments about what they're not going to do, what they're going to stop doing. What about *starting* something?

What prevails in the little education that exists today is diet-thinking vocabulary that's so worn-out and tired it's become almost meaningless. Even supposedly positive buzzwords have become banal. "When they tell me to 'change my life-style,' " said one workshop participant, "all I can hear is, 'Eat better. Eat less. Eat right.' All I can see is endless changing—and yucky health food." Even the words "dietary recommendations" sound dry—as if, like a "diet," they are separate from real eating and real life. Why not say, "This is what fuels your body" instead of presenting eating like some bitter antidote?

People listen more attentively if the story is expanded to include all the positive facts and truths. "You mean maybe if I do scale back in this one area (fat intake), it will also be okay—even healthier—to scale up in other areas (like total food volume and frequency)?"

The tone is as negative as the words and their meaning. Current education efforts are as full of resignation as they are empty of biological facts and rationale. I think educators and experts would do well to examine the effectiveness of their own delivery instead of blaming the psychology of the overfat individual for recidivism that actually results from the biology of deprivation. If psychology plays a role, it's that of educational style—not a person's emotional reasons for the "eating too much," "unrealistic expectations," "not learning to deal with temptation," and "feeling deprived so you fall off your diet."

Example ("Fat Gauge," *Allure*, January 1993): Sports nutritionist Michelle Vivas "tells her clients to try to accept their shape and make the best of it." (You can practically hear the big, martyred sigh that goes with this "encouragement.")

Besides being a knot of "nots," current education is always focused on control. Educators make themselves responsible for "getting you to" do something. And they "know" you won't want to. They work on your eating instead of your life; they try to change you instead of giving you a choice; they give you rules instead of a scientific big picture; and they try to move you with negative threats about disease. It's against, not for; it's what you're not, instead of what you are.

In short, they do the same diet-thinking things to you that you do to yourself. Where do you think you learned it?

BE CLEAR AND SPECIFIC!

In her *Vogue* article "Let It Be Light," Mary Roach cogently summed up the problem of vague generalities in dietary recommendations: "No more than 30 percent of calories from fat, says the American Heart Association. We nod. We look at our plates. We scratch our heads. It's one of those things you hear over and over and never quite understand, like 'consumes forty-seven times its weight in stomach acid.' "

My clients echo the bewilderment. "You hear thirty percent fat, but what does that mean?" Jessie asked us plaintively, and was greeted by a chorus of agreement from the group. "Yeah, you hear 'high carb and low fat,' but how do you eat that way?"

While the experts fight among themselves about whether 10, 20, or 30 percent is best, people struggle to figure out what any of that means and what's really important. Then those same experts moan about how no one listens to their recommendations. Well, maybe they're the ones who aren't listening. I observe very little sensitivity to what people may or may not already know, what they want, and how they hear things.

Most articles I see on the subject of nutrition leave the reader with more questions than answers. It is not prudent to make broad, vague statements to the American public. Educators and health professionals must consider how something will be reported or interpreted—not only by the reader or listener but by the sound-bite-happy media they must use to disseminate their recommendations. For example, a statement as general as "diets aren't healthy" is interpreted by many as all-out permission to abdicate all concern about food and health.

Here's a perfect example of the tangled web we weave when we aren't specific. Joann Manson, an epidemiologist at Harvard School of Public Health, stated in the "Great Weight Debate" (*Health* magazine, February 1992): "I would prefer . . . not trying to get women to aim for real leanness, which is extremely difficult to achieve and can result in serious eating disorders."

First of all, what is "real" leanness? (As opposed to "fake" leanness?) What is "really" lean, or "too" lean? To one woman it will mean size 5, to me it means below 13 percent bodyfat, to another it will mean 110 pounds, to my grandmother it meant only two chins instead of four. Give people some numbers; don't leave it to their uninformed imaginations!

Second, only a handful of female athletes ever actually flirt with being "too" lean—that is, maintaining bodyfat lower than 13 percent. Few reading that article would likely be in any danger of being "too lean." Too hungry, yes. Too "thin" (but not necessarily lean) for the wrong reasons, perhaps. Too lean, no. The danger that the vast majority of readers will face is from being too fat.

Quotes like this inspire leaps of reasoning such as, "I guess I'm healthier if I'm fat." Some undeniably overfat woman is out there right now reaching for another handful of fries or giving her kids bacon-and-mayo sandwiches for lunch, saying, "See, it's not healthy to be real lean, anyway." I know—because I've heard them.

Third, at 16 to 17 percent bodyfat, am I "real lean"? I'm lean, it's true. Yet I'm not within a continent's length of an eating disorder. Was it "extremely difficult to achieve" my "real leanness"? I exercise a few hours a week and eat unlimited amounts of delicious carbohydrates, with small amounts of protein and fat.

Fourth, would Manson make a statement like that to her

peer group? We need to hear the same things they do, know what they know—at least to a point. My client Terry's naturopath told her, "Everyone needs fat in the diet." This is technically true, but what does that mean to Terry? Does he know she took it as license to put extra butter on her toast, when her total dietary fat was already more than 35 percent of calories? Did he consider that she might need some context, a frame of reference in order to use his advice safely and productively?

What would be the harm in explaining to her, "Every body needs a few grams of essential fatty acid daily, but even if you added no fat whatsoever to your diet, you will no doubt meet that need by eating carbohydrate and protein food."

People are sick of receiving brusque orders without understanding their biological reasoning. They want to be trusted with the same background information that led to the recommendation. In my opinion, that's one of the keys to empowering them to use the recommendation. Why should they take responsibility for their body if they're not trusted with its full story?

Don't assume they can't understand; that's condescending. I would gladly submit virtually any of my clients for testing by an independent, objective educational authority, with confidence that they would exhibit accurate knowledge about how the body works that's unheard of for a lay person. Many of my contacts with supportive health-care professionals began with them calling to ask, "How many weeks are the BodyFueling classes my patient attended? I'm so impressed!" (The basic workshop is four hours total.)

At the same time, it's also important to bridge the gap between academia and Everyperson by translating anything remotely scientific into real-person-ese. I speak the language of a lay person because I am a lay person. I know how people listen because I know how I listen. I know what's missing because I know what confused me before. When "the experts" begin communicating specific, graphic, complete science to people, it's going to have to be user-friendly as well. Perhaps there is a need for more "lay liaisons" to the public—"average" people with sound scientific knowledge and a gift for effective and empathetic communication.

ACKNOWLEDGE AND ENCOURAGE!

Without specifics, even those who are already doing a good job of reducing their intake don't recognize it or feel validated. People who are actually doing well have no basis for knowing it. The hazy, general "eat better!" message leaves them despairing that anything will ever be good enough. They assume that no matter what they're doing, it's already wrong. Encouragement is as scarce as a framework of facts.

A human resources vice president approached me at the first break in a corporate workshop to talk about his love of beef. He went on and on about how he really enjoyed red meat and couldn't imagine giving it up, but he believed it made him a "bad eater." It turned out he was eating one burger a week.

I understand his assumption: It's what he's been scolded and browbeaten to believe. "Too much red meat is bad." But how much is too much? Most of what people read and hear doesn't say. Some may decide that one beef meal a day is conservative enough, while others who eat any red meat at all feel guilty. Diet thinking, coupled with the human propensity for self-doubt, rarely tips the assumptions in one's favor.

There are two ways we can respond to what a person is doing: Point out what's wrong and how it should be righted, or affirm what has already been accomplished and point out what else can be done and why. Why do educators so reflexively choose the former? Why do the health and nutrition professions keep hounding people to change, hammering them with rights and wrongs? People must be rewarded for every step, encouraged to relinquish their own whip and appreciate themselves. People are at least as good at cutting themselves off at the knees as anyone around them. They don't need our help with that!

RECOGNIZE THAT "SOME" IS BETTER THAN "NONE"!

Closely related to the praise-and-reassurance blind spot is the all-or-nothing syndrome. Education often leaves people with the impression that anything short of total perfection means you might as well live on hot fudge sundaes and corn chips. Consistency instead of perfection is not extensively touted.

Yet it works—almost like magic. It's like pushing a button. Tell someone, "Hamburger and cheesecake are no-nos if you want to be healthy," and they will probably have one or the other before they go to bed that night.

If we hold people up to a standard and say, "All or nothing," and they say, "Okay, nothing"—what's the good? If they did some, for a long time, wouldn't that be better than nothing, or all for just a few weeks? So why not let them know that "some" is okay? Most people can commit to "some, mostly." Few will commit to "all, always." No one can be permanently perfect, but most people can be relatively consistent forever.

And that works out just fine, because being consistent is all it takes. It's a fallacy—or an excuse not to begin—that if you don't do what's optimal every minute of every day, you've blown it and might as well forget it.

Put yourself in the place of some brave soul who has never exercised in his life, or not for many years, but has decided to "go healthy." This person is in the middle of making all kinds of changes (some clients come to us in an orgy of new-leaf-turning—quitting smoking, changing their eating, everything all at once). They are determined to make this work—but exercising six times a week, even four or five, is daunting.

Consider that they may not yet have experienced the turnaround in energy that fueling will eventually provide, so all they have to go on is the lackluster way they feel at the moment. And their busy life schedules loom before them. Now say, "Three times a week will barely do anything."

If they have been doing a little, they feel as if this effort—which for them is a monumental one—is totally insufficient. If they've been doing something twice a week, and they hear they are "losing fitness," they may lose interest. Is this how we reward people for their efforts—with unyielding "standards" to use for self-flagellation?

My father is an excellent example. A star swimmer and avid basketball player in his youth, at the age of 55 he has been inactive for many years. Lately, he's been eating nonfat cheeses, fruit instead of cake—and talking about walking and swimming again. Now, if my dad began to walk twice a week for 20 minutes at a time, I would be walking on air (if I could get any higher, now that he's quit smoking after 30 years!). If he walked just that much, I would shower him with genuine joy and appreciation. How do you think that would affect his desire to keep walking?

On the other hand, what if—hearing of his twice-weekly jaunts—I said, "That's nice, Dad, but you really need to do it three times a week, for 30 to 45 minutes, or you're still 'losing' fitness." First of all, can that even be true? When someone who hasn't walked further than to the fridge or the TV for 10 years begins to walk to the store, is he "losing"? And second, even if it were true, which response will eventually coax him to 30 minutes?

My client Kelly is another example. She said after the workshop, "Now I see that I can start out slow with exercise and that's okay. The program my club had me on was too much, so I had stopped going. Now I'm swimming, walking, and doing light weights—varying it. I'm not going crazy trying to get to a certain heart rate. I feel great." A trainer at her club had also told her that her horseback riding "didn't count." What does that mean? Perhaps he meant that it isn't aerobic, and thus won't be the most effective choice for fat burning. But that's where specificity again becomes important: If he'd explained exactly that, he would have been putting her in an informed position—not merely putting her down. He never bothered to find out what she wanted to accomplish.

The most important point here is that anything is better than nothing. You should feel good about whatever effort you put in. And feeling good about what you've already done invites you to keep going. When I'm doing well, I want to do more. If I constantly feel I've fallen short, I want to give up.

LESS "SHOULDS," MORE CHOICE: WHEN THE
RIGHT INFORMATION IS IN THE WRONG CONTEXT

One of the distinguishing features of health education is that people aren't treated as if they truly have a choice, as if whatever they decide is really all right. Even those who are pushing the "right" information don't necessarily address this issue. I've mentioned informed choice in the context of the individual's approach to fitness. I think it's also important for educators to address its role in their approach to delivering information.

It's time we recognized that people just don't do things because they "should." Give someone a should (or shouldn't) and you can pretty much count on a rebellion. The magnetism of the forbidden is simple reverse psychology; you don't need a Ph.D. to figure it out. Just observe human behavior: You say don't, we say do. They say should, we say forget it. You say naughty, we do it anyway—and feel guilty on top of it. (Guilt doesn't so much alter your actions as change how you feel about them.)

One classic interpretation of the "should" is administered by professionals who believe that frightening people into "eating right" is a good tactic. But threats (like all "shoulds") don't leave people wanting to care for themselves; it makes them feel like they have to. "Scared" and "concerned" are *not* synonyms for "inspired." I have met and worked with plenty of people who confessed to being absolutely terrorized by thoughts of cancer or heart disease, but who were doing nothing about their eating.

The most potent combination in health education is complete and accurate background information, and a genuine choice about using it. Providing neutral, nonjudgmental information, then giving people the freedom to go ahead and do whatever they want, creates an inviting "space" to do the right thing. Say, "Fueling your body will be optimal. The more you do it, the better off you'll be. But it's your body, your life. Here are the facts, so you can make an informed choice," and they tend to choose wisely—*because they actually have a choice*.

Informed choice is one of the most powerful "secrets" of BodyFueling, but it needn't be a secret. All you have to do is provide information and let go of your imagined responsibility to "make them" use it. But it must be a genuine release, not a manipulation strategy such as "maybe if I act like it's okay if they don't, that will get them to do it."

Why do professionals insist on moratoriums and "no-nos" as the standard modus operandi for education? Fitness trainers and nutritionists who participate in BodyFueling sometimes come up to me afterward to chat conspiratorially about how "hard" it is to educate people. "Don't you hate it when people don't do what you tell them to?" one said, or "How do you get people to . . ." If you "hate it" when people don't listen, you're essentially saying it's not okay if they don't do everything you say.

I think most people want to do what works. We don't need to "get them" to do anything—we just need to inform them about how things work. If perchance someone doesn't want to do what works, they won't. No amount of coercion will make them. Instead of trying to drag people in a certain direction, simply hand them a road map, describe the journey, point them in a good direction, and leave them thinking about compelling personal reasons they might have for going that way.

"Richard" is one client whose story is testimony to the power of choice. An accomplished fast-track executive in his mid-thirties, Richard was stationed in Hong Kong as vice president of a rapidly growing international division of one of the world's largest companies. His account of the corporate culture there included what sounded like a caste system based on one's drinking ability. He didn't consider himself an alcoholic (and neither did I), but he was concerned about his consumption.

I never once, in the four days we spent during an executive retreat, told Richard he should or shouldn't do anything—including drink. I did, however, provide him with a strictly factual, biological account of the body's reaction to ethanol alcohol, the toxin in alcoholic beverages (see p. 75 on ethanol), and simply suggested that in the future he choose wisely based on those graphic facts and based on his life commitments and the need for an energetic, healthy body to fulfill them.

About a year later at a convention, we spoke to Richard's boss, the division's president, and learned that since our work with him, Richard has never touched another drink again. He discovered nonalcoholic beer. "And he's driving us all crazy telling us how many grams of fat are in everything we eat," added the president. "What did you do to him?" I didn't do anything to him. I treated him like the intelligent adult he is, provided him with the facts, and gave him an authentic choice. He did choose—and wisely.

I wonder how many drinking problems could be eliminated with this approach? Certainly in physical addiction there are other factors, but not all cases of abuse involve physical addiction. In those cases, treating people like adults who can choose, instead of like children or sick people, could give a new face to what we call "treatment" today. Too simple? Too low-tech? But could it hurt to try?

Informed choice is clearly important to people. One BodyFueling client, Patti, described the experience this way: "It felt like a course in logic, not 'how to eat.' I definitely have a sense of what I need to do if I want health and fitness—and I also know that if I don't do it, that's my choice. It's totally up to me."

Robin, another client, explained, "What's neat is I feel very responsible for my choices now. I either want to feel good and be healthy, or not. And I know exactly how to get there if I do. Somehow it put the responsibility back with me, but without guilt."

When you stop trying to will people to respond, you can work with them on finding their inspiration in their own lives. Remember, that's positive and long-term inspiration, not "don't-wants," and three-month goals.

Linda, my client and a massage therapist, hit it squarely when she said, "You really impacted the way I look at this. 'Feeding my muscles so I can heal other peoples' muscles' is much more positive and powerful than 'I should be eating right.' "

TREAT PEOPLE LIKE ADULTS!

People sometimes behave like babies about their eating—I think because they've been treated that way. Listen next time you hear or read recommendations on nutrition. Does it come off with at least a tinge of "Naughty, naughty, naughty! You know better than that, now, don't you?"

When you baby people, you get babies. Educate people as though they are dense little children, and that's exactly what you'll get. Observing peoples' conditioned response to the subject of food, I often am reminded of Emma, the beautiful and captivating daughter of our friends John and Jashoda. I remember when Emma was about four, she had a cranky, early-morning habit of loudly insisting that she didn't want something—even after you agreed with her. She couldn't hear your agreement. "I don't want orange juice!" she would begin. You'd say "Okay, Emma, no orange juice." Louder: "But I don't *want* orange juice!" You repeat, "Got it, Emma. No orange juice." Now a screech: "But I don't **want** orange juice!"

I had a workshop participant do the exact same thing once. "Shelley" raised her hand to tell me she just wasn't going to "give up" fat. I said, "That's certainly up to you. If there's something you love, don't give it up." She responded, "Because I love to cook, and it's just impossible to cook anything good without oil." I said, "If you feel that way, then by all means cook the way you choose." "But I . . ." She got louder and more shrill as I calmly repeated over and over that it was fine, she didn't have to. She couldn't hear me.

I've seen the most staid businesspeople resort to the terrible twos. One male executive at a small southwestern company declared indignantly, "You mean you want me to take snacks or lunch to the office? That's for housewives."

That's fine. If it's too much for him to stick a banana in his briefcase or drink a can of juice mid-morning to keep his energy up, and help reduce his ample, heart-attack belly roll, let him decline. It's his body. (Of course, it's also our insurance rate base—but that's another story.)

KNOW THAT PEOPLE DON'T KNOW!

After appearing on one network's evening news program, I contacted a competing network to see if they would like to cover the story of BodyFueling as well. The assistant producer was enthusiastic about the story and pursued it for some time, but eventually came back to me with a ''no'' from the producer, her boss: ''She says that everyone knows all that already,'' adding, ''She's really into fitness, and she already knows all that stuff.''

Maybe she does (and maybe she doesn't). Even if she does, she is dead wrong if she believes people understand how their bodies work; that they have a statistically based sense of health priorities, a powerful sense of freedom about making choices, and a long-term purpose for self-care. She's not down in the trenches every day, listening to people's comments, questions, and language.

I cannot emphasize this enough, both for the educators and professionals who assume people know the basics (or figure they don't need to understand the scientific rationale for ''dos and don'ts''), and for those individuals who are sure they ''know'' everything. I continue to be astonished and awed at the dismally subterranean depths of unconsciousness and lack of comprehension demonstrated to me during my work.

I think nutrition professionals and others who share my mission sometimes forget that we must start at square one. Immersed in their own advanced state of knowledge, ''the experts'' forget that most Americans know very little about food and nutrition—regardless of what they know about anything else. You cannot just lecture people to lower their fat and cholesterol!

I worked with one very high-powered executive who said a well-known lecturer on eating for a healthy heart had spoken at his company that year. ''Henry'' really enjoyed listening to this person, so I thought ''that's nice.'' But about halfway into my presentation, Henry expressed total shock that peanut butter is loaded with fat. He didn't even know hard cheese is typically high in fat! He didn't know any of the simple facts we taught about the body and how it works.

Very often at our workshops I'm struck anew at all the

faces looking up front, expectant and faintly puzzled, waiting. Successful, educated people in their thirties, forties, and fifties who have no clue. It's a bit like being a history teacher who is dismayed to find out that his about-to-graduate high school students don't know what continent Somalia is on or where the Middle East lies, or even what part of the country Wyoming occupies.

Every day I come home with some new diet-thinking collector's item I've overheard: "I hear that . . ." I hear it in the supermarket, in movie lines, in the mall.

Overheard at my health club: "If I feel hungry when I know I shouldn't be eating, I have salad or vegetable juice. It's really filling."

"Hey, this treadmill says I only burned 100 calories! What was the point?"

Three teenage girls leaving the stair machine area: "Let's go eat now." "I just want a salad." "I don't want anything. I don't want to ruin what I just did."

A gasping, sweating, overfat man leaning over to Robert from the cycle next to him: "You should be doing it harder. See? You're only burning 400 calories an hour, and I'm burning 600."

Listen to the questions people are still asking. In *Shape*, September 1991: "If I lift weights, will I weigh more?" and "I'm worried about gaining weight from dairy products." In *Parade*, April 12, 1992: "Can fat be converted to muscle through exercise?" "Am I losing weight when I sweat during exercise?"

Marc was pouring olive oil on his pasta every day and was boggled about why he wasn't losing "weight"—he was certain he ate a "no-fat" diet!

It doesn't matter who you are. It doesn't matter how educated you are in other ways. I've worked with Ivy League–educated businesspeople, and I've worked with unemployed mothers on general assistance. They believe exactly the same things about what you "should" and "shouldn't" do; they're making exactly the same mistakes. Diet thinking knows no socioeconomic boundaries. I've worked with Fortune 500 CEOs (men and women) who made no connection between not eating all day and not having any energy. It's easy to assume, "Oh, *they* know all that," but it's just not true.

Cultural brainwashing and incomplete education can corrupt the instincts and common sense of the most intelligent people. In the June 1992 issue of *Bicycling* magazine, Tom Seabourne, Ph.D, wrote an article about how he "discovered" that eating more frequently could help you lose "weight." He explained how he was confused during a cross-country bicycling race because he was losing muscle and gaining fat on three meals a day, even though their combined 8,000 calories should have fueled his 100 miles a day. So what's the first thing he tries to remedy the situation? Switching to *one* meal a day. What in the world sent this highly educated person in that direction?

He only stumbled onto eating more frequently when his daughter became diabetic and was "ordered" to eat snacks as well as meals. He ate as often as she did, just to support her, and immediately experienced speed, strength, endurance, and energy boosts. He adds, "I know the idea sounds outrageous." Why? Any biology textbook would have pointed him in that direction.

Finally, I've found that even people who have already experienced the inevitable results of poor diet still aren't educated about eating. It's bad enough when people aren't educated about how to prevent their health problems—but to have suffered the consequences and still not understand why (and what to do next) is abominable. Eating dinner with a family in which several members are diabetic, I was aghast that every carbohydrate on the table—potatoes, stuffing, fruit—was drenched in some kind of fat, from butter to whipped cream. There wasn't a single one I'd have wanted to put in my body (and I didn't). There was no bread. Moreover, the dinnertable conversation revolved around how "healthy" everything was—because it had no sugar in it! They even distinguished between the "good" yams (brown sugar) and the "bad" (no sugar). But both were drowning in butter.

How can people be diabetic and not know what fat does to a diabetic body? I'll tell you how. When my own father-in-law was diagnosed with diabetes, he was given an exchange diet to follow and a kit to test his blood sugar levels. He was left uneducated and confused. Had he not happened to have a son and daughter-in-law who are immersed in this, he would have been competely lost. He learned nothing about what exactly was happening inside him, how it could have been prevented, or what opportunities he still had to be healthy. Instead, he learned that he was "sick," and that eating this new way was his "treatment."

The joke is that the way diabetics are supposed to eat once diagnosed is how they needed to fuel their bodies before they got the disease. It's what every body needs! For many Americans, it takes a disease to jolt them into beginning to fuel—and even then they treat it like a "have-to" curse. My father-in-law felt he had to eat this way because he was "sick," when in fact it is essentially the way I eat, and the way a healthy human body is best fueled.

STARTING YOUNG

Because they've had some basic education about how to operate a car, people don't try to start their cars with a bobby pin. Basic information about how to operate the body should take precedence over that. Giving all children some simple nutritional and digestive biology would mean an entire generation could grow up without being mystified about the way their bodies work—and without doing a lot of dangerous and counterproductive things to manipulate their bodies in pursuit of goals that fundamentally cannot be achieved.

If parents don't get it handled and kids don't get it in school, kids grow up emulating whichever fuel-foolish habits the parents happen to be stuck with. Sometimes it's forced on them: Among the horrible, poignant stories clients have told me was one from a woman whose mother put her on the Air Force Diet when she was eight years old; she was allowed to eat only eggs and milk. At a wedding recently, one woman brought her overfat daughter a wedge of brie cheese the size of a large pie slice. The couple at our table urged their son to have a second cookie, even after he refused several times.

Then, when the teens or twenties hit, "thin" becomes a

priority, and kids start adding their own control games to
whatever nonsense they picked up at home. A mistrust of
one's own needs and body signals sets in ("Should I still be
hungry, even though I had a whole banana?") so that they
eventually grow deaf to their own body's cries and whispers.
And they grow up and their kids get to watch and start it all
over again—unless we start giving kids the scoop early
enough so they can choose what their life, their body, their
health is going to be like.

I have stopped grocery shopping during times when I know
I will see many parents and children. I'm too pained by
the sight of heavy-lidded children sucking on candies and
chocolates, and wide-eyed toddlers drinking in the sight of
mom overloading the cart with protein and fat, possibly getting the only education they'll ever receive about what foods
to buy. I want to cry when I see Grandpa lovingly kissing
his grandson's head, stroking his clear skin, while he waits
for his four pounds of bacon to be wrapped, or Mom giving
her two little girls candy bars if they'll promise to be quiet.

Before we know it, they'll be wandering the aisles in a
distant daze the way their parents are right now, or sitting in
a workshop like mine: overfat, uncomfortable, and confused,
wanting to know "What do they mean when they say 'thirty
percent fat?' Can you really cook without oil? But don't we
need a lot of protein? Isn't fresh produce bad for you because
of the pesticide residues?"

Sure, they could go to the library, as I did, and begin
studying up about human fuel requirements. Some might, if
they get frustrated enough (as we did) with the less-than-
stellar results produced by hand-me-down diet wisdom that's
been the party line for ages. But people really have no reason
to believe that this "everybody knows" diet advice could be
mistaken. It's so branded into our consciousness as "the
truth" that if it isn't working for you, you think something
must simply be wrong with *you*.

We shouldn't have to go out of our way to get the information as adults. We could have been educated when we were
children. Why did I leave school knowing more about Chris-
topher Columbus than what to feed my body? If I had known
at 10 what I know now, I could have saved myself years of

suffering, hunger, guilt, muscle loss, and confusion. So, I assert, could most Americans.

I've worked with 12-year-olds who quickly grasped the fundamentals of human biology; they understand that their bodies run on food, and that without it they can't run very well. They can see there are foods that are ideal, those that are less so, and some that harm. Kids can and do think about their futures, and if we present fueling in terms of what they want, they'll *want* to do it. It's amazing what even children will do with their eating when they know the costs.

PRIORITIES IN EDUCATION

When the "outrage factor" penetrates education, we pay an enormous price. Inconsistency in what experts choose to emphasize—as well as in what the media chooses to report— is terribly off-putting to people straining to make some sense out of "healthy eating." And once again, a catch-22: Without a solid substructure of basic education, you don't have the knowledge to sift through, keep what's meaningful, and discard the insignificant. With no basic operating system, you're helpless to evaluate the selective add-ons.

Education as to what's important is as crucial as advice on what to do about what's important. The media, educators, and health professionals should immerse themselves in priorities (Chapter 14). Forget inconsequential tidbits that debate relative trivialities. Do what Ross Perot did. Pick three or four messages—the most statistically important—and hammer on them endlessly. After the 1992 Presidential election, everyone knew the total national debt was (then) $4.4 trillion.

Sometimes, the squeaky wheel that's getting the grease is not at all inconsequential, yet nonetheless doesn't justify precedence over other concerns that top the list statistically. With AIDS receiving the growing attention it has in recent years, safe sex has become a more important issue than ever; today, sex education (or getting some into schools) is a tremendous priority for many in the field of education.

There's uproar about distributing condoms to kids at schools and upping the ante on curriculum subject matter.

People feel it is urgent to have children understand the risks of sexual activity and know how to protect themselves. Stars and sports figures implore the young to take care with their sexuality. After Bill Clinton was elected, Donna Shalala—his newly chosen head of the Department of Health and Human Services—declared that childhood immunization and a national AIDS strategy would be her priorities.

I find nothing wrong with all that by itself. Safe sex education is vital. But what about safe eating? Why not be logical about this? Whether you look at it economically or socially, there's no comparison: If you're concerned about keeping American health care costs down (Shalala's third priority) or saving lives, the numbers talk.

▶ 175,000 Americans have died of AIDS to date.
▶ 175,000 Americans die of heart disease every two months—of every year.
▶ More Americans die of cardiovascular disease every five days than die of AIDS in a year.
▶ More than 2,700 people die of cardiovascular disease/stroke every day—about a million a year. That's one life every 34 seconds.
▶ Heart disease alone was responsible for nearly half of all U.S. deaths in 1992.
▶ About 69 million Americans are afflicted with a cardiovascular disease; 6 million have coronary heart disease (1989 estimate, National Health and Nutrition Examination Survey).
▶ Cancer claimed approximately another fourth of the U.S. deaths in 1992, taking more than 500,000 lives.
▶ There were 1 million new cancer cases in 1992.
▶ About 300,000 coronary bypass procedures are performed each year at $40,000 apiece, for a total of $12 billion.
▶ Heart disease costs $47.9 billion annually (Health Care Financing Review, 1992).
▶ Total cardiovascular disease costs about $120 billion annually (1992).
▶ The total cost of cancer in 1990 was $104 billion, plus another $3–$4 billion for detection procedures.

(Statistics are those available as of January 1993.)

I understand that AIDS doesn't appear to be slowing down and these statistics may change over the next several years. But right now this is where it stands. You have infinitely greater odds of developing heart disease than AIDS. There's good incentive here—financial, if nothing else—to bring these facts out of their relative obscurity.

That money and energy could be spent educating kids in a new and positive way about how to eat to prevent heart disease, instead of treating, or struggling to find a cure for, something that is preventable.

On the radio a few months ago, I heard an educator speaking on the subject of sex education in schools: "They [the kids] don't think two years down the road. They're just thinking now." Precisely my point. But neither do adults—when they're unconsciously passing through their lips foods as sure to kill as cigarettes, trying not to think about their elderly parents, hoping distant heredity or luck or that fish oil capsule or oat bran muffin will take care of it.

That's why this sort of education in schools is every bit as critical as sex ed. Kids must know how to eat. Make no mistake: I think *both* are important and, ideally, both would be taught. I'm not at all against AIDS education, just *for* healthy eating education to get its fair share. Given the odds, if I had to choose, I'd want my kids knowing first how to eat, then how to use condoms.

In the area of women's health, too, there is a wide gap between truth and hysteria on the part of educators and the media (and subsequently, the public). It's bad enough that the vast majority of press coverage on breast cancer focuses on early *detection* "breakthroughs" as opposed to prevention, and seems determined to debunk the dietary link. (Many thousands of studies suggesting this link have already convinced some researchers beyond a reasonable doubt, but that link will surely be undeniable after $670 million worth of large-scale women's health studies, commissioned by the National Institutes of Health in early 1993, are complete.)

What's more incredible is that breast cancer, while an undeniable risk, is not only not a woman's biggest threat, it's not even close.

It would be a huge understatement to say cardiovascular

disease kills more women than breast cancer does. If you compare American Heart Association and American Cancer Society statistics, you find that there are more female cardiovascular disease deaths than *all* cancer deaths for *both* sexes combined!

Not a single woman in any of my workshops has known that cardiovascular disease is the number one cause of female deaths in the United States, claiming more than 500,000 women's lives each year. About half of all heart attacks happen to women—a quarter of a million women die of them every year. More than half of all cardiovascular disease deaths (including high blood pressure and stroke) are women!

Education about these facts is desperately needed to help set the public's priorities straight and to quell the outrage factor. That means those who educate (as well as those who fund education) must get *their* facts and priorities straight. Those who choose to invest in and support the cause of education should take a close look at these numbers before they choose their projects.

CELEBRITIES' HEALTHY EATING WORKS (CHEW)

Despite the above numbers, celebrities seem to bestow their money and clout on outrage-factor causes. Actors, athletes, and other "stars" send a message with the causes they choose; people then see those causes not only as the "hip" or "cool" ones to support but may assume that those must also be the most serious.

I would love to see those who command attention from vast numbers of Americans contribute to eating education. Statistically, it's where their clout is most needed. If you want to make an impact, do it here. I propose a nonprofit organization where widely respected celebrities could donate their time (in public service announcements) and money (for production and air time) to promote fueling.

The fittest and healthiest of our celebrities obviously have something to say. The admirably well-preserved, attractive, and strong physiques of the following (ages are as of this writing) didn't come from starving any more than they came from a high-fat, junky diet: Madonna (35), Linda Hamilton (36), Demi Moore (30), Cher (47), Clint Eastwood (sixty something), Paul Newman (70), Harrison Ford (fifty something), Mark Harmon (41), Pam Dawber (41), Kevin Costner (38), Jack Palance (73) and his now-infamous one-armed pushups, Jack Lalanne (eighty something), Patrick Stewart (fifty something), Patrick Swayze (thirty something). Except for Madonna, all of the women above have had more than one child!

EDUCATORS AS EXAMPLES

Peg, a 45-year-old marathon runner and physical therapist, commented during a workshop that she "gave up on healthy eating" when she was 24 and a registered dietitian came to a school class to give a talk on how to eat: "She was enormously obese. I took one look and checked out. I didn't hear a word she said."

How many health professionals and "nutrition experts" are overfat and unhealthy? Are they not doing what they were taught and what they teach? Or are they not taught what's being recommended to every American via the government and media? Either, in my opinion, has serious implications.

A dietitian on a local evening "magazine" program has recommended sugary animal cookies in place of doughnuts, peanut butter in place of ham, and salted peanuts in place of potato chips. Another in a magazine wrote that cheese and peanut butter are the "healthiest" protein choices for children.

The R.D. (registered dietitian) certification is required for those in charge of institutional feeding. Why, when my friend's mother was in the hospital, was she eating mashed potatoes with butter and gravy, salisbury steak, and regular (sugared) jello with whipped cream? Why was the school cook in my recent workshop so thoroughly confused after working with a dietitian to help streamline the school's lunch fare?

When my husband asked the dietitian assigned to his father (when he was diagnosed as diabetic) whether rice syrup or barley malt were acceptable, she had never heard of either. When asked if fruit-juice sweetened cookies were all right, she said there is no such thing. And when he asked why certain brands of cereals we know to contain sugar or corn syrup were on the list, she said, "Well, those have only a little." What about all the unsweetened brands? And if "only a little" was okay, why did Dad leave her office terrified of sugar?

President Clinton pledges to tackle health-care issues with a vengeance—and at least once a week throughout his election campaign and early in his presidency was photographed "with the people" at fast-food restaurants where the fat content of most menu items and the carbohydrate-protein-fat ratio of most meals violate the government's own dietary recommendations.

It is nonsensical to be indignant about peoples' choices when your own don't measure up to the same standards. I agree that having achieved personal fitness cannot by itself qualify someone to teach others, but it should be included as a prerequisite.

You will often hear or read warnings that any nutrition professional you consult should have a degree or credentials. I understand the intent behind such warnings: You want to screen out quacks who peddle fairy tales, like some of those discussed in Chapter 6. On the other hand, I've met and worked with too many R.D.s, M.D.s, M.A.s, and Ph.D.s who were not practicing what they were preaching, and/or who were preaching diet thinking instead of pure fact and an empowering perspective. Too often, it's the blind leading the blind.

I think the criteria should be the person's sources and how current and verifiable their material is, whether their attitude and manner is empowering to you, and whether they represent what you want. As I've demonstrated, having letters after your name does not necessarily guarantee amnesty from diet thinking; often, in fact, it brings its own biases and institutional obligations.

I have had numerous professionals contact me whose business it is to treat eating disorders or obesity who themselves suffer from eating disorders or obesity. They often are attracted by something they see or hear in the BodyFueling approach that they haven't been able to capture themselves. Some have heard about it from their own former patients.

This culture worships letters after a name in much the same way we do numbers on the scale—blindly. One dietitian who had heard good things about BodyFueling's perspective called me, but ultimately declined to work with me because she couldn't see taking guidance from someone who didn't have the credentials she did. She was obese, struggling with what she called compulsive overeating, and counseling others on the same issue. I was lean, eating happily, and had by then hundreds of clients eating as health authorities are practically begging them to. And my clients were seeing it as fueling their lives, rather than dryly "following the health authorities' rules."

If you feel you must doublecheck any of my material because I am missing those two letters, I welcome and even encourage it. *My* caution is to rely on scientific texts and abstracts as much as possible. If you consult with an individual for your second opinion, watch for signs of diet thinking.

MAKE IT MASSIVE!

Once the context and content of healthy-eating education have been overhauled to be more effective, it's time to consider the size and scope of that effort. User-friendly education that challenges diet thinking works. But, in order for it to last, the whole environment must support it. "Spot education," as opposed to a wholesale transformation in culture, is spitting into the wind—building a house with no foundation. Without recognition of not only health problems but also the flaws in education that underlie them, there can be no true relief from the suffering of diet thinking.

I (and others) can teach people that weight doesn't matter, and show them all the logic and scientific reasoning—but if they go out into a world chanting "weightloss-weightloss-weightloss," they feel outnumbered. They *are* outnumbered. The newly educated fueler is still a minority in a world screaming, "Thin, skip it, resist it, count it, work it off."

New information and ideas can knock you out of the groove. But without widespread enlightenment in every corner, you may be pulled back in almost effortlessly by the monstrous machine.

A March 1991 *Seventeen* article was a great example of what's needed. Titled "Why You Should Eat," it briefly touches upon many of the points I make throughout this book. Subheads include "Eating keeps you alive," "Eating makes you attractive," "Eating keeps you healthy—short-term," "Eating keeps you healthy—long-term." The piece explains why eating helps you lose fat, and acknowledges that this long-obscured fact is "strange, but true."

The piece also asserts that eating makes you smart, strong, and happy, is fun, keeps you from gorging on junk, impresses guys. "Not eating wrecks your ability to eat smart. . . . Choosing what to eat—and eating sensibly and well—proves that you're in charge of your life." Brilliant! It speaks directly to what's important to teens—in their language—and lets them know that eating will give them what they want. Articles like this are especially important for young women who are still forming impressions about their bodies and what to do with them. Even though they may have already absorbed some of the old poison, there's still time to reeducate.

If we don't, there is a generation of teenagers out there preparing to become our next generation of frustrated, frightened, desperate adults—the ones I see every week moving through the grocery store aisles in a glassy-eyed trance.

EDUCATION AS BUSINESS

Why wouldn't the health and diet industries leap for joy at this prospect and turn themselves into educators on fueling instead of food-restriction product pushers? Maybe they will, but one thing that will surely be considered is that it won't be a billion-dollar business with a lasting future. Education can be effective as a one-shot deal. If you're not selling foods and pills, there's no repeat business. That's fine if your goal is to educate people—it's not if your chief goal is to make money.

Many commercial diet companies now claim they are "educational." Then why not pure education? Why the diet and weighing and packaged food and supplements? I've talked with my clients who have been through all the commercial diet programs. They don't know a thing about what works or why. I saw the commercial "plan" given Jean, an already lean woman whose only problem was in her mind. It was barely enough daily carbohydrate to feed me for breakfast.

I probably don't even need to point out the industries that would lose out if everyone ate the way I do, but I will anyway: The diet/weight-loss industry ($33 billion, predicted in May 1990 by *U.S. News & World Report*, to be reaching $50 million by the mid-1990s, but thankfully not growing as quickly as expected). The beef industry. The fast-food industries (unless they could adapt rapidly and all become deliciously low-fat). Specialized medicine (think of heart surgeries, cancer treatment). Pharmaceutical companies (several people I know each spent hundreds of dollars on drugs prescribed for the colds and flu I never got last winter). If everyone ate like I do starting tomorrow—if even half the nation did—some of these industries might shrink or eventually disappear.

A whole new series of industries could revolve around the shift. A huge market of older people would be established—people who can and will do wild stuff that 65-year-olds currently aren't inclined to do. Instead of selling these people drugs and walkers and hospital beds, we could be selling them bicycles, vacation travel, and a host of new food products. People wouldn't die as young, so insurance payouts would decrease.

The effect on health care would be phenomenal. All available statistics show that the high cost of health care is not the fault of health care providers, government, or insurance companies. The diseases that most burden our system are *diseases that people bring upon themselves* by the choices they make. Now, sophisticated technology for diagnosing and treating preventable disorders is outstripping our ability to pay for it.

An enormous percentage of our health care dollars are spent on illnesses known to be caused by what people put into their bodies (fat, tobacco, alcohol, and drugs). The over-all cost is even greater when you factor in lost economic productivity due to illness and early (preventable) death. If Americans stopped trashing themselves, we wouldn't need so many "crash shops" and expensive high-tech procedures to patch them up. Those endorsing a "right" to health care are promising that even if you drive recklessly and destroy your vehicle, the repairs will always be guaranteed, perhaps even free of charge. Whatever happened to changing the oil, keeping it clean, and, of course, fueling it with high-quality fuel? Perhaps "cure" is simply more dynamic, even romantic a notion than prevention.

HOW YOU SEE YOUR INTERNAL ENVIRONMENT IMPACTS YOUR EXTERNAL ENVIRONMENT

An interesting transformation paralleling that related to food, my body, and eating has been the way I see other aspects of my own health and well-being, and of the environment around me. It's not something I planned, but I welcome it. There's a heightened sense of appreciation for and concern about environments both internal and external.

For example, we use sunscreen zealously now—every day, summer and winter. It's a habit we don't even think about. Used to be you'd have to tie me down to get me to floss my teeth. Not anymore. It's all because BodyFueling is more about caring for your body—which is precious—than it is merely about "trying to eat right."

There's also a sharpened edge to our environmental commitment. We recycle more and more. We sold one car and use the remaining one as little as possible, preferring to walk, bicycle, or bus whenever we can. I don't find this shift at all surprising. In his book *Mastery*, author George Leonard suggests that "those people who feel good about themselves, who are in touch with nature and their own bodies, are more likely to use their energy for the good of this planet and its people than those who lead sedentary, unhealthy lives."

I certainly don't want to be a healthy, fit 110-year-old living on—or leaving my children—a garbage-strewn, polluted earth. I have a constantly conscious sense of how I want things to be, now and later.

If everyone fueled, not only would people be healthier, fitter, happier, and more satisfied, not only would health care and the food industry (and thus economics and possibly politics) be affected, but perhaps also recycling would increase, wasteful consumption might decrease, and people with a new and growing compassion for their own bodies might naturally begin to extend that respect to plants, animals, natural resources, and other human beings. I have no evidence that this would occur, but it's an exciting thought.

THE EDUCATED PATIENT

Having your whole body make sense to you makes you a better patient—when you are one, which may also be less often. You can be a participant, not a victim being treated or a body dropped off for repairs. You're able to give more complete and accurate information, understand what is happening and what your choices are, and ask intelligent questions.

When you know how your body's systems function and interact, your body's behavior may make sense more often—which is comforting. When the body is a total mystery, you feel helpless—and that's scary. Certainly, the human body can be unpredictable, even to those who have devoted their lives to studying it. But when you know at least the basics, the mysteries seem more fascinating than intimidating.

Doctors may not be accustomed to such participation; that doesn't fit the current paradigm of health care. But it will. Prevention is the future—and you are prevention. No doctor can make you prevent something.

What can? You know. Look back at Chapter 1, "Fueling Your Future."

It's not the misleading media or the bad ads or the stupid products that are to be feared; it's ignorance. We can't rely upon the media to shoulder the task of educating America. They are there to report the latest and the most interesting news, and it's the nature of our current media that they will frequently do so in brief, glib, out-of-context tidbits.

But no matter what kind of nonsense gets the spotlight, it won't present a problem if it's reaching an already-knowledgeable audience. I am no longer dominated by the conflicting information, because I am a tremendously informed consumer. I absorb what I know to be consistent with facts, and I ignore the rest.

The average American doesn't have this luxury. If you don't know your car, you can get screwed by the mechanic— you'll believe just about anything, and pay for it too. If you don't know your body, you're going to keep getting screwed—and paying for it—but the consequences will be more dire.

Misinformation will be stripped of its power when every one of us knows beyond a hair of a doubt what our bodies need—and when you care more about what it needs than what you want it to weigh (or look like next week). That is my vision. It will require a culture-wide breakthrough—which, ultimately, is what BodyFueling is all about.

EPILOGUE

At the second session of a two-part workshop just prior to the completion of this book, a woman raised her hand and asked to tell this story:

"After last week, I was so excited, I came home bouncing off the walls. I couldn't believe all this. I was so full of the information! My son's girlfriend was at my house, and she's on a diet, so I started pouring out what I learned. I told her about carbohydrate deprivation and muscle loss and all the reasons why weight doesn't count.

"I didn't think she was listening. She even argued with me a little. But the other day, when I saw her again, I said something about losing weight and she turned around and corrected me, 'No, you don't want to lose weight. You want to lose fat.' I was shocked."

I wasn't. Don't underestimate *your* power as an educator. There are 256 million Americans; that's a lot of educating to do. And you know there's a lot of diet thinking out there. One person sharing the facts with another can make a difference. I'd be honored if every BodyFueler did so with someone in their lives.

Good luck, and happy fueling.

INDEX

334　　　　Index

By the year 2000, 2 out of 3 Americans could be illiterate.

It's true.

Today, 75 million adults… about one American in three, can't read adequately. And by the year 2000, U.S. News & World Report envisions an America with a literacy rate of only 30%.

Before that America comes to be, you can stop it… by joining the fight against illiteracy today.

Call the Coalition for Literacy at toll-free **1-800-228-8813** and volunteer.

Volunteer Against Illiteracy. The only degree you need is a degree of caring.

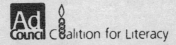

Ad Council Coalition for Literacy

Warner Books is proud to be an active supporter of the Coalition for Literacy.

132